Erratum

Wir möchten darauf hinweisen, dass im Geleitwort versehentlich ein Zitat aus dem Beitrag von Renke Brahms (S. 17, dritter Absatz, vierte Zeile) nicht kenntlich gemacht wurde.

Auf S. 6, dritter Absatz, dritte Zeile muss es heißen:

Das ist kein unerreichbares Ziel, wie Renke Brahms in seinem Beitrag zu Beginn dieses Buches deutlich macht: »Eine zivile und gewaltfreie Konfliktbearbeitung vor, in und nach eskalierenden Konflikten ist längst eine echte Alternative zu militärischen Einsätzen. Es gibt genug Beispiele gelungener Prozesse, die nachhaltiger wirken als viele militärische Interventionen. Es reicht allerdings nicht mehr aus, viele gute Beispiele und Geschichten zu erzählen. Wir müssen über die anekdotische Evidenz hinauskommen und Evaluation und Forschung vorantreiben, um die Instrumente dann auszubauen.«

Wir bitten darum, dies zu entschuldigen.
Der Herausgeber

Auf dem Weg zu einer Kirche
der Gerechtigkeit und des Friedens

Auf dem Weg zu einer Kirche der Gerechtigkeit und des Friedens

Ein friedenstheologisches Lesebuch

Im Auftrag des Präsidiums der Synode der Evangelischen Kirche in Deutschland hrsg. durch das Kirchenamt der EKD

EVANGELISCHE VERLAGSANSTALT
Leipzig

Bibliographische Information der Deutschen Nationalbibliothek
Die Deutsche Nationalbibliothek verzeichnet diese Publikation in der
Deutschen Nationalbibliographie; detaillierte bibliographische Daten
sind im Internet über http://dnb.dnb.de abrufbar.

© 2019 by Evangelische Verlagsanstalt GmbH · Leipzig
Printed in Germany

Das Werk einschließlich aller seiner Teile ist urheberrechtlich geschützt.
Jede Verwertung außerhalb der Grenzen des Urheberrechtsgesetzes ist ohne
Zustimmung des Verlags unzulässig und strafbar. Das gilt insbesondere für
Vervielfältigungen, Übersetzungen, Mikroverfilmungen und die Einspeicherung
und Verarbeitung in elektronischen Systemen.

Das Buch wurde auf alterungsbeständigem Papier gedruckt.

Cover: Zacharias Bähring, Leipzig
Satz: 3w+p, Rimpar
Druck und Binden: Hubert & Co., Göttingen

ISBN 978-3-374-06058-0
www.eva-leipzig.de

Geleitwort

»Der Herr gebe dir Frieden.« – Jeder Gottesdienst und jede Predigt wird umrahmt von Segensworten, die uns den Frieden Gottes versprechen. In vielen Religionen ist der Friedenswunsch zum alltäglichen Gruß geworden. »Salam«, »Schalom«, »Friede sei mit dir« – die Sehnsucht nach einem umfassenden Frieden bewegt Menschen zu allen Zeiten. Und doch ist friedliches Zusammenleben alles andere als selbstverständlich.

Die Themensetzung der Synode ist eine Reaktion auf die aktuelle politische Lage: Unsere Welt befindet sich in einem tiefgreifenden und sich mit hoher Geschwindigkeit vollziehenden Umbruch. Um uns herum nehmen Krisen, gewalttätige Konflikte und Kriege rapide zu: im Nahen und Mittleren Osten, in Nord- und Zentralafrika, und – im Falle der Ukraine – auch in Europa selbst. Wir beobachten außerdem, wie nationales und nationalstaatliches Denken um sich greifen, wie internationale Abkommen und Instrumente der Friedenssicherung in Frage gestellt werden. Doch im Umbruch ist nicht nur die Welt um uns herum. Unsere Gesellschaft ist davon genauso betroffen. Denn: Äußerer und innerer Frieden hängen auf das Engste zusammen, globale und lokale Entwicklungen müssen zusammengedacht werden. Die Migrationsdebatte macht diesen Zusammenhang überdeutlich: In den Menschen, die bei uns Zuflucht suchen, kommen uns Konflikte nahe, die ihre Ursache in ungerechten wirtschaftlichen Verhältnissen haben. Das wirft die Frage nach unserem Lebensstil auf und weist auf den Zusammenhang von Frieden, Gerechtigkeit und Nachhaltigkeit hin, der nach meiner Überzeugung einen zentralen Ansatzpunkt bietet.

Die Überwindung von Krieg und Gewalt wird nur gelingen, wenn wir einer internationalen Verteilungsgerechtigkeit näherkommen und eine Wirtschaftsordnung entwickeln, in der die Interessen der Ärmsten berücksichtigt werden. Dies wird nicht ohne einen veränderten und sorgsamen Umgang mit den »Global

Commons«[1], den globalen Gemeingütern, und den begrenzten Ressourcen der Schöpfung gelingen. Die weltweite ökumenische Bewegung, die »Pilgrimage of Justice and Peace«, gibt uns hierfür entscheidende Hinweise.

In der Migrationsdebatte schwingt aber auch das Thema des inneren Friedens mit: die Frage, wie wir in unserem eigenen Land mit seiner wachsenden Vielfalt in Frieden und gegenseitigem Respekt zusammenleben. Hier beobachten wir derzeit eine dramatisch anwachsende politische Polarisierung, der wir mit Ideen und Praktiken für ein konstruktives und konfliktfähiges Miteinander begegnen müssen.

Das Leitbild der Friedensdenkschrift der Evangelischen Kirche in Deutschland (EKD) aus dem Jahr 2007 ist das des gerechten Friedens: »Aus Gottes Frieden leben – für gerechten Frieden sorgen«. Das ist kein unerreichbares Ziel. Eine zivile und gewaltfreie Konfliktbearbeitung vor, in und nach eskalierenden Konflikten ist längst eine wirkliche Alternative zu militärischen Einsätzen. Es gibt Beispiele gelungener Prozesse, die nachhaltiger wirken als militärische Interventionen. Es reicht allerdings nicht mehr aus, viele gute Beispiele und Geschichten zu erzählen. Wir müssen über die anekdotische Evidenz hinauskommen und Evaluation und Forschung vorantreiben, um die Instrumente ziviler Krisenprävention auszubauen.

Mit diesem Lesebuch wollen wir aktuelle Debatten aufgreifen und Impulse setzen. Wir bündeln damit die Vorbereitung auf die Synodentagung in Dresden im November 2019, die in einem breit angelegten Prozess zwischen Wissenschaftlerinnen und Wissenschaftlern, in Friedensgruppen engagierten Christen, in der Friedensarbeit aktiven Landessynoden und EKD-Synodalen über zwei Jahre die Akteure immer wieder zusammengeführt hat. Es dient zur Einführung in verschiedene Fragestellungen um zivile Konfliktbearbeitung, Nachhaltigkeit, neue Waffensysteme, die Hintergründe von Rechtspopulismus u. a. Zugleich hoffen wir, dass es über unsere Synodentagung hinaus gleichsam als »Steinbruch« genutzt wird, um Anregungen für ein christlich motiviertes Handeln zu erhalten.

Im Namen des Präsidiums der Synode der EKD danke ich allen, die an der Gestaltung dieses Buches mitgearbeitet haben. Besonderer Dank gilt dem Friedensbeauftragten der EKD Renke Brahms und Dr. Roger Mielke für die Konzeption sowie Dr. Dorothee Godel für die Begleitung des Prozesses.

Präses Dr. Irmgard Schwaetzer

---

[1] Der Begriff wurde erstmals 1999 von Kaul, Grunberg und Stern definiert vgl. Kaul, Inge / Grunberg, Isabelle / Stern, Marc A. (Hg.) (1999): Global Public Goods. Published for the United Nations Development Program, New York/Oxford.

Inhalt

Geleitwort 5

I. Gewaltfreiheit

Renke Brahms
Auf dem Weg zu einer Kirche der Gerechtigkeit und des Friedens 15

II. Grundlagen für eine Ethik der Gewaltfreiheit

Klara Butting
Frieden geht 25
Friedensspiritualität im Gespräch mit den Psalmen 120–134

Walter Dietrich
Gerechtigkeit und Frieden 37
Eine biblische Grundlegung

Michael Haspel
Frieden im Zeitalter der Unsicherheit 53
Friedensethik in neuen Kontexten

Hans-Richard Reuter
»Auf der Gewalt ruht kein Segen« 67
Sechs Jahrzehnte Friedensethik der EKD im Rückblick

Fernando Enns
Der »Pilgerweg der Gerechtigkeit und des Friedens« 81
Ein ökumenischer Weg

K. Emmanuel Noglo
Vertrauensarbeit 93
Wie selbstverantwortliche Menschen neben »notlindernden Maßnahmen« fördern?

III. Im Fokus: Herausforderungen für den Frieden

Roger Mielke
»Schafft Frieden in euren Toren« (Sach 8,16) 109
Zum Friedensauftrag der Kirchen in Zeiten der Polarisierung

Ruth Gütter
Zwischen Klimawandel und ungerechten Welthandelsstrukturen 125
Plädoyer für die Verknüpfung des Nachhaltigkeits- und Friedensdiskurses

Ines-Jacqueline Werkner
Neue friedensethische Herausforderungen 141
Autonome Waffen, Cyberwar und nukleare Abschreckung

Martina Fischer
Friedensprojekt oder »Festung Europa«? 159
Die Europäische Union

Dirck Ackermann
Europa als Friedensprojekt ausbauen 171

IV. Debatten

Ines-Jacqueline Werkner
Debatten um den Friedensbegriff 183

Hanne-Margret Birckenbach
Die Logik des Friedens und ihre sicherheitspolitischen Implikationen 189

Martin Leiner
Versöhnung und Friede 199

Hartwig von Schubert
Frieden durch Barmherzigkeit und Frieden durch Recht 207

Reiner Anselm
Gerechtigkeit und Frieden 213
Gegenwärtige Herausforderungen für eine am Leitbild des gerechten Friedens orientierte evangelische Friedensethik

Friedrich Lohmann
Menschenrechte – Beistandspflicht – Gewaltverzicht 225
Ein unauflösbares Problem der Friedensethik

Markus A. Weingardt
Religion – Konflikt – Frieden 231
Von politischer Verantwortung und theologischer
Glaubwürdigkeit

Stefan Maaß
Sicherheit neu denken 237
Von der militärischen zur zivilen Sicherheitspolitik

Peter Rudolf
Sind Militäreinsätze erfolgreich? 245
Zur Evaluation von Militäreinsätzen

Martina Fischer
Zivile Konfliktbearbeitung und Konflikttransformation 251
Friedenspolitische Praxis oder Alibi?

Uwe Trittmann
Frieden fördern durch Diskurs! 261

V. Geistliche Praktiken

Marco Hofheinz
Gottesdienstliche Praktiken des Friedenstiftens 269
Für eine Spiritualität der Friedfertigkeit

Hans G. Ulrich
Das Gebet um den Frieden Gottes als politisches Zeugnis 279

Stefan Heuser
Der Friedensgruß im Gottesdienst 287
Einstimmen in das Friedenshandeln Gottes

Christine Schliesser
Vergebung 295

Matthias Zeindler
Mahlgemeinschaft 303

VI. Erfahrungen

Anthea Bethge
Friedensfachkraft in gesellschaftlichen Konflikten 313
Herrn Kones größter Erfolg

Julika Koch, Annemarie Müller und Vincenzo Petracca
Friedensbildung 319

Alexander Liermann
Gewalt ist kein Schicksal 327
Seelsorge bei der Bundeswehr

Christof Starke
Wer den Frieden will, muss den Frieden vorbereiten 333
Einblicke in die Praxis aktueller Friedensbildung

Dagmar Pruin und Jakob Stürmann
Freiwilligendienste als Friedensdienste 339

Bernd Rieche und Markus A. Weingardt
Kirche als Friedensstifter 345
Die Evangelische Kirche in der DDR

Martin Tontsch
»Peace Building« in Kirchengemeinden 351
Lernen für den Weltfrieden

Horst Scheffler
Die Kirchen und der Waffenhandel 357
Rüstungsexporte stoppen – den Frieden stark machen

Annemarie Müller
Dresden – Orte des Friedens 363
Eine unvollständige Wegbeschreibung

Annette Scheunpflug, François Rwambonera und Samuel Mutabazi
Schulische Friedensarbeit in Ruanda 369
Eine Partnerschaft mit dem Ökumenischen Kirchenrat in Ruanda

Sabine Udodesku, Christine Müller und Sabine Müller-Langsdorf
Auf dem Pilgerweg der Gerechtigkeit und des Friedens 375

Timo Versemann
#hopeSpeech als Beitrag zum Cyberpeace 381
Frieden auf Social Media

Sabine Müller-Langsdorf
Safe Passage 387
Rüstungsexporte und Migrationsabwehr

Jan Gildemeister und Anja Petz
Der Zivile Friedensdienst 393
Entwicklung, Wirkung und Ausblick

Bernd Rieche
Konfliktbearbeitung in Deutschland 399
Frieden in der Nachbarschaft

Anhänge

Glossar 409
Übersicht über die Arbeit der Evangelischen Friedensarbeit und
der Konferenz der Friedensarbeit im Raum der EKD

Verzeichnis der Autorinnen und Autoren 419

I. Gewaltfreiheit

Auf dem Weg zu einer Kirche der Gerechtigkeit und des Friedens

Renke Brahms

Zusammenfassung:
Anlass dieses Lesebuches ist die Synode der Evangelischen Kirche in Deutschland (EKD) im November 2019 in Dresden mit dem Schwerpunktthema »Auf dem Weg zu einer Kirche der Gerechtigkeit und des Friedens«. Seit der Veröffentlichung der grundlegenden friedensethischen Positionierung der EKD in der Denkschrift »Aus Gottes Frieden leben – für gerechten Frieden sorgen« im Jahr 2007 hat sich in der weltpolitischen Situation viel verändert, so dass sich neue Herausforderungen und Fragen stellen. In den Landeskirchen der EKD haben sich Synoden neu mit dem Thema »Frieden« beschäftigt, die Evangelischen Akademien und die Forschungsstätte der Evangelischen Studiengemeinschaft (FEST) haben Prozesse angestoßen, um die Fragen zu bearbeiten. Frieden ist dabei kein Randthema der Kirche, sondern ist auf dem Hintergrund der biblischen Botschaft zu den Kennzeichen der Kirche zu zählen und betrifft die Gestalt und Praxis der Kirche. Mit der Synode geht die EKD einen weiteren Schritt auf dem Pilgerweg der Gerechtigkeit und des Friedens und knüpft so an die weltweite Ökumene an. Es geht darum, das Leitbild des gerechten Friedens in der Vielfalt der Bezüge zu entfalten: als geistliche Praxis und theologische Rechenschaft, als ethische Orientierung, in seiner politischen Relevanz, in ökumenischer Weite und ausgerichtet auf kirchliche Erneuerung.

1. *Auf dem Weg* zu einer Kirche der Gerechtigkeit und des Friedens
2. Auf dem Weg zu einer *Kirche* der Gerechtigkeit und des Friedens
3. Auf dem Weg zu einer Kirche der *Gerechtigkeit und des Friedens*

1. *Auf dem Weg* zu einer Kirche der Gerechtigkeit und des Friedens

Anlass dieses friedenstheologischen Lesebuches ist die Synode der Evangelischen Kirche in Deutschland (EKD) im November 2019 mit dem Schwerpunktthema »Auf dem Weg zu einer Kirche der Gerechtigkeit und des Friedens«.

Nun kann man sich fragen, ob denn Evangelische Kirche etwa nicht schon immer auf diesem Weg war und was der Grund ist, sich neu zu besinnen und auf den Weg zu machen. Auf diese Frage ist in mehrfacher Weise zu antworten:

Der Rat der Evangelischen Kirche in Deutschland hat 2007 nach längerer Vorarbeit eine Denkschrift unter dem Titel »Aus Gottes Frieden leben – für gerechten Frieden sorgen«[1] veröffentlicht, in der die friedensethische Positionierung formuliert ist. Seit 2007 aber hat sich die Situation verändert und neue Herausforderungen und Fragen stellen sich:

Wir leben in einer zunehmend unsicherer werdenden weltpolitischen Situation. Alte oder mindestens gewohnte Gewissheiten werden umgeworfen. Die Hoffnung, die sich nach dem Ende des Kalten Kriegs auf eine neue Weltfriedensordnung richtete, ist schon durch Kriege und Konflikte wie im ehemaligen Jugoslawien, in Afghanistan oder Jemen getrübt worden. Der Syrienkrieg als Stellvertreterkrieg in schrecklichsten Ausmaßen stellt eine Stufe der Eskalation dar, die alte und neue Konfrontationslinien aufzeigt.

Wir erleben, dass die Wahrheit verdreht wird, unverschämte Lügen als neue Wahrheit gelten und ein nationalstaatliches und nationalistisches Denken um sich greift und internationale Abkommen und Instrumente der Friedenssicherung gefährdet und zerstört. Dazu kommen eine wachsende nukleare Bedrohung und eine Kriegsführung in den Netzen (Cyberwar). Diese Situation fordert uns in Analyse, ethischer Beurteilung und im friedenspolitischen Handeln auf eine besondere Weise heraus.

Der Klimawandel, Klimagerechtigkeit und Nachhaltigkeit kennzeichnen heute viele Debatten. Klimakatastrophen, Dürren und Überschwemmungen sind Ursache von Armut und Hunger, von Wanderbewegungen und Ursache von Konflikten und Kriegen. Der Kampf um Land und Wasser prägt schon heute viele Konflikte und wird es in der Zukunft noch mehr tun. Flucht und Vertreibung haben ihre Ursachen entweder direkt in den Klimaveränderungen oder in den durch diese Veränderungen ausgelösten Konflikten und Kriegen. Die Frage stellt sich immer dringlicher, wie wir nachhaltig leben können, damit wir selbst und die uns nachfolgenden Generationen auf dem Planet Erde überleben und in Frieden und Gerechtigkeit leben können.

Äußerer und innerer Frieden hängen auf das Engste zusammen. Es findet so etwas wie eine zunehmende »Glokalisierung« statt. Global und lokal hängen zusammen. Das war schon immer so: Ungerechte wirtschaftliche Verhältnisse und ungerechte Verteilung der Güter dieser Erde haben schon immer Konflikte hervorgerufen, die zwar in anderen Regionen ausgebrochen sind, aber ihre Folgen bei uns hatten. In der Migrations- und Flüchtlingsbewegung werden diese

---

[1] Aus Gottes Frieden leben – für gerechten Frieden sorgen, Eine Denkschrift des Rates der Evangelischen Kirche in Deutschland, Gütersloh 2007; https://www.ekd.de/friedensdenkschrift.htm. (18.06.2019).

Zusammenhänge überdeutlich: In den Gesichtern und Geschichten der Menschen, die bei uns Zuflucht suchen, kommen uns die Konflikte nahe. Wer die Ursachen tatsächlich bekämpfen will, kommt um die Frage nach unserem Lebensstil nicht mehr herum. Und der innere Frieden wird gefährdet, wenn eine wachsende Rechte diese Situation für eigene Zwecke instrumentalisiert. Diese Parteien und Bewegungen gefährden unsere Demokratie weit mehr als die allergrößte Mehrheit derjenigen, die zu uns kommen.

Wir stehen an der Schwelle zu einem neuen Sprung in der Waffentechnologie. Nach der Erfindung des Schießpulvers und der Atomwaffen geht es nun um vollautomatisierte Waffen, die ohne eine menschliche Letztentscheidung nur nach Logarithmen Situationen bewerten und entscheiden. Damit stellen sich enorme ethische und politische Herausforderungen, die noch nicht annähernd beantwortet sind und wieder einmal der Wirklichkeit schon entwickelter Waffensysteme hinterherlaufen.

Der »Vorrang für zivil«, den die Denkschrift im Sinne der jesuanischen Botschaft der Gewaltfreiheit und des Leitbildes eines gerechten Friedens einfordert, ist kein unerreichbares Ziel. Ja, es wird von vielen – auch politisch und militärisch Verantwortlichen – geteilt. Eine zivile und gewaltfreie Konfliktbearbeitung vor, in und nach eskalierenden Konflikten ist längst eine echte Alternative zu militärischen Einsätzen. Es gibt genug Beispiele gelungener Prozesse, die nachhaltiger wirken als viele militärische Interventionen. Es reicht allerdings nicht mehr aus, viele gute Beispiele und Geschichten zu erzählen. Wir müssen über die anekdotische Evidenz hinauskommen und Evaluation und Forschung vorantreiben, um die Instrumente dann auszubauen.

Diese Herausforderungen haben dazu geführt, dass sich mehrere Landeskirchen auf den Weg gemacht haben, sich ihrerseits mit dem Schwerpunktthema »Frieden« zu beschäftigen, und dazu Beschlüsse gefasst haben, um sich zu positionieren und die Friedensarbeit in ihren Kirchen zu stärken. Bei einer gesamten Würdigung der verschiedenen Prozesse in den Landeskirchen wird Heterogenität sichtbar. Es gib nicht den einen Weg, aber es gibt das eine Ziel: das Leitbild des gerechten Friedens für die Arbeit in den Landeskirchen greifbar zu machen!

Auf diesem Hintergrund hat auch die Forschungsstätte der Evangelischen Studiengemeinschaft (FEST) einen Konsultationsprozess zum gerechten Frieden unter dem Titel »Orientierungswissen zum gerechten Frieden – Im Spannungsfeld zwischen ziviler gewaltfreier Konfliktprävention und rechtserhaltender Gewalt«[2] initiiert. Die Konsultationen sind auf verschiedene Arbeitsgruppen verteilt, deren Mitglieder aus der Evangelischen und Katholischen Theologie, Philosophie, dem Völkerrecht, der Politikwissenschaft bzw. Soziologie sowie aus der Naturwissenschaft kommen. Auch ist in jeder Gruppe eine Person vertreten,

---

[2] http://www.konsultationsprozess-gerechter-frieden.de/ (18.06.2019).

welche die Perspektive der Praxis mit einbringt. Die interdisziplinär zusammengesetzten Arbeitsgruppen sollen im Rahmen des Konsultationsprozesses das in der Denkschrift entwickelte Leitbild des gerechten Friedens prüfen und weiterdenken. Ziel ist es, zentrale ethische, friedensethische sowie theologische Grundlagen zu klären, aktuelle Friedensgefährdungen und neue Problemlagen zu bestimmen sowie diese friedensethisch zu reflektieren.

Die Evangelischen Akademien haben über mehrere Jahre ein policy-orientiertes Projekt »Dem Frieden in der Welt dienen«[3] mit Tagungen und politischen Hintergrundgesprächen durchgeführt. Ziele der in den verschiedenen Evangelischen Akademien durchgeführten Veranstaltungen sind Evaluation, ethische Reflexion und Unterstützung der Policy-Entwicklung. Die Policy-Orientierung dieses Projekts bedeutet, dass evangelische Friedensethik und das Leitbild des gerechten Friedens in politische, militärische und wirtschaftliche Kontexte hinein anschlussfähig formuliert werden.

Und die Evangelische Friedensarbeit hat im Jahr 2016 eine internationale ökumenische Konsultation »How to become a just peace church – Gesellschaftlicher Wandel und Erneuerung der Kirche aus dem Geist des Gerechten Friedens«[4] veranstaltet. Wie können Kirchen zu Kirchen des gerechten Friedens werden? Und das in gesellschaftlichem Wandel und zur Erneuerung der Kirchen aus dem Geist des gerechten Friedens? Mit diesen Fragen beschäftigte sich die Konsultation in Berlin. Alle Teilnehmenden haben sich auf einen Prozess eingelassen, der einen Schritt auf dem Pilgerweg der Gerechtigkeit und des Friedens darstellt. Eine Einsicht dabei war, dass es ein langer Weg ist zum Frieden, der nur in der ökumenischen Gemeinschaft gelingen kann. Die Konsultation hat zur Ermutigung auf diesem Weg beigetragen.

2. Auf dem Weg zu einer *Kirche* der Gerechtigkeit und des Friedens

»Frieden« ist Kernthema der biblischen Botschaft und der Kirche. In jedem Gottesdienst wird daran erinnert, aus welcher Quelle die Kirche lebt: »Der Friede Gottes, der höher ist als alle unsere Vernunft, bewahre unsere Herzen und Sinne in Christus Jesus, unserem Herrn« (Phil 4,7). Und auch am Ende des Gottesdienstes hat der Frieden das letzte Wort: »... und schenke dir Frieden«.

---

[3] https://www.evangelische-akademien.de/projekt/dem-frieden-der-welt-zu-dienen/ (18.06.2019).

[4] »How to become a Just Peace Church«. Gesellschaftlicher Wandel und Erneuerung der Kirche aus dem Geist des Gerechten Friedens. Internationale Friedenskonsultation, epd Dokumentation 04/2017.

Wenn der Frieden ein Kennzeichen der Kirche (*nota ecclesiae*) ist, muss das Bestreben der Kirche heute sein, eine Kirche des gerechten Friedens zu werden. Wie aber ist das möglich? Zunächst einmal dadurch, dass auf allen Ebenen kirchlicher Arbeit erkannt wird, dass das Friedensthema in seiner Breite kein Randthema der Kirche, sondern ihr zentrales Thema ist. Wenn wir Friede mit Gott durch Jesus Christus haben (Röm 5,1) und Christus unser Friede ist (Eph 2,14), sind wir in der Mitte der Rechtfertigungsbotschaft und in der Mitte der Kirche angekommen. Und dabei geht es nicht um ein spiritualistisches oder individualistisches Friedensverständnis »Ich und mein Gott«, sondern um den Einzelnen wie um Kirche und Welt.

Eine Kirche des gerechten Friedens lebt aus Gottes Frieden und sorgt für gerechten Frieden. Sie lädt zum Frieden mit Gott ein, lebt den Frieden in der Gemeinde und engagiert sich für den Frieden in dieser Welt. Es ist also theologisch gesprochen auch eine Frage der Ekklesiologie, die hier verhandelt wird. Das heißt aber, dass auf allen Ebenen kirchlicher Arbeit das Friedensthema in umfassender Weise verhandelt wird: in der theologischen Ausbildung, in der Verkündigung und der Bildungsarbeit, in der Art und Weise, wie in der Kirche Konflikte angegangen und gelöst werden, in Verlautbarungen, in denen die Kirche Stellung nimmt und im tätigen Friedensengagement. Gemeindeaufbau aus dem Frieden Gottes wäre die Konsequenz und das Reformatorische heute. *Ecclesia semper reformanda* – die Kirche erneuert sich aus dem Geist des Friedens.

3. Auf dem Weg zu einer Kirche der *Gerechtigkeit und des Friedens*

Das Leitbild des »gerechten Friedens« verdankte sich seit den großen ökumenischen Versammlungen 1988/98 sehr wesentlich ökumenischen Impulsen. Die Trias von »Gerechtigkeit, Frieden und Bewahrung der Schöpfung« wirkte auch auf die Konzeption der Friedensdenkschrift von 2007 ein. Der »Ecumenical Call to Just Peace«[5] (Ökumenischer Aufruf für einen gerechten Frieden) des Ökumenischen Rates der Kirchen aus dem Jahr 2011 verwendet das »Just Peace« (gerechter-Friede)-Konzept als ein analytisches Rahmenkonzept (*framework of analysis*), das auch Handlungskriterien (*criteria for action*) anbietet – und damit eine grundlegende Verschiebung in der ethischen Praxis (*a fundamental shift in ethical practice*) umfasst. »Just Peace« solle damit für einen neuen ökumenischen Konsens über Frieden und Gerechtigkeit (*new ecumenical consensus on justice*

---

[5] http://www.overcomingviolence.org/fileadmin/dov/files/iepc/resources/ECJustPeace_English.pdf (18.06.2019)

and peace) stehen bzw. diesen prozessual ermöglichen, insbesondere im Verhältnis zwischen globalem Süden und den Ländern des Nordens.

Die ÖRK-Vollversammlung in Busan/Südkorea nahm 2013 diesen »Call to Just Peace« auf und erweiterte ihn zu einem noch deutlicher prozessualen Friedensverständnis, zu einer Einladung, an einer »Pilgrimage of Justice and Peace«[6] teilzunehmen. Im Zusammenhang mit der Pariser Weltklimakonferenz wurden hier intensiv Fragen der Klimagerechtigkeit, der Nachhaltigkeit und der ökologischen Transformation des westlich geprägten Wirtschaftsmodells aufgenommen. Dies macht deutlich, dass »gerechter Friede« nicht ausschließlich in – im engeren Sinne – politischen Kategorien beschrieben werden kann.

Das Wort »Pilgerweg« wurde gewählt, um auszudrücken, dass es sich um einen Weg mit einer tiefen spirituellen Bedeutung und mit hochtheologischen Konnotationen und Auswirkungen handelt. Als »Pilgerweg der Gerechtigkeit und des Friedens« ist es weder ein Weg hin zu einem konkreten Ort auf der Landkarte, noch eine einfache Form des Aktivismus. Es ist vielmehr ein verwandelnder Weg, zu dem Gott aufgerufen hat, in Erwartung des letztlichen Ziels für die Welt, das der dreieinige Gott bewirkt.

Mit der Formulierung »der Gerechtigkeit und des Friedens« (in Erweiterung des Begriffs »gerechter Friede«) kann auch auf mögliche Spannungsfelder zwischen Gerechtigkeit und Frieden hingewiesen werden. Es mag Situationen geben, in denen eine Entscheidung notwendig ist, die Priorität auf eines von beiden zu legen. Wer sich für Gerechtigkeit einsetzt, wer Täter anklagt, Menschenrechtsverletzungen öffentlich macht und Opfer in Schutz nimmt, kann damit bestehende Konflikte verschärfen. Wer sich dagegen mit gewaltfreien Mitteln für ein friedliches Zusammenleben einsetzt, muss sich gelegentlich fragen lassen, ob dabei schweres Unrecht nicht zu schnell ad acta gelegt wird, ob Opfern von Gewalt nicht Rechte vorenthalten werden. Dennoch wissen wir, wie eng Gerechtigkeit und Frieden zusammengehören. Die Bibel spricht davon, dass Friede und Gerechtigkeit sich küssen sollen (Ps 85). Ohne Gerechtigkeit gibt es keinen Frieden – bestenfalls eine (vorübergehende) Waffenruhe. Aber ohne Frieden gibt es auch keine Gerechtigkeit, denn Krieg ist selbst ein Verbrechen.

Aufgabe der EKD-Synode im Herbst 2019 wird es sein, die Friedensbotschaft des Evangeliums neu in die gegenwärtigen Herausforderungen und Aufgaben hineinzusprechen. Es geht darum, das Leitbild des gerechten Friedens in der Vielfalt der Bezüge zu entfalten: als geistliche Praxis und theologische Rechenschaft, als ethische Orientierung, in seiner politischen Relevanz, in ökumenischer Weite und ausgerichtet auf kirchliche Erneuerung. Neben der Aufgabe, evangelische Friedensethik weiterzudenken, soll eine Selbstverpflichtung der evangelischen Kirche stehen, ihre eigene Botschaft und Gestalt zu prüfen und kon-

---

[6] https://www.oikoumene.org/en/resources/documents/central-committee/geneva-2014/an-invitation-to-the-pilgrimage-of-justice-and-peace (18.06.2019)

krete Schritte auf dem Weg zu einer »Kirche der Gerechtigkeit und des Friedens« zu gehen.

Es mag dabei bleibende Unterschiede in den Überzeugungen geben, welches der beste Weg zum Frieden ist. Eines aber ist als Konsens festzuhalten: Die Botschaft der Gewaltfreiheit Jesu fordert jeden einzelnen Christenmenschen und die ganze Kirche heraus, sie drängt die Kirche dazu, den Vorrang der gewaltfreien und zivilen Instrumente der Konfliktlösungen zu stärken. Dabei zeigt auch die Praxis, dass es hier nicht um Utopie, sondern um realistische Optionen geht. Es gibt genug zu tun, um diesen Weg weiterzugehen. Dazu soll die Synode der EKD im Jahr 2019 einen Beitrag leisten.

II. Grundlagen für eine Ethik der Gewaltfreiheit

Frieden geht
Friedensspiritualität im Gespräch mit den Psalmen 120–134

Klara Butting

Zusammenfassung:
Zum Engagement für Frieden gehört eine innere Arbeit, die wir heutzutage »Spiritualität« nennen. Denn Gewalt hat auch unsere Fantasie und Vorstellungskraft vergiftet. Wie lässt sich Fantasie reformieren? Wie können wir unsere Herzen und Ohren für Frieden offenhalten? Wie können wir verhindern, dass Wut und Entsetzen zu Resignation, zu ohnmächtiger Radikalität oder auch zu unmerkbarer Gewaltgläubigkeit führen? Am Beispiel der Psalmen 120-134, der sogenannten Wallfahrtspsalmen, wird deutlich, dass die biblische Überlieferung ein Gesprächsraum für diese Fragen ist. Die 15 Wallfahrtspsalmen konstruieren eine Pilgerreise, um die Visionen von Frieden zu retten und die eigene Friedensfähigkeit zu schulen. Wir bekommen Anteil an der Verarbeitung von Gewalterfahrungen im Lichte einer jahrhundertelangen Tradition. Wir werden herangeführt an Schmerzpunkte, die im Engagement für einen gerechten Frieden bearbeitet werden müssen. Wir werden mitgenommen in eine fundamentale Auseinandersetzung, in der wir Freiheit im Denken und Handeln Richtung Frieden zurückgewinnen.

Erschrecken und Scham stehen am Anfang der sogenannten Wallfahrtspsalmen: »Wehe mir, viel zu lange habe ich unter Menschen gelebt, die den Frieden hassen!« (Ps 120,5 f.). Der oder die, die hier betet, die »Ich-Figur«, hatte sich Hilfe suchend an Gott gewandt, weil Hassrede sie kaputtmacht. Sie hat sich Rettung ausgemalt. Pfeile des Krieges hat sie denen gewünscht, die mit ihrer Sprachgewalt die Welt verdrehen und die Menschenrechte zerstören. Nach diesem Ausbruch folgt die Bestürzung: Wehe mir, Hass hat mich verformt. Gewalt hat in meiner Seele Früchte getragen. Ich rede wie sie, ich hasse wie sie. Wehe mir!

Vermutlich stellt sich dieses Erschrecken mit dem Engagement für Frieden irgendwann ein. Auf der Tagung »Auf dem Weg zur ›Kirche des gerechten Friedens‹« im Juni 2018 in Loccum erzählte Gesa Lonnemann davon, als sie ihre Arbeit bei der Evangelischen Jugend Niedersachsen beschrieb. Jugendliche sollten auf zwei Blatt Papier Assoziationen zu Krieg und Frieden aufschreiben. Bei allen füllte sich das Blatt zu »Krieg« in wenigen Minuten. Das Blatt zu

»Frieden« jedoch blieb fast leer. Unsere Vorstellungskraft ist offenbar von Gewalt durchdrungen, unsere Fantasie ist vergiftet. Zum Engagement für Frieden gehört deshalb auch eine innere Arbeit, ein Herumkauen auf Worten, die unser Denken öffnen – all das, was wir heutzutage »Spiritualität« nennen. Hinter dem Wort »Spiritualität« verbirgt sich die Erfahrung, dass der gesellschaftliche Streit nicht nur draußen stattfindet. Auch der eigene Körper ist ein Kampfplatz. Welchem Geist gebe ich in mir Raum? Welchen Erfahrungen gebe ich Gewicht? Welche Formen finden wir, die eigene Fantasie zu reformieren und utopische Vorstellungskraft zu üben? Wie halten wir unsere Herzen und Ohren für Frieden offen und verhindern, dass Leiden, Wut und Entsetzen zu Resignation, zu ohnmächtiger Radikalität oder auch zu unmerkbarer Gewaltgläubigkeit führen? Die biblische Überlieferung ist ein Gesprächsraum für diese Fragen, die die eigene Beheimatung und innere Haltung betreffen. Ich konzentriere mich im Folgenden auf einen kleinen Ausschnitt, die Psalmen 120–134, ein Beispiel und Übungsfeld biblischer Friedensspiritualität.[1]

In der anfänglichen Klage »Ich will Friede, aber ob ich auch rede, sie wollen Krieg« (Ps 120,7) kommt eine von Großmächten beherrschte Welt zum Vorschein – vermutlich ist es bereits die Zeit der hellenischen Vorherrschaft über den gesamten Vorderen Orient. »Global Player« bestimmen die Wirtschaft, Militär steht ihnen zur Seite. Kleinbauern verschwinden. Verelendung nimmt zu, neben unvorstellbarem Reichtum, und die scheinbare Alternativlosigkeit nimmt Herzen und Köpfe der Menschen gefangen. In dieser Situation konstruieren die 15 Psalmen, verbunden durch die Überschrift »ein Wallfahrtspsalm« bzw. »ein Pilgerlied«, eine Pilgerreise, um die Worte von Frieden zu retten und die eigene Friedensfähigkeit zu schulen. Ein Raum öffnet sich, in dem wir daran Anteil bekommen, wie Menschen vor uns ihre Gewalterfahrungen verarbeitet haben. Drei Wegetappen werden erkennbar, auf denen die Lieder an die unterschiedlichen Schmerzpunkte heranführen, die im Engagement für einen gerechten Frieden bearbeitet werden müssen.

1. Der Aufbruch (Ps 120–122)

Der Widerstand gegen Gewalt beginnt mit dem Ausbruch aus der Isolation. Die erste Etappe des Weges ist Gegenwehr gegen Vereinzelung. Carolin Emcke nennt es die wichtigste Bewegung gegen den Hass, »eine Bewegung ›aus sich heraus. Auf die anderen zu.‹«[2] Dabei ist eine der schwierigsten Fragen, wie es dazu kommt? Wie bewege ich mich aus mir heraus auf andere zu?

---

[1] Zur Auslegung der Wallfahrtspsalmen vgl. Butting 2018.
[2] Emcke 2016, S. 20.

In den Pilgerliedern werden zwei verschiedene Perspektiven sichtbar – typisch für die Psalmen, die kein Programm sind, sondern Erfahrungen verarbeiten und eröffnen. Aus der einen Perspektive beginnt der Aufbruch mit einer Veränderung im eigenen Körper: »Ich hebe meine Augen zu den Bergen« (Ps 121,1). Eine unscheinbare, aber große Veränderung, die den Ausbruch aus dem eigenen Kerker markiert. Ich lasse den Kopf nicht hängen, starre nicht mehr auf das, was sich nicht ändern lässt, sondern suche Hilfe. Mit der körperlichen Bewegung kommt Bewegung in festgefahrene Gedanken. Einst gehörte Worte stellen sich ein. »Der Ewige behütet dich vor allem Bösen, er behütet deine Seele« (Ps 121,7). Ich erinnere diese Worte, ich sage sie mir, ich sage sie weiter – und erfahre die Geborgenheit, die die biblische Überlieferung gibt: Ich bin nicht nur ich und muss nicht nur ich selber sein! Ich bin Teil einer Geschichte, die darauf zielt, dass jedes Menschenkind dieser Erde leben kann, geliebt und behütet. Die Worte der Überlieferung sind die ausgestreckte Hand der Vorangegangenen, die ich ergreife. Im Rückblick legt sich deshalb eine zweite Perspektive auf mein In-Bewegung-kommen nahe. Der Aufbruch wurde ermöglicht von anderen Menschen, die vor mir waren und mit mir unterwegs sind. Psalm 122 formuliert es so: »Ich freute mich über die, die zu mir sprachen: Zum Haus der EWIGEN wollen wir gehen« (Ps 122,1). Menschen, die daran festhalten, dass eine andere Welt möglich ist, rufen zum Aufbruch. Ihr Engagement verlangt Mitarbeit und Treue. Hoffnungslosigkeit wäre »eine Art von Luxus für die, die nicht in die Kämpfe verwickelt sind«.[3] Bei dem Ausbruch aus Erstarrung muss ich mich nicht auf meine Glaubenskraft verlassen, nicht meine eigene Hoffnung mobilisieren. Alle Konzentration und Energie gilt der Treue gegenüber denen, die sich auf dem Weg gemacht haben. Sie sind ein Anker der Hoffnung!

2. Der Blickwechsel (Ps 123–128)

Hörerinnen und Leser werden in den Pilgerliedern auf den Weg hinauf nach Jerusalem mitgenommen. In solcher Konkretheit liegt viel von der Fremdheit der biblischen Überlieferung. Uns werden nicht ewig gültige, eingängige Weisheitssprüche überliefert, sondern Erfahrungen von Menschen, geprägt von ihren Zeiten und Orten. Jerusalem, Ort eines Tempels, den es nicht mehr gibt, Ort einer immer wieder – und noch heute – enttäuschten Sehnsucht nach Frieden. Sich mit dieser Stadt zu beschäftigen trägt nicht unmittelbar bei zu unserer religiösen Erbauung. Doch gerade dieses Interesse unserer Überlieferung an Menschen in ihren sozialen und politischen Konfliktsituationen spiegelt das Geheimnis der biblischen Gottheit. Das Licht, auf das wir hoffen, kommt in den konkreten Auseinandersetzungen der Menschen, die leiden und für Veränderungen

---

[3] Sölle 1993, S. 36.

kämpfen, zum Vorschein. Auch heute noch. Wir finden in der Bibel keine Patentrezepte, sondern Mütter und Väter und Geschwister im Glauben, deren Hoffnungen uns halten, deren Erfahrungen an unseren Lernorten zu Kraftquellen werden können.

Jerusalem war Zentrum regionaler Wirtschaftsbeziehungen und Garant einer gewissen Autonomie unter Fremdherrschaft. Quer zu bekannten Formen von Eigenstaatlichkeit, unter dem harten ökonomischen Druck der vom Großreich verkörperten und vorangetriebenen Globalisierung, wurden regionale Ordnungsstrukturen erhofft und entwickelt. All die großen Interventionen des biblischen Wirtschaftsrechts gegen die Akkumulation von Boden und Reichtum sollten einen Ort finden: das Zinsverbot; die Beschränkung der Pfandnahme bei der Vergabe von Krediten; die Sabbatruhe; die Entschuldung alle sieben Jahre; das Almosenwesen, das darauf verzichtet, die eigenen Erträge allein für sich selbst zu beanspruchen; eine wiederkehrende Landreform alle 50 Jahre. Für das alles steht Jerusalem. Jerusalem verkörpert die Hoffnung auf regional organisierte Umverteilung und friedliches und gerechtes Zusammenleben. Doch die Realität sieht anders aus. Die Ankunft in Jerusalem wird zum Tiefpunkt des Pilgerweges. Jerusalem, der Hoffnungsort, ist Ort der Verzweiflung, Sitz der lokalen jüdischen Oberschicht, die von der globalen Herrschaftsordnung profitiert. Auf überregionalen Handelswegen entstanden für einige ungeahnte Verdienstmöglichkeiten. Die Produktion von Luxusgütern wie Öl oder Wein auf Großplantagen war lukrativ. Für Großbetriebe war Expansion lohnend, und damit wuchsen die Gier nach dem Land der Bauern und der Druck auf die kleinbäuerlichen Betriebe.

Die Pilgerlieder verarbeiten eine Erfahrung, die auch heute nicht fremd ist, wenn wir unsere Glaubensorte betreten. Es gibt sie – diese besonderen Orte Gottes. Weil Gott unter Menschen Raum gewinnen will, entstehen Räumen aus Steinen und Brettern, aus Paragraphen und Regeln. Doch auch an diesen besonderen Orten werden wir von den gesellschaftlichen Gewaltverhältnissen eingeholt. Wir wissen und predigen in unseren Kirchen über die Auswirkungen, die unser Konsum für Menschen in anderen Kontinenten hat. Wir wissen, dass faire Preise ein Gegengewicht gegen kriegerische Auseinandersetzungen sind, weil Menschen die Chance bekommen, ihre Gesellschaft zu gestalten, statt ums Überleben zu kämpfen. Warum geschieht dann so wenig? Warum ist die evangelische Kirche mit ihren großen diakonischen Einrichtungen nicht Vorreiterin im ökofairen Einkauf?

Das Leiden an der Korruption des Glaubens und der Glaubensorte hat der Komposition der 15 Pilgerlieder ihre Gestalt gegeben. Jerusalem, das Ziel der geistigen Beheimatung, wird eine Station auf dem Weg, der über das Ziel »Jerusalem« zu einem erneuerten »Jerusalem« hinausführt. Die Ankunft in Jerusalem ist die dritte Station (Ps 122), es folgen zwölf weitere. Die Suche nach Gott beginnt noch einmal. Aus der Pilgerreise werden eine Reihe von Straßenexerzitien, die immer wieder zur Auseinandersetzung mit Praxis und Glauben der eigenen Gemeinschaft zurückführen.

Auf dieser Suche nach Gott in Auseinandersetzung mit der eigenen Glaubensgemeinschaft wird die biblische Gottheit sichtbar bei Menschen, die die Armut zu überlangen Arbeitstagen nötigt, bei Sklavinnen und Sklaven, die rechtlos ihrer Herrschaft ausgeliefert sind, bei Bäuerinnen und Bauern unter dem Druck von Großgrundbesitzern, deren Kinder verpfändet und versklavt wurden zu Arbeitstieren. Aus ihrer Perspektive die Welt sehen, aus ihrer Perspektive formulieren, was gutes Leben ist, darum geht es den Liedern der zweiten Etappe. Sie singen von Menschenrechten, die allen Menschen gelten, sie dichten vom Recht auf unbedrohtes Wohnen und dem allgemeinen Menschenrecht auf Arbeit, die satt macht. Hier wird Lied, was die gesamte biblische Überlieferung charakterisiert. Lesend bestaunen wir nicht von ferne die Pyramiden der ägyptischen Pharaonen, sondern lernen die Perspektive derer, die auf den Großbaustellen Ägyptens geschuftet haben, gestorben sind und schließlich fliehen konnten. Nicht das Wirtschaftswachstum, die Wasserleitungen, Straßen und gewaltigen Grenzbefestigungsanlagen des römischen Reiches sind Kriterium unserer Urteilsbildung und Lebensorientierung, vielmehr treten wir in die Fußspuren von einem, der von diesem römischen Imperium ermordet wurde. Den Raum betreten, den die biblischen Erzählungen eröffnen, heißt eine neue Identität erlernen durch Verbundenheit mit Vorfahren und Geschwistern, die zu Sklavenarbeit gezwungen wurden. Die Taufe ist für uns Leute aus den Völkern das Grunddatum dieser besonderen Identität. Wir vertrauen unser Leben der Gotteserfahrung an, die die Befreiung geschundener Menschen ermöglicht hat: Gott schiebt die Wasser beiseite und schafft denen, die Gewalt erleiden, einen Ausweg zum Leben. Grundlegend für unser Zusammenleben ist nicht Geburtsrecht oder Volkszugehörigkeit, sondern die Erfahrung, dass Gott die bestehenden Verhältnisse aufbricht und verändert, um für Gequälte einen Platz zum Leben zu schaffen.

Mit der Aufforderung »so soll Israel sprechen« fasst Psalm 129 zum Auftakt der dritten Etappe dieses Selbstverständnis zusammen. Hörer und Leserinnen sollen sich die Worte und Erinnerungen von Kindern zu eigen machen, die zur Sklavenarbeit gezwungen wurden: »Zur Genüge haben sie mich bedrängt von meiner Jugend an – so soll Israel sprechen –, zur Genüge haben sie mich bedrängt von meiner Jugend an, doch sie haben mich nicht gebrochen. Auf meinem Rücken haben die Pflüger gepflügt, haben ihre Furchen lang gezogen« (Ps 129,1–3). Mädchen und Jungen, in deren Erinnerung Erde, aufgerissen vom Pflug, und Rücken, die die Peitsche zerfleischt, verschwimmen, werden Wortführer.

3. Der lange Weg zur Freiheit (Ps 129–134)

3.1. Der Schrei nach Gerechtigkeit

Gemessen an den Psalmen, die im Evangelischen Gesangbuch für den Gottesdienstgebrauch zusammengestellt wurden, weht in unseren Kirchen eine Spiritualität der Gewaltfreiheit auf Kosten von Menschen, die an Gewalt kaputt gehen. Es fehlt in dieser Psalmenauswahl das große Thema des biblischen Psalmenbuches, dass die biblische Gottheit dem Tun der Gewalttäter ein Ende setzen soll und setzen wird. Gewaltfreiheit wird erzielt durch Schweigen über die, die Gewalt üben. Aus der Perspektive von unten die Welt sehen lernen, impliziert Widerstand gegen dieses Schweigen. Der Aufschrei, dass die Herren und Nutznießer der Gewaltordnung nicht davonkommen werden, gehört in die Gemeinde, er ist ein Grundton der Bibel, der auch in den Pilgerliedern erklingt. Psalm 129 malt die Zukunft derer aus, die Menschen zu Sklavenarbeit erniedrigen. Das Elend, das sie verbreiten, holt sie ein. Die Zerstörung menschlicher Gemeinschaft, die sie unter den Menschen verbreiten, ist ihre Zukunft. Sie umgibt Missachtung. Keiner grüßt sie mehr. »Die vorbeigehen sprechen nicht: ›Der Segen der EWIGEN komme über euch!‹ ›Wir segnen euch mit dem Namen der EWIGEN!‹« (Ps 129,8) Das Lied malt aus, dass die, die für das Leiden der Menschen am Rande der Gesellschaft keinen Blick und keine Zeit haben, dieses Leiden am eigenen Leib erfahren. Kein Blick wird ihnen gewürdigt. Kein Wort an sie gerichtet. Sie erleben die Unsichtbarkeit, die in der Gegenwart die Arbeitssklavinnen und -sklaven umgibt. Sie werden gezwungen das Leid zu durchleiden, das sie anrichten.

Solche Bilder, in denen das Leid, das die Gegenwart zeichnet, auf die Täter zurückfällt, können wir nicht abtun als archaische Zeugnisse einer veralteten Religion. Sie begegnen auch im Neuen Testament. Sie gehören zum Unterwegssein zu einem gerechten Frieden. Denn es gibt keinen Frieden, wenn die Menschen, die Unrecht und Leid verursachen, nicht erkennen, was sie anderen Menschen antun. Die verheißene Heilung unseres Lebens bedeutet, dass die einen die Verletzungen der anderen an ihrem Körper spüren werden. Mit diesem Bild beschreibt Paulus die kommende versöhnte Menschheit. »Wenn ein Glied leidet, leiden alle Glieder mit. Wenn ein Glied verherrlicht wird, freuen sich alle Glieder mit« (1 Kor 12,26). Texte, die Gottes vergeltendes Gerechtigkeitshandeln fordern, sind ein Schritt in Richtung der erhofften Versöhnung. Sie machen den Schmerz der Opfer spürbar, auch dort, wo Menschen sich nicht freiwillig dem Schmerz anderer öffnen. Sie sind ein Schritt auf dem Weg dahin, dass die Täter die Tränen ihrer Opfer spüren werden.

Um die gewaltgetränkten Schreie nach Gerechtigkeit verstehen, ertragen und vielleicht sogar mitsprechen zu können, ist allerdings unerlässlich, was wir heutzutage intertextuelle Bibelauslegung nennen. Biblische Texte bilden ein

Textgefüge und wollen im Zusammenhang dieses Gefüges gehört und verstanden werden.[4] Das ist eine Binsenweisheit. Sie gilt für jedes Buch. Mit Blick auf die Bibel spricht aus dieser Weisheit jedoch auch das Geheimnis Gottes, um das das biblische Glaubensbekenntnis »der EWIGE ist Einheit« kreist (5 Mose 6,4). Gott, Quelle alles Lebendigen, ist auch Einvernehmen und Verständigung von allem, was lebt. In Gott und von Gott her ist das friedliche Zusammensein aller Kreatur möglich – auch dort, wo wir Menschen die Wege der Versöhnung nicht sehen. Sogar das Zusammenliegen von Wolf und Lamm wird denkbar. Deshalb geht der Zuspruch »es ist möglich!« »gutes Miteinander ist auf dieser Erde möglich!« allem Nachdenken voran. Doch solange der Weg dieser Versöhnung in Gott verborgen ist, stehen Wort und Widerwort, Hunger nach Gerechtigkeit und Sehnsucht nach Frieden nebeneinander. Dem Verlangen, dass die Täter die Schmerzen ihrer Opfer spüren, wird Raum gegeben, auch wenn noch verborgen ist, wie das geschehen kann, ohne dass die Gräuel sich wiederholen. Deshalb gehen wir in die Irre, wenn wir aus konträren Texten konträre Gottesbilder von einen »Gott der Rache« und einen »Gott der Liebe« machen. Mit diesen Gottesbildextrakten blenden wir das Zusammenspiel der verschiedenen Positionen aus und verschließen den Raum für Konfliktbearbeitung, den die vielstimmigen biblischen Texte gerade eröffnen wollen. These und Antithese, Wort und Widerwort, Bewegung und Gegenbewegung führen an die unterschiedlichen Schmerzpunkte heran, die bearbeitet werden müssen, damit die Schändung der Erde und des menschlichen Antlitzes ein Ende nimmt. Als eine Station unterwegs sind Vergeltungswünsche und Rachebilder lebenswichtig. Denn das Erlittene bleibt nicht Ohnmacht und Scham, es wird Zorn und öffentliche Rede. Die Opfer sprechen aus, was ihnen angetan wurde, ohne sich mit ihren Worten noch einmal selbst zu Opfern zu machen. Zugleich wird ihre Gerechtigkeitsfantasie begrenzt, weil der Weg weitergeführt und das Verharren in Zorn und Rachegefühlen begrenzt ist. Die Vergeltungswünsche sind in den Weg der Versöhnung eingeordnet und begrenzt durch die Vision vom Einvernehmen aller Kreatur – mit der auch der Psalter endet: »Alles was Atem hat, lobet den Herrn« (Ps 150).

3.2. Die Erwartung der Umkehr

Die Geschichte, in die wir beim Bibellesen hineingeraten, entspringt der Erfahrung, dass Solidarität stärker ist als Hass und Umkehr möglich macht. Auch in Abgründen von Schuld, Gewalt und zerstörten Beziehungen können sich Auswege öffnen. Psalm 130 singt davon und erinnert, dass Vergebung ein Wesensmerkmal Gottes ist. Der Psalm geht von der Erfahrung aus, dass Gott mir nahe gekommen ist, und verwandelt diese Erfahrung in die Erwartung, dass Gott

---

[4] Zum Verstehen des Psalters als Buchkonzeption vgl. Butting 2013.

auch zu den Herzen derer durchkommen wird, die Menschen zu Vieh und Ackerboden erniedrigen. Die eigene Gottesbeziehung wird als Gottes »Anzahlung« auf die kommende Zeit verstanden, in der auch die Sklavenhalter aufhören mit ihrem Tun. »Er selbst wird Israel auslösen aus all seinen Verfehlungen« (Ps 130,8). In der Sprache christlicher Systematik: Die erfahrene Versöhnung ist Grund, auf die universale Erlösung zu hoffen, die noch aussteht.

Für gegenwärtige Spiritualitätssuche liegt hier eine Herausforderung. Denn die Geborgenheit in Gott ist nicht Zielpunkt des spirituellen Weges, sondern Quelle der Sehnsucht auf Befreiung der ganzen Erde. Wir lernen die Worte des Vaterunsers »Erlöse uns von dem Bösen« neu sprechen. Die individualistische Reduktion des Glaubens, die gerade in Gesprächen über diese Bitte zu beobachten ist, findet zurück zur Gemeinschaft. Es geht nicht mehr nur darum, dass Einzelne geborgen in Gott leben können mitten in einer Welt voller negativer Erfahrungen. Die Bitte »erlöse uns von dem Bösen« führt weit darüber hinaus. Erlösung vom Bösen – das ist die Befreiung alles Geschaffenen von Schuld, Zerstörung und Gewalt. Erlösung vom Bösen – darauf zielt die Sehnsucht aller Kreatur.

Dabei ist die Hoffnung, dass Gott etwas tun wird, keine Flucht hinaus aus der Welt hinein in die Religion. Die Hoffnung auf Gottes Wort und Initiative reißt die Schranken des Denkbaren im Heute nieder und rechnet mit der Möglichkeit eines Neuanfangs auch dort, wo alle Realität dagegen spricht. Auch diejenigen, die anders handeln und denken, als das Gebot der Mitmenschlichkeit ihnen gebietet, sind ansprechbar, auch sie können umkehren. Wir Menschen sind nicht festgelegt auf das, was wir getan haben. Wir können auch anders. Was diese Gewissheit für den »langen Weg zur Freiheit« bedeutet, erzählt Nelson Mandela in seiner Autobiographie, wenn er die Politik des »African National Congress« (ANC), der führenden südafrikanischen Organisation im Kampf gegen die Apartheid, beschreibt. Ihre Politik war »zu versuchen, alle Menschen zu erziehen selbst unsere Feinde«. Nelson Mandela und seine Gefährten sind selbst in der 27 Jahre währenden Gefängnishaft davon nicht abgerückt. »Wir glauben, dass alle Menschen, selbst Gefängnisaufseher, fähig wären, sich zu ändern, und wir taten unser Bestes, um Einfluss auf sie zu nehmen.«[5] Es ist anrührend und ermahnend, wie er immer wieder kleine Gesten der Menschlichkeit und selbst Worte der Höflichkeit als »nützliche Erinnerung« daran deutet, »dass alle Menschen, und seien sie auch scheinbar noch so kaltschnäuzig, einen anständigen Kern haben, und wenn ihr Herz angerührt wird, können sie sich ändern«.[6]

In einer Begegnung mit Batsheva Dagan vor einigen Jahren bei einem Seminar über Rachepsalmen in Ravensbrück ist mir deutlich geworden, dass die konträren Positionen, die die Psalmen 129 und 130 reflektieren – einerseits der Wunsch nach Rache, andererseits die Erwartung der Umkehr –, sich auch als

---

[5] Mandela 2016, S. 562.
[6] A. a. O., S. 620.

Stationen eines Lebensweges verstehen lassen. Batsheva Dagan, die als junges Mädchen in den Konzentrationslagern Ravensbrück und Auschwitz interniert war, erzählte von einem Brief, den sie 1945 an eine der Aufseherinnen des Konzentrationslagers Ravensbrück geschrieben hatte:

> »Wir, Ihre Opfer, wollen Sie nicht sterben sehen, wir wollen vielmehr, dass Sie leben, wie wir es auch mussten, mit Schwaden aus schmutzigem, schwarzem Rauch aus den Schornsteinen des Krematoriums ständig vor unseren Augen. Wir wollen, dass Sie schwere Steine schleppen, barfuß in Lumpen. Wir wollen sehen, wie Sie geschlagen werden, grausam und gnadenlos, wie Sie grausam und gnadenlos geschlagen haben. [...] Wir wollen, dass Sie hungrig dahinvegetieren, dass Sie nachts nicht schlafen können, so wie wir es nicht konnten. [...] Sie, ja auch Sie, müssen gezwungen werden, hinzuschauen, während die, die Ihnen nahe stehen, in den Tod geschickt werden.«[7]

Sie erzählte, dass sie in diesem Brief die Rachewünsche formuliert hat, die sie und viele ihrer Leidensgefährtinnen im Konzentrationslager am Leben erhalten haben. Durch die Rachefantasien konnten sie aussprechen, was ihnen angetan wurde, und doch waren sie in dem Moment keine Opfer. Das Menschenunwürdige, das sich dem Begreifen entzieht, fand Worte, und mit ihnen fanden die entwürdigten Menschen ihre Würde.

Nach der Befreiung vom Faschismus hat Batsheva Dagan sich ihr Leben lang gegen Gewalt engagiert. Jahrzehnte später hat sie noch einmal an die Aufseherinnen von Ravensbrück geschrieben: »Meine Rache ist die – ich lebe gegen euer Verdikt! Ich lebe und dies in meinem eigenen Land! Als Zeitzeuge enthülle ich euer schreckliches Geheimnis, damit dies nie wieder geschieht!«[8] In der Erwartung, dass jeder Mensch lernen kann, wurden die Rachewünsche verwandelt in Arbeit an Umkehr. Die Rachefantasie war eine Station auf einem Weg der Hingabe an die Verpflichtung »Nie wieder Faschismus!«, »Nie wieder Krieg!«.

3.3. Eine Spiritualität der Gewaltfreiheit

Mit dem Leitbild des gerechten Friedens haben die christlichen Kirchen Gerechtigkeitsverlangen und Friedenssehnsucht miteinander verknüpft. Das Verlangen, dass die verletzte Würde der Opfer wiederhergestellt wird, das immer wieder auch befreiende Gewalt herbeisehnt, wird begleitet von der Friedensverheißung, dass alle Menschen lernen und umkehren können, und gutes Miteinanderleben auf dieser Erde möglich ist. Dieser Weg eines gerechten Friedens ist ein beharrlicher Balanceakt. Die innere Arbeit, die er fordert, wird in den

---

[7] Dagan 2006, S. 101.
[8] A.a.O., S. 105.

Pilgerliedern spürbar, wenn den beiden Stimmen, die Gerechtigkeit verlangen (Ps 129) und Solidarität in der Schuld einfordern (Ps 130), in Psalm 131 eine dritte Stimme folgt, die von der Disziplin berichtet, die in der Erwartung gesellschaftlicher Veränderung steckt: »EWIGE! Nicht überhebt sich mein Herz, nicht versteigen sich meine Augen, nicht gehe ich mit Großem, mit mir zu Wunderbarem um. Geebnet, zur Ruhe gebraucht habe ich meine Seele« (Ps 131,1 f.). Alle Konzentration ist darauf gerichtet, in der Realität standzuhalten. Hoffnung heißt, sich keine Illusionen über die eigenen Möglichkeiten und gesellschaftlichen Zustände zu machen und sich trotzdem nicht achselzuckend abzuwenden. Dietrich Bonhoeffer hat diese innere Arbeit »Zucht« genannt. Im Juli 1944 im Gefängnis in Berlin-Tegel schrieb er darüber seinem Freund Eberhard Bethge in dem Gedicht »Stationen auf dem Weg zur Freiheit«, dessen zweite Strophe sich wie eine Neuvertextung von Psalm 131 anhört: »Nicht das Beliebige, sondern das Rechte tun und wagen, / nicht im Möglichen schweben, das Wirkliche tapfer ergreifen, / nicht in der Flucht der Gedanken, allein in der Tat ist die Freiheit.«[9]

Psalm 131 beschreibt einen konkreten Schritt, der zu dieser Disziplin der Hoffnung gehört: Still werden! Still werden ist ein unentbehrliches Mittel, sich dem Zugriff der herrschenden Mächte und Ideologien zu entziehen. Still werden heißt, sich selbst unterbrechen und wahrnehmen, was mich antreibt: Treibt mich Empörung? Treibt mich heimlich Resignation, die das Feld den Großmächten, ihren ökonomischen Ambitionen und ihrem Militär überlässt? Still werden heißt zugleich heraustreten aus Verpflichtungen und eingefahrenen Gedanken und die eigenen Möglichkeiten neu entdecken. Um die Vision einer umfassenden Verwandlung festzuhalten, die weder Wunschdenken, noch gefährliche Schwärmerei ist, muss im Inneren eine fundamentale Auseinandersetzung stattfinden, um die Freiheit im Denken und Handeln zurückzugewinnen.

Den Freiheitsraum, der sich in der Stille öffnet, fasst der Psalm in ungewöhnliches Bild: »Wie ein Entwöhntes bei seiner Mutter, wie das Entwöhnte bei mir – so ist meine Seele« (Ps 130,2). Ein Entwöhntes ist ein ca. dreijähriges Kind, ein Kleinkind an der Hand oder auf der Schulter der Mutter. Das Gleichnis von dem »Entwöhnten bei seiner Mutter« versucht Geborgensein und Erwachsenwerden zu einen. Das Wort »entwöhnen« deutet ein Beziehungsgeschehen an, das Vertrauen im Wissen um die eigene Mündigkeit ermöglicht. Gott wird hier gedacht im Bild einer Mutter, die hofft, dass ihr Kind sich trösten lässt und ihr trotzdem nicht mehr am Rockzipfel zerrt. Ein wunderbares Bild für Friedensspiritualität! Denn die Bildsprache verneint die Hoffnung auf die Intervention einer himmlischen Regierungszentrale, die alles, was mich stört und bedrängt, verschwinden lässt – eine Gottesvorstellung, die der Großmachtpolitik entlehnt ist, in der der Glaube an die erlösende Macht der Intervention irgendwelcher

---

[9] Bonhoeffer 1962, S. 250.

Großer schlummert und die deshalb vermutlich immer wieder zum Einknicken angesichts von Großmachtpolitik führt. Gott zu erwarten als die ständige Möglichkeit zur Verwandlung zum Guten, die jeder Situation innewohnt, heißt nicht, wie ein schreiendes Baby darauf zu bestehen, dass jetzt meine Bedürfnisse gestillt und meine Vorstellungen Wirklichkeit werden. Psalm 131 sieht uns Menschen im Gespräch mit einer Gottheit, die auf ein mündiges Gegenüber setzt. Die Erwartung Gottes zielt auf das Wunder, dass die Realität sich verändert, weil ein neues Kraftfeld entsteht, weil wir achtsam werden, d. h. auf unsere Möglichkeiten achten, zu denen Gott uns hier und jetzt drängt.

Literaturverzeichnis

Bonhoeffer, Dietrich (1962): Widerstand und Ergebung, München.
Butting, Klara (2013): Erbärmliche Zeiten – Zeit des Erbarmens. Theologie und Spiritualität der Psalmen, Uelzen.
Butting, Klara (2018): In die Gänge kommen. Die Psalmen 120–134. Ein Pilgerweg der Gerechtigkeit und des Friedens, Uelzen.
Dagan, Batsheva (2006): Gesegnet sei die Phantasie – verflucht sei sie! Erinnerungen an »Dort«, Berlin.
Emcke, Carolin (2016): Gegen den Hass, Frankfurt am Main.
Mandela, Nelson (2016): Der lange Weg zur Freiheit. Autobiographie, Frankfurt am Main.
Sölle, Dorothee (1993): Mutanfälle, Hamburg.

Gerechtigkeit und Frieden
Eine biblische Grundlegung
Walter Dietrich

Zusammenfassung:
»Gerechtigkeit« und »Friede« sind zentrale Begriffe und Werte der Bibel Alten und Neuen Testaments. Gerechtigkeit ist immer wohltuend, nie strafend. Gerechtigkeit wird geübt von Gott und sollte auch von den Menschen geübt werden. Das ist nicht immer leicht, aber verheißungsvoll. Friede ist ein hohes, gerade in biblischen Zeiten aber höchst bedrohtes Gut. Die biblischen Menschen erfuhren: Er lässt sich durch Macht nicht sichern: weder durch militärische noch durch politische noch durch göttliche. Er beruht auf – Gerechtigkeit.

1. Gerechtigkeit

»Gerechtigkeit« ist ein zentrales Thema der Bibel. Im Alten Testament begegnet die einschlägige Wortwurzel ṣdq[1] in ihren verschiedenen Ableitungen über 500-mal, und zwar in allen Literaturbereichen. Im Neuen Testament erscheint Gerechtigkeit[2] als Ziel christlicher Ethik und Rechtfertigung als dogmatischer Schlüsselbegriff.

1.1. Das Wesen der Gerechtigkeit

Die Derivate der hebräischen Wurzel ṣdq besitzen – ähnlich wie die deutschen Äquivalente – eine große Bedeutungsbreite. ṣaedaeq ist ein gerechter, richtiger Zustand, das Verb ṣdq und das Nomen ṣᵉdāqāh beschreiben ein rechtes, Recht schaffendes Handeln, und ṣaddîq ist ein rechtschaffener, aufrechter Charakter. Nirgendwo tragen diese Begriffe eine negative Konnotation, etwa im Sinne einer

---

[1] In Quadratschrift: צדק.
[2] Der griechische Grundbegriff lautet δίκη; die Ableitungen sind: δικαιόω, »gerecht handeln«, δίκαιος, »gerecht«, und δικαιοσύνη, »Gerechtigkeit, Rechtfertigung«.

strafenden oder gar rächenden Gerechtigkeit. Vielmehr geht es immer um ausgeglichene, wohltuend geordnete, lebensfreundliche Verhältnisse: im menschlichen Zusammenleben wie in der Gottesbeziehung. Wer solche Gerechtigkeit vorübergehend oder dauerhaft entbehren muss, ersehnt sie – und erwartet sie von denen, die sie gewähren können. Recht zu üben, ist zuerst Aufgabe des Stärkeren gegenüber dem Schwächeren. Als Erster ist Gott gerecht – zur Freude der ganzen Schöpfung.

> Der Himmel freue sich, und es jauchze die Erde,
>   es brause das Meer und was es erfüllt.
> Es frohlocke das Feld und alles, was es trägt;
>   jubeln sollen alle Bäume des Waldes
>   vor Jhwh, denn er kommt,
>   denn er kommt, die Erde zu richten;[3]
> er richtet den Erdkreis mit Gerechtigkeit (ṣaedaeq)
>   und die Völker in seiner Treue. (Ps 96,11–13)[4]

Gerecht zu sein oder zu werden, ist aber auch oberstes Ziel aller Frommen. Von Gerechten muss niemand etwas Böses befürchten, darf man vielmehr Gutes erhoffen, so wie Gerechte von Gott Gutes erhoffen dürfen.[5]

> Wohl dem, der nicht dem Rat der Frevler folgt
>   Und nicht auf den Weg der Sünder tritt ...
> Er bringt seine Frucht zu seiner Zeit,
>   und seine Blätter welken nicht.
> Alles, was er tut, gerät ihm wohl. ...
>   Denn Jhwh kennt den Weg der Gerechten (ṣ^{e}ddîqîm). (Ps 1,1.3.6)

Was aber ist mit solchen, die dem Ideal der Gerechtigkeit nicht gerecht werden? In Psalm 1 heißen sie »Frevler«; ihnen wird ein ungutes Schicksal in Aussicht gestellt. Man könnte fragen, ob solche Zuweisungen nicht religiöses Leistungsdenken und frommen Dünkel fördern: Weil und sofern ich rechtschaffen bin, verdiene und erwarte ich, dass mir recht getan wird. Und wer meinen Vorstellungen von Gerechtigkeit nicht entspricht, wird früher oder später die verdiente Strafe empfangen. Werden so nicht Menschen wohlfeil aufgeteilt in Gerechte und Ungerechte, Gute und Schlechte? Und wird Gott nicht vereinnahmt für den ei-

---

[3] Hier ein Begriff, der oft in Verbindung mit ṣdq auftritt: špṭ; geläufig ist etwa das Wortpaar mišpāṭ ûṣ^{e}dāqāh, »Recht und Gerechtigkeit«.

[4] Bibelzitate hier und im Folgenden nach der Neuen Zürcher Bibel 2007.

[5] Im folgenden Zitat (wie auch in weiteren) fallen die maskulinen Formulierungen ins Auge; doch damals waren diese tatsächlich inklusiv gemeint.

genen und gegen fremde Lebensentwürfe? Dies alles bedeutete eine völlige Verkennung des Wesens biblischer Gerechtigkeit: Sie ist in erster Linie Evangelium und nur in zweiter Linie auch Gesetz. Ich erfahre Gottes aufrichtende Gerechtigkeit – und habe sie doch kaum wirklich verdient. Gott verhilft mir zu meinem Recht – sollte ich dann nicht auch meinerseits Recht üben? Ich verkehre mit Rechtschaffenen – und bin es dann gern auch selbst.

Es zeigt sich: Die paulinische Lehre von der Rechtfertigung des Sünders ist im Alten Testament grundgelegt. Die Christusgestalt fehlt zwar noch, doch auch sie schattet sich bereits ab: in Propheten etwa, die sich bei Gott für die Ungerechten einsetzen,[6] oder in dem leidenden Gottesknecht, der »Vielen zur Gerechtigkeit hilft«.[7] Zugleich ist auch die zweite Hauptrichtung neutestamentlicher Gerechtigkeitsaussagen im Alten Testament vorbereitet: die Forderung nach dem Rechttun am Nächsten und vor Gott.[8]

1.2. Das Tun der Gerechtigkeit

Biblische Gerechtigkeit ist weniger ein Theorem als vielmehr etwas höchst Praktisches, das *getan* werden will (oder schon getan wurde oder eben *nicht* getan wird).

1.2.1. Gottes Tun

Im Deboralied, einem der ältesten Texte des Alten Testaments, in dem der unerwartete Sieg israelitischer Stämme über eine Koalition feindlicher Städte gefeiert wird, heißt es:

> Sie besingen die Heilstaten (ṣidqôt) Jhwhs,
> die Heilstaten (ṣidqôt) an seinen Bewohnern des Landes in Israel.   (Ri 5,11)

Nicht Israels Krieger also haben Heldentaten vollbracht, sondern Gott »Heilstaten« (wörtlich: Rechttaten). Er verhalf seinem Volk zum Recht gegen militärisch und ökonomisch überlegene Stadtstaaten.

Auf der anderen Seite ein junger Text. Wohl nach dem Ende der Exilszeit haben deuteronomistische Redaktoren[9] die sogenannte Abschiedsrede Samuels formuliert. Darin fordert der Gottesmann an einer Volksversammlung die Leute auf: »Stellt euch auf, dann will ich mit euch vor Jhwh allen Heilstaten (ṣidqôt) Jhwhs, die er euch und euren Vorfahren erwiesen hat, Anerkennung verschaffen«

---

[6] Zum Beispiel Am 7,2f.5f.; Jer 18,20; 37,3; Ez 9,8; 11,13; vgl. auch Ex 32,30ff.; Hi 42,8.
[7] Jes 53,11.
[8] Vgl. etwa Mt 5,6.20; 25,37.46.
[9] So bezeichnet, weil sie im Geist des Deuteronomiums schreiben.

(1Sam 12,7). Samuel bewegt die Sorge, Israel könne die Heils- bzw. Rechttaten Gottes vergessen und sich auf von Gott wegführende Abwege begeben.

Die Psalmen sind voller Lobpreis des »gerechten«, d. h. hilfreichen Gottes.

Jhwh ist gerecht (ṣaddîq),
    er liebt Rechttaten (ṣ^{e}dāqāh). (Ps 11,7)

Hoheit und Pracht ist sein Tun,
    und seine Gerechtigkeit (ṣ^{e}dāqāh) bleibt für immer bestehen. (Ps 111,3)

Gnädig ist Jhwh und gerecht (ṣaddîq),
    und unser Gott ist barmherzig. (Ps 116,5)

Von Leid Betroffene rufen den »gerechten« Gott zu Hilfe.

Erhöre mich, wenn ich rufe,
    Gott meiner Gerechtigkeit (ṣædæq). (Ps 4,2)

Ich will nicht zuschanden werden auf ewig,
    in deiner Gerechtigkeit (ṣ^{e}dāqāh) rette mich. (Ps 31,2)

Wer Rettung erfahren hat, bricht in Jubel aus.

Wegen der Großtaten des Herrn Jhwh komme ich herein,
    deine Gerechtigkeit (ṣ^{e}dāqāh) allein will ich rühmen. (Ps 71,16)

Der gerechte und dabei gnädige Gott (bzw. der Glaube an ihn) spricht auch aus den prophetischen Schriften des Alten Testaments.

Ich verlobe dich [Israel] mir in Gerechtigkeit (ṣædæq) und Recht,
    in Gnade und Erbarmen. (Hos 2,21)

Außer mir gibt es sonst keinen Gott,
    einen gerechten (ṣaddîq), rettenden Gott gibt es nicht außer mir. (Jes 45,21)

Wie ein Widerhall dazu klingt es, wenn Paulus – unter ausdrücklicher Berufung auf die alttestamentlichen Schriften, aber zugleich mit Fokus auf das Christusereignis – erklärt: »Jetzt ist erschienen die Gerechtigkeit Gottes, bezeugt durch das Gesetz und die Propheten, die Gerechtigkeit Gottes, die durch den Glauben an Jesus Christus für alle da ist, die glauben« (Röm 3,21 f.).

1.2.2. Der Menschen Tun

Nachdem Gott »gerecht« ist, sollen es auch die Menschen sein.

»Gerechtigkeit« ist ein Leitbegriff der alttestamentlichen Gesetzgebung. Die relativ älteste Gesetzessammlung, das sogenannte Bundesbuch, untersagt, dass der »Unschuldige und Gerechte (ṣaddîq)« zu Tode gebracht und der Schuldige »gerecht gesprochen« (Verb ṣdq) wird; keinesfalls darf man sich durch Bestechung gegen die Sache der »Gerechten« (ṣ^{e}ddîqîm) einnehmen lassen (Ex 23,7 f.). Auch das Deuteronomium, eine Novelle des Bundesbuchs, verlangt, dass nach »Rechtsgrundsätzen der Gerechtigkeit (ṣædæq)« gerichtet wird (Dtn 16,18). Und dann, sehr eindringlich: »Jage der Gerechtigkeit (ṣædæq) nach, einzig der Gerechtigkeit (ṣædæq)« (Dtn 16,20). Das sogenannte Heiligkeitsgesetz, eine nochmals jüngere Rechtssammlung, erwartet vom Gericht Objektivität: Weder der »Arme« noch der »Große« darf bevorzugt, vielmehr soll »in Gerechtigkeit (ṣædæq)« geurteilt werden (Lev 19,15).

»Gerechtigkeit« ist Richtlinie nicht nur für den juridischen, sondern für alle Bereiche des Lebens. Der König hat dafür zu sorgen, dass sie sich in seinem Land ausbreitet (Jer 22,15; Ps 72,7; Spr 16,12). Die »ganze Nation soll erhöht werden durch die Gerechtigkeit (ṣ^{e}dāqāh)« (Spr 14,34). Aus der Sicht der Propheten hat jede und jeder einzelne diesem Ziel nachzustreben:

> Wahrt das Recht und übt Gerechtigkeit (ṣ^{e}dāqāh);
>   denn bald schon kommt mein Heil,
>   und meine Gerechtigkeit (ṣ^{e}dāqāh) wird offenbar.   (Jes 56,1)
>
> Sät für euch, wie es der Gerechtigkeit (ṣ^{e}dāqāh) entspricht,
>   erntet nach Maßgabe der Gnade.   (Hos 10,12)
>
> Sucht Jhwh, all ihr Demütigen des Landes, die ihr sein Recht übt,
>   sucht Gerechtigkeit (ṣædæq), sucht Demut.   (Zef 2,3)

Ganz genauso wird im Neuen Testament das Ideal der Gerechtigkeit eingeschärft: »Wenn eure Gerechtigkeit die der Schriftgelehrten und Pharisäer nicht weit übertrifft, werdet ihr nicht ins Himmelreich hineinkommen« (Mt 5,20). Es ist zu hoffen, dass Gott in der Gemeinde die »Frucht eurer Gerechtigkeit wachsen lassen« wird (2Kor 9,10). »Zieht an den Panzer der Gerechtigkeit« (Eph 6,14). Wir sollen »der Sünde absterben und der Gerechtigkeit leben« (1Petr 2,24).

»Gerechte« erkennt man nicht zuletzt daran, dass sie sich einsetzen für notorisch zu kurz Gekommene, insbesondere für die Armen (Ps 112,9; Spr 29,7), aber etwa auch für das liebe Vieh (Spr 12,10). Eine solche Haltung fällt dem Menschen nicht unbedingt leicht. So wird im Sprüchebuch den »Gerechten« allerlei Gutes in Aussicht gestellt, wenn sie ihrem Weg treu bleiben (z. B. Spr 10,3.6; 11,5.21; 12,7.21; 24,16). Der matthäische Jesus macht in einer Seligpreisung denen Mut, die »hungern und dürsten nach der Gerechtigkeit« (Mt 5,6), und in seiner Rede über das Weltgericht stellt er den »Gerechten«, die sich um Hungrige und Durstige, Fremde und Nackte, Kranke und Gefangene kümmern, ewigen Lohn in Aussicht (Mt 25,35–37).

Solche Ermunterung ist nötig; denn im Diesseits zahlt sich Gerechtigkeit keineswegs immer aus. »Beides«, sagt der spöttische Kohelet, »sah ich in meinen flüchtigen Tagen: Da ist ein Gerechter, der zugrunde geht in seiner Gerechtigkeit, und da ist ein Ungerechter, der lange lebt in seiner Bosheit« (Koh 7,15).[10] Nach biblischem Zeugnis ziehen die Gerechten sehr oft den Kürzeren.

> Man verkauft den Gerechten (ṣaddîq) um Geld
> und den Armen um ein Paar Schuhe. (Am 2,6)
>
> Der Übeltäter umstellt den Gerechten (ṣaddîq),
> es strahlt verdrehtes Recht aus. (Hab 1,4)
>
> Den Übeltäter spricht man gerecht (Verb ṣdq)
> und den Gerechten (ṣaddîq) erklärt man zum Übeltäter. (Spr 17,15)
>
> Zahlreich sind die Leiden des Gerechten (ṣaddîq). (Ps 34,20)

Paulus urteilt ganz radikal: »Da ist kein Gerechter, auch nicht einer« (Röm 3,10). »Alle haben gesündigt und die Herrlichkeit Gottes verspielt« und können »gerecht gemacht werden« einzig »aus seiner Gnade durch die Erlösung, die in Christus Jesus ist« (Röm 3,23 f.).[11] Nicht von sich aus, sondern nur dank Gott also kann der Mensch gerecht werden. Das sieht nicht erst Paulus so. Nach Jesaja kann das verderbte Jerusalem erst durch ein göttliches Läuterungsgericht wieder zu einer »Stadt der Gerechtigkeit (ṣædæq)« werden (Jes 1,26). Und wirklich bleibend wird erst der gottgesandte Messias »den Machtlosen Recht verschaffen in Gerechtigkeit (ṣædæq)« (Jes 11,4).

---

[10] Manche Psalmen (z. B. Ps 49; 73) und das ganze Hiobbuch ringen damit, dass der sogenannte Tun-Ergehen-Zusammenhang, demzufolge der Gute Gutes und der Schlechte Schlechtes zu gewärtigen hat, keineswegs immer funktioniert. In dem Jesuswort, dass Gott »seine Sonne aufgehen lässt über Böse und Gute und regnen lässt über Gerechte und Ungerechte« (Mt 5,45), wird diese Erfahrung ins Positive gekehrt.

[11] In Analogie dazu spricht Lk 15,7 sarkastisch von »Gerechten, die der Umkehr nicht bedürfen«.

2. Friede

Friede war den Menschen der biblischen Zeit – wie wohl aller Zeiten – ein hochersehntes Gut. Man wünschte ihn sich, man suchte ihn zu erlangen und zu sichern – die Frage war nur: *wie*.

Das Volk Israel/Juda wie auch die neu entstehende christliche Kirche waren durch unfriedliche Verhältnisse in besonderer Weise bedroht und konnten sich nur schwer dagegen schützen.

Das Land Israel lag (und liegt) in der Levante, einer am Ostufer des Mittelmeers sich erstreckenden, schmalen Landbrücke zwischen den damaligen Machtzentren am Nil und an Eufrat und Tigris. Über große Strecken der alttestamentlichen Zeit hinweg rangen die dort angesiedelten Großreiche (und später dann die Perser und die Griechen) um die Vorherrschaft über die Levante. Das kleine und ökonomisch schwache Volk Israel war meist nur ein Spielball, oft ein Aufmarsch- und Durchzugsgebiet im Kampf der Großmächte.

Das frühe Christentum war erst recht kein nennenswerter Machtfaktor. Es galt als jüdische Sekte und war als solche den Pressionen der Juden und noch mehr der Römer ausgesetzt – dies umso mehr, als es sich weitgehend nur aus der Unter-, allenfalls der Mittelschicht rekrutierte. Auch als es sich langsam von Judäa über Syrien und Kleinasien bis nach Rom und Spanien ausbreitete, errang es kaum politisches, schon gar kein militärisches Gewicht.

Wie soll ein solches Völklein, ein solches Kirchlein *Frieden* erringen und bewahren?

2.1. Konventionelle Wege der Friedenssicherung

Allen Widrigkeiten zum Trotz haben Israel und die frühe Kirche versucht, auf den gleichen Wegen zu Frieden zu gelangen wie alle anderen Nationen und Kulturen auch. (Dass sie auch noch auf andere Wege verfielen, wird später zu bedenken sein.)

2.1.1. Der militärische Weg

Der scheinbar nächstliegende Weg zur Sicherung des Friedens ist militärische Stärke: Man ist in der Lage (oder sucht sich in sie zu versetzen), jeden Feind, der Unfrieden zu bringen droht, gewaltsam fernzuhalten und möglichst auszuschalten.

Den israelitischen Bauern und Hirten, kaum hatten sie sich im palästinischen Bergland niedergelassen, drohte Gefahr von den in den Ebenen gelegenen kanaanitischen und philistäischen Stadtstaaten. Zudem bildeten sich östlich des Jordans mehrere politische Einheiten aus – Aram, Ammon, Moab, Edom –, die in Konkurrenz zu Israel traten. Das Deboralied gibt Kunde davon, wie Krieger einiger israelitischer Stämme eine überlegene Streitmacht Kanaans niederrangen (Ri 5). Rettergeschichten im Richterbuch erzählen von Fehden mit den Philistern im Westen[12] und den Ammonitern und Moabitern im Osten.[13] Die Samuelbücher schildern Kämpfe des eben gegründeten israelitischen Staates mit ungefähr allen in Frage kommenden Nachbarn.[14]

In der Königszeit, ab dem 10. Jahrhundert v. Chr., wurde neben den Milizkriegern der Stämme das stehende Heer immer wichtiger; es wurde auch immer aufwändiger ausgerüstet, z. B. mit Streitwagen. Israel militarisierte sich. Schon unter David, dem zweiten König, scheinen mehr Angriffs- als Verteidigungskriege geführt worden zu sein. Im 9. Jahrhundert avancierte das Nordreich Israel zu einer auch im Ausland geachteten Militärmacht.[15] Ab dem 8. Jahrhundert allerdings gerieten die Königreiche Israel und Juda immer mehr in den Einflussbereich der expandierenden Großmächte Ägypten und Assyrien, später Babylonien. Man schlug sich bald auf diese, bald auf jene Seite, um die eigenen schwachen Kräfte in größeren Bündnissen wirksam zur Geltung zu bringen. So hatte das Volk des Alten Testaments auf diese und auf jene Weise Anteil am militärischen Kräftespiel der Levante und des Vorderen Orients.

Manche Psalmlieder verraten etwas von dem religiös fundierten militärischen Stolz, der damals die israelitischen Soldaten beseelt haben mag:

> Mit dir [Gott] stoßen wir unsere Feinde nieder,
>   in deinem Namen zertreten wir, die sich gegen uns erheben.   (Ps 44,6)
>
> Mit Gott werden wir Machttaten vollbringen,
>   er ist es, der unsere Feinde zertritt.   (Ps 60,14)

Doch die geschichtliche Realität war anders. Im Jahr 722 v. Chr. fiel das Nordreich Israel den Assyrern, 586 v. Chr. das Südreich Juda den Babyloniern zum Opfer. Nach einer langen Zeit der persischen und der griechischen Oberhoheit kamen schließlich die Römer, die jegliche Widerstandsbewegung gnadenlos zerschlugen und am Ende das jüdische Volk in alle Welt zerstreuten.

In Israel gab es sehr wohl Stimmen – namentlich prophetische –, die vor dem Weg militärischer Friedenssicherung warnten. Hosea geht, kurz vor dem Untergang des Nordreichs, mit dessen König ins Gericht:

---

[12] Simson von Dan: Ri 13–16.
[13] Ehud von Benjamin gegen Moab: Ri 3; Jiftach von Gilead gegen Ammon: Ri 11.
[14] Saul gegen die Ammoniter (1Sam 11), Philister (1Sam 13–14; 31) und Amalekiter (1Sam 15), David gegen dieselben und noch weitere Nachbarn (vgl. 1Sam 17–18; 30; 2Sam 8,1–14; 10; 12,26–31).
[15] Der Assyrerkönig Salmanassar III. erwähnt das Israel der Omriden-Dynastie mit einem gewissen Respekt als Gegner in der Schlacht bei Qarqar am Eufrat im Jahr 853 v. Chr.

> Du hast auf deinen Weg vertraut,
>> auf die Menge deiner Helden.
> Aber in deinem Volk wird sich Kriegslärm erheben,
>> und alle deine Festungen werden verwüstet. (Hos 10,13f.)

Im Südreich Juda wettert Jesaja gegen Militärbündnisse mit Ägypten zum Zweck der Abwehr Assyriens:

> Die Zuflucht des Pharao wird eure Schande sein,
>> und sich im Schatten Ägyptens zu bergen, wird zur Schmach. (Jes 30,3)

Gut hundert Jahre später, kurz vor dem Untergang Judas, verurteilt Jeremia hochfliegende Kriegspläne und plädiert für stille Unterwerfung unter das babylonische Joch (z.B. Jer 27–28). Doch konnten sich, aufs Ganze gesehen, solch pazifistische Stimmen nicht durchsetzen.

Das frühe Christentum war demgegenüber durchweg pazifistisch eingestellt: nicht zuletzt deswegen, weil die »Pax Romana« über dem gesamten Mittelmeerraum lag wie ein bleierner Deckel. Neben den römischen Legionen gab es höchstens kleinere bewaffnete Trupps einzelner Provinzfürsten, im Neuen Testament gern »Kriegsknechte« genannt. Von ihnen sollen einige Johannes den Täufer gefragt haben, was sie tun sollten; er riet ihnen nicht zur Aufkündigung ihres Dienstes,[16] doch war er selbst natürlich nicht von ihresgleichen umgeben, sondern wurde zum wehrlosen Opfer der Schergen des Herodes. Von den Anhängern Jesu führte nur einer einmal das Schwert, doch der Meister hieß ihn, es wieder in die Scheide zu stecken.[17] Römische Soldaten besorgten Jesu Kreuzigung (und später noch manche Hinrichtung von Christen). Paulus kam nicht im Entferntesten auf den Gedanken, seine Missionsgemeinden zu einer politischen Einheit, gar mit eigenen bewaffneten Kräften, zusammenzuführen. Wenn sich die junge Christenheit auf Waffenrüstung verstand, dann auf geistliche, nicht auf militärische.

Bekanntlich sollte sich das ändern. Von Kaiser Konstantin an gab es christliche Armeen, die den christlichen Herrschern christlicher Reiche den Frieden zu sichern hatten und dafür zahllose Kriege führten. Wann ist dieser Weg gescheitert? Eigentlich schon mit den mittelalterlichen Kreuzzügen, in denen sich christliche Ritterheere voll heiligen Eifers mit muslimischem Blut besudelten; spätestens aber im Ersten Weltkrieg, als sich deutsche Soldaten, auf deren Koppelschlössern »Mit Gott für Volk und Vaterland« stand, mit französischen Soldaten, die ebenfalls

---

[16] Lk 3,14.
[17] Mt 26,52.

Christen waren, in einen erbarmungslosen Stellungskrieg verbissen. In neuester Zeit gibt es keine »christlichen« Heere mehr, und das ist gut so.[18]

2.1.2. Der politische Weg

Neben dem militärischen Weg zur Friedenssicherung kannte Israel auch den politischen. Sollte doch die Regierung durch umsichtiges, kluges, energisches, ausgleichendes und geschicktes politisches Handeln dafür sorgen, dass die Bevölkerung in Frieden leben konnte! Diese Erwartung gewann Ausdruck in der Rückschau auf das (angeblich) Goldene Zeitalter unter König Salomo: »Solange Salomo lebte, wohnten Juda und Israel sicher, ein jeder unter seinem Weinstock und unter seinem Feigenbaum, von Dan bis Beerscheba« (1Kön 5,5). Salomo wurde denn auch ein Psalm zugeschrieben, der dem Herrscher ein allumfassendes, sogar die Natur einschließendes Friedenswirken zutraut.

> Er herrsche von Meer zu Meer
>   und vom Strom bis an die Enden der Erde. ...
> Vor ihm sollen sich niederwerfen alle Könige,
>   alle Nationen sollen ihm dienen. ...
> Korn in Fülle möge es geben im Land,
>   auf dem Gipfel der Berge rausche es,
> wie der Libanon sei seine Frucht,
>   und seine Halme mögen blühen wie das Kraut der Erde.
> Ewig soll sein Name bestehen,
>   solange die Sonne scheint, sprosse sein Name.
> Und in ihm sollen sich Segen wünschen,
>   ihn sollen glücklich preisen alle Nationen.   (Ps 72,8.11.16f.)

Nach anderen Psalmen ist der König mit Gottes Hilfe in der Lage, alle äußeren Feinde fernzuhalten.

> Bitte mich [Gott], so gebe ich dir die Nationen zum Erbe
>   und die Enden der Erde zum Eigentum.
> Du kannst sie zerschlagen mit eisernem Stab,
>   wie Töpfergeschirr sie zerschmeißen.   (Ps 2,8f.)
>
> In deiner Pracht triumphiere,
>   besteige den Wagen zum Kampf für Wahrheit, Demut und Recht.
> Geschärft sind deine Pfeile, dass Völker dir unterliegen,
>   sie dringen ins Herz der Feinde des Königs.   (Ps 45,5f.)

---

[18] Schweizer Feldprediger und deutsche Militärseelsorger sichern nicht die Christlichkeit der Armee und ihres Auftrags, sondern ein kirchliches Angebot an die Armeeangehörigen. Die Bestallung etwa von Militär-Imamen oder -Rabbinern in westlichen Armeen wäre daher nur folgerichtig.

Allerdings scheint man der königlichen Friedenskraft nicht überall in Israel gleichermaßen getraut zu haben. Laut der Jotam-Fabel in Ri 9 suchten einst die Bäume einen König: ein Ansinnen, das die edlen Fruchtbäume – Ölbaum, Feigenbaum, Weinstock – ablehnten, das aber der Dornstrauch – ausgerechnet er! – dankend annahm. Mit einem ähnlich sarkastischen »Königsrecht« soll der Prophet Samuel versucht haben, die Israeliten von ihrem Wunsch nach einem König abzubringen (1 Sam 8,10–17): Dieser werde alle und alles *nehmen* – die Söhne für den Militärdienst und den Unterhalt der Krongüter, die Töchter für untergeordnete Tätigkeiten bei Hofe, Weinberge und Olivenhaine als Pfründen für seine Bediensteten, den Zehnten für seine Höflinge, obendrein »Diener, Sklavinnen und Esel«, ihm zu dienen –, *geben* jedoch werde der König nichts, schon gar nicht Frieden.

Nach dem Untergang der israelitischen Staaten rechnet der Prophet Ezechiel mit den »Hirten Israels« ab (Ez 34); mit diesem Titel schmückten sich die Könige gern. Israels Hirten hätten nichts im Sinn gehabt als nur ihr eigenes Wohl; die ihnen anvertrauten Schafe hätten sie vernachlässigt, ja, von der Herde so viel verzehrt, wie sie nur konnten. Eine Regierung, die dem Volk Ruhe und Frieden bringt? Eine lächerliche Idee!

Im Neuen Testament finden sich kaum positivere Aussagen über die Regierenden. »Gebt dem Kaiser, was des Kaisers ist – Gott aber, was Gottes ist« (Mk 12,17): Das ist die nicht geradezu aufrührerische, aber doch sehr reservierte Staatslehre Jesu. Und Paulus ermahnt die Leser des Römerbriefs, sie sollten sich »den staatlichen Behörden unterwerfen« (Röm 13,1) – was ja nicht heißt, viel von ihnen zu erwarten, sondern lediglich zu tun, was sie erwarten. Eigene Ideale guten Regierens zu entwerfen, dazu hatte die frühe Christenheit so wenig Anlass, wie über die Aufstellung einer Armee nachzudenken.

2.1.3. Der religiöse Weg

Wenn also nicht Militärs und nicht Regierende – wer soll dann Frieden schaffen? Israel als das Volk Jhwhs wusste eine naheliegende Antwort: Jhwh! Eine der ersten Erfahrungen, die es mit diesem gemacht hat, war die Errettung am Schilfmeer. Der israelitische Flüchtlingshaufen hätte das ihm nachjagende ägyptische Streitwagenkorps niemals abwehren können – doch »Jhwh schüttelte Rosse und Wagenlenker ins Meer« (Ex 15,21). Im Siegeslied, das sich aus dieser Kernaussage entfaltete, heißt es programmatisch: »Jhwh ist ein Krieger, Jhwh ist sein Name« (Ex 15,3).

Die kriegerische Seite Jhwhs kommt insbesondere in Zionsliedern des Psalters zum Ausdruck.

> Bekannt ist Gott in Juda,
>   groß sein Name in Israel.
> In [Jeru-]Salem war seine Hütte

> und seine Wohnstatt auf dem Zion.
> Dort zerbrach er die Blitze des Bogens,
> > Schild und Schwert und Krieg. (Ps 76,2-4)
>
> Gott ist uns Zuflucht und Schutz,
> > eine Hilfe in Nöten, wohl bewährt. ...
>
> Gott ist in ihrer [Jerusalems] Mitte, sie wird nicht wanken,
> > Gott hilft ihr, wenn der Morgen anbricht.
>
> Nationen toben, Königreiche wanken,
> > er lässt seine Stimme erschallen, und die Erde erbebt.
>
> Jhwh Zebaot ist mit uns,
> > eine Burg ist uns der Gott Jakobs. (Ps 46,2.6-8)

Der Glaube an die Überlegenheit Gottes über jede feindliche Heeresmacht trieb zeitweise giftige Blüten. Als Babylon schon im Land stand, meinte man, Jhwhs Präsenz auf dem Zion mache Jerusalem so sicher, dass man sich getrost auf das Abenteuer eines Befreiungskrieges einlassen konnte. Als der Prophet Jeremia vor denen warnte, die da riefen »Friede, Friede – doch da ist kein Friede« (Jer 6,14; 8,11), verwies man auf den Propheten Jesaja, der einst den König Hiskija zum bewaffneten Widerstand aufgerufen – und damit glänzend Recht behalten habe.[19] (Tatsächlich war Jerusalem damals bewahrt geblieben – aber nicht dank judäischem Kampfesmut, sondern dank der Kapitulation Hiskijas.)[20] Als die Judäer nun, verführt durch religiös-nationale Sirenengesänge, gegen Babylon Kampfesmut zeigten, endete das mit der schlimmsten Katastrophe der Geschichte Israels: dem babylonischen Exil.

Im Neuen Testament wird kaum je der Glaube propagiert, Gott werde mit seiner Macht den Seinen zu Hilfe kommen, wenn sie in Gefahr gerieten. Zwar bat der vom Tod bedrohte Jesus, Gott möge »den Kelch an ihm vorübergehen« lassen, doch fügte er sich dann ins Unvermeidliche (Mt 26,39). »Meinst du«, sagte er einem kampfbereiten Jünger, »ich könnte meinen Vater nicht bitten und er würde mir nicht sogleich mehr als zwölf Legionen Engel zur Seite stellen?« (Mt 26,53). Doch er wollte Gott nicht bitten. Und dem römischen Statthalter Pilatus eröffnete er: »Du hättest keine Macht über mich, wenn es dir nicht von oben gegeben wäre« (Joh 19,11). Das Kreuz Christi ist das unauslöschliche Symbol dafür, dass Gott auch Bösestes geschehen lassen kann (um dann freilich unendlich Gutes zu bewirken).

---

[19] Die sogenannten Jesajalegenden in 2Kön 18-20 und Jes 36-39 sind nach einer sehr glaubhaften Hypothese über hundert Jahre nach den Ereignissen entstanden als Kampfschrift gegen »Defätisten« wie Jeremia, welche die kampflose Unterwerfung unter die Babylonier propagierten.

[20] Vgl. 2Kön 18,13-16.

2.2. Der unkonventionelle Weg: Nicht durch Macht gesicherter Friede

Wenn also keine Macht – weder die militärische noch die politische noch die göttliche – den Frieden zu sichern vermag, dann ist nach einem anderen, unkonventionellen Weg Ausschau zu halten. Das geschieht im Alten wie im Neuen Testament.

Im deuteronomischen Gesetz wird dem israelitischen König untersagt, »sich viele Pferde zu verschaffen« (Dtn 17,16) – Kriegspferde eben, weil sie den Frieden nicht sichern können. Das Misstrauen gegen »Rosse« und andere kriegerische Potenz begegnet auch in den Psalmen.

> Keine Hilfe ist dem König das größte Heer,
>   der Held wird nicht gerettet durch größte Kraft.
> Trügerische Hilfe ist das Ross,
>   und mit all seiner Stärke rettet es nicht.   (Ps 33,16f.)

> Der dem Vieh Nahrung gibt,
>   den Raben, wonach sie krächzen:
> Er hat keine Freude an der Kraft des Rosses,
>   kein Gefallen an den [starken] Schenkeln des Mannes.   (Ps 147,9f.)

Der Prophet Jesaja riet in der Assyrerkrise zum Stillhalten im Vertrauen auf Jhwh, doch man wollte nicht auf ihn hören.

> In Umkehr und Gelassenheit werdet ihr gerettet,
>   in der Ruhe und im Vertrauen liegt eure Stärke.
> Ihr aber wolltet nicht und sagtet:
> Nein, auf Pferden werden wir fliegen
>   – so werdet ihr fliehen;
> Auf Rennpferden werden wir reiten
>   – so werden rennen eure Verfolger.   (Jes 30,15f.)

Nach dem Untergang der israelitischen Staaten verstummten die macht- und kriegskritischen Stimmen nicht. Als sich etwa der Davidide Serubbabel anschickte, im nachexilischen Juda das alte Königsgeschlecht wieder zu Ehren zu bringen, schrieb ihm der Prophet Sacharja ins Stammbuch:

> Nicht durch Kraft und nicht durch Stärke,
>   sondern mit meinem Geist, spricht Jhwh Zebaot.   (Sach 4,6)

Eine berühmte, in zwei Prophetenbüchern überlieferte Weissagung sieht den Tag kommen, an dem die Völker zum Zion strömen – nicht um ihn zu bekämpfen, sondern um sich dort in der Tora unterrichten zu lassen. Das Ergebnis wird sein, dass alle Welt, ohne jegliche Waffen und Soldaten, in Frieden lebt – wie einst Israel unter Salomo.

> Sie [die Nationen] werden ihre Schwerter zu Pflugscharen schmieden
> und ihre Speere zu Winzermessern.
> Sie werden das Schwert nicht erheben, keine Nation gegen die andere,
> und das Kriegshandwerk werden sie nicht mehr lernen.
> Und ein jeder wird unter seinem Weinstock sitzen
> und unter seinem Feigenbaum,
> und da wird keiner sein, der sie aufschreckt,
> denn der Mund Jhwh Zebaots hat gesprochen. (Mi 4,3f.; vgl. Jes 2,4)

Sogenannte messianische Weissagungen erwarten das Heil von einem gottgesandten »Gesalbten« (aus dem Haus Davids, wohlgemerkt!), der nicht mit Macht und Gewalt kommt, sondern in der Kraft des Geistes und des Wortes.

> Aus dem Stumpf Isais wird ein Schössling hervorgehen,
> und ein Spross aus seinen Wurzeln wird Frucht tragen.
> Auf ihm wird der Geist Jhwhs ruhen,
> der Geist der Weisheit und der Einsicht,
> der Geist des Rates und der Kraft,
> der Geist des Wissens und der Ehrfurcht vor Jhwh. ...
> Mit dem Knüppel seines Mundes wird er das Land schlagen,
> und mit dem Hauch seiner Lippen den Frevler töten. (Jes 11,1f.4)

Daraufhin wird sich universaler Friede ausbreiten: nicht nur unter den Menschen, sondern sogar in der Tierwelt (Jes 11,6–8).

Die Autoren des Neuen Testaments sind der Überzeugung, dass Jesus dieser Messias war. Eben darum musste er aus dem »Hause und Geschlecht Davids« stammen und in Betlehem geboren werden (Lk 2,4). Darum auch ritt er in Jerusalem nicht hoch zu Ross ein, sondern auf einem Esel (Mt 21,1–11) – ganz wie der im Sacharja-Buch verheißene »ohnmächtige Messias«:

> Juble laut, Tochter Zion,
> jauchze, Tochter Jerusalem,
> sieh, dein König kommt zu dir,
> gerecht und siegreich ist er,
> demütig und auf einem Esel reitend,
> auf einem Fohlen, einem Eselsfohlen.
> Und ich werde die Streitwagen ausrotten in Efraim

und die Pferde in Jerusalem.
Und der Kriegsbogen wird ausgerottet.
Und er verheißt den Nationen Frieden. (Sach 9,9f.)

Ein solcher Messias ist nicht gefeit gegen Gewalt. Jesus wurde von jüdischen Kriegsknechten verhaftet und von römischen Soldaten hingerichtet. Gleichwohl lässt der Evangelist ihn sagen: »Frieden lasse ich euch zurück, meinen Frieden gebe ich euch. Nicht den Frieden, wie die Welt gibt, gebe ich euch« (Joh 14,27).

Dieser Friede, obwohl (oder weil!) nicht durch Macht gesichert, ist unverlierbar und nur schwer aufzuhalten. Auf vielfältige Weise hat er sich schon durchgesetzt: im Leben eines Franz von Assisi, in Friedenskirchen, in friedfertiger Missionsarbeit, in Völkerbund und Vereinten Nationen, in gewaltfreien Widerstandsbewegungen, in gelungenen Konfliktbeilegungen, in Abrüstungsinitiativen, in der Entkolonialisierung, im Ende der Apartheid, in Friedens- und Entwicklungsdiensten unterschiedlichster Art. Das endgültige Ziel freilich steht weiterhin vor Augen: Schwerter – alle Schwerter – zu Pflugscharen!

3. Gerechtigkeit und Friede

Wenn wahrer Friede nicht auf Macht beruht, worauf dann? Die Antwort der Bibel: Auf Gerechtigkeit! Im Alten wie im Neuen Testament werden die beiden Begriffe »Gerechtigkeit« und »Frieden« auffällig häufig ganz eng zusammengerückt – so auch an einigen der im Vorangehenden schon aufgerufenen Stellen, etwa im 72. Psalm: »Die Berge mögen *Frieden* tragen für das Volk und die Hügel *Gerechtigkeit*« (Ps 72,3). Oder in der Verheißung »Schwerter zu Pflugscharen« beginnt der Weltfriede damit, dass Gott »für *Recht* sorgt zwischen vielen Völkern« (Mi 4,3). Und nach der Weissagung vom Spross Isais wird es sogar in der Welt der Tiere Frieden geben, weil »*Gerechtigkeit* der Schurz an den Hüften« des Messias sein wird (Jes 11,5).

Die Zusammengehörigkeit von Gerechtigkeit und Frieden kommt noch an weiteren Stellen des Alten Testaments zum Ausdruck. In die Aufzählung der Kriege und Siege Davids, die Israel vorübergehend Frieden brachten, ist zweimal der Satz eingestreut: »Und David verschaffte seinem ganzen Volk Recht und *Gerechtigkeit*« (2Sam 8,6.14). In einer weiteren messianischen Weissagung heißt es: »Und das Werk der *Gerechtigkeit* wird *Friede* sein und der Ertrag der *Gerechtigkeit* Ruhe und Sicherheit für immer« (Jes 32,17).

Wohl am schönsten ist eine Formulierung im 85. Psalm:

> Gnade und Treue finden zusammen,
> es küssen sich[21] *Gerechtigkeit* und *Friede*. (Ps 85,11)

Der nämliche Gedanke findet sich auch im Neuen Testament, etwa bei Paulus: »Das Reich Gottes ist ... *Gerechtigkeit, Frieden* und Freude im heiligen Geist« (Röm 14,17). Oder im Hebräerbrief: Wer von Gott auferlegte Prüfungen erträgt und daran wächst, erntet »die Frucht des *Friedens* und der *Gerechtigkeit*« (Hebr 12,11). Oder, in überraschender Umkehrung, im Jakobusbrief: »Die Frucht der *Gerechtigkeit* wird in *Frieden* gesät« (Jak 3,18).

Gerechtigkeit und Frieden, so die Überzeugung der Bibel, bedingen und ergänzen sich gegenseitig. Nur auf der Basis gerechter Verhältnisse kann Frieden werden, und wiederum: Friedliche Verhältnisse fördern das Tun von Gerechtigkeit.

Literaturverzeichnis

Albertz, Rainer (1983): Schalom und Versöhnung. Alttestamentliche Kriegs- und Friedenstraditionen, in: ThPr 18, S. 16–29.

Crüsemann, Frank (2003): »Das Werk der Gerechtigkeit wird Friede sein« (Jes 32,17). Aktuelle Überlegungen zur christlichen Friedensethik, in: Ders.: Maßstab: Tora. Israels Weisung für christliche Ethik, Gütersloh, S. 126–146.

Dietrich, Walter (2002): Theopolitik. Studien zur Theologie und Ethik des Alten Testaments, Neukirchen-Vluyn.

Dietrich, Walter / Link, Christian (2015): Die dunklen Seiten Gottes, Bd. 1: Willkür und Gewalt, Neukirchen-Vluyn.

Dietrich, Walter / Mayordomo, Moisés (2005): Gewalt und Gewaltüberwindung in der Bibel, Zürich.

Fischer, Stefan (2015): Der alttestamentliche Begriff der Gerechtigkeit in seinem geschichtlichen und theologischen Wandel, in: Harald Seubert / Jacob Thiessen (Hg.): Die Königsherrschaft Jahwes. FS Herbert H. Klement, Wien, S. 61–74.

Hofius, Otfried (1987): »Rechtfertigung des Gottlosen« als Thema biblischer Theologie, in: JBTh 2, S. 79–105.

Otto, Eckart (1999): Krieg und Frieden in der Hebräischen Bibel und im Alten Orient. Aspekte für eine Friedensordnung in der Moderne, Stuttgart.

Schmid, Hans Heinrich (1968): Gerechtigkeit als Weltordnung, Zürich.

Schmid, Hans Heinrich (1971): šalôm. »Frieden« im Alten Orient und im Alten Testament, Stuttgart.

---

[21] Die hier gebrauchte hebräische Wortwurzel *nšq* hat erstaunlicherweise auch eine kompetitive, wenn nicht gewalttätige Konnotation. Der »Kuss« zwischen Frieden und Gerechtigkeit erfolgt also vielleicht nicht immer leichthin und problemlos; vielmehr kann es zwischen beiden Idealen zuweilen zu Zielkonflikten kommen.

Frieden im Zeitalter der Unsicherheit
Friedensethik in neuen Kontexten[1]

Michael Haspel

Zusammenfassung:
Das Friedenszeugnis ist zentral für den christlichen Glauben. Aber schon die biblische Überlieferung ist nicht spannungsfrei und muss deshalb jeweils neu angeeignet und ausgelegt werden. Die gegenwärtig zu beobachtende Rückkehr zu geopolitischen Kategorien in der internationalen Politik und die damit einhergehende Schwächung der internationalen Organisationen stellt die Friedensethik vor neue spannungsreiche Herausforderungen. Einerseits gehört es zu den ethisch begründeten Aufgaben des Staates, Sicherheit zu garantieren. Andererseits ist es friedensethisches Ziel, Gewalt zu minimieren und schließlich zu überwinden. In den veränderten Kontexten ist die evangelische Friedensethik herausgefordert, nicht nur abstrakte Werte zu postulieren, sondern Orientierung für politisch verantwortliches Handeln in komplexen Kontexten zu ermöglichen.

1. Kontextuelle Verunsicherung und das Bedürfnis nach theologischer Eindeutigkeit

Friede steht im Zentrum des christlichen Glaubens und Zeugnisses: »Denn Christus ist unser Friede« (Eph 2,14), so bringt dies der Epheserbrief zum Ausdruck. Friede ist eine Heilsgabe Gottes, die Christen darauf ausrichtet, selbst Frieden in der Welt zu stiften: »... richte unsere Füße auf den Weg des Friedens« (Lk 1,79), bittet deshalb Zacharias im Lukasevangelium. Wenn sich also die EKD-Synode 2019 mit dem Thema des Friedens beschäftigt, ist dies nicht nur ethisch dringlich, sondern für unseren Glauben zentral. Christliches Zeugnis ist immer Friedenszeugnis!

---

[1] Dieser Beitrag basiert auf dem Kurzvortrag »Friedensethische Impulse«, den ich bei der EKD-Friedenskonsultation in Wittenberg am 12. September 2018 gehalten habe. Abrufbar unter: https://www.ekd.de/ekd_de/ds_doc/Haspel_EKD-Wittenberg-FE-Impuls-2018-09-18.pdf. (18.06.2019)

Wie dieses Zeugnis jeweils in sich ändernden historischen und gesellschaftlichen Situationen Gestalt gewinnen kann, darum ringen Christen von Anfang an. Die Spannung zwischen einer Position, welche die Überwindung der Gewalt durch Gewaltlosigkeit fordert, und dem Ansatz, dass Schutz vor Gewalt durch eine politische Ordnung zu gewährleisten sei, ist schon dem neutestamentlichen Zeugnis eingeschrieben (etwa Mt 5 und Röm 13).

Hinzu kommt die hermeneutische Herausforderung: Das jesuanische Ethos wurde von den frühen Gemeinden in eschatologischer Perspektive wahrgenommen. Inhaltlich ist es bestimmt von der jesuanischen Verkündigung von der anbrechenden Gottesherrschaft und verbunden mit der frühchristlichen Erwartung des Endes der Welt und der Wiederkunft des Messias in der nahen Zukunft. Alle Fragen der Lebensgestaltung waren durch diese eschatologische Perspektive geprägt. Es ging also weder darum, eine politische Ethik für die dauerhafte Wohlordnung des Gemeinwesens, noch eine Individualethik, die ein auf Dauer gelingendes Leben in einem spezifischen sozialen Kontext ermöglicht, zu entwickeln. Vielmehr sollte das jesuanische Ethos als unmittelbare Nachfolgeethik gelebt werden. Die Debatte darüber, inwiefern also die jesuanische und urgemeindliche Ethik für eine normative Orientierung für ein menschliches Gemeinwesen, das auf Dauer oder doch längere Perspektive angelegt ist, überhaupt geeignet sind, beschäftigt die neutestamentliche Exegese und christliche Ethik deshalb bis heute.[2]

Diese Interpretationsoffenheit und -notwendigkeit steht in Spannung zu einem oft empfundenen Bedürfnis nach Eindeutigkeit, gerade wenn sich Kontexte verändern und dies Unsicherheit hervorruft.

Eindeutig ist das biblische Zeugnis auf die Eindämmung von Gewalt, etwa durch Recht, und ihre Überwindung (Frieden stiften) ausgerichtet. Der Weg dahin ist allerdings schon in der biblischen Überlieferung unterschiedlich beschrieben. Durch den veränderten Kontext – wir leben heute nicht mehr in einer unmittelbar eschatologischen Haltung als ob morgen das Reich Gottes anbräche – stellt sich heute die Aufgabe, in dieser neuen Situation in Auseinandersetzung mit der biblischen und also kontextuell geprägten Perspektive zu eigenen theologischen, ethischen und politischen Analysen, Haltungen und Entscheidungen zu kommen.

Das ist eine komplexe Herausforderung, die Verunsicherung auslösen mag. Sie lässt sich aber nicht einfach durch einen direkten Durchgriff auf das vermeintlich authentische und damit scheinbar unmittelbar verbindliche jesuani-

---

[2] Hier nehme ich Gedanken und Formulierungen auf, die ich ausführlicher dargestellt habe in Haspel 2019.

sche Zeugnis auflösen. Das ginge nur in Form eines biblischen Fundamentalismus.[3]

Auch der Rückgriff auf den vermeintlichen Pazifismus der frühen Gemeinden scheint Eindeutigkeit zu versprechen. Allerdings ist auch hier Differenzierung notwendig. Zum einen gab es in den Gemeinden eben auch Soldaten bzw. dienten schon weit vor der sogenannten Konstantinischen Wende Christen als Soldaten im römischen Heer, ja es wird von eigenen christlichen Legionen berichtet.[4] Zum anderen war die christliche Wehrlosigkeit der Urgemeinde und später der Friedenskirchen ja kein politischer Pazifismus. Die Notwendigkeit legitimer Gewalt wurde nicht in Frage gestellt; Christen sollten sich in ihrer Absonderung von der Welt nur nicht daran beteiligen. Christlicher politischer Pazifismus im eigentlichen Sinne entsteht erst unter dem Eindruck des Schreckens des Ersten Weltkrieges. Die Frage nach dem richtigen Weg, um das Ziel der Gewaltüberwindung zu erreichen und Frieden zu stiften, bleibt aber virulent.

Immer wieder neu sind wir herausgefordert, in friedensethischer Perspektive je konkret zu entfalten, wie einerseits Gewalt überwunden werden und der Vorrang der Gewaltlosigkeit gelebt – und zugleich in der noch nicht erlösten Welt durch politische Ordnung der Macht der Gewalt Einhalt geboten werden kann.[5]

2. Militärpolitische Veränderungen und Herausforderungen

Wenn man auf die Internetseiten sicherheitspolitischer Think Tanks schaut, dann findet man dort recht schnell die Schlagworte, welche die Diskussionen und die politische Agenda bestimmen: »Russische Militärpolitik«, »Chinas Ansprüche im südchinesischen Meer«, »Strategische Autonomie Europas«, »Amerikas Abschied vom Multilateralismus«.[6]

Diese stellen insbesondere für Deutschland – und für die protestantische Friedensethik – eine einschneidende Veränderung gegenüber zum Teil liebgewonnenen Gewissheiten dar. Dies löst bei vielen starke Verunsicherung aus. Im Prinzip werden alle sicherheitspolitischen Gewissheiten zugleich erschüttert: erstens die seit 1990 in Deutschland verbreitete Überzeugung »Wir sind um-

---

[3] Zur Hermeneutik biblischer Überlieferung in der theologischen Ethik vgl. Kessler 2017; Haspel 2011a, S. 181–214.
[4] Vgl. Johnson 1997.
[5] Vgl. Barmer Theologische Erklärung, These V.
[6] Die wichtigen Aspekte des Islamistischen Terrorismus, des Klimawandels, der Migration, des wachsenden Nationalismus, der Entwicklung der Waffentechnologie einschließlich der digitalen Dimension behandele ich hier nicht, weil sie an anderer Stelle dieses Bandes eigens thematisiert werden.

zingelt von Freunden.« Viele Menschen im Baltikum und Polen sahen das damals schon anders. Zweitens, internationale Konflikte werden zunehmend durch Recht und die UNO gelöst. Drittens, die NATO unter Führung der USA ist unsere sicherheitspolitische Versicherung und wir haben auf Grund der besonderen Geschichte einen ermäßigten Tarif. Alle drei korrespondieren mit einer Kultur militärischer Zurückhaltung, wie sie sich seit 1945 ausgebildet und bewährt hat.

Die neuen Entwicklungen manifestieren sich für Deutschland am Kosovo-Konflikt bzw. aus dem deswegen begonnenen Krieg der NATO gegen die Bundesrepublik Jugoslawien vor nun 20 Jahren im Jahr 1999. Deutschland nahm auf Drängen der Partner zum ersten Mal an einem Kampfeinsatz teil. Der Krieg wurde ohne UN-Mandat geführt, die OSZE wurde nicht ernst genommen.[7] Man könnte dies als Beginn – wenn freilich auch nicht monokausal – einer nachhaltigen Schädigung multilateraler Institutionen ansehen. Schließlich nehmen Russland und China diese Intervention als politische Zurückweisung (im Sicherheitsrat) und als geostrategische Bedrohung war.

Russland verlor mit der Loslösung des Kosovo und dem folgend Montenegros von Serbien nach der schon erfolgten Sezession Kroatiens den Zugang zum nördlichen Mittelmeer. Man muss diese geostrategische Sichtweise nicht teilen, um verstehen zu können, dass der Zugang zum »warmen Wasser« eine existentielle Konstante russischer Außenpolitik über alle Staatsformen hinweg war und ist. Es dürfte kein Zufall sein, dass Vladimir Putin als Protagonist des Sicherheitsapparates im August 1999 zunächst Ministerpräsident und dann im Mai 2000 Präsident der Russischen Föderation wurde, der von Anfang an auf eine Wiedererlangung militärischer Stärke setzte. Wie gesagt, man muss diese Perspektive inhaltlich nicht teilen, um zu verstehen, dass die weitere Entwicklung aus Sicht Russlands als geostrategische Einkreisung wahrgenommen wurde. Die Intervention in Afghanistan 2001 brachte US- und andere NATO-Truppen an die Grenze bzw. durch Militärbasen in Zentralasien auf das Territorium der ehemaligen Sowjetunion. Durch den Krieg der NATO gegen Libyen 2011 verlor Russland einen weiteren »befreundeten« Mittelmeeranrainer. Der Bürgerkrieg in Syrien bedrohte nun das Regime des Landes, in dem Russland seine letzte Marinebasis im Mittelmeer hat. Der Umsturz in der Ukraine im Jahr 2014 wurde offensichtlich als Bedrohung für den strategisch zentralen Flottenstützpunkt auf der Krim angesehen. Man mag diese Bedrohungsperzeption für irrational halten – dass sie erwartbar war, wird nicht abzustreiten sein. Man muss den USA keine Intention unterstellen, um zu erkennen, dass die Entwicklungen von 1999 bis 2014 durchaus Ähnlichkeiten mit geostrategischen Überlegungen haben, die im sicherheitspolitischen Establishment der USA angestellt wurden.[8] Darüber hinaus wurde von Russland das Überdehnen des Libyen-Mandats des UN-Si-

---

[7] Vgl. Haspel 2002.
[8] Vgl. etwa Brzezinski 1997; Rudolf 2016.

cherheitsrats als Vertrauensbruch und Missachtung angesehen. Daraus wurde die Schlussfolgerung gezogen, dass über die bestehenden multilateralen Institutionen die russischen Interessen nicht ausreichend gesichert werden können.

Russland reagierte auf diese Entwicklung nach dem Georgienkrieg 2008 mit einer Militärreform und setzt seither in seiner Außenpolitik verstärkt auf militärische Mittel.[9] Dass dies auch aus russischer Perspektive nicht nur sicherheitspolitisch motiviert ist, sondern nach weitgehendem Abbruch der Reformen auch innenpolitisch der Sicherung der Herrschaft einer oligarchischen Elite dient, die im Gegensatz zu einer immer mehr verarmenden Bevölkerung immer reicher wird, sowie wirtschaftliche Schwäche kompensieren soll, ist nicht von der Hand zu weisen.

Ich stelle dies hier so ausführlich dar, um deutlich zu machen, dass zwar einerseits dieses Verhalten aus russischer Perspektive durchaus nachvollziehbare Gründe hat, andererseits Russland damit aber faktisch von einem Kooperationspartner wieder zu einem Gegner geworden ist, in Georgien, der Ukraine und Syrien könnte man sogar von Feind sprechen. Der Einsatz von militärischen Mitteln in Georgien und, in welcher vermeintlich verdeckten Form auch immer, auf der Krim und im Osten der Ukraine stellt eine neue Qualität militärischen Handelns und damit eine veränderte Bedrohungslage für Europa, vor allem, aber nicht nur, für die östlichen NATO-Partner dar.[10] Hatte Russland bislang schon vor dem Einsatz von Militär im südlichen post-sowjetischen Raum nicht zurückgestreckt, so ist die Orientierung nach Westen ein Novum.

Die Denkschrift von 2007[11] konnte diese Entwicklungen, die sich seit dem Georgien-Krieg 2008 und der im selben Jahr begonnenen Militärreform Russlands verdichten, noch nicht kennen. Die Frage ist, wie sicherheitspolitisch und friedensethisch auf diese neuen Kontexte zu reagieren wäre.

3. Schwächung des Multilateralismus und des internationalen Rechts als sicherheitspolitische Verunsicherung

Deutschlands Außenpolitik ist seit dem Zweiten Weltkrieg und auch nach der Wiedervereinigung strikt multilateral orientiert. Dies gilt sowohl für die militär- und wirtschaftspolitische Einbindung in NATO und EU als auch für eine sicherheitspolitische Ausrichtung auf den Ausbau des internationalen Rechts und

---

[9] Vgl. Klein 2018.
[10] Das gilt übrigens analog für die Annexion der Nanhai-Inseln durch China im Südchinesischen Meer.
[11] Evangelische Kirche in Deutschland 2007.

der multilateralen Organisationen als Medien des Konfliktaustrags gerade auch mit den Staaten, mit denen Dissens und Konkurrenz besteht.

Es gibt nun vier Entwicklungen, die diese außenpolitischen Grundüberzeugungen verunsichern:

Zum einen ist schon länger zu beobachten, dass nach einer Phase hoher Erwartungen und erneuerter Handlungsfähigkeit in den 1990er Jahren (Irak 1991; Somalia, Ost-Timor) insbesondere die Nicht-Beachtung des UN-Sicherheitsrates bzw. die Nicht-Beachtung russischer und chinesischer Interessen mit Blick auf den Kosovo 1999, den Zweiten Irakkrieg 2004 und schließlich die Libyen-Intervention 2011 den Sicherheitsrat geschwächt haben. Dies ist etwa daran ersichtlich, dass in den Konflikten um die Ukraine und Syrien die UN nur mehr eine untergeordnete Rolle spielen.

Derselben oben dargestellten Entwicklungslinie folgend haben sich Russland und China zum anderen entschlossen, offen und in eklatanter Weise gegen internationales Recht zu verstoßen, indem sie einseitig Territorium beansprucht und annektiert haben.[12]

Zum Dritten kommt seit der Präsidentschaft Donald Trumps hinzu, dass die USA den Multilateralismus nicht nur im Verhältnis zu Gegnern, sondern zunehmend auch mit Blick auf befreundete Nationen in Frage stellen. Selbst wenn sich dies ggf. nach dem Ende dieser Präsidentschaft wieder ändern sollte, werden die vorher geltenden Selbstverständlichkeiten nicht wieder in vollem Umfang Verlässlichkeit erlangen. Nicht nur ist das Vertrauen erschüttert, sondern Präsident Trump ist zwar ein erratischer Politiker, aber die Politik, die er vertritt, findet sowohl in einem nicht unwesentlichen Teil der politischen Klasse als auch der Wählerinnen und Wähler Zustimmung, so dass sie potentiell – *horribile dictu* – wieder einmal mehrheitsfähig werden könnte.[13] Dies verstärkt den Druck auf internationale Mechanismen der Konfliktbearbeitung, die für Deutschland essentiell sind und stellt zugleich die bisherige Sicherheitsgarantie der USA im Rahmen der NATO für Europa und Deutschland in Frage.

---

[12] Die Annexionen der Krim und der Nanhai-Inseln sind die ersten durch eine der großen Mächte seit der Besetzung Tibets durch China 1950. Sie stellen deshalb eine neue Qualität dar, auch wenn durch Interventionen und Stellvertreterkriege während der Zeit der Blockkonfrontation durchaus von beiden Seiten militärische Mittel zum Einsatz kamen. Bei der Ukraine kommt besonders erschwerend hinzu, dass Russland (wie auch die USA und das UK) 1994 im Budapester Memorandum u. a. der Ukraine territoriale Integrität im Gegenzug zum Nuklearwaffenverzicht garantiert haben. Sowohl die Annexion der Krim als auch die de facto Besetzung in der Ostukraine verstoßen also nicht nur allgemein gegen das Völkerrecht, sondern gegen einen expliziten völkerrechtlichen Vertrag der Beteiligten.

[13] Vgl. Rudolf 2018.

Schließlich trifft diese Entwicklung die EU in einer Situation, in der sie durch den drohenden Brexit, den Dissens im Umgang mit Flucht und Migration und schließlich rechtspopulistischen europakritischen Bewegungen verunsichert ist.

Innerhalb weniger Jahre sind so die Grundüberzeugungen und Gewissheiten der deutschen Außen- und Sicherheitspolitik in ihren Grundfesten erschüttert worden, was erhebliche Unsicherheiten erzeugt. Da die evangelische Friedensethik mit ihrer starken Orientierung an Systemen kollektiver Sicherheit und der Verrechtlichung der internationalen Beziehungen[14] im Wesentlichen diese Annahmen teilt, ist sie paradigmatisch genauso betroffen. Schon vor diesen jüngeren Entwicklungen war das in der Denkschrift in Anspruch genommene Verständnis des internationalen Rechts sehr der kantianisch-transzendentalen Tradition verpflichtet und hat dadurch die Leistungsfähigkeit des internationalen Rechts bzw. der von ihm von wesentlichen Akteuren der internationalen Politik beigemessenen Bedeutung überschätzt. Die internationale Rechtsordnung konnte auch im UN-System nie verbindlich durchgesetzt werden.[15]

Schon in den grundlegenden Überlegungen für eine Friedensordnung nach dem Zweiten Weltkrieg wurde gerade mit Blick auf die Mängel des Völkerbundes festgehalten, dass eine rechtliche Friedensordnung nur dann verbindlich sein kann, wenn das Recht auch durchgesetzt werden kann.[16] Mit Blick auf die gegenwärtige Situation hält Stefan Oeter nüchtern fest, »dass auf der normativen Ebene wenig an weiterer Entwicklung zu fordern bleibt. In starkem Maße notleidend ist allerdings die institutionell gestützte Umsetzung dieser Normen.«[17]

Die hier vorgetragene Kritik ist also keine Infragestellung der Bedeutung der internationalen Rechtsordnung als Friedensordnung und der multilateralen Institutionen zu deren Durchsetzung. Sie zielt vielmehr darauf, dass ein friedensethisches Konzept in einer Situation, in der es faktisch weder ein internationales Gewaltermächtigungsmonopol, noch ein Gewaltmonopol, geschweige denn die Möglichkeit der unparteiischen Durchsetzung des internationalen Rechts gibt, friedensethische Orientierung für das politische Handeln unter diesen Bedingungen geben können muss. Unter Beibehaltung des langfristigen Ziels der Eindämmung und Überwindung von Gewalt als Mittel der Politik durch eine internationale Friedensordnung ist die gegenwärtige Aufgabe, die Vermei-

---

[14] Siehe etwa die programmatische Überschrift »Gerechter Friede durch Recht« des 3. Hauptteils der Friedensdenkschrift. A.a.O., S. 57(ff.). Auffällig ist, dass das entsprechende Hirtenwort der römisch-katholischen Bischöfe ein viel pragmatischeres und weniger kantianisch-transzendentalphilosophisch aufgeladenes Rechtsverständnis entfaltet: Sekretariat der Deutschen Bischofskonferenz 2000.
[15] Vgl. etwas ausführlicher Haspel 2011b, S. 136–152; Haspel 2017, S. 4–12.
[16] So etwa schon Kelsen 1944.
[17] Oeter 2016, S. 147.

dung, Eindämmung und ggf. auch Abwehr von Gewalt durch politisches Handeln.[18]

4. Militärische Selbstverteidigung und gewaltfreie Konfliktbearbeitung

In der evangelischen Friedensethik ist vor dem Hintergrund der oben dargestellten Diskurse ganz überwiegend nicht angezweifelt worden, dass es zu den ethisch begründeten Aufgaben des Staates oder von Staatenbündnissen gehört, Gewalt im Inneren durch ein Gewaltmonopol zu verhindern und das Gemeinwesen vor Gewalt von außen zu schützen. Diese Position ist in der Friedensdenkschrift der EKD von 2007 mit dem Ziel verbunden, Gewalt zu überwinden und mit der Maßgabe verknüpft, gewaltfreie Mittel vorrangig zu nutzen.

Dieses Modell schließt die Anerkennung des Weges absoluten Gewaltverzichtes von Christen ein, ohne es aber zum allgemeingültigen friedensethischen Modell zu machen. Initiativen in einigen Landeskirchen scheinen aber gegenwärtig darauf hinauszulaufen, unter dem Motto »Kirche des gerechten Friedens werden«, die Legitimität von staatlichen Streitkräften auch zur Selbstverteidigung und im Rahmen von UN-mandatierten Einsätzen in Frage zu stellen.

Mit dieser normativ pazifistischen Position wird oft ein empirisches Argument verknüpft, nämlich, dass durch den Einsatz gewaltfreier Instrumente oder allenfalls polizeilicher Mittel militärische Gewalt vollumfänglich ersetzt werden könne. Zunächst möchte ich dafür plädieren, beide Argumente, also das normative und das empirische, strikt zu trennen. Eine konsequent pazifistische Position wird den Einsatz von Gewalt auch dann ablehnen, wenn es keine wirksamen gewaltfreien Mittel zur Abwehr unrechtmäßiger physischer Gewalt gibt. Umgekehrt werden gerade auch Vertreterinnen der Konzeption des gerechten Krieges dafür plädieren, gewaltfreie oder gewaltärmere Mittel einzusetzen, wenn diese eine wirksame Alternative zu militärischer oder polizeilicher Gewalt bieten.

In den letzten Jahren hat die Forschung allerdings gezeigt, dass wir noch viel zu wenig wissen, um sagen zu können, in welchen spezifischen Situationen zivile Konfliktbearbeitung oder etwa Just Policing erfolgreich sein können (und wann eben auch nicht). Derzeit gibt es jedenfalls keine empirischen Belege dafür, dass sie immer und überall dazu in der Lage sind, gewaltförmige Konflikte zu vermeiden oder zu beenden.[19] Das schließt nicht aus, sondern ausdrücklich ein, dass Mittel der zivilen Konfliktbearbeitung insbesondere in der Prävention und in Post-Conflict-Szenarien enorm wichtig sind und weiter ausgebaut und erforscht

---

[18] Vgl. dazu grundlegend Niebuhr 1932, S. 169–256.
[19] Dies gilt freilich vice versa auch für militärische Mittel.

werden sollen.[20] Aber das steht nicht im Gegensatz dazu, dass militärische Selbst- und Bündnisverteidigung friedensethisch legitim und sicherheitspolitisch notwendig sein können.[21]

5. Selbst- und Bündnisverteidigung in sicherheitspolitischer Perspektive

Vor dem Hintergrund der oben rekonstruierten Entwicklung ist von einem veränderten Bedrohungsszenario insbesondere an der europäischen Ostflanke der NATO und der EU auszugehen. Russland hat seine Streitkräfte modernisiert, ihre Einsatzfähigkeit erhöht, sie in grenznahen Regionen stationiert und gezeigt, dass es durchaus auch bereit ist, militärische Mittel zur Erreichung politischer Ziele einzusetzen. Es ist hier also in den letzten Jahren ein klassisches Sicherheitsdilemma entstanden.[22] Beide Seiten nehmen einander als Bedrohung wahr, sehen die eigene Rüstung allerdings vorrangig als defensiv begründet an. Das Nächstliegende wäre eigentlich, vertrauensbildende Maßnahmen zu ergreifen, durch Verträge die Rüstung zu begrenzen und Sicherheitsmechanismen zu vereinbaren. Wie ich oben dargestellt habe, ist der Westen daran nicht ganz unschuldig, aber es ist im Moment auch Russland, das offensichtlich der Meinung ist, seine Interessen besser außerhalb solcher Mechanismen vertreten zu können.

Damit kommen NATO und EU unter Druck, nach sicherheitspolitischen Reaktionsmöglichkeiten zu suchen. Insbesondere die östlichen Mitgliedsstaaten der EU und NATO fühlen sich bedroht – sie hatten übrigens auch in den 1990er Jahren nie das Gefühl, von Freunden umzingelt zu sein. Und es ist in der sicherheitspolitischen Debatte unumstritten, dass die NATO insgesamt, die Bundeswehr aber im Besonderen nur sehr eingeschränkt einsatz- und verteidigungsfähig wäre.[23]

---

[20] Vgl. inter alia Internationale Krisenprävention. Evangelische Akademie Thüringen, 27.–29. November 2015, epd-Dokumentation 34, 2016. Siehe dazu auch den instruktiven Beitrag von Julian Zeyher-Quattlender bei der Friedenskonsultation in Wittenberg: https://www.ekd.de/ekd_de/ds_doc/Beitrag-%20Julian-Zeyher-Quattlender.pdf (18.06.2019).

[21] Zum Recht auf Selbstverteidigung in der UN-Charta siehe Oeter 2016, S. 143–145.

[22] Vielfach übersehen wird, dass die ständige Gefechtsbereitschaft der strategischen Nuklearwaffen Russlands und der USA nie aufgehoben wurde. Das nukleare Eskalationspotenzial ist also weiterhin gegeben.

[23] Allerdings sollte man beachten, dass auch nur der kleinere Teil der russischen Streitkräfte zu komplexeren Operationen fähig ist. Gleichwohl wird davon ausgegangen, dass sie bei einem möglichen Angriff auf Polen und das Baltikum in kürzester Zeit erhebliche territoriale Gewinne erzielen könnten.

Will man ein mögliches militärisches Ausgreifen Russlands über den jetzigen Stand hinaus verhindern und die Wahrnehmung einer Bedrohung seitens möglicher Betroffener reduzieren, scheint dies nicht ohne glaubhafte militärische Abschreckung möglich zu sein. Die politisch und ethisch problematische Alternative dazu wäre, Russland eine Einflusszone unter Missachtung der Souveränität der betroffenen Staaten zuzugestehen. Militärische Abschreckung kann dabei natürlich nur ein Mittel sein, das von Angeboten zur Kooperation und vertrauensbildenden Maßnahmen, Rüstungsbegrenzungsinitiativen etc. begleitet sein muss.

Grundsätzlich sind zwei Optionen möglich, nämlich die konventionelle und die nukleare. Da der Westen, insbesondere die USA immer noch über eine nukleare Zweitschlagkapazität verfügt, könnte man sagen, es bedürfe keiner weiteren Rüstung. Dies funktionierte dann, wenn schon bei begrenzten regionalen Operationen – wie z. B. Russland besetzt Narva an der estnisch-russischen Grenze zum Schutz der überwiegend russischsprachigen Bevölkerung – der Einsatz von Nuklearwaffen glaubhaft angedroht und dann auch vollzogen würde. Angesichts der Entwicklung zur sogenannten hybriden Kriegführung ein undenkbares Szenario.[24]

Die Alternative dazu ist, die konventionelle Verteidigungsfähigkeit zu stärken.[25] Das wird Deutschland im Alleingang weder politisch wollen noch wirtschaftlich können. Deshalb würde dies sinnvollerweise in einem Verteidigungsbündnis geschehen. Aber Deutschland müsste dann einen stärkeren Beitrag als bisher leisten. Zum einen weil der bisherige Anteil Deutschlands innerhalb der NATO unangemessen niedrig ist, zum anderen weil die deutschen Streitkräfte nur bedingt einsatzfähig (und damit abschreckungsfähig) sind, also vor allem modernisiert werden müssen. Die erhöhten Rüstungsausgaben von vorneherein als Aufrüstung zu bezeichnen und pauschal abzulehnen, müsste vor diesem Hintergrund sachlich begründet und entsprechende Alternativen auf-

---

[24] Gelegentlich wird angesichts der wahrgenommenen Unsicherheit hinsichtlich der Verlässlichkeit der USA auch die Option einer von Deutschland unterstützten Modernisierung der französischen Force de frappe ins Spiel gebracht. Diese Variante stünde aber vor dem gleichen Eskalationsdilemma und würde enorme Kosten mit sich bringen.

[25] Das zeitweilige Erstarken des Islamistischen Terrorismus, der zwar nicht unabhängig von den genannten Entwicklungen zu sehen ist, aber systematisch quer zu ihnen liegt, stellt eine eigene Herausforderung dar. Mit dem sogenannten ISIS ist in Syrien und Irak zeitweise ein de-facto-Staat entstanden, der außerhalb jeglicher internationaler Ordnung existierte, der über ein erhebliches Territorium mit signifikanten Ressourcen und Einnahmequellen verfügte, und zugleich in der Lage war, in den Zentren des Westens mit terroristischen Anschlägen Gewalt zu projizieren. Dies stellt ganz konkret eine Bedrohung auch für Deutschland dar, die dazu nötigt, auch militärische Fähigkeiten über die Bündnis- und Selbstverteidigung hinaus bereit zu halten.

gezeigt werden. Dass aus dem Raum der EKD jedes Mal, wenn die Erhöhung des Wehretats diskutiert wird, wie eine pawlowsche Reaktion Stellungnahmen dagegen publiziert werden, ist weder sicherheitspolitisch noch friedensethisch unbedingt nachvollziehbar.[26] Zwar ist es wünschenswert, dass möglichst wenige menschliche und materielle Ressourcen durch Rüstung gebunden werden, aber das heißt nicht, dass eine situativ angemessene Rüstung generell abzulehnen wäre.

Die oft vorgebrachte Forderung, man solle stattdessen mehr Geld in zivile Konfliktbearbeitung stecken, ist zwar inhaltlich richtig, aber eben keine Alternative. Deutschland wird in den nächsten Jahren vermutlich mehr Geld für Prävention, zivile Konfliktbearbeitung und militärische Rüstung ausgeben müssen. Die friedensethische Aufgabe wäre, dies friedenspolitisch differenziert und kompetent zu begleiten.

6. Bündnissolidarität als friedensethische Herausforderung

Schon bisher war deutsche Friedens- und Sicherheitspolitik wesentlich an der »Bündnissolidarität« orientiert, wenn auch nicht aus normativen Motiven der Solidarität, sondern aus politischem Nutzenkalkül, selber die Solidarität der anderen westlichen Länder nicht zu verlieren, die wesentlich zur Sicherheit Deutschlands beitragen.[27]

Deshalb sollten wir uns kritisch fragen, wen wir eigentlich mit unseren Friedensdenkschriften und Orientierungspunkten adressieren. Schematisch kann man sagen, sie richten sich an die deutsche Politik und die deutsche Öffentlichkeit, um die Gewissen in Bezug auf Probleme wie den Einsatz von Gewalt oder den Aufbau einer gerechten Friedensordnung mit Analysen und Argumenten zu schärfen. Das ist wichtig und gut.

Allerdings hat sich die deutsche Politik faktisch nicht an den Kriterien rechtserhaltender Gewalt oder anderen normativen Kriterien orientiert, sondern ist politisch nach der Maßgabe vorgegangen, dass im Wesentlichen die Entscheidungen im Bündnis von anderen getroffen und auch vollzogen werden.

---

[26] Vgl. etwa https://www.ekd.de/kirchliche-aktion-friedensarbeit-gegen-hoehere-militaerausgaben-37032.htm (18.06.2019).

[27] Siehe dazu schon Evangelische Akademien in Deutschland: »... dem Frieden der Welt zu dienen«. Ein Diskursprojekt der Evangelischen Akademien in Deutschland e.V. (EAD), Ergebnisse und Empfehlungen, Berlin 2015, S. 7. Online verfügbar unter: https://www.evangelische-akademien.de/wp-content/uploads/2016/11/afghanistanbroschuereeinzelseiten13-04-15.pdf (18.06.2019) und Kirchenamt der Evangelischen Kirche in Deutschland 2013, Ziff. 10, S. 18.

Deutsche Politik ist dann regelmäßig darauf reduziert, aus innenpolitischen Gründen so wenig militärische Mittel wie möglich einzusetzen, aber so viel wie nötig, um außenpolitisch die Solidarität des Bündnisses nicht zu verlieren. Eigenständige normative Überlegungen traten demgegenüber in den Hintergrund.[28] Auf Grund der veränderten sicherheitspolitischen Kontexte wird sich diese Strategie nicht mehr fortsetzen lassen.

Es zeichnet sich ab, dass sich ein engeres europäisches Verteidigungsbündnis oder zumindest eine stärkere europäische Komponente in der NATO entwickeln wird.[29] Deren Beschaffenheit wird wesentlich über die normativen Entscheidungen in Bezug auf Krieg und Frieden auch für Deutschland entscheiden. Werden zivile, gewaltfreie Mittel in einer Strategie berücksichtigt oder gar gestärkt?[30] Wer wird die zentrale Rolle übernehmen? Das könnte über Art und Reichweite von Einsätzen, etwa in Afrika, entscheiden. In welchen Fällen und nach welchen Kriterien sollen welche Mittel eingesetzt werden? Wenn man nicht grundsätzlich ablehnt, dass die europäischen Staaten in einem wie auch immer gearteten Bündnis sich militärisch verteidigen können sollten, und Deutschland sich daran aus Eigeninteresse, aber auch in Solidarität vor allem mit den östlichen NATO-Staaten beteiligen sollte, dann liegt hierin eine wichtige friedensethische Herausforderung!

Die Kirche(n) könnten einen zivilgesellschaftlichen Diskurs initiieren, dafür ein Forum bieten und selbst gestaltender Faktor werden. Dies kann allerdings nicht in einem nationalen deutschen Rahmen geschehen, sondern müsste in einer europäischen Gestalt realisiert werden, die nicht auf die Kirchen beschränkt bliebe, sondern die jeweiligen Fachleute und zivilgesellschaftlichen Kräfte miteinbeziehet. Das könnte ein konkretes Ergebnis im Prozess auf die EKD-Synode hin sein, eine solche Initiative zu ergreifen.

---

[28] Vgl. dazu ausführlich Werkner / Haspel 2019.

[29] Deitelhoff / Dembinski / Peters 2018.

[30] Im Moment zeichnet sich ab, dass eine Stärkung der militärischen Zusammenarbeit in der EU zugleich mit einer »Versicherheitlichung« der Migrations- und Entwicklungspolitik einhergeht und dies auf Kosten von Mitteln für die zivile Konfliktbearbeitung und zivile Ansätze in der Migrations- und Entwicklungspolitik finanziert werden soll. Vgl. dazu den Blog von Martina Fischer (Brot für die Welt): https://info.brot-fuer-die-welt.de/blog/eu-verteidigungsfonds-zivile-friedensfoerderung (18.06.2019). Allerdings sind die Stärkung der europäischen militärischen Verteidigungsfähigkeit und die genannten Prozesse zu unterscheiden. Dass es in der politischen Praxis hier Konkurrenz um die Mittel gibt, ist nicht von der Hand zu weisen. In der hier eingenommenen Perspektive müssten sowohl militärische als auch zivile Mittel in angemessener Weise ausgebaut und finanziert werden. Umso deutlicher ist, dass es nicht nur überzeugender Lobbyarbeit bedarf, sondern auch eines überzeugenden friedensethischen Gesamtkonzeptes.

Damit ist auch die letztlich ekklesiologische Frage verbunden, ob wir Friedensethik als kirchliche Ethik für das Handeln von Christen oder ob wir Friedensethik immer auch als Ethik des Politischen verstehen, die über die eigene Haltung hinaus, Impulse für die gesellschaftlichen Diskurse über die normative Orientierung des Politischen gibt. Gerade eine Friedensethik, die militärische Mittel nicht kategorial ablehnt, hat die Aufgabe und Möglichkeit, die Politik auf den Frieden zu orientieren, indem der Vorrang der Gewaltfreiheit und das Ziel der Überwindung von Gewalt im politischen Diskurs präsent gehalten werden.

Literaturverzeichnis

Brzezinski. Zbigniew (1997): The Grand Chessboard. American Primacy and Its Geostrategic Imperatives, New York.
Deitelhoff, Nicole / Dembinski, Matthias / Peters, Dirk (2018): Nach vorn, um nicht zurückzufallen. Deutsch-französische Initiativen zur Zukunft der EU-Außen- und Sicherheitspolitik, PRIF Spotlight 6/2018, Frankfurt am Main.
Evangelische Kirche in Deutschland (Hg.) (2007): Aus Gottes Frieden leben – für gerechten Frieden sorgen. Eine Denkschrift des Rates der Evangelischen Kirche in Deutschland, Gütersloh.
Haspel, Michael (2002): Friedensethik und Humanitäre Intervention. Der Kosovo-Krieg als Herausforderung evangelischer Friedensethik, Neukirchen-Vluyn.
Haspel, Michael (2011a): Sozialethik in der globalen Gesellschaft. Grundlagen und Orientierung in protestantischer Perspektive, Ethik – Grundlagen und Handlungsfelder 5, Stuttgart.
Haspel, Michael (2011b): Friedensethik zwischen Rechtsethik und Ethik des Politischen. Reflexionen anlässlich des Afghanistankrieges, in: Volker Stümke / Matthias Gillner (Hg.): Friedensethik im 20. Jahrhundert, Theologie und Frieden, Bd. 42, Stuttgart, S. 136-152.
Haspel, Michael (2017): Die Friedensdenkschrift, ihr Potential und ihre Grenzen in den aktuellen friedensethischen Herausforderungen, in: Neue Konflikte, neue Friedensethik? Tagung der Evangelischen Akademie Loccum, 26.-28. Februar 2016, epd-Dokumentation 8, S. 4-12.
Haspel, Michael (2019): Christliche Friedensethik. Von einer individuellen Nachfolge zu einer nationalen Staats- und schließlich globalen Gerechtigkeitsethik, in: Reinhold Bernhardt / Hansjörg Schmid (Hg.): Konflikttransformation als Weg zum Frieden. Christliche und islamische Perspektiven, Beiträge zu einer Theologie der Religionen 18, Zürich (im Erscheinen).
Johnson, James Turner (1997): The Holy War Idea in Western and Islamic Traditions, University Park (i. E.).
Kelsen, Hans (1944): Peace through Law, Chapel Hill.
Kessler, Rainer (2017): Der Weg zum Leben. Ethik des Alten Testaments, Gütersloh.
Kirchenamt der Evangelischen Kirche in Deutschland (EKD) (2013): »Selig sind die Friedfertigen«. Der Einsatz in Afghanistan: Aufgaben evangelischer Friedensethik.

Eine Stellungnahme der Kammer für Öffentliche Verantwortung der EKD, EKD-Texte 116, Hannover.

Klein, Margarete (2018): Russlands Militärpolitik im postsowjetischen Raum. Ziele, Instrumente und Perspektiven, SWP-Studie 19, Berlin.

Niebuhr, Reinhold (1932): Moral Man and Immoral Society. A Study in Ethics and Politics, New York.

Oeter, Stefan (2016): Die friedensethische Bedeutung der Kategorie Recht, in: Ines-Jacqueline Werkner / Klaus Ebeling (Hg.): Handbuch Friedensethik, Wiesbaden, S. 139–148.

Rudolf, Peter (2016): Amerikanische Russlandpolitik und europäische Sicherheitsordnung, SWP-Studie 17, Berlin.

Rudolf, Peter (2018): Nicht allein Trump ist das Problem – Zum Umgang Deutschlands mit den USA, SWP-Aktuell A 57, Berlin.

Sekretariat der Deutschen Bischofskonferenz (Hg.) (2000): Gerechter Friede, Bonn.

Werkner, Ines-Jacqueline / Haspel, Michael (Hg.) (2019): Bündnissolidarität und ihre friedensethischen Kontroversen, Fragen zur Gewalt, Bd. 4, Wiesbaden.

»Auf der Gewalt ruht kein Segen«
Sechs Jahrzehnte Friedensethik der EKD im Rückblick

Hans-Richard Reuter

Zusammenfassung:
Der Artikel gibt einen Überblick über wichtige Stationen der Friedensethik im deutschen Protestantismus seit dem Ende des Zweiten Weltkriegs: während des Kalten Krieges, in der Debatte über den NATO-Doppelbeschluss, nach dem Ende der Blockkonfrontation und zu Beginn des 21. Jahrhunderts. Er zeigt Kontinuität und Wandel der ethischen Urteilsbildung im jeweiligen historischen und politischen Kontext.

Erschüttert durch die Schrecken des Zweiten Weltkriegs erteilte die Erste Kirchenkonferenz der EKD 1948 dem Krieg als Mittel der Politik eine feierliche Absage: »Auf der Gewalt ruht kein Segen, und Kriege führen nur tiefer in Bitterkeit, Haß, Elend und Verwahrlosung hinein. Die Welt braucht Liebe, nicht Gewalt. Sie braucht Frieden, nicht Krieg.«[1] Im Jahr 2007 veröffentlichte der Rat der EKD seine zweite Friedensdenkschrift unter dem Titel »Aus Gottes Frieden leben – für gerechten Frieden sorgen«.[2] Die Daten bieten Anlass, im Zeitraffer auf ca. sechs Dekaden friedensethischer Urteilsbildung im verfassten (vor allem west-)deutschen Protestantismus zurückzublicken – und zwar mit Bezug auf vier Schlüsseltexte.[3]

1. Die »Heidelberger Thesen« zur nuklearen Abschreckung im Kalten Krieg

Im geteilten Nachkriegs-Deutschland geriet die Maxime »Nie wieder Krieg« rasch in Spannung zu Konrad Adenauers Politik der Westintegration, die zielstrebig auf

---

[1] Zitiert nach Reuter 2013, S. 71.
[2] EKD 2007.
[3] Vgl. zum Folgenden Reuter 2001, S. 291–311; Huber 2009, S. 147–170; Reuter 2013, bes. S. 107 ff.

einen Verteidigungsbeitrag der Bundesrepublik hinauslief. Mit der Zuspitzung des Ost-West-Konflikts 1950 erlahmten die anfänglichen Warnungen der EKD vor einer Remilitarisierung Deutschlands rasch. Sie wurden nur noch von ihrem der Theologie Karl Barths verpflichteten bruderrätlichen Flügel aufrechterhalten – nicht zuletzt mit dem Argument, dass eine Wiederbewaffnung der Bundesrepublik die deutsche Teilung zementieren würde. Acht Jahre später brachen ähnliche Gegensätze in den Auseinandersetzungen um die Ausrüstung der Bundeswehr mit atomaren Trägersystemen wieder auf. Nach der bis 1962 geltenden NATO-Doktrin der »massiven Vergeltung« sollte jede, auch eine konventionelle militärische Aggression des Warschauer Pakts einen atomaren Gegenschlag des Westens auslösen. Durfte die Landesverteidigung die Drohung mit oder sogar den Einsatz von Massenvernichtungsmitteln einschließen?

Mit einem kompromisslosen »Nein« antworteten die Kirchlichen Bruderschaften. In einer Eingabe an die EKD-Synode verwarfen sie 1958 nicht erst den Einsatz, sondern bereits Herstellung und Besitz von Kernwaffen als Verleugnung aller drei Artikel des christlichen Glaubens.[4] Sie konstatierten in dieser Frage einen Bekenntnisfall, in der ein anderer Standpunkt christlich nicht vertretbar sei. Die Drohung mit Atomwaffen partizipiere an der Verwerflichkeit ihres Einsatzes und die Labilität der Abschreckungsbalance lasse die Katastrophe näher rücken, die verhindert werden soll. Als in der Kirche konsensfähig erwies sich diese im Gestus religiös-moralischer Absolutheit vorgebrachte Intervention jedoch nicht.

In der EKD blieb bis 2007 eine Position in Geltung, die »die Beteiligung an dem Versuch, durch das Dasein von Atomwaffen einen Frieden in Freiheit zu sichern, als eine heute noch mögliche christliche Handlungsweise« anerkannte. Im Zusammenhang dargelegt wurde dies 1959 in den sogenannten Heidelberger Thesen – dem Arbeitsergebnis einer von der Militärseelsorge angeregten Kommission.[5] In den Jahrzehnten der Blockkonfrontation stellte dieser Text den Bezugspunkt aller friedensethischen Äußerungen der EKD dar. Ausgangspunkt war Carl Friedrich von Weizsäckers Überzeugung, dass der Weltfriede zur Lebensbedingung des technischen Zeitalters geworden sei und deshalb das Ziel kein geringeres sein müsse als die Abschaffung des Krieges als Institution.

Die Heidelberger Thesen bemühten sich um die Zuordnung der unterschiedlichen in der Atomfrage möglichen Gewissensentscheidungen nach dem Modell des komplementären Handelns. Damit sollte gesagt sein: »Die atomare Bewaffnung hält auf eine äußerst fragwürdige Weise immerhin den Raum offen, innerhalb dessen solche Leute wie die Verweigerer der Rüstung die staatsbürgerliche Freiheit genießen, ungestraft ihrer Überzeugung nach zu leben. Diese

---

[4] Vgl. Möller 1999.

[5] Text wieder abgedruckt z. B. in: EKD 1981, S. 76–87; Zitat aus These XIII. Belege im Text beziehen sich auf die Thesen dieses Dokuments.

aber halten [...] in einer verborgenen Weise mit den geistlichen Raum offen, in dem neue Entscheidungen vielleicht möglich werden.« (XI) Beide Seiten müssten ein nie gänzlich kalkulierbares Risiko auf sich nehmen: Der Waffenlose könne durch sein Handeln einstweilen nur ein äußerst verletzliches Zeichen setzen für eine politische Weltfriedensordnung, die noch nicht besteht; der Soldat müsse sich an der Bereithaltung von Gewaltmitteln beteiligen, deren Einsatz im Atomzeitalter nicht mehr gerechtfertigt werden kann.

Waffenverzicht und Bereithaltung von Atomwaffen wurden dabei nicht einfach als gleichrangig gedacht, sondern als asymmetrische Momente eines geschichtlichen Prozesses. Der Gewaltverzicht wurde vorbehaltlos als christliche Handlungsweise anerkannt. Dagegen galt »die Beteiligung an dem Versuch, durch das Dasein von Atomwaffen einen Frieden in Freiheit zu sichern«, lediglich »als eine heute noch mögliche Handlungsweise« (VIIf.). Die Teilnahme an militärischer Friedenssicherung mit Nuklearwaffen wurde nur zeitlich befristet und nur unter der Bedingung ethisch toleriert, dass sie der Kriegsverhütung dient und von effektiver Abrüstung begleitet wird. Dabei ist es nur mühsam gelungen, unterschiedliche theologische Hintergrundannahmen zu vereinbaren: Ist der Waffenverzicht Zeichen eines Verhaltens, das künftig allgemein werden muss? Oder sind die Atomwaffen bleibender Ausdruck der menschlichen Sünde, mit dem zu rechnen ist, solange die Menschheit existiert?

In der Folgezeit nahm der kirchliche Konsens hinsichtlich der Unverantwortbarkeit des Einsatzes von Nuklearwaffen zu, die ethische Bewertung der Drohung mit ihnen blieb dagegen strittig. Der kleinste gemeinsame Nenner bestand darin, dass die EKD begann, weithin sichtbare Aktivitäten zu initiieren: zum Schutz der Kriegsdienstverweigerer aus Gewissensgründen sowie zur Förderung der Friedensforschung, der zivilen Friedensdienste und der Entwicklungszusammenarbeit. Unter anderen Voraussetzungen war in den Landeskirchen der DDR, die 1969 aus der EKD ausschieden, die Entscheidung der Totalverweigerer und Bausoldaten schon 1965 als ein »deutlicheres« christliches Friedenszeugnis bezeichnet worden.

2. »Frieden wahren, fördern und erneuern« in der Nachrüstungsdebatte

Da die Nuklearstrategie der massiven Vergeltung zunehmend an Glaubwürdigkeit verlor, war sie in den 1960er Jahren seitens des nordatlantischen Bündnisses durch die Doktrin der »flexiblen Antwort« ersetzt worden. Diese drohte ein abgestuftes, für den Gegner unkalkulierbares Reaktionsspektrum unter Einschluss konventioneller Mittel und taktischer Nuklearwaffen, also auch des nuklearen Ersteinsatzes an. Weitere Aufrüstung, die Proliferation von Kernwaffen und die Perfektionierung der Waffentechnologie destabilisierten aber schon seit Mitte der siebziger Jahre das anfängliche Gleichgewicht des Schreckens. Im Dezember 1979 wurde der sogenannte NATO-Doppelbeschluss gefasst. Er sah vor, dass der Westen eigene atomare Mittelstreckenraketen stationiert, wenn die Verhandlungen mit der Sowjetunion über den Abbau ihrer auf Westeuropa gerichteten SS-20-Raketen erfolglos bleiben sollten. Die Angst vor einem atomaren Vernichtungskrieg auf europäischem Boden mobilisierte Friedensbewegungen in Ost und West, die im deutschen Protestantismus starken Rückhalt fanden. In dieser Lage beauftragte die EKD ihre Kammer für Öffentliche Verantwortung erstmals mit der Ausarbeitung einer Denkschrift zu friedensethischen und -politischen Fragen. Sie nutzte damit ein noch relativ neues Format kirchlicher Stellungnahmen: Denkschriften verstehen sich nicht als bindende »lehramtliche« Vorgaben, sondern als Beiträge zur Gemeinwohlverständigung in der pluralistischen Gesellschaft.

Die 1981 erschienene Denkschrift »Frieden wahren, fördern und erneuern«[6] wollte angesichts um sich greifender Ängste die Hoffnung des Glaubens stärken. Bemerkenswert für die theologische Fundierung der christlichen Friedensverantwortung ist, dass sie von den gottesdienstlichen Grundvollzügen her entwickelt wird: Die Verkündigung kommuniziere Gottes Zusage des Friedens. Die Klage über Schuld und Leiden bewähre sich im Verzicht auf wechselseitige Schuldzuweisungen. Die Feier des Abendmahls bezeuge die Gemeinschaft Gottes mit den Menschen, die zur Gemeinschaft der Menschen untereinander führen will. Die Fürbitte der Christenheit vermittle zwischen der Aufgabe des Staates und den Weisungen der Bergpredigt. Denn sie gelte zum einen den Trägern politischer Verantwortung, zum andern schließe sie das Gebet für die Feinde ein und habe damit einen universalen, über die Belange des eigenen Staates hinausweisenden Zug. Die Weisung der Feindesliebe wird als Befähigung zur Empathie verstanden, die auch den Gegner als »von Hoffnungen, Ängsten und Aggressionen getriebenen Menschen« wahrnimmt (48).

Aus der Betonung der eigenständigen Würde der politischen Aufgabe folge das dringliche Gebot, »den Vorrang einer umfassenden politischen Sicherung des Friedens vor der militärischen Rüstung wiederzugewinnen« (52). Die politische Situationsbeschreibung analysierte ohne ideologische Scheuklappen die unterschiedlichen Wahrnehmungen der Gegner im Ost-West-Konflikt. Als wesentliche Ursache für die anhaltende Rüstungsspirale galten die beiderseitigen Bedrohungsgefühle. Bereits der Text von 1981 plädiert dafür, langfristig das Ziel einer internationalen Friedensordnung im Auge zu behalten, in der auf die gewaltsame Lösung zwischenstaatlicher Konflikte verzichtet, die Menschenrechte sowie Freiheit und Selbstbestimmung für alle Völker gewährleistet und die natürlichen Lebensgrundlagen geschützt werden. Die Themen des zwei Jahre später auf der Vollversammlung des Ökumenischen Rates in Vancouver ins Leben gerufenen

---

[6] EKD 1981. Belege im Text beziehen sich auf die Randziffern dieser Veröffentlichung.

»Konziliaren Prozesses für Gerechtigkeit, Frieden und Bewahrung der Schöpfung« klangen hier ebenso an wie der mehrdimensionale Friedensbegriff, der dann in der Denkschrift von 2007 systematisch entfaltet werden sollte.

Da jedoch der Weg zu einer globalen Friedensordnung unter den Bedingungen der Blockkonfrontation vorläufig nicht realisierbar sei, gelte es kurz- und mittelfristig den Sinn für Näherungslösungen zu stärken. Dazu zählten die Entwicklung eines typisch defensiven Verteidigungskonzepts und die Prüfung kalkulierter einseitiger Schritte im Interesse effektiver Abrüstung. Vor allem wird ein »Konzept blockübergreifender und umfassender Kooperation« gefordert, das nicht auf Rüstungskontrolle und Rüstungsbegrenzung begrenzt bleibt (67 ff.). Darin und im Postulat eines »gemeinsamen Konzepts von Sicherheit« ist begrifflich und sachlich eine Nähe zum Konzept der gemeinsamen Sicherheit erkennbar, das ein Jahr später durch den Bericht der internationalen unabhängigen Palme-Kommission für Abrüstung und Sicherheit prominent und 1985 von Michail Gorbatschow im Interesse einer Erneuerung der Entspannungspolitik aufgenommen wurde.

Die Unterordnung militärischer Friedenssicherung unter eine aktive Friedenspolitik prägt auch die Erörterung der divergierenden Gewissensentscheidungen. Mit der VII. Heidelberger These wurde betont, die Kirche müsse gerade in der aktuellen Situation »den Waffenverzicht als eine christliche Handlungsweise anerkennen«. Hervorzuheben ist, dass diese Aussage jetzt auch auf die politische Bewegung bezogen wurde, die sich als außerparlamentarische Opposition gegen den NATO-Beschluss vom Dezember 1979 etabliert hatte. Nicht nur der individuellen Kriegsdienstverweigerung, sondern ebenso der Friedensbewegung sprach die Kirche also »Achtung und Verständnis« aus (57). Eine gewissensgeleitete Haltung erschöpft sich somit nach evangelischem Verständnis nicht in bloßer Verweigerung, sondern kann zu aktiver Teilnahme am politischen Prozess führen.

Gleichzeitig erneuerte man die Geltung der VIII. Heidelberger These: Die Kirche müsse auch 22 Jahre später »die Beteiligung an dem Versuch, einen Frieden in Freiheit durch Atomwaffen zu sichern, weiterhin als eine für Christen noch mögliche Handlungsweise anerkennen« (57 f.). Jedoch wurden die Bedingungen verschärft: »Diese Handlungsweise ist nur in einem Rahmen ethisch vertretbar, in welchem alle politischen Anstrengungen darauf gerichtet sind, Kriegsursachen zu verringern, Möglichkeiten gewaltfreier Konfliktbewältigung auszubauen und wirksame Schritte zur Senkung des Rüstungsniveaus zu unternehmen.« Keine Einmütigkeit konnte jedoch in der Frage erzielt werden, was daraus für die Bewertung des Stationierungsteils des NATO-Doppelbeschlusses folgen sollte – auch wenn man den Zeitpunkt avisierte, zu dem »Skandal und Risiko der Rüstungsspirale höher veranschlagt werden müssen als der Nutzen des Abschreckungssystems« (72).

Zur Beilegung der tiefgreifenden Konflikte, die die Nachrüstungsdebatte in Kirche und Gesellschaft ausgelöst hatte, vermochte die Denkschrift kaum beizutragen. Die Leitung des Reformierten Bundes wiederholte das konfessorische Anathema der Bruderschaften von 1958. Weniger das Ziel politischer Friedenssicherung als die Bewertung der Mittel war hier im Focus. Kernwaffen seien in sich verwerflich, da sie »den von Gott geliebten und zum Bundespartner erwählten Menschen ausrotten und die Schöpfung verwüsten können«.[7] Das »Nein ohne jedes Ja« zur »Entwicklung, Bereitstellung und Anwendung von Massenvernichtungsmitteln« verlieh der Suche nach alternativen Wegen der Friedenssicherung zwar mehr Dringlichkeit, tendierte aber in den politischen Konsequenzen ähnlich wie die EKD-Denkschrift zu einem gradualistischen Abrüstungskonzept.

3. Friedensethische Orientierungssuche nach dem Ende der Blockkonfrontation

Mit dem Zusammenbruch des Ostblocks 1989/90 löste sich – vorbereitet und gefolgt von signifikanten Abrüstungsverträgen – die bipolare Struktur der internationalen Ordnung auf. Der überkommene Hegemonialkonflikt zwischen den USA und der UdSSR gehörte der Vergangenheit an. Die Partner des KSZE-Prozesses unterzeichneten im November 1990 in der »Charta von Paris« die Selbstverpflichtung zu Demokratie, Menschenrechten und friedlicher Konfliktregulierung. Den UN schien jetzt wie nie zuvor die Möglichkeit zuzuwachsen, wirksame Initiativen zur Friedensförderung zu ergreifen. Dennoch war der Friede nicht sicherer geworden. Das auf die Nachfolgestaaten der Sowjetunion übergegangene Kernwaffenpotential blieb eine nicht zu unterschätzende Gefahrenquelle. Rivalitäten und Interessengegensätze, die unter dem Einfluss des Kalten Krieges verdeckt geblieben waren, brachen als ethnonationalistische Konflikte mit ungezügelter Brutalität wieder auf. In den internationalen Beziehungen zeichnete sich die Tendenz ab, den Schutz der Menschenrechte der einzelstaatlichen Souveränität überzuordnen und das Gebot der Nichteinmischung in die inneren Angelegenheiten eines anderen Staates unter dem Titel der »humanitären Intervention« zu lockern. Damit kehrte die Frage nach der Legitimität militärischer Mittel der Rechts- und Friedenswahrung unter anderen Vorzeichen wieder.

Die in dieser Situation vom Rat der EKD 1994 vorgelegten »Orientierungspunkte für Friedensethik und Friedenspolitik« unter dem Titel »Schritte auf

---

[7] Reformierter Bund 1982, S. 7. Im damaligen Kirchenbund der DDR verständigte man sich 1983 auf die »Absage an Geist, Logik und Praxis der Abschreckung«.

dem Weg des Friedens«[8] hatten nicht den Status einer Denkschrift, sondern fragten kontextbezogen, wie unter neuen weltpolitischen Bedingungen eine internationale Friedensordnung errichtet und durchgesetzt werden kann. Ferner sollte der jetzt von ostdeutschen Protestanten mitverantwortete Text friedensethische Differenzen zwischen dem stärker pazifistisch ausgerichteten früheren Kirchenbund der DDR und der westdeutschen EKD überwinden.

Die von den DDR-Kirchen auf der ökumenischen Versammlung von 1988 vertretenen Postulate der »vorrangigen Option für die Gewaltfreiheit« und der Entwicklung einer »Lehre vom gerechten Frieden« wurden aufgenommen und zur völkerrechtlichen Ächtung des Krieges in Bezug gesetzt (14). Zur vorrangigen Option für die Gewaltfreiheit zählten neben wirtschaftlicher, sozialer und kultureller Kooperation sowie den Mitteln der Diplomatie vor allem der Ausbau von Wegen der zivilen Konfliktbearbeitung (31 ff.). Diese wurden erstmals ausführlicher beschrieben mit Blick auf die Förderung des interkulturellen Dialogs, die Konditionierung wirtschaftlicher Hilfe und zivilgesellschaftliche Friedensdienste. Der 2004 vorgestellte Aktionsplan der Bundesregierung »Zivile Krisenprävention, Konfliktlösung und Friedenskonsolidierung«, der mit diesen Stichworten eine ressortübergreifende Querschnittsaufgabe des Regierungshandelns beschrieb, ging auch auf entsprechende kirchliche Initiativen, darunter den von der EKD 1996 vorgelegten Bericht zur »Zukunft christlicher Friedensdienste« zurück.

Es wurde jetzt die Chance gesehen, das Verhältnis zwischen Waffenanwendung und Waffenverzicht neu zu bestimmen. Denn im Rahmen einer rechtsbasierten internationalen Friedensordnung müssten sich die »vorrangige Option für die Gewaltfreiheit« und der »Grenzfall des Einsatzes präventiv bereitgehaltener Gewalt« nicht gegenseitig ausschließen (23); vielmehr gebe es Möglichkeiten der Kooperation zwischen militärischen Friedenseinsätzen und zivilen Friedensdiensten.

Eine an der Notwehr- und Nothilfefunktion orientierte Faustregel diente zur ethischen Bewertung militärischer Gewalt: Ihr Einsatz sei »umso weniger zu vertreten, je weiter sie sich von Notwehr und Nothilfe entfernt und je mehr sie [...] nicht nur Waffen, sondern auch Menschen, nicht nur militärische Einrichtungen, sondern unterschiedslos alles zu zerstören beginnt«. Umgekehrt sei »die Benutzung militärischer Macht umso eher zu vertreten, je enger sie im Sinne von Notwehr oder Nothilfe auf den Schutz bedrohter Menschen, ihres Lebens, ihrer Freiheit und der demokratisch-rechtsstaatlichen Strukturen ihres Gemeinwesens bezogen bleibt und je gezielter und begrenzter sie nur die militärischen Angriffsmittel zerstört« (16 f.). Dass der Einsatz militärischer Gegengewalt nur als *ultima ratio* in Betracht zu ziehen ist, sei nicht im Sinn des zeitlich »letzten«,

---

[8] Abgedruckt in EKD 2001. Belege im Text beziehen sich auf die Seitenzählung dieser Veröffentlichung.

sondern des im Verhältnis zur ausgeübten primären Gewalt »äußersten« Mittels zu verstehen (18). Dem Rechtsdurchsetzungssystem der UN solle im Grenzfall auch durch eine »humanitäre Intervention« Achtung verschafft werden (27 ff.). Denn im Konflikt zwischen staatlicher Souveränität und universaler Humanität habe die Völkergemeinschaft die Pflicht, »zur Geltung und Durchsetzung der Menschenrechte beizutragen und darum den Opfern von Unterdrückung und Gewalt Schutz und Hilfe zuteilwerden zu lassen«; die Entscheidung darüber müsse »im Rahmen und nach den Regeln der Vereinten Nationen getroffen« werden, die Politik müsse über klar angebbare Ziele verfügen, die Erfolgsaussichten und die mögliche Beendigung einer solchen Intervention seien von Anfang an zu bedenken (28).

Waren die in den »Orientierungspunkten« entwickelten Maßstäbe für den Einsatz militärischer Gewalt klar genug? Und hatte seitens der Kirchenleitungen die Bereitschaft bestanden, sie in den gewalthaltigen Konflikten der folgenden Jahre konsequent zur Geltung zu bringen? Beides war nicht zuletzt anlässlich des historisch ersten Kriegseinsatzes der NATO im Kosovo 1999 stark umstritten.[9] Die EKD reagierte darauf mit dem als »Zwischenbilanz« eingestuften Text »Friedensethik in der Bewährung« von 2001,[10] der auch Ergänzungen und Weiterführungen zu den »Orientierungspunkten« enthält. Diese betrafen unter anderem die Frage der Mandatierung humanitär begründeter militärischer Zwangsmittel im Fall von Blockaden des UN-Sicherheitsrats. Vorgeschlagen wurde ein an die Kontrolle durch den Sicherheitsrat rückgekoppelter Autorisierungsmechanismus durch die in der UN-Charta vorgesehenen regionalen Organisationen kollektiver Sicherheit. Ferner warnte der Text vor einer vorschnellen Berufung auf das Nothilfe-Argument. Die Anerkennung des gewaltlegitimierenden Tatbestands der Nothilfe setze eine Ordnung mit gefestigtem Gewaltmonopol und etablierter Judikatur voraus, die es im völkerrechtlichen Kontext (noch) nicht gebe. Stattdessen sei es erforderlich, konsistenter auf gewalteingrenzende und -kritische Kriterien zurückzugreifen, die »aus der Argumentation der Lehre vom gerechten Krieg« stammen (79).

4. »Aus Gottes Frieden leben – für gerechten Frieden sorgen« am Beginn des 21. Jahrhunderts

Der kurze Text »Friedensethik in der Bewährung« war kaum freigegeben, da veränderte am 11. September 2001 der Terrorangriff auf die New Yorker Twin Towers die weltpolitischen Rahmenbedingungen schlagartig. Zu den bereits in den 1990er Jahren auf die Agenda gelangten Herausforderungen wie ethnona-

---

[9] Vgl. Haspel 2001.
[10] Abgedruckt in: EKD 2001, S. 57 ff.

tionalistisch aufgeladenen Bürgerkriegen, Staatenzerfall und Staatsterrorismus gegen die eigene Bevölkerung war jetzt der internationale Netzwerk-Terrorismus hinzugekommen. Die USA verkündeten nach 9/11 unter Berufung auf ihr Selbstverteidigungsrecht einen lang anhaltenden Krieg gegen den Terrorismus und intervenierten 2003 mit einer Koalition der Willigen völkerrechtswidrig im Irak. Am militärischen Vorgehen des Westens gegen die Taliban in Afghanistan beteiligte sich die Bundeswehr seit 2002 mit einem zunächst als Stabilisierungsmission bezeichneten Einsatz.

Die X. Kammer für Öffentliche Verantwortung der EKD erhielt in dieser Situation 2004 den Auftrag zu einer neuen Friedensdenkschrift, die drei Jahre später unter dem Titel »Aus Gottes Frieden leben – für gerechten Frieden sorgen« erschien.[11] Sie steht für ein hohes Maß an Kontinuität in den ethischen Grundorientierungen und politischen Postulaten, integrierte diese aber in eine systematisch kohärente Gesamtkonzeption und setzte auch deutlich neue Akzente. Dazu gehört, dass der spezifisch christliche Friedensbeitrag umfassend – und im Blick auf das ambivalente Verhältnis von Religion und Gewalt auch selbstkritisch – in seiner biblisch-theologischen Begründung reflektiert, von den Grundvollzügen christlichen Lebens her profiliert und in den Kontext institutionalisierter kirchlicher Aktivitäten gestellt wurde. Im Rahmen des kirchlichen Eintretens für den Schutz des gewissensbestimmten Waffenverzichts schloss dies erstmals seit 1955 explizit die Forderung nach Anerkennung auch der situationsbedingten Kriegsdienstverweigerung ein (43). Auf die jeweilige Konfliktphase abgestimmte Formen ziviler Konfliktbearbeitung bedürften im Fall der Zusammenarbeit mit militärischen Akteuren der vorausschauenden Abstimmung und generell kritischer Selbstauswertung (170 ff.).

Mit dem Leitmotiv des »gerechten Friedens« entfaltete die Denkschrift einen in kirchlichen Verlautbarungen seit Ende der 1980er Jahre anzutreffenden Topos systematisch. Der gerechte Frieden sei als politisch-ethisches Leitbild zu verstehen, das von Christen und Kirchen als Element eines übergreifenden Konsenses in die Debatte einer weltanschaulich-pluralistischen Gesellschaft eingebracht werden kann. Anknüpfend an den biblischen Schalom gilt Frieden als Prozessmuster, das durch vier Sachdimensionen charakterisiert ist: Schutz vor Gewalt, Förderung der Freiheit, Abbau von Not und Anerkennung kultureller Vielfalt (75 ff.). Ein gerechter Frieden setze in jeder seiner Dimensionen die Achtung der Menschenwürde voraus und diene menschlicher Existenzhaltung und Existenzentfaltung bzw. menschlicher Sicherheit und Entwicklung.

Das 3. Kapitel konkretisierte das Leitbild des gerechten Friedens im Rahmen einer rechtsbasierten Friedensordnung. Als globale ordnungspolitische Zielvorstellung wählte die Denkschrift einen dritten Weg zwischen der überholten Vorstellung einer vollsouveränen Staatenwelt und der schlechten Utopie eines

---

[11] EKD 2007. Belege im Text beziehen sich auf die Randziffern dieser Veröffentlichung.

»Weltstaats«, nämlich das Modell einer kooperativ verfassten Weltordnung ohne Weltregierung. Zu ihren Aufgaben gehöre es, den Sachdimensionen des gerechten Friedens institutionell Rechnung zu tragen: dem Schutz vor Gewalt durch Ausbau eines effektiven Systems kollektiver Friedenssicherung, wie es in der UN-Charta vorgezeichnet ist; der Förderung der Freiheit durch Gewährleistung der universellen und unteilbaren Menschenrechte; dem Abbau von Not durch Ausgestaltung eines Rechts auf Entwicklung; der Anerkennung kultureller Verschiedenheit durch den Schutz pluraler Lebensformen.

Im Rahmen eines solchen Ordnungsmodells seien Grenzfälle nicht auszuschließen, in denen sich die Frage nach Kriterien für eine zwangsbewehrte Durchsetzung des Rechts stellt. Im Kontext des modernen Völkerrechts erlaube dies aber keineswegs eine Rückkehr zur Lehre vom gerechten Krieg. Vielmehr habe die Charta der UN das Konzept des gerechten Krieges durch das allgemeine Gewaltverbot aufgehoben und, was die zulässigen Ausnahmen angeht, ins positive Recht überführt. An die Stelle der heute obsoleten Lehren vom gerechten Krieg müsse darum eine »Ethik rechtserhaltender Gewalt« treten, die in das Konzept des gerechten Friedens eingebettet ist (65 ff.). Denn die in den alten Lehren vom gerechten Krieg enthaltenen Prüfkriterien für die Anwendung von Gegengewalt (wie die Frage nach dem Erlaubnisgrund, der Autorisierung, der rechten Absicht, der Verhältnismäßigkeit, der Erfolgswahrscheinlichkeit, dem Schutz Unschuldiger usw.) beruhen auf moralischen Intuitionen, die keineswegs nur für die Beurteilung militärischer Gewalt relevant sind. Vielmehr seien sie ebenso unverzichtbar für polizeiliches Handeln, die Ausübung von Widerstand oder einen legitimen Befreiungskampf – wobei Christen auch dann, wenn alle gewalteinschränkenden Kriterien erfüllt sein sollten, im Bewusstsein handeln müssten, Schuld zu übernehmen.

Den militärischen Gewaltgebrauch betreffend forderte der Text, grundsätzlich an der Autorisierung militärischer Zwangsmittel nach den Regeln der UN-Charta festzuhalten und unterbreitete eine Reihe von Vorschlägen zur Überwindung politischer Funktionsdefizite des Sicherheitsrats wie z. B. nachträgliche Überprüfungsmöglichkeit von Beschlüssen durch eine unabhängige Instanz, Begründungspflicht des Abstimmungsverhaltens bei substantiellen Entscheidungen, Aufhebung des Vetorechts in bestimmten Fällen. Dem militärischen Gewaltgebrauch wurden enge Grenzen gesetzt und dabei drei Fallkonstellationen besprochen:

Erstens sei das Selbstverteidigungsrecht (105 ff.) dem angegriffenen Staat zwar als subsidiäres Notrecht zuzugestehen – aber nur zur unmittelbaren Gefahrenabwehr und nur bis zum Tätigwerden des Sicherheitsrats. Das Regelwerk der UN-Charta sei auch im Fall asymmetrischer bewaffneter Konflikte keineswegs überholt. Terrorismusbekämpfung sei eine Aufgabe internationaler Verbrechensbekämpfung und kein legitimes Ziel lang anhaltender Kriegführung. Eine Grenze wurde außerdem hinsichtlich der vorgehaltenen militärischen Mittel gezogen – und hier mit Blick auf die mittlerweile erfolgte Vervielfältigung der nuklearen Akteure erstmals eine von den Heidelberger Thesen abweichende Position vertreten: »Aus der Sicht evangelischer Friedensethik kann die Drohung mit Nuklearwaffen heute nicht mehr als Mittel legitimer Selbstverteidigung betrachtet werden.« (160) Dem schloss sich zwar keine einheitliche Aussage zur nuklearen Abrüstung an, doch ist ein Gewinn an Argumentationstransparenz darin zu sehen, dass der verbliebene Dissens auf unterschiedliche Deutungen von »Drohung« zurückgeführt wurde.

Zweitens wurde die Schutzverantwortung der Staatengemeinschaft für bedrohte Bevölkerungsgruppen bedacht (110 ff.): Hier kam zum Tragen, dass die Denkschrift dem Prinzip der Staatensouveränität nach wie vor moralisches Gewicht einräumte, nämlich als Schutzhülle für die politische Autonomie der Bevölkerung. Deshalb wurden Ausnahmen vom Prinzip der militärischen Nicht-Intervention erst zugelassen bei schwersten Unrechtshandlungen wie Genozid und ethnischer Vertreibung. Sie sollten rechtsstaatsanalog der Überprüfung durch völkerrechtliche Instanzen unterliegen. Nicht durch den UN-Sicherheitsrat mandatierte, sondern als Nothilfe gerechtfertigte Interventionen durch einzelne Staaten oder Staatenbündnisse (wie im Kosovo 1999) unterlägen stärksten Bedenken, weil sie die Schwächung des Kriegsächtungsprogramms der UN-Charta zur Folge haben könnten.

Erwägungen zu einer dritten Fallgruppe betrafen internationale bewaffnete Friedensmissionen unterhalb der Schwelle von Kampfeinsätzen (117 ff.). Bei erkennbarer Skepsis wurden militärische Mittel zur befristeten Sicherung der äußeren Rahmenbedingungen für einen eigenständigen Friedensprozess im Sinn der Konfliktprävention oder Friedenskonsolidierung vor Ort dann für vertretbar gehalten, wenn sie einer Reihe von sehr strengen Konditionen genügen, zu denen nicht zuletzt Mitsprache und möglichst Zustimmung der Betroffenen (*local ownership*) gehören.

5. Schluss

Die Gemeinschaft im Glauben schließt Differenzen im politisch-ethischen Urteil nicht aus, inspiriert aber zu ihrer Überwindung. Trotz der pluralen Zusammensetzung des Autorenkreises war es der Friedensdenkschrift von 2007 sehr weitgehend gelungen, unterschiedliche in Kirche und Gesellschaft vertretene Positionen zu einer Übereinkunft im Prinzipiellen zusammenzuführen. In großer Kontinuität mit den vorangegangenen Stellungnahmen seit 1981 blieb sie dabei der Idee einer internationalen Friedensordnung als Rechtsordnung verpflichtet. Angesichts grassierender Neonationalismen, weiterer Schwächung des Multilateralismus und erneut steigender Bedeutung der Atomwaffen mag man heute fragen, in welchem Umfang das Modell einer regelbasierten kooperativen

Weltordnung aktuell noch trägt. Das ändert aber nichts daran, dass es als normative Zielvorstellung ohne Alternative bleibt – jedenfalls so lange, wie die evangelische Kirche an der Verbindung von Friedensethik und Friedenspolitik festhält.

Erreichte Konsense im Prinzipiellen – auch dies lehrt der knappe Rückblick – werden allerdings oft dann fragil, wenn es darauf ankommt, zu konkreten Situationsurteilen zu gelangen. Zuletzt zeigte sich dies anlässlich des Votums zum Afghanistan-Einsatz, das 2013 als »Stellungnahme« der nunmehr XI. EKD-Kammer für Öffentliche Verantwortung publiziert wurde.[12] Sie hielt einmütig fest, dass es in Afghanistan an dem geforderten umfassenden friedenspolitischen Konzept unter Einschluss von Exit-Szenarien gefehlt habe. Gleichzeitig notierte sie in mehreren Detailfragen Dissens: Während ein Teil der Kammermitglieder die in der Denkschrift von 2007 formulierten Maßstäbe für ein begrenztes militärisches Engagement je länger desto weniger erfüllt sah, vertrat ein anderer Teil die Auffassung, dass die im Konfliktverlauf eingetretenen Erweiterungen und Intensivierungen der Militäreinsätze des Westens durch die Legitimität der ursprünglichen Interventionsentscheidung gedeckt gewesen seien. Abweichende Bewertungen dieser Art können sich ethiktheoretisch darauf stützen, dass jede konkrete moralische Abwägung von Einschätzungen der politischen und militärischen Lage (und ihrer nur begrenzt vorhersehbaren Entwicklung) abhängig ist. Ob allerdings die Unvermeidbarkeit kontextsensibler Klugheitsurteile auch bedeuten kann, dass übergeordnete Prüfkriterien durch die normative Kraft des Faktischen ersetzt werden, bleibt kritisch zu fragen.

Literaturverzeichnis

Haspel, Michael (2001): Friedensethik und Humanitäre Intervention. Der Kosovo-Krieg als Herausforderung evangelischer Friedensethik, Neukirchen.
Huber, Wolfgang (2009): Von der gemeinsamen Sicherheit zum gerechten Frieden. Die Friedensethik der EKD in den letzten 25 Jahren, in: Hans-Richard Reuter (Hg.): Frieden – Einsichten für das 21. Jahrhundert, Berlin, S. 147–170.
EKD (1981): Frieden wahren, fördern und erneuern. Eine Denkschrift der Evangelischen Kirche in Deutschland, Gütersloh.
EKD (2001): Schritte auf dem Weg des Friedens. Orientierungspunkte für Friedensethik und Friedenspolitik – Ein Beitrag des Rates der EKD, EKD-Texte 48, Hannover.
EKD (2007): Aus Gottes Frieden leben – für gerechten Frieden sorgen. Eine Denkschrift des Rates der Evangelischen Kirche in Deutschland, Gütersloh.

---

[12] EKD 2013.

EKD (2013): »Selig sind die Friedfertigen«. Der Einsatz in Afghanistan: Aufgaben evangelischer Friedensethik – Eine Stellungnahme der Kammer für Öffentliche Verantwortung, EKD-Texte 116, Hannover.

Möller, Ulrich (1999): Im Prozeß des Bekennens. Brennpunkte der kirchlichen Atomwaffendiskussion im deutschen Protestantismus 1957–1962, Neukirchen.

Reformierter Bund (1982): Das Bekenntnis zu Jesus Christus und die Friedensverantwortung der Kirche. Eine Erklärung des Moderamens, Gütersloh.

Reuter, Hans-Richard (2001): »Schritte auf dem Weg des Friedens« und »Gerechter Friede«. Kirchliche Friedensethik im Vergleich, in: Ökumenische Rundschau 50, S. 291–311.

Reuter, Hans-Richard (2013): Recht und Frieden. Beiträge zur politischen Ethik, Leipzig.

Der »Pilgerweg der Gerechtigkeit und des Friedens«
Ein ökumenischer Weg

Fernando Enns

> »Es ist dir gesagt, Mensch, was gut ist und was Gott (Adonaj) bei dir sucht:
> Nichts anderes als Gerechtigkeit üben,
> Freundlichkeit lieben
> und behutsam mitgehen mit deinem Gott.«
> Micha 6,8[1]

Einleitung: Eine neue, alte ökumenische Metapher

Die 10. Vollversammlung des Ökumenischen Rates der Kirchen (ÖRK) wird in die Geschichte der ökumenischen Bewegung eingehen als jene, die einen Weg weisenden Beschluss fasste: den ökumenischen »Pilgerweg der Gerechtigkeit und des Friedens«. Der Anspruch ist, hiermit einen neuen, umfassenden programmatischen Ansatz gewählt zu haben, der die vielen verschiedenen Aktivitäten und Dimensionen der ökumenischen Bewegung – insbesondere des ÖRK – in ein kohärentes Verhältnis zueinander bringt und diesen eine gemeinsame, die Einheit der Kirchen stärkende Richtung verleiht sowie für neue Beziehungen, vor allem zu anderen Religionen, öffnet.[2]

Die ÖRK-Kommission für Glauben und Kirchenverfassung beleuchtet in ihrer »theologischen Einladung zum Pilgerweg« die Deutungskraft der Metapher »Pilgerweg«, vor allem hinsichtlich eines gerechten Friedens zwischen den Kirchen, der in der Ökumene zum Ausdruck kommt:

> »Günstigenfalls eröffnet der Pilgerweg auch neue Wege des Verstehens und des gemeinsamen Lebens im Streben nach Einheit, Gerechtigkeit und Frieden unter den Kirchen und natürlich auch unter der ganzen Menschheit. Eine Theologie des Pil-

---

[1] Übersetzung nach Ebach 1995, S. 11.
[2] Vgl. Busan 2013, in: Link 2014, Bericht des Ausschusses für Programmrichtlinien, S. 342–352.

gerweges fordert die Kirchen heraus, über diese Fragen nachzudenken und zu überlegen, wie die Kirchen ihre Reise von der zerbrochenen Gemeinschaft hin zur vollen, sichtbaren Einheit weiter fortsetzen können.«[3]

Innerhalb des *Ökumenischen Aufrufs zum gerechten Frieden* am Ende der vorausgehenden ÖRK-»Dekade zur Überwindung von Gewalt – Kirchen für Frieden und Versöhnung 2001–2010« zeichnete sich das Potenzial dieser Metapher hinsichtlich des gerechten Friedens bereits in mehrerer Hinsicht ab. In der Präambel heißt es: »Inspiriert durch das Beispiel Jesu von Nazareth lädt dieser Aufruf Christen ein, den Weg des gerechten Friedens mitzugehen.«[4] Dieses *Nachfolge*motiv wird dann sogleich in dem angemessenen theologischen Rahmen der Liebes*bewegung* Gottes mit der Schöpfung verortet, der solche Nachfolge erst ermöglicht: »Gerechter Friede ist ein Weg, der ausgerichtet ist auf Gottes Heilsplan für die Menschheit und die ganze Schöpfung, im Vertrauen darauf, dass Gott unsere Füße auf den Weg des Friedens richtet (Lk 1,79).«[5]

Auch der Begriff der »Pilgerreise« taucht im *Aufruf zum gerechten Frieden* bereits auf:

> »Die christliche Pilgerreise hin zum Frieden bietet viele Möglichkeiten, sichtbare und lebensfähige Gemeinschaften für den Frieden aufzubauen. Eine Kirche, die für den Frieden betet, der Gemeinschaft dient, Geld ethisch verantwortungsvoll einsetzt, die Umwelt bewahrt und gute Beziehungen mit anderen pflegt, kann zu einem Werkzeug des Friedens werden.«[6]

Hier wird allerdings auch eine Ambivalenz deutlich: Meint man, einen Weg *zum* gerechten Frieden *hin* zu beschreiten, oder doch eher, einen Weg *des* gerechten Friedens zu gehen? Im ersten Falle wäre der gerechte Frieden als *Ziel* benannt, reduziert auf einen zu erreichenden gesellschaftspolitischen Zustand oder womöglich gar eschatologisch verklärt; im zweiten Falle wäre der gerechte Frieden tatsächlich (auch) als eine *Lebenspraxis* verstanden. – Diese zweite Deutung wird mit dem in Busan gefassten Beschluss aufgenommen und verstärkt.

1. Mehr als eine neue ökumenische Metapher

Entsprechend hat die international zusammengesetzte Steuerungsgruppe die Methodologie ihrer Arbeit neu ausgerichtet. Beim ersten Treffen in Genf (2015)

---

[3] ÖRK 2018, S. 523–542.
[4] ÖRK 2011; auch in: Raiser / Schmitthenner 2012, S. 5–19, Präambel.
[5] A. a. O., § 12.
[6] A. a. O., § 29.

wurde schnell klar, dass die Mitglieder sich selbst tatsächlich auf einen Pilgerweg begeben müssten, wenn sie denn ihren Auftrag erfüllen wollten, den Gremien des ÖRK beratend zu dienen und zu beobachten, wie die Kirchen in den verschiedenen Regionen diese programmatische Initiative aufnehmen würden. Inzwischen hat uns der Weg von Israel/Palästina (2016) über Nigeria (2017) und Kolumbien (2018) im Jahr 2019 nach Thailand geführt. Jede Region der Weltkirche soll mindestens eine Station unseres Weges werden. Und wir haben gelernt, wie wichtig es ist, dass wir uns nicht einfach an einem dieser Orte zu Beratungen in einen Konferenzraum zurückziehen oder uns auf Begegnungen mit politischen und kirchlichen Würdenträgern beschränken dürfen. Ein Pilgerweg der Gerechtigkeit und des Friedens muss uns an Orte voller Gewalt und Ungerechtigkeit führen, wir müssen Menschen zuhören, die davon unmittelbar betroffen sind (Frauen, Kinder, Behinderte, Homosexuelle, Indigene – Menschen »an den Rändern« von Gesellschaften und auch von Kirchen). Wir wollen, so gut es geht, Anteil nehmen an dem Leid von Gemeinschaften, wollen ihre Freuden mitfeiern, und wir wollen von ihnen lernen, wie sie inmitten der Gewalterfahrungen die Kraft zur Bildung von Gerechtigkeit und Frieden finden. In diesem Jahr hatten wir uns in fünf »Pilgrim-Team-Visits« aufgeteilt (nach Myanmar, Bangladesch, Indien, Pakistan und in das Grenzgebiet zwischen Thailand und Myanmar).[7]

Die Erfahrungen zeigen bisher: Wenn wir anschließend an unsere Besuche dieser ›Stationen‹ in unsere beratenden Diskussionen einsteigen, dann sind *wir* bereits verändert. Betroffen, ergriffen, inspiriert tauschen wir die Erlebnisse untereinander aus und fragen nun aus veränderten Perspektiven und auf neue Weise, welche Bedeutung dieser gemeinsame, ökumenische Pilgerweg der Gerechtigkeit und des Friedens für die gesamte Gemeinschaft der Kirchen haben könnte. – »The place works on the pilgrim«, hat Rowan Williams einmal gesagt. Der Ort verändert den Pilger. Diese Erfahrung darf nicht nur, sie soll auch unsere theologischen, ethischen und politischen Diskussionen beeinflussen.

Und die Gemeinschaften an den besuchten Orten? Auch sie sprechen von Veränderung durch den Besuch der ÖRK-Pilger. Aus jeder der Stationen haben wir mindestens ein neues Mitglied in den weiteren Weg der Steuerungsgruppe aufgenommen, das die weiteren Schritte in die eigene Gemeinschaft zurück spiegeln kann. Diese »Zeugen« berichten, inwiefern die Möglichkeit zur Gastfreundschaft für die Pilger der Gerechtigkeit und des Friedens sie selbst getröstet, ermutigt, gestärkt hat, dass sie sich so mit hinein genommen fühlen in diese ökumenische Bewegung. Wir sind zu *com-pan-ions* geworden, Freundinnen und Freunden, die unterwegs das Brot miteinander teilen. In vielen Fällen scheint ihnen dies wertvoller zu sein als vage Hoffnungen auf ein neues »Projekt«, in dem

---

[7] Der ÖRK organisiert weitere Pilgrim-Team-Visits und der ÖRK-Zentralausschuss hat alle Kirchen aufgerufen, selbst auch solche zu initiieren.

wiederum andere über ihre Hilfsbedürftigkeit entscheiden würden. Es interessiert sie vielmehr zu erfahren, inwiefern wir in unseren eigenen Kontexten »Kirchen des gerechten Friedens« sind und werden, und inwiefern dies die Ungerechtigkeiten in einer globalisierten Welt verändern kann.

2. Ziele des Pilgerwegs der Gerechtigkeit und des Friedens

Mit der Entscheidung der ÖRK-Kirchen, die Sache des gerechten Friedens nun gemeinsam als einen »Pilgerweg« fortzusetzen, verbinden sich gleich mehrere Ziele:

(1) Die Anliegen der vorherigen »Dekade zur Überwindung von Gewalt« sollen weitergeführt werden, somit auch der Anschluss an das gemeinsame Verständnis eines »gerechten Friedens«. Mögen die Gewichtungen in den einzelnen Kontexten auch unterschiedlich ausfallen (ökonomische Gerechtigkeit, Umweltgerechtigkeit, Klimagerechtigkeit, gewaltfreie Friedensbildung, Trauma-Heilung, transformative Gerechtigkeit durch Wahrheitssuche u.v.m.), die unmittelbaren Interdependenzen all dieser Dimensionen werden von allen als dringliche Anfragen an die Einheit, die Theologie und das Zeugnis/die Mission der Kirche(n) erkannt.

(2) Die Erkenntnis, dass es sich bei den gegenwärtigen politischen Krisen auch um *spirituelle* Herausforderungen handelt, soll in Form des Pilgerweges aufgenommen werden. Zu oft sind gesellschaftliche Krisen vom ÖRK allein als Aufgabe für eine effiziente, politisch orientierte *advocacy*-Arbeit behandelt worden, was nicht nur bei Vertreterinnen und Vertretern aus orthodoxen Kirchen zunehmend die Sorge aufkommen ließ, dass nicht mehr erkenntlich werde, inwiefern hier tatsächlich noch als Kirchen/Ökumene (im Unterschied etwa zu Nicht-Regierungs-Organisationen) agiert werde. Es müsse eine gemeinsame Klärung darüber angestrebt werden, *inwiefern* die derzeitigen politischen wie gewaltsamen Konflikte *theologische* Anfragen an die Kirchen der Ökumene und ihr Selbstverständnis darstellen.

(3) Entscheidend sei hierbei, dass die Kirchen und der ÖRK *selbst* diesen Weg beschreiten, wenn wir denn glaubwürdig werden wollen in unseren Anliegen des gerechten Friedens. Daher müsste der angestrebte Pilgerweg der Kirchen selbst durch Gerechtigkeit und Frieden charakterisiert sein. Bei vielen ist ein Bedürfnis nach spiritueller Erneuerung gewachsen, die zunehmend erkennen, dass das Handeln der Kirche in Fragen des gerechten Friedens viel zu kurz greift und letztlich kraft- und wirkungslos bleiben muss, wenn es sich allein auf die politische Aktion beschränkt. – Die *Internationale Ökumenische Friedenskonvokation* (IEPC 2011, am Ende der Dekade zur Überwindung von Gewalt) hat den gerechten Frieden bereits als »Lebensentwurf« bezeichnet,

»der die Teilhabe an Gottes Liebe zur Welt widerspiegelt«.[8] Der dynamische Charakter des gerechten Friedens als *Gabe* und als *Berufung* der Kirche(n) wird in dem gemeinsamen Pilgerweg begriffen. – Die zentrale Botschaft der Vollversammlung in Busan fasst all dies in einem Aufruf an »alle Menschen guten Willens« zusammen, sich diesem Pilgerweg anzuschließen.[9]

3. Dimensionen einer transformativen Spiritualität und ihre trinitätstheologische Gründung

Der entscheidende Mehrwert dieses programmatischen Ansatzes liegt vor allem darin, auf die theologischen und ethischen Überlegungen zum gerechten Frieden aufbauend, die Kraft einer inhärenten, transformativen Spiritualität zu erkennen, ins Bewusstsein zu heben sowie Wege zu ihrer Entfaltung aufzuspüren. Im Folgenden soll dies näher bestimmt werden, auf Diskussionsstränge innerhalb des ÖRK aufbauend. – Einige persönliche Eindrücke sollen ergänzend illustrieren, wie sich das verwirklichen kann.

Gerechter Friede heißt nicht einfach,

> »einer Reihe von Ideen über Gottes Heilsplan für die Welt zuzustimmen. Um für und mit Gottes Frieden zu arbeiten, muss man so gesinnt sein, wie Jesus Christus es auch war (vgl. Phil 2,5) [...] Um diese Gesinnung Christi für die Auferbauung des Friedens zu erlangen, ist es nötig, regelmäßig und tief die Gemeinschaft mit dem Dreieinigen Gott zu suchen und den Weg zu beschreiten, den Christus für uns gegangen ist. Diese Gegenwart in Gott ermöglicht es uns, Gottes Wirken in unserer Welt wahrzunehmen.«[10]

Dies kann – so die Überzeugung – die christliche Hoffnung (im Unterschied zu Optimismus!) wach halten: Eine Kraft, die von Gott, »dem Ursprung des Friedens und der Versöhnung«, herkommt und »in das Mysterium« des gerechten Friedens hineinzieht.[11] Es ist offensichtlich, dass das wachsende Bewusstsein der *Teilhabe* an Gottes Mission der Gerechtigkeit und des Friedens (*missio Dei*) die Kirchen neue Zuversicht fassen lässt, selbst zu Gemeinschaften der Gerechtigkeit und des Friedens werden zu können. – Dies eröffnet entscheidende Gedankengänge für

---

[8] ÖRK, »Ehre sei Gott und Friede auf Erden«. Botschaft der Internationalen Ökumenischen Friedenskonvokation; in: http://www.gewaltueberwinden.org/de/materialien/oerk-materialien/dokumente/praesentationen-ansprachen/ioefk-botschaft.html (25.03.2019).

[9] Vgl. Busan 2013, Botschaft der 10. ÖRK-Vollversammlung, »Schließt euch unserem Pilgerweg der Gerechtigkeit und des Friedens an«, S. 63–65.

[10] Raiser / Schmitthenner 2012, S. 21–190, Kap. 2, § 59.

[11] A.a.O., § 61.

die weitere Diskussion zum Selbstverständnis der Kirchen sowie der Gemeinschaft der Kirchen innerhalb des ÖRK auf ihrem Weg *der* Gerechtigkeit und des Friedens.

Das *Begleitdokument zum Aufruf des gerechten Friedens* suchte bereits – zumindest in Ansätzen – die entsprechende trinitätstheologische Gründung zu reflektieren: »Auf ihre eigene, begrenzte Weise spiegelt diese Spiritualität die liebenden Beziehungen zwischen den Personen des Dreieinigen Gottes wider, der seine zerbrochene Welt aufrechterhält, verwandelt und heiligt.«[12] – Der ÖRK-Zentralausschuss hat dies weiter gedacht: »Die Bewegung der Liebe, die Teil des Wesens des dreieinigen Gottes ist, wird in der Verheißung von Gerechtigkeit und Frieden offenbar.«[13]

Von diesen theologischen Überlegungen ausgehend lassen sich nun die spirituellen Dimensionen eines Pilgerwegs der Gerechtigkeit und des Friedens ausführen in ihrer dynamischen Wechselwirkung zueinander. Der ÖRK-Zentralausschuss hat hierzu auch auf grundlegende Differenzierungen eines »mystischen Weges« von Dorothee Sölle zurückgegriffen.[14] – Die Weltmissionskonferenz 2018 in Arusha brachte diese Verbindung von Pneumatologie und Ethik in ihrem zentralen Motto zum Ausdruck: »Vom Geist bewegt – Zu verwandelnder Nachfolge berufen«.[15]

a) Die Gaben der Schöpfung feiern – *via positiva*

In ihrer »Erklärung über den Weg des gerechten Friedens« formulierte die Vollversammlung in Busan im Stil eines Glaubensbekenntnisses die folgenden »Artikel«:

> »**Gemeinsam glauben wir an Gott, den Schöpfer allen Lebens.** Daher bekräftigen wir, dass jeder Mensch nach dem Bilde und Gleichnis Gottes geschaffen ist [...] Als Gott auf wundersame Weise eine Welt schuf, die über mehr als genügend natürliche Ressourcen verfügt, um unzählige Generationen von Menschen und anderen Lebewesen zu ernähren, hat er seine Vision eines Lebens in Fülle und Würde für alle Menschen, unabhängig von Klasse, Geschlecht, Religion, Rasse oder ethnischer Zugehörigkeit, offenbart.«[16]

---

[12] A.a.O., § 62.
[13] ÖRK 2015, S. 89–98.
[14] Vgl. Sölle 2003, S. 124 ff.
[15] Vgl. hierzu die Beiträge in Ökumenische Rundschau 3/2018, insbesondere den »Aufruf von Arusha zur Nachfolge«, S. 395 ff.
[16] Vgl. Busan 2013, Erklärung über den Weg des gerechten Friedens, S. 398–405, I.; auch in: http://www.oikoumene.org (25.03.2019).

Den Pilgerweg der Gerechtigkeit und des Friedens beginnt die ökumenische Gemeinschaft nicht als »Suchende«, sondern als »Gefundene«.[17] Am Anfang steht das Staunen über die gute Schöpfung und das Bewusstwerden, Teil dieser Schöpfung zu sein – was nichts anderes bedeutet, als zu erkennen, dass wir immer schon *in-Beziehung* sind, mit Gott, mit einander, mit allen Mitgeschöpfen – noch bevor wir selbst diese Beziehungen gestalten: nach Gottes Bild geschaffen, nach Gottes Gemeinschaft gebildet. Der Weg Gottes mit seiner Schöpfung beginnt nicht mit der Ursünde, sondern mit dem Ursegen. Dieses staunende Erkennen führt in ein unmittelbares gemeinsames Lob Gottes, ein gemeinsames Feiern – als natürliche Reaktion auf die »großartige Gabe des Lebens, die Schönheit der Schöpfung und die Einheit in versöhnter Vielfalt.«[18] Die Feier hält diese Vision jener Möglichkeit eines Lebens in gerechten und von Gewalt befreiten Beziehungen als reale Möglichkeit aufrecht, nicht nur in zwischenmenschlichen Beziehungen. Sie führt auch aus anthropozentrischen Engführungen heraus. Das Staunen können über das Wunder des interdependenten Lebens erzeugt erst die Kraft, die grundlegenden Bedingungen des Lebens in sorgsamer Haushalterschaft zu bewahren.

Als wir »ökumenischen Pilger« jetzt das Flüchtlingslager Mae Lah im Niemandsland zwischen Myanmar und Thailand besuchten, empfingen uns mehr als 300 Studierende des dortigen Theologischen Seminars. Während eines gemeinsamen Gottesdienstes sangen sie zum Abschluss das Hallelujah aus Händels »Messias«. Es war berauschend, diese vielen Stimmen aus den frohen Gesichtern zu hören. Dieses Gotteslob noch im Herzen tragend, gingen wir hinaus an den Fluss, der mitten durch das Lager fließt. In der Abendsonne sah man an verschiedenen Orten noch vereinzelt Gruppen, die die kleinen Felder organischer Landwirtschaft pflegten. Im Hintergrund ragten die hohen, bewaldeten Berge. Ich staunte – über die Schönheit dieses Ortes, ein tiefer Frieden breitete sich in meinem Herzen aus und erfüllte mich mit Dank für dieses großartige Erleben-in-Beziehung. Ein Geschenk.

b) Die Wunden aufsuchen und spüren – *via negativa*

Als »zweiten Artikel« formulierte die Vollversammlung in Busan:

> »**Gemeinsam glauben wir an Jesus Christus, den Friede-Fürst.** Daher bekräftigen wir, dass die Menschheit aus Gnade mit Gott versöhnt ist, und wir sind bestrebt, versöhnt miteinander zu leben. Das Leben und die Lehre, der Tod und die Auferstehung Jesu Christi verweisen auf das friedliche Reich Gottes. Trotz Verfolgung und

---

[17] Sölle 2013, S. 125.
[18] ÖRK 2018, IV.

Leid bleibt Jesus standhaft in seiner Demut und aktiven Gewaltlosigkeit, sogar bis in den Tod. Sein Leben für Gerechtigkeit endet am Kreuz, einem Instrument der Folter und der Hinrichtung. Mit Jesu Auferstehung bekräftigt Gott, dass eine solch unerschütterliche Liebe, ein solcher Gehorsam, ein solches Vertrauen zum Leben führen. Durch die Gnade Gottes können auch wir den Weg des Kreuzes gehen, Jüngerinnen und Jünger sein und den Preis dafür bezahlen.«[19]

Gerade weil der Pilgerweg der Gerechtigkeit und des Friedens mit dem ›Gefunden werden‹ beginnt und nicht mit der Verbannung – im ontologischen, nicht im chronologischen Sinne – »ist das Entsetzen über die Zerstörung des Wunders radikal ... Eine mystische Spiritualität der Schöpfung wird vermutlich immer tiefer in die dunkle Nacht der Auslieferung an die Mächte und Gewalten, die uns beherrschen, geraten«, formulierte Sölle.[20] Dieser Pilgerweg wird uns, die Kirchen, an Orte führen (müssen), an denen »Gottes menschgewordene Gegenwart inmitten des Leids, der Exklusion und der Diskriminierung (zu) schauen« ist.[21] Die Inkarnation Gottes gerade in der scheinbaren Gottverlassenheit zu suchen, dort wo Gewalt und Ungerechtigkeit Leben verletzt oder gar zerstört, das ist der schmerzhafte Teil dieses Pilgerweges. Ein Pilgerweg *der* Gerechtigkeit und *des* Friedens kann keine »Traumreise« sein, kein »wellness-trip«, der an den Schrecklichkeiten und klagenden Hilflosigkeiten vorbei führt, wenn es denn ein Weg in der Nachfolge und Passion Jesu werden soll. »Jesus nachzufolgen bedeutet, ihn überall da anzutreffen, wo Menschen Opfer von Ungerechtigkeit, Gewalt und Krieg sind.«[22]

Dies entspricht dem Duktus der neuen Missionserklärung des ÖRK, Mission »von den Rändern« her zu denken.[23] Die »an den Rändern« müssen selbst zu den entscheidenden Wegweisern der Kirchen werden, um an dieser alles entscheidenden, weil die Ökumene selbst verändernden Dimension des Pilgerweges nicht vorbei zu gehen, sondern nieder zu knien und so erst den aufrechten Gang zu lernen.[24] Denn erst hier, in der Begegnung mit dem konkreten Leid, an den Orten eigener Machtlosigkeit, kann sich unser Verhältnis zu den grundlegenden Realitäten von Besitz und Gewalt ändern: Das Aufspüren der Wunden kann dazu führen, dass die Kirchen Buße tun und sich – in einem Prozess der Reinigung –

---

[19] ÖRK, Erklärung über den Weg des gerechten Friedens, I.
[20] Sölle 2003, S. 127.
[21] ÖRK 2018, IV.
[22] A. a. O., II.
[23] Vgl. Gemeinsam für das Leben. Mission und Evangelisation in sich wandelnden Kontexten, 8. Sept 2012; in: ÖRK 2013.
[24] Dorothee Sölle bezeichnet dies als das »Lehramt der Armen«. Vgl. Sölle 2003, Kap. 15.2. Niederknien und den aufrechten Gang lernen: Die Theologie der Befreiung, S. 351–355.

von der Besessenheit mit Macht, Besitz und Gewalt befreien (lassen), »so dass wir Christus immer ähnlicher werden.«[25]

Das *Begleitdokument* weist auf »spirituelle Einübungen und eine geistliche Disziplin« hin, um den gerechten Frieden im Alltag zu verkörpern, »wenn wir uns die Gesinnung Christi aneignen und ihm gleich gestaltet werden wollen.«:[26]

- Gemeinsame Gottesdienste zu feiern, um in dem Wort Gottes und der Eucharistie neue Kraft zu gewinnen;
- Fürbittgebete zu halten als ein Teil unserer Gesinnung, die aus dem Geist Christi erwächst;
- Vergebung zu suchen und zu gewähren, um in uns Wahrhaftigkeit zu schaffen und Raum für andere, die nach Reue suchen, zu eröffnen;
- uns gegenseitig die Füße zu waschen, um die Wege des Dienens zu lernen;
- Fastenzeiten einzuhalten, um unser Konsumverhalten und unsere Beziehungen zueinander und zur Erde kritisch zu überprüfen;
- konsequente und nachhaltige Fürsorge für andere zu üben, besonders für diejenigen, die der Heilung, Befreiung und Versöhnung am meisten bedürfen;
- konsequente und nachhaltige Fürsorge für die Erde durchzuhalten.

Somit ist der Pilgerweg auch als ein Lernweg zu beschreiben, auf die vielen Selbst-Rechtfertigungen für das eigene Fehlverhalten, die eigene Gewaltausübung, zu verzichten. Erst als Bußweg der Kirchen wird dieser Weg der Gerechtigkeit und des Friedens glaubwürdig. – Mag sein, dass dies zur größten Herausforderung für die Kirchen und die Ökumene wird.

Die Zertifikate jener Studierenden des Theologischen Seminars in Mae Lah werden außerhalb ihrer eigenen Gemeinschaften nirgends anerkannt werden. Sie selbst sind bereits die zweite (manchmal sogar dritte) Generation der hier im Lager lebenden *Staatenlosen.* Sie gingen hier zu einer von den Flüchtlingen selbst organisierten Schule. Die wichtigsten (Menschen-)Rechte sind ihnen vorenthalten, sie dürfen das Gebiet nicht verlassen. Die ärmlichen Verhältnisse offenbaren sich spätestens, wenn man eine der Toiletten aufsucht. Die Hässlichkeit und Brutalität der Armut und der Ungerechtigkeit ist sichtbar. Die staubigen Wege durch das Lager, vorbei an den tausenden(!) armseligen Hütten lässt mein Herz unruhig werden und nach Gottes Gegenwart fragen. Die Erzählungen von ausuferndem sexuellem Missbrauch – vor allem an Kindern – werden nicht dadurch erträglicher, dass alle Menschen in den Lagern »irgendwie traumatisiert« sind. Wer wird hier »ans Kreuz« geschlagen? – Ich fühle mich zurückgeworfen auf meine eigene Lebenswirklichkeit, kann kaum glauben, dass solche Unterschiede zur gleichen Zeit möglich sind. Welche Verantwortung trage ich, meine Kirche,

---

[25] ÖRK 2018, IV.
[26] ÖRK, Ein ökumenischer Aufruf zum gerechten Frieden – Begleitdokument, Kap. 2, § 60.

für das unvorstellbare Leid dieser Menschen? Es ist Gottes gemartertes Angesicht, Christi Wunden, die ich an diesem Ort zu spüren glaube.

c) Die Ungerechtigkeiten verwandeln – *via transformativa*

Als »dritten Artikel« formulierte die ÖRK-Vollversammlung in Busan:

> »**Gemeinsam glauben wir an den Heiligen Geist, den Geber und Erhalter allen Lebens.** Daher erkennen wir die heiligende Gegenwart Gottes in allem Leben und streben danach, Leben zu schützen und zerbrochene Leben zu heilen ... wir bekunden, dass der Heilige Geist uns die Gewissheit gibt, dass der dreieinige Gott am Ende der Zeit die gesamte Schöpfung vollenden und vervollkommnen wird. Darin erkennen wir Gerechtigkeit und Frieden als Verheißung ebenso wie als Gabe ...«[27]

Im Einswerden mit Christus wächst die politische Kraft, der Ungerechtigkeit und der Gewalt – auch der Versuchung, selbst Gewalt anzuwenden – zu widerstehen. So können die Pilger zu »geheilten Heilerinnen« werden: »Heil heißt, dass Menschen in *compassion* und Gerechtigkeit mitschöpferisch leben und, indem sie geheilt sind, das Heilenkönnen erfahren«.[28] Das ist die dritte Dimension des Pilgerwegs. In der eigenen Verwandlung (der einzelnen Glaubenden wie der Kirchen) mag der Mut und die Stärke wachsen, »allem Bösen zu widerstehen«.[29] Nicht also in neuen Aktionsprogrammen oder neuen *advocacy*-Strategien erschöpft sich der gerechte Frieden – das alles ist sinnvoll und nötig. Aber der Pilgerweg zielt zuerst auf ein »Leben in Gott«, das zu einem achtsamen Umgang mit der Schöpfung und einer Ethik des Genug verwandelt, um die enormen ökonomischen und ökologischen Ungerechtigkeiten selbst zu überwinden. Diese transformative Spiritualität wird als Gabe des Heiligen Geistes begriffen, der in »alle Wahrheit« leitet (Joh 16,13). Auch in die Wahrheit über uns selbst. Und diese Wahrheit kann uns frei machen, für Gerechtigkeit und Frieden glaubwürdig einzustehen.

Einer kleinen, unscheinbaren Frau begegnen wir in der Maetao-Klinik. Dr. Cynthia Maung ist hier selbst vor über 30 Jahren als Flüchtling gestrandet, als das Militärregime in Birma die Dörfer der *Karen People* verwüstete, ihre Bewohner umbrachte, ihre Frauen vergewaltigte. Sie flohen zu Tausenden über die Grenze nach Thailand. Als junge Medizin-Studentin zu sehen, wie die Frauen auf der Flucht ihre Kinder irgendwo im Busch zur Welt bringen mussten, motivierte sie, am neuen Ort sofort mit medizinischer Hilfe zu beginnen. Daraus ist in den

---

[27] ÖRK, Erklärung über den Weg des gerechten Friedens, I.
[28] Sölle 2003, S. 127.
[29] ÖRK 2018, IV.

Folgejahren eine erstaunlich große, umfassende Klinik geworden, die von Zahnbehandlung bis zur Intensivstation nahezu alle Bereiche abdeckt. Für die ganze Umgebung ist das zum Segen geworden, Patienten werden nicht nach ihrer Religionszugehörigkeit oder ethnischen Herkunft gefragt. Mit Spendengeldern werden sogar die behinderten Neugeborenen versorgt. – Tief beeindruckt von solcher Widerstands-Kraft, von solcher Zuversicht, werde ich Zeuge davon, was inmitten von Leid und Hoffnungslosigkeit doch möglich ist. Das macht auch mir Mut, das Unvorstellbare nicht nur zu glauben, sondern auch danach zu streben, aktiv Teil solcher Bewegungen des gerechten Friedens zu werden.

4. Schluss: in eine Haltung des gerechten Friedens wachsen

Eine präsentisch verstandene Eschatologie, die die Heilung dieser Welt und all ihrer Gebrochenheit bereits in der Gegenwart antizipiert und als Teilhabe an der *missio Dei* des gerechten Friedens begreift, vermag den theologischen Rahmen bereit zu stellen, um die spirituellen, ethischen und theologischen Dimensionen des Pilgerwegs der Gerechtigkeit und des Friedens, in seiner trinitarischen Gründung zusammenzudenken. Das Selbstverständnis der Ökumene wie auch der Kirchen selbst, ihrer Mission und ihres Dienstes in der Welt wird davon nicht unberührt bleiben können. Das Antizipieren dieser Teilhabe an Gottes Reich, das in Gottes Schöpfung, Inkarnation, Kreuzigung und Auferstehung als Interpretationsrahmen aller Ungerechtigkeit und Gewalt geglaubt wird, lässt die heilige Unruhe in neue Verhaltensmuster münden, die diese Christus-Wirklichkeit bezeugen, ihr Glaub-Würdigkeit verleihen.

Die soziale Dimension – ein Leben in Gerechtigkeit und Frieden – wird zur realen, politischen Möglichkeit, weil die eingeschlagenen Wege zur Transformation selbst bereits von dieser Wirklichkeit »inspiriert« sind: Nationalistische Tendenzen werden transzendiert durch die viel tiefere Verbundenheit »in Christus«; militärische Aufrüstung und Interventionen werden als eigene Machtansprüche entlarvt; das Streben nach politischer und wirtschaftlicher »Stabilität« fragt zuerst, wer die Kosten dafür trägt; die von uns selbst verursachte Vergewaltigung der Natur und die Zerstörung eines Leben erhaltenden Klimas führen nicht nur zu Buße, sondern auch zur Umkehr; Rassistisches Verhalten wird nicht nur als Sünde benannt, sondern als solcher auch in all ihrer Schändlichkeit widerstanden; Diskriminierungen aufgrund geschlechtlicher Identität werden nicht toleriert; und dem Gefühl der eigenen moralischen Überlegenheit und Arroganz weicht die Demut und das behutsame Mitgehen mit den »Geringsten«. Der Blick wird immer freier, die widerständige Kraft wächst für gewaltfreie, Gerechtigkeit fördernde Alternativen! – Die »Gesinnung Christi« wird für die Kirchen tatsächlich handlungsleitend.

Der gerechte Frieden wird von den Kirchen des ÖRK definiert als ein

> »kollektiver und dynamischer, doch zugleich fest verankerter Prozess [...], der darauf ausgerichtet ist, dass Menschen frei von Angst und Not leben können, dass sie Feindschaft, Diskriminierung und Unterdrückung überwinden und die Voraussetzungen schaffen können für gerechte Beziehungen, die den Erfahrungen der am stärksten Gefährdeten Vorrang einräumen und die Integrität der Schöpfung achten«.[30]

Dieser Konsens stellt keine einfache Rezeptur zur Lösung von konkreten Konflikten bereit, führt nicht schon aus allen ethischen Dilemmata. Aber dies ist eine klare Richtungsangabe für einen zu beschreitenden (Pilger-)Weg der Kirchen, der die Möglichkeit eröffnet zur Entwicklung einer *Haltung des gerechten Friedens* – so dass wir tatsächlich »Christus immer ähnlicher werden« könnten – wenn wir »behutsam mitgehen«.

Literaturverzeichnis

Ebach, Jürgen (1995): »... und behutsam mitgehen mit deinem Gott!«. Theologische Reden 3, Bochum.
Link, Hans-Georg (Hg.) (2014): Offizieller Bericht der Zehnten Vollversammlung des Ökumenischen Rates der Kirchen, Leipzig.
ÖRK (2011): Ein ökumenischer Aufruf zum gerechten Frieden, in: http://www.gewaltueberwinden.org/de/materialien/oerk-materialien/dokumente/erklaerungen-zum-gerechten-frie/ein-oekumenischer-aufruf-zum-gerechten-frieden.html (25.03.2019).
ÖRK (2013): Textbuch 10. ÖRK-Vollversammlung Busan 2013. Genf.
ÖRK (2015): Eine Einladung zum Pilgerweg der Gerechtigkeit und des Friedens, ÖRK-Zentralausschuss 2014, in: Ökumenische Rundschau 1, S. 89–98 (oder in: https://www.oikoumene.org/de/resources/documents/central-committee/geneva-2014/an-invitation-to-the-pilgrimage-of-justice-and-peace [25.03.2019]).
ÖRK (2018): »Kommt und seht«. Eine theologische Einladung zum Pilgerweg der Gerechtigkeit und des Friedens. Kommission für Glauben und Kirchenverfassung, 21. Juni 2017; in: Ökumenische Rundschau 4, S. 523–542.
Raiser, Konrad / Schmitthenner, Ulrich (Hg.) (2012): Gerechter Friede. Ökumenische Studien Bd. 39, Münster.
Sölle, Dorothee (2003): Mystik und Widerstand, »Du stilles Geschrei«. München.

---

[30] ÖRK 2011, § 11.

Vertrauensarbeit
Wie selbstverantwortliche Menschen neben »notlindernden Maßnahmen« fördern?

K. Emmanuel Noglo

Zusammenfassung:
»La paix, ce n'est pas un mot, c'est un comportement.«[1] (Frieden ist nicht bloß ein Wort, es ist ein Handeln.) Dieser Satz des ehemaligen ivorischen Staatspräsidenten möge den Leser und die Leserin in diesen Artikel einführen. Denn vom Frieden sprechen wir seit Jahrhunderten – auch in der Zeit der Sklaverei, der Kolonialisierung und während der aktuellen »Politik der Feindschaft«[2]. Doch erst unser Verhalten wird uns zum Frieden führen. Am Anfang der Begegnung der westlichen Welt mit Afrika war die nackte Gewalt (zumindest aus der Perspektive des Togoers, der ich bin). Diese Gewalt wurde zur Norm und Richtschnur, die wir im globalen Süden selbst reproduziert haben und weiterhin reproduzieren. Um mit den Strukturen der (reproduzierten) Kolonialgewalt leichter umgehen zu können, erfanden wir die »defensive Verhaltensweise«. Diese »defensive Verhaltensweise« hat sich ihrerseits verselbständigt, zur hingenommenen Bevormundung geführt und den »Überlegenheits- versus Unterlegenheitskomplex« zwischen den Akteurinnen und Akteuren des globalen Nordens und des globalen Südens zementiert. Die Akteurinnen und Akteure des globalen Nordens adaptierten aus emotionalen Gründen[3] und aufgrund der »political correctness« ihrerseits unbewusst eine »defensive Verhaltensweise«. Das Positive an dieser Situation ist, dass wir gut voneinander lernen können. Als Folge aber dieser strukturellen Gewalt reproduzieren wir weiterhin die ungerechten sozialen Strukturen, die wir im Grunde (beispielsweise mit der Entwicklungszusammenarbeit) bekämpfen möchten und geben damit der jüngeren Generation, die uns als Vorbilder ansieht, das Gefühl, dass sich nichts ändern kann und wird. Jeder und jede kann nur sein oder ihr Bestes tun. Stimmt dies? Jedenfalls lernt die jüngere Generation (zumindest in Togo), dass die Entwicklungszusammenarbeit, die ur-

---

[1] Vgl. Felix Houphouet-Boigny, Staatspräsident der Elfenbeinküste zwischen 1960 und 1993.
[2] Vgl. Mbembe 2017.
[3] Diese Emotion ist verständlich, weil rohe Gewalt und extreme Armut in der Regel schockierend wirken.

sprünglich zu mehr Gerechtigkeit und letztendlich zu Frieden führen möchte, nur ein Arbeitsbeschaffungsinstrument ist und dass eine politische Karriere nur dafür gedacht ist, in die eigene Tasche zu wirtschaften.
Gibt es Wege aus dieser Sackgasse? Gewiss. Diese Wege führen uns aber wieder zum Eingangszitat: »Frieden ist nicht bloß ein Wort, es ist ein Handeln«. Mit einer Vertrauensarbeit, die eine globale »soziale Wahrheit« anvisiert, gegen die »Politik der Feindschaft« agiert und über Völker, Religionen, Dogmen, Philosophien, kurzum anthropogen erschaffene Grenzen hinausdenken, wohlwollend miteinander streiten lässt, können wir mit einem Ende des Verzweiflungs-Tunnels rechnen.

1. Am Anfang war die nackte Gewalt und sie wurde zur Norm ...

Eine Perspektive des globalen Südens in eine Debatte über Gewaltfreiheit einzubringen, scheint schwierig und sogar riskant, da die Interpretationen des globalen Südens (zumindest was Afrika angeht) so disparat, oft selbstgefällig und von etablierten Positionen bzw. Weltanschauungen beeinflusst sind, dass ein eigener Weg manchmal in die Isolation führen kann oder gar führt. Bereits in der Debatte über Gewaltfreiheit kann deswegen Gewalt empfunden werden, wenn die gewagte Meinungsfreiheit nicht in das gängige Denkschema (arm, unterentwickelt, unterlegen, dumm, kurzum dritte Welt)[4] passt.

Es sei deswegen bereits an dieser Stelle erwähnt, dass die gewalttätigen Konflikte (z. B. in Mali, Burkina Faso oder Niger) auf dem afrikanischen Kontinent nur die Spitze des Eisbergs vieler struktureller Gewaltformen auf dem Kontinent mit vielen Unterstützungsformen außerhalb des Kontinents sind.

Achille Mbembe drückt m. E. dieses Gefühl der Ohnmacht treffend aus, wenn ein Sonderweg als Option gewählt wird:

> »Es gibt in der Tat Begriffe, die kaum auf die Sache, sondern über sie hinweg oder an ihr vorbei weisen. Sie entstellen und verdecken. Deshalb widersetzt sich die eigentliche Sache oft der Bezeichnung und jeglicher Übersetzung. Nicht weil sie hinter einer Maske verborgen wäre, sondern weil sie derart zu wuchern vermag, dass jedes Adjektiv überflüssig wird. Das galt in Fanons[5] Augen für Afrika und dessen Maske,

---

[4] Vgl. Jean Ziegler (2012), der schweizerische Afrika-Liebhaber, der noch im Jahre 2012 sein Buch wie folgt betitelt: Wir lassen sie verhungern, die Massenvernichtung in der dritten Welt.

[5] Frantz Fanon, Autor (u. a.) des Buchs »Peau noire, masques blancs« (Schwarze Haut, weiße Masken), gilt als Kanon des Diskurses über »Unterlegenheits- versus Überlegenheitskomplex« (zwischen Kolonialmächten und kolonisierten Völkern) im kolonialen und postkolonialen Kontext. Er wird in letzter Zeit von vielen afrikanischen Autoren

den Neger. Eine verschwommene, nebulöse, gesichtslose Entität ohne historisches Profil, über die nahezu jeder nahezu alles sagen könnte, ohne dass dies irgendwelche Folgen hätte? Oder eine eigenständige Kraft und ein Projekt, die aus eigener Lebenskraft zu ihrem Begriff zu finden und sich in das neue Weltzeitalter einzuschreiben vermöchten?«[6]

An dieser Stelle ist die Rede von Nicolas Sarkozy (damals noch Präsidentschaftskandidat in Frankreich) vom 26. Juli 2007 an der Universität Cheick Anta Diop[7] in Dakar (Senegal) erwähnenswert. Sarkozy sagte folgendes: »Le drame de l'Afrique, c'est que l'homme africain n'est pas assez entré dans l'histoire«[8] (Die Tragik Afrikas ist, dass der afrikanische Mensch nie richtig in die Weltgeschichte eingetreten ist; in anderen Worten: Afrika hatte keine Geschichte). Diese Rede sorgte für eine Welle von Empörungen im frankophonen Afrika (vor allem) sowie im Milieu der Historiker und Historikerinnen in Frankreich, die sich mit Afrika beschäftigen. Daraufhin wurde das Buch »Petit précis de remise à niveau sur l'histoire africaine à l'usage du président Sarkozy« (in etwa: Afrika-Geschichtseinführungskurs für den Präsidenten Sarkozy) herausgegeben.

Aufgrund dieses Ohnmachtsgefühls und dieser psychologischen Gewalt benötigt die Friedensethik (zumindest bei Afrikanern und Afrikanerinnen) einen starken Glauben an eine Philosophie der globalen Gerechtigkeit und der Gleichberechtigung, die das Potential hat, in die Isolation zu führen, wenn außerhalb gängigen Trends gedacht und agiert wird. Dieser Glaube muss m. E. über Religionen und Dogmen hinaus aktiv agieren, um jeglichen dogmatischen Manipulationen zu entkommen, die öfter Wasser predigen und Wein trinken.

Das Gefühl, aus Glauben an Gerechtigkeit und Gleichberechtigung in die Isolation geführt zu sein, das als eine Form der psychologischen Gewalt empfunden wird, ist allerdings nicht neu. Der Auftakt des Protestantismus bei den Ewe-Völkern[9] (über die Norddeutsche Mission) im Jahre 1847 mit der berühmten Predigt »Ich will deinen Namen predigen meinen Brüdern« (von Lorenz Wolf am

---

wieder gelesen, die eine Dekonstruktion der selbstreproduzierten kolonialen Strukturen anvisieren. Achille Mbembe mit seinen Werken »Kritik der schwarzen Vernunft« und »Politik der Feindschaft« gilt als einer der Hauptakteure dieser Dekonstruktionsarbeit.
[6] Vgl. Mbembe 2017, S. 19.
[7] Cheick Anta Diop ist der senegalische Ägyptologe, der 1951 in seiner (an der Pariser Universität Sorbonne vorgelegten) Dissertation bewiesen hat, dass die antike ägyptische Zivilisation eine »schwarze« (afrikanische) Zivilisation sei. Die Universität in Dakar, wo Sarkozy seine Rede hielt, trägt seinen Namen als Anerkennung für seine Arbeit. Sarkozy war offenbar nicht sensibel gegenüber dieser Geschichte und dem Namen dieser Universität.
[8] Vgl. Konaré 2008, S. 24.
[9] Heute in Togo, Ghana und teilweise Benin.

14. November 1847) geschah in einem Zeitalter des Zivilisierungsauftrags der Norddeutschen Missionsgesellschaft (heute Norddeutsche Mission). Diese Zivilisierungs- bzw. Missionsarbeit geschah nicht in der Logik einer Gleichberechtigung. Sie war vielmehr dem damaligen Zeitgeist entsprechend von einem Überlegenheitskomplex seitens der deutschen Missionare gegenüber einem Unterlegenheitskomplex seitens der Ewe-Völker geprägt.

Kurz nach der Missionsarbeit begann in Togo mit der Unterzeichnung des Protektoratsvertrages zwischen Dr. Gustav Nachtigal und 13 Häuptlingen aus Togo (jenseits der Lagune) unter der Leitung von Plakko (Stabsträger des bereits verstorbenen König Mlapa, unter dessen Name der Vertrag unterschrieben wurde) die Kolonialisierungsarbeit. Die offizielle Begründung dieses Kolonialvertrages, der unter dem Druck der deutschen Handelsagenten (beispielsweise Vietor aus Hamburg), die an der Togo Küste ansässig waren, zu Stande kam, lautete: Schutz des Handels. Es sei an dieser Stelle am Rande erwähnt, dass Johann Carl Vietor (Kaufmann der Handelsfamilie Vietor, damals in Westafrika ansässig) zum Leitungsgremium der Norddeutschen Missionsgesellschaft gehörte.

Nach der Vertragsunterzeichnung folgte die reale Kolonialisierung. »Um das koloniale Gebiet auszudehnen, versteckten sich die deutschen Kolonialherren unter dem Deckmantel der Wissenschaft und wurden aus dem Afrikafonds der Regierung, der wissenschaftlichen Zwecken dienen sollte, finanziert.« Die »Methode der Befriedung der Völker wird im kolonialen politischen Jargon als Pazifizierung bezeichnet. [...] Die effektive und systematische Kolonialherrschaft Togos begann mit dem Eintreffen Puttkamers im Juli 1887, der sich vom Diener die Peitsche auf einem silbernen Tablett reichen ließ, um diesen zu prügeln.«[10]

Diese bittere Erfahrung der nackten Gewalt, die zur Norm bzw. zur Struktur wurde, hat nicht nur im individuellen und kollektiven Gedächtnis viele Opfer geschaffen, sondern schafft sie weiterhin in der realen Organisation der Interaktion zwischen den Menschen, die in diesem gewalttätigen System leben mussten oder weiterhin müssen. Dieses gewalttätige und chaotische System hat leider nicht aufgehört, sich zu reproduzieren. Auch innerhalb der Kirche, bei deren Auftakt die Predigt hieß:»Ich will deinen Namen predigen meinen Brüdern« (von Lorenz Wolf am 14. November 1847)[11] war diese Reproduktionsarbeit nicht grundsätzlich anders.

---

[10] Vgl. Noglo 2012, S. 61.
[11] Vgl. Norddeutsche Mission 2011, S. 156.

2. Gewalt führt zur Aufgabe des kritischen Geistes, zur Bevormundung und zu defensiven Verhaltensweisen

In seinem Buch »Transkulturationen? Ewe-Christen zwischen Deutschland und Westafrika 1884-1939« dokumentiert Dr. Azamede die spannungsvollen Beziehungen zwischen Ewe-Christen und ihren deutschen Kollegen und Kolleginnen. Die Biographien der 20 jungen Menschen (im Alter von 14 und 16), die in der Studie dokumentiert worden sind, wurden in Deutschland nicht nur zum Christwerden, sondern auch zu kritischem Denken (offenbar nicht von den deutschen Kollegen und Kolleginnen einkalkuliert) weitergebildet.

Der kritische Geist, den sie sich leider angeeignet haben, ließ sie aber immer wieder an Grenzen der Anerkennung bei den deutschen Kollegen und Kolleginnen stoßen. Wie kann es passieren, dass der Unterlegene eine andere Meinung, eine eigene Meinung wagen kann? Azamede[12] schrieb hierzu:

> »Die widersprüchlichen kulturellen Anschauungen brachten die Ewe-Christen in ständige Spannungen mit sich selbst, mit ihren Missionsvorstehern und mit ihren Landsleuten. Sie erlebten kulturelle Interaktionen im Missionsgebiet und bezeichneten sich selbst als Akteure der kulturellen Differenz. [...] Nachdem die Ewe-Christen sich auf ihren schnell wechselnden Arbeitsplätzen hatten bewähren müssen, fanden sie eigene Wege zur Bewältigung der Spannung. Sie machten sich sowohl von der strengen Missionsordnung als auch von den traditionellen Sitten frei. Sie traten in die Phase der Selbstbehauptung ein, die sie in Konflikten mit den Missionsherren und den Vertretern der traditionellen Kultur führte. In dieser Phase wurden manche Ewe-Christen Opfer einer der beiden konservativen Kulturen. Sie wurden entweder von den eigenen Landleuten bekämpft oder von der Norddeutschen Missionsgesellschaft an den Rand der Missionsgesellschaft geschoben.«[13]

Folgende Worte eines der jungen Menschen (Isaac Kwadzo) auf einem Schiff zeichnet dieses Verhältnis zwischen den jungen Togoern und ihren deutschen Kollegen m. E. treffend:

> »Unterwegs nach Grand Canary ging meine Kiste verloren, so dass ich sehr bitterlich weinte; die Diakonisse Lottchen liebte mich sehr und tröstete mich oft; in Grand Canary angelangt, als es mir zu kalt war, gab mir meine Freundin Lottchen ihren Überrock anzuziehen, den ich mit Dankbarkeit annahm.«[14]

---

[12] Vgl. Azamede 2010, S. 41.
[13] Vgl. ebd.
[14] Vgl. Kwadzo, Isaac, Selbstbiographie, Peki Blengo, 16.10.30.

Azamede fügte hinzu: »Der Missionsvorstand besorgte ihm (Isaac Kwadzo) keine Kabine auf dem Schiff. Er saß auf dem Deck während der ganzen Reise und verlor deshalb seinen Reisekoffer, der ins Meer gefallen war.«[15]

Solch eine quasi Entwurzelung oder Opferkategorie, in der manche (wenn nicht viele) afrikanischen Eliten agieren müssen, ist heute noch aktuell. Weshalb eigentlich? Weil sie aus einer »verschwommene[n], nebulöse[n], gesichtslose[n] Entität ohne historisches Profil, über die nahezu jeder nahezu alles sagen könnte, ohne dass dies irgendwelche Folgen hätte, [stammen]?«[16] Eine Entität, in oder zu der sie jedes Mal, wenn sie sich zu Wort melden möchten, zuvor überlegen müssen, ob ihre Worte der Tradition entsprechen, mit der Afrika analysiert werden soll bzw. darf?

Diese Tradition bzw. Denkorientierung fiel allerdings nicht vom Himmel. Sie wurde (wie bereits oben analysiert) in der Begegnung zwischen Europa und Afrika durch »Umerziehung«[17] und Gewalt eingeführt. Der deutsche Soziologe Trutz von Trotha spricht im Falle Togos (im Bezug auf die deutschen Kolonialzeit) vom »Bulldozer Modell der Staats- und Rechtsentwicklung«.[18] Auch Norris Graham versieht seine Studie über diese Thematik zu Togo mit dem aussagekräftigen Titel »die Umerziehung des Afrikaners«. Diese zumeist psychologische Gewalt kann unter Umständen zum Zweifel an eigenen Kompetenzen führen, die, wenn akzeptiert, zu hingenommener Bevormundung führt.

James Shikwati sagte auf einem Podium des ökumenischen Kirchentages 2010 in München, dass diese Bevormundung die

> »unternehmerische Kreativität hemmt, da sie die Fähigkeiten der betroffenen Menschen ignoriere. Wenn sogenannte Experten in Europa entscheiden, was für Afrikanerinnen und Afrikanern gut ist, werden Menschen in den Entwicklungsländern regelmäßig zu unmündigen Objekten degradiert.«

Diese Art »Verwestlichung der Welt«[19] (nur das, was der Westen denkt, ist gut), die seit der Begegnung des Westens mit anderen Teilen unserer Erde praktiziert wird, kann als eine Form dieser Bevormundung oder die Herabwürdigung des anderen gelten. Existiert der andere dann nicht mehr, wenn ihm seine Existenz aberkannt wird? Gewiss nicht. Wir schauen nur weg und erst dann wieder hin, wenn die zur Norm gewordene strukturelle Gewalt wieder eskaliert und erneut zu gewalttätigen Auseinandersetzungen geführt hat. Die unter struktureller Gewalt

---

[15] Vgl. Azamede 2010, S. 76.
[16] Vgl. Mbembe 2017, S. 19.
[17] Vgl. Norris 1993.
[18] Vgl. von Trotha 1994, S. 31.
[19] Vgl. Latouche 1994.

leidenden Menschen werden dann durch notlindernde Maßnahmen wieder besänftigt bis zur Explosion des nächsten sozialen Pulverfasses.

Diese Form der (psychologischen) Gewalt und Hoffnungslosigkeit ist für Betroffene, die über ihre Lebenskondition (oder die Lebenskonditionen auf ihrem Kontinent) oft nachdenken, schlimmer als die offene Gewalt. In solch einer Konstellation noch die Ruhe zu bewahren und die Alltagskonflikte samt der strukturellen Gewalt gewaltfrei zu transformieren, kann nur funktionieren, wenn die gewaltfreie Konflikttransformation auf einem tiefen Glauben an Gewaltfreiheit fußt. Die Frustration ist teilweise so immens, dass es kein Wunder ist, wenn es immer wieder offene Gewalt auf dem Kontinent zu konstatieren gibt.

Die Gefahr bei der oben erwähnten »Verwestlichung der Welt« liegt allerdings in der Tatsache, dass es keine Garantie dafür gibt, dass die Instrumente dieser Verwestlichung der gesamten Welt (die aber auch nicht immer hundertprozentig klappt) dauerhaft in den Händen der Akteure und Akteurinnen im Westen liegen wird oder liegen kann. Diese Instrumente kommen sogar dem Westen langsam abhanden. Kann dies mittlerweile nicht auch China? Haben die afrikanischen Potentaten nicht längst die Instrumente der strukturellen Gewalt in die eigenen Hständen genommen? Die Verselbständigung der strukturellen Gewalt führt leider zu ihrer dauerhaften sozialen Reproduktion in vielen afrikanischen Ländern (darunter Togo). Die strukturelle Gewalt wird dann zur Norm, woran sich alle Akteure und Akteurinnen im chaotischen System des globalen Südens (oft unbewusst) orientieren bzw. orientieren müssen.

Als Instrument *par excellence* für viele, die kein Opfer ihres kritischen Geistes werden möchten, um mit der physischen und der strukturellen Gewalt umzugehen, bleibt dann nur die »defensive Verhaltensweise«[20], die bereits seit der deutschen Kolonialzeit (was Togo angeht) benutzt wurde.

In seiner Analyse der Beziehung im deutschen Kolonialgebiet (des Togolandes) zwischen Kolonialherren und kolonisiertem Volk verwendet Trutz von Trotha[21] den Begriff »defensive Kommunikation«. Er analysierte die Aussagen der deutschen Kolonialherren, die der Meinung waren, der »Schwarze« sei ein »Lügner« und vertrat die Auffassung: »... zum Lügen gesellen sich die Strategien der Ausreden, des vorgespielten Nichtwissens, der vorgeblichen Zustimmung und des Verbergens der Wahrheit durch Schweigen oder beliebige unwahre Angaben«, um der Willkür des Machthabers, der unkontrolliert das Staatgewaltmonopol nutzen kann, zu entgehen. In Anlehnung an Trutz von Trothas »defensive Kommunikation« hat Noglo[22] den Begriff »defensive Verhaltensweise«[23] verwendet, damit Elemente aufgenommen werden können, die mehr mit

---

[20] Vgl. Noglo 2012, S. 68.
[21] Vgl. von Trotha 1994, S. 434.
[22] Vgl. Noglo 2012, S. 68.
[23] Vgl. ebd.

dem Verhalten zu tun haben, aber aus der Logik der »defensiven Kommunikation« entstanden sind.

Früher war diese »defensive Verhaltensweise« notwendig, um zu überleben. Mittlerweile wird aber die Logik des Überlebens (dies gilt für Togo) breiter gefasst und umfasst allgemein den Willen, den sozialen Aufstieg zu schaffen. Dieser soziale Aufstieg bzw. Erfolg wird allerdings nicht daran gemessen, wie der oder die Erfolgreiche zum Erfolg gekommen ist, sondern nach den materiellen Dingen, die man sich angehäuft hat. Leider sind im chaotischen und strukturell gewalttätigen System alle Mittel dafür gut. Frauen gehören leider auch zu der Trophäensammlung, was den togoischen Soziologen Comi Toulabor zur Verwendung des Begriffes »Ava-fiagan« (Machtsexualisierung)[24] gebracht hat.

In solch einer chaotischen Konstellation voller Gewalt können im globalen Süden nur kleine bzw. klein gehaltene Projekte[25] gefördert werden, die nicht grundsätzlich die Traditionen infrage stellen, die eine lokale Reproduktion der strukturellen Gewalt garantieren.

Denn, auch wenn die Garanten der strukturellen Gewalt im globalen Süden nicht demonstrativ vom Westen unterstützt werden, werden sie gebraucht, um die internationalen Terrorgruppen beispielsweise in der Sahelregion zu bekämpfen oder die Migrationskandidaten und -kandidatinnen nach Europa zu blockieren. Terrorgruppen zu »bekämpfen«, bedeutet in dieser Hinsicht auch, viel mehr Gebiete zu militarisieren und wirtschaftlich auszubeuten, die von Menschen seit Jahrhunderten bevölkert sind, die akut eher wieder funktionierende Rahmen der Selbstverwirklichung benötigen. Der Norden Malis passt m. E. gut in dieses Schema.

3. Einige Folgen der »defensiven Verhaltensweisen«

Bereits oben wurde der Begriff »defensive Verhaltensweise« erwähnt und erklärt. Am Anfang wurde die »defensive Verhaltensweise« aus Gründen des Überlebens verwendet. Mittlerweile hat sich dieses Verhalten verselbständigt und umfasst zumeist auch die Logik des Strebens nach sozialem Aufstieg.

Die Herausforderung ist aber, dass das Engagement für eine gerechtere Welt (z. B. über die Entwicklungszusammenarbeit), die zu Gewaltfreiheit (über die Bekämpfung der im globalen Süden reproduzierten strukturellen Gewalt) führen soll, selbst in der »defensiven Verhaltensweise« gefangen ist. Aus Gründen der »political correctness« oder aufgrund des Fehlens tiefgreifender Kenntnisse der zu entwickelnden Länder seitens der internationalen Experten und Expertinnen

---

[24] Vgl. Noglo 2012, S. 80.
[25] Ich rede oft von der »Brunnenbaupolitik«, um die Förderung solcher Projekte, die keine großen Veränderungen bringen, zu bezeichnen.

werden viele Missstände nicht vehement bemängelt oder scharf kritisiert. Man nimmt es einfach hin. Diese Abhängigkeitsformen, die aber die strukturelle Gewalt weiterhin befestigen, bleiben somit intakt. Denn die kritischen Geister, die aus dem Rahmen denken möchten, werden (unbewusst, weil sie nicht gleichgesinnt sind) isoliert. Um die Isolation zu vermeiden, bleiben viele Akteure und Akteurinnen (aus dem globalen Süden) in »defensiven Verhaltensweisen« gefangen und ihre westlichen Kollegen und Kolleginnen taktieren oft zwischen Ohnmacht, Verzweiflung (weil sie selbst merken, dass viel Geld und Engagement ohne entscheidenden Erfolg investiert wird) und »political correctness« (weil sie den Kollegen und Kolleginnen aus dem globalen Süden emotional nicht zu nah treten möchten).

Das Leben und die Arbeit für eine internationale Gerechtigkeit in solch einem emotionalen Gefängnis wird im Laufe der Jahre zur Realpolitik, die bedenkenlos den jüngeren Generationen weitergegeben wird. Weil die Akteure und Akteurinnen (auch die transnationalen) annehmen, dass sich eh nichts Grundlegendes ändern wird (sie verhalten sich zumindest oft so), »tun sie nur, was sie können«. Die aktuelle und neue Generation (im globalen Süden) versteht somit letztendlich unter Entwicklungszusammenarbeit eine Arbeitsbeschaffungsagentur (ohne Sonderengagement für das eigene Land, den eigenen Kontinent) und unter politischem Engagement das Streben für das Wirtschaften in die eigene Tasche.

Für diejenigen, die keinen Weg in die eben genannten zwei Kategorien finden und auch keinen Unternehmergeist haben (was allerdings in einem ausbeutungsorientierten totalitären System schwer zu erlernen ist), bleibt nur eins: das Negieren von sich selbst, des Gefühls auch für irgendetwas wertvoll sein zu können. Das Gefühl, dass man nichts mehr zu verlieren hat. Selbst das eigene Leben hat so wenig Wert, dass sein Verlust niemanden stören kann. Der Weg zum Ertrinken im Meer auf dem Weg durch die Wüste zum europäischen Paradies ist somit geebnet.

Auch die Bilder aus dem Westen, die auf dem Kontinent (möglicherweise als Teil der Förderung der kulturellen Hegemonie des Westens bzw. der oben erwähnten Verwestlichung der Welt) ausgestrahlt werden und dank der sozialen Medien und des Smartphone mittlerweile für alle Jugendlichen erhältlich sind, bestätigen zumindest dieses Gefühl bei vielen, die nie im Westen gewesen waren und dessen Realitäten nicht aus eigener Erfahrung kennen.

Alle Bemühungen, sie zur Suche nach Selbstverwirklichung oder sogar Selbstbehauptung auf dem eigenen Kontinent (in unserm Fall Togo) zu bewegen, fallen wie Wassertröpfchen auf den heißen Stein. Auch am vergangenen 1. März (2019) in Sokode[26] und am 5. März (2019) in Lomé stellte ich im Gespräch mit

---

[26] Sokode (im Norden Togos) ist die Hochburg von Migrationskandidaten, die über die Wüste und das Mittelmeer nach Europa migrieren. Ehemalige (teilweise von Deutsch-

einigen Jugendlichen wieder fest, sie wollen nur eins: das Chaos, das kein Ende haben wird (davon sind sie überzeugt), verlassen.

4. Die Schuldfrage

In Debatten über Wege zu einer besser funktionierenden Solidarität für die Bekämpfung der globalen sozialen Ungerechtigkeit wird oft aus Angst vor der Schuldfrage auch wieder diplomatisch taktiert.

Die Philosophie des Konfliktmanagements bei vielen togoischen Völkern bestand darin, bei einem Konfliktmanagement einen Teil der Schuld bei allen in Konflikt stehenden Parteien zu finden. Der Grund dieser Praxis liegt darin, dass das Überleben der Gemeinschaft wichtiger als die Schuldfrage ist; und diese Art des Konfliktmanagements öfter zur dauerhaften Versöhnung führt.[27]

Die Schuld deswegen bei einem bestimmten Akteur bzw. bei einer bestimmten Akteurin in unserm globalen Kontext suchen zu wollen, wird nur in weiteres unendliches Misstrauen und Chaos führen. Wir können alle etwas dafür, dass unser gemeinsames Schiff versinkt.

Daher sollen von Überlegenheits- versus Unterlegenheitskomplexen befreite Begegnungen stattfinden, die ohne Tabuthemen, mit Respekt für andere Meinungen und Darlegung von überprüfbaren Fakten laufen, damit die Akteure und Akteurinnen der internationalen Solidarität um die Gewaltfreiheit in der Lösungssuche für globale Herausforderungen einander besser zuhören können und dem Dilemma der »defensiven Verhaltensweisen« zu entkommen.

Ist eine reale internationale Solidarität möglich? Selbstverständlich. Wenn der Westen anfängt, aus den bitteren Gewalterfahrungen (vor allem strukturell) des globalen Südens zu lernen, und neben notlindernden Maßnahmen (Brunnenbaupolitik) die strukturelle Gewalt bereits vor der eigenen Haustür entschieden zu bekämpfen versucht.

Was die Solidarität mit dem globalen Süden (in unserm Fall Togo) angeht, könnte folgendes beachtet werden: Jede der knapp 844[28] zivilgesellschaftlichen

---

    land abgeschobene) Migrantinnen und Migranten organisieren sich deswegen in Vereinen, um den Jüngeren von diesem Abenteuer (oft vergeblich) fernzuhalten.

[27] Dies bedeutet nicht, dass es keine Sanktionen bei Fehlverhalten gibt. Nein. Mit dieser Regelung möchten sie nur nicht zulassen, dass eine der Parteien das Gesicht verliert und die Versöhnungsarbeit (die für das Überleben der Gemeinschaft wichtig war) nicht mehr unterstützt.

[28] Vgl. Etchri 2009, S. 3: Zahlen vom Jahre 2008. In nur 18 Jahren (zwischen 1990 und 2008) stiegen die zivilgesellschaftlichen Assoziationen von 70 auf 844 Assoziationen an (also um 774). Es kann erahnt werden, wie viele es heute in Togo geben kann. Viele

Vereinigungen Togos weiß, was für Togo gut ist, wie Togo am besten geholfen werden kann, und ist sehr von ihrer Position überzeugt. Die Akteure und Akteurinnen der togoischen Regierung sind auch sehr von ihrer Position überzeugt und können diese (zur Not) durch das Gewaltmonopol durchsetzen. Eingangs dieses Artikels wurde bereits erwähnt, wie kompliziert und riskant es ist, im afrikanischen Kontext eine eigene Position zu haben. Das Risiko wird an dieser Stelle nicht eingegangen.

Viele afrikanische Wissenschaftler befinden sich allerdings derzeit (vor allem intellektuell) in einer Dekonstruktions-Arbeit kolonialer soziopolitischer Strukturen außerhalb und innerhalb des Kontinents. Achille Mbembe wurde bereits als Beispiel in diesem Artikel zitiert.

Es wäre ratsam für jede/n internationale/n Partner bzw. Partnerin des globalen Südens (z.B. Togo), in einer Art Aktionsforschung einen Teil ihres Arbeitsaufwandes dieser Dekonstruktions-Arbeit zu widmen und dies voneinander wissend zu tun. Damit neben den »notlindernden Maßnahmen«, die im Grunde als kurzfristige Antwort auf Konsequenzen der Jahrhunderte struktureller Gewalt, unter denen die Völker im globalen Süden leben, nicht taugen, auch in eine langfristige selbstverantwortliche lokale Führungskraft investiert wird, die das Kernproblem (die strukturelle Gewalt) lösen möchte. Der Weg zur nachhaltigen Konflikttransformation im globalen Süden und im internationalen friedlichen Miteinander liegt womöglich hierin.

Um die Schwierigkeit bei der Beachtung der Disparität zwischen zahlreichen Positionen,[29] die nicht leicht zur gemeinsamen Lösungsfindung führen kann, zu vermeiden, lohnt es sich, nicht aufgrund der bitteren Armut mit Emotion den Herausforderungen begegnen zu wollen, sondern mit Konfrontation von Fakten, um den besten Weg zur nachhaltigen Veränderung gemeinsam zu wählen. Dies benötigt aber eine Transparenz in der Verwaltung der Projekte im globalen Süden, vor allem, da noch nicht alle Methoden erprobt worden sind, um Projektzielgruppen selbstständiger und selbstverantwortungsbewusster zu integrieren.

5. Mögliche Wege aus der Sackgasse: Wir sind selbst Teil des Problems und der Lösung

Der togoische Soziologe und Politikwissenschaftler Comi Toulabor[30] analysiert die Formen der Unterstützung religiöser Gruppen[31] des Eyadema Gnassingbe[32]

---

darunter arbeiten (auch an Friedensförderungsprogrammen) mit deutschen Partnerorganisationen zusammen.

[29] Das Beispiel der tausende togoischen zivilgesellschaftlichen Assoziationen und deren Akteuren und Akteurinnen ist an dieser Stelle erwähnenswert.

[30] Vgl. Toulabor 1993, S. 237.

Regimes in Togo und fasst diese Formen in den Begriff »oecuménisme éyadémistique« (ökumenische Eyademystik) zusammen. Als Kirchen waren wir deswegen (auch im globalen Süden) Teil des Problems. Wir haben zur Reproduktion kolonialer Machtstrukturen bzw. Gewalt beigetragen. Die Hilfe zur Selbsthilfe, die allerdings in den 1990er Jahren in die Entwicklungszusammenarbeit eingeführt und von vielen kirchlichen Hilfswerken auch adaptiert worden ist, ist ein sinnvoller Begriff, der aber noch mit mehr Substanz gefüllt werden sollte.

Der afrikanische Kontinent hat eine sehr junge Bevölkerung. Laut manchen Statistiken ist knapp die Hälfte seiner Bevölkerung unter 18 Jahre alt. Seitdem ich in Niger wohne und arbeite, erfahre ich alltäglich, was hinter solchen Statistiken steckt: Beispielsweise bringt jede nigrische Frau durchschnittlich 7,1 Kinder zur Welt.

Die Demographie ist aber m. E. nicht das Problem. Das Problem ist vielmehr die Reproduktion kolonialer Machtstrukturen bzw. Gewalt von Afrikanern und Afrikanerinnen selbst, die keinen Rahmen für Selbstentfaltungen[33] für die Jugendlichen garantieren. Schlimmer, den Jugendlichen wird selbst beigebracht, solche sozial, politisch und wirtschaftlich fehlerhaften Strukturen weiterhin zu reproduzieren. Ein Weg zu einer nachhaltigen Entwicklung, in der junge Afrikaner und Afrikanerinnen ihr Schicksal in die eigenen Händen zu nehmen wissen, könnte über eine dauerhafte Begleitung/Weiterbildung/Kompetenzstärkung der jungen Afrikaner und Afrikanerinnen in folgenden Bereichen liegen:

- die Begleitung zur Definition bzw. Re-Definition der eigenen Identität und deren Integration in das so genannte »global citizenship« (globale Bürgerschaft), die zur »globale[n] Demokratie«[34] führen kann;
- die Begleitung der Jugendlichen für einen verantwortungsvollen Umgang mit Sexualität, damit künftig die afrikanische Demographie von Afrikanern und Afrikanerinnen selbst unter Kontrolle gehalten werden kann oder von sich selbst entwicklungspolitisch gestaltet werden kann;
- die Begleitung der Jugendlichen für eine Identifikation bzw. eine Präzisierung ihres beruflichen Selbstentfaltungswunsches, den es dann (in einer Art

---

[31] Darunter die Evangelisch Presbyterianische Kirche Togos, Tochter der Norddeutschen Missionsgesellschaft, heute Norddeutsche Mission.

[32] Eyadema Gnassingbe ist der Staatspräsident Togos, der das Land (nach der Ermordung seines ersten Staatspräsidenten) von 1967 bis 2005 (Jahr seines Todes) regiert hat. Sein Sohn (Faure Gnassingbe) wurde (vom Militär) über Nacht als sein Nachfolger eingesetzt und regiert seitdem das Land.

[33] Beruflich vor allem, da jede/r Jugendliche dadurch die ersehnte soziale Anerkennung haben kann und in der Interaktion mit anderen selbstbewusst, selbstschätzend und respektvoller mit den anderen agieren kann.

[34] Vgl. Mbembe 2017, S. 78.

»Projekt- oder Programmmanagement« mit Respekt vor den von sich selbst eingesetzten Phasen) zu planen und regelmäßig zu evaluieren gilt. In anderen Worten, das Erlernen einer Logik der »Ursache-Wirkungsbeziehung« im eigenen bzw. für das eigene Leben (auf dem Weg zur beruflichen Selbstentfaltung) soll den Jugendlichen[35] tagtäglich ans Herz gelegt werden;
- Und zuletzt soll mit den Jugendlichen das Erlernen des Respekts gemeinsam vereinbarter Regeln geübt werden. Denn, das gegenseitige Vertrauen bzw. das Vertrauen in das soziale System (*conditio sine qua non* für eine besser funktionierende Solidarität im globalen Süden) liegt im Respekt gemeinsam vereinbarter Regeln.

Mit dieser/n eben beschriebenen Begleitungslogik bzw. Initiativen wird derzeit innerhalb des Kontinentes (auch in Togo) experimentiert. Sie dürfen m. E. aber nicht abgeschottet vom Westen organisiert werden. Denn ein anvisiertes Ziel dieser Begleitungsform ist letztendlich die Herbeiführung einer »globalen Demokratie«,[36] die nicht mit einer Abschottungspolitik gefördert werden kann. Diese Begleitung soll deswegen im regelmäßigen Austausch mit Jugendlichen aus dem »globalen Norden« durchgeführt werden, damit alle (aus dem globalen Norden oder Süden) langsam anfangen zu lernen, dass die neue Form der Solidarität nicht mehr auf »Unterlegenheits- versus Überlegenheitskomplex« fußt. Jede/r soll diesem neuen Solidaritätsprinzip nach lernen, für sich selbst verantwortlich zu sein und andere zu unterstützen, sollten sie in Schwierigkeit geraten; ob die betroffenen Menschen im globalen Süden oder im globalen Norden leben, dürfte künftig keine Rolle mehr spielen. Auf diese Weise wird auch die internationale Solidarität langsam aufhören, eine Einbahnstraße zu sein. Denn, überall gibt es Potentiale, die zur Selbstentwicklung und Entwicklung der jeweiligen Länder (in denen die Menschen leben) führen können. Es ist auch möglich, dass sich ein Land nicht auf Kosten eines anderen Landes entwickelt. »Die globale Demokratie« hat das Potential dahinzuführen.

6. Schlussgedanken

»Wer sich bewegt und nicht bewegt« lautet der Titel eines Absatzes in der Einleitung der gewagten Studie »Zukunftsfähiges Deutschland in einer globalisierten Welt [...]«.[37]

---

[35] Die Jugendlichen haben wegen des Chaos im System und der gewalttätigen Austragung vieler Konflikte keinen Sinn mehr für gründliche Arbeit.
[36] Mbembe 2017, S. 78, erklärt diese globale Demokratie als »die Forderung nach Gerechtigkeit und Wiedergutmachung.«
[37] Vgl. Evangelischer Entwicklungsdienst et al. 2008, S. 22.

Die »Soziale Wahrheit« ist eine Wahrheit, bei deren Suche alle Meinungen zählen müssen. So könnte der Artikel[38] des togoischen Politikwissenschaftlers Akue Adotevi, der in der Studie »Ethnicité, crises sociopolitiques et processus de réconciliation nationale«[39] publiziert worden ist, zusammengefasst werden.[40]

Mit diesen Schlussgedanken einer winzigen Stimme aus dem globalen Süden (Togo) sei deswegen nur gesagt, dass wir oft von Lösungen umzingelt sind und leider weiterhin oft darauf beharren, »wegzuschauen«. Was wäre, wenn wir (trotz unseren Jahrtausenden an Expertisen) doch versuchen, mehr aufeinander zu hören? Kann dieser Sichtwechsel nicht ein Weg zur globalen »sozialen Wahrheit« werden? Möge eine Friedenspraxis kommen, die uns auf Wege einer Dekonstruktion dogmatischer Barrikaden bringt, damit wir über Völker, Kontinente, kurzum anthropogen gezogene Grenzen hinaus agieren, um Vertrauen in einander zu gewinnen, das zu nachhaltigen gewaltfreien Gesellschaften weltweit führen kann. Die »Politik der Feindschaft«[41] ist definitiv ein Irrweg.

Literaturverzeichnis

Akue Adotevi (2016): Quel concept de vérité pour une réconciliation effective? À partir d' une analyse de la démarche de la CVJR, in: Kouméalo Anate / Essohanam Assima-Kpatcha / Koffi Nutefé Tsigbe (Hg.) (2016): Ethnicité, crises sociopolitiques et processus de réconciliation nationale, Lomé.

Azamede, Kokou (2010): Transkulturationen? Ewe-Christen zwischen Deutschland und Westafrika, 1884–1939, Stuttgart.

Bund für Umwelt und Naturschutz Deutschland, Brot für die Welt, Evangelischer Entwicklungsdienst (Hg.) (2008): Zukunftsfähiges Deutschland in einer globalisierten Welt, Eine Studie des Wuppertals Instituts für Klima, Umwelt, Energie, Bonn.

Konare, Ba Adame (2008): Petit précis de remise à niveau sur l'histoire africaine à l'usage du président Sarkozy, Paris.

Mbembe, Achille (2017): Politik der Feindschaft, Berlin.

Noglo, K. Emmanuel (2012): Die Legitimität des Staates im multiethnischen Kontext. Der Fall Togo, Münster.

Norris, Edward Graham (1993): Die Umerziehung des Afrikaners, Togo 1895–1938, München.

---

[38] Der Titel des Artikels lautet: »Quel concept de vérité pour une réconciliation effective? À partir d'une analyse de la démarche de la CVJR.«

[39] Vgl. Akue Adotevi 2016, S. 59 ff.

[40] Diese Studie soll eigentlich in Togo als wissenschaftliche Grundlage der Versöhnungsarbeit dienen. Denn in dieser Studie wurden die ethnische Frage, die politische Historie und die (in der Geschichte Togos) gescheiterten Versöhnungspolitiken analysiert. Sie wird aber m. E. nicht sonderlich beachtet.

[41] Vgl. Mbembe 2017 (Titel seines Buches).

III. Im Fokus: Herausforderungen für den Frieden

»Schafft Frieden in euren Toren« (Sach 8,16)
Zum Friedensauftrag der Kirchen in Zeiten der Polarisierung

Roger Mielke

»Da Kriege im Geist der Menschen entstehen, muss auch der Frieden im Geist der Menschen verankert werden.«
Verfassung der UNESCO[1]

Zusammenfassung:
Evangelische Friedensethik wurde vielfach als ein Thema der Internationalen Beziehungen wahrgenommen und mehr auf außenpolitische als innenpolitische Fragen bezogen. Diese Unterscheidung von innen und außen ist allerdings unter den Bedingungen einer mehr und mehr globalisierten Welt nicht mehr zielführend. Jüngere Entwicklungen zeigen eine Karriere populistischer Politikmuster und eine beunruhigende Rückkehr von Gewalt in die Arena des Politischen, auch in entwickelten Demokratien und konsensorientierten politischen Systemen wie in Deutschland. Evangelische Friedensethik muss sich diesen Problemen stellen und ein Verständnis des Friedens entwickeln, das seinen Ort an der sozialen Basis und im Alltagsleben hat. Hier finden wir die sozialen Praktiken des Friedens und der Versöhnung, die zutiefst verankert sind in geistlichen Praktiken und den großen Erzählungen, den Narrativen des Evangeliums. Diese Praktiken und Narrative sind entscheidende Ressourcen für konstruktive Konfliktbearbeitung und haben eine Auswirkung auf das Ganze der Gesellschaft und der Politik.

1. Von einer Ethik zwischenstaatlicher Gewaltbegrenzung zu einer Ethik der Konflikttransformation

Wie ist Frieden *möglich*, welches sind die Bedingungen des Friedens? – Und: Wie wird Frieden *wirklich*, gelingendes Zusammenleben zwischen Menschen als Individuen, in Gemeinschaften, zwischen Völkern, Nationen und Staaten? Da-

---

[1] Deutsche UNESCO-Kommission.

nach fragt evangelische Friedensethik. Sie thematisiert die Ermöglichungs- und Realisierungsbedingungen des Friedens im umfassenden Sinne: Wie sollen und können wir gemeinsam und wie soll und kann ich jeweils individuell leben, um Frieden zu wahren, zu fördern und zu erneuern?[2] Was soll und kann ich tun, um für Frieden einzustehen?

Friedensethik in diesem Sinne ist nicht etwa nur und nicht einmal in erster Linie eine Frage zwischenstaatlicher Beziehungen und der diese Beziehungen gestaltenden Außenpolitik. Lange Zeit allerdings wurde evangelische Friedensethik so verstanden – und zwar mit guten Gründen, wenn wir die politischen Bedingungen betrachten, in denen evangelische Friedensethik entwickelt und formuliert wurde. Die gewalttätigen Konflikte, die Gegenstand evangelischer Friedensethik waren, für die sie Alternativen der Politik und des Verhaltens entwickeln wollte, waren in erster Linie solche zwischen Staaten. In den 1950er Jahren ging es vor dem Hintergrund der katastrophalen Hinterlassenschaft des Zweiten Weltkrieges um die Wiederbewaffnung und die atomare Rüstung. Die Debatten wurden entlang der Linien der Blockkonfrontation geführt. Politisch höchst umstritten war die Einbeziehung des westlichen deutschen Teilstaats in das nordatlantische Bündnis. Das Thema der Friedensbewegung seit Ende der 1970er Jahre war die Drohung des Atomkrieges zwischen den beiden Machtblöcken des Kalten Krieges. Die Friedensethik des nuklearen Zeitalters war eine Ethik der Kriegsvermeidung und Kriegsverhinderung, sie arbeitete sich ab an den Aporien und Dilemmata einer Abschreckung, die im Schatten einer durch kein rationales Kalkül einzuhegenden Projektion apokalyptischer Vernichtung blieb.[3] Die großen Ökumenischen Versammlungen am Ende der 1980er Jahre nahmen Anregungen aus dem Ökumenischen Rat der Kirchen auf und richteten die Blicke stärker auf die sozialen und ökologischen Bedingungen des Friedens. Mit der programmatischen Formel »Gerechtigkeit, Frieden und Bewahrung der Schöpfung« wurden auch die drängenden Fragen nach den ökologischen »Grenzen des Wachstums«[4] und nach globaler Verteilungsgerechtigkeit gestellt. Viel diskutiert und bis heute umstritten ist die Frage, wie sich die Modelle des Wirtschaftens und die sozialen und politischen Ordnungen in den Staaten des globalen Nordens verändern müssen, um die Bedingungen für einen nachhaltigen Frieden zu gewährleisten. Die Diskussionslinien liegen seit den 1980er Jahren klar zutage, allerdings verzögerte der epochale politische Umbruch des Jahres 1989 die Wandlungsprozesse, die erst in der allerjüngsten Zeit im politischen »Framing« der »Klimakrise« und der globalen »Ziele für nachhaltige Entwicklung« die politische Agenda bestimmen. Dass es hier um die Fragen des Friedens und um Friedensethik geht, liegt implizit auf der Hand, wird aber selten

---

[2] Evangelische Kirche in Deutschland 1981.
[3] Unübertroffen dazu: Henrich 1990.
[4] Meadows et al. 1972.

ausdrücklich thematisiert. Nach der unerwartet lautlosen Implosion des sowjetisch dominierten Machtblocks war das Momentum eines erhofften umfassenden demokratischen Aufbruchs, der mit Abrüstung und Frieden hätte einher gehen sollen, kurz: Es umfasste nur wenig mehr als eine Dekade. Die Attentate des 11. September 2001 markieren das Ende dieses Zeitraums. Der Angriff auf das New Yorker World Trade Center mit den spektakulären und ikonisch gewordenen Bildern der an den Twin Towers in einem Feuerball zerschellenden Flugzeuge galt auch dem Symbol der westlichen Ordnung und des globalen Kapitalismus. Ein Jahrzehnt der Interventionen folgte. Humanitäre Ansprüche und Ambitionen auf politische Regimewechsel, Nation-Building und Demokratisierung gingen in diesen Interventionen vielfache Überschneidungen und Brechungen ein.

Die EKD-Friedensdenkschrift von 2007, »Aus Gottes Frieden leben, für gerechten Frieden sorgen«,[5] wurde auch als eine erste Reflexion evangelischer Friedensethik auf diese Gestalt neuer, interventionistischer und nichtinternationaler Kriege und Konflikte geschrieben. Ihr eigentlicher Kontext sind zum einen die politisch höchst zweideutigen Folgen des globalen »war on terror« im Anschluss an 9/11 und zum anderen die ethnopolitischen Balkankriege, die auf den Zerfall des jugoslawischen Vielvölkerstaates folgten. Der Fokus friedensethischer Reflexion hatte sich mit der Veränderung der Kriegs- und Konfliktszenarien verschoben: von den »alten« zwischenstaatlichen auf die vielfach informellen, »neuen« Kriege und nichtinternationale bewaffnete Konflikte. Diese Veränderung setzte sich seit den 2010er Jahren fort. Knappe Stichworte reichen, um die Herausforderungen zu markieren und darin gleichzeitig zu bemerken, wie sehr die politischen Problemstellungen und die friedensethischen Aufgaben in die Nähe und »uns« auf den Leib gerückt sind – und gerade damit nicht mehr nur außenpolitische Fragestellungen betreffen: Spätestens seit der Intervention im Irak seit 2003 hat eine zentrifugale Destabilisierung den Nahen und Mittleren Osten und Nordafrika erfasst, dort bildete sich in unmittelbarer Nachbarschaft Europas eine zusammenhängende Krisenregion, in der geopolitisch motivierte Stellvertreterkriege, umfassendes Versagen der politischen Eliten und ethnische und religiöse Fraktionierungen der Gesellschaften zu einer gefährlichen Instabilität führen, die Millionen von Menschen in die Flucht getrieben hat und die Sicherheit Europas direkt und indirekt bedroht.[6] Eine Aufzählung der einzelnen Schauplätze gewalttätiger Konflikte und Kriege formt sich zu einem Bild des umfassenden Versagens aller einzelnen Akteure und der internationalen Gemeinschaft im Ganzen: Staatszerfall und Aufstände gegen politische und ökonomische Stagnation in der gesamten arabischen Welt; der 2011 begonnene syrische Bürgerkrieg, die Intervention in Libyen im Jahr 2011 – zwar mandatiert

---

[5] Evangelische Kirche in Deutschland 2007.
[6] Perthes 2015.

mit dem völkerrechtlichen Konzept der »Responsibility to Protect«[7], gleichzeitig aber die Legitimität dieses Konzepts untergrabend; der mit hoher Intensität auch nach nahezu 20 Jahren internationaler Beteiligung immer wieder aufflammende Bürgerkrieg in Afghanistan; das nur mit Mühe eingedämmte »Kalifat« des IS; der weithin abseits der Aufmerksamkeit westlicher Medien geführte mörderische Krieg im Jemen. Von größter Bedeutung für die Bedrohungswahrnehmung westlicher Gesellschaften ist ferner der Ukraine-Konflikt, der vom russischen Staat angefachte Bürgerkrieg im Osten der Ukraine, die Besetzung der Krim, der hybride Krieg gegen den ukrainischen Staat, der auf gesellschaftliche Destabilisierung und politische Delegitimierung zielt. In Form von Cyber-Konflikten und politischer Einflussnahme zeigen sich diese Konfliktszenarien in höchstem Maße entgrenzt und haben mehr und mehr auch die Legitimität der politischen Systeme und den gesellschaftlichen Zusammenhalt in westlichen Staaten und nicht zuletzt in Deutschland zum Ziel. Die internationale Gemeinschaft zeigt sich weitgehend unfähig, diesen Entwicklungen mit den Mitteln des Rechts zu begegnen. Revisionistische Akteure wie China und Russland und der Rückzug der USA aus den multilateralen Verpflichtungen schwächen die etablierten Mechanismen der Konfliktbegrenzung weiter.

Damit sind wir vollends in unserer Gegenwart angelangt. Wenn wir der Evolution der Konfliktszenarien folgen, wird deutlich, wie sich mit der Gestalt von Konflikten auch die ethische Reflexion verändert, wie jede Generation neue Sichtweisen (»Perzeptionen«), neue Beschreibungen entwickeln und neue Instrumente finden muss: Politische Konzepte, rechtliche Einhegungen und ethische Orientierung sind zwar unterschieden, bilden aber doch einen Verweisungszusammenhang.

»Innen« und »außen« sind unter den Bedingungen der Gegenwart nicht mehr klar zu unterscheiden. Der Cyberraum hat keine Grenzen. Freizügigkeit für Kapital, Güter und, trotz aller Debatten um Flucht und Migration, doch in hohem Ausmaß auch für Menschen führt zu weltweiter Vernetzung. Nationalstaatliche Grenzen scheinen kaum noch Schutz zu bieten vor bedrohlichen Entwicklungen – am wenigsten natürlich für diejenigen, die selbst vor Staatsversagen fliehen und Schutz suchen in den funktionsfähigen oder zumindest besser funktionierenden Staaten. Deren Bevölkerungen stehen allerdings in der Regel großen Zahlen an Schutz und Auskommen Suchenden höchst skeptisch gegenüber. Fragen der Migration sind in vielen Staaten des Nordens zu den entscheidenden

---

[7] »Responsibility to Protect«: Internationale Schutzverantwortung, die bei Vorliegen schwerster Menschenrechtsverletzungen durch Beschluss des UN-Sicherheitsrates unter Durchbrechung des grundlegenden Gewaltverbots einen Eingriff der internationalen Gemeinschaft in die Souveränität eines Staates erlaubt. Die Schutzverantwortung hat eine dreifache Gestalt: 1. *Responsibility to prevent*: Prävention, 2. *R. to protect*: Schutz vor Gewalt, *Peacekeeping*, 3. *R. to rebuild*: Rekonstruktion und Wiederaufbau.

Konfliktlinien des Politischen geworden. Damit ändern sich aber auch die Rahmenbedingungen für das Ziel politischen Handelns, das Frieden zu bewahren, zu fördern und zu erneuern sucht. Die bislang relativ homogenen nationalstaatlich verfassten Gesellschaften der westlichen Industriestaaten werden in ihrer Zusammensetzung vielfältiger. Technologische, ökonomische und kulturelle Wandlungsprozesse setzen traditionelle Milieus, gewohnte Formen von Arbeit und Beschäftigung und mit diesen verbundene überkommene Solidaritätskulturen und Lebensformen unter Druck. Der demographische Wandel in den alternden Gesellschaften verstärkt die Effekte der Zuwanderung – zum Teil erwünscht und willkommen geheißen, zum Teil mit Angst und Ablehnung quittiert. Die mit dem Menschenrechtsethos als normativem Grund der freiheitlichen Demokratien untrennbar verbundene Offenheit für Menschen, die vor lebensbedrohlicher Verfolgung fliehen, bleibt freilich unverzichtbarer Kern der politischen Identität der Demokratie – allerdings stellen zunehmende politische Polarisierung und das Erstarken rechtspopulistischer Politiken auch an der Wahlurne die Aufgabe vor Augen, die unterschiedlichen Ansprüche von schutzsuchenden Menschen und des aufnehmenden Gemeinwesens vermitteln zu müssen. Wachsende innere Vielfalt macht nationalstaatlich verfasste Gesellschaften zunächst anfälliger für Konflikte.[8] Die Sorge vor der Bildung von »Parallelgesellschaften« richtet sich darauf, dass die Bande der gesellschaftlichen Solidarität sich verändern. Die Mehrheitsgesellschaft fühlt sich herausgefordert durch Segregation und damit verbundene veränderte »Spielregeln«. Wenn Regeln des freiheitlichen und demokratischen Rechtsstaats durchgesetzt werden, gilt es auch, unter veränderten Bedingungen mit Konflikten umzugehen, Konflikte auszutragen – gerade um Konflikte so zu begrenzen, dass sie nicht in Gewalt umschlagen. Die entscheidende Ressource des demokratischen Staates ist Vertrauen. Es wird gegenwärtig auch deutlicher, wie sehr etwa eine funktionierende Demokratie auf kulturellen Voraussetzungen und Ermöglichungsbedingungen ruht: auf geteilter geschichtlicher Erfahrung und Erinnerungskulturen, auf einer geteilten sprachlichen Welt, auf einem Band zwischen Repräsentanten und Repräsentierten. Wer gesellschaftlichen Frieden bewahren und fördern will, muss an diesen Fragen einer demokratischen, an Beteiligung orientierten Kultur ansetzen. Dies betrifft auch, aber nicht nur und nicht in erster Linie Verteilungsfragen. Es geht nicht nur um Governance, also politische Steuerung, es geht um politische Vermittlung, um gemeinsames Handeln für ein höchst vielfältiges, aber gemeinsam bewohntes Gemeinwesen.[9] Gemeinsames Handeln braucht Befähigung und Chancen, dies ist für unseren Fragezusammenhang die entscheidende Verbindung von Frieden und Gerechtigkeit – und auch ein Bezugsproblem für das

---

[8] Zu dieser unbequemen Wahrheit vgl. Collier 2016.
[9] Klassisch zu diesem Begriff des Politischen: Arendt 2010.

Leitbild eines »gerechten Friedens«, wie es die Friedensdenkschrift von 2007 entwirft.

Wenn wir die oben skizzierten Probleme und Aufgaben evangelischer Friedensethik Revue passieren lassen, lässt sich leicht zeigen, dass die drei hier angesprochenen Konstellationen zusammengehören und als Fragestellungen jeweils aufeinander angewiesen sind. Evangelische Friedensethik richtet sich in gleicher Weise auf zwischenstaatliche Konflikte und Kriege (1.), auf nichtinternationale Konflikte (2.) und auf innergesellschaftliche Konflikte (3.). Im weiteren betrachten wir vor allem das hier aufgeführte dritte Feld der Friedensethik, die in diesem Feld sich zeigenden Phänomene und die damit verbundenen Aufgaben – und wir werden im Blick behalten müssen, dass die innere Ordnung eines demokratischen Gemeinwesens auch sein außenpolitisches Handeln mit bestimmen wird.[10]

2. Aufgaben evangelischer Friedensethik

Die demokratische Ordnung ist fest verankert in Deutschland, die Institutionen sind intakt, die Spielregeln des politischen Wettbewerbs akzeptiert. Daran ist kaum zu zweifeln. Und doch gibt es nach langen Jahren der Gewöhnung an einen hochgradig konsensorientierten Politikstil Anzeichen für einen Wandel. Erleben wir in Deutschland nur eine Intensivierung der demokratischen Auseinandersetzung oder ist es mehr und anderes als dies? Geht es um politische Polarisierung und gesellschaftliche Spaltung und eine Rückkehr von Gewalt in die öffentliche Arena? Lassen sich einzelne Beobachtungen zu einem Muster zusammenfügen? Szenen wie diejenigen aus Chemnitz stehen vor Augen, wo im Spätsommer 2018 der Unmut »besorgter Bürger« von Rechtsextremen und Neonazis gekapert und instrumentalisiert wurde, die Fundamente der Stadtgesellschaft erschütterte und internationale Aufmerksamkeit fand. Nach wie vor brennen Flüchtlingsheime und es wird von einer wachsenden Zahl von Übergriffen gegen jüdische Menschen berichtet. In das Bild gehören aber etwa auch die Gewaltexzesse im Hamburger Schanzenviertel aus Anlass des G7 Gipfels 2017 oder die Auseinandersetzungen um den Braunkohletagebau im rheinischen Revier, die gewaltbereite Extremisten aus ganz Europa anzogen. Auch in Deutschland zeigen sich damit Entwicklungen, die im globalen Maßstab festzustellen sind: Der indische Autor Pankaj Mishra spricht von der Gegenwart als einem »Zeitalter des Zorns« und meint damit das tiefe Misstrauen und die Revolte einheimischer Bevölkerungen gegen ihre jeweiligen politischen Eliten, von denen sich besonders Anhängerinnen und Anhänger traditioneller Lebensmodelle

---

[10] Vgl. die Theorie des »demokratischen Friedens« etwa bei Brock 2019.

nicht mehr repräsentiert sehen.[11] Wir fragen hier, ob mit diesen Phänomenen ein Thema evangelischer Friedensethik angesprochen ist.

Der in der Friedens- und Konfliktforschung gebräuchliche Friedensbegriff ist eher auf Phänomene kriegerischer Gewalt und damit auf die oben angeführten Konfliktszenarien der zwischenstaatlichen und nichtinternationalen bewaffneten Konflikte bezogen.[12] Dieser aus guten Gründen »enge Friedensbegriff« ist für empirische Forschung brauchbar, weil er analytisch Phänomene abgrenzt, messbar und vergleichbar macht. Ein »weiter« Friedensbegriff, der von einer Vorstellung des guten gemeinsamen Lebens ausgeht, ist analytisch zwar unschärfer, aber dennoch gerade in der Anwendung auf die Konflikte in sich verändernden demokratischen Gesellschaften unverzichtbar, weil er die normativen Leitvorstellungen aufruft, die gesellschaftliches Zusammenleben bestimmen, die auch demokratischer Politik Orientierung geben: Gerechtigkeit und Freiheit in Gemeinschaft, eine Passung von individueller Selbstbestimmung und sozialer Einbettung. Das Leitbild des gerechten Friedens der EKD-Friedensdenkschrift übersteigt gerade dort, wo es die biblischen Grundlagen des »Schalom«,[13] die christliche Tradition und die geistlichen Praktiken[14] aufnimmt, einen engen Friedensbegriff. Der Friedensforscher Dieter Senghaas beschreibt denn auch die »zentrale Friedensaufgabe« konsequent im Rahmen einer politischen Vorstellung des Zusammenlebens als »Ermöglichung und Sicherung friedlicher Koexistenz in potentiell und tatsächlich identitäts- und interessenmäßig zerklüfteten, durchweg politisierten Gesellschaften«.[15] Das von ihm entwickelte »zivilisatorische Hexagon«, eines der maßgeblichen Konzepte der Friedens- und Konfliktforschung, entfaltet die Bedingungen für einen Frieden in Zivilität, d.h. in einem bürgergesellschaftlichen Zusammenhang.

Senghaas nennt die sechs Eckpunkte des Hexagons (des »Sechsecks«): staatliches Gewaltmonopol, Interdependenz und Affektkontrolle, soziale Gerechtigkeit, konstruktive Konfliktkultur, demokratische Partizipation, Rechtsstaatlichkeit. Die grafische Darstellung des Sechsecks macht deutlich, dass die einzelnen Eckpunkte als jeweils miteinander verbunden zu denken sind und nur in diesem Zusammenhang das Ganze der Bedingungen friedlichen Zusammenlebens markieren. Ein staatliches Gewaltmonopol steht dabei ebenso wenig zufällig an der Spitze des Hexagons wie die konstruktive Konfliktkultur an seiner Basis. Vom staatlichen Gewaltmonopol und konstruktiver Konfliktkultur hängen der Schutz vor Gewalt und die körperliche Unversehrtheit ab, die elementarsten Güter des Politischen und basale Garantien der Rechtsordnung, von sozialer

---

[11] Mishra 2017.
[12] Vgl. den Beitrag von Werkner in diesem Band und Werkner 2017.
[13] Evangelische Kirche in Deutschland 2007, Ziff. 74–77.
[14] Vgl. dazu den Beitrag von Hofheinz in diesem Band.
[15] Senghaas 2008, S. 28.

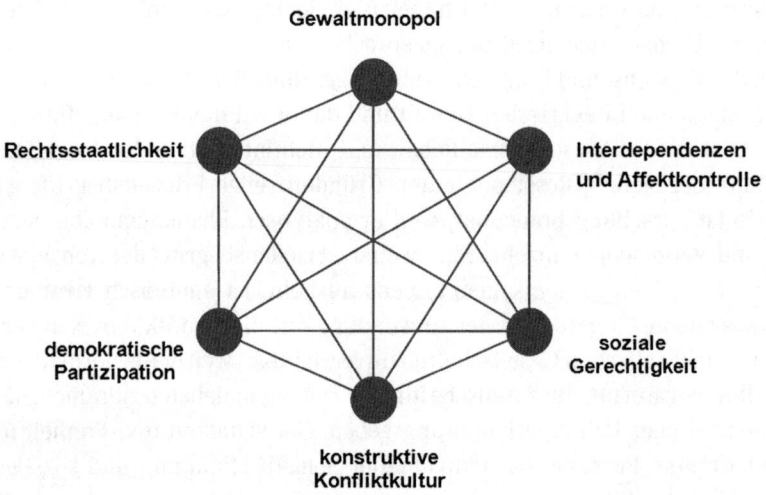

Abbildung: *Das zivilisatorische Hexagon nach Dieter Senghaas*

Gerechtigkeit und demokratischer Partizipation, wie umstritten auch immer, die Zustimmung der Bürgerinnen und Bürger zu der politischen Ordnung und die Beteiligung an ihr.

Bernhard Frevel spricht mit Blick auf die grundlegenden Güter des sozialen und politischen Lebens von einer »friedensorientierte[n] Politik der Inneren Sicherheit«[16] und nennt als deren Elemente: Durchsetzung der Rechtsordnung, Gewährleistung der Rechte der Einzelnen, Funktionsfähigkeit der Institutionen und das Sicherheitsempfinden. Die Studie »Zwischen Zuversicht und Skepsis« des Sozialwissenschaftlichen Instituts der EKD, eine repräsentative Studie zur Haltung der deutschen Bevölkerung gegenüber geflüchteten Menschen, die Daten verwertet, die im Zeitraum zwischen 2015 und 2017 erhoben wurden,[17] bestätigt am Beispiel der Flüchtlingspolitik genau diese doppelte Perspektive zwischen einerseits Sympathie und Unterstützung für geflüchtete Menschen und andererseits einer tiefliegenden Sorge um die Sicherheit des Alltagslebens. Eine »friedensorientierte« Politik wird die Wahrnehmung und den Ausgleich dieser Ambivalenz als ernste Aufgabe empfinden.

Diese Zusammenhänge deuten darauf hin, dass jede Bemühung um Frieden, jede Friedenspolitik gesellschaftlich verankert sein muss: Frieden ist 1. ein »Gut«, also Ziel des politischen Handelns, ist 2. kategorische Verpflichtung und damit nicht nur Ziel, sondern Ausgangspunkt von Politik. Und Frieden ist 3. und darüber hinaus Tugend: im gemeinschaftlichen Leben eingeübte Grundhaltung

---

[16] Frevel 2019, S. 422.
[17] Arndt-Sandrock und Ahrens 2017.

von Personen, also Individuen, die verantwortlich leben und bereit sind, für ihr Tun und Lassen »Rechenschaft« (1 Petr 3,15), also gute Gründe, zu geben. Frieden ist also tief verankert in diesen Grundhaltungen. Zwar darf Frieden nicht nur von tugendhaften Bürgerinnen und Bürgern abhängen. Frieden braucht die Institutionen, die Handeln und Verhalten regulieren, vor allem das Recht. Dann aber ist gesellschaftlicher Frieden, damit die Institutionen überhaupt funktionieren können, auf eine bei den Bürgerinnen und Bürgern zumindest mehrheitlich vorhandene »demokratische Sittlichkeit«[18] (Axel Honneth) angewiesen, auf ein grundlegendes Einverständnis, dem Recht zu folgen und in den Institutionen das Eigene zu erkennen.

Dieter Senghaas spricht so von einer »Kultur des Friedens«, die gesellschaftliches Zusammenleben in einer freiheitlichen und rechtsstaatlichen Demokratie ermöglichen soll, und erläutert: »Gemeint ist mit ihr die Gesamtheit der Werteorientierungen, Einstellungen und Mentalitäten, die im öffentlich-politischen Raum und über diesen hinaus dazu beitragen, dass Konflikte [...] verlässlich konstruktiv und damit gewaltfrei bearbeitet werden.«[19] Wie kann die politische Kultur unserer Gesellschaft,[20] der Rahmen, innerhalb dessen sich das politische Gemeinwesen mit seinen Bürgerinnen und Bürgern deutet, versteht und Möglichkeiten des Handelns im weitesten Sinne vorgibt, eine Kultur des Friedens bewahren, oder unter veränderten Bedingungen wieder zu einer Kultur des Friedens werden? Auf diese Frage wird evangelische Friedensethik Antworten zu geben haben. Und sie wird diese Antworten vor dem Hintergrund formulieren, dass ein friedliches Zusammenleben keine selbstverständliche Gegebenheit ist, vielmehr im historischen Maßstab betrachtet eher Ausnahme als Regel ist. Die Bedrohung durch Gewalt, Zerfall von Ordnung und Zivilität steht beständig im Hintergrund der friedensethischen Reflexion.[21] Ihre wesentliche Ressource ist allerdings die anthropologisch grundlegende Ausrichtung auf Kooperation. Das politische Gemeinwesen kann als genau diese Ordnung der Kooperation verstanden werden, in der Menschen als Freie und Gleiche in einer zwar durchaus von Wettbewerb und Konkurrenz geprägten, letztlich aber doch friedlichen Gemeinschaft zusammenleben wollen – und daher auch sollen.

---

[18] Honneth 2015.
[19] Senghaas 2008, S. 28.
[20] Vgl. dazu Birsl 2016, S. 259, mit Verweis auf G.F. Schuppert: Die »politische Kultur« bezeichnet den »Deutungs- und Handlungsrahmen einer politischen Gesellschaft [...], in dem die Theorien, Diskurse und Einstellungen zur Demokratie zu finden sind und sich politische und soziale Akteurinnen und Akteure bewegen. In diesem Deutungs- und Handlungsrahmen spiegeln sich die historisch-politischen und politökonomischen Kontextbedingungen sowie Konfliktstrukturen einer Gesellschaft und deren entwickelte Praxis, soziale Konflikte zu bearbeiten.«
[21] Baberowski 2018.

3. Die Kirchen in einer demokratischen Konfliktkultur: Praktiken des Friedens und der Versöhnung

Wenn Friedensethik über die Bedingungen und Realisierungschancen des Friedens nachdenkt, geht es um mehr als Einstellungen, es geht konkret um Verhalten und darüber hinaus um gemeinsames Handeln. Friede realisiert sich in »Praktiken«.[22] Wenn wir Zusammenleben von Praktiken her verstehen, dann richtet sich die Aufmerksamkeit vor allem auf drei Sachverhalte:[23]
1. Es geht um das, was leibhafte Menschen tun. Das kann »Handeln« sein, also bewusstes und zielgerichtetes Tun. Es wird oft aber auch »Verhalten« sein, ein Tun, das an Üblichkeiten, Konventionen, Sitten anschließt und von einem ausgesprochenen oder stillschweigenden Einverständnis der Menschen im Nahbereich des Zusammenlebens getragen ist. Dieses Verhalten ist oft relativ stabil und durch Gewohnheiten geprägt, allerdings kann es variiert und meistens schrittweise, manchmal aber auch disruptiv und tiefgreifend verändert werden.
2. Meistens stehen auch im Hintergrund des Verhaltens Regeln und Überzeugungen, die den Sinn des Handelns und Verhaltens betreffen. Bloße mechanische Wiederholung eines Verhaltens hat gerade bei anspruchsvollen Tätigkeiten oder Gegenstandfeldern keine hohe Stabilität. Die subversive Frage »Warum?« steht immer im Raum.[24] Darauf zu antworten ist nur mit Gründen – guten und weniger guten.
3. Verhalten wird durch Bedingungen ermöglicht und begrenzt. Zu diesen Bedingungen gehören besonders auch die strukturellen, materiellen und technischen Gegebenheiten.

Wenn wir an Praktiken des Friedens denken, kann es hilfreich sein, diese drei Faktoren im Blick zu haben:
1. Praktiken des Friedens sind mehr als Ideen oder Prinzipien oder Werte des Friedens – sie realisieren sich als leibhaftes Verhalten von Menschen, die miteinander leben.
2. Praktiken des Friedens sind vielfach unbewusst, geprägt durch Gewohnheiten, eingeübte Verhaltensmuster der Kooperation, die gewalthemmend wirken. Dauerhaft allerdings werden sie nur wirksam bleiben, wenn sie auf Überzeugungen abgestützt sind, die sinnvolles Handeln ermöglichen – und die auch im Streit der Überzeugungen bestehen können, besonders gegenüber ausgrenzenden, abschließenden, konfliktverschärfenden, gewalteskalierenden Überzeugungen.

---

[22] Vgl. dazu den Beitrag von Hofheinz in diesem Band.
[23] Reckwitz 2010, dort die Dreiheit leibhaftes Verhalten, Diskurse, Artefakte.
[24] Tilly 2006.

3. Praktiken des Friedens sind sehr handfest ermöglicht und begrenzt durch Rahmenbedingungen. Dazu nur einige Beispiele: Gibt es digitale Vernetzungen der Friedenstifter im Nahbereich? Gibt es einen runden Tisch im Stadtviertel und eine Quartiersarbeit? Gibt es Gesprächs- und Begegnungsformen für Menschen, die etwa die Zuwanderung einer größeren Zahl junger Männer oder osteuropäischer Armutsmigranten mit Sorge und Unverständnis sehen? Für Gesellschaften, deren Eliten und Entscheider von liberalen, kosmopolitischen Idealen geprägt sind, ist es höchst wichtig, die Verankerung von Praktiken des Friedens in Vertrauens- und Vertrautheitsbeziehungen zu erkennen. »Fremdheit« und die Begegnung mit dem Fremden und den Fremden ist nicht nur Ergebnis eines kulturell konstruierten »Othering«, das aus »Menschen« als Individuen Gruppenzugehörige und damit »andere« machen würde. »Fremdheit« ist eine elementare menschliche Grunderfahrung, ebenso unausweichlich wie wertvoll in der Ausprägung von individuellem und kollektivem Selbstsein. Damit aus dieser Grunderfahrung allerdings keine absoluten und scharf abgegrenzten »Identitäten« erwachsen, braucht die Unterscheidung von »Eigenem« und »Fremden« auch ein universales Ethos der Mitmenschlichkeit, Solidarität, Gleichheit und Gerechtigkeit. Beide Aspekte: das partikulare Ethos der »eigenen« Gemeinschaft – und das universelle Ethos der Mitmenschlichkeit müssen sorgsam ausbalanciert werden, keines ist ohne das jeweils andere funktionsfähig.

Für die Friedensverantwortung der Kirchen ist es wichtig, Kirchengemeinden und kirchliche Werke als Akteure im Gemeinwesen zu sehen. Hinter den organisatorischen Strukturen, so wichtig sie sind als Rückhalt und für die Bereitstellung von Ressourcen, geht es darum, »leibhafte« Menschen zu gewinnen, die ihr Verhalten von Diskursen und Überzeugungen des Friedens leiten lassen. Der Ort dafür ist vor allem anderen der soziale Nahbereich, das Quartier, der Kindergarten, die Schule, die »Tafel«, die Vereine.[25] In vielfältigen Überschneidungen mit anderen gesellschaftlichen, politischen, religiösen Gruppen handeln Kirchen. Sie bringen Menschen zusammen in einmal stabileren, einmal eher nur kurzfristigen Allianzen und Koalitionen.[26] Dabei machen Christen deutlich, aus welchen Überzeugungen heraus sie leben und handeln, – und sie buchstabieren diese Überzeugungen so, dass sie einerseits Gewalt, Not und Ausgrenzung widersprechen und andererseits bestehende Konflikte aufnehmen und konstruktiv verwandeln. Eine entscheidende Ressource dafür sind die Praktiken des Glaubens (Spiritualität), in denen sich Christen ihres Lebensgrundes und ihrer Kraftquellen versichern und die vielleicht recht düstere Wirklichkeit im Licht des Glaubens als Möglichkeiten für die verwandelnde Liebe Gottes sehen. Das *Gebet*

---

[25] Lustig 2018.
[26] Berghof Foundation 2012, zum Thema der »Friedensallianzen«.

um Frieden wird gerade in schwierigen und nach menschlichem Ermessen in Sackgassen steckenden Konfrontationen ein Anker sein, an dem sich zweifelnde und herausgeforderte Zeuginnen und Zeugen des Friedens festmachen können. Die Kraft der großen biblischen Erzählungen von Frieden, Freiheit und Gerechtigkeit, die Gegenwart Gottes in den sakramentalen Vollzügen, in der Taufe und im Abendmahl, werden sich in Situationen zeigen, in denen es um umstrittene Narrative geht, um die grundlegenden Überzeugungen, die verfestigte Konfrontationen wieder in Bewegung bringen können.[27]

Wenn Frieden an der sozialen Basis weder einfach als eine Frage der Einstellungen verstanden werden kann noch umstandslos ein Ergebnis eines zielgerichteten »Machens«, einer Technik des Friedens ist, leuchtet auch ein, warum Friede »gestiftet« werden muss.[28] Friede ist abhängig von den Verständigungsprozessen der an seinem Zustandekommen beteiligten Menschen, die mit ihren Prägungen, Überzeugungen, Interessen und Gemeinschaften in die Praktiken des Friedens einbezogen sind. Friede *ist* dieser Prozess. Dieser Prozess ist offen für die Sprache des Glaubens, offen für das, was Christen als das unverfügbare Handeln Gottes im Heiligen Geist verstehen: Eine Erfahrung von Verständigung und Einverständnis, die geschenkt wird und wächst, aber auch umkämpft und bedroht bleibt, sich immer wieder ihrer Quellen vergewissern muss und aus diesen Quellen erneuert wird: »Du bist die Quelle des Lebens und in deinem Licht sehen wir das Licht« (Ps 36,4). Die »Friedfertigen«[29] der Bergpredigt (Mt 5,9) sind nicht nur diejenigen, die eine Haltung des Friedens mitbringen, sondern diejenigen, die den Frieden »verfertigen«. Friede ist nicht fertig, er wird verfertigt, wo Menschen sich auf den Weg der Friedenspraktiken einlassen. In neutestamentlicher Sprache können wir diesen Prozess auch als »Versöhnung« bezeichnen, als Überwindung von Konflikt und Gewalt durch wechselseitige Anerkennung und Perspektivübernahme. Die theologische Dimension der in Christus geschenkten Versöhnung (2Kor 5,20; Kol 1,20) und die soziale und politische Dimension der vom geschenkten Frieden Gottes eröffneten und ermöglichten zwischenmenschlichen Versöhnung müssen zwar unterschieden, dürfen und müssen aber doch auch aufeinander bezogen werden, um die verändernde Kraft des Evangeliums von Jesus Christus in den politischen Prozessen zur Geltung zu bringen – manchmal vielleicht auch nur, um dieser Kraft nicht allzu sehr im Wege zu stehen. Von hier aus werden auch Wege deutlich, um eine der gegenwärtig drängendsten Friedensaufgaben zu verstehen: die Verständigung zwischen den Religionen, die in einer zumindest in den Staaten des globalen Nordens immer pluraler werdenden Welt nicht mehr über Segregation – also Leben an verschiedenen Orten – gelingen kann. Wo die Alltagswirklichkeit an jedem Ort und

---

[27] Yoder 2011.
[28] Calließ 2019.
[29] Im Griechischen: »Eirenopoioi« – Friedenstuer.

zu jeder Zeit den »anderen« und die »andere« begegnen lässt, muss Konfliktprävention und Konflikttransformation eingeübt werden.

Gerade in der Erwartung wachsender Intensität von Begegnung *und* Konflikt ist es wichtig, die positive Seite des Konflikts zu sehen und seine Energie für Prozesse der Veränderung zu suchen. Die Erfahrungen der Konflikttransformation können dabei wichtige Hinweise geben.[30] Immer wieder auch ist es wichtig, sich den Gefährdungen zu stellen und die »ansteckende« Kraft von Gewalt zu sehen. Auch dies lässt sich als eine Frage der Praktiken beschreiben. Praktiken, Verhalten, Sprachformen, Kontexte, die Gewalt begünstigen und als Mittel plausibel machen, bleiben immer im Bereich des Möglichen. Der Anthropologe Rene Girard hat in seiner »mimetischen« Theorie der Gewalt gezeigt, wie Praktiken der Gewalt mächtige, im Begehren verankerte Instrumente der Vereinheitlichung sein können, die über Nachahmung (d. h. »mimetisch«) funktionieren.[31] Die »erlösende Gewalt« wirkt dort, wo die Mehrheit den Einen oder die Eine zum Opfer macht und Hass und Gewalt auf Individuen oder eine Menschengruppe projiziert. Girard war auch der Meinung, dass die Botschaft vom Kreuzestod Jesu, Inbegriff des Evangeliums des Friedens, den Kreislauf der sich selbst reproduzierenden Gewalt durchbrochen habe – und daher eine entscheidende Ressource des Friedens sein könne. Dazu braucht es aber, so denken wir Girard weiter, Gemeinschaften, in denen Praktiken des Friedens zur Nachahmung einladen und eingeübt werden. So können sich auch die christlichen Gemeinden, Werke und Gemeinschaften verstehen: Als »Communities of Practice«[32], als Lerngemeinschaften in lokalen Beziehungsfeldern, in denen generationenübergreifend Praktiken des Friedens gelernt werden. Jede Form von Friedenspädagogik ist auf eine starke Verankerung in lebendigen Erfahrungen des »Friedensstiftens« angewiesen. Nur durch Vorbilder, Narrative, durch individuelle Biografien und gemeinschaftlich erlebte Konflikttransformation können nachhaltige Prozesse der Friedensbildung angestoßen werden. Friedenspädagogik in *formaler* Bildung, etwa in Kitas und Schulen, braucht *non-formale* (etwa in der kirchlichen Jugendarbeit) und *informelle* Lernorte und Bildungsprozesse (etwa Begegnungen zwischen den Generationen oder in Nachbarschaftsgemeinschaften). Nur im Zusammenspiel dieser drei Dimensionen kann so etwas wie »Kultur des Friedens« entstehen. Die großen normativen Prinzipien und Maximen der Friedensethik in der Perspektive einer Ethik der internationalen Beziehungen gewinnen ihre Plausibilität erst, wenn sie in ihrer Einbettung in die Alltagspraktiken einer Kultur des Friedens gesehen und beschrieben werden. Der mennonitische Friedensforscher und Theologe John Paul Lederach spricht von einer »Pyramid of Peacebuilding« und unterscheidet mit Blick auf die Frie-

---

[30] Ramsbotham et al. 2016, Berghof Foundation 2012; Lederach.
[31] Girard 2008; Girard und Chantre 2010; Harrison 2018.
[32] Wenger 2008.

densverantwortung von gesellschaftlichen Eliten die drei »Levels«: *Grassroot Leadership, Middle-Range Leadership* und *Top Leadership*. Auf den unterschiedlichen Ebenen gesellschaftlicher Organisation stellen sich jeweils besondere Aufgaben und keine kann ohne die jeweils anderen gedacht werden.[33] Friedenspädagogik, die in diesem Sinne verankert ist, wird über die Ebenen hinweg eine auch politische Wirksamkeit entfalten. Dafür steht etwa das von Hanne Margret Birckenbach entwickelte Konzept der »Friedenslogik«, das »Frieden« anstelle von »Sicherheit« als Rahmenkonzept für politisches Handeln nutzt – und dieses Rahmenkonzept vor allem von gelungenen Verständigungen, von »Lösungen« her denkt.[34] Hier zeigt sich auch der »systemische« Charakter des Friedensstiftens.[35] Direktes, lineares und in diesem Sinne zielgerichtetes Handeln übersieht nicht selten die komplexen Zusammenhänge zwischen den beteiligten Individuen und Gruppen, die nur über die Beteiligung der Betroffenen rekonstruiert werden können und komplexe Handlungsmuster für friedensstiftendes Handeln nötig machen.

Die Kirchen sind Akteure auf allen drei hier angesprochenen Ebenen: Sie sind als *transnationale* Akteure und im Rahmen *national* gestalteter Politiken wichtige, kritische und konstruktive Partner staatlicher Politik. Sie handeln in *regionalen* Kontexten gemeinsam mit anderen zivilgesellschaftlichen Akteuren und den sogenannten intermediären Institutionen. Und sie sind als *lokale* Akteure so breit und tief verankert wie nur wenige andere Organisationen. Alle drei Rollen müssen bewusst wahrgenommen, gestaltet und aufeinander abgestimmt werden. Allerdings wird die Friedensbotschaft der Kirchen nur in dem Maße plausibel sein, wie sie an der sozialen Basis verankert ist: in dichten Praktiken des Glaubens und in den aus dem Evangelium geschöpften Narrativen des Friedens. Die Pflichten des Friedens wollen wahrgenommen, die Güter des Friedens erstrebt und die Tugenden des Friedens eingeübt werden. Nichts davon ist trivial oder selbstverständlich, alles ist auf Prozesse der Verständigung im Konflikt und durch den Konflikt hindurch angewiesen. Im Idealfall stellen die Kirchen solche Räume für Debatte und gemeinsames Handeln bereit. Damit leisten sie der Gesellschaft, in der die Christen leben, den wichtigen und vielleicht entscheidenden Dienst für den Frieden.

---

[33] Lederach; Werkner unterscheidet Mikro-, Meso- und Makroebene, Werkner 2017, S. 26.
[34] Birckenbach 2014.
[35] Berghof Foundation 2012, S. 120.

Literaturverzeichnis

Die Internetquellen wurden zuletzt am 01.04.2019 überprüft.

Arendt, Hannah (2010): Vita activa oder Vom tätigen Leben. Ungekürzte Taschenbuchausg., 9. Aufl. München.

Arndt-Sandrock, Gabriele / Ahrens, Petra-Angela (Hg.) (2017): Skepsis und Zuversicht. Wie blickt Deutschland auf Flüchtlinge? Sozialwissenschaftliches Institut der Evangelischen Kirche in Deutschland, Hannover.

Baberowski, Jörg (2018): Räume der Gewalt. Frankfurt am Main.

Berghof Foundation (Hg.) (2012): Berghof Glossar zur Konflikttransformation. 20 Begriffe für Theorie und Praxis. Online verfügbar unter https://www.berghof-foundation.org/fileadmin/redaktion/Publications/Books/Book_Glossar_Chapters_dt/glossar_2012_komplett.pdf.

Birckenbach, Hanne-Margret (2014): Friedenslogik und friedenslogische Politik, in: Wissenschaft und Frieden (2). Online verfügbar unter https://wissenschaft-und-frieden.de/seite.php?dossierID=079.

Birsl, Ursula (2016): Rechtsextremismusforschung reloaded – neue Erkenntnisse, neue Forschungsfelder und alte Forschungsdesiderate, in: Neue Politische Literatur 61 (2), 251–276.

Brock, Lothar (2019): Frieden und Demokratie, in: Hans J. Gießmann / Bernhard Rinke (Hg.): Handbuch Frieden, Wiesbaden, S. 301–309.

Calließ, Jörg (2019): Frieden stiften, in: Hans J. Gießmann / Bernhard Rinke (Hg.): Handbuch Frieden, Wiesbaden, S. 227–249.

Collier, Paul (2016): Exodus. Warum wir Einwanderung neu regeln müssen, München.

Deutsche UNESCO-Kommission: Verfassung der Organisation für Bildung, Wissenschaft und Kultur (UNESCO). Online verfügbar unter https://www.unesco.de/mediathek/dokumente/verfassung-der-organisation-fuer-bildung-wissenschaft-und-kultur.

Evangelische Kirche in Deutschland (1981): Frieden wahren, fördern und erneuern. Eine Denkschrift der Evangelischen Kirche in Deutschland, Gütersloh.

Evangelische Kirche in Deutschland (2007): Aus Gottes Frieden leben – für gerechten Frieden sorgen. Eine Denkschrift des Rates der Evangelischen Kirche in Deutschland. Hannover, Gütersloh. Online verfügbar unter https://www.ekd.de/ekd_de/ds_doc/ekd_friedensdenkschrift.pdf.

Frevel, Bernhard (2019): Frieden im Inneren, in: Hans J. Gießmann / Bernhard Rinke (Hg.): Handbuch Frieden, Wiesbaden, S. 415–425.

Girard, René (2008): Ich sah den Satan vom Himmel fallen wie einen Blitz. Eine kritische Apologie des Christentums, Frankfurt am Main / Leipzig.

Girard, René / Chantre, Benoît (2010): Battling to the end. Conversations with Benoît Chantre, East Lansing.

Harrison, Robert Pogue (2018): The Prophet of Envy, in: New York Review of Books 65, Dec 2018 (20), S. 62–64.

Henrich, Dieter (1990): Ethik zum nuklearen Frieden, Frankfurt am Main.

Honneth, Axel (2015): Das Recht der Freiheit. Grundriß einer demokratischen Sittlichkeit, Berlin.

Lederach, John Paul: Peace Buliding Pyramid. Online verfügbar unter https://www.beyondintractability.org/essay/hierarchical_intervention_levels.

Lustig, Sylvia (2018): Grundlagen der kommunalen Konfliktberatung. Handbuch für Lehre und Weiterbildung. Unter Mitarbeit von Hagen Berndt, Maike Dafeld, Sebastian Ehrlich und Johanna Wolf. Hg. v. Forum Ziviler Friedensdienst e.V. Online verfügbar unter https://www.forumzfd.de/de/publikation/handbuch-grundlagen-der-kommunalen-konfliktberatung.

Meadows, Donella H./ Zahn, Erich / Milling, Peter / Heck, Hans-Dieter (1972): Die Grenzen des Wachstums. Bericht des Club of Rome zur Lage der Menschheit. Hg. v. Dennis L. Meadows, Stuttgart.

Mishra, Pankaj (2017): Das Zeitalter des Zorns. Eine Geschichte der Gegenwart. Unter Mitarbeit von Laura Su Bischoff und Michael Bischoff, Frankfurt am Main.

Perthes, Volker (2015): Das Ende des Nahen Ostens, wie wir ihn kennen. Ein Essay, Berlin.

Ramsbotham, Oliver / Woodhouse, Tom / Miall, Hugh (2016): Contemporary conflict resolution. The prevention, management and transformation of deadly conflicts, Cambridge, UK / Malden, MA.

Reckwitz, Andreas (2010): Grundelemente einer Theorie sozialer Praktiken, in: Andreas Reckwitz: Unscharfe Grenzen. Perspektiven der Kultursoziologie, Bielefeld, S. 97–130.

Senghaas, Dieter (2008): Über Frieden und die Kultur des Friedens, in: Renate Grasse / Bettina Gruber / Günther Gugel (Hg.): Friedenspädagogik. Grundlagen, Praxisansätze, Perspektiven, Reinbek bei Hamburg, S. 21–34.

Tilly, Charles (2006): Why?, Princeton.

Wenger, Etienne (2008): Communities of practice. Learning, meaning, and identity, Cambridge.

Werkner, Ines-Jacqueline (2017): Zum Friedensbegriff in der Friedensforschung, in: Ines-Jacqueline Werkner / Klaus Ebeling (Hg.): Handbuch Friedensethik, Wiesbaden, S. 19–32.

Yoder, John Howard (2011): Die Politik des Leibes Christi. Als Gemeinde zeichenhaft leben, Schwarzenfeld.

Zwischen Klimawandel und ungerechten Welthandelsstrukturen

Plädoyer für die Verknüpfung des Nachhaltigkeits- und Friedensdiskurses

Ruth Gütter

Zusammenfassung:
Ausgehend von den besorgniserregenden Überschreitungen planetarischer Grenzen im Anthropozän thematisiert die Verfasserin Auswirkungen ungerechter Welthandelsstrukturen und des Klimawandels als Ursachen für die Zunahme von lokalen wie globalen Konflikten.

Sie beschreibt dabei die Agenda 2030 als wichtigen Referenzrahmen für Politik und Zivilgesellschaft, um eine nachhaltige und friedlichere Entwicklung der Weltgemeinschaft voranzutreiben. Für den kulturellen Wandel für die notwendigen Transformationen der Gesellschaft können die Kirchen mit ihren Werten wie auch mit ihrer Praxis wichtige Beiträge leisten. Kirchen kommt hier die Rolle der Mahnerin, der Mittlerin und des Motors durch eine beispielhafte Praxis zu. Der christliche Glaube gibt eine heilsame Freiheit zu Begrenzung. Deshalb treten die Kirchen schon seit geraumer Zeit für eine »Ethik des Genug« ein, die angesichts der Überschreitung von ökologischen Grenzen und ihrer auch für das Zusammenleben der Menschen gefährlichen Folgen immer mehr an Bedeutung gewinnt.

Schließlich plädiert die Verfasserin für eine stärkere Verknüpfung des kirchlichen wie gesellschaftlichen Friedens- und Nachhaltigkeitsdiskurses. In beiden Diskursen verfügen die Kirchen über umfangreiche Erfahrungen und hohe Expertise, mit denen sie sich selbstbewusst und engagiert in die gesellschaftlichen Debatten einbringen sollten.

1. Aktuelle Herausforderungen im Anthropozän

Gerechtigkeit und Frieden sind zentrale biblische Begriffe, die den christlichen Glauben und die christliche Ethik seit seinen Anfängen gleichermaßen bestimmen und herausfordern. Sie gehören gewissermaßen zur unhinterfragten DNA der christlichen Tradition. Auch die Verantwortung für die Schöpfung ist fest in der biblischen Tradition verankert.

Nachhaltigkeit dagegen ist kein biblischer Begriff. Gleichwohl gehört die Frage nach der Nachhaltigkeit zu den großen Überlebensfragen der Gegenwart, die auch Christen herausfordern. Geht es doch im Kern um die Frage, wie die Grundbedürfnisse *aller* Menschen – und zwar der gegenwärtigen wie der zukünftigen Generationen – befriedigt werden können, ohne die natürlichen Lebensgrundladen zu gefährden und die planetarischen Grenzen zu verletzen.[1]

Dazu haben über 190 Staaten 2015 in der Vollversammlung der UN in New York siebzehn sogenannte Nachhaltigkeitsziele – die Sustainable Development Goals (SDGs) – verabschiedet, die sie bis 2030 erreichen wollen. Diese »Agenda 2030« umfasst sowohl soziale Ziele wie die Abschaffung von Armut (SDG 1) und Hunger (SDG 2) sowie die Überwindung von Ungleichheiten (SDG 10), als auch ökologische Ziele wie die Bekämpfung des Klimawandels (SDG 13) und die Erhaltung der Artenvielfalt (SDG 15) als auch den Einsatz für Menschenrechte, Demokratie und friedliche Gesellschaften (SDG 16).

Die Agenda 2030 wird von den Kirchen – darunter auch die EKD – ausdrücklich begrüßt, denn in ihr findet sich vieles wieder, für das die Kirchen im Ökumenischen Rat der Kirchen seit über 40 Jahren im Rahmen des konziliaren Prozesses für Gerechtigkeit, Frieden und Bewahrung der Schöpfung eintreten.[2] Die Nachhaltigkeitsziele der UN sind also ein neuer wichtiger Referenzrahmen der Kirchen, auf den sie sich in ihrer ethischen Reflexion – auch ihrer friedensethischen Reflexion- und in ihrer Praxis beziehen und mit dem sie sich gleichzeitig auch kritisch auseinandersetzen müssen.

Der enge Zusammenhang von Fragen der globalen Gerechtigkeit, des Friedens und der Bewahrung der Schöpfung, den auch die SDGs bekräftigen, ist für Kirchen nichts Neues.

Neu sind jedoch die besorgniserregenden Folgen der Überschreitungen der planetaren Grenzen durch den Menschen, die das Leben auf unserer Erde – und zwar das Leben aller Lebewesen – zunehmend bedrohen, die die Ungleichheiten global und regional vergrößern und deshalb auch die regionalen und globalen Konflikte anheizen. Wissenschaftler sprechen auch von dem »Anthropozän« als dem neuen Zeitalter, in dem der Mensch zu einer Größe geworden ist, die das Leben und Überleben aller Lebewesen bestimmt und dramatisch bedroht.[3] Wie diese Entwicklung auch theologisch-ethisch zu bewerten ist, welche aktuellen Wechselwirkungen im Anthropozän zu beobachten sind, welche Krisenphänomene wie wirken, wie sie auch gegenwärtige Konflikte verschärfen, sind hoch aktuelle und wichtige Fragen, auf die der aktuelle Friedensdiskurs in den Kirchen unbedingt eingehen muss.

---

[1] So das Verständnis einer »starken Nachhaltigkeit«, wie sie u.a. von den Kirchen vertreten wird; vgl. EKD 2018, S. 23.

[2] EKD 2018, S. 21 f.

[3] Bertelmann / Heidel 2018.

2. Gerechter Friede

2.1. Zusammenhang von Gerechtigkeit und Frieden

Der Zusammenhang von Gerechtigkeit und Frieden wird in der Friedensdenkschrift von 2007 durch das programmatische Leitbild des »gerechten Frieden« bekräftigt, der in zentralen biblischen Verheißungen wie z. B. der aus Jesaja 32,7 »Die Frucht der Gerechtigkeit wird Frieden sein ...« wurzelt. Der strukturelle Zusammenhang von Gerechtigkeits- und Friedensfragen wird auch in der Analyse von sozio-ökonomischen Strukturen als Ursachen von Konflikten und in der Betonung der Konfliktprävention durch Recht und Gerechtigkeit sichtbar.[4]

> »In der Menschheitsgeschichte war Not immer wieder ein auslösender Faktor gewaltsamer Auseinandersetzungen. Die Konkurrenz um die knappen Ressourcen ist eine der wichtigsten Ursachen kriegerischer Konflikte. Der Abbau von Not erfordert zweierlei: zum einen setzt er die Bewahrung der für das menschliche Leben notwendigen natürlichen Ressourcen voraus, zum anderen müssen Ungerechtigkeiten in der Verteilung materieller Güter und des Zugangs zu ihnen verringert werden. Wie der innere Friede in einer Gesellschaft ohne eine Politik des aktiven sozialen Ausgleichs gefährdet ist, so hängt auch der Weltfriede von der Korrektur sozio-ökonomischer Asymmetrien ab«.[5]

»Ungleichheiten überwinden« lautet deshalb auch ein wichtiges Ziel der SDGs. Die wachsenden Ungleichheiten weltweit und national sowie die zunehmende Konzentration von Reichtum in den Händen weniger ist deshalb ein alarmierender Zustand. Die Kirchen – darunter auch die EKD – haben diese zunehmenden Ungleichheiten immer wieder kritisch als etwas angemahnt, das dem sozialen Frieden einer Gemeinschaft schadet. »Wer gesellschaftliche Teilhabe für die Menschen in der Gesellschaft fordert, wie dies in christlicher Ethik unabdingbar ist, der kann sich mit sozialer Ungleichheit nicht abfinden«.[6] Solche wachsenden Ungleichheiten führen zu der Einsicht, dass der Markt sich nicht selbst überlassen bleiben darf, sondern durch politische Rahmensetzungen begrenzt und gesteuert werden muss. Das gilt auch und besonders für den globalen Markt.[7]

Erstmals wurde das Konzept des gerechten Friedens bei der ökumenischen Versammlung für Gerechtigkeit, Frieden und Bewahrung der Schöpfung 1988/89 in der damaligen DDR prominent diskutiert: Seine Grundorientierung zielte

---

[4] EKD 2007.
[5] A. a. O., S. 55–56.
[6] EKD 1997, S. 11.
[7] A. a. O., S. 25.

darauf ab, das während des Ost-West-Konflikts in der nördlichen Hemisphäre vielfach vorherrschende Verständnis von Friedenspolitik als lediglich abrüstungsorientierter Kriegsverhütung zu korrigieren, indem es einerseits die Forderung der Entwicklungsländer nach globaler Verteilungsgerechtigkeit, andererseits den Schutz der Menschenrechte mit der Friedensaufgabe verband.

Die theologischen Wurzeln der Verbundenheit von Frieden und Gerechtigkeit liegen in der biblischen Tradition. Der erhoffte ewige Friede ist vom irdischen Frieden zu unterscheiden, aber nicht zu trennen. Der Ausgangspunkt des Friedens ist die von Gott gewährte Versöhnung des Menschen mit ihm und untereinander. Das biblische Friedensverständnis ist somit untrennbar mit Gerechtigkeit verbunden. Frieden und Gerechtigkeit stehen dabei nicht in einem einfachen Zweck-Mittel-Verhältnis zueinander. Ausgehend beispielsweise von Psalm 85,11, »dass Gerechtigkeit und Frieden sich küssen«, sowie Jesaja 32,17, »der Gerechtigkeit Frucht wird Friede sein«, werden Frieden und Gerechtigkeit wechselseitig aufeinander bezogen. Frieden ist dabei kein Zustand, sondern ein Prozess, der in innerstaatlicher wie in zwischenstaatlicher Hinsicht auf die Vermeidung von Gewaltanwendung, die Förderung der Freiheit und den Abbau von Not gerichtet ist.

2.2. Ungerechte Welthandelsstrukturen als Ursache von gewaltsamen Konflikten

Ungerechte Welthandelsstrukturen rauben nicht nur vielen Menschen die ökonomischen Lebensgrundlagen, sie tragen auch dazu bei, dass innerstaatliche wie zwischenstaatliche Konflikte zunehmen. Beispiele sind die Handelsbeziehungen im Agrarbereich. Subventionierung von Agrarexporten aus EU-Ländern nach Afrika z. B. führen dazu, dass afrikanische Bauern ihre Produkte nicht auf dem Weltmarkt absetzen können und somit aus ihrer Armutsspirale nicht herauskommen,[8] was z. T. zur Zunahme von Gewalt und Kriminalität in den betroffenen Gesellschaften führt. Ein anderes Problem ist die Konkurrenz in der Nutzung von Boden und Wasser für den Anbau von Futtermitteln oder Agrarprodukten für den Export in die Industrieländer und für die Ernährung der heimischen Bevölkerung. Die enorme Steigerung des Fleischkonsums in Industrie -und Schwellenländern verstärkt solche Flächenkonkurrenzen. In Ländern wie Äthiopien, in denen immer noch Hunger herrscht, wird im großen Stil Land von chinesischen oder europäischen Investoren für den Anbau von Lebensmitteln aufgekauft, die ausschließlich für den Export nach China oder Europa genutzt werden. Oft gehen solche Käufe einher mit der Vertreibung von Kleinbauern mit nur geringer oder

---

[8] EKD 2015, S. 90–93.

gar keiner Entschädigung. Solche Fälle von Landgrabbing nehmen zu.[9] In den betroffenen Ländern führt dies nicht nur zu mehr Armut und Elend, sondern auch zu handfesten Verteilungskämpfen um die verbleibenden Ressourcen, zu Armutsmigrationen im Land, die wieder neue Konflikte auslösen. Ein weiteres Beispiel ist der Anstieg von Nahrungsmittelpreisen durch die Spekulation an den Nahrungsmittelbörsen 2007. Infolge der Immobilienkrise erodierte das Vertrauen in die Aktienmärkte und die Spekulation mit Lebensmitteln erschien nun als gewinnträchtige Alternative. Wie explosiv Schwankungen der Nahrungsmittelpreise sind, zeigt das Beispiel Ägypten, wo scheinbar harmlose Maßnahmen wie die Erhöhung der Brotpreise ausreichten, gewaltsame Aufstände auszulösen.

3. Nachhaltigkeit

3.1. Was meint Nachhaltigkeit?

Der Begriff »Nachhaltigkeit« stammt ursprünglich aus forstwirtschaftlichen Konzepten des 18. Jahrhunderts und bezeichnete dort eine Bewirtschaftungsweise, bei der nur so viel Holz geschlagen werden durfte, wie innerhalb eines bestimmten Zeitraumes nachwachsen konnte.[10] Im 20. Jahrhundert wurde der Begriff der Nachhaltigkeit erstmals vom Ökumenischen Rat der Kirchen bei seiner Vollversammlung 1975 auf die internationale Agenda gesetzt. Als Reaktion auf den Weckruf des Club of Rome zu den Grenzen des Wachstums von 1972 forderte der ÖRK eine »responsible and sustainable society«. »Sustainable« wurde im Deutschen neben »nachhaltig« auch mit »dauerhaft umweltgerecht«, »zukunftsverträglich« oder »generationenverträglich« übersetzt. Durchgesetzt hat sich schließlich weitgehend die Übersetzung »nachhaltig«. In den 80er und 90er Jahren wurde der Begriff der Nachhaltigkeit vor allem von der UN aufgegriffen. »Nachhaltige Entwicklung« wurde zu einem Kernbegriff vieler UN Umwelt- und Entwicklungskonferenzen der 90er Jahre.

Was meint aber eine »nachhaltige Entwicklung«? Im Gegensatz zu einer rein nachholenden Entwicklung, die sich primär am Wirtschaftswachstum orientiert, geht es bei der nachhaltigen Entwicklung um eine global sozialverträgliche, ökologisch verträgliche und zukunftsfähige Entwicklung. Eine nachhaltige Entwicklung versucht also soziale, wirtschaftliche und ökologische Interessen zu vereinen, wobei die Kirchen zusammen mit anderen Akteuren das Konzept der sogenannten starken Nachhaltigkeit vertreten, die die Einhaltung der planetarischen Grenzen als eine Priorität ansieht, als einen Rahmen, innerhalb dessen

---

[9] Zur Problematik des Landgrabbing: A.a.O., S. 144 ff.
[10] Vgl. von Carlowitz 1732; vgl. Nutzinger / Radke 1995, S. 13–50; vgl. Grober 2010.

Wirtschaft und Politik agieren müssen.[11] Weil aber die Industrieländer einen viel höheren Ressourcenverbrauch haben als die sogenannten Entwicklungsländer und damit die Hauptverursacher des Klimawandels sind, sind diese vor allem gefordert, ihre Ressourcenverbräuche und vor allem ihre CO_2-Emissionen drastisch zu reduzieren. Das jedoch ist nicht möglich, wenn in Wirtschaft, Politik und Zivilgesellschaft weiterhin das Wachstumsparadigma unhinterfragt angewandt wird. Die EKD tritt in ihren Studien und Denkschriften deshalb schon seit geraumer Zeit für eine »Ethik des Genug« ein.[12] Viele in Kirche und Gesellschaft fordern als Konsequenz der fortwährenden Überschreitung der planetaren Grenzen eine Transformation zu einer Postwachstumsgesellschaft und zu Ansätzen einer Degrowth-Strategie.[13]

Hierbei kommt es jedoch zu Zielkonflikten mit Wirtschafts- und Politikkonzepten, die Wachstum für eine leistungsfähige und innovative Wirtschaft sowie für die Befriedigung aller Grundbedürfnisse für unverzichtbar halten. Dagegen steht die auch unter Wirtschaftsakteuren zunehmende Einsicht, dass die Verletzung der planetarischen Grenzen und die Schädigung der natürlichen Ressourcen mittel- und langfristig auch die Grundlagen jeder wirtschaftlichen und politischen Handlungsfähigkeit massiv in Frage stellen.[14]

3.2. Die Agenda 2030 als neuer wichtiger Bezugsrahmen für den Diskurs der Kirchen

Viel Rückenwind hat der Nachhaltigkeitsdiskurs durch die Verabschiedung der Nachhaltigkeitsziele durch die Vollversammlung der Vereinten Nationen 2015 in New York bekommen. Für 17 Politikfelder wurden hier weitreichende Ziele definiert, die bis 2030 erreicht sein sollen. Alle Länder, die diese Ziele mit beschlossen haben, müssen eigene Nachhaltigkeitsstrategien entwickeln, mit denen sie nachweisen müssen, wie sie die Ziele erreichen wollen. Ebenso müssen sie regelmäßig über den Stand ihrer Zielerreichung bei der UN Bericht erstatten. Diese Nachhaltigkeitsziele stellen gegenüber den Millenniumsentwicklungszielen einen Fortschritt dar, weil sie weitergehender und radikaler sind, mehr Themenbereiche umfassen – darunter insbesondere ökologische Fragen – und alle Länder in die Pflicht nehmen, darunter auch Deutschland. Dass über 190 Staaten – Industrie-, Schwellen- und Entwicklungsländer, die ja durchaus unter-

---

[11] Vgl. EKD 2018, S. 18.
[12] EKD 2009, S. 156; EKD 2018, S. 25.
[13] Paech 2014.
[14] Schneidewind 2018, S. 152 ff.

schiedliche Interessen haben – sich auf diese weitreichende gemeinsame Agenda verständigen konnten, ist ein großer Gewinn.[15]

Jedoch sind die Herausforderungen, vor denen die Weltgemeinschaft steht, nach wie vor riesig. Angesichts der Tatsache, dass immer noch über 800 Millionen Menschen von Hunger bedroht sind und jeden Tag über 20.000 Menschen an Hunger sterben, ist die Weltgemeinschaft von der Befriedigung der Grundbedürfnisse aller Menschen noch weit entfernt. Der Klimawandel schreitet voran und verschärft die Kluft zwischen Armut und Reichtum, denn seine Folgen treffen die am meisten, die am wenigsten dazu beigetragen haben und sich auch am wenigsten schützen können. Angesichts der Überschreitung der planetarischen Grenzen in vielen Bereichen mit all seinen Folgen – insbesondere durch den menschengemachten Klimawandel – sind jedoch Menschen und Natur in allen Erdteilen mittel- und langfristig betroffen. Das Überleben der Menschheit und auch der Fortbestand der nichtmenschlichen Natur, wie wir sie heute kennen, ist in Gefahr.

Das fordert nicht nur die Politik, sondern auch die Zivilgesellschaft heraus, denn das Leben aller ist betroffen. Auch für die Kirchen ist diese globale Situation eine Herausforderung, geht es doch um die Zerstörung der Schöpfung Gottes und die grundlegende Verletzung der Grundbedürfnisse vieler Menschen, die sie als Ebenbilder Gottes und deshalb mit einer unverletzlichen Würde ausgestattet sehen.

4. Verknüpfung des Friedens- und Nachhaltigkeitsdiskurses

4.1. Friedliche und inklusive Gesellschaften fördern (SDG 16)

In der Agenda 2030 ist der Einsatz für den Frieden in Ziel 16 zwar explizit aufgeführt, jedoch sind die Unterziele dazu angesichts der großen Herausforderungen durch globale Kriege und Konflikte und ihrer lebensbedrohlichen Folgen weder besonders ambitioniert noch umfassend genug. So sollen zwar alle Formen von Gewalt deutlich verringert werden (Ziel 16.1), der Missbrauch und die Ausbeutung von Kindern beendet (Ziel 16.2), illegale Finanz- und Waffenströme deutlich verringert (Ziel 16.4) und Rechtsstaatlichkeit gefördert werden (Ziel 16.3). Es kann jedoch mit Recht bezweifelt werden, ob das ausreicht, um Konflikte und Kriege zu verhindern. Für wirksamere und verbindlichere Mittel der Konfliktprävention und Konfliktlösung, wie z.B. die striktere Beschränkung von Waffenproduktion und Waffenexporten oder Sanktionierungen von Ländern, die Menschenrechte oder das Völkerrecht verletzen, konnte offenbar bei der

---

[15] EKD 2018, S. 16 ff.

Verabschiedung der Agenda 2030 in der Staatengemeinschaft der UN kein Konsens gefunden werden.

Diese relativ schwache Verankerung des Friedensthemas in der Agenda 2030 ist möglicherweise auch ein Grund dafür, dass im politischen wie gesellschaftlichen Nachhaltigkeitsdiskurs die Friedensfrage insgesamt zu wenig diskutiert wird. Hier sind die Kirchen schon viel weiter, weil sie im Rahmen des konziliaren Prozesses bereits seit Jahrzehnten die Zusammenhänge von Friedens-, Gerechtigkeits- und Umweltfragen intensiv bearbeiten. Sie sollten deshalb auch dafür eintreten, dass die Ursachen wie auch die Folgen von Kriegen und Gewalt noch viel stärker im Nachhaltigkeitsdiskurs bedacht werden. Außerdem sollten die Kirchen ihren nach Maßstäben des ÖRK umfassenden Friedensbegriff – nämlich als »Frieden zwischen den Völkern«, »Frieden in der Wirtschaft« und »Frieden mit der Schöpfung« – stärker in den gesellschaftlichen Diskurs einbringen, um Engführungen von Friedensdiskursen z. B. auf rein militärische Konfliktfelder zu vermeiden.

4.2. Klimawandel als Konfliktverschärfer

In den letzten zehn Jahren hat der menschengemachte fortschreitende Klimawandel bei immer mehr Menschen die längst bekannten Zusammenhänge von Gerechtigkeits-, Friedens- und Umweltfragen stärker ins Bewusstsein gerückt. Insbesondere die Tatsache, dass der Klimawandel die Kluft zwischen armen und reichen Ländern vergrößert, weil er zurzeit die am härtesten trifft, die am wenigsten dazu beigetragen haben, wird immer offensichtlicher. Beispiele sind die Zunahmen von Wüstenbildungen in Afrika sowie der Anstieg des Meeresspiegels in vielen asiatischen Ländern oder auf pazifischen Inseln. Das wiederum führt zu massiv ansteigenden Migrationsbewegungen und Verteilungskonflikten um die verbleibenden Ressourcen.[16] Die Zahl der sogenannten Umweltflüchtlinge ist inzwischen auf 30 Millionen weltweit angestiegen und liegt schon heute deutlich über der Zahl der Kriegsflüchtlinge. Sollte es nicht gelingen, die Folgen des Klimawandels abzumildern, wird von einigen Umweltorganisationen mit einem Anstieg auf 300 Millionen Umweltflüchtlinge bis 2050 gerechnet.[17] Die meisten dieser sogenannten Umweltflüchtlinge sind sogenannte Binnenflüchtlinge, d. h. sie flüchten in ihren Ländern oder in die benachbarten Länder. Der ökonomische und soziale Druck in den armen Ländern steigt dadurch und verschärft die Konflikte zwischen verschiedenen Bevölkerungsgruppen. »Wer das Klima anheizt, heizt Konflikte an«, lautet die Warnung der NGOs, die sich im Bereich

---

[16] EKD 2009, S. 92 ff.
[17] Umweltflüchtlinge. Eine Studie von Greenpeace, 2007.

Klimaschutz engagieren.[18] Positiv gewendet kann man mit den Worten der ehemaligen Umweltministerin Barbara Hendricks sagen: »Klimapolitik ist Friedenspolitik«.[19]

Die ökologischen Ursachen von lokalen wie globalen Verdrängungs- und Verteilungskonflikten haben in den letzten zehn Jahren enorm an Bedeutung gewonnen und werden immer drängender. Auch in den Kirchen wächst das Bewusstsein für diese neuen Herausforderungen, was das gestiegene Interesse und Engagement in Nachhaltigkeitsfragen belegt. Für eine neue Standortbestimmung im friedensethischen Diskurs der Kirchen darf daher die Dimension der Ökologie und der Nachhaltigkeit nicht fehlen.

5. Kultureller Wertewandel und theologische Grundlagen für die anstehenden Transformationen

5.1. Kultureller Wertewandel für die anstehenden Transformationen

Aktuell gewinnt im Nachhaltigkeitsdiskurs die Rolle der gesellschaftlichen Werte und der Kultur an Bedeutung, denn für eine nachhaltige Entwicklung muss nicht nur politisch umgesteuert werden, es muss vor allem ein Wertewandel und ein umfassender Mentalitäts- und Kulturwandel stattfinden. Für einen solchen Werte- und Kulturwandel müssen andere gesellschaftliche Leitbilder, andere Visionen und »Narrative« entwickelt werden, wie denn ein gutes Leben für alle innerhalb der planetarischen Grenzen aussehen kann und soll.[20]

Bei diesem Werte- und Kulturwandel ist insbesondere die Rolle von Religion sehr wichtig, denn Religionen sind noch immer wichtige Kulturträger und stehen für Werte wie Humanität, Gerechtigkeit, Solidarität und Achtsamkeit gegenüber der Natur.

Die Kirchen haben große Potentiale, mit ihrer traditionellen Arbeit der Wertebildung und Wertevermittlung zu diesem notwendigen Werte- und Kulturwandel in Richtung Humanität, Suffizienz, Solidarität und Achtsamkeit gegenüber der Natur beizutragen. Die Enzyklika »Laudato Si« von Papst Franziskus aus dem Jahr 2015 hat dazu auf globaler Ebene ein großes vielbeachtetes Echo ausgelöst. Auch die EKD Studie »Geliehen ist der Stern, auf dem wir leben. Die Agenda 2030 als Herausforderung für die Kirchen« aus dem Jahr 2018 hat in

---

[18] www.movum.info.
[19] Anlässlich der Weltklimakonferenz 2015 in Paris: www.bundesregierung.de/breg-de/aktuelles/klimaschutz-ist-friedenspolitik-433764 (18.06.2019).
[20] Schneidewind 2018, S. 32–43.

Deutschland innerhalb kürzester Zeit eine starke Resonanz in Politik, Kirche und Gesellschaft gefunden.

5.2. Kirche als Mahnerin, Mittlerin und Motor

In dieser Studie begrüßt die EKD ausdrücklich die Agenda 2030 und sieht sich selbst in der Verantwortung, ihre Umsetzung zu befördern. Dabei sieht sie sich selbst in der Rolle der Mahnerin, der Mittlerin und des Motors.[21]

Kirche als Mahnerin meint ihre Verantwortung, aus der Botschaft des Evangeliums Jesu Christi Schlussfolgerungen für das Zusammenleben zu ziehen und für Gerechtigkeit, Solidarität, Achtsamkeit und eine Ethik des Genug einzutreten. Kirche als Mittlerin meint ihre Rolle, bei Zielkonflikten zur Umsetzung der Agenda 2030 für faire Lösungen einzutreten und die Zielkonflikte mit fairen und friedlichen Mitteln auszutragen. Kirche als Motor meint, in der eigenen Praxis mit gutem Beispiel voran zu gehen und gemeinsam mit anderen eine nachhaltige Entwicklung voranzutreiben.

Der Ratsvorsitzende schreibt dazu im Vorwort des EKD Impulspapieres:

»Wir wollen in dem Umsetzungsprozess der Agenda 2030 Mahner, Mittler und Motor sein. Wir wollen zur Umkehr mahnen, wir wollen in gesellschaftlichen Zielkonflikten vermitteln und um faire Lösungen ringen. Und wir wollen selbst in unserer kirchlichen Praxis noch nachhaltiger und glaubwürdiger werden. Wenn uns das gelingt, dann können wir zum Motor einer nachhaltigen Entwicklung werden, zur treibenden Kraft des Wandels«.[22]

Selbstkritisch muss jedoch angemerkt werden, dass insbesondere für die Rolle als Motor und Vorreiter in den Kirchen noch mehr geschehen muss. Zwar gehören die evangelischen Landeskirchen im Bereich der Klimaschutzkonzepte und ethischer Geldanlagen zu den Vorreiterinnen, auch gibt es in der Bewusstseinsarbeit und der spirituellen Auseinandersetzung mit dem Thema Nachhaltigkeit bereits viele gute Initiativen, dennoch wird das als richtig Erkannte noch zu wenig konsequent in die eigene Praxis umgesetzt.

5.3. Bedeutung einer nachhaltigen Praxis

Die Botschaft der Kirche wird nur überzeugen, wenn sie selbst Vorbild ist für eine nachhaltige Lebensweise. Achtsamer und bewahrender Umgang mit der

---

[21] EKD 2018, S. 32–34.
[22] A.a.O., S. 7.

Schöpfung, Solidarität mit den Armen, Einsatz für ihre Lebensrechte, Teilhabe und umfassende Partizipation müssen Vorrang haben vor Gewinnmaximierung und Wirtschaftlichkeit. Das bedeutet konkret Vorrang für nachhaltige Mobilität, nachhaltige Energienutzung, nachhaltige Beschaffung und nachhaltige Geldanlagen. Dazu gibt es schon eine ganze Reihe ermutigende Beispiele und Initiativen wie z. B. Klimaschutzkonzepte, die Aktion »Grüner Hahn«, Einkaufsplattformen für öko-faire Beschaffung, soziale und ökologische Kriterien für Verpachtung von Kirchenland, Klimapilgerwege, Richtlinien für ethische Geldanlagen, ökofaire Verpflegung in kirchlichen Kantinen und Tagungshäusern, Bildung für nachhaltige Entwicklung, Exerzitien, Gottesdienste und Andachten für Klimagerechtigkeit, Gemeindekonzepte von »anders wachsen«-Gemeinden etc.[23] Dies alles gilt es weiterzuentwickeln und in alle Ebenen kirchlichen Lebens hineinzutragen. Nachhaltigkeit sollte deshalb in allen kirchlichen Einrichtungen ein Querschnittsthema werden.

Die Ethik des Genug, die die Kirche fordert, muss sie selbst vorleben. Dass ein Leben jenseits des immer mehr und immer schneller mehr Lebensqualität hat, muss sie selbst in ihrem Leben und in ihrer Haltung zeigen.

5.4. Freiheit zur Begrenzung. Theologisch-ethische Grundlagen für die anstehenden Transformationen

Der Beitrag der evangelischen Kirche zu den anstehenden Transformationen besteht vor allem darin, angesichts der Größe der Herausforderung dennoch zu einer Perspektive der Hoffnung und zum verantwortlichen Handeln zu ermutigen. Vielen Menschen fehlt der Glaube, dass man angesichts der vielfältigen und komplexen globalen Probleme etwas zum Besseren verändern kann. Der christliche Glaube kann dafür die nötige Zuversicht und Gelassenheit geben, denn gegen alle Bedrohungen des Lebens vertraut er auf den Gott, der das Leben geschaffen hat und es erhalten will. Zugleich bewahrt ihn der Glaube an Gott davor, sich selbst zu überfordern. Nicht die Menschen müssen die Welt retten, sondern Gott selbst ist in seinem Sohn auf die Erde gekommen, um seine Schöpfung zu heilen und zu erlösen. Das ist Gottes Mission, an der wir Christen teilnehmen dürfen, für die Gott sie in seinen Dienst nimmt.

Christen leben aus der Zusage der Liebe Gottes, die befreit. Freiheit und Befreiung sind zentrale Themen für Christen. Nicht eine Freiheit, die als ein Leben mit unbegrenzten Möglichkeiten missverstanden wird, ist hier gemeint, sondern eine Freiheit, die sich in der Verantwortung bewährt, eine Freiheit, die sich selbst um anderer willen begrenzen kann.

---

[23] Vgl. dazu die Vorstellung dieser Arbeitsfelder und Initiativen auf der EKD Nachhaltigkeitshomepage www.ekd.de/nachhaltigkeit (18.06.2019).

Das Freiheitsverständnis Luthers ist bekanntermaßen ein Doppeltes: Es befreit von menschlichen Zwängen und menschlicher Herrschaft und macht sich zugleich zum Diener anderer. Es ist die Freiheit, sich in den Dienst eines anderen zu stellen, sich begrenzen zu können, ein genug zu akzeptieren.[24] Obgleich die Agenda 2030 einen weitreichenden und kühnen Anspruch vertritt, gehen die Suchbewegungen der Kirchen noch darüber hinaus. Insbesondere muss die unkritische Koppelung von Wohlstand und Wachstum hinterfragt werden. Wer aus Gott lebt, hat alles, was er zum Leben braucht. Er muss deshalb das fatale Streben nach immer mehr nicht mehr mitmachen. »Ich bin reich beschenkt und kann deshalb aus dieser Fülle weiterschenken« – das ist die Grundhaltung und die Grunddynamik christlichen Lebens.

In diese Grunddynamik sich immer wieder einzuüben, sich von Gott beschenken zu lassen und aus dieser Fülle weiterzugeben, das wäre aus evangelischer Perspektive der verheißungsvolle Anfang der notwendigen anstehenden sozial ökologischen Transformation.

6. Plädoyer für eine Verknüpfung des Nachhaltigkeits -und Friedensdiskurses

Abschließend ein paar Thesen zur Verknüpfung des Nachhaltigkeits- und Friedensdiskurses:

6.1. Die Expertise und Erfahrung der Kirchen in beiden Diskursen nutzen!

Die Kirchen verfügen über eine sehr lange Tradition des Friedensdiskurses und haben den gesellschaftlichen Friedensdiskurs immer wieder qualifiziert und befruchtet. Beispiele dafür sind die EKD-Texte bzw. Denkschriften von 1994 und 2007.

Auch im Nachhaltigkeitsdiskurs waren die Kirchen Vorreiter und Impulsgeber für andere. Die Kirchen im ÖRK waren die ersten, die den Nachhaltigkeitsbegriff in den 1970er Jahren auf die internationale Agenda gesetzt haben. Insbesondere in der Verknüpfung der Gerechtigkeitsfrage, der Friedensfrage und der ökologischen Frage im konziliaren Prozess haben die Kirchen im ÖRK vieles in den 80er Jahren schon vorweggenommen, was heute unter dem Stichwort Nachhaltigkeit diskutiert wird. Diese Erfahrung und Expertise sollten die Kirchen selbstbewusst in die aktuellen gesellschaftlichen Debatten einbringen.

---

[24] Gütter 2018, S. 259–271.

6.2. Den Nachhaltigkeitsdiskurs durch den Friedensdiskurs erweitern und qualifizieren

Da die Friedensfrage in den SDGs unter SDG 16 nur sehr knapp und inhaltlich verkürzt aufgenommen wurde, sollten die Kirchen die Agenda 2030 an dieser Stelle um den Nachhaltigkeitsdiskurs vertiefen und erweitern. Kirchen sollten dafür eintreten, dass die Ursachen wie auch die Folgen von Kriegen und Gewalt noch viel stärker bedacht werden. Ebenso müssen die Folgen der Überschreitung der planetarischen Grenzen wie auch die Verletzung von grundlegenden Menschenrechten für das friedliche Zusammenleben der Menschen stärker in Politik und Gesellschaft thematisiert werden.

6.3. Den Friedensdiskurs durch den Nachhaltigkeitsdiskurs erweitern und qualifizieren

Die Kirchen sollten ihren umfassenden Friedensbegriff – nämlich »Frieden zwischen den Völkern« – »Frieden in der Wirtschaft« – »Frieden mit der Schöpfung« – viel stärker in den gesellschaftlichen Friedensdiskurs einbringen, um Engführungen von Diskursen z. B. auf rein militärische Konfliktfelder zu vermeiden

Die ökologischen Ursachen von lokalen wie globalen Verdrängungs- und Verteilungskonflikten haben in den letzten zehn Jahren enorm an Bedeutung gewonnen und werden immer drängender. In den Kirchen wächst das Bewusstsein für diese neuen Herausforderungen, was das gestiegene Interesse und Engagement der Kirchen und Gemeinden in Nachhaltigkeitsfragen belegt. Für eine neue Standortbestimmung im friedensethischen Diskurs der Kirchen darf daher die Dimension der Nachhaltigkeit nicht fehlen. Es gilt neue dramatische globale wie auch lokale Konflikte und Verteilungskämpfe durch eine engagierte Klimapolitik zu verhindern.

6.4. Gemeinsamkeiten auf dem »Pilgerweg der Gerechtigkeit und des Friedens« und dem Weg zu mehr Nachhaltigkeit

Vereinzelt wird nach der Verhältnisbestimmung des vom ÖRK ausgerufenen »Pilgerweges der Gerechtigkeit und des Friedens« und dem Einsatz der Kirchen für die Umsetzung der Agenda 2030 gefragt, insbesondere danach, ob beide in einem Konkurrenzverhältnis um die finanziellen wie personellen Ressourcen in den Kirchen stehen. Dagegen ist festzuhalten, dass beide die gleiche Zielrichtung haben. Beide verstehen sich als ganzheitliche Suchbewegungen. Beide haben einen hohen transformativen Anspruch.

Sie unterscheiden sich darin, dass der Pilgerweg eine spirituell-christliche Suchbewegung, die Agenda 2030 eine säkulare Suchbewegung ist. Der Pilgerweg ist für alle spirituell Suchenden in Kirche und Gesellschaft anschlussfähig, die Agenda 2030 für alle, die in Kirche und Gesellschaft etwas politisch verändern wollen. Die Aktiven im Pilgerweg und in der Transformationsbewegung innerhalb und außerhalb der Kirche arbeiten in der Regel gut zusammen.

Spannend, ermutigend und für die Zukunft wegweisend ist die Tatsache, dass die Klimapilgerwege der letzten Jahre zu den Weltklimakonferenzen sich wachsender Beliebtheit erfreuen. Hier verbindet sich Spiritualität und politisches Engagement, Klage über Schmerzpunkte und Dank für Kraftorte, Suche und Zeitansage. Sie sind zu einem Sinnbild einer Spiritualität geworden, die auch für säkulare Menschen anziehend ist. Sie sind ein überzeugendes Beispiel, wie sich der Weg zum Frieden auch zu einem Weg zur Nachhaltigkeit erweist und umgekehrt.

Literaturverzeichnis

Bertelmann, Brigitte / Heidel, Klaus (2018): Leben im Anthropozän. Christliche Perspektiven für eine Kultur der Nachhaltigkeit, München.
Carlowitz, Hans Carl von (1732): Sylvicultura oeconomica oder Hausswirthliche Nachricht und naturmäßige Anweisung zur wilden Baumzucht, Leipzig.
EKD (1997): Für eine Zukunft in Solidarität und Gerechtigkeit. Wort des Rates der EKD und der Deutschen Bischofskonferenz zur wirtschaftlichen und sozialen Lage in Deutschland.
EKD (2007): Aus Gottes Frieden leben – für gerechten Frieden sorgen. Eine Denkschrift des Rates der Evangelischen Kirche in Deutschland.
EKD (2009): Umkehr zum Leben. Nachhaltige Entwicklung im Zeichen des Klimawandels. Eine Denkschrift des Rates der Evangelischen Kirche in Deutschland.
EKD (2015): Unser täglich Brot gib uns heute. Neue Weichenstellung für Agrarentwicklung und Welternährung, eine Studie der Kammer der EKD für nachhaltige Entwicklung, EKD Text 121.
EKD (2018): Geliehen ist der Stern, auf dem wir leben. Die Agenda 2030 als Herausforderung für die Kirchen, EKD Text 130.
Grober, Ulrich (2010): Die Entdeckung der Nachhaltigkeit. Kulturgeschichte eines Begriffs, München.
Gütter, Ruth (2018): Freiheit zur Begrenzung. Protestantisch-theologische Impulse für eine Kultur der Nachhaltigkeit, in: Brigitte Bertelmann / Klaus Heidel (Hg.): Leben im Anthropozän. Christliche Perspektiven für eine Kultur der Nachhaltigkeit, München, S. 259–271.
Nutzinger, Hans G. / Radke, V. (1995): Das Konzept der nachhaltigen Wirtschaftsweise. Historische, theoretische und politische Aspekte, in: Hans G. Nutzinger (Hg.): Nachhaltige Wirtschaftsweise und Energieversorgung, Marburg.

Paech, Nico (2014): Befreiung vom Überfluss. Auf dem Weg in die Postwachstumsökonomie, München.
Schneidewind, Uwe (2018): Die große Transformation. Eine Einführung in die Kunst gesellschaftlichen Wandels, Frankfurt am Main.
Umweltflüchtlinge. Eine Studie von Greenpeace, 2007.
www.bundesregierung.de/breg-de/aktuelles/klimaschutz-ist-friedenspolitik-433764.
www.ekd.de/nachhaltigkeit
www.movum.info

Neue friedensethische Herausforderungen
Autonome Waffen, Cyberwar und nukleare Abschreckung

Ines-Jacqueline Werkner

Zusammenfassung:
Nicht nur weltpolitische Konflikte bedrohen den Frieden, auch neue technologische Entwicklungen, die in neue Waffensysteme, Formen der Kriegsführung und damit verbundene Rüstungswettläufe münden. Dazu gehören insbesondere die zunehmende Automatisierung und Autonomisierung unbemannter Waffensysteme, die Digitalisierung der Kriegsführung sowie neue taktische Nuklearwaffen, die einen atomaren Krieg »führbar« scheinen lassen. Der Beitrag nimmt diese qualitativ neuartigen Entwicklungen in den Blick, beschreibt zentrale Herausforderungen, zeigt kontroverse Positionen auf und unterzieht sie einer ethischen Reflexion.

1. Einleitung

Nicht nur weltpolitische Konflikte bedrohen den Frieden, auch neue technologische Entwicklungen, die in neue Waffensysteme, Formen der Kriegsführung und damit verbundene Rüstungswettläufe münden. Dazu gehören insbesondere die zunehmende Automatisierung und Autonomisierung unbemannter Waffensysteme, die Digitalisierung der Kriegsführung (Cyberwar) sowie neue taktische Nuklearwaffen (sogenannte Mini-Nukes), die einen atomaren Krieg »führbar« scheinen lassen. Damit sind drei sehr unterschiedliche, aber zugleich hoch problematische Waffensysteme und Formen der Kriegsführung angesprochen. Ihre zugrundeliegenden Technologien stellen keine dezidiert militärischen Entwicklungen dar, sie finden sich gleichfalls im zivilen Bereich. Und auch hier entfachen sie kontroverse Debatten – sei es um das autonome Fahren, die zunehmende Digitalisierung des Alltags (»Internet der Dinge«) oder die zivile Nutzung der Kernenergie. Im militärischen Kontext verschärfen sich diese kritischen Anfragen noch einmal, stehen hier nicht Gefahren durch potenzielle Unfälle zur Debatte, sondern Formen gezielten Tötens von Menschen.

Der Beitrag nimmt diese qualitativ neuartigen Entwicklungen – automatisierte und autonome Waffen (Abschnitt 2), die Digitalisierung der Kriegsführung

(Abschnitt 3) sowie neue taktische Nuklearwaffen und Fragen atomarer Abschreckung (Abschnitt 4) – in den Blick. Er beschreibt zentrale Herausforderungen, zeigt kontroverse Positionen auf und unterzieht sie einer friedensethischen Reflexion. Im Ergebnis dieser Ausführungen stehen drei Thesen, die im Folgenden entfaltet und im Fazit zusammengeführt werden, womit auch wesentliche Eckpunkte künftiger Außen- und Sicherheitspolitik angesprochen werden. Im Umgang mit diesen rüstungspolitischen Herausforderungen macht der Beitrag schließlich den Ansatz der gemeinsamen Sicherheit stark (Abschnitt 5).

2. Die zunehmende Autonomisierung unbemannter Waffensysteme

Das Themenfeld automatisierter bis hin zu noch nicht existenten autonomen unbemannten Waffensystemen ist komplex. In der Öffentlichkeit wird diese Debatte auch unter dem Stichwort »Drohnen« geführt. Die einen sprechen hier von einem »drohenden Ende der Menschlichkeit« (Human Rights Watch); für andere gelten sie als »einen bedeutenden ethischen Fortschritt in der Geschichte der Kriegsführung«.[1] Dass die Kriegsführung durch stärker werdende Technologisierung geprägt ist, stellt keine Ausnahme, sondern den Regelfall dar. Dabei ist im Laufe der Geschichte die Distanz des Soldaten zum Gefechtsfeld immer größer geworden: vom unmittelbaren Kampf Mann gegen Mann auf dem Schlachtfeld über eine Kriegsführung mit Artillerie und gepanzerten Fahrzeugen bis hin zu Bombardements aus der Luft. Unbemannte Systeme gehen aber noch einen Schritt weiter: Sie ermöglichen einen »Luftkrieg per Joystick«,[2] bei dem die eigenen Soldatinnen und Soldaten außerhalb der Gefahrenzone bleiben.

Das militärische Einsatzspektrum unbemannter Systeme ist mittlerweile vielfältig:[3]
- zur Bekämpfung von Bodenzielen in Gebieten ohne hinreichende Luftabwehr,
- zur Unterstützung von Infanterie/Bodentruppen beispielsweise im Häuserkampf,
- zur Unterstützung der Marine im Kampf gegen Piraten oder bei humanitären Einsätzen (Seenotrettung, Flüchtlinge etc.),
- zum Aufspüren und zur Erstversorgung von Verwundeten,
- zur Aufklärung und Spionage,
- zum Entschärfen von Minen oder Sprengfallen sowie

---

[1] Statman 2014, S. 46.
[2] Gast 2010.
[3] Vgl. Funk 2017, S. 179f.

– bei ABC-Einsätzen.

Künftig sind Einsätze unbemannter Systeme auch bei Luftkämpfen, Luftraumkontrollen und automatisierten beziehungsweise autonomisierten Abfangmissionen an Luftraumgrenzen oder im Weltraum beispielsweise zur Läsion feindlicher Satelliten denkbar.

In der Entwicklung unbemannter Systeme wird ein »Paradigmenwechsel im Bereich der Militärtechnologie«[4] gesehen. Aktuell lassen sich zwei zentrale Trends ausmachen: zum einen zu ihrer Bewaffnung, zum anderen zu einer immer größeren Autonomie.[5]

Infolge des massiven Einsatzes bewaffneter Drohnen durch die USA gegen Al Quaida und die Taliban vor allem in Afghanistan und im Norden Pakistans gelangten unbemannte Waffensysteme in den Fokus der Öffentlichkeit. Nach dem Bericht des *Bureau of Investigative Journalism* sind seit 2015 allein in Afghanistan bei US-amerikanischen Einsätzen zwischen 2.472 und 3.196 Menschen getötet (davon zwischen 142 und 200 Zivilisten) und zwischen 363 und 443 verletzt worden.[6] Eng damit verbunden sind Diskussionen um das sogenannte *targeting killing*.

Neben der Bewaffnung unbemannter Systeme ist ein Trend zu einer immer größeren Autonomie zu verzeichnen. Der Übergang von automatisierten zu autonomen Systemen ist fließend. Der Unterschied bemisst sich daran, wie hoch der Grad menschlicher Beteiligung am System ist. Verbreitet ist ein dreistufiger Ansatz,[7] der zwischen nicht-autonomen, semi-autonomen und autonomen Systemen unterscheidet:

– Nicht-autonome Systeme erfordern – wenn auch in großer Distanz – über eine Fernsteuerung einen menschlichen Bediener (*human in the loop*).
– Bei semi-autonomen Systemen werden die Einsätze autonom ausgeführt, aber durch den Menschen überwacht; dabei kann der Mensch jederzeit in die Autonomie des Systems eingreifen und eine Verhaltensänderung bewirken (*human on the loop*).
– Vollautonome Systemen, die gegenwärtig noch nicht existieren, agieren ohne die Steuerung oder Kontrolle durch den Anwender. Hier kann der Mensch nur durch einen Veto-Befehl – der gegebenenfalls temporär aus technischen oder operativen Gründen nicht wahrgenommen werden kann – in die Funktionsweise eingreifen (*human out of the loop*).

---

[4] Geiß 2015, S. 3.
[5] Vgl. Schörnig 2012, S. 34 ff.
[6] Konkrete Zahlen lassen sich nur schwer ermitteln. Dabei gibt das *Bureau of Investigative Journalism* keine Mittelwerte, sondern die nach ihren Informationen vorliegenden minimalen und maximalen Zahlen von Opfern an (Stand: 31.03.2019).
[7] Nach Human Rights Watch 2012; vgl. auch Dickow 2015; Geiß 2015.

Im Hinblick auf die zunehmende Automatisierung und Autonomisierung bewegt sich die Diskussion zwischen zwei Polen: Die einen sehen darin eine Effektivitätssteigerung und Humanisierung der Kriegsführung. Automatisierte Systeme entlasten den Menschen von gefährlichen, eintönigen oder auch »schmutzigen« Aufgaben. Sie übernehmen zunehmend auch komplexe Datenauswertungen und bieten auf deren Grundlage entsprechende Handlungsoptionen an. Militärisch verbinden sich damit zwei zentrale Vorteile: Zum einen können unbemannte Systeme eingesetzt werden, ohne die eigenen Soldatinnen und Soldaten zu gefährden. Gerade in postheroischen Gesellschaften ist dieser Vorzug nicht zu unterschätzen und in der Politik ein Standardargument für deren Einsatz. Zum anderen können automatisierte Waffen, da sie im Vergleich zum Menschen weitaus mehr Informationen in kürzerer Zeit auswerten können, Reaktionszeiten und Abläufe deutlich beschleunigen. Zudem gelten automatisierte Waffen als Präzisionswaffen; mit Fähigkeiten einer höheren Zielunterscheidung verbinden sich dann auch geringere zivile Opfer.[8]

Gleichwohl sind unbemannte Waffensysteme hoch umstritten: Die Vorzüge einer fortschreitenden Automatisierung implizieren zugleich Gefahren und ethische Infragestellungen:

1. Mit dieser Entwicklung könne ein Absinken der Hemmschwelle zum militärischen Einsatz einhergehen, seien Soldaten »mit den Konsequenzen der Gewalteinwirkung nicht mehr unmittelbar konfrontiert«.[9]
2. Eine Kriegsführung mit unbemannten Systemen berge die Gefahr einer Entgrenzung des völkerrechtlich eingehegten Krieges.
3. Diese Entwicklung könne zulasten der internationalen Stabilität gehen. Während die Geschwindigkeit der Aktionen im Einsatz zunehme, sinke zugleich die Vorhersagbarkeit von auf lernende Algorithmen gestützten Systemen.[10]
4. Es bestehen offene Fragen hinsichtlich der Kontrolle und Verantwortung dieser neuen Waffen.
5. Zudem besteht die Gefahr – und das ist mehr als nur hypothetisch –, dass unbemannte Waffen nicht nur zum Waffenbestand staatlicher Streitkräfte gehören, sondern auch bewaffnete nichtstaatliche Akteure und Terroristen in den Besitz dieser Waffen gelangen können.

Bewaffnete Drohnen sind – so das Fazit – ungeachtet ihrer Vorteile »keine Mittel risikoloser Kriegsführung«.[11] Das verdeutlicht ein Blick auf die vielfältigen Gefahren ihres Einsatzes. Mit steigendem Autonomisierungsgrad (bis hin zu au-

---

[8] Vgl. Statman 2014, S. 47.
[9] Oeter 2014, S. 39.
[10] Vgl. Dahlmann / Dickow 2019, S. 16.
[11] Hofheinz 2019; vgl. auch Koch / Rinke 2018, S. 43.

tonomen Systemen) nehmen die kritischen Anfragen zu: Wer kann beispielsweise zur Rechenschaft gezogen werden, wenn autonome Waffen das falsche Ziel angreifen oder gar Zivilisten töten? In diesem Kontext bedarf auch die neue Qualität des Gewalteinsatzes einer kritischen Reflexion: Dürfen Maschinen – so unter anderem Marcel Dickow[12] – über Leben und Tod von Menschen entscheiden? Angesprochen sind hiermit elementare Fragen der Menschenwürde. So könne eine Maschine sich nicht moralisch verhalten und kein »Verständnis für Sterblichkeit und den Wert des Lebens«[13] entwickeln.

Angesichts dieser Gefährdungen spricht vieles dafür, auf eine vorzeitige völkerrechtliche Ächtung autonomer Waffen hinzuwirken. Da die Grenzen von automatisierten zu autonomen Waffensystemen fließend sind, ist das erforderliche Ausmaß menschlicher Kontrolle hinreichend zu bestimmen. Konkret geht es um die Gestaltung der »Mensch-Maschine-Beziehung« und die Beantwortung der Frage, »wie viel Autonomie dem Waffensystem eingeräumt wird und was der Mensch entscheiden muss«.[14] Auch der Einsatz bewaffneter Drohnen gestaltet sich ambivalent. »[N]icht zuletzt aufgrund des Problems eines Unterlaufens der Zuschreibung rechtlicher und moralischer Verantwortung sowie als Schritte auf dem Weg zu autonomen Waffensystemen«[15] gilt es, jeden Einsatz eingehend zu prüfen. Denn auch das Argument des Schutzes der eigenen Soldatinnen und Soldaten greift als Standardbegründung zu kurz, ist dieser zumeist mit einer Auflösung des Schutzes der anderen Seite verbunden (Risikotransfer statt Risikominimierung).[16]

3. Cyberwar – Die Digitalisierung der Kriegsführung

Die Digitalisierung der Kriegsführung stellt eine weitere friedenspolitische wie -ethische Herausforderung dar. Mit der folgenden Beschreibung fasst der Philosoph und Theologe Bernhard Irrgang das Phänomen des Cyberwar:

> »Der Alptraum aller Militärs: Der Feind ist unsichtbar, blitzschnell und scheinbar überall, doch nicht zu fassen. Und er kann hart zuschlagen: Die Energieversorgung großer Städte bricht zusammen, die Verkehrsregelung ebenso wie der Währungskurs

---

[12] Vgl. Dickow 2015, S. 5.
[13] Dahlmann / Dickow 2019, S. 19.
[14] Ebd., S. 10.
[15] Hofheinz 2019.
[16] Vgl. Koch 2014.

an den internationalen Börsen. Nationale und globale Infrastrukturen, Wirtschaft und Politik sind von Informationstechnik durchdrungen und Kriegsgeräte arbeiten auf informationstechnischer Grundlage, alles ist mit allem vernetzt.«[17]

Der Cyberwar stellt – so die häufige Charakterisierung in der Literatur – neben Land, Wasser, Luft und Weltraum die »fünfte Dimension der Kriegsführung« dar. Mit ihm verlagert sich die Kriegsführung in einen vom Menschen selbst geschaffenen virtuellen Raum, in eine nicht-physische Domäne.[18] Das unterscheidet den Cyberwar von herkömmlichen Kriegsformen.

Die Diskurse zum Cyberwar sind divers: Für die einen stellt dieser lediglich einen Mythos dar. Mit ihm verbinde sich vielmehr das Bestreben von Sicherheitsfirmen und Regierungen, Restriktionen von Freiheiten im Netz durchzusetzen.[19] Auch sehen einige in diesem Phänomen gewöhnliche Formen von Sabotage und Spionage.[20] Dagegen halten Experten wie Sandro Gaycken den Cyberwar für eine real existierende Bedrohung und Sicherheitsgefahr.

Es gibt keine verbindliche Definition des Cyberwar. Zentral ist der Aspekt der Gewaltanwendung. Dabei wird nicht nur der gewaltsame Akt selbst verstanden, sondern auch seine Konsequenzen. In der Literatur werden häufig drei Typen des Cyberwar unterschieden: (1) umfassende Angriffe innerhalb des Cyberraums; (2) begrenzte Angriffe auf die vitale Infrastruktur eines Landes mit dem Ziel, wichtige Funktionen zu unterbrechen, und (3) Angriffe mit regulären Streitkräften gegen zentrale Knotenpunkte des Cyberraums.[21] Was ihn von Cyberkriminalität unterscheide, sei die Qualität der Angriffe. So führt Sandro Gaycken aus:

> »Traditionelle Angreifer auf die IT waren bislang wenig koordinierte Kleinkriminelle. Jetzt kommen Militärs mit ihren typischen Vorgehensweisen und Mitteln. Sie nutzen Nachrichtendienste […], sie arbeiten in großen, gut organisierten Teams mit mehrstufigen Taktiken, sie nutzen hochrangige Experten verschiedenster Disziplinen, sie bauen Testgelände auf, sie werden professionell geführt, und sie können das Tausendfache in das Design eines Angriffs investieren, ohne das als teuer zu empfinden.«[22]

Mit dem Cyberwar verbinden sich vier zentrale Herausforderungen:

---

[17] Irrgang 2017, S. 101.
[18] Vgl. Taddeo 2014, hier: S. 42; Dickow / Bashir 2016.
[19] Vgl. Dunn Cavelty 2013, hier: S. 106 f.
[20] Vgl. Rid 2018, S. 13.
[21] Vgl. Neuneck 2017, hier: S. 809.
[22] Gaycken 2012, hier: S. 93.

1. Es kommt zu einer Verschmelzung militärischer und ziviler Räume. Die Kriegsführung wird mit zivilen Mitteln geführt, sie erweist sich als »vollkommen blutlos«.[23] Ihre – zumeist zeitlich verzögerten – Wirkungen beispielsweise auf vitale Teile der Infrastruktur eines Landes können dagegen dramatisch sein.
2. Cyberangriffe sind durch eine hohe Wirkasymmetrie gekennzeichnet. So können schon kleine Angriffe mit wenig technischem Aufwand und geringen Kosten dramatische Wirkungen zeitigen, insbesondere wenn diese kritische Bereiche der Infrastruktur treffen. Man denke nur an den Ausfall von Wasser- oder Stromversorgungen in Großstädten oder Angriffe auf Chemiefabriken und Atomkraftwerke. Innerhalb weniger Tage könnten Zwischenfälle dieser Art – ganz unblutig – zu hohen Opferzahlen führen.
3. Es besteht das Problem der Attribution. Das heißt: Angreifer können im Cyberwar häufig nicht – und wenn überhaupt, dann nur mit großer zeitlicher Verzögerung – identifiziert werden. Dies ist allerdings zentral, wenn potenzielle Angreifer durch Strafen abgeschreckt werden sollen.
4. Cyberangriffe besitzen gegenüber allen konventionellen Formen der Kriegsführung einen zentralen Vorteil: Sie benötigen keine Vorwarnzeiten. Digitale Erstschläge erfolgen in Bruchteilen von Sekunden. Entsprechend gering ist die Zeit, sich gegenüber diesen Angriffen zu verteidigen.

Wie sieht nun der empirische Befund aus? – In den vergangenen Jahren lassen sich durchaus Beispiele aufzeigen, die auf die außenpolitische Dimension von Cyberangriffen verweisen: So hat 2007 ein Angriff auf Estland (durch kremlnahe Aktivisten aus Russland) zentrale Regierungs- und Bankinternetseiten lahmgelegt. Weitere Angriffe gab es auf Einrichtungen in Georgien (im Kontext des Kaukasuskrieges), auf Sony (durch Nordkorea), auf das interne Kommunikationssystem des Deutschen Bundestages oder zuletzt auf die Energieversorgung in der Ukraine. Mit Stuxnet haben es US-amerikanische und israelische Militärs und Nachrichtendienste im Juni 2010 sogar erreicht, mit Hilfe einer Schadstoffsoftware in das Netz der Urananreicherungsanlage in Natanz im Iran einzudringen und einige hundert Zentrifugen zu zerstören. Stuxnet gilt als die »erste digitale, zielgerichtete ›Cyberwaffe‹«.[24] Auf diese Gefahren reagieren die Staaten zum einen mit geheim- und nachrichtendienstlichen Maßnahmen, zum anderen mit einer zunehmenden Militarisierung des Cyberraums.[25] So haben mittlerweile zahlreiche Länder – auch Deutschland – in ihren Streitkräften Cyberkommandos eingerichtet. Darüber hinaus hat der NATO-Gipfel 2016 in Warschau Cyberan-

---

[23] Gaycken 2014, hier: S. 6.
[24] Neuneck 2017, S. 809.
[25] Vgl. Heintschel von Heinegg 2015.

griffe als militärische Aktion bewertet, die nach Art. 5 des NATO-Vertrages auch den Bündnisfall auslösen kann.

Diese Militarisierung der Cybersicherheit ist nicht unproblematisch, verbinden sich mir ihr nicht unerhebliche Probleme: Zunächst zeitigt sie Tendenzen eines digitalen Rüstungswettlaufs. Des Weiteren stellen sich grundlegende völkerrechtliche Anfragen: Zum einen machen die Attribution und die völkerrechtlich notwendige Zurechnung eines Cyberangriffs zu einem Staat die Anwendung des Selbstverteidigungsrechts schwierig; zum anderen setzt die zeitlich versetzte Wirkung von Cyberangriffen (beispielsweise bei Angriffen auf vitale Teile der Infrastruktur) der Selbstverteidigung enge Grenzen. So wird »ein primär reaktiver Ansatz [...] regelmäßig nicht genügen, um Sicherheitsbedrohungen aus dem Cyberspace effektiv zu begegnen«.[26]

Statt offensiv auf Cyberangriffe zu reagieren, ist vielmehr die Defensive zu stärken.[27] Gerade der Cyberraum bietet – im Gegensatz zu den meisten anderen Waffensystemen – die Chance, sich allein durch defensive Maßnahmen zu schützen. Dazu bedarf es zuvorderst einer »Resilienz«, das heißt einer »Widerstandsfähigkeit einer IT-Infrastruktur gegen Angriffe«, sowie – zur Absicherung, sozusagen in einem zweiten Schritt – Fähigkeiten zur »Desaster Recovery«, das heißt zur »Wiederherstellung zerstörter oder kompromittierter Daten und Infrastrukturen«.[28] Sichere und resiliente IT-Infrastrukturen lassen sich durch verschiedene Maßnahmen befördern, beispielsweise durch konsequent vertrauenswürdige Hersteller, die Etablierung unterschiedlicher Systeme zur Verhinderung einer IT-Monokultur oder die Gründung einer unabhängigen Prüfstelle für ein IT-Sicherheitszertifikat.[29] Diese können durchaus zulasten wirtschaftlicher Effizienz (Kostenargument) gehen. Von daher bedarf es auch eines Umdenkens und eines Bewusstseins, sich schützen zu wollen – und dies nicht nur in militärischen Kontexten, sondern vor allem im öffentlichen und privaten digitalen Bereich (neue soziale Medien), denn gerade im Cyberraum verschwimmen die Grenzen zwischen militärisch und zivil.

4. Nukleare Abschreckung

Die dritte hier zu verhandelnde Waffenkategorie stellen Nuklearwaffen dar. Die Strategie der nuklearen Abschreckung ist nicht neu, neu sind aber ihre Konstellationen: Die Bipolarität ist einer Multipolarität gewichen; das macht Ab-

---

[26] Kreuzer 2019.
[27] Vgl. die Beiträge in Werkner / Schörnig 2019.
[28] Schörnig 2019.
[29] Vgl. ebd.

schreckungsstrategien per se unsicherer.[30] Nichtsdestotrotz erleben die alten Großmachtrivalitäten und die nukleare Abschreckung eine Renaissance.[31] »Auch wenn die ideologische Auseinandersetzung fehlt, auf militärischer Ebene ist man zurück im Kalten Krieg«.[32] Die nuklearen Arsenale der klassischen Nuklearwaffenstaaten werden fortlaufend modernisiert. Dazu setzen sie umfassende Forschungs- und Simulationsprogramme auf. Mit der Weiterentwicklung taktischer Nuklearwaffen (insbesondere »kleiner« Nuklearwaffen, sogenannter »Mini-Nukes«) scheinen Nuklearkriege – und hier unterscheidet sich die heutige Situation von der des Kalten Krieges – führbar und gewinnbar. Zugleich kann mit der Option »begrenzter Nuklearkriege« das bis dahin bestehende Glaubwürdigkeitsproblem nuklearer Abschreckung umgangen werden, verbunden mit der Gefahr, dass das nukleare Tabu schwindet. Vor diesem Hintergrund setzen aktuelle Militärstrategien – sei es von Russland, den USA oder der NATO – nicht mehr nur auf nukleare Abschreckung, diese beinhalten mittlerweile Optionen des nuklearen Erstschlages, und das auch im Falle nichtnuklearer Bedrohungen (zum Beispiel bei Cyberangriffen). Zugleich stagnieren Rüstungskontroll- und Abrüstungsverhandlungen. Quantitative Abrüstung geht mit einer qualitativen Aufrüstung einher.[33] Bestehende Verträge sind »entweder veraltet, porös oder hinfällig«.[34] Erst jüngst haben die USA und Russland den INF-Vertrag aufgekündigt. Dem Atomwaffenverbotsvertrag von 2017, bisher von 122 Staaten unterzeichnet, fehlt es an politischer Relevanz und es distanzieren sich sämtliche Nuklear- und NATO-Staaten von ihm. Ein weiteres Risiko stellen die inoffiziellen Nuklearstaaten (Israel, Indien, Pakistan, Nordkorea) dar. Erst im April 2017 eskalierte die Situation in Nordkorea. Dem verbalen Schlagabtausch zwischen Kim Jong-un und Donald Trump folgte die Drohung auf beiden Seiten, im Falle eines Krieges Atomwaffen einzusetzen. Diese Krise ist nach wie vor nicht beigelegt. Die Proliferationsgefahr geht aber noch weiter, sollten auch substaatliche Akteure und Terroristen Zugriff auf Massenvernichtungswaffen erhalten (Nuklearterrorismus).

Vor diesem Hintergrund lässt sich die Debatte um Atomwaffen friedensethisch auf eine zentrale Frage zuspitzen: Kann nukleare Abschreckung auch »eine heute noch mögliche« ethische Option darstellen? Während das katholische Bischofswort dies noch bejaht,[35] zeigt sich die Friedensdenkschrift der EKD

---

[30] In diesem Kontext lassen sich nach Peter Rudolf zwei geopolitische »Dreiecke« ausmachen: das eine mit USA – Russland – China, das andere mit China – Indien – Pakistan; vgl. Rudolf 2019.
[31] Vgl. Rudolf 2018.
[32] Kühn 2016.
[33] Vgl. u. a. Kankeleit / Ratsch 2012.
[34] Kühn 2016.
[35] Vgl. Die deutschen Bischöfe 2000, Ziff. 2.

(2007) in dieser Frage gespalten. Für die einen könne »die Drohung mit Nuklearwaffen *heute nicht mehr* als Mittel legitimer Selbstverteidigung betrachtet werden«.[36] Für die anderen bleibe dagegen »die Abschreckung gültiges Prinzip«.[37] Erstere Position findet sich auch im Vorwort zu dieser Denkschrift. So konstatiert der damalige Ratsvorsitzende der EKD Wolfgang Huber: »[D]ie Drohung mit dem Einsatz nuklearer Waffen sei in der Gegenwart friedensethisch nicht mehr zu rechtfertigen.«[38] Damit wird die seit 60 Jahren bestehende Kompromissformel der Heidelberger Thesen infrage gestellt.

Angesichts der damaligen Kontroversen um die Wiederbewaffnung Deutschlands in den 1950er Jahren galt es, »unter dem Evangelium zusammen [zu bleiben]«.[39] Dies gelang mit den Heidelberger Thesen (1959).[40] Die dort entwickelte Kompromissformel bestand darin, beide Positionen als »komplementär« zu betrachten. Die Übertragung der physikalischen Kategorie der Komplementarität auf friedensethische Positionen sollte die wechselseitige Bedingtheit beider einander sich ausschließender Handlungsweisen ermöglichen.[41] In Anwendung dieses Begriffs heißt es dort:

> »These 6: Wir müssen versuchen, die verschiedenen im Dilemma der Atomwaffen getroffenen Gewissensentscheidungen als komplementäres Handeln zu verstehen.
>
> These 7: Die Kirche muß den Waffenverzicht als eine christliche Handlungsweise anerkennen.
>
> These 8: Die Kirche muß die Beteiligung an dem Versuch, durch das Dasein von Atomwaffen einen Frieden in Freiheit zu sichern, als eine heute noch mögliche christliche Handlungsweise anerkennen.«

Die Begründung hierzu liefern die Ausführungen zur These 11:

> »Faktisch stützt heute jede der beiden Haltungen, die wir angedeutet haben, die andere. Die atomare Bewaffnung hält auf eine äußerst fragwürdige Weise immerhin den Raum offen, innerhalb dessen solche Leute wie die Verweigerer der Rüstung, die staatsbürgerliche Freiheit genießen, ungestraft ihrer Überzeugung nach zu leben. Diese aber halten, so glauben wir, in einer verborgenen Weise mit den geistlichen Raum offen, in dem neue Entscheidungen vielleicht möglich werden.«

---

[36] EKD 2007, Ziff. 162.
[37] EKD 2007, Ziff. 164.
[38] EKD 2007, S. 9.
[39] EKD-Synode 1958, zit. nach Härle 2011, S. 396.
[40] Heidelberger Thesen zur Frage von Krieg und Frieden im Atomzeitalter 1959.
[41] Vgl. auch Werkner 2013.

Zu fragen bleibt, welche friedenspolitischen Konsequenzen mit einer möglichen Absage an die Heidelberger Thesen und einer Aufgabe nuklearer Abschreckung – so wie sie in der Denkschrift der EKD von 2007 anklingen – verbunden sind. Die Virulenz dieser Frage zeigt sich unter anderem in der aktuellen NATO-Strategie, an die auch Deutschland als NATO-Mitglied gebunden ist, wenn es dort heißt:

> »Die Abschreckung auf der Grundlage einer geeigneten Mischung aus nuklearen und konventionellen Fähigkeiten bleibt ein Kernelement unserer Gesamtstrategie. [...] Der oberste Garant für die Sicherheit der Bündnispartner sind die strategischen nuklearen Kräfte unseres Bündnisses.«[42]

Ein unbedingtes Nein zur nuklearen Abschreckung würde für Deutschland – will sie glaubwürdig sein – einen Austritt aus der NATO als einer Institution, die auf nukleare Abschreckung setzt, bedeuten. Dies spräche zumindest gegen den aktuellen Koalitionsvertrag. Dieser macht einen auch friedenspolitisch durchaus bedenkenswerten Punkt: den der mäßigenden Einwirkung auf die Planungen der NATO:[43]

> »Solange Kernwaffen als Instrument der Abschreckung im Strategischen Konzept der NATO eine Rolle spielen, hat Deutschland ein Interesse daran, an den strategischen Diskussionen und Planungsprozessen teilzuhaben.«[44]

Prinzipiell lassen sich in der ethischen Debatte um die nukleare Abschreckung drei grundlegende Positionen voneinander unterscheiden:

1. »Der Einsatz nuklearer Waffen muß stets verwerflich sein, folglich auch der Besitz zum Zwecke der Abschreckung.
2. Der Einsatz kann in bestimmten Formen und unter bestimmten Umständen legitim sein, folglich kann der Besitz gerechtfertigt werden.
3. Während der Einsatz stets als verwerflich gelten muß, kann der Besitz zum Zwecke der Abschreckung zu rechtfertigen sein.«[45]

Bei allen stellen sich kritische Anfragen: Vertreter und Vertreterinnen der ersten Position müssen sich fragen lassen, wie sie es verantworten können, den Einsatz von Atomwaffen einseitig »durch keine Gegenmacht eingeschränkte Option den Skrupellosen und Aggressiven [zu] überlassen«.[46] Denn Nuklearwaffen sind entwickelt und präsent. Zwar lassen sich auch Hoffnungen auf eine atomwaf-

---

[42] NATO 2010, Ziff. 17f.
[43] Vgl. hierzu auch Lienemann 2019.
[44] CDU/CSU/SPD 2018, S. 148.
[45] Quinlan 1989, S. 195.
[46] Ebd., S. 196.

fenfreie Welt in Anschlag bringen. Angesichts aktueller Entwicklungen (wie der bereits angesprochenen Renaissance der Geopolitik) scheint diese aber eher ferne Vision als politische Realität. Und auch der Atomwaffenverbotsvertrag von 2017 vermag es nicht, die Nuklear- und NATO-Staaten miteinzubeziehen.

Die zweite Position kann das Glaubwürdigkeitsproblem nuklearer Abschreckung zwar umgehen, ist aber mit dem Problem der Verhältnismäßigkeit konfrontiert und der Frage, wie ein nuklearer Einsatz überhaupt mit einer differenzierten und verhältnismäßigen Anwendung von Gewalt einhergehen kann. Selbst die Entwicklungen »kleiner« Atomwaffen (»Mini-Nukes«) können das Problem der Verhältnismäßigkeit nicht lösen, denn auch bei Atomwaffen mit geringer Sprengkraft wären »Kollateralschäden an der Zivilbevölkerung infolge der Verstrahlung durch den radioaktiv verseuchten Auswurf ungeheuer groß«.[47]

Befürworter und Befürworterinnen der dritten Position müssen sich schließlich dem Dilemma stellen, mit Waffen zu drohen, die niemals eingesetzt werden dürfen. Nukleare Abschreckung bedarf der hinreichenden Entschlossenheit, diese im Ernstfall auch einzusetzen. Entfällt diese Handlungsoption, verfehlt Abschreckung ihre Wirkung. So liegt dieser Option die prekäre Annahme zugrunde, »durch das bewußte Eingehen von Risiken [...] den Gegner zu einer bestimmten positiven Verhaltensweise anzuregen beziehungsweise ihn von spezifischen Handlungen abzuhalten«.[48]

Die achte Heidelberger These, »durch das Dasein von Atomwaffen einen Frieden in Freiheit zu sichern«, ist, auch wenn das »Dasein« nicht näher spezifiziert wird, der dritten Position zuzurechnen. Zu fragen wäre zunächst, ob sich dieser Ansatz in den vergangenen Jahrzehnten bewährt hat. Die Antwort fällt zwiespältig aus: Einerseits dürfte die nukleare Abschreckung – unbenommen aller Ungewissheiten – dazu beigetragen haben, einen Atomkrieg zu verhindern. Andererseits hat sie eine nachhaltige Abrüstung nicht befördern können. Das zeigt sich beispielsweise am Nichtverbreitungsvertrag. Dieser konnte zwar die Proliferation begrenzen, hat aber bis heute zu keiner nachhaltigen Reduzierung des atomaren Potenzials der Nuklearstaaten geführt.

Wie ist die Strategie der nuklearen Abschreckung unter heutigen Prämissen zu bewerten? Das grundlegende Dilemma, das »doppelte Risiko«[49], wonach Kriegsverhütung durch nukleare Abschreckung versagen, zugleich aber auch ein einseitiger nuklearer Waffenverzicht beziehungsweise Nuklearwaffen ausschließlich in Händen von Autokraten oder Diktatoren einen Frieden in Freiheit gefährden kann, ist nach wie vor gegeben. Auf diesen Zwiespalt verweist auch die argumentative Gabelung der Friedensdenkschrift.

---

[47] Barleon 2012, S. 141.
[48] Senghaas 1981, S. 124.
[49] Lienemann 1982, S. 172.

Mit der Wiederkehr der Geopolitik scheint die Strategie der nuklearen Abschreckung politisch eine Renaissance zu erfahren. Dabei haben die neuen weltpolitischen Konstellationen der letzten Jahre – seien es die komplexeren multipolaren Strukturen oder die aktuellen Militärstrategien von NATO und Nuklearstaaten – zweifellos die Hemmschwelle eines Einsatzes atomarer Waffen sinken und die Risiken eines (auch zufällig ausgelösten) Nuklearkrieges ansteigen lassen. Die kriegsverhütende Funktion nuklearer Abschreckung ist fragiler geworden. Das bedeutet im Umkehrschluss aber nicht, dass ein einseitiger Verzicht atomarer Waffen die Wahrscheinlichkeit ihres Einsatzes verringern würde; vielmehr wäre auch diese Option eine Gefahr für den Frieden. Das beträfe weniger eine deutsche Aufgabe der nuklearen Teilhabe. Aber man stelle sich nur hypothetisch vor, dass ausschließlich Länder wie Nordkorea oder Russland Nuklearwaffen besäßen. Wie wäre es dann um die Freiheit von Ländern wie beispielsweise die Ukraine bestellt? Und auch die neuen technologischen Entwicklungen (taktische Nuklearwaffen mit geringer Sprengkraft) führen zu keinem Paradigmenwechsel. Angesichts der in den USA bereits verfügbaren taktischen Kernwaffen würden »zusätzliche Typen mit niedrigerer Sprengenergie« – so die Einschätzung des Physikers Jürgen Altmann – »nichts Grundsätzliches [ändern]«.[50]

Lediglich eine Abschaffung von Atomwaffen zu fordern, erweist sich als zu einfach. Eine Aufgabe ist unmöglich, wenn sie nicht allseitig ist. Zudem kann sie »zu einer völligen Umkehrung von Wirkung und Ursache verleiten, wenn die Nuklearwaffen als Ursache der Gefahr ausgegeben werden, statt die politischen Ursachen des Konflikts im Auge zu behalten«.[51] Das heißt nicht, auf die Vision einer Welt ohne Atomwaffen zu verzichten. Man muss aber zwischen Hoffnung (auch im Glauben) und realpolitischer Umsetzung differenzieren. Frieden ist ein Prozess. Die Komplementarität der Heidelberger Thesen bringt diesen Prozesscharakter zum Ausdruck. Dabei gilt es, das »Noch« der Heidelberger Thesen näher zu bestimmen. Es impliziert Interimslösungen. Diese dürfen aber nicht – wie Wolfgang Lienemann moniert – so weit interpretiert werden, ihm eine »letztlich zeitlose Gültigkeit für die Dauer dieser gefallenen Welt«[52] zuzuschreiben. Vielmehr müssen sie als »Bestandteil eines Konzepts des politischen Wandels«[53] gefasst werden. So ist das »Noch« nicht lediglich zeitlich, sondern konditional zu interpretieren. Nukleare Abschreckung kann »eine heute noch mögliche«, das heißt ethisch verantwortbare Option darstellen, wenn sie an Rüstungskontroll- und Abrüstungsschritte rückgebunden wird, um einem Frieden in Freiheit näher zu kommen.

---

[50] Altmann 2019.
[51] Nerlich / Rendtorff 1989, S. 36 f.
[52] Lienemann 1982, S. 173.
[53] Nerlich / Rendtorff 1989, S. 34.

Der Atomwaffenverbotsvertrag mag hier ein wichtiges Signal geben, eine politische Durchschlagskraft besitzt er nicht, ist er doch ohne die Nuklear- und NATO-Staaten geschlossen worden. Zudem konstatiert Harald Müller, führender Frankfurter Friedensforscher: »Die Qualität des Vertrags bietet im Vergleich zum NVV [Nichtverbreitungsvertrag, Anm. d. Verf.] keinen großen Fortschritt und in einigen Details sogar Rückschritte.«[54] So reiße er Regelungslücken neu auf, »die mit dem NVV und Beschlüssen seiner Überprüfungskonferenzen (etwa zur Kontrolle von Dual-Use-Gütern) geschlossen schienen«.[55]

5. Fazit

Die aktuellen technologischen Entwicklungen – die zunehmende Automatisierung und Autonomisierung unbemannter Waffensysteme, die Digitalisierung der Kriegsführung wie auch die neuen taktischen Nuklearwaffen verbunden mit der Strategie der nuklearen Abschreckung – fordern die Außen- und Sicherheitspolitik heraus. In friedensethischer Reflexion dieser Herausforderungen plädiert der Beitrag
- für eine vorzeitige völkerrechtliche Ächtung autonomer Waffen;
- für eine Stärkung der Defensive im digitalen Bereich durch den Aufbau sicherer und resilienter IT-Infrastrukturen (Rüsten ohne Aufzurüsten!) sowie
- für ein Ernstnehmen der Komplementarität der Heidelberger Thesen unter Einschluss der nuklearen Abschreckung. Das negiert nicht das Ziel der Ächtung von Nuklearwaffen, betont aber den Prozesscharakter des Friedens.

Mit diesen Thesen verbinden sich weitgehende rüstungspolitische Schritte. Dabei wird man auf die Grundidee der gemeinsamen Sicherheit[56] nicht verzichten können. Mit dem Begriff der gemeinsamen Sicherheit ist der Lösungsansatz bereits angezeigt: Sicherheit ist nicht mehr *voreinander*, sondern nur noch *miteinander* zu suchen.[57] Darauf verweisen auch die mit den neuen technologischen Entwicklungen und weltpolitischen Konstellationen einhergehenden Risiken. Frieden als soziales Phänomen kann nicht durch einen einzelnen – auch kollektiven – Akteur, sondern immer nur gemeinsam verwirklicht werden. Bei der geforderten Rüstungskontrolle und Abrüstung – und das betrifft alle drei der hier betrachteten Waffensysteme – kommt vertrauensbildenden Maßnahmen ein besonderer Stellenwert zu. Dieser Zugang ist nicht neu, aber in den letzten Jahrzehnten mit dem Fokus auf Institutionen des liberalen Friedens wie EU und

---

[54] Müller 2018, S. 66.
[55] Ebd., S. 65.
[56] Vgl. Werkner 2019.
[57] Vgl. von Schubert 1992, S. 161.

NATO – auch in innerkirchlichen Debatten – in gravierender Weise vernachlässigt worden. Nachhaltige rüstungspolitische Schritte müssen, wollen sie erfolgreich sein, mit einer Stärkung von kooperativen Organisationen wie der OSZE einhergehen.

Zugleich muss Abrüstung stufenweise und für alle Staaten gangbare Schritte beinhalten. Im Hinblick auf die nukleare Abrüstung kann dies beispielsweise von atomwaffenfreien Zonen über negative Sicherheitsgarantien[58] bis hin zu Begrenzungen auf ausschließlich strategische Nuklearwaffen[59] oder eine Minimalabschreckung reichen. Hier bedarf es aber auch der Entwicklung neuer und alternativer Abrüstungsschritte, die in der Lage sind, entsprechende Anreize auch für Nuklearwaffenstaaten zu schaffen. Und erst am Ende dieses Weges kann ein Global Zero, eine Ächtung von Nuklearwaffen, stehen.

Zudem stellt die Umsetzung gemeinsamer Sicherheit nicht nur eine Aufgabe politischer Eliten dar, sie erfordert zugleich gesellschaftliche Anstrengungen:

»Erst wenn die Denkfigur der gemeinsamen Sicherheit Gemeingut und der Bewußtseinswandel weniger zur Selbstverständlichkeit für viele geworden ist, werden die Baumeister die nötige Legitimation für den Umbau besitzen.«[60]

Den Kirchen kommt hierbei eine nicht unerhebliche Bedeutung zu, da sie im Namen des gerechten Friedens dazu beitragen können, Vertrauen aufzubauen und eine neue Dialogkultur zu befördern, und Dialog ist gerade dort am drängendsten, wo er unmöglich erscheint.[61]

Literaturverzeichnis

Altmann, Jürgen (2019): Neue Typen von Kernwaffen und ihren Trägern – Gefahren für die strategische Stabilität?, in: Ines-Jacqueline Werkner / Thomas Hoppe (Hg.): Nukleare Abschreckung heute – ethische Interpretationen, Wiesbaden (i.V.).
Barleon, Leopold (2012): Heben Mini-Nukes die Singularität auf?, in: Constanze Eisenbart (Hg.): Die Singuläre Waffe. Was bleibt vom Atomzeitalter?, Wiesbaden, S. 129–141.
CDU/CSU/SPD (2018): Ein neuer Aufbruch für Europa. Eine neue Dynamik für Deutschland. Ein neuer Zusammenhalt für unser Land. Koalitionsvertrag zwischen CDU, CSU und SPD. 19. Legislaturperiode, Berlin.

---

[58] Gemeint ist die Garantie, Nicht-Nuklearstaaten nicht mit Nuklearwaffen anzugreifen.
[59] Taktische Kernwaffen bergen aufgrund ihrer begrenzten Schadenswirkung ein erhöhtes Risiko, das nukleare Tabu zu durchbrechen.
[60] Von Schubert 1992, S. 164.
[61] Vgl. Reißig 2008, S. 34.

Dahlmann, Anja / Dickow, Marcel (2019): Präventive Regulierung autonomer Waffensysteme. Handlungsbedarf für Deutschland auf verschiedenen Ebenen, Berlin.

Dickow, Marcel (2015): Robotik – ein Game-Changer für Militär und Sicherheitspolitik?, Berlin.

Dickow, Marcel / Bashir, Nawid (2016): Sicherheit im Cyberspace, http://www.bpb.de/apuz/235533/sicherheit-im-cyberspace (03.07.2018).

Die deutschen Bischöfe (2000): Gerechter Friede, Bonn.

Dunn Cavelty, Myriam (2013): From Cyber-Bombs to Political Fallout. Threat Representations with an Impact in the Cyber-Security Discourse, International Studies Review 15, H. 1, S. 105–122.

Evangelische Kirche in Deutschland (EKD) (Hg.) (2007): Aus Gottes Frieden leben – für gerechten Frieden sorgen. Eine Denkschrift des Rates der Evangelischen Kirche in Deutschland, Gütersloh.

Funk, Michael (2017): Drohnen und sogenannte »autonom-intelligente« Technik im Kriegseinsatz. Philosophische und ethische Fragestellungen, in: Michael Funk / Silvio Leuteritz / Bernhard Irrgang (Hg.): Cyberwar @ Drohnenkrieg. Neue Kriegstechnologien philosophisch betrachtet, Würzburg, S. 163–193.

Gast, Wolfgang (2010): Neue Militärtechnologie Drohnen. Luftkrieg per Joystick, taz vom 10.10.2010.

Gaycken, Sandro (2012): Die vielen Plagen des Cyberwar, in: Roman Schmidt-Radefeldt / Christine Meissler (Hg.): Automatisierung und Digitalisierung des Krieges. Drohnenkrieg und Cyberwar als Herausforderungen für Ethik, Völkerrecht und Sicherheitspolitik, Baden-Baden, S. 89–116.

Gaycken, Sandro (2014): Ein ethisches Argument für Hochsicherheits-IT, in: Ethik und Militär. Kontroversen der Militärethik & Sicherheitskultur, H. 2, S. 6–12.

Geiß, Robin (2015): Die völkerrechtliche Dimension autonomer Waffensysteme, Berlin.

Härle, Wilfried (2011): Ethik, Berlin.

Heidelberger Thesen zur Frage von Krieg und Frieden im Atomzeitalter, 1959, in: Erwin Wilkens (Hg.): Christliche Ethik und Sicherheitspolitik. Beiträge zur Friedensdiskussion, Frankfurt am Main 1982, S. 237–247.

Heintschel von Heinegg, Wolff (2015): Cyber – Bedrohungen aus dem Netz, http://www.bpb.de/izpb/209667/cyber-bedrohungen-aus-dem-netz (03.07.2018).

Hofheinz, Marco (2019): Abusus non tollit usum? Ein kleines theologisch-ethisches Argumentarium zum Gebrauch von Kampfdrohnen, in: Ines-Jacqueline Werkner / Marco Hofheinz (Hg.): Unbemannte Waffen und ihre ethische Legitimierung, Wiesbaden S. 155–192 (i.E.).

Human Rights Watch (2012): Losing Humanity: The Case against Killer Robots, http://www.hrw.org/reports/2012/11/19/losing-hunanity-0 (03.07.2018).

Irrgang, Bernhard (2017): Internetkriminalität und Cyberwar. Technologische Macht angesichts neuer Dimensionen des Virtuellen und die Zukunft der Informations-Gesellschaft, in: Michael Funk / Silvio Leuteritz / Berndard Irrgang (Hg.): Cyberwar @ Drohnenkrieg. Neue Kriegstechnologien philosophisch betrachtet, Würzburg, S. 87–111.

Kankeleit, Egbert / Ratsch, Ulrich (2012): Quantitative Abrüstung und qualitative Aufrüstung, in: Constanze Eisenbart (Hg.): Die Singuläre Waffe. Was bleibt vom Atomzeitalter?, Wiesbaden, S. 117-128.

Koch, Bernhard (2014): Von Menschen und Maschinen. Was bedeutet die Robotisierung des Militärs in ethischer Hinsicht, in: Ethik und Militär. Kontroversen der Militärethik & Sicherheitskultur, H. 1, S. 23-26.

Koch, Bernhard / Rinke, Bernhard (2018): Der militärische Einsatz bewaffneter Drohnen. Zwischen Schutz für Soldaten und gezieltem Töten, in: Zeitschrift für Technikfolgenabschätzung in Theorie und Praxis 27, H. 3, S. 38-44.

Kreuzer, Leonhard (2019): Hobbescher Naturzustand im Cyberspace? – Enge Grenzen der Völkerrechtsdurchsetzung bei Cyberangriffen, in: Ines-Jacqueline Werkner / Niklas Schörnig (Hg.): Cyberwar – die Digitalisierung der Kriegsführung, Wiesbaden (i.V.).

Kühn, Ulrich (2016): NATO-Gipfel: Nukleare Abschreckung, nukleare Abrüstung, https://www.boell.de/de/2016/07/01/nato-gipfel-nukleare-abschreckung-nukleare-abruestung (12.02.2019).

Lienemann, Wolfgang (1982): Geschichte und Zukunft der Komplementarität, in: Aktion Sühnezeichen / Friedensdienste (Hg.): Christen im Streit um den Frieden, Freiburg, S. 169-177.

Lienemann, Wolfgang (2019): Zur Aktualität der Heidelberger Thesen in der Nuklearfrage, in: Ines-Jacqueline Werkner / Thomas Hoppe (Hg.): Nukleare Abschreckung heute – ethische Interpretationen, Wiesbaden (i.V.).

Müller, Harald (2018): Der Nukleare Nichtverbreitungsvertrag und der neue Kernwaffenverbotsvertrag – harmonisch, kompatibel, unverträglich?, in: Sicherheit und Frieden 36, H. 2, S. 61-66.

NATO (2010): Aktives Engagement, moderne Verteidigung. Strategisches Konzept für die Verteidigung und Sicherheit der Mitglieder der NATO, Lissabon.

Nerlich, Uwe / Rendtorff, Trutz (1989): Einleitung der Herausgeber, in: Dies. (Hg.): Nukleare Abschreckung. Politische und ethische Interpretationen einer neuen Realität, Baden-Baden, S. 19-53.

Neuneck, Götz (2017): Krieg im Internet? Cyberwar in ethischer Reflexion, in: Ines-Jacqueline Werkner / Klaus Ebeling (Hg.): Handbuch Friedensethik, Wiesbaden, S. 805-816.

Oeter, Stefan (2014): Rechtsfragen des Einsatzes bewaffneter Drohnen aus völkerrechtlicher Perspektive, in: Ethik und Militär. Kontroversen der Militärethik & Sicherheitskultur, H. 1, S. 36-40.

Quinlan, Michael (1989): Die Ethik der nuklearen Abschreckung. Eine Kritik des Hirtenbriefs der amerikanischen Bischöfe, in: Uwe Nerlich / Trutz Rendtorff (Hg.): Nukleare Abschreckung. Politische und ethische Interpretationen einer neuen Realität, Baden-Baden, S. 185-220.

Reißig, Rolf (2008): Weltgesellschaft – Dialog- und Transformationsprojekt des 21. Jahrhunderts, in: Egon Bahr (Hg.): Weltgesellschaft. Ein Projekt von links!, Berlin, S. 21-40.

Rid, Thomas (2018): Mythos Cyberwar. Über digitale Spionage, Sabotage und andere Gefahren, Hamburg.

Rudolf, Peter (2018): US-Geopolitik und nukleare Abschreckung in der Ära neuer Großmachtrivalitäten, Berlin.

Rudolf, Peter (2019): Zur Politik und Ethik nuklearer Abschreckung unter veränderten Bedingungen, in: Ines-Jacqueline Werkner / Thomas Hoppe (Hg.): Nukleare Abschreckung heute – ethische Interpretationen, Wiesbaden (i. V.).

Schörnig, Niklas (2012): Die Automatisierung des Krieges: Eine kritische Bestandsaufnahme, in: Roman Schmit-Raefeldt / Christine Meissler (Hg.): Automatisierung und Digitalisierung des Krieges. Drohnenkrieg und Cyberwar als Herausforderungen für Ethik, Völkerrecht und Sicherheitspolitik, Baden-Baden, S. 33–59.

Schörnig, Niklas (2019): Gewalt im Cyberraum – eine poltikwissenschaftliche Perspektive, in: Ines-Jacqueline Werkner, Niklas Schörnig (Hg.): Cyberwar – die Digitalisierung der Kriegsführung, Wiesbaden (i.V.).

Schubert, Klaus von (1992): Von der Abschreckung zur gemeinsamen Sicherheit, Baden-Baden.

Senghaas, Dieter (1981): Abschreckung und Frieden. Studien zur Kritik organisierter Friedlosigkeit, Frankfurt am Main.

Statman, Daniel (2014): Drohnen, Roboter und die Moral des Krieges, in: Ethik und Militär. Kontroversen der Militärethik & Sicherheitskultur, H. 1, S. 46–51.

Taddeo, Mariarosaria (2014): Wie kann Ethik bei der Regelung des Cyberkriegs helfen?, in: Ethik und Militär. Kontroversen der Militärethik & Sicherheitskultur, H. 2, S. 41–46.

Werkner, Ines-Jacqueline (2013): Komplementarität als Königsweg christlicher Friedensethik? Kontroversen im Spannungsfeld von Pazifismus und militärischer Gewalt, in: Sicherheit und Frieden 31, H. 3, S. 133–139.

Werkner, Ines-Jacqueline (2019): Gemeinsame Sicherheit – eine friedenslogisch orientierte Sicherheitsstrategie, in: Ines-Jacqueline Werkner / Martina Fischer (Hg.): Europäische Friedensordnungen und Sicherheitsarchitekturen, Wiesbaden, S. 111–126.

Werkner, Ines-Jacqueline / Schörnig, Niklas (Hg.) (2019): Cyberwar – die Digitalisierung der Kriegsführung, Wiesbaden (i.V.).

Friedensprojekt oder »Festung Europa«?
Die Europäische Union
Martina Fischer

Zusammenfassung:
Die Europäische Union hat unter den Mitgliedstaaten zu friedlichen Beziehungen und Aussöhnung nach zwei verheerenden Weltkriegen beigetragen. Die wirtschaftliche Kooperation zog politische Integrationsprozesse nach sich und die EU verstand sich zunehmend als Wertegemeinschaft für Frieden, Demokratie und Menschenrechte. Auch in der Süd- und Osterweiterung hat sie friedenspolitische Wirkung entfaltet. Damit sie auch auf globaler Ebene zu einem »Friedensprojekt« entwickelt werden kann, müssten die Union und ihre Mitgliedstaaten ihre Politik jedoch reformieren. Sie müssten ihre Schutzverantwortung gegenüber geflüchteten Menschen wahrnehmen und mehr legale Wege für Einwanderung schaffen, anstatt sich in einer »Festung« abzuschotten. Und sie sollten - in Unterstützung der Vereinten Nationen und OSZE - zivile Ansätze für die Prävention, Einhegung und Nachsorge von Gewaltkonflikten konsequent ausbauen, statt auf eine Erhöhung der Verteidigungsausgaben und Subventionierung der Rüstungsindustrie zu setzen.

Der Vertrag von Lissabon nennt als Ziel der Europäischen Union, »den Frieden, ihre Werte und das Wohlergehen ihrer Völker zu fördern« (Artikel 3). Aus der Friedensforschung, Politik und Praxis wird immer wieder darauf hingewiesen, dass die Union maßgeblich zum Frieden in Europa beigetragen habe. Schließlich entschieden sich nach zwei Weltkriegen ehemalige Kriegsgegner für eine intensive Wirtschaftskooperation anstatt internationale Vormachtstellungen im nationalen Alleingang anzustreben. Die Wirtschaftsunion zog eine Zusammenarbeit in weiteren Politikbereichen nach sich. Auf diese Weise unterstützte die EU Prozesse der Aussöhnung und bewahrte die Mitgliedstaaten vor erneuter militärischer Konfrontation. Zunehmend hat sich die EU auch als Wertegemeinschaft verstanden, die Menschenrechte, Demokratie und Rechtsstaatlichkeit hochhält. Das wurde vor allem in den Erweiterungsprozessen (mit Griechenland, Spanien und Portugal, und später den baltischen und osteuropäischen Staaten) deutlich. Auch die östliche Nachbarschaftspolitik - etwa im westlichen Balkan - war davon geprägt.

Zwar hat die EU wenig Gestaltungskraft in der Prävention von Gewaltkonflikten in der Nachbarschaft bewiesen (siehe Bosnienkrieg und Kosovo – wie auch später in der Ukraine). Aber zusammen mit der Organisation für Sicherheit und Zusammenarbeit in Europa (OSZE) hat sie in der Balkanregion nach der Beendigung von Kampfhandlungen maßgeblich zur Friedenskonsolidierung, Nachsorge und zum Wiederaufbau kriegszerstörter Gemeinwesen beigetragen. Außerdem hat die EU als Konsequenz dieser Versäumnisse auch Instrumente der Vorbeugung, Diplomatie und Mediation in ihren Institutionen geschaffen. Mit der Verleihung des Friedensnobelpreises wurde sie inzwischen international zu einem Vorbild erklärt. Für viele Menschen, die sich im globalen Süden für Frieden, Menschenrechte und Entwicklung engagieren, wurde sie zu einem wichtigen Referenzrahmen, denn die EU und ihre Mitgliedstaaten haben erhebliche entwicklungspolitische Mittel bereitgestellt und in vielen Ländern Projekte für Krisenprävention und Konfliktbearbeitung, demokratischen Aufbau und Menschenrechtsschutz gefördert. Zudem wurde die EU nicht als interventionistische Großmacht wahrgenommen.

Aber wie gestaltet die EU gegenwärtig ihre auswärtigen Beziehungen? Wird sie den Prinzipien der Liberalität, Demokratie, Friedensförderung und dem Schutz der Menschenrechte, für die sie als »Wertegemeinschaft« eintritt, in ihren internationalen Aktivitäten gerecht? Wenn man auf den Umgang der EU und ihrer Mitgliedstaaten mit Geflüchteten und Migranten schaut, ergeben sich Zweifel. Und wenn man die Haushaltsplanungen für die kommenden Jahre näher analysiert, lassen sich daraus höchst fragwürdige Schwerpunktsetzungen ablesen. Die EU-Kommission möchte einen 13 Mrd. € schweren »Verteidigungsfonds« und Investitionen für Militärische Mobilität in Höhe von 6,5 Mrd. € im Haushalt 2021–27 verankern – zusätzlich zu den nationalen Budgets und zu den Ausgaben der Mitgliedstaaten für eine »Ständige Strukturierte Zusammenarbeit« (PESCO). Militärische Eingreiftruppen und Programme der »Ertüchtigung« von Polizei und Armeen in Nordafrika und den Sahelstaaten sind weitere Bausteine einer neuen Entwicklung, in der militärische Kooperationen vorangetrieben werden. Damit geht ein Trend zur »Versicherheitlichung« ziviler Politikbereiche einher.

»Versicherheitlichung« ziviler und entwicklungspolitischer Förderbereiche

Dieser Trend manifestiert sich in der Vermischung von migrations-, sicherheits- und entwicklungspolitischen Aufgaben und in der Zweckentfremdung von Finanzierungsinstrumenten, die für zivile Aufgaben geschaffen wurden, und nun zunehmend für polizeiliche und militärische Aufgaben, und vor allem für Grenzsicherung umfunktioniert werden. Zivile Krisenprävention und Friedensförderung drohen dabei ins Hintertreffen zu geraten.

Das Instrument für Stabilität und Frieden (IcSP), das 2014 für die Unterstützung von Maßnahmen der Krisenprävention, zivilen Konfliktbearbeitung und Friedensförderung geschaffen und im laufenden siebenjährigen Finanzrahmen mit 2,3 Mrd. € ausgestattet wurde, hat 273 Projekte in mehr als 70 Ländern gefördert, viele davon in Zusammenarbeit mit zivilgesellschaftlichen Gruppen und Organisationen.[1] Im Sommer 2016 legte die EU-Kommission eine Änderung der Verordnung für dieses Instrument vor, um dieses für die Ausbildung und Ausstattung von Armeen in Drittstaaten zu finanzieren – und das zu einer Zeit, in der ohnehin schon 2/3 der flexiblen Mittel des IcSP für Migrationsmanagement und Grenzsicherung in der Türkei verplant waren.

Im Herbst 2017 entschied eine Mehrheit der Abgeordneten des Europäischen Parlaments (EP), mit großer Unterstützung der Europäischen Volkspartei und der Sozialdemokraten, dem Vorschlag zu folgen und die Aufgaben des IcSP zu erweitern. Ursprünglich wurde sogar diskutiert, die militärische Nutzung des IcSP mit 100 Mio. € aus Reservemitteln der Armutsbekämpfung zu finanzieren. Nach Protesten aus kirchlichen Hilfswerken und NGOs und kontroversen Debatten im EP wurde die Verordnung dann immerhin mit der Empfehlung versehen, keine Entwicklungsgelder dafür umzuwidmen.[2] Diese ist aber nicht rechtsverbindlich.

Die Öffnung des IcSP für »Ertüchtigung«[3] bildet einen Affront gegen alle, die sich seit Jahren für die Stärkung von ziviler Krisenprävention und Friedensförderung einsetzen. Die Protagonisten dieser Initiative argumentierten, zunächst müsse »Sicherheit« (mit militärischen und polizeilichen Mitteln) hergestellt werden, damit Entwicklungspolitik wirken könne. So wurde die »Ertüchtigung« von Sicherheitsapparaten in Nordafrika und der Sahelregion wechselweise mit der Stabilisierung staatlicher Strukturen, Migrationskontrolle und dem Kampf gegen terroristische Gefährdung begründet.

NGOs und kirchliche Hilfswerke befürchten, dass sicherheitspolitische Planungen auf Kosten von Entwicklung und ziviler Krisenprävention gehen werden, weil Militärhilfe ein teures Unterfangen ist, das die im IcSP verankerten zivilen Ansätze für Vorbeugung, friedliche Streitbeilegung und zivilgesellschaftliches Engagement an die Wand drücken wird. Gleichzeitig bezweifeln viele, dass die Intensivierung von »Ertüchtigung« (im EU Jargon: »Capacity Building for Security and Development«) ein zielführendes Mittel ist. Denn diese nimmt schließlich nicht die Beseitigung von Gewalt- und Konfliktursachen in den Blick, sondern richtet sich nur auf Symptome. Außerdem gibt es inzwischen eine Reihe von

---

[1] Zur Illustration der Spannbreite der Maßnahmen siehe https://icspmap.eu/.

[2] Diese Empfehlung hat allerdings keinen rechtsverbindlichen Charakter, da über derartige finanzielle Fragen nur gesondert im Rahmen von Haushaltsberatungen entschieden werden kann.

[3] Vgl. Blogbeitrag von Martina Fischer am 13.06.2016, https://info.brot-fuer-die-welt.de/blog/entwicklungsgelder-militaerische-ertuechtigung (18.06.2019).

Belegen dafür, dass derartige Militärkooperationen mancherorts zur Verstärkung von Unsicherheit beitragen und Menschenrechtsverletzungen begünstigen.

Programme der militärischen »Ertüchtigung« müssen auf den Prüfstand

Die zahlreichen Migrations-Abkommen, die von der EU und ihren Mitgliedstaaten mit Staaten in Nordafrika und der Sahelregion abgeschlossen wurden, gehen mit sogenannten »Ertüchtigungsinitiativen«, so der Wortlaut im »Weißbuch«, also Ausbildungs- und Ausrüstungshilfe für Polizei und Militär einher.

Erstes Beispiel: Ertüchtigung der libyschen Küstenwache zur Migrationsabwehr

Seit 2015 waren Marineverbände aus EU-Mitgliedstaaten im Rahmen der Gemeinsamen Sicherheits- und Verteidigungspolitik in der Operation »Sophia« (EUNAVFORD-MED) mit der Bekämpfung von Schleppern und auch der Seenotrettung im Mittelmeer beauftragt. 25 Länder[4] beteiligten sich mit durchschnittlich 1.200 Soldaten und Zivilpersonal, Kriegsschiffen, Flugzeugen und Helikoptern an der Mission, die auch zur Durchsetzung des UN-Waffenembargos gegen Libyen beitragen und illegale Ölexporte unterbinden sollte. Im Juni 2016 übertrug der Rat der EU der Mission weitere Aufgaben: »Kapazitätsaufbau« der libyschen Küstenwache und Marine, um die Migration über das Mittelmeer einzudämmen. Im Juli 2017 entschied die italienische Regierung zusätzlich eigene Marineverbände zur Unterstützung der Migrationsabwehr Richtung Libyen zu entsenden. In welch problematischem Kontext sich die Kooperation mit den libyschen Milizen bewegt, verdeutlichten Recherchen mutiger Journalisten. Eine ZDF-Dokumentation[5] zeigte auf, dass sich die EU-Länder bei der Seenotrettung im Mittelmeer immer mehr zurücknehmen, während die mit EU-Mitteln ausgebildete libysche Küstenwache Rettungsmaßnahmen von NGOs behindert und Geflüchtete, auch wenn sie sich bereits in internationalen Gewässern befinden, zwangsweise auf das libysche Festland zurückbringt, wo sie in Lagern interniert werden, in denen Menschenrechte systematisch verletzt werden. Eine ARD-Sendung[6] belegte die mangelnde humanitäre Versorgung bis hin zur systematischen Misshandlung und Vergewaltigung geflüchteter Menschen.

---

[4] Die deutsche Bundeswehr war seit 2015 mit einem Kontingent von 950 Personen im Einsatz. Im Februar 2019 beschloss die Bundesregierung, die Beteiligung zu beenden, weil die Aufgaben der Mission (v. a. die Seenotrettung) von der italienischen Regierung zunehmend boykottiert wurden.

[5] »Monitor« vom 15. Juni 2017.

[6] »Titel, Thesen, Temperamente« vom 9. Juli 2017.

Die Situation in Libyen ist von großer Unsicherheit geprägt, denn es rivalisieren verschiedene Milizen um die Macht. Die journalistischen Recherchen zeigten, dass die Regierung Libyens keine Kontrolle über ihr Land hat und die Küstenwache von Gewaltunternehmern befehligt wird, die eigene Interessen verfolgen und nicht als zuverlässige Partner angesehen werden können. Einige waren offenbar auch selbst am Menschenschmuggel beteiligt. Als im November 2017 über öffentliche »Sklavenmärkte« berichtet wurde, auf denen Geflüchtete wie Waren gehandelt wurden, kritisierten die Vereinten Nationen die Migrationspolitik der EU massiv.[7] Auch *Amnesty International*[8] kritisierte die Zusammenarbeit mit den libyschen Verbänden und die Flüchtlingsrückführung, und selbst EU-Diplomaten beklagten die Zustände.[9]

Die enge Zusammenarbeit mit Libyen wurde im Februar 2017 von den EU-Staats- und Regierungschefs beschlossen (»Deklaration von Malta«). In der Folge intensivierten sie auch die Kooperation mit Ägypten, um die Mittelmeerroute für Flüchtlinge und Migranten zu schließen, es folgten »Migrationspartnerschaften« mit Niger und Äthiopien. Staaten, die im Hinblick auf die Beachtung von Menschenrechten sehr kritisch einzustufen sind, wurden so zu Partnern. Mit Mali vereinbarte die italienische Regierung bilateral eine engere Zusammenarbeit gegen Menschenschmuggel, Drogenhandel und Terrorismus. Die Kooperationen werden durch den 2015 in La Valletta etablierten »EU-Trust Fund für Afrika« und mit Entwicklungsgeldern als sogenannte Fluchtursachenbekämpfung finanziert, obgleich sie hauptsächlich Geflüchtete an der Weiterfahrt hindern. Anstatt ihnen zu ermöglichen, in einem sicheren Staat Asyl zu suchen, wird die Verantwortung in Drittstaaten ausgelagert, wo viele in bedrohliche Situationen geraten. Inzwischen wurden nicht nur Abkommen mit nordafrikanischen Küstenstaaten, sondern auch mit den Sahel-Staaten, Äthiopien, Eritrea, Sudan, Somalia, Gambia, Senegal, Ghana und Nigeria geschlossen.[10] Im Juli 2018 beschlossen die Innenminister der EU-Mitgliedstaaten, dass die Kommission Verhandlungen mit afrikanischen Staaten darüber führen soll, neben sogenannten kontrollierten Zentren auf südeuropäischem Boden auch auf afrikanischem Gebiet »Ausschiffungsplattformen« zu errichten. Sie sollen Menschen, die im Mittelmeer außerhalb der EU-Hoheitsgewässer aufgegriffen oder aus Seenot gerettet werden, unterbringen. Auf diese Weise möchten die EU-Mitgliedstaaten Asylverfahren auslagern.

Fazit: Bis heute konnten sich die EU-Mitgliedstaaten nicht auf eine gemeinsame Politik einigen, die mehr Spielräume für legale Migration eröffnet und Schutzbedürftigen aus Bürgerkriegsregionen eine sichere Einreise und faire

---

[7] High Commissioner for Human Rights 2017.
[8] Peters / Popp 2018.
[9] Amnesty International 2018.
[10] Jacob / Schlindwein 2017, S. 22 f.

Asylverfahren gewährt. Stattdessen richten sie ihre Politik auf Maßnahmen, die in den Herkunfts- und Transitländern Migration behindern sollen, aber lediglich Symptome und keine Ursachen bekämpfen. Wie die Türkei erhalten auch afrikanische Staaten inzwischen finanzielle Vorteile, Handels- oder Visaerleichterungen, wenn sie Grenzen sichern und sich zur Rücknahme von Migrantinnen und Migranten verpflichten, und sie können auf EU-finanzierte Ausrüstung für Polizei und Armeen rechnen. Von West- bis Ostafrika erkauft sich die EU die Kooperation mit Staatschefs in der Migrationsabwehr. Auf Initiative Frankreichs und Deutschlands beschlossen die EU-Mitgliedstaaten 2017 zudem den Aufbau einer Eingreiftruppe, die von den Sahelstaaten Mali, Tschad, Niger, Mauretanien und Burkina Faso unterhalten werden soll. Für das Projekt, das unter dem Kürzel »G5-Sahel« firmiert, wurden 50 Millionen Euro zugesagt.

Zweites Beispiel für verfehlte »Ertüchtigung«: Mali im Herbst 2018
Im September 2018 zündeten Angehörige der von der EU unterstützten G5-Sahel-Truppe Häuser an, entführten und erschossen Zivilisten. Die UN-Mission MINUSMA dokumentierte innerhalb von 3 Monaten 344 Fälle massiver Menschenrechtsverletzungen mit insgesamt 475 Opfern.[11] EP-Abgeordnete stellten kritische Fragen an die Außenbeauftragte der EU, die überzeugende Antworten schuldig blieb. Die Unterstützung für die Truppe G5-Sahel wurde trotz der kritischen Berichte nicht ausgesetzt. Es ist unklar, wie die EU derartige Rechtsverstöße verhindern und wirksam ahnden will. Offenkundig ist, dass die malische Regierung den von ihren Streitkräften verübten Menschenrechtsverletzungen nicht nachgeht.

Das »Friedensgutachten 2018« der deutschen Friedensforschungsinstitute geht mit den Militärkooperationen der EU und ihrer Mitgliedsstaaten in der Sahelregion kritisch ins Gericht. Die Ausstattungs- und Ausbildungshilfen hätten sich nicht bewährt, weil »politische Prozesse, die auf Rechtsstaatlichkeit, eine integrative Ordnung und Stabilität abzielen«, nicht eingeleitet wurden. Das Gutachten fordert, »Ertüchtigungsmaßnahmen« auf den Prüfstand zu stellen und sicherzustellen, dass sie durch »systematische Prozessbegleitung und politische Erfolgskontrollen flankiert werden, um konfliktverschärfende Effekte zu vermeiden.«[12] Menschenrechtliche Kohärenz sei eine »zentrale Vorraussetzung für tragfähigen Frieden«.[13] Dass sich die EU auf die Kooperation mit Staaten einlasse, die eine sehr schlechte Menschenrechtspraxis aufweisen, dass die EU einerseits mit dem »Instrument für Demokratie und Menschenrechte« Menschenrechtsaktivisten unterstütze und andererseits Ertüchtigungs-Kooperationen mit un-

---

[11] Becker 2018.
[12] https://www.friedensgutachten.de/user/pages/02.2018/01.stellungnahme/FGA_2018_Stellungnahme.pdf (18.09,2019) S. 9.
[13] A. a. O., S. 10.

demokratischen und diktatorischen Regimen eingeht, die für die Unterdrückung jener Aktivisten direkt verantwortlich sind, wird als massiver Widerspruch kritisiert.

Auch der *Europäische Rechnungshof* beurteilt die militärbezogenen Kooperationen skeptisch. Ein im September 2018 veröffentlichter *Prüfbericht*[14] zu den Missionen »EUCAP Sahel Niger« und »EUCAP Sahel Mali« bescheinigt der von EU-finanzierten Ausbildungs- und Ausstattungshilfe einen sehr begrenzten Nutzen. Sie hätten die Fähigkeiten der Sicherheitsapparate kurzfristig erhöht, aber keine Nachhaltigkeit gezeigt. Die Missionen seien von »operational inefficiencies« geprägt und das Instrumentarium zum »Monitoring« sei völlig unzureichend. Keine der Missionen habe Instrumente für eine systematische Wirkungsanalyse entwickelt, schwache Indikatoren erschweren die Wirkungserfassung und die für eine Auswertung erforderlichen Unterlagen seien nicht erstellt oder nicht nachgehalten worden.

Schwerpunkte der EU-Finanzplanung 2021–27: Sicherheitskooperation und Migrationsabwehr

Im Vorschlag der EU-Kommission für den nächsten Mehrjährigen Finanzrahmen (2021–27) schlagen militärische Aufgaben mit 19,5 Mrd. € zu Buche. 13 Mrd. sollen in den 2017 geschaffenen Verteidigungsfonds investiert werden, was einer massiven öffentlichen Förderung der Rüstungsindustrie gleichkommt. 6,5 Mrd. € werden für »Militärische Mobilität« veranschlagt, den Ausbau der Infrastruktur für die grenzüberschreitende Truppenverlegung, was zur Entlastung der NATO beiträgt. Während die Mittel für militärische Zwecke völlig überhöht angesetzt werden, droht dem Budget für zivile Krisenprävention und Friedensförderung nach den aktuellen Haushaltsplanungen eine Kürzung.[15] Im Mehrjährigen Finanzrahmen (2021–27) möchte die Kommission bewährte eigenständige Instrumente für Entwicklung, Frieden und Menschenrechte in ein neues Außeninstrument überführen: im *Neighbourhood, Development and International Cooperation Instrument (NDICI)* sollen der *European Development Fund*, der bislang von den Mitgliedstaaten jenseits des Gemeinschaftshaushalts bereitgestellt wurde, das »Development Cooperation Instrument«, die »European Neighbourhood Initiative«, das »Instrument for Democracy and Human Rights« und das »Instrument contributing to Stability and Peace« zusammengefasst werden. Die beiden letztgenannten Finanzierungstöpfe haben sich vor allem in der Förderung

---

[14] https://www.eca.europa.eu/Lists/ECADocuments/SR18_15/SR_SAHEL_EN.pdf (18.06.2019).

[15] Vgl. dazu Blogbeitrag von Martina Fischer vom 14.06.2018, https://info.brot-fuer-die-welt.de/blog/eu-finanzplanung-gefaehrdet-zivile (18.06.2019).

von Zivilgesellschaft bewährt. Waren die vielfältigen Aufgaben im »Instrument für Stabilität und Frieden« im laufenden Finanzrahmen noch mit 2,3 Mrd. € ausgestattet, soll in den kommenden sieben Jahren nur noch eine Mrd. Euro dafür aufgewandt werden, inflationsbereinigt sind das 885 Mio. Euro. In dem Verordnungsentwurf für das NDICI werden eine Reihe wichtiger Aufgaben zur Friedenskonsolidierung nicht mehr genannt, z. B. Maßnahmen zur Aufarbeitung von Vergangenheit, Reintegration von ehemaligen Kämpfern, zur Resozialisierung von Kindersoldaten, Beseitigung von Landminen, ziviler Kontrolle des Sicherheitssektors, Rüstungskonversion sowie Unterstützung der Rolle von Frauen, von Zivilgesellschaft in der Friedensförderung und der Friedensforschung.

Sollten die Pläne der Kommission von EP und Rat akzeptiert werden, ist zudem zu befürchten, dass Entwicklungsgelder vorrangig an Länder transferiert werden, die für Migrationsabwehr relevant erscheinen und in der Vorverlagerung der EU-Grenzen auf den afrikanischen Kontinent kooperieren, statt an die besonders bedürftigen Länder. Dem Stichwort »Migration« wird nämlich in dem neuen Außeninstrument ein sehr hoher Stellenwert beigemessen. In Artikel 15 wird der »Migrationsdruck« erwähnt, unter dem die Union stehe. Artikel 17 kündigt an, dass 10 % der Mittel für »Nachbarschaftspolitik« an Kriterien geknüpft werden, darunter »cooperation on migration«. Außerdem sollen 10 % des Gesamtbudgets des NDICI auf »Migration« gerichtet werden. Auch »Sicherheit« wird ein zentraler Stellenwert beigemessen, denn auch Ausbildung und Ausrüstung von Armeen in Drittstaaten soll über das NDICI finanziert werden. Weitere Militärhilfe soll über die sogenannte *European Peace Facility* (EPF) *off-budget* erfolgen. Anders als bei der Finanzierung aus dem Gemeinschaftshaushalt (der Ausrüstungshilfe nur »unterhalb der lethalen Ebene« gestattet) kann sie dort auch mit dem Transfer von Waffen und Munition verknüpft werden. Friedensaktivisten kritisieren die Bezeichnung des Instruments daher als Etikettenschwindel.

Ausblick: Gesamteuropäische und globale Friedensordnung fördern

Die EU hat in der Folge der Veröffentlichung ihrer »Global Strategy«[16] eine deutliche Schwerpunktverlagerung hin zum Ausbau militärischer Kooperationen vollzogen. Im Bereich der zivilen Krisenprävention und Friedensförderung ist eine ähnliche Dynamik nicht erkennbar. Weiterhin fehlt es an einem verlässli-

---

[16] Vgl. Mogherini 2016.

chen Expertenpool für zivile EU-Missionen.[17] Stattdessen ist geplant, die Finanzarchitektur so zu »flexibilisieren«, dass zivile und entwicklungspolitische Mittel noch stärker als bisher für Grenz- und Migrationskontrolle umfunktioniert werden können. Der im EU-Kontext beobachtbare Trend, Sicherheit zunehmend militärisch zu definieren, verstellt den Blick auf die Bearbeitung der Ursachen von Krisen und Konflikten, die zu den häufigsten Faktoren für Flucht gehören. Mit ihrer Politik der Vorverlagerung und Abdichtung von Grenzen riskiert die EU, ihre Glaubwürdigkeit als »Wertegemeinschaft für Liberalität, Menschenrechte und Demokratie« endgültig zu verspielen. Außerdem setzt sie auf diese Weise ihre eigentlichen Stärken – Demokratisierung zu fördern, Brücken zu bauen, Friedensprozesse durch Mediation, diplomatische Verhandlungen und wirtschaftliche Anreize zu begleiten und Zivilgesellschaft zu stärken – aufs Spiel.

Migrationspolitik menschenrechtskonform und Nachbarschaftspolitik kohärent gestalten

Weder die entwicklungsbezogenen, noch die auf Nachbarschaftspolitik bezogenen Instrumente dürfen für migrations- und sicherheitspolitische Ziele zweckentfremdet werden. Statt sich mit militärischen und polizeilichen Mitteln wie eine »Festung« abzuschotten, sollten die EU und ihre Mitgliedstaaten sich endlich auf eine gemeinsame Migrationspolitik einigen, die Möglichkeiten für legale Einwanderung eröffnet und Schutzbedürftigen aus Bürgerkriegsregionen eine sichere Einreise und faire Asylverfahren gewährt. Um einen verlässlichen Referenzrahmen für Aktivistinnen und Aktivisten im globalen Süden zu bilden, müsste die EU auf die Unterstützung menschenrechtsverachtender Regime verzichten und ihre Afrikapolitik insgesamt kohärent gestalten, z.B. eine faire Handels- und Agrarpolitik, sowie eine wirksame Klima- und Umweltpolitik auf den Weg bringen und Rüstungsexporte an Diktaturen und Krisenländer unterbinden. Nur so kann sie sich konsequent an der Beseitigung der Ursachen für Gewaltkonflikte beteiligen.

OSZE und Vereinte Nationen stärken

Auch mit Blick auf die östliche Nachbarschaft sollte sich die EU auf ihre eigentlichen Stärken – Diplomatie und Dialog, wirtschaftliche und kulturelle Kooperation – besinnen, statt auf militärische Stärke zu setzen. Die Mitgliedstaaten sollten die *zivile Dimension der Gemeinsamen Sicherheits- und Verteidigungspolitik (GSVP)* konsequent ausbauen und mehr Personal für den Aufbau von Institutionen und Rechtsstaatlichkeit in Nachkriegsregionen bereitstellen. Sicherheit muss partnerschaftlich angelegt werden, und Frieden kann nur mit einer über die

---

[17] Zwar haben sich die EU-Mitgliedstaaten im November 2018 zur Stärkung der zivilen EU-Missionen in einem »Compact for Civilian CSDP« verpflichtet, jedoch findet man dazu nichts in den Haushaltsplanungen.

EU hinausweisenden, gesamteuropäischen und globalen Perspektive gestaltet werden. Das zeigt sich an dem neuen Ost-West-Konflikt, der sich im Verlauf der NATO-Osterweiterung und der völkerrechtswidrigen Besetzung von Gebieten in der Ukraine durch Russland entwickelte. Die für eine Lösung des Ukraine-Konflikts erforderlichen Instrumente können nicht von der EU allein bereitgestellt werden. Anders als die EU bietet die *Organisation für Sicherheit und Zusammenarbeit in Europa (OSZE)* ein bewährtes gesamteuropäisches System kooperativer Sicherheit, das auf Diplomatie und Vertrauensbildung setzt, Schiedsgerichtsverfahren und Einrichtungen zur Krisenverhütung, Konfliktbearbeitung und Rüstungskontrolle vorhält. Das OSZE-Büro für demokratische Institutionen und Menschenrechte bildet Beamte sowie Angehörige von NGOs im Menschenrechtsmonitoring aus, ein Hochkommissariat überwacht die Minderheitenrechte. Auf die Bedeutung der OSZE wurde bereits in der Denkschrift der EKD zum gerechten Frieden von 2007 hingewiesen. Diese Strukturen sollten die EU materiell und finanziell stärken, anstatt in die Unterstützung (oder gar Doppelung) von NATO-Strukturen zu investieren.

Aufrüstung unterbinden

Dass die EU angesichts mangelnder Einigungsbereitschaft in anderen Politikbereichen ausgerechnet militärische Kooperation ganz oben auf die Agenda setzt, ist bedauerlich, erst recht wenn man bedenkt, dass Staaten im Hinblick auf ihre Streitkräfte am wenigsten zur Aufgabe von Souveränität neigen. Angesichts der Krise des Multilateralismus und der Provokationen der aktuellen US-Regierung eine »Idee der Selbstbehauptung Europas« wiederzubeleben, ist keine friedenspolitisch akzeptable Option.[18] Ein »europäischer Nationalismus«, der »auf eine klassische Großmacht EU setzt – mit eigenem Militär und notfalls auch merkantilistischer Handelspolitik«[19] würde das Charakteristikum des EU-Integrations- und Friedensprojekts völlig ignorieren:»die konstitutionelle Einbindung von nationalen Identitäten in einem mehrschichtigen System, das supranationale, multilaterale, nationale und föderative Elemente vereint und nicht zuletzt auf internationale Äquivalente rechtsstaatlicher Demokratie setzt.«[20] Wir benötigen eine EU, die an ihrem liberalen Grundverständnis festhält, mit diplomatischen Initiativen multilaterale Absprachen vorantreibt, von militärischer Aufrüstung (z. B. der Erfüllung des Zweiprozentziels für den Militärhaushalt) Abstand nimmt, und die Vereinten Nationen in ihren Friedensbemühungen substanziell unterstützt. Statt sich zur Erhöhung der Militärausgaben zu verpflichten und eine Subventionierung der Rüstungsindustrie zu unterstützen, sollten die Mitgliedstaaten in diesem Bereich effizienter wirtschaften und damit mehr Mittel für VN-

---

[18] Debiel 2018, S. 41–49.
[19] A. a. O., S. 43.
[20] Ebd.

Missionen freisetzen. Die Unterstützung der VN und ihrer Regionalorganisationen bildet das Gebot der Stunde, nicht die Investition in bestehende oder neue Militärbündnisse. Militärische Zusammenarbeit sollte zu Einsparungen und nicht zur Steigerung der Verteidigungsausgaben und industriellen Kapazitäten genutzt werden, damit Rüstungsexporte reduziert und zivile sowie entwicklungspolitische Ansätze umfassend gestärkt werden können.

Literaturverzeichnis

Alle Webseiten wurden am 13.03.2019 besucht.
Amnesty International (2018): Libya. Shameful EU policies fuel surge in detention of migrants and refugees, 16.05.2018, https://www.amnesty.org/en/latest/news/2018/05/libya-shameful-eu-policies-fuel-surge-in-detention-of-migrants-and-refugees/.
Becker, Markus (2018): Wie die EU ungewollt Massaker in Mali mitfinanziert, in: Spiegel Online vom 30.09.2018, http://www.spiegel.de/politik/ausland/mali-massaker-bringt-eu-in-bedraengnis-a-1230213.html
Debiel, Tobias (2018): Die Scherben einer ziemlich besten Freundschaft. Wie sich die EU in Zeiten von Donald Trump aufstellen muss, in: Blätter für deutsche und internationale Politik 7, 41–49.
High Commissioner for Human Rights (2017): Suffering of migrants in Libya outrage to conscience of humanity. Statement vom 14.11.2017 Genf: VN, https://www.ohchr.org/EN/NewsEvents/Pages/DisplayNews.aspx?NewsID=22393&LangID=E.
Jacob, Christian / Schlindwein, Simone (2017): Diktatoren als Türsteher Europas. Wie die EU ihre Grenzen nach Afrika verlagert, Berlin.
Mogherini, Federica (2016): Shared Vision, Common Action: A Stronger Europe a Global Strategy for the EU's Foreign and Security Policy, Brussels, June 2016
Peters, Dominik / Popp, Maximilian (2018): Für Flüchtlinge die Hölle – für die EU ein Partner, in: Spiegel-Online vom 12.04.2018. http://www.spiegel.de/politik/ausland/libyen-die-hoelle-fuer-fluechtlinge-ein-partner-fuer-die-eu-a-1202364.html.

Europa als Friedensprojekt ausbauen

Dirck Ackermann

Zusammenfassung:
Die Europäische Integration und mit ihr die Europäische Union war seit Anbeginn ein Friedens- und Aussöhnungsprojekt. Sie war geprägt durch einen bewussten Verzicht auf eine Weltmachtpolitik. Verteidigungspolitik war lange Jahre kein Handlungsfeld der EU oder ihrer Vorgängerinstitutionen. Das neue sicherheitspolitische Umfeld hat zu verstärkten verteidigungspolitischen Initiativen auf EU-Ebene geführt. Dabei ist die EU weit von einer Sicherheits- und Verteidigungsunion entfernt. Insgesamt ist eine klare strategische Ausrichtung bei den vorgestellten Initiativen nicht erkennbar. Die EU sollte bei ihrem bewussten Verzicht auf eine Weltmachtrolle bleiben und die begonnenen Initiativen in ein Konzept einbinden, das die EU als internationalen Akteur profiliert, der die gesamte Palette ihrer außen- und sicherheitspolitischen Fähigkeiten (inkl. der militärischen) in die Weiterentwicklung einer belastbaren und funktionsfähigen internationalen Friedensordnung einbringt.

1. Die Vision von Europa als Friedens- und Aussöhnungsprojekt und die Idee einer europäischen Armee

Die Europäische Integration – und als ihr Ergebnis die Europäische Union – wurden getragen von der Vision der Aussöhnung zwischen ehemaligen Kriegsgegnern in Europa und des Aufbaus einer internationalen Friedensordnung zwischen den europäischen Nationen.

Nach zwei verheerenden Weltkriegen, die weite Teile Europas in Schutt und Asche gelegt hatten, wurde die Lehre gezogen: Das Streben der Nationen nach einer Machtposition auf globaler Ebene führte zu diesem Desaster und zeigte das Scheitern einer solchen Weltmachtpolitik. Es ist der bewusste Verzicht auf ein solches Politikverständnis, der den europäischen Einigungsprozess getragen hat.

»Die EU ist von Grund auf als ein Friedens- und Aussöhnungsunterfangen zu verstehen, mit dem Europäerinnen und Europäer eine fundamentale Lehre aus den bitteren Erfahrungen des 20. Jahrhunderts ziehen: Nie wieder Krieg in Europa. Nie wieder rücksichtsloses Machtstreben. Nie wieder Missachtung der Menschenwürde.«[1]

Diese Vision eines großen europäischen Friedensprojekts entstand schon während des Zweiten Weltkriegs. Eine eher unbekannte Version dieser Vision wurde heimlich von drei Italienern 1941 in der Haft geschrieben. Auf 70 Zigarettenblättchen entwarfen die Antifaschisten Altiero Spinelli, Ernesto Rossi und Eugenio Colorni ihre Ideen »für ein freies und geeintes Europa«. Dieses Manifest von Ventotene beschrieb einen europäischen Bundesstaat, der eine gemeinsame Armee und eine Polizei aufstellt, eine Gemeinschaftswährung einführt und für eine gemeinwohlorientierte Wirtschaft sorgt – Zukunftsideen für ein friedliches Europa, verfasst zu einer Zeit, in der Hitler seine Weltmachtsfantasien noch verwirklichen zu können glaubte. Im Bauch eines Brathähnchens wurde das Manifest aufs Festland nach Rom geschmuggelt und 1944 illegal erstmals publiziert. Zu Überwindung des Krieges und Aufbau einer Friedensordnung in Europa wird ein »starker Bundesstaat« gefordert, »der über eine bewaffnete europäische Streitmacht anstelle eines nationalen Heeres verfügen soll [...], die die ausreichenden Organe und Mittel hat, um in den einzelnen föderalen Staaten seine direkten Beschlüsse ausführen zu lassen, um eine gemeinsame Ordnung aufrecht zu erhalten [...].«[2]

Schon früh war die Vision eines vereinten Europas also mit dem Aufbau einer Armee verbunden, die den Kampf der Nationen gegeneinander überwinden und stattdessen einer Friedensordnung als Rechtsordnung Durchsetzungskraft verleihen sollte.[3]

Nachdem allerdings die Überlegungen und die daraus entstandenen Verträge zum Aufbau einer Europäischen Verteidigungsgemeinschaft am 30. August 1954 in der französischen Nationalversammlung abgelehnt wurden, war die Sicherheits- und Verteidigungspolitik kein politisches Handlungsfeld der Europäischen Union und ihrer Vorgängerinstitutionen. Verteidigungsangelegenheiten lagen lange Jahre weitgehend in nationaler Verantwortung. Dies legte Artikel 223 des Vertrages zur Gründung der Europäischen Wirtschaftsgemeinschaft von 1957 fest und es wurde im Vertrag von Amsterdam 1997 in Artikel 296 bestätigt.[4]

Obwohl der Vertrag von Maastricht von 1993 bereits die Möglichkeit zur Zusammenarbeit in Verteidigungsfragen eröffnet, gerät die Verteidigungs- und Sicherheitspolitik erst zu Beginn des 21. Jahrhunderts verstärkt ins Blickfeld der EU-Politik (s. u.). Besonders seit 2016/2017 werden verschiedene Initiativen zur verstärkten Zusammenarbeit in diesem Politikbereich unternommen, die sich

---

[1] Mandry 2018, S. 18.
[2] Zitiert nach Mantelli / Scavino 2008, S. 65.
[3] Vgl. zur Aktualität des Manifests Mantelli / Scavino 2008.
[4] Vgl. Lefeez 2018, S. 30 f.

u. a. hinter den Abkürzungen GSVP, PESCO und EDF verbergen und noch im Folgenden zu erläutern sein werden.

100 Jahre nach Ende des Ersten Weltkriegs ruft der französische Staatspräsident im Deutschen Bundestag zu einer verstärkten sicherheits- und verteidigungspolitischen Zusammenarbeit in Europa auf – mit dem Ziel einer europäischen Verteidigungsunion und des Aufbaus einer europäischen Armee. Damit markiert Macron zum einen einen zentralen Bezugspunkt für das Friedensprojekt Europa. Zum anderen sieht er in dem Aufbau einer europäischen Armee einen wesentlichen Schlüssel zur europäischen Integration und zur Rettung Europas als Friedens- und Aussöhnungsprojekt. Er knüpft damit in gewisser Weise an die Ideen an, die bereits die drei italienischen Antifaschisten 1941 auf 70 Zigarettenblättchen verfasst haben.

Auf der anderen Seite sehen kritische Köpfe in den aktuellen Initiativen zur verstärkten sicherheitspolitischen Zusammenarbeit die Gefahr, dass die EU einen Wandlungsprozess von einem Friedensprojekt hin zu einer Militärmacht mit globalem Anspruch durchmacht. Es bestehe die Gefahr, dass die EU sich von ihrem Leitbild als »Friedensmacht« abwende.

Um zu einer differenzierten Beurteilung der aktuellen sicherheits- und verteidigungspolitischen Initiativen zu kommen, sollen im Folgenden Aspekte der gegenwärtigen sicherheitspolitischen Lage genannt werden, um in einem zweiten Schritt die einzelnen Initiativen der EU im Bereich Außen- und Sicherheitspolitik zu skizzieren. Nach einer kurzen Betrachtung der Möglichkeiten des Aufbaus einer Europäischen Armee soll der Versuch eines Fazits unternommen werden.

2. Aspekte des veränderten sicherheitspolitischen Umfelds in Europa

Der Traum von einem gemeinsamen Haus Europa, einer gemeinsamen Friedensordnung, von Lissabon bis an den Ural und darüber hinaus, wie er nach Ende des Ost-West-Konflikts entwickelt wurde, ist in den letzten Jahren zumindest in Frage gestellt worden.

Hybride Kriegsführung, Cyberwar, internationaler Terrorismus, Weiterverbreitung von Massenvernichtungswaffen, automatisierte Waffensysteme sind nur einige Stichpunkte, die die gegenwärtigen sicherheitspolitischen Herausforderungen zu umschreiben versuchen. Die Gleichzeitigkeit und Unübersichtlichkeit gehen einher mit der Krise des Multilateralismus. Der Multilateralismus basiert auf einer regelbasierten Ordnung der Welt. Im Multilateralismus dienen Vereinigungen und Bündnisse dazu, die Interessenunterschiede zwischen den Staaten auszugleichen und möglichst eine gemeinsame Politik zu entwickeln.

Hierzu dienen Institutionen wie die Vereinten Nationen, die NATO, aber eben auch die EU.

Das gelingt immer weniger. Die auf Kompromisse der Mitgliedstaaten angelegten internationalen Organisationen drohen, ihre Funktion des Interessenausgleichs zu verlieren. »Immer mehr Staaten setzen ihre Interessen absolut und sind nicht bereit, für eine gemeinsame Politik eigene Forderungen zu reduzieren.«[5]

Diese Krise des Multilateralismus findet ihren Niederschlag auch in der EU:
- Divergierende nationale Identitäten widerstreben einander.
- Manche sprechen von einer Erosion eines einheitlichen und klar umgrenzten Wertekonsenses, der die EU geprägt hat.
- Ein zunehmender Nationalismus ist in den EU-Mitgliedstaaten wahrnehmbar, einhergehend mit dem Erstarken europafeindlicher Parteien.
- Gemeinsame rechtsstaatliche Prinzipien werden durch EU-Mitgliedstaaten in Frage gestellt.
- Neben diesen den Zusammenhalt der EU schwächenden Tendenzen stehen die Herausforderungen des Brexit: Mit dem Verlassen des Vereinigten Königreichs verlöre die EU einen wesentlichen sicherheits- und verteidigungspolitischen Akteur.

Zu den internen Bedrohungen des Zusammenhalts der EU kommen die sicherheitspolitischen Herausforderungen von außen hinzu:
- Spätestens seit der hybriden Kriegsführung in der Ukraine, der Annexion der Krim wird die Russische Föderation als Bedrohung wahrgenommen, die mit internen Konflikten innerhalb Russlands einhergeht.
- Nicht erst seit der Wahl Trumps ist eine Schwerpunktverlagerung des strategischen Engagements der USA in den asiatisch-pazifischen Raum erkennbar. Die Forderungen der USA nach verstärktem (nicht nur finanziellem) Engagement der europäischen Partner hat unter der Trump-Administration noch einmal zugenommen. Manche stellen die Frage, ob die USA noch ein verlässlicher sicherheitspolitischer Partner für Europa sind.
- Ferner ist der sogenannte Ring of Fire zu nennen, der Europa umgibt: ein Krisenbogen voller politischer Instabilität, Gewalt und Terror, der sich von Ost- und Südosteuropa über den Nahen und Mittleren Osten nach Nordafrika zieht.
- Nicht nur dieser Krisenbogen führt zu einer verstärkten, teilweise unregulierten Migration nach Europa, so dass die bisherige Freizügigkeit in den europäischen Staaten von manchen in Frage gestellt wird.

---

[5] Clement 2018, S. 1.

– Hinzu kommt der ökonomische, soziale und kulturelle Transformationsdruck, der auch die Gesellschaften innerhalb der EU betrifft.[6]

Diese Stichpunkte sollen genügen, um zu beschreiben, wie radikal sich das strategische Umfeld Europas seit den 90er Jahren verändert hat. Diese radikale Veränderung hat die Frage der sicherheitspolitischen Handlungsfähigkeit der Europäischen Union erneut auf die Agenda gebracht.

Hinzu kommen die diagnostizierten Schwächen der EU im verteidigungspolitischen Bereich: Genannt werden Mängel in Personal und Ausrüstung, Lücken bei militärischen Fähigkeiten, langsame Reaktionsfähigkeit, schleppende Kooperationsabläufe. Und das, obwohl die Verteidigungsausgaben aller EU-Mitgliedstaaten zusammengenommen die zweithöchsten der Welt sind (ca. 200 Mrd. €) und die Streitkräfte mit insgesamt 1,5 Mio. Soldatinnen und Soldaten als umfänglichste der Erde gelten.[7]

Damit wird die Frage verschärft, inwieweit die EU als Ganze sicherheitspolitisch handlungsfähiger wird.

3. Sicherheitspolitische Initiativen auf der EU Ebene

»Die Europäische Union, als Friedensstifter nach innen gegründet, steht heute angesichts der Krisen und Konflikte in ihrer Nachbarschaft vor der Erkenntnis, dass es sich bei der EU nicht nur um eine Wirtschaftsgemeinschaft handelt, sondern um einen politischen Akteur mit gemeinsamen Werten und Interessen, die es zu sichern und zu verteidigen gilt. [...] Die globalen Herausforderungen brauchen europäische Antworten.«[8] So der ehemalige Vizepräsident der Bundesakademie für Sicherheitspolitik Armin Staigis mit Verweis auf Angela Merkel, dass die Europäer ihr Schicksal wirklich in die Hand nehmen müssen, statt sich auf andere zu verlassen.

Das veränderte strategische Umfeld wie auch die diagnostizierten Schwächen im verteidigungspolitischen Bereich haben zu verschiedenen sicherheitspolitischen Initiativen geführt, die im Folgenden skizziert werden sollen.

Schon im Vertrag von Nizza 2001 wurde das Konzept einer Europäischen Sicherheits- und Verteidigungspolitik (ESVP) entworfen, das dann im Vertrag von Lissabon 2007 in ein Konzept der Gemeinsamen Sicherheits- und Verteidigungspolitik (GSVP) erweitert wurde. Ziel der Konzepte war es, von Seiten der EU einen Beitrag zum Frieden und zur Durchsetzung ihrer grundlegenden Werte zu leisten und sich als verlässlicher Partner und Stabilitätsanker und Vorbild in der

---

[6] Vgl. z. B. Kuzmin 2018.
[7] Vgl. Staigis 2018, S. 47.
[8] A. a. O., S. 45.

globalisierten Welt zu profilieren. Dabei wird explizit auf die UN-Charta und das internationale Völkerrecht verwiesen. Im Rahmen der GSVP wurden insgesamt 34 zivile und militärische Operationen zu Krisenprävention und Friedenstabilisierung durchgeführt.

2016 entwickelte die EU dann die Globale Strategie für Außen- und Sicherheitspolitik (EUGS) die sich von fünf Prinzipien leiten lässt:
a) Sicherheit für die Union,
b) staatliche und gesellschaftliche Resilienz,
c) integrierter zivil-militärischer Ansatz der Konfliktbearbeitung,
d) kooperative regionale Ordnungen,
e) Global Governance.[9]

Weitere Initiativen in den Jahren 2016/2017 sind
- die Verabschiedung eines *European Defence Action Plan*: Maßnahmen zur Unterstützung der Forschung und Entwicklung im Verteidigungsbereich,
- die Verabschiedung eines Europäischen Verteidigungsfonds (EDF): Fonds zur Unterstützung und Verbesserung nationaler Verteidigungsforschung und -entwicklung,
- die Einrichtung eines ständigen militärischen Hauptquartiers für nicht exekutive Militäroperationen,
- die Ständige Strukturierte Zusammenarbeit (PESCO): bisher 17 Projekte, in denen identifizierte militärische Fähigkeitslücken geschlossen und gemeinsame Rüstungsprojekte entwickelt werden sollen,
- EDIP: *European Defence Industrial Development Programme*: Europäisches Programm zur industriellen Entwicklung im Verteidigungsbereich.

Insgesamt dienen alle diese Initiativen dazu, stärker integrierte und leistungsfähigere Streitkräfte mit einer angemessenen militärischen Ausrüstung zu bekommen. Sie werden allgemein als Schritte zu einer europäischen Sicherheits- und Verteidigungsunion bewertet.[10]

Federica Mogherini, die Hohe Vertreterin der EU für die Außen- und Sicherheitspolitik, hat anlässlich des Europäischen Rates im Dezember 2017 in Würdigung dieser Ergebnisse von einem »historischen Moment in der europäischen Verteidigung« gesprochen.

---

[9] Vgl. Ehrhart 2018, S. 28.
[10] Vgl. z. B. Staigis 2018.

4. Auf dem Weg zu einer europäischen Armee?

Ist die EU also auf dem Weg zu einer europäischen Armee mit einer gemeinsamen europäischen Rüstungsindustrie?

Bei aller versprochenen Wirksamkeit der genannten Initiativen wird wohl ein Durchbruch in diesem verteidigungspolitischen Bereich auf sich warten lassen.[11]

Als Schwierigkeiten auf diesem Weg werden die unterschiedlichen strategischen Kulturen in den Mitgliedstaaten benannt: So ist z. B. Deutschland eher interventionsskeptisch. Der Einsatz der Bundeswehr steht unter Parlamentsvorbehalt. In Frankreich dagegen hat der Präsident mehr Handlungsfreiheit bei den Einsätzen von Streitkräften.

Die unterschiedlichen Kulturen und Sprachen werden weiterhin einen reibungslosen Ablauf im sicherheitspolitischen Zusammenwirken erschweren. Der Weg zu einer *Common Strategic Culture*, zu der Mogherini aufgefordert hat, ist noch lang.

Ferner stellt sich die Frage, ob Mitgliedstaaten bereit sind, auf bestimmte militärische Fähigkeiten zu verzichten. Rüstungsprojekte sind immer auch Ergebnis der jeweiligen strategischen Ausrichtung und nationaler Eigeninteressen.

Ebenso bleibt das Verhältnis von NATO-Mitgliedern zu solchen EU-Mitgliedstaaten ungeklärt, die verfassungsmäßig neutral sind.

Grundsätzlich ergeben sich verfassungsrechtliche Bedenken: Wer legitimiert den Einsatz einer solchen europäischen Armee? Eine Supranationalisierung der Entscheidung über einen Einsatz wäre in Deutschland wegen des Friedens- und Demokratiegebots des Grundgesetzes und des Parlamentsvorbehalts schwer umsetzbar. Im Manifest von Ventotene ist nicht von ungefähr von einem europäischen Bundesstaat die Rede, der den Einsatz der europäischen Armee legitimiert. Ist dies aber noch das Ziel des europäischen Einigungsprozesses? Angesichts der Fliehkräfte innerhalb der Europäischen Union ist dieses Ziel wohl in weite Ferne gerückt.

»Die Forderung nach einer europäischen Armee spannt den Karren vor das Pferd.«[12] Es gilt zunächst zu klären, wie sich die EU strategisch ausrichten wird und von welchem Bild sie sich leiten lässt. Diese Fragen bleiben in den sicherheitspolitischen Initiativen weitgehend offen.

---

[11] Vgl. ebd.
[12] Ehrhart 2018, S. 28.

5. Europa als friedenspolitischen Akteur stärken

Somit stellt sich die Frage, welches Leitbild für die EU in der Außen- und Sicherheitspolitik maßgeblich ist.

Ist die EU durch die skizzierten sicherheitspolitischen Initiativen auf dem Weg zu einer politisch wie militärisch handlungsfähigen Weltmacht? Eine solche »Globalmacht« hätte zum Ziel, Frieden auf dem europäischen Kontinent zu wahren bzw. gegenüber Aggressoren durch militärische Fähigkeiten wiederherzustellen und auf globaler Ebene eigene Interessen zu vertreten.[13]

Schon aus der Einleitung dieses Artikels wird deutlich, dass solch ein Wandel zu einer Weltmachtposition der ursprünglichen Idee Europas als Friedensprojekt zuwider steht. Es war der bewusste Verzicht auf solch ein Politikverständnis, der den europäischen Einigungsprozess vorangetrieben hat. Der Verzicht auf direkte Machtausübung und die Stärkung einer globalen Friedens- und Rechtsordnung, die getragen ist von universalen Werten wie Achtung der Menschenwürde, Freiheit, Demokratie und Rechtsstaatlichkeit sowie Wahrung der Menschenrechte, haben die EU als europäisches Friedensprojekt erfolgreich und zum Vorbild für andere Regionen gemacht. Auf dieser Grundlage wurden interne Konflikte friedlich gelöst, konstruktiv und schadensarm. Die EU versteht Frieden als politische Gestaltungsaufgabe, die über Grenzschutz nach außen und Polizeiarbeit nach innen hinausgeht. Mit gutem Recht hat die EU 2012 den Friedensnobelpreis verliehen bekommen.

Von daher bleibt anzuzweifeln, ob die skizzierten Initiativen wirklich zu einem Wandel im Leitbild der EU führen sollen. Die EU als globale Militärmacht wäre nur eine weitere Militärallianz, die das Konfliktpotenzial auf internationaler Ebene erhöhen würde.

Mangels ausreichender militärischer Fähigkeiten lag die außen- und sicherheitspolitische Stärke der EU in der zivilen Krisenprävention und Konfliktbearbeitung. Insofern wurde die EU häufig als Friedensmacht bezeichnet.

Hier bleibt allerdings zu fragen, ob es dabei bleiben kann angesichts des angedeuteten sicherheitspolitischen Umfelds.

Angesichts der Krise der Multilateralismus und der sicherheitspolitischen Herausforderungen bedarf es eines internationalen Akteurs, der die gesamte Palette seiner sicherheitspolitischen Fähigkeiten für die Prävention und konstruktive Bearbeitung von Gewaltkonflikten einbringt, inklusive militärischer Fähigkeiten zur Abwendung von Friedensgefährdungen.

Um ein solcher Akteur zu werden, bedarf es
1. der Ausrichtung der Politik auf kooperative Sicherheit und friedlichen Wandel,

---

[13] Vgl. Rinke 2018, S. 12.

2. des Vorrangs von präventiven Strategien, der aber regelkonforme militärische Interventionen mit Zwangsmitteln nicht ausschließt,
3. des Ausbaus ziviler wie militärischer Instrumente zur konstruktiven Konfliktbearbeitung,
4. der Zusammenarbeit mit gesellschaftlichen Akteuren,
5. der kooperativen Beziehungen mit internationalen wie regionalen Sicherheitsorganisationen, bei Militärinterventionen insbesondere mit dem UN-Sicherheitsrat.[14]

Um in diesem Zusammenhang handlungsfähig zu werden, bedarf es auch der Verbesserung militärischer Fähigkeiten. Dienten die sicherheitspolitischen Initiativen diesem Ziel, wären sie zu unterstützen. Sie greifen dann zu kurz, wenn sich Europäische Außen- und Sicherheitspolitik lediglich auf die Verbesserung militärischer Zusammenarbeit und die Erweiterung militärischer Fähigkeiten beschränkt.

Angesichts der Krise des Multilateralismus und der inneren Zerreißprobe sollte sich die EU weiter für die Wiederbelebung der gemeinsamen Wertebasis, die Idee der europäischen Integration als Friedensprojekt und den Erhalt und die Weiterentwicklung einer belastbaren und funktionsfähigen internationalen Friedensordnung engagieren.[15] Darin lagen bisher ihre Stärke und ihre Legitimation. Diese Stärke sollte sie weiter nutzen und ausbauen.

Literaturverzeichnis

Clement, Rolf (2018): Europas weltpolitische Rolle, in: Der Mittler-Brief 33 (4), S. 1-8.
Ehrhart, Hans-Georg (2018): Europäische Armee, in: Ethik und Militär 2, S. 23-29.
Kuzmin, Maxim (2018): Nur eine weitere nutzlose Sicherheitsinitiative? Russlands Blick auf PESCO, in: Ethik und Militär 2, S. 51-58.
Lefeez, Sophie (2018): Auf der Suche nach strategischer Konvergenz in der europäischen Rüstungsindustrie, in: Ethik und Militär 2, S. 30-36.
Lippert, Barbara / Ondarza, Nicolai von / Perthes, Volker (Hg.) (2019): Strategische Autonomie Europas, SWP-Studie 2, Berlin.
Mandry, Christof (2018): Die Europäische Union muss an der Friedensorientierung festhalten, in: Ethik und Militär 2, S. 16-22.
Mantelli, Brunello / Scavino, Marco (2018): Von der Aktualität eines »inaktuellen Textes«, in: Clarita Müller-Plantenberg / Joachim Perels (Hg.), Kritik eines technokratischen Europa, Kassel, S. 55-69.

---

[14] Vgl. ebd.
[15] Vg. Mandry 2018, S. 22.

Merkl, Alexander (2018): Die Europäische Union und ihre Werte, in: Ethik und Militär 2, S. 4-9.
Rinke, Bernhard (2018): Die ständige strukturierte Zusammenarbeit der Europäischen Union, in: Ethik und Militär 2, S. 10-15.
Staigis, Armin (2018): Auf dem Weg zu einer gemeinsamen strategischen Kultur, in: Zur Sache BW 33, 45-48.

IV. Debatten

IV. Debatten

Debatten um den Friedensbegriff

Ines-Jacqueline Werkner

Zusammenfassung:
Was Frieden heißt, ist – auch in der Friedensforschung – nach wie vor umstritten. Die vom norwegischen Friedensforscher Johan Galtung eingeführte Unterscheidung zwischen negativem und positivem Frieden prägt bis heute maßgeblich den friedenswissenschaftlichen Diskurs. Dabei erweisen sich beide Friedensbegriffe als nicht unproblematisch.

1. Einleitung

Frieden gilt als hohes, wenn nicht sogar höchstes Gut, nach dem norwegischen Friedensforscher Johan Galtung vergleichbar mit der Gesundheit eines Menschen (parallel dazu korrespondiere Gewalt mit der Krankheit eines Menschen). So ist der Begriff des Friedens auch allgegenwärtig: in der Politik, in den Medien und in öffentlichen Debatten. Er nimmt einen zentralen Stellenwert ein; er ist »der Grund und das Merkmal und die Norm des Politischen, dies alles zugleich«.[1] Dennoch ist die Frage, wie Frieden inhaltlich zu fassen ist, nach wie vor umstritten: Ist Frieden mehr als die Abwesenheit von Krieg? Und wenn ja, was macht dieses »Mehr« aus?[2]

Ausgehend von der Galtungschen Definition des Friedens und seiner Differenzierung zwischen negativem und positivem Frieden nimmt der Beitrag die gegenwärtige friedenswissenschaftliche Debatte um den Friedensbegriff in den Blick. Er zeichnet die Argumentationslinien nach, die jeweils für und gegen das enge beziehungsweise weite Friedensverständnis in Anschlag gebracht werden, und macht sich für einen engen, aber substanziellen Friedensbegriff stark.

---

[1] Sternberger 1986, S. 76.
[2] Dieser Beitrag stützt sich auf Werkner 2017 und 2018.

2. Frieden bei Johan Galtung

Als zentral kann die auf Galtung zurückgehende Unterscheidung zwischen negativem und positivem Frieden gelten. Er leitet den Friedensbegriff vom Gewaltbegriff ab. Ausgangspunkt ist der »Doppelaspekt« der Gewalt,[3] bei dem Galtung zwischen personaler (direkter) und struktureller (indirekter) Gewalt differenziert. Die personale Gewalt zielt unmittelbar auf die Schädigung, Verletzung und in extremer Form auf die Tötung von Personen. Sie ist personal und direkt, insofern es einen Akteur gibt, der die Folgen der Gewalt beabsichtigt. Strukturelle Gewalt umfasst dagegen all jene Arten von Gewalt, die aus systemischen Strukturen resultieren. Dazu zählen insbesondere Repression und Ausbeutung. Beide sind nicht notwendigerweise beabsichtigt und auch nicht mehr individuell zurechenbar, können aber ebenso töten: durch Verelendung, Hunger und Krankheit.[4] Für Galtung greift der eng gefasste personale beziehungsweise direkte Gewaltbegriff zu kurz. Auf diese Weise bleibe die von inakzeptablen Gesellschaftsordnungen ausgehende Gewalt weitgehend außen vor. Vor diesem Hintergrund plädiert er für den erweiterten strukturellen Gewaltbegriff.

Frieden fasst Galtung als Negation von Gewalt.[5] So findet sich der Doppelaspekt der Gewalt auch im Friedensbegriff wieder: Frieden als Abwesenheit personaler Gewalt (negativer Frieden) und Frieden als Abwesenheit struktureller Gewalt (positiver Frieden). So korrespondiert der negative Frieden mit der Abwesenheit von Krieg. Die primäre Friedensaufgabe im Sinne dieses eng gefassten Friedensbegriffes stellt dann die Verhinderung oder zumindest Eindämmung bewaffneter Konflikte dar. Anders beim positiven Frieden: Er hat seine Entgegensetzung nicht im Krieg, sondern im Unfrieden. Als Abwesenheit struktureller Gewalt drückt der positive Frieden einen Zustand aus, in dem die Verwirklichung des Menschen ohne Repression und Ausbeutung möglich wird. Dabei steht der positive Frieden insbesondere für soziale Gerechtigkeit.

Ende der 1990er Jahre ergänzte Galtung seine Unterscheidung zwischen direkter und struktureller Gewalt um eine dritte Komponente: die kulturelle Gewalt.[6] So wird auch vom Galtungschen Gewaltdreieck gesprochen. Unter kultureller Gewalt werden all jene Aspekte einer Kultur verstanden, die dazu dienen, direkte oder strukturelle Gewalt zu rechtfertigen beziehungsweise zu legitimieren. Galtung führt dafür Beispiele aus sechs Kulturbereichen auf: Religion in Form eines rigiden Monotheismus, Ideologien wie Nationalismus, Sprache etwa als Sprachsexismus, Kunst durch den Transport stereotyper Vorurteile,

---

[3] Galtung 1975, S. 32.
[4] Vgl. Galtung 2007, S. 17; auch Bonacker / Imbusch 2006, S. 86.
[5] Vgl. Galtung 1975, S. 32.
[6] Vgl. Galtung 2007, S. 341 ff.

empirische Wissenschaft in Form einer neoklassischen Ökonomik sowie formale Wissenschaft etwa durch den Entweder-Oder-Charakter der Mathematik. Zudem verweist er auf kulturelle Gewalt in Bereichen wie Recht, Medien und Erziehung.[7] Mit der Einführung des Konzeptes der kulturellen Gewalt erweitert sich auch der Friedensbegriff: »Friede = direkter Friede + struktureller Friede + kultureller Friede«,[8] wobei unter kulturellem Frieden die Abwesenheit kultureller Gewalt verstanden wird. Das beinhaltet die Überwindung von Einstellungen und Verhaltensmustern, die die Anwendung von Gewalt rechtfertigen beziehungsweise legitimieren – von den Akteuren selbst häufig aber gar nicht mehr als solche wahrgenommen. Die Bedeutung eines kulturellen Friedens zeigen gerade religiös konnotierte Konflikte auf, die nicht selten mit einer Nichtanerkennung religiöser Minderheiten einhergehen.

3. Frieden – mehr als die Abwesenheit von Krieg?

Für die Friedensforschung ist Galtungs Unterscheidung zwischen negativem und positivem Frieden grundlegend geworden; sie prägt bis heute maßgeblich die Diskurse um den Friedensbegriff. Dabei bewegen sich die Debatten stets um die eine, aber doch zentrale Frage, wie eng beziehungsweise weit der Friedensbegriff gefasst werden sollte: Ist Frieden mehr als die Abwesenheit von Krieg? Einerseits lässt sich in der Friedensforschung »ein gewisses Unbehagen an einem ›bloß‹ auf die Negation des Krieges bezogenen Friedensbegriff«[9] feststellen. Dieses Unbehagen resultiert aus der Zeit der Ost-West-Konfrontation, in der Krieg durch nukleare Abschreckung vermieden werden sollte – für den Friedenforscher Dieter Senghaas ein Zustand »organisierter Friedlosigkeit«:[10] ohne Krieg, jedoch stets kurz vor der Katastrophe und der Zerstörung des gesamten europäischen Kontinents. Genau diese Situation hatte Galtung bei seiner Konzeption des erweiterten Gewalt- und Friedensbegriffs im Blick. So blende der negative Friedensbegriff die herrschaftlichen und sozialen Dimensionen des Friedens aus; mehr noch, er trage mit dazu bei, ungerechte Verhältnisse auf der Suche nach Frieden zu zementieren.

Andererseits mehren sich aber auch die kritischen Stimmen gegenüber dem positiven Friedensbegriff. Diese gliedern sich in verschiedene Argumentationsstränge: methodische, ethische sowie empirische. *Methodisch* wird gegen den positiven Friedensbegriff seine Weite und Unbestimmtheit in Anschlag gebracht. Unklar bleibe, was konkret der Gegenstand des Friedens sei und wo die Ab-

---

[7] Vgl. Galtung 2007, S. 18.
[8] Galtung 2007, S. 458.
[9] Brock 2002, S. 96.
[10] Senghaas 1972.

grenzungen der Friedensproblematik gegenüber anderen gesellschaftlichen Großthemen liegen. Ein Friedensbegriff, der von der Verhinderung und Eindämmung des Krieges über die Schaffung sozialer Gerechtigkeit bis hin zum Umweltschutz alles umfasse, verliere die Fähigkeit »zur unterscheidenden Beschreibung«;[11] damit könne Frieden dann letztlich alles und nichts bedeuten.[12] Deshalb fordern Kritiker eine Trennung von Friedensbegriff und Friedensursachen.

Aus ethischer Sicht wird befürchtet, dass das Konzept des positiven Friedens zur Legitimation von Gewalt missbraucht werden könne. Werde Gerechtigkeit als wesentliches Moment des positiven Friedens in den Friedensbegriff hineingenommen, stoße man – so der Friedensforscher Harald Müller – auf zwei Probleme: Erstens können Gewaltfreiheit und Gerechtigkeit in Widerspruch zueinander treten. Gewalt könne zur (Wieder-)Herstellung von Gerechtigkeit in Anspruch genommen werden. Zweitens gebe es verschiedene Gerechtigkeitsvorstellungen, die den positiven Friedensbegriff unbrauchbar machen, abgesehen davon, dass diese auch zu einer neuen Quelle von Gewalt führen können.[13]

Schließlich sei der positive Friedensbegriff mit seiner Intention aus der Zeit der Ost-West-Konfrontation *empirisch* überholt. Angesichts der gegenwärtigen weltpolitischen Lage sei der negative Frieden – die Eindämmung, Beendigung und Verhinderung von Kriegen – wichtiger denn je, während der positive Frieden fast schon anachronistisch erscheine.[14] Auch gehe mit dem Begriff des negativen Friedens eine qualitative Abwertung einher, die sich empirisch in keiner Weise rechtfertigen lasse. Bereits die Abwesenheit kollektiver Gewaltanwendung sei ein hohes Gut und in ihrer Bedeutung gar nicht zu überschätzen.[15]

4. Plädoyer für einen engen, aber substanziellen Friedensbegriff

Die Kritik am weiten, positiven Friedensbegriff ist substanziell. Diese bedeutet aber nicht, sich im Umkehrschluss für den Ansatz des negativen Friedens auszusprechen. Sie führt vielmehr zu einem »engen, aber substanziellen Friedensbegriff«.[16] Was dieses »Mehr« gegenüber dem negativen Friedensbegriff ausmachen soll, lässt sich allerdings bis heute schwer exakt fassen; und auch die Übergänge sowohl in die eine als auch in die andere Richtung erweisen sich als

---

[11] Müller 2003, S. 211.
[12] Vgl. Brock 1990, S. 78.
[13] Vgl. Müller 2003, S. 212.
[14] Vgl. Bonacker / Imbusch 2006, S. 132.
[15] Vgl. Huber / Reuter 1990, S. 22.
[16] Müller 2003, S. 221.

fließend. Übereinstimmung unter den Verfechtern eines engen Friedensbegriffs scheint in der Trennung von Friedensbegriff und Friedensursachen zu liegen. Der Friedensbegriff setze dann auf die »Eliminierung des Krieges«,[17] und zwar im substanziellen Sinne: Er fokussiere auf die Verhinderung des Krieges, einschließlich der Bereitschaft zum Krieg, und auf einen Konfliktaustrag, der durch Gewaltverzicht gekennzeichnet sei. Das mache die Begriffsdefinition, so ähnlich sie zunächst der des negativen Friedens erscheint, voraussetzungsreich. Sie unterscheide sich deutlich von einem »Friedens«-Zustand zu Zeiten der Ost-West-Konfrontation; hinzu trete ihre zeitliche Dimension: Friede als dauerhafter Friede.

Ausgehend von einem eng, aber substanziell gefassten Friedensbegriff kann dann nach den konkreten Bedingungen des Friedens gefragt werden. Diese sind vielfältig und komplex. Dabei lassen sich verschiedene Zugänge ausmachen: Ansätze auf der individuellen Ebene zielen auf die personalen Bedingungen gewaltfreier Konfliktaustragung und umfassen verschiedene Formen und Mechanismen der Streitbeilegung. Werden Friedensbedingungen auf gesellschaftlicher Ebene in den Blick genommen, spielen Fragen der Demokratisierung und Zivilisierung eine zentrale Rolle. Dieter Senghaas beispielsweise verweist in seinem »zivilisatorischen Hexagon« auf sechs zentrale Punkte, die für einen innergesellschaftlichen Frieden unerlässlich sind: ein staatliches Gewaltmonopol, Rechtsstaatlichkeit, demokratische Teilhabe, Interdependenz und Affektkontrolle, Verteilungsgerechtigkeit und eine gewaltfreie und tolerante Konfliktkultur. Auf internationaler Ebene werden vor allem systemische Bedingungen untersucht. Dazu zählen Ansätze, die auf eine Transformation der Struktur des internationalen Systems zielen wie beispielsweise Verrechtlichung, internationale Organisationen und Regime sowie wirtschaftliche Kooperation und Freihandel.[18]

Was impliziert ein Plädoyer für einen engen, aber substanziellen Friedensbegriff? Frieden und Friedensbedingungen lassen sich nicht voneinander trennen. Daher scheint es zunächst folgerichtig, diese in ihrer Gesamtheit in den Blick nehmen zu wollen. Frieden und Friedensbedingungen sind aber zu unterscheiden. Die Gründe hierfür sind benannt worden. Insbesondere wird ein weiter Friedensbegriff, der diesbezüglich nicht differenziert, unspezifisch. Was unterschiede dann eine Synode zum Frieden von jenen, die sich anderen gesellschaftlichen Großthemen wie der Nachhaltigkeit oder dem Rechtspopulismus zuwendeten?

---

[17] Czempiel 2002, S. 84.
[18] Vgl. Senghaas 1995.

Literaturverzeichnis

Bonacker, Thorsten / Imbusch, Peter (2006): Zentrale Begriffe der Friedens- und Konfliktforschung: Konflikt, Gewalt, Krieg, Frieden, in: Peter Imbusch / Ralf Zoll (Hg.): Friedens- und Konfliktforschung. Eine Einführung, Wiesbaden, S. 67-142.

Brock, Lothar (1990): Überlegungen zur Theoriebildung, in: Volker Rittberger (Hg.): Theorien der Internationalen Beziehungen, Politische Vierteljahresschrift Sonderheft 21, Opladen, S. 71-89.

Brock, Lothar (2002): Was ist das »Mehr« in der Rede, Friede sei mehr als die Abwesenheit von Krieg?, in: Astrid Sahm / Manfred Sapper / Volker Weichsel (Hg.): Die Zukunft des Friedens. Eine Bilanz der Friedens- und Konfliktforschung, Wiesbaden, S. 95-114.

Czempiel, Ernst-Otto (2002): Der Friedensbegriff der Friedensforschung, in: Astrid Sahm / Manfred Sapper / Volker Weichsel (Hg.): Die Zukunft des Friedens. Eine Bilanz der Friedens- und Konfliktforschung, Wiesbaden, S. 83-93.

Galtung, Johan (1975): Strukturelle Gewalt. Beiträge zur Friedens- und Konfliktforschung, Reinbek bei Hamburg.

Galtung, Johan (2007): Frieden mit friedlichen Mitteln. Friede und Konflikt, Entwicklung und Kultur, Münster.

Huber, Wolfgang / Reuter, Hans-Richard (1990): Friedensethik, Stuttgart.

Müller, Harald (2003): Begriff, Theorien und Praxis des Friedens, in: Gunther Hellmann / Klaus Dieter Wolf / Michael Zürn (Hg.): Die neuen Internationalen Beziehungen. Forschungsstand und Perspektiven in Deutschland, Baden-Baden, S. 209-250.

Senghaas, Dieter (1972): Abschreckung und Frieden. Studien zur Kritik organisierter Friedlosigkeit, Frankfurt am Main.

Senghaas, Dieter (1995): Frieden als Zivilisierungsprojekt, in: Ders. (Hg.): Den Frieden denken: Si vis pacem, para pacem, Frankfurt am Main, S. 196-223.

Sternberger, Dolf (1986): Die Politik und der Friede, Frankfurt am Main.

Werkner, Ines-Jacqueline (2017): Zum Friedensbegriff in der Friedensforschung, in: Ines-Jacqueline Werkner / Klaus Ebeling (Hg.): Handbuch Friedensethik, Wiesbaden, S. 19-32.

Werkner, Ines-Jacqueline (2018): Gerechter Frieden. Das fortwährende Dilemma militärischer Gewalt, Bielefeld.

Die Logik des Friedens und ihre sicherheitspolitischen Implikationen

Hanne-Margret Birckenbach

Zusammenfassung:
Über die Zusammenhänge von Frieden und Sicherheit wird noch immer kontrovers diskutiert. Die Logik des Friedens vermeidet die Fallen militärischer Rückversicherung und weist mit ihren fünf Handlungsprinzipien den Weg zu Sicherheit durch Friedenshandeln.

Die enge Verbindung zwischen Frieden und Gerechtigkeit ist heute nicht mehr strittig. Das Streben nach Frieden und das Streben nach Gerechtigkeit verschmelzen miteinander auf dem Weg zum »gerechten Frieden«, wenn um Gerechtigkeit gewaltfrei gestritten und das Friedensgebot nicht zum Vorwand wird, das Verlangen nach Gerechtigkeit zu unterdrücken. Die Verbindung zwischen Frieden und Sicherheit wird dagegen noch immer kontrovers diskutiert. Auch wo die Vorrangigkeit gewaltfreier Vorgehensweisen gewollt ist, fehlt es an Vertrauen in deren Wirkungskraft. Traditionell wird erwartet, diese könne durch die parallele Verfügbarkeit von militärischer Gewalt unterstützt werden, welche in einer bedrohlichen Notsituation als letztes Mittel Abhilfe schaffe.

Wer dies für realistisch hält, muss sich für diesen Notfall militärisch vorbereiten, dafür hohe Ressourcen einsetzen und dies mit kontinuierlichen Warnungen vor möglichen existentiellen Bedrohungen rechtfertigen. Und er wird allen anderen ein Vorbild sein, das Gleiche zu tun. Politische und rechtliche Vorgaben, denen zufolge militärische Mittel politisches Vorgehen nur begleiten sollen, ein Gewalteinsatz nur nach den Kriterien des »gerechten Krieges« erfolgen und vor den Vereinten Nationen verantwortet werden soll, ändern nichts an der paradoxen Implikation der militärischen Rückversicherung. Entgegen allen Absichten führt sie nicht zu einem Zustand erhöhter Sicherheit. Auch entzieht sie der Entwicklung von Gewaltfreiheit Ressourcen, untergräbt die Wirksamkeit gewaltfreier Mittel und wirkt insgesamt friedensschädigend.

Vor diesem Hintergrund fragen Kritiker danach, wie die Wirkungskraft von Gewaltfreiheit gesteigert werden, dem Entstehen einer bedrohlichen Notsituation vorgebeugt und das Leben vor dem Paradox des Sicherheitsstrebens geschützt werden kann. Sie argumentieren, dass Alternativen zu einer militärischen Rückversicherung möglich sind, wenn drei Voraussetzungen erfüllt werden. Erstens muss Frieden als gesellschaftspolitische Aufgabe ernst genommen werden. Zweitens muss in die Friedensfähigkeit von Staaten und Gesellschaften in großem Maßstab kurz- und langfristig investiert werden. Und drittens muss der Ausbau von Gewaltfreiheit von Abrüstungsprozessen begleitet werden, damit die Friedenswirksamkeit dieser Investitionen nicht durch gegenläufige Prozesse materiell, politisch und kulturell unterlaufen wird, wie es im Konzept der erweiterten, vernetzten und umfassenden Sicherheit geschieht.[1] Die Aufmerksamkeit richtet sich folglich darauf, auszuloten, wie der Schutz vor Gewalt und Not sowie der Schutz von Freiheit, kultureller Vielfalt, Gerechtigkeit und Recht ohne militärische Rückversicherung erfolgen kann. Nach einem mehrjährigen Diskursprojekt der Evangelischen Akademien haben diese angemahnt, zu klären, wie die real wirkenden Faktoren von Sicherheit in eine Friedenspolitik eingebettet, ernstgenommen und bearbeitet werden können.[2] Einige evangelische Landeskirchen haben sich inzwischen dieser Aufgabe gestellt und überlegen, wie ein Umstieg auf eine friedenslogische und zivile Sicherheitspolitik auf den Weg gebracht werden kann.

1. Frieden als Grund- und Leitbegriff

Die Logik des Friedens fasst begrifflich zusammen, was nach etwa 60 Jahren systematischer Friedens- und Konfliktforschung beachtet werden muss, wenn unter zeitgenössischen Bedingungen Frieden die Folge des Handelns sein soll. Mit Frieden bezeichnen wir heute das Entstehen von Beziehungen, in denen Gewalt trotz Konflikt abnimmt, Kooperation im Konflikt gelingt und Menschen sich hinsichtlich ihrer Grundbedürfnisse geschützt wissen können. Dass solche Beziehungen entstehen können, hat gesellschaftspolitische Strukturen zur Voraussetzung. Zu diesen Strukturen gehören erlernte Haltungen, Verhaltensweisen sowie Institutionen. Sie bewirken, dass Gewalt geächtet und Recht anerkannt wird, Empathie und Folgenabschätzung des Handelns wachsen, dass Bürgerinnen und Bürger an der Gestaltung politischer und gesellschaftlicher Ordnung teilhaben sowie auf sozialen Ausgleich hoffen können und dass sich darüber hinaus eine Kultur ausbreitet, die einen konstruktiven Konfliktaustrag selbstverständlich werden lässt. Diese sechs miteinander verflochtenen Bedingungen gelten im internationalen nicht weniger als im innergesellschaftlichen Kontext, wenngleich sie auf internationaler Ebene noch weniger entwickelt sind.[3]

---

[1] Brock 2005, 18–21.
[2] Die Evangelischen Akademien in Deutschland 2016, S. 14.
[3] Senghaas / Senghaas-Knobloch 2017, S. 33–42.

Angesichts der Zerstörungspotentiale in einer politisierten und globalisierten Welt geht es in einem Friedensprozess also darum, Beziehungen zwischen Individuen, Gruppen und Staaten so zu gestalten, dass auch im Konflikt um höchste Werte Gewalt keine Option ist, weil Strukturen entstehen, die es Konfliktparteien ermöglichen, ohne Gewalt auszukommen. Damit Friedenswege praktisch beschritten werden können, müssen schließlich die Zusammenhänge zwischen Zielen, Wegen, Mitteln und Interessen beachtet sowie die Fehleranfälligkeit menschlichen Handelns vorausschauend berücksichtigt werden. Aus der Kenntnis dieser Grundlagen und Zusammenhänge ergeben sich fünf friedenslogische Handlungsprinzipien: Gewaltprävention, Konflikttransformation, Dialogverträglichkeit der Mittel, Interessenentwicklung und Fehlerfreundlichkeit.

2. Friedenslogische Handlungsprinzipien

Das *Prinzip der Gewaltprävention* folgt aus dem unbedingten Ziel, Gewalt trotz Konflikt zu reduzieren und zu vermeiden. Dieses Ziel zu erreichen, ist umso schwieriger, je mehr eine Situation von Gewalt geprägt ist. Kernmerkmale von Gewaltprävention sind daher die frühzeitige Wahrnehmung von Eskalationsprozessen, die Einleitung deeskalierender Schritte, Vertrauensbildung und die Kontrolle und Entfernung von Waffen.

Eine friedenslogische Sicherheitspolitik initiiert daher Vertrauensbildung, Verstehen und Verständigung. Sie setzt der Herstellung, Beschaffung und Verbreitung von Waffen immer engere Grenzen und entwickelt kontinuierlich Impulse für Rüstungskontrolle und Abrüstung. Sie wirbt zum Beispiel für den UN-Vertrag über das Verbot von Atomwaffen, öffnet sich für eine Revision von Beschlüssen, die eine Steigerung von Militär- und Rüstungsausgaben vorsehen und unterstützt deren Umschichtung zugunsten von Fonds, die dem friedlichen Interessenausgleich innerhalb und zwischen den EU-Mitgliedern und ihren außenpolitischen Partnern dienen. Und sie weitet in allen Bereichen von Gesellschaft und Politik die Gelegenheiten und Fähigkeiten aus, Interessenvielfalt routiniert auszudrücken, wahrzunehmen und auszuhalten.

Parallel gilt es der Verkettung von Gewalt und Gegengewalt vorzubeugen. Eine solche Verkettung tritt ein, wenn Unrechtserfahrungen bei denjenigen Gewaltbereitschaft hervorruft, die am meisten unter Gewalt gelitten haben. Dem vorzubeugen, ist beispielsweise ein Anliegen von Wahrheits- und Versöhnungskommissionen, die am Ende von bewaffneten Konflikten in politischen Strafangelegenheiten ermitteln, diese aufklären und durch Reparationen versuchen, Leid zu heilen.

Das *Prinzip der Konflikttransformation* folgt aus dem Wissen um die Ursachen von Gewalt. Sie entsteht aus Konflikten, die sich zu komplexen Konstellationen verhärtetet haben. Traditionelle Sicherheitspolitik verfestigt die Konstellation, indem sie die Verursachung externalisiert und deren bedrohlich erscheinende Folgen abzuwehren versucht. Friedenslogische Sicherheitspolitik bemüht sich dagegen um die Transformation des Konflikts, indem sie Ziele, Haltungen und Verhaltensweisen, die für die Interaktion der Konfliktbeteiligten relevant sind, überprüft und korrigiert. Zwar verlangt eine Enthärtung der Ausgangslage in der Regel Änderungen auf allen Seiten. Aber auch für diejenigen, die sich im Recht wähnen – und das sind in der Regel alle Konfliktbeteiligten – hat es wenig Zweck abzuwarten, ob und bis alle anderen sich ändern. Die Transformationsarbeit beginnt daher meist nicht im direkten Austausch, sondern eigenständig und selbstreflexiv damit, eigene Anteile am Konflikt zu erkennen und die darin liegenden Veränderungschancen wahrzunehmen. Indem man die Wirkungsmacht des eigenen Handelns selbstverändernd anerkennt, beschönigt man weder die Ziele, das Verhalten und die Haltungen der anderen Seite noch rechtfertigt man diese. Man kann sie offen und informiert kritisieren, man kann um Erläuterungen bitten und Veränderungen attraktiv machen. Erzwingen kann man sie in der Regel nicht.

In internationalen Konflikten ist es besonders herausfordernd, die jeweilige Mitverantwortung für eine verhärtete Konfliktlage und deren Entspannung anzuerkennen, weil sich meist mehrere innen- und außenpolitische Konflikte überlagern, die Parteien vielfach symbiotisch miteinander verstrickt sind, und weil die Freiheit, neue Wege zu gehen, von vielen innen- sowie bündnispolitischen Faktoren eingeschränkt wird. Konflikttransformation ist daher niemals nur eine außenpolitische Aufgabe. Sie verlangt auch innenpolitisch überzeugende Aufklärungsarbeit, damit sich in den Gesellschaften friedensorientierte Haltungen und Kenntnisse verbreiten sowie eine unabhängige Friedenspraxis entwickeln kann, auf die sich eine Regierung ihrerseits im Konflikt mit sich selbst, mit einer Rüstungslobby oder mit den Bündnispartnern stützen kann. Auch Frieden muss erstritten werden. Die Entspannungspolitik im Ost-West-Konflikt wurde möglich, weil eine Mehrheit der Bevölkerung sich von Freund-Feind-Schemata trennte und die Regierenden sich auf viele gleichgerichtete Prozesse im In- und Ausland stützen konnten. Zu ihnen gehörte die Entstehung der Friedens- und Konfliktforschung und der Friedenspädagogik, vielfältige Aktivitäten in den Friedensbewegungen sowie ein reger grenz- und blocküber-greifender Austausch zwischen Künstlern, Wissenschaftlern und kommunalen Akteuren.[4]

Das *Prinzip der Dialogverträglichkeit* folgt aus dem Wissen, dass die Mittel, mit denen der Konflikt friedensstiftend beeinflusst, reguliert oder gelöst werden soll, geeignet sein müssen, die Beziehungen zwischen allen Akteuren zu verbessern und kreativ Problemlösungen zu finden, an die zunächst niemand ge-

---

[4] Spencer 2010.

dacht hat. Jede Konflikttransformation muss durch das Nadelöhr von vielfältiger und arbeitsteiliger Dialogarbeit innerhalb des eigenen Lagers, zwischen dem eigenen und dem anderen Lager sowie auch im Lager der Gegenseite. Vielfältige Formate stehen zur Verfügung, die es Streitparteien ermöglichen, sich darauf einzulassen, über ein Thema zu beraten, das strittig oder auch von gemeinsamem Interesse ist. Immer verlangt Dialogarbeit Ausdauer, Mut und Techniken, um es auszuhalten, dass in der Schwebe bleiben muss, ob es zu einem gemeinsamen Ergebnis kommt und welches es sein wird.

Für eine friedenslogische Sicherheitspolitik sind die in Kapitel VI der UN-Charta genannten Mittel friedlicher Streitbeilegung grundlegend: Verhandlung, Untersuchung, Vermittlung, Vergleich, Schiedsspruch, gerichtliche Entscheidung, Inanspruchnahme regionaler Einrichtungen und Abmachungen oder friedliche Mittel eigener Wahl. Diese Mittel sind seit den 1990er Jahren weiterentwickelt und um zivilgesellschaftliche Ansätze zur zivilen Konfliktbearbeitung erweitert worden. Sie ermöglichen eine breite Beteiligung unterschiedlicher Träger über die Konfliktlinien hinweg, fördern den offenen Austausch mit Wertschätzung, Respekt, Vertrauensbildung und Kreativität, sind miteinander kompatibel und ergänzen sich. Wenn sie allerdings in einen zivil-militärischen Mix eingebunden sind, verlieren sie erfahrungsgemäß an Glaubwürdigkeit und Kraft. Eine friedenslogische Sicherheitspolitik stärkt daher die Autonomie der zivilgesellschaftlichen Akteure und drängt die Dominanz der mächtigen rüstungs- und militärpolitischen Akteure im sicherheitspolitischen Entscheidungsprozess zurück.

Das *Prinzip der normorientierten Interessenentwicklung* folgt aus dem Spannungsverhältnis zwischen universalen ethischen Grundregeln und Normen einerseits und abweichenden partikularen Interessen andererseits, denen oft Vorrang eingeräumt wird. Dieses Spannungsverhältnis ist allerdings auflösbar. Denn Interessen können immer auf vielfältige Weise umgesetzt und so weiterentwickelt werden, dass sie sich mit den allgemeinen Normen, insbesondere der Regel der Gegenseitigkeit, vereinbaren lassen. Das ist keine moralische Überforderung, sondern – zum Beispiel im Straßenverkehr – tägliche Praxis.

Auch auf internationaler Ebene und in der Sicherheitspolitik gibt es dafür Beispiele. Ohne eine an ethischen Normen orientierte Interessenentwicklung wäre weder das System des internationalen Menschenrechtsschutzes entstanden noch wäre die Eskalationsdynamik der atomaren Abschreckungspolitik aufgehalten worden. In einem langen Prozess von etwa zwanzig Jahren wurde in Ost und West und vermittelt über Diskussionen in den Vereinten Nationen zunehmend verstanden, dass es im Atomzeitalter darauf ankommt, die Beziehungen zwischen den Konfliktparteien so zu entwickeln, dass beide Seiten vor einander sicher sein und einander Sicherheit geben können. Die partikularen Sicherheitsinteressen wurden respektiert und zugleich zu gemeinsamen Interessen konvertiert, indem sie mit Rüstungskontrolle und Abrüstung verknüpft und in einen themenübergreifenden Friedensprozess eingebunden wurden. Dieser zeichnete sich dadurch aus, dass Menschenrechtsgruppen entstanden und wirtschaftliche wie kulturelle Kontakte verstärkt wurden. Parallel begannen zivilgesellschaftliche Akteure sich für einander zu interessieren, vielfältige Begegnungen zu organisieren und ihren Friedenswillen öffentlich in Demonstrationen und vielen anderen Aktivitäten zu zeigen. Ebenfalls wurde die Konversion von rüstungs- und militärabhängiger Beschäftigung geplant und teilweise durchgeführt. Damit wurde gezeigt, dass im Militär- und Rüstungssektor – wie in anderen Industriebranchen auch – das Interesse an Arbeit und wirtschaftlicher Entwicklung zum Vorteil der Stadt- und Regionalentwicklung in Friedensprozessen gewahrt werden kann, wenn eine friedenspolitische Konversion von Interessen stattfindet.

Das *Prinzip der Fehlerfreundlichkeit* folgt aus der Einsicht, dass auch eine an friedenslogischen Prinzipien orientierte Arbeit fehleranfällig ist und die Wirkungen von Handlungsketten niemals vollständig kontrolliert und vorhergesehen werden können. Misserfolge und Rückschritte sind auch in der Friedenspraxis wahrscheinlich. Deshalb gilt es Vorkehrungen zu treffen, die es ermöglichen, Fehler zu erkennen, einzugestehen und zu korrigieren. Das erfordert kleinteilige reversible Schritte in großer Perspektive, Offenheit, Berichterstattung und die Bereitschaft, die Umsetzung der friedenslogischen Prinzipien situations- und kontextspezifisch im Detail weiterzuentwickeln. So haben Erfahrungen mit Wahrheits- und Versöhnungskommissionen zur Gewaltprävention nicht immer den Erwartungen entsprochen. Eine Untersuchung über ein Entschädigungsprogramm in Peru hat zum Beispiel jüngst ernüchternd feststellen müssen, dass das Ziel, den Zusammenhalt in der Gesellschaft zu stärken, zunächst nicht erreicht wurde. Im Gegenteil, Neid und Streit um Entschädigungen hatten sogar zu neuem Zwiespalt geführt. Im Dialog zwischen Betroffenen und Experten konnten Gründe für das Scheitern aufgedeckt werden. Fehlerfreundlichkeit bewiesen gerade auch die Verantwortlichen im peruanischen Ministerium für Justiz und Menschenrechte. Sie zeigten sich offen genug, um Empfehlungen aus der Untersuchung zu diskutieren und ihr Programm zu überarbeiten.[5]

3. Kritisch – konstruktiv – konkret

Mit der Logik des Friedens steht dem sicherheitspolitischen Diskurs eine Methode zur Verfügung, die geeignet ist, die Praxis im Hinblick auf ihre friedenspolitischen Implikationen empirisch zu prüfen. Das schließt die Würdigung des Erreichten ebenso ein wie die Kritik des Versäumten. Wenn argumentiert wird, die deutsche Sicherheitspolitik bewege sich mit dem Konzept der erwei-

---

[5] Bunselmeyer 2018.

terten Sicherheit im Rahmen des Grundgesetzes und Völkerrechts, praktiziere eine umfassende Vernetzung und Kommunikation der politischen Institutionen mit zivilgesellschaftlichen Friedensakteuren, beabsichtige eine übergreifende Konflikttransformation und dialogverträgliche Problembearbeitung,[6] dann entspricht die Beschreibung weitgehend den deklarierten Zielen Deutschlands. Anhand der friedenslogischen Prinzipien kann nun beobachtet werden, inwiefern diese deklarierten Ziele auch die Praxis prägen. Dies kann hier nur andeutungsweise geschehen.

Die Einsicht, dass Gewalt am besten *präventiv* begegnet werden kann, wird heute auch seitens der Bundesregierung vertreten. Das friedenspolitische Engagement in Fällen, in denen Konflikte noch nicht gewaltsam eskaliert sind, ist allerdings gering geblieben. Abrüstungsinitiativen sind von deutscher Seite seit langem nicht ausgegangen. Ernsthafte Bemühungen um einen Ausstieg aus der nuklearen Teilhabe bleiben bislang aus. Deutschland plant vielmehr, die hier stationierten Atomwaffen der USA modernisieren zu lassen und neue Kampfflugzeuge zu beschaffen. Wenig akzeptiert ist die mit dem Prinzip der *Konflikttransformation* verbundene, selbstkritische Anerkennung einer Mitverantwortung für ursächliche Konfliktkonstellationen und die Notwendigkeit, eigene Ziele, Haltungen und Verhaltensweisen zu ändern. Was die Mittel betrifft, ist anerkennenswert, dass die zivile Konfliktbearbeitung heute mehr denn je institutionell gefördert wird und dass auch das Auswärtige Amt erkennbare Anstrengungen unternommen hat, Kompetenzen im Bereich der Mediation aufzubauen und anzuwenden. Allerdings ist die Wertschätzung ziviler Konfliktbearbeitung immer noch marginal. Sie findet weder eine Entsprechung in Personal- und Haushaltsmitteln noch im außen- und sicherheitspolitischen Diskurs innerhalb Deutschlands und erst recht nicht mit den Bündnispartnern. Zivilgesellschaftliche Akteure beklagen die Dominanz des Verteidigungsministeriums gegenüber dem Auswärtigen Amt bei konzeptionellen Entscheidungen. Politische Dialoge mit nicht-demokratischen Staaten werden meist exklusiv geführt und können daher kaum durch eine eigenständige zivilgesellschaftliche Dialogpraxis unterstützt werden.

Eine *Interessenentwicklung* durch Konversion rüstungs- und militärabhängiger Beschäftigung ist abgebrochen. Friedenspolitische Einwände gegen Rüstungs- und Munitionsexport haben sich zwar in restriktiven Richtlinien niedergeschlagen. Diese werden jedoch weiterhin industrie- und bündnispolitisch unterlaufen. Auch normative Begrenzungen für militärische Interventionen sind aufgehoben worden. Die Völkerrechtstreue einiger Militärinterventionen ist zumindest strittig. Eine *fehlerfreundliche* Evaluierung der Sanktionspolitik gegenüber Russland ist bisher ebenso ausgeblieben wie die Prüfung, ob die Einsätze

---

[6] Staigis 2016, S. 24–25.

der Bundeswehr ihre deklarierten Ziele erreichen. Auch der Deutsche Bundestag scheut bisher eine fehlerfreundliche Debatte.

Bei aller Kritik bleibt friedenslogisches Denken konstruktiv. Es stellt eine Methode zur Verfügung, mit der ausgelotet werden kann, welche Möglichkeiten genutzt oder doch geschaffen werden könnten, um Sicherheitspolitik gewaltärmer und damit friedensverträglicher zu gestalten. Friedenslogik ist auf breite Beteiligung angelegt und regt an, darüber nachzudenken, was jeder Einzelne in seinen jeweiligen Rollen zur Überwindung von Gewalt beitragen kann. Dass es sich bei der Einlösung des Leitbildes Frieden um eine komplexe Aufgabe handelt, die eine langfristige und generationenübergreifende Perspektive benötigt, ist kein überzeugender Einwand. Je besser das Prinzip der Fehlerfreundlichkeit eingehalten wird, um so größer sind die Chancen, auch bittere Erfahrungen in Lernprozesse zu verwandeln.

Friedenslogisches Denken ist konkret und erfahrungsoffen. In einer Reihe von Studien wurde geprüft, was es in konkreten Arbeitsfeldern heißen würde, den Handlungsprinzipien zu folgen – sei es in Syrien, Mali oder in der Ukraine, sei es in den Konflikten zwischen den Baltischen Staaten und Russland, sei es in Konflikten, bei denen es um Flucht und Migration, Rohstoffe, Ungleichheit und Diskriminierung geht, sei es im Hinblick auf eine Unterstützung gewaltfreier Aufstände oder auch in der Friedensbildung. Nicht zufällig heißt das übergreifende Rahmenprojekt der Plattform Zivile Konfliktbearbeitung, das auch die diversen Beiträge dokumentiert und auswertet, »Friedenslogik weiterdenken«.[7]

Die Logik des Friedens setzt Maßstäbe für konkrete Veränderungsprozesse, in denen die Utopie des Friedens mit den akuten Möglichkeiten von Friedensstiftung verbunden wird. Friedenslogik ermöglicht Orientierung auf dem Weg, die friedenssprengende Rückversicherung der Ultima-Ratio-Formel durch vielfältiges und mehrdimensionales Handeln zurückdrängen und Gewaltbereitschaft durch Friedensfähigkeit zu ersetzen. Einen »Sicheren Frieden« nach dem Muster des »gerechten Friedens« kann es nicht geben. Sicherheit durch Friedenshandeln ist jedoch eine realistische und zukunftsfähige Perspektive.[8]

Literaturverzeichnis

Birckenbach, Hanne-Margret (2014): Friedenslogik und friedenslogische Politik, in: Friedenslogik statt Sicherheitslogik. Theoretische Grundlagen und friedenspolitische Realisierung, hrsg. von der Informationsstelle Wissenschaft und Frieden in Zusammenarbeit mit der Plattform Zivile Konfliktbearbeitung, S. 3–7.

---

[7] Plattform Zivile Konfliktbearbeitung 2019.
[8] Jaberg 2019b.

Brock, Lothar (2005): Neue Sicherheitsdiskurse, Vom »erweiterten Sicherheitsbegriff« zur globalen Konfliktintervention, in: Wissenschaft & Frieden 4, S. 18-21.

Bunselmeyer, Elisabeth (2018): Trust Repaired? The Impact of the Truth and Reconciliation Commission and the Reparation Program on Social Cohesion in Post-Conflict Communities of Peru. Dissertation im Fach Politikwissenschaften an der Philipps-Universität Marburg.

Die Evangelischen Akademien in Deutschland (2016): »... dem Frieden der Welt zu dienen«. Ein Diskursprojekt der Evangelischen Akademien in Deutschland e.V. (EAD), Ergebnisse und Empfehlungen.

Jaberg, Sabine (2019a): Frieden und Sicherheit. Von der Begriffslogik zur epistemischen Haltung, in: Martina Fischer / Ines-Jacqueline Werkner (Hg.): Europäische Friedensordnungen und Sicherheitsarchitekturen, Wiesbaden, S. 13-42.

Jaberg, Sabine (2019b): Frieden kann Sicherheit besser, in: Zur Sache BW 1, S. 21-23.

Plattform Zivile Konfliktbearbeitung (2019): Projekt »Friedenslogik weiterdenken - Dialoge zur Friedensarbeit und Politik«, http://www.konfliktbearbeitung.net/friedenslogik (15.03.2019).

Senghaas, Dieter / Senghaas-Knobloch, Eva (2017): Dimensionen des Friedens, in: Ines-Jacqueline Werkner / Klaus Ebeling (Hg.): Handbuch Friedensethik, Wiesbaden, S. 33-42.

Spencer, Metta (2010): The Russian Quest for Peace and Democracy, Lanham, MD.

Staigis, Armin (2016): Friedenslogik - Sicherheitslogik: ein Dialog, in: Europa als Friedensmacht? Zwischen Sicherheitslogik und Gerechtem Frieden, Evangelischer Pressedienst 15, S. 24-25.

Versöhnung und Friede

Martin Leiner

Zusammenfassung:
Christliches Friedenshandeln wird durch die Versöhnungsbotschaft qualifiziert und unterscheidet sich damit von so manchen Friedensplänen und -initiativen. Die biblische Versöhnungsbotschaft eröffnet dabei eine neue Sicht auf die gesamte Wirklichkeit. Aus ihr ist Versöhnungshandeln in Mut und Gelassenheit möglich.

Wer sich mit Versöhnung beschäftigt, stellt fest, dass er sich auf eine Entdeckungsreise begibt. Was durch die Rede von Versöhnung angesprochen wird und in Menschen Resonanz findet, erfasst immer weitere Bereiche und Themen des Lebens. Sind wir versöhnt mit den Menschen, mit denen wir leben? Handeln wir versöhnt in unseren politischen Optionen? Sind wir mit unserem eigenen Leben, seinen Grenzen und seiner Unerfülltheit versöhnt, können wir uns mit uns selbst versöhnen? Können wir uns unsere Fehler und Irrtümer verzeihen? Gibt es Versöhnung mit der Natur, mit Tieren, Pflanzen, mit der Erde und ihren Lebensräumen, die Menschen zunehmend verändern und zerstören? Gibt es im Fall von Gewalttaten und Kriegen Versöhnung mit Tätern, mit Verbrechern, mit Feinden, mit falschen Freunden? Und schließlich: Gibt es für uns und für die Welt Versöhnung mit Gott?

Der amerikanische Theologe Curtiss Paul DeYoung schrieb in dem mit Allan Boesack gemeinsam verfassten Buch »Radical Reconciliation« den Satz, der auch als Motto über diesem Aufsatz stehen könnte: »Wir suchen danach, das Wort Versöhnung freizusetzen, damit es uns erschreckt und überwältigt mit seiner Macht.«[1] Ohne ein Erschrecken gibt es keine Begegnung mit dem Heiligen. Die christliche Rede von Versöhnung und die christliche Rede vom Frieden sind nicht einfach in wiederholbaren Formeln gegeben, sondern sie müssen in jeder Zeit von jeder Christin und jedem Christen selbst entdeckt, entfaltet und gelebt werden. Ohne Erschütterung und tiefgreifende Veränderung unseres Lebens

---

[1] Boesak / DeYoung 2012, S. 11: »We seek to set free the word reconciliation to shock and overcome us by its power!«

würden solche Entdeckungsreisen oberflächlich bleiben, allzu leicht als »billige Versöhnung«[2] oder als »Versöhnungskitsch«[3] trivialisierbar.

1. Wie versteht das Neue Testament Versöhnung?

Versöhnung ist nach dem NT nicht eine Botschaft des christlichen Glaubens neben anderen, sie ist Synonym für die frohe Botschaft, die durch Christus in die Welt gekommen ist, gerade dann, wenn von ihr in ihrer vollsten und umfänglichsten Gestalt gesprochen wird. Es kommt deshalb alles darauf an, dass die christliche Kirche die Botschaft von der Versöhnung glaubwürdig leben und verkünden kann.

Der Begriff kommt vor allem im *Corpus Paulinum*, den Briefen, die unter dem Namen des Apostels Paulus überliefert sind, vor. Zentrale Stelle ist 2. Korintherbrief 5,11–21. Paulus blickt zurück auf einen Konflikt mit der Gemeinde in Korinth. Er ist sich unsicher über die Beziehung, die zwischen den Korinthern und ihm besteht. Er macht ein vorsichtiges Eingeständnis, nicht der Schuld, aber des befremdlichen Verhaltens: »Wenn wir von Sinnen waren, so war es für Gott, sind wir aber besonnen, so ist es für euch« (2Kor 5,13). Paulus ist, wenn diese Deutung richtig ist, in seinem Eifer für Gott, zu weit gegangen. Nun sind Besonnenheit und das Bekenntnis zur Wahrheit nötig. Er fragt sich, wie die Gewissen der Korinther zu ihm stehen (2Kor 5,11). Er sieht sich von der Liebe Christi motiviert und spricht von dem neuen Blick, den die Christen auf die Welt werfen. Dieser Blick wird bezeichnet durch das Gegensatzpaar: nach dem Fleisch und nach dem Geist. Der neue Blick wird ermöglicht durch die von Gott gestiftete Versöhnung. Es ist ein versöhnlicher Blick. »Gott war in Christus und versöhnte die Welt mit sich selber und rechnete ihnen ihre Sünden nicht zu« (2Kor 5,19). Hier ist an keine Trennung in Versöhnte und Nichtversöhnte, Erwählte und Verworfene oder Glaubende und Nichtglaubende gedacht. In großer Gelassenheit wird nicht weniger als die Allversöhnung ausgesprochen. Alle, die ganze Welt ist in Christus versöhnt! Allversöhnung ist bei Paulus anders als in der Geschichte der Kirche, in der dieser Begriff häretisiert wurde,[4] keine Spekulation über

---

[2] Von »billiger Versöhnung« sprachen 1985 die südafrikanischen Theologen, die das Kairos-Dokument verfasst haben. Billige Versöhnung ist für sie Versöhnung ohne Beseitigungen der Ungerechtigkeiten; vgl. http://www.sahistory.org.za/archive/challenge-church-theological-comment-political-crisis-south-africa-kairos-document-1985 (18.06.2019).

[3] Das Wort wurde in einem Artikel in der taz im Jahr 1994 von dem deutschen Journalisten Klaus Bachmann für die deutsch-polnische Versöhnung geprägt und seither in Bezug auf die deutsch-polnischen Beziehungen immer wieder zitiert.

[4] Vgl. hierzu Janowski 2000.

endzeitliches Geschick, das Engel und sogar den Teufel einschließt, sondern einfache Aussage über die Wirklichkeit, wie sie im Geist wahrgenommen wird: Die ganze Welt ist versöhnt. Die Versöhnungsbotschaft geht deshalb weiter als die Rede von der Rechtfertigung. Während die Rechtfertigungsbotschaft immer wieder an den Glauben als deren Erlebnisweise gebunden wird (Röm 1,17 u. ö.), ist die Rede von der Versöhnung stets ohne diesen Bezug. Versöhnung hängt für Paulus nicht von uns ab, weder von unserer Annahme, noch von unserem Glauben und schon gar nicht von unseren Werken. So auch im Kolosserbrief: »Denn es hat Gott wohlgefallen, dass in ihm [sc. Jesus Christus] alle Fülle wohnen sollte und er durch ihn alles mit sich versöhnte, es sei auf Erden oder im Himmel, indem er Frieden machte durch sein Blut am Kreuz« (Kol 1,19 f.). Ganz ähnlich heißt es auch außerhalb der paulinischen Schriften im 1. Johannesbrief: »Er [sc. Christus] ist die Versöhnung für unsere Sünden, nicht allein aber für die unseren, sondern für die der ganzen Welt« (1Joh 2,2).

Nicht immer hat die Kirche die universale Weite der biblischen Botschaft von der Versöhnung gesehen. Stattdessen gab und gibt es allzu viele Drohungen mit der Hölle und Aufkündigungen der Zusammengehörigkeit, die alle Geschöpfe verbindet. In der Tat sind wir nach paulinischer Sicht aber so miteinander und mit der Welt und ihren Geschöpfen verbunden, dass entweder keiner mit Gott versöhnt wäre oder alle mit Gott versöhnt sind. Nur deshalb kann die Existenz des einen Gerechten, Jesus Christus, die Versöhnung der Welt bedeuten. Unglaube, Ungehorsam, Verwerfung gehören nach Paulus zu einer Geschichte, die einen klaren Ausgang hat: »Gott hat alle eingeschlossen in den Ungehorsam, damit er sich aller erbarme« (Röm 11,32).

Die universale Versöhnungsbotschaft wirft eine Reihe von Fragen auf. Vor allem stellt sich die Frage, wie die relativ zahlreichen Aussagen der Bibel und auch des Apostels Paulus, die von einem dualistischen Gerichtsausgang ausgehen, zu verstehen sind. Weiter fragt sich: Warum ist, wenn alle versöhnt sind, die Botschaft von der Versöhnung noch eine zentrale Aufgabe des Christen. Direkt nach der Aussage über die Versöhnung der Welt steht im 2Kor 5,20: »So sind wir nun Botschafter an Christi statt, denn Gott fordert durch uns auf: so bitten nun wir an Christi statt: Lasset Euch versöhnen mit Gott!« In ihrer zeitlichen Dimension beschreibt Christoph Schwöbel Versöhnung treffend als »ein Ereignis in der Vergangenheit, eine weitergehende Beziehung in der Gegenwart, von der behauptet wird, dass sie eschatologische Letztgültigkeit besitzt«.[5] Im menschlichen Leben gibt es Analogien zur Versöhnung in dem Sinne von Ereignissen, die bleibende Beziehungen stiften und Letztgültigkeit besitzen. Es ist schwer, sich ein Ereignis vorzustellen, dem diese Qualitäten vollständig abgehen würden, aber besonders typisch und als Analogien zur Versöhnung besonders geeignet sind

---

5 Schwöbel 2003, S. 19: »Reconciliation […] refers to an event in the past and to an enduring relationship in the present, which is claimed to be eschatologically ultimate.«

das Zeugen und Gebären eines Kindes. Diese Ereignisse stiften bleibende Beziehungen, von denen die Identität von Eltern und Kindern immer und unwiderruflich betroffen ist. Gotteskindschaft des Volkes Israel, Jesu Christi, der Christen, aller Menschen, ist deshalb eine zentrale christliche Metapher. Desmond Tutu begann seine Predigten mit »Geliebte Kinder Gottes«. Nun ist es mit Beziehungen zwischen Kindern und Eltern nicht selten so, dass an sie erinnert werden muss. Der verlorene Sohn erinnert sich an seinen Vater im Gleichnis, und nicht nur er. Christen sollen einander – und nach Paulus alle Menschen und die ganze Welt – daran erinnern, dass sie Kinder Gottes, dass sie mit Gott versöhnt sind. Zu dem Versöhntsein als von Gott her gesetztem Faktum tritt das »Sich-Versöhnen-Lassen« als Eintritt in einen Prozess und eine Erfahrung. Zeichenhaft wird diese Erfahrung durch das Abendmahl vermittelt und durch die Beichte und den Zuspruch der Vergebung erneuert. So wenig es etwas in meinem Leben ändert, wenn ich in einer Kind-Vater-Beziehung zu einem liebevollen, weisen und mächtigen Menschen stehe, diese Beziehung aber nicht lebe, so wenig ändert sich in unserem Leben und in der Welt, wenn wir unsere Beziehung zu Gott, dem Versöhner der Welt, nicht erleben und leben. Die ganze Welt erscheint uns dann unversöhnt und wird als unversöhnt erfahren, obwohl wir eigentlich wissen sollten, dass die auch bei Christen übliche Rede von der »unversöhnten Welt«, unzutreffend ist. Stattdessen scheint es biblisch angemessener von einer noch nicht *erlösten* Welt zu sprechen. Die Welt ist deshalb noch nicht erlöst, weil die Sünde, Entfremdung, Leid, Tod und Böses in dieser Welt bedrückend vorhanden und mächtig sind. Erlösung meint biblisch die Wegnahme von Leid, Sünde, Tod und widergöttlichen Mächten. Verwerfung und Verdammnis betrifft kein Geschöpf Gottes, wohl aber diejenigen Identitäten, die wir erfahren und gelebt haben, die nicht mit Gottes Liebe und Versöhnung vereinbar sind, etwa die Identität des reichen Mannes, der den armen Lazarus in Hunger und Elend lässt. Diese Identität des unbarmherzigen Reichen hat keine Zukunft im Reich Gottes. Sie gehört in die Hölle. Im Hinblick auf Versöhnung bedeutet dies, dass versöhntes Leben das Aufhören mit manchen Identitäten mit einschließt und neue Identitäten entstehen. Auf dem Weg der Versöhnung gibt es immer ein »Nie wieder«, ein »Nunca mas«, eine Liste von Denkweisen, Werten, Narrativen und Identitätskonstruktionen, die keine Zukunft haben und beendet werden müssen. Galater 3,28 beschreibt ein solches Aufhören von trennenden Identitäten für den Christen in denkbar allgemeiner und radikaler Form. »Hier ist nicht Jude noch Grieche, hier ist nicht Sklave noch Freier, hier ist nicht Mann noch Frau; denn ihr seid allesamt einer in Christus Jesus.« Nationalität, Religionszugehörigkeit, Sozialer Status und Geschlecht treten als trennende Identitäten zurück; wären sie letztgültig und würden sie über der Einheit stehen, wäre Versöhnung unmöglich.

Eine nächste Frage ist: Wie verhält sich Versöhnung zu Frieden? Die Antwort muss nach dem Gesagten eine doppelte sein. Als von Gott gestiftetes Ereignis in der Vergangenheit ist Versöhnung Gottes Weg zum Frieden. Dieser Weg ist schon zu seinem Ziel gelangt. Durch die Versöhnung *hat* Gott Frieden gestiftet. Weil Christus unsere Versöhnung ist, ist Christus unser Friede (Eph 2,14). Ähnlich und doch auch anders ist es im Bereich der menschlichen Erfahrung. Versöhnung ist auch hier der Weg zum Frieden. Versöhnung wird dabei aber erlebt als ein Prozess, als Vorgang, während Friede eher unvollkommener Zustand und Resultat ist, welches immer wieder fragmentarisch auftritt, wachsen kann, aber auch wieder als Erfahrung verloren geht. Versöhnung ist christlich verstanden der Weg zum Frieden. Versöhnung qualifiziert aber auch den Frieden, aus dem Christen leben und den sie zu erfahren suchen. Frieden im christlichen Sinne ist deshalb kritisch gegenüber bestimmten Friedensverständnissen. Frieden ist nicht die Sicherheit der einen unter Ausschluss oder auf Kosten der anderen, er ist nicht die Ruhe des Wohlstands der Sieger und Ausbeuter, er ist nicht der Friede, der mit Lügen erkauft ist und Schuld verleugnet. Christlicher Friede ist durch die Konfrontation mit den eigenen Fehlern, dem Unheil und dem Tod hindurchgegangen und ist die Herstellung guter Beziehungen von Freundschaft und Verständnis für alle Beteiligten. Er ist gemeinsamer Auszug aus der Lüge in ein Leben in Wahrheit, Respekt und Sorge für den anderen; und zwar – so wahr Versöhnung die Versöhnung der Welt ist – für jeden anderen.

Wie verhält sich Versöhnung zu Gott und Versöhnung zwischen Menschen? Mitte der 1990er Jahre hat Geiko Müller-Fahrenholz sich unüberhörbar gegen die Aufspaltung der Versöhnung in der christlichen Tradition gewandt. Zu oft hat die christliche Predigt nur die Versöhnung mit Gott im Blick gehabt und zu wenig an den Nächsten gedacht, der geschädigt wurde.[6] Biblisch wird die Versöhnung zwischen Gott und Mensch und die Versöhnung unter Menschen eng zusammengesehen. Wenn Gott die Welt mit sich versöhnt hat, dann kann die Welt und mit ihr die Menschen in der Welt nicht in sich völlig unversöhnt sein, durch Gott sind die Menschen auch miteinander versöhnt. So schreibt der Epheserbrief mit Bezug auf Juden und Heiden als zwei Gruppen, die gemeinsam die Menschheit ausmachen: Christus »ist unser Friede, der aus beiden [sc. Juden und Heiden] *eines* gemacht hat und den Zaun abgebrochen hat, der dazwischen war, nämlich die Feindschaft. Durch das Opfer seines Leibes hat er abgetan das Gesetz mit seinen Geboten und Satzungen, damit er in sich selber aus den zweien *einen* neuen Menschen schaffe und Frieden mache und die beiden versöhne mit Gott in einem Leibe durch das Kreuz, indem er die Feindschaft tötete durch sich selbst« (Eph 2,14–16). Die Versöhnung in Christus betrifft nach dem Kolosserbrief nicht nur die christliche Gemeinde, sondern die ganze Welt, denn »in ihm ist alles geschaffen, was im Himmel und auf Erden ist« (Kol 1,16). Die umfassende, von Gott bereits gestiftete Versöhnung der Welt ist die Voraussetzung aller menschlichen Erfahrung von Versöhnung und allen Engagements für Versöh-

---

[6] Vgl. Müller-Fahrenholz 1996.

nung unter den Menschen. Dies schafft Gelassenheit und erlaubt es Christen, sich – ob sie es erfahren oder nicht – immer schon »im Kraftfeld der Versöhnung« (Gerhard Sauter) zu erkennen. Zwischenmenschliche Versöhnung bildet dabei nicht nur Gottes Versöhnungshandeln ab (so mit Recht Ralf Wüstenberg), sondern es verkörpert dieses auch.[7] Die Versöhnung mit Mitmenschen ist biblisch gesehen, nicht die Voraussetzung für die von Gott bereits gesetzte Versöhnung der Welt, wohl aber ist sie nach der Jesustradition und nach jüdischem Denken (bJoma 6) Voraussetzung für unser Erleben und unsere Erfahrung von Versöhnung mit Gott (vgl. Mt 6,12.14–15 im Blick auf Vergeben; Mk 11,26 im Blick auf unversöhnte Konflikte mit anderen).

Eine der großen exegetischen Entdeckungen der vergangenen Jahrzehnte war, dass die christliche Rede von Friede und Versöhnung nicht nur mit kultischen Versöhnungspraktiken in der Hebräischen Bibel verbunden sind, sondern dass sie auch im Kontext des römischen Imperiums als alternative Versöhnungs- und Friedenskonzeption zu der der römischen Kaiserideologie gelesen werden muss.[8] Nicht der Kaiser, sondern Christus ist der Versöhner der Welt. Nicht die mit militärischer Gewalt und grausamer Unterdrückung, durch tausendfache Kreuzigungen aufgezwungene Unterwerfung unter die Übermacht Roms, sondern die Liebe Gottes und die im Modus der Bitte vorgetragene Versöhnungsbotschaft schaffen wahren Frieden in der Welt. Wenn diese Deutung zutreffend ist, dann ist christliche Versöhnung, auch wenn sie ohne jede explizite Rede von Politik durch die Feier des Abendmahls im Kreise politisch relativ uninteressierter Christen geschehen mag, immer schon politisch. Sie ist die Alternative zur Herstellung von Frieden durch Unterdrückung; sie ist Alternative zu den Imperien damals wie heute.

2. Versöhnung, Versöhnungsforschung und der Frieden in der Welt heute

Wenn die bisherigen Deutungen zutreffen, dann ist die christliche Rede vom Frieden wesentlich in der Versöhnungsbotschaft des Neuen Testaments begründet und von ihr her zu entwerfen. Christliches Engagement für den Frieden beruht auf einer Sicht der Welt »nach dem Geist«, in der die grundlegende, von Gott gestiftete Einheit der Welt und der Menschheit Voraussetzung allen Nachdenkens und Handelns ist. Wenn die Versöhnung immer auch sozial und politisch

---

[7] Vgl. ähnlich, wenn auch auf den Begriff und nicht auf die Wirklichkeit der Versöhnung bezogen John de Gruchy: Versöhnung ist »a human and a social process that requires theological explanation, and a theological concept seeking human embodiment« (de Gruchy 2002, 20).

[8] Vgl. unter anderem Breytenbach 1989.

ist, dann ist christliches Friedensengagement nicht eine Tätigkeit oder Wahl, die Christen treffen können oder nicht. Friedensengagement ist Vollzugsform des Christseins. Kirche ist Kirche der Versöhnung und des von der Versöhnung her verstandenen Friedens, oder sie ist nicht. Deshalb ergibt sich natürlich ein besonderes kirchliches und christliches Interesse an Friedens- und Versöhnungsprozessen, gleichgültig welche menschlichen Initiatoren sie haben. Versöhnungsprozesse in der ganzen Welt, ob von Christen oder Nichtchristen initiiert, rufen deshalb nach einem christlichen Verständnis, nach christlicher Mitarbeit, möglicherweise auch nach kritischen Rückfragen von Seiten des christlichen Glaubens, aber auch zum Lernen für eigene Versöhnungspraxis. Versöhnung betrifft dabei nicht nur die individuelle Versöhnung, sondern auch gesellschaftlich-politische Versöhnung. Die zahlreichen Versöhnungsprozesse seit Anfang des 20. Jahrhunderts über die gerade von Deutschland ausgegangenen Versöhnungsbemühungen nach dem Zweiten Weltkrieg und dem Holocaust bis hin zu aktuellen Versöhnungsprozessen in Südafrika, in Nordirland, in Kolumbien und in vielen Teilen der Welt haben zu einer von zahlreichen Disziplinen wie Recht, Geschichte, Kunst, Pädagogik, Psychologie, Philosophie, Politik, Soziologie oder auch Theologie in zunehmender Kooperation betriebenen Versöhnungsforschung geführt, deren Grundüberzeugungen im Folgenden kurz skizziert werden sollen.

Versöhnung ist die Wiederherstellung von normalen und wenn möglich guten Beziehungen nach schweren Vorkommnissen wie Kriegen, Völkermorden oder anderen schweren Menschenrechtsverletzungen. Man unterscheidet den innerstaatlichen Fall mit Bürgerkriegen, Diktaturen, der Unterdrückung von Gruppen (Minderheiten und manchmal auch Mehrheiten wie im Fall der Apartheid) von zwischenstaatlicher Versöhnung nach Kriegen, Militärinterventionen, gewaltsamer Besetzung oder kolonialer und postkolonialer Ausbeutung. Versöhnung ist ein über mehrere Generationen gehender Langzeitprozess. Sie ist auf die Vergangenheit gerichtet, insofern sie die Aufarbeitung der Vergangenheit durch Recht, die Arbeit von Historikern, Wahrheits- und Versöhnungskommissionen, Bitten um Verzeihung und falls möglich und von den Opfern gewollt Vergebung, Reparationen und die Trauer über das nicht wieder Gutzumachende, sowie eine versöhnliche Gedenkkultur mit der Überwindung von Stereotypen in Schulbüchern und in der Kultur beinhaltet. Versöhnung ist aber auch auf die Zukunft ausgerichtet durch den Aufbau einer gemeinsamen Sicherheitsstruktur, gewaltfreier Prozeduren für Konflikte, die Förderung von Jugendaustauschprogrammen, Handel und Kooperation oder auch durch den Entwurf eines gemeinsamen Lebens, in dem man sich nicht mehr als Feinde gegenübersteht, sondern sich wie Freunde behandelt. Versöhnung verlangt kreative Lösungen der Beteiligten, die von der Frage geleitet sein können: Wie kann man Versöhnung in all das bringen, was man tut.

Da christliche Friedensethik sich immer und mit Recht an fachwissenschaftlichem Sachwissen orientiert, fragt sich in dieser Situation, ob die Versöhnungsforschung in kirchlichen Äußerungen zum Frieden eine größere Rolle spielen kann.[9]

Literaturverzeichnis

Boesak, Allan Aubrey / DeYoung, Curtiss Paul (2012): Radical Reconciliation. Beyond political Pietism and Christian Quietism, Maryknoll.

Breytenbach, Cilliers (1989): Versöhnung: eine Studie zur paulinischen Soteriologie. Neukirchen-Vluyn.

Gruchy, John de (2002): Reconciliation. Restoring Justice, Minneapolis.

Janowski, Christine (2000): Allerlösung: Annäherungen an eine entdualisierte Eschatologie, 2 Bde., Neukirchen-Vluyn.

Müller-Fahrenholz, Geiko (1996): Vergebung macht frei: Vorschläge für eine Theologie der Versöhnung, Lembeck.

Schwöbel, Christoph (2003): Reconciliation: From Biblical Observations to Dogmatic Reconstruction, in: Colin E. Gunton (Hg.): The Theology of Reconciliation, London.

---

[9] Was Versöhnungsforschung als konkrete Resultate in vielen Konflikten bereits erarbeitet hat, darüber geben unter anderem die Forscherinnen und Forscher des Jena Center for Reconciliation Studies gerne Auskunft: www.jcrs.uni-jena.de.

Frieden durch Barmherzigkeit und Frieden durch Recht

Hartwig von Schubert

Zusammenfassung:
»Warum das Christentum anfangs nicht politisch war, später aber werden musste. Warum die Zwei-Reiche-Lehre eine sehr gute Idee ist. Viele reden etwas zu leichtfertig von Gewaltfreiheit. Auch Christen sollen für ihre politischen Überzeugungen kämpfen, aber doch in der Arena der politischen Öffentlichkeit und nicht im Schutz und Namen der Kirche.« Diese vier Zwischenüberschriften gliedern den Beitrag von Hartwig von Schubert. Da die in Deutschland bis 1918 währende »Ehe von Thron und Altar« wohl kaum durch eine »Ehe von Parlament und Altar« ersetzt werden sollte, sollen die Kirchen gewiss alle Bürger ermuntern, sich politisch aufzuklären; sie sollten aber nicht suggerieren, als könnten und dürften Staaten friedenspolitisch aus denselben Reserven schöpfen wie die Kirchen. Dafür haben sie andere Reserven, allem voran das für alle geltende Recht als »die Möglichkeit eines mit jedermanns Freiheit nach allgemeinen Gesetzen zusammenstimmenden durchgängigen wechselseitigen Zwanges« (Kant). Und das ist gut so.

1. Warum das Christentum anfangs nicht politisch war, später aber werden musste

Die urchristliche Revolution war keine politische Revolution, sondern eine des Gottesbildes. Kein Autor des Neuen Testamentes war nennenswert am Wohl irgendeiner spätantiken Polis oder gar des Imperiums interessiert. Der einzige, der sich über einzelne Logien Jesu und kurze Hinweise und Impulse hinaus überhaupt argumentativ zur politischen Herrschaft äußert, war der Apostel Paulus, und auch er nur in seinem Brief an die stadtrömische Gemeinde. Und auch dort hat er gerade mal sieben Verse im 13. Kapitel dafür übrig, mehr nicht.[1]

---

[1] Die folgenden Argumente führe ich in acht Thesen zusammen am Ende meiner Schrift »Pflugscharen und Schwerter. Plädoyer für eine realistische Friedensethik«, Leipzig

Deshalb zunächst die Frage: Was heißt Revolution des Gottesbildes? Sie ist dokumentiert in der radikalen Konzentration der biblischen Heilserwartung auf Jesus von Nazareth. Man darf jetzt aber diese Konzentration nicht *exklusiv* verstehen und damit den fatalen Fehler machen, die rigoristisch-absolutistische Seite des Monotheismus fortzuschreiben. Die Konzentration ist vielmehr *inklusiv* auszulegen. Gewiss, allein Christus ist das Lamm Gottes, das der Welt Sünde trägt. Aber derselbe Christus sagt: Was ihr einem von diesen geringsten meiner Brüder getan habt, das habt ihr mir getan. Und was ihr einem von diesen geringsten meiner Brüder nicht getan habt, das habt ihr mir nicht getan (Mt 25,40). Also ist jedes Kind, das in den Bergwerken dieser Erde geknechtet wird, ein Lamm Gottes, das der Welt, nämlich unser aller Sünde trägt und aufgenommen in das Leiden, die Auferstehung und die Sendung Christi mit zu unserer Erlösung beiträgt.

Wie angesichts solcher Inklusion kaum anders zu erwarten, konnte die anfängliche politische Abstinenz nicht das letzte Wort in der Geschichte des Christentums sein. Es war einfach so, dass die Urgemeinden alle Hände voll damit zu tun hatten, das Evangelium von der Liebe und Barmherzigkeit Gottes zu verkünden, sich erst einmal selbst als sozialen Leib der Liebe und Barmherzigkeit zu finden und sich mit Gott und mit sich selbst versöhnen zu lassen. Der Frieden, den Christus schenkt, ist anfangs ein Frieden mit dem Nächsten, mit sich selbst, mit Gott, er ist ein Frieden aus Barmherzigkeit.

Jedoch schon allein im Zuge der erfolgreichen Verbreitung der neuen Botschaft musste unsere Religion politisch werden. So war es bald unausweichlich, dass Christen irgendwann herrschen würden. Und um sich dabei zu orientieren, reichte das Neue Testament, wie gesagt, nicht aus. An erster Stelle stand natürlich die Hebräische Bibel, sie lieferte entscheidende Impulse und Bilder in den prophetischen Reden, in den Gesetzen der Thora, in den Jahwe-Königspsalmen und den Erzählungen von den Königen Judas und Israels. Daneben trat irgendwann der ganze Schatz der hellenistisch-lateinischen und der späteren politischen Philosophie. Spätestens seit der Konstantinischen Wende im 4. Jahrhundert stand das Christentum sowohl in seiner Selbstkonstitution als Kirche als auch in der nicht selten nahezu alleinigen Verantwortung für die Konstitution öffentlicher Macht vor der Notwendigkeit, sich im Spektrum der politischen Ideengeschichte zu entscheiden. Den Sieg in Sachen Herrschaftsform errang für mehr als eineinhalbtausend Jahre die Monarchie. Das Modell lieferte der zur Zeit der Geburt Jesu herrschende augusteische Frieden. Von Königen und Kaisern wurde die Errichtung gerechter Herrschaft und die Befriedung des Landes erwartet, der Legitimierung ihrer Herrschaft diente die Theologie über Jahrhunderte hinweg.

2019. Deren wissenschaftlich detaillierte Begründung wird in einer weiteren Schrift folgen »Krieg und Frieden. Eine Ethik politischer Gewalt«.

Die breitere Öffnung christlicher Theologien und Kirchen in Richtung auf demokratische Verfassungen ist eine sehr späte Frucht am Baum unserer Religion.

2. Warum die Zwei-Reiche-Lehre eine sehr gute Idee ist

Die epochale Verbindung von Monarchie und Monotheismus war in der Geschichte des Christentums gleichwohl immer wieder hart umkämpft, oftmals wurde gegen sie grundsätzlich Einspruch erhoben. Die Unterscheidung zwischen der Ausprägung eines sozialen Leibes der Liebe und Barmherzigkeit und parallel dazu eines sozialen Leibes des öffentlichen Rechtes wurde schon früh gesehen, aber angesichts der Machtmonopole christlicher Herrscher in weiten Teilen der Welt keineswegs immer angemessen beherzigt. Und vor der Aufgabe einer besonnenen Unterscheidung der »zwei Sphären« stehen auch heute wieder die evangelischen Christen in Deutschland. Wenn die evangelische Theologie und Kirche nicht erneut den schweren Fehler begehen will, Grundsätze ihrer eigenen Verfassung zur Norm der öffentlichen Ordnung für jedermann zu erklären und damit zurückzufallen in den eingangs genannten Rigorismus, dann muss sie an dieser Grundunterscheidung entschlossen festhalten. Sie darf in einer pluralistischen und multipolaren Welt noch nicht einmal den Anschein erwecken, als empfehle sie dem Staat, jedermann dem christlichen Ethos zu unterwerfen und als müsse sie nun der Demokratie mit staatsmetaphysischen Begründungen unter die Arme greifen.

Nicht, dass Kirchen nicht für das christliche Ethos werben dürften! Nicht, dass beide Sphären so strikt voneinander geschieden wären, als wüssten sie nichts voneinander! Beide stehen im Austausch, beide können voneinander lernen, beide können sich gegenseitig in Respekt begegnen. Und es soll unbedingt einen Raum geben, der es Menschen ermöglicht, die Revolution des Gottesbildes in ihrem Alltagshandeln nachzuvollziehen und spontan Barmherzigkeit zu üben und sich beispielsweise der leidenden Kinder am anderen Ende der Welt anzunehmen. Und diesen Raum nennen wir »Kirche«. Dieser Raum ist auch nicht exklusiv, er ist aber auch nicht in der Weise inklusiv, dass es geboten oder auch nur erlaubt wäre, andere zur Mitgliedschaft zu *zwingen*. Eben genau dieser Zwang hat sein Recht jedoch in jenem anderen Raum der gesellschaftlichen Öffentlichkeit, im Raum des für alle geltenden Rechtes. Das gilt in Demokratien sogar noch mehr als in Monarchien, in denen sich Eliten verbriefte Adelsprivilegien sichern. Ein Recht ist immer ein Recht zu zwingen. Hat jenes Kind im Bergwerk ein Menschenrecht auf Kindheit und auf schulische Bildung, so muss es nicht darauf warten, dass ihm jemand diese Rechte aus Barmherzigkeit gewährt, sondern es soll vermittelt über die Anwälte und Institutionen einer demokratisch verfassten staatlichen Rechtsordnung alle anderen dazu *zwingen* können, sein

Recht zu wahren. Die Ausbeuter von Minderjährigen werden nicht geduldig ertragen, höflich gebeten oder liebevoll umworben. Sie werden angeklagt, verurteilt und bestraft und müssen schmerzhaft Genugtuung leisten. Hoffentlich! Und die Frage der Legitimation von Herrschaft ist damit auch eindeutig beantwortet: »Der Sabbat ist um des Menschen willen gemacht, und nicht der Mensch um des Sabbat willen« (Mk 2,27). Nicht die Schwachen werden der Gewalt und dem Recht der Stärkeren unterworfen, sondern die Gewalt und Stärke des Rechts dient den Schwachen und Starken unparteiisch und ohne Ansehen der Person.

3. Viele reden etwas zu leichtfertig von Gewaltfreiheit

Wer pauschal behauptet, es sei möglich und sinnvoll, schlechthin gewaltfrei zu handeln, riskiert, unser aller systemische Teilhabe an Gewalt auf höchst ideologische Weise zu verschleiern. Stattdessen ist jegliche Gewalt beim Namen zu nennen und einzuhegen. Das Wort »Gewalt« hat im Deutschen eine sehr weite Bedeutung, es kann Autorität, Kraft, Macht, Stärke, Verbrechen oder Zwang bedeuten. Der Frieden, von dem der christliche Glaube spricht, ist zu allererst ein Frieden zwischen mir und meinem Gott, erst im Anschluss daran auch ein Frieden zwischen mir und meinen Geschwistern im Glauben. Hier in der Sphäre der Barmherzigkeit gilt allein die Macht des freien Wortes, in der Kirche hat niemand weder Amt noch Mittel der Zwangsvollstreckung, in diesem Sinne soll sie ein gewaltfreier Raum sein, aber kein rechtsfreier Raum. Das Kirchenrecht gewährt jedem einzelnen Christen sein Recht auf individuelle Auslegung und Aneignung des Evangeliums sogar gegen die Übermacht von Ämtern, Bischöfen und Synoden. Das Kirchenrecht kennt aber keine Zwangsmittel, durchgesetzt wird es allein durch das Wort, alle Kirchenmitglieder verlassen sich schlicht auf wechselseitige Rechtstreue und fügen sich bereitwillig dem Spruch kirchlicher Gerichte. In der Sphäre des für alle geltenden Rechtes aber garantiert die zwangsbewehrte Macht von Staaten den Rechtsfrieden. Deshalb kann der Apostel in dem erwähnten Brief an die Römer Gewalt als ein Geschenk des Himmels bezeichnen. Die Rede ist aber von der Gewalt einzig im Sinne einer normierten und normierenden Staatsgewalt und von keiner anderen Gewalt. Die Gewalt im Sinne der Stärke des Rechts hat die Aufgabe, dem vermeintlichen Recht des Stärkeren und der Gewalt im Sinn von Verbrechen entgegenzutreten. Und da auch die Staatsgewalt dazu neigt, willkürlich zu handeln, ist auch sie von den Bürgern dem Recht und der Gerechtigkeit zu unterwerfen. Und um sich dabei kritisch orientieren zu können, bedarf es einer Ethik politischer Gewalt, vornehmlich also einer Rechtsethik oder Ethik rechtserhaltender Gewalt.

4. Auch Christen sollen für ihre politischen Überzeugungen kämpfen, aber doch in der Arena der politischen Öffentlichkeit und nicht im Schutz und Namen der Kirche

Christen sollen der Versuchung widerstehen, ihre politische Macht durch fromme Aufladung zu potenzieren. Sie tragen ihre politischen Konzepte in welchem politischen Ressort auch immer mit Argumenten der politischen Vernunft vor, und das bedeutet in Demokratien, sie bringen sie in den politischen Kampf der Parteien in den Parlamenten ein. Weder Kirchen noch ihre Synoden, Ämter und Werke sollten danach streben, selbst politisch Partei zu werden. Sie sollen gewiss ihr durchaus politisches Wirken programmatisch und konzeptionell ausarbeiten, aber nicht darauf zielen, die Verwirklichung ihres Ethos eins zu eins mit Mitteln politischer Macht durchzusetzen. Wenn die Christen in einem Land sich etwa auf ihren Synoden einig werden, dass bei ihnen und möglichst sogar weltweit kein Kind um seine Kindheit betrogen wird, dann sollen sie als politisch aktive Bürger durchaus nach politischer Macht streben, um diese Einsicht per Gesetz und notfalls unter Einsatz staatlicher Zwangsmittel durchzusetzen. Sie sollen aber unmissverständlich unterscheiden zwischen der *Genese* ihrer Einsicht und der *Geltung* von Sozialgesetzen und -standards. Ihre Einsicht verdankt sich vermutlich in hohem Maße dem christlichen Ethos der Liebe und Barmherzigkeit. Die Rechtsgeltung von Kinderrechten aber verdankt sich der durch eine Staatsverfassung vorgeschriebenen Gesetzgebung, Rechtsprechung und dem Vollzug rechtserhaltender Gewalt.

Und was für das Soziale gilt, das gilt für alle anderen Ressorts, also für Auswärtige Politik, Bildung, Innere Sicherheit, Verkehr, Verteidigung, Wirtschaft etc. Wenn also beispielsweise die badische Landessynode mehrheitlich zur der religiös motivierten, wenn auch von mir strikt abgelehnten Einsicht gelangt ist, dass unser Land auf militärische Beiträge zur internationalen Friedenssicherung verzichten solle, dann können und sollen die Synodalen die übrigen Mitglieder ihrer Kirche durchaus dazu ermutigen, einen solchen Vorschlag in die Programmkommissionen politischer Parteien und über diese in die parlamentarische Gesetzgebung einzubringen. Selbst wenn ihnen das gelingen sollte, was ich für nahezu ausgeschlossen halte, sollten sie sich davor hüten, den Entscheidungen von Programmparteitagen und des Deutschen Bundestages für eine solch gravierende Grundrechtsänderung *theologische* Legitimität anzudienen. Es müsste reichen, dass eine Partei, vielleicht sogar eine Mehrheit im Parlament, das aus welchen Gründen auch immer vernünftig fände. Und dann sollte es im extrem irrealen Fall einer erfolgreichen Abstimmung auch so geschehen, dann würde die Bundeswehr eben abgeschafft. Nach der nächsten Wahl könnte das ja wieder revidiert werden. Denn irgendwelche Länder müssen ja die militärischen Aufgaben internationaler Friedenssicherung schultern.

Kirchen mögen in ihrer inneren Rechtspflege auf Zwangsmittel verzichten, ein Land mag auf Streitkräfte verzichten, ein einzelner Mensch mag auch für sich selbst sogar schlechthin auf Gewalt verzichten, der Forderung nach einem vollkommenen Gewaltverzicht aller Bürger aber steht das christliche Bekenntnis entgegen. Das auf den Prinzipien der Freiheit und Gleichheit ruhende und politisch erkämpfte Recht erlaubt keine Privilegien, sondern gewährt Willkürfreiheit stets allen in gleicher Weise. Eben darum schafft es mit dem Staat eine lückenlose, unhintergehbare, unausweichliche, letzte Verbindlichkeit sozialer Befehle, Regeln und Ordnungen. Eine solche Verbindlichkeit wird durch einen politisch kräftigen Staat garantiert, der Gewalt hoheitlich, d.h. umfassend und nachhaltig monopolisiert, gewaltenteilig autorisiert und organisiert und verhältnismäßig, d.h. räumlich und zeitlich, psychisch und physisch, ideell und materiell differenziert einsetzt. Einen Bürger seiner Gewalt schlechthin zu berauben, die letztlich institutionell vermittelt immer seine eigene bleibt, nähme ihm das Recht. Das darf nicht geschehen. Niemandem darf das Recht genommen werden, Rechte zu haben. Das christliche Bekenntnis umfasst auch das Bekenntnis zur Gottesebenbildlichkeit des Menschen und zur Menschenwürde als dem Prinzip des Menschenrechts. Man muss nicht einmal den Hinweis auf das Böse in der Welt und die Bosheit der Menschen bemühen. Allein schon angesichts unvermeidlicher Interessengegensätze zwischen freien Individuen leitet das regulative Ideal des gerechten Friedens die Legitimation des Einsatzes von rechtsstaatlicher Gewalt in der gesamten Sphäre des Rechts vom Privatrecht über das öffentliche Recht bis zum Menschen- und Völkerrecht. Der Apostel Paulus hätte das noch nicht so formulieren können, aber eine christliche Ethik des Politischen auf sieben Verse zu bringen, das muss man schon genial nennen.

Gerechtigkeit und Frieden
Gegenwärtige Herausforderungen für eine am Leitbild des gerechten Friedens orientierte evangelische Friedensethik

Reiner Anselm

Zusammenfassung:
Sich für den Frieden sowie für die Rechte der Rechtlosen einzusetzen, ist ein wesentlicher und unverzichtbarer Bestandteil des Christentums. Das Leitbild des gerechten Friedens verbindet beide Elemente, indem die friedensschaffende Kraft des Rechts auch in internationalen Beziehungen betont wird. Allerdings sind diesem Konzept Spannungen inhärent, die in der jüngsten Vergangenheit deutlich zu Tage getreten sind: Zum einen können die Orientierung am Nächsten und die Ausrichtung an der Gerechtigkeit miteinander in Konflikt geraten. Zudem lebt die zugrunde gelegte Vorstellung von Gerechtigkeit von der Unterstellung gemeinsam geteilter, dem christlich-liberalen Denken entstammenden Werten einer Regelung von gesellschaftlichen wie internationalen Beziehungen durch die Rechtsordnung. Evangelische Friedensethik muss sich stärker damit auseinandersetzen, dass diese Voraussetzungen dort gerade nicht gegeben sind, wo derzeit internationale Konflikte aufbrechen. Theologisch gesehen, bedarf es einer Friedensethik, die nicht nur als Ethik des Evangeliums, sondern auch – und komplementär dazu – als Ethik des Gesetzes gedacht wird.

1.

Es kann gar keinen Zweifel geben: Sich für den Frieden einzusetzen und den Entrechteten zur Seite zu stehen, ist ein unverzichtbarer Bestandteil des Christentums. Von den ersten Anfängen an erkennen Christen im Schicksal eines Menschen, der verfolgt und entrechtet ist, das Schicksal Christi wieder und identifizieren sich mit seiner bedingungslosen Zuwendung zu denen, die am Rande der Gesellschaft stehen. Dieses Handeln bringt der jungen Glaubensrichtung viele Sympathien ein – aber auch den Argwohn und den Widerstand seitens derer, die politisch Verantwortung tragen. Seit seinen Ursprüngen entfaltet sich das Christentum auch als soziale Praxis; es ist immer mehr als nur eine innere Überzeugung.

Als eine solche soziale Praxis ist es allerdings immer auch politisch – und gerade darum hat es auch stets nicht nur den Argwohn, sondern auch das Interesse derer, die politische Verantwortung tragen, auf sich gezogen. Sie versuchten entweder, die Impulse der christlichen Botschaft für ein Zusammenleben in Frieden und Gerechtigkeit zu neutralisieren oder gar zu eliminieren, oder aber sie für die eigenen Ideale und Zielsetzungen fruchtbar zu machen oder auch zu instrumentalisieren. Dass es hier zu Spannungen kommen musste, liegt dabei nicht nur in dem elementaren Sachverhalt begründet, dass das Politische immer auch mit der Frage von Macht und Machtdurchsetzung verbunden ist und sich dazu konstitutiv des Einsatzes oder zumindest der Androhung von Gewalt bemächtigen muss. Es resultiert vor allem daraus, dass die christliche Ethik, wie sie sich in den Schriften des Neuen Testaments niedergeschlagen hat, den *konkreten Nächsten* vor Augen hat, die Sphäre des Politischen jedoch auf den *generalisierten Anderen* gerichtet ist:[1] Die biblische Forderung nach Zuwendung und Fürsorge nimmt einen einzelnen, konkreten Menschen in seiner Situation und seinen Bedürfnissen in den Blick – und zwar unabhängig von Eigenschaften wie Volkszugehörigkeit, Religion, Geschlecht oder politischer Orientierung. Dagegen ist es die Aufgabe des Politischen, den Blick auf den Bürger bzw. – und für das vormoderne Christentum nicht anachronistisch – den Untertan *in genere* zu richten; das Ansehen der Person, das wird am Beispiel der Justiz besonders deutlich, darf gerade keine ausschlaggebende Bedeutung für seinen Status gegenüber dem Recht oder auch der Politik haben. Nächstenliebe und Gerechtigkeit können sich, auch das wird in diesem Beispiel deutlich, durchaus in einem Spannungsverhältnis befinden.

Nicht erst in der jüngsten Vergangenheit, sondern strukturell hat die unzureichende Beachtung der Differenz zwischen dem konkreten Nächsten und dem generalisierten Anderen immer wieder zu tief greifenden Schwierigkeiten geführt. Die Differenz zu beachten, bedeutet dabei natürlich nicht, jegliche Überschneidung zwischen den beiden Bereichen zu negieren. Vielmehr gehört es zu den gewachsenen Traditionen des Christentums, dass es einen breiten Überlappungsbereich zwischen der Ausrichtung am konkreten Nächsten und am generalisierten Anderen geben soll: Weder darf das Politische das Handeln am Nächsten ignorieren oder gar unmöglich machen, noch darf es, ausgerichtet am generalisierten Nächsten, zu Entscheidungen gelangen, die den Einzelnen über Gebühr belasten. Umgekehrt aber gilt auch, dass die Zuwendung zum konkreten Nächsten nicht außer Acht lassen darf, dass diese Zuwendung möglicherweise in Widerspruch geraten kann zu den Interessen und Bedürfnissen des generalisierten Anderen. Wird dies nicht beachtet, ist nicht nur eine Moralisierung der Politik unvermeidlich, sondern zudem die Sakralisierung der Moral und, verbunden mit dem Machtaspekt politischer Herrschaft, auch die Verbindung von

---

[1] Zu dieser Unterscheidung vgl. bes. Fischer 2019, S. 99–114.

Gewalt und Moral. Johannes Fischer hat auf dieses Spannungsfeld erst jüngst wieder mit Nachdruck hingewiesen. Die Aufgabe der Ethik besteht in diesem Zusammenhang darin, auf die Unterscheidung der Handlungsdimensionen zu achten und, gerade als theologische Ethik, einer Sakralisierung des Politischen – und auch des Moralischen – entgegenzutreten.

2.

Der Leitbegriff der Gerechtigkeit ist, gerade in seinem Grenzgängertum zwischen dem Politischen und dem Religiösen, in besonderer Weise anfällig für die eben geschilderte Problematik. Wenn gegen die Gerechtigkeit verstoßen wird, dann sorgt das nicht nur für Bekümmerung, sondern für Empörung. Eben darum birgt das Thema Gerechtigkeit auch ein enormes Mobilisierungspotenzial. Der Gerechtigkeit zum Durchbruch zu verhelfen, sehen gerade Christen, aber bei Weitem nicht nur sie, als ihre vornehmste politische Verpflichtung an. Allein: Was Gerechtigkeit genauer beinhaltet und wie Gerechtigkeit formatiert sein soll, wenn sie sich eben nicht auf einen konkreten Fall, sondern auf ein Geflecht von verschiedenen Situationen, Interessen und Handlungsoptionen bezieht, darauf ist es bislang nicht gelungen, eine befriedigende Antwort zu geben. Sobald versucht wird, den Gerechtigkeitsbegriff näher zu füllen und ihn vor allem an mehrdimensionale Problemlagen heranzuführen, wachsen die Uneindeutigkeiten, wachsen vor allem auch die Spannungen und Konfliktlagen, die dem Konzept innewohnen.

Angesichts dieser Komplexität ist es kaum verwunderlich, dass das Gerechtigkeitsthema immer wieder religiöse Konnotationen auf sich gezogen hat – nicht zuletzt in der reformatorischen Ausdeutung der paulinischen Rede von der Gerechtigkeit Gottes, die unabhängig von allen irdischen Maßstäben, unabhängig auch von allen Abwägungen jedem Einzelnen gewährt wird, sofern er an das Versöhnungswerk Christi glaubt. Selbst der wohl prominenteste Entwurf der jüngeren Vergangenheit, John Rawls »theory of justice« nimmt gegen alle Beteuerungen, es handele sich um eine politische, nicht um eine metaphysische Theorie, doch Anleihen an der religiösen Semantik, wenn er den Urzustand als regulatives Gedankenexperiment einführt. In ähnlicher Weise ließe sich auch Martha Nussbaums *Capability*-Ansatz als eine Anleihe an religiöser Vorstellung deuten, dann nämlich, wenn man die Grundbedürfnisse als Ausdruck der ursprünglichen, nicht positionell und interessengeleitet überformten Bedürfnisse des Menschen versteht.

Es bedeutete eine wichtige, aber auch eine folgenreiche Weichenstellung der neueren evangelischen Friedensethik, »Gerechtigkeit« und »Frieden« in ein gegenseitiges Auslegungsverhältnis zu bringen. Der überkommenen Lehrbildung vom »gerechten Krieg« stellte sie den »gerechten Frieden« gegenüber – gegründet auf die richtige und wichtige Einsicht, dass Ungerechtigkeiten eine ständige Bedrohung des Friedens darstellen. »Friede erschöpft sich nicht in der Abwesenheit von Gewalt, sondern hat ein Zusammenleben in Gerechtigkeit zum Ziel«, hält die Friedensdenkschrift der EKD aus dem Jahre 2007 bündig fest.[2] Wenn allerdings dann dieses Zusammenleben in Gerechtigkeit durch die vier Leitprinzipien »Schutz vor Gewalt«, »Förderung von Freiheit«, »Abbau von Not« und »Anerkennung kultureller Verschiedenheit« näher ausbuchstabiert wird,[3] zeigen sich präzise die Schwierigkeiten und Gefahren des Gerechtigkeitsbegriffs: Sie liegen in der Unschärfe des Begriffs begründet, die sich nur dann überwinden lässt, wenn im Hintergrund eine gemeinsame Vorstellung des Guten steht. Denn nur dann lassen sich die inhärenten Spannungen im Gerechtigkeitsbegriff, nur dann lassen sich auch die Spannungen, die zwischen den vier Interpretationsgrundsätzen unverkennbar sind, in ein harmonisches – friedliches – Miteinander bringen.

Nun aber ist es in aller Regel so, dass es gerade die Spannungen zwischen den verschiedenen Dimensionen sind, die den Ausgangspunkt für Konflikte bilden. Soll Freiheit, um nur ein Beispiel herauszugreifen, nach dem Muster liberalwestlicher, individueller Vorstellungen oder eher tribalistisch-kommunitär verstanden werden? Oder, um ein zweites Beispiel zu nennen, das sich hier direkt anschließt: Wie weit geht die Anerkennung kultureller Verschiedenheit? Beinhaltet sie nicht-egalitäre Bürgerschaftsverhältnisse etwa im Blick auf Männer und Frauen, die Zugehörigkeit zu bestimmten Völkern oder Volksgruppen oder die sexuelle Orientierung? Oder sollen diese ihre Grenze an der Freiheit finden – die ja aber doch selbst ein umstrittenes Modell darstellt? Schließlich bleibt auch undeutlich, wie genau Abwesenheit von Gewalt zu interpretieren ist: Ist hier nur körperliche Gewalt im Fokus, oder auch etwa psychische oder kulturelle Gewaltausübung?

Nur wenn man im Hintergrund eine bestimmte Vorstellung von den Leitprinzipien und dem Zusammenklang der einzelnen Dimensionen mitklingen lassen kann, ist eine operationalisierbare Gewichtung und Ausdeutung der einzelnen Dimensionen möglich. Die friedensethischen Konzepte, die in unserem, gerade eben auch im evangelischen Kontext vertreten werden, scheinen dabei mit einem gemäßigten westlich-aufklärerischen christlichen Ethnozentrismus zu operieren, der den Verhältnisbestimmungen folgt, wie sie sich in den deutschen friedensethischen Lernprozessen des 20. Jahrhunderts ergeben haben. Dessen universalisierende Tendenz stellt einen gewissen ethischen Imperialismus dar, der sich allerdings hinter einer menschenrechtsorientierten, aufgeklärtchristlichen Argumentation verbirgt.

---

[2] Evangelische Kirche in Deutschland 2007, S. 54.
[3] A.a.O., S. 54–56.

Wohlgemerkt: Die eingenommene Perspektive ist in meinen Augen als Angehöriger desselben Kulturkreises und derselben Prägung durchaus unterstützenswert, allerdings sollte man sich der Partikularität der eigenen Position und dem daraus möglicherweise resultierenden Konfliktpotenzial deutlich bewusst sein. Dieses Konfliktpotenzial wird umso höher, je absoluter und unverhandelbarer man die eigene Interpretation von Gerechtigkeit und damit auch des Friedens ansetzt. Im Gefolge einer bestimmten lutherischen Staatsmetaphysik, die im Staat und seinem Handeln letztlich die ordnende, objektive und unparteiische Hand Gottes am Werk sah, tendiert die deutsche Tradition gerade im Kontext der Kirchen dazu, ihre Auslegung des Menschenrechtsdenkens in den Theorierahmen Hegels als »objektiven Geist« zu profilieren und sich dabei selbst als Garantin des »absoluten Geistes« zu präsentieren.

Wenn hier aber eine Reflexion über die Differenz zwischen der Sphäre des Absoluten und der Sphäre des Politischen unterbleibt, dann kommt es fast unweigerlich zu dem Paradox, dass man meint, die eigenen Prinzipien auch unter Ausübung von Gewalt durchsetzen zu dürfen oder gar durchsetzen zu müssen. Das Ergebnis dieser Position ist, dass Befriedung selbst Unfrieden stiftende Züge annimmt. Die Interventionen in den Bürgerkriegsländern sind dafür ein warnendes Beispiel. Denn selbst wenn diese zum Schutz der Opfer erfolgen sollen, ist doch unverkennbar, dass sie selbst Opfer hervorrufen. Oder, noch präziser formuliert: Wir wurden und werden immer wieder Zeugen eines Prozesses, bei dem mit Verweis auf den Schutz der Menschenrechte erst die staatlichen Strukturen zerstört werden, die für die Befriedigung von Schutzinteressen notwendig sind. Das allein ist noch kein Grund, Interventionen grundsätzlich zu unterlassen. Es sollte aber ein Grund sein, darüber nachzudenken, ob die Kategorialität der eigenen Forderungen, gerade auch die moralische Klarheit, mit der in der Regel gefordert wird, sich Menschenrechtsverletzungen entgegenzustellen, sich wirklich in letzter Konsequenz durchhalten lässt.

Diese Schwierigkeit lässt sich auch noch einmal in der Unterscheidung des konkreten Nächsten und des generalisierten Anderen reformulieren: Es kommt leicht zu einer Situation, in der der auf der Grundlage eigener Wertüberzeugungen und -hierarchien, aber auch auf der Grundlage visuell erzeugter Unmittelbarkeit präsente konkrete Nächste den Vorzug erhält vor dem generalisierten Anderen. An ihm muss sich das Handeln ausrichten, alle Relativierungen sind unzulässig. Aufgabe des Politischen muss es aber sein, sich an dem generalisierten Anderen zu orientieren und damit – gewissermaßen in einer Art ethischem Multilateralismus – zu überlegen, welche Einschränkungen auch der individuellen Rechte sowie der individuellen Hilfsbedürftigkeit hingenommen, ja ertragen werden müssen. Das gilt insbesondere für die Problematiken der humanitären Interventionen und der friedenserzwingenden bzw. friedenserhaltenden robusten Einsätze. Ich denke, es ist an dieser Stelle wichtig, darauf hinzuweisen, dass es entgegen einem ersten Augenschein zu den großen Vorzügen demokratisch-repräsentativer Systeme gehört, gerade für den Einsatz eigener Soldaten in solchen diffusen politischen Situationen hohe Hürden aufzubauen. Denn um das Leben eigener Soldatinnen und Soldaten zu riskieren, bedarf es sehr klarer Argumente und vor allem auch lückenloser Legitimationsketten – die nicht nur die autorisierenden Instanzen, sondern auch die zu erreichenden Ziele umfassen müssen. Solche Legitimationen lassen sich nur finden, wenn sich ein entsprechendes, intervenierendes Handeln an Zielen und Interessen der eigenen Bevölkerung ausrichten lässt und damit aber das Prinzip der Ausrichtung des eigenen Handelns am Nächsten konterkariert. Die Kehrseite der daraus resultierenden Zurückhaltung ist es, dass sich demokratische Staaten, auch wenn sie sich den Zielen der Wahrung der umfassend verstandenen Menschenrechte und der Sicherung des Friedens verpflichtet wissen, immer wieder dazu verdammt sehen, dem Unheil ins Auge sehen zu müssen, ohne doch etwas zur Überwindung des Unheils tun zu können. Diese Schwierigkeit gilt im Übrigen in ihren Grundsätzen auch für zivile, der Friedenssicherung verpflichtete Maßnahmen in Spannungsgebieten, sobald es sich nämlich um Einsätze handelt, bei denen Mitarbeitende verpflichtet werden und nicht nur aus eigener, freiwilliger Motivation heraus handeln.

3.

Erst in der jüngsten Zeit sind neben diesen, vor allem aus der Problematik der humanitären Interventionen erwachsenen Problemlagen, zwei weitere Herausforderungen für eine am Leitbild des gerechten Friedens orientierte Friedensethik dazugekommen.[4] Zunächst das Problem des Umgangs mit autoritären Staaten, die sich nicht dem als fremdbestimmend empfundenen Diktat des internationalen Rechts, insbesondere nicht dem vermeintlichen Diktat einer in ihrer Sichtweise als westlich-individualistisch empfundenen Interpretation der Menschenrechte unterwerfen wollen. Zudem stellt sich die Frage, ob und wie eine Ordnung des Multilateralismus aufrecht erhalten werden kann, wenn es keine Instanz gibt, die über die Einhaltung dieser Ordnung so zu wachen in der Lage ist, dass sie Verstöße in letzter Konsequenz auch unter Ausübung von Gewalt zu ahnden bereit ist – und zwar im Sinne einer internationalen Rechtsordnung unter dem Mandat der Vereinten Nationen.

Im Blick auf die erste Problematik erscheint es notwendig, neu über zwei komplementäre Elemente nachzudenken, von denen die friedensethische Debatte in der Zeit der Ost-West-Konfrontation geprägt worden war: Zum einen das Element der kontrollierten, defensiv orientierten militärischen Stärke, die Erpressungen anderer Staaten zurückzuweisen in der Lage ist und darüber hinaus

---

[4] Vgl. dazu auch Werkner 2019, S. 175–179.

auch Sicherheitsgarantien gegenüber den schwächeren Partnern in Systemen regionaler kollektiver Sicherheit bereit stellen kann. Zum anderen, parallel und eben komplementär dazu, das Ausbilden von vertrauensbildenden Maßnahmen, die in Abmachungen zur wechselseitigen Begrenzung militärischer Potenziale münden können. Das Ziel und die Grundlage solcher vertrauensbildender Maßnahmen sind Koalitionen der Interessen, nicht unbedingt Koalitionen geteilter Werte oder Rechtsinterpretationen. Die Architektur einer militärische Konfrontationen vermeidenden Koalition der Interessen mag ein sehr viel weniger umfangreiches Verständnis des Friedens hervorbringen, sie hat aber den großen Vorteil, dass sie nicht auf gemeinsam geteilten Überzeugungen aufbauen muss und damit inklusiver wirken kann als das weit anspruchsvollere Konzept des gerechten Friedens. Dabei muss es, wie in derzeitigen Debatten um die Zukunft des INF-Vertrags und auch die Modernisierung atomarer Waffen, ebenfalls darum gehen, die Sicherheits- und damit zugleich die Existenzinteressen auch derjenigen Staaten zu respektieren, deren Werteordnung sich als unvereinbar mit den Idealen einer westlich-aufgeklärten, menschenrechtsbasierten Demokratie erweist. Der Respekt vor diesen Interessen dürfte – analog zu den dann durchaus erfolgreichen Rüstungsverhandlungen zur Zeit der Blockkonfrontation – einen deutlichen ersten Schritt im Sinne vertrauensbildender Maßnahmen darstellen. Insgesamt aber dürfte dies darauf hinauslaufen, die internationale politische Ordnung weniger als ein Feld der Rechtsauslegung und -anwendung zu verstehen als vielmehr als einen Bereich kontroverser, nicht zuletzt auch machtbasierter Politik, bei dem es um den Respekt vor und die Balance zwischen unterschiedlichen Interessen geht.

Es kann und soll nicht verschwiegen werden, dass diese Herangehensweise eine zumindest temporäre Aufrüstung beinhalten kann, dann nämlich, wenn sich die derzeitige Tendenz der USA fortsetzt, die Rolle dessen einzunehmen, der im Krisenfall unter Androhung und auch des Einsatzes von Gewalt bereit ist, die internationale Ordnung durchzusetzen, nicht mehr wahrnehmen zu wollen. Gerade auf die europäischen demokratischen Staaten wird hier die Herausforderung zukommen, Kapazitäten vorzuhalten, mit denen sie auch selbst robust für eine multilaterale Ordnung einstehen könnten. Dabei kann dieser Aspekt, der einen wesentlichen Bestandteil einer rechtebasierten Friedensordnung darstellt, unübersehbar in das Spannungsverhältnis zu den eben angesprochenen vertrauensbildenden Maßnahmen geraten. Die adäquate, effektive Ausmittelung solcher konkurrierender Gesichtspunkte stellt ein wichtiges Element zukünftiger Friedenspolitik und damit auch der friedensethischen Reflexion dar.

Einen besonderen Erprobungsfall aller hier skizzierten Elemente stellen dabei die Entwicklungen militärischer Aktivitäten im Cyberraum dar. Hier verschwimmen die Elemente der Aggression, der präemptiven und präventiven Maßnahmen ebenso wie die Abgrenzung zwischen ziviler und militärischer Nutzung. Da sich derzeit der Bereich interstaatlicher Konflikte im Cyberraum in einem weitgehend ungeregelten Rahmen abspielt, dürfte es hier, gerade auch vor dem Hintergrund der Schwierigkeiten von Abgrenzung, Kontrolle und Durchsetzung, von besonderer Bedeutung sein, zu kooperativen Strukturen und vertrauensbildenden Maßnahmen zu kommen, auch wenn es (noch) keine gemeinsam geteilten Rechte und Werte gibt. Gerade hier aber sind Transparenz und Realismus von herausragender Bedeutung.

Theologisch bedeutet das, trotz allem Einsatz für den Frieden, trotz und unbeschadet der Tatsache, dass die zivile Friedensarbeit eine wesentliche – wenn auch wegen ihrer notwendigen Grundierung in einem bestimmten und keineswegs als allgemein geteilt vorauszusetzendem Wertekontext nie ganz unumstrittene und konfliktfreie – Alternative darstellt, dass die Friedensethik immer auch unter dem Aspekt des Gesetzes entworfen werden muss und nie nur unter dem Gesichtspunkt des Evangeliums entwickelt werden kann. Das Evangelium gibt unzweifelhaft die Zielrichtung vor. Aber zugleich muss die Dimension des Gesetzes, der nüchterne, unverstellte Blick auf die Realitäten des Zusammenlebens, mitberücksichtigt werden. Sicher, die Zielrichtung christlichen Handelns kann immer nur der Frieden sein. Aber es bleibt doch die Aufgabe, in einer noch nicht erlösten, durch Konflikte und Gegensätzlichkeiten gekennzeichneten Welt die Strukturen der Gewalt und des Unfriedens so zur Kenntnis zu nehmen, dass Bedrohungen und möglichen Erpressungen entgegengetreten werden kann. So sehr wir uns gerade aus dem Glauben heraus eine Welt ohne kriegerische Konflikte und auch ohne Waffen wünschen, so sehr müssen wir uns auch mit der Tatsache arrangieren, dass wir in einer Welt leben, in der Gewaltanwendung zum Alltag gehört. Wer dabei die dezentrale Gewaltanwendung durch ein internationales Gewaltmonopol eindämmen möchte, muss auch bereit sein, die Ressourcen zum Aufrechterhalten dieses Gewaltmonopols bereitzuhalten. Christliches Handeln wird stets zuerst die Möglichkeiten der gewaltfreien oder zumindest der gewaltärmsten Handlungsweisen ausschöpfen, aber es wird sich auch dessen gewahr sein, dass zumindest das Vorhalten von Gewaltmitteln in einer durch Aggression und Konflikte – und damit durch die Realität des Gesetzes gekennzeichneten Welt notwendig sein kann. Dass dabei die Perspektive des Evangeliums nicht verloren gehen darf, dass die Vision einer besseren Gerechtigkeit und eines friedlichen Zusammenlebens unaufgebbar ist, steht außer Frage. Dennoch: Die Frage der Vermittlung von Gesetz und Evangelium gerade im Bereich der Friedensethik bleibt eine wichtige und unverzichtbare Aufgabe. Hier wäre anzuknüpfen an die Komplementaritätsthese der Heidelberger Thesen von 1959; gegen die nicht ohne einen gewissen Triumphalismus vorgetragene Feststellung des damaligen Ratsvorsitzenden Wolfgang Huber, mit der Friedensdenkschrift von 2007 habe der Protestantismus eine Abkehr vollzogen von der Komplementaritätsthese der Heidelberger Thesen im Blick auf die heute noch mögliche Option einer Drohung mit atomaren Waffen zum Zweck der Abschreckung.⁵ Denn gerade die Heidelberger Thesen⁶ verdankten sich ja dem Bemühen, zwischen den beiden konfligierenden Interpretationsweisen einer eher an Karl Barth orientierten, die Abfolge von Evangelium und Gesetz betonenden Lesart der evangelischen Ethik des Politischen und der lutherischen Position, die an der überkommenen Reihenfolge Gesetz und Evangelium festhalten wollte, zu vermitteln. Die Notwendigkeit, hier neue Vermittlungen zu finden, muss darum aus theologischer Perspektive wohl im Vordergrund stehen, wenn es um eine weiterführende Interpretation des Leitbilds vom gerechten Frieden gehen soll.⁷

4.

Aus einer theologischen Perspektive betrachtet, leitet das noch einmal mit Nachdruck dazu an, zwischen einer Sphäre des Politischen und einer Sphäre des Religiösen zu unterscheiden. Eine solche Unterscheidung ist dabei auch gleichbedeutend mit einer Zurückweisung der Herrschaft der Moral in der Politik, insbesondere wenn diese Moral sich selbst als Äquivalent zum Gedanken des gebietenden Gottes versteht oder von der Religion als ein solches Äquivalent profiliert wird. Charles Taylor hat im Rahmen seiner groß angelegten Abhandlung »Ein säkulares Zeitalter« sich umfassend mit dem Zusammenhang von Religion und Gewalt auseinandergesetzt und dabei auf das hier geschilderte Paradox hingewiesen: Je deutlicher, je unbedingter die moralische Forderung wird, je stärker sie auch mit einem umfassenden, die Einzelperspektiven transzendierenden Guten begründet wird, umso stärker ist die Gefahr, dass die Orientierung an diesem Guten selbst umschlägt in Akte der »heiligen Tötung«, wie Taylor hier formuliert: »Wir kämpfen gegen Ungerechtigkeiten, die zum Himmel stinken und Vergeltung verlangen. Was uns motiviert, ist flammende Empörung über diese Phänomene [...]. Diese Empörung wird durch den Haß auf jene geschürt, die solche Ungerechtigkeiten stützen und ihnen Vorschub leisten, und sie zehrt wiederum von unserem Überlegenheitsgefühl, also dem Empfinden, daß wir nicht so sind wie diese Werkzeuge und Komplizen des Bösen. Schon bald sind wir blind für die Zerstörung, die wir um uns herum anrichten. Unser Weltbild hat alles Böse außerhalb angesiedelt, so daß wir in Sicherheit sind«.⁸

Um hier nicht falsch verstanden zu werden: Natürlich bleiben die Gräueltaten, die anderen angetan werden, ein Skandalon, eine Provokation und ein

---

⁵ Vgl. a.a.O., S. 9.
⁶ Erstmals abgedruckt in Howe 1959, S. 226–236.
⁷ Zu einer gegenwartsorientierten Friedensethik im Anschluss an die Heidelberger Thesen vgl. auch Kalinna 2019, S. 77–103. Zum produktiven Potenzial theologischer Reflexion siehe besonders Feiler 2015, S. 343–359.
⁸ Taylor 2009, S. 1157.

Impuls, sich ihnen zu widersetzen. Ein solches Sich-Widersetzen aber muss stets von dem Bewusstsein getragen sein, dass wir unter den Bedingungen der nichterlösten Welt immer nur punktuell Verbesserungen erreichen können und sehr genau überlegen müssen, welche Konsequenzen, vor allem auch welche nichtintendierten Nebenfolgen das eigene Handeln mit sich bringen könnte. Gerade wenn es um Gerechtigkeit geht, besteht stets die Gefahr, dass es zu einer metaphysischen Überhöhung der eigenen Position kommt, zu einem Rigorismus, der sicherlich das Gute möchte, dabei aber die Verwerfungen und das konfliktgenerierende Potenzial des eigenen Handelns übersieht. Noch einmal: Man kann durchaus der Meinung sein, dass es unsere Pflicht ist, sich Despoten entgegenzustellen. Nur sollten wir uns nichts vormachen: Ein solches Vorgehen birgt selbst enorme Risiken, läuft ständig Gefahr, selbst Unrecht und Gewalt zu erzeugen. Gerade die Konfliktherde im Nahen und Mittleren Osten sind ein gutes Beispiel dafür, wie durch moralisch wohl erwogene Parteinahmen und Interventionen höchstens akuten, begrenzten Eskalationen entgegengewirkt werden konnte, ohne allerdings in der Summe auch nur annähernd eine Befriedung der Situation zu erreichen.

Führt man sich dies vor Augen, so besteht die Aufgabe der theologischen Ethik – wie eingangs bereits angedeutet – darin, dem eben bereits angesprochen metaphysischen Überschuss des Gerechtigkeitskonzeptes, auch dem metaphysischen Überschuss des Konzepts vom »gerechten Frieden« entgegenzutreten. Ihr spezifischer Beitrag zur politischen Debatte und damit auch zur politischen Ethik besteht darin, den Raum des Politischen zu säkularisieren und – wo die Sprache der Moral mit einem letztlich sakralen Universalitätsanspruch auftritt, dem Anspruch nämlich, dass etwas ohne Einschränkungen nur deswegen zu tun ist, weil es von der Moral her geboten ist – auch zur Säkularisierung der Moral beizutragen. Eine solche Säkularisierung ist gleichbedeutend mit einer Politisierung von Konflikten; wir werden nicht umhinkommen, im Einzelfall Nutzen und Schaden in einer Güterabwägung nebeneinanderzustellen, und werden dabei immer auch mit dem Problem leben müssen, dass es unvermeidbar ist, den im Moralischen unverrechenbaren Wert von Menschen einem politischen Kalkül anheimzustellen. Zu diesem Kalkül kann es dann auch gehören, sich auf das Nicht-Ausbreiten von Konflikten nach außen zu konzentrieren und die Binnenstrukturen eines Landes unangetastet zu lassen – bei aller Anfechtung, die das mit sich bringt.

Als christliche Ethik geht ihre Aufgabe jedoch in dieser Säkularisierung nicht auf, sondern sie ist zudem dazu verpflichtet, die Botschaft von der Versöhnung weiterzugeben. Diese Botschaft bedeutet aber gerade nicht, davon auszugehen, dass die Versöhnungsbotschaft alle unterschiedlichen Sichtweisen und Vorstellungen nivelliert. Sie lässt die Unterschiede bestehen und erwartet gerade nicht, dass aus der Vielzahl unterschiedlicher Perspektiven und Interessen eine homogene Gemeinschaft wird. Denn jede Homogenisierung erzeugt ihrerseits die

Konflikte, von denen bereits ausführlich die Rede war. Die Stärke gerade der lutherischen Position bestand und besteht darin, die tiefe Ambivalenz der Welt, auch der christlichen Kirche festzuhalten.

Die Versöhnungsbotschaft in den Raum des Politischen zu übertragen, heißt daher, für eine ethische Pluralität, für das Nebeneinander unterschiedlicher Sichtweisen einzutreten – und darauf zu vertrauen, dass der Abgleich dieser unterschiedlichen Perspektiven im Eschaton erfolgen wird. Es ist richtig – und gleichzeitig schwer zu ertragen: Erst am Ende der Zeit wird das Reich Gottes anbrechen. Dies einzuschärfen und damit pragmatische, im Einzelfall aber eben auch schmerzliche Abwägungen im Bereich des Politischen möglich zu machen – das ist die Aufgabe einer evangelischen Ethik des Politischen. Zu solchen Abwägungen kann dann auch der Krieg gehören, der nicht einfach das andere der Ethik ist, wohl aber das andere des Friedens, den Christen im Eschaton erhoffen.

All dies aber wäre zynisch, würde es nicht umgriffen von einer Einsicht, die Ernst Troeltsch in die prägnante Formel gefasst hat: »Das Jenseits ist die Kraft im Diesseits«: Aus genau dieser Überzeugung entnehmen wir die Kraft, uns für die einzusetzen, die uns unmittelbar vor Augen stehen, für den konkreten Nächsten also. Dies tun wir um des Nächsten willen, nicht um eines moralischen oder politischen Prinzips wegen. Ein solches Engagement ist für den christlichen Glauben unverzichtbar – und gleichzeitig ist diese Haltung untauglich für die Gestaltung des Politischen.

Literaturverzeichnis

Evangelische Kirche in Deutschland (2007): Aus Gottes Frieden Leben – für gerechten Frieden sorgen. Eine Denkschrift des Rates der Evangelischen Kirche in Deutschland, Gütersloh.

Feiler, Therese (2015): From Dialectics to Theo-Logic: The Ethics of War from Paul Ramsey to Oliver O'Donovan, in: Studies in Christian Ethics 28, S. 343–359.

Fischer, Johannes (2019): Der konkrete und der generalisierte Andere. Über das Verhältnis von Moral und Politik, in: Ders.: Präsenz und Faktizität, Tübingen, S. 99–114.

Howe, Günther (1959): Atomzeitalter – Krieg und Frieden, Witten / Berlin.

Kalinna, Georg (2019): Die öffentliche Verantwortung einer Kirche für gerechten Frieden, in: Sarah Jäger / Fernando Enns (Hg.): Gerechter Frieden als ekklesiologische Herausforderung. Politisch-ethische Herausforderungen Bd. 2, Wiesbaden, S. 77–103.

Taylor, Charles (2009): Ein säkulares Zeitalter, Frankfurt am Main.

Werkner, Ines-Jacqueline (2019): Eine Friedensordnung jenseits des liberalen Friedens, in: Dies. / Martina Fischer (Hg.): Europäische Friedensordnungen und Sicherheitsarchitekturen. Politisch-ethische Herausforderungen Bd. 3, Wiesbaden, S. 175–179.

Menschenrechte – Beistandspflicht – Gewaltverzicht
Ein unauflösbares Problem der Friedensethik

Friedrich Lohmann

Zusammenfassung:
Das Dilemma zwischen mitmenschlicher Beistandspflicht und dem Verbot der Gewaltanwendung ist verantwortlichem menschlichem Handeln unauflösbar und notwendig eingeschrieben. Friedensethisch bedeutsam wird es vor allem, wenn elementare Menschenrechte unmittelbar bedroht sind und Menschenleben nicht anders als durch den Einsatz von Gewaltmaßnahmen gerettet werden können. In solchen Ausnahmefällen ist ein eingeschränkter Gewaltgebrauch ethisch legitim.

Würden Sie Gewalt gegen andere Menschen einsetzen, um jemandem, der angegriffen wird, beizustehen? Nicht zufällig wurden Wehrdienstverweigerer im unsäglichen Institut der sogenannten Gewissensprüfung auf die eine oder andere Weise mit dieser Frage konfrontiert. Denn sie eignet sich wie kaum eine zweite, Widersprüche und Ungereimtheiten im eigenen Verhältnis zur Gewaltanwendung sichtbar zu machen. Wer würde sich schon, wie pazifistisch sie oder er auch immer eingestellt ist, davor zurückhalten können, in einer solchen Situation handgreiflich zu werden, noch dazu, wenn es sich bei der im fiktiven Szenario angegriffenen Person um eine nahestehende Person handelte? Das aus voller Überzeugung ausgesprochene Bekenntnis zum Primat der Gewaltfreiheit kommt in einer solch existentiellen Bedrohungssituation an seine Grenze, und die meisten würden wohl eingestehen, dass sie unter extremen Umständen zur Gewaltanwendung bereit wären und es nicht beim verbalen Protest oder dem Hinhalten der anderen Wange belassen würden, obwohl sie grundsätzlich den gewaltfreien Widerstand als Konfliktlösung bevorzugen. Prinzipientreue ist selbst kein unumstößliches Prinzip. Nur zeigen solche Ungereimtheiten im eigenen Denken und fiktiven Handeln nicht, wie es manchem Hardliner der Wehrpflicht vorschwebte, die unterschwellige Charakterschwäche des Gewissensgeprüften, sondern sie ergeben sich aus einem Dilemma, das verantwortlichem menschlichem Handeln notwendig eingeschrieben ist.

Die ethische Analyse spricht hier von einer Pflichtenkollision. Es ist eine moralische Pflicht, Menschen in Not beizustehen – auch denen, die uns nicht bekannt sind und erst in der Bedrohungssituation zu unseren Nächsten werden –, und ebenso ist es eine Forderung der Moral, auf Gewaltanwendung so weit wie nur irgend möglich zu verzichten. Beide Pflichten gibt es keineswegs nur in der christlichen Ethik, aber in ihr sind sie besonders prominent vertreten: Die Beistandspflicht hat in Jesu Erzählung vom barmherzigen Samariter einen klassischen Ausdruck gefunden, ebenso wie die Forderung nach Gewaltverzicht in Lehre und Leben Jesu klar und beispielgebend verankert ist. Auf die Frage, was zu tun ist, wenn beide Forderungen miteinander kollidieren, gibt die Bibel allerdings keine Antwort. Die Lehre vom Primat der Gewaltfreiheit wird in ihr auf durchaus unterschiedliche Weise ausbuchstabiert, auch im Neuen Testament, in dem sich die Bergpredigt und die paulinische Reflexion zum Gewaltmonopol des Staates im 13. Kapitel des Römerbriefs gegenüberstehen.[1] Der barmherzige Samariter tritt erst in Aktion, nachdem sein Nächster schon unter die Räuber gefallen ist und hilflos am Wegesrand liegt. Was hätte er getan, wenn er während des Überfalls hinzugekommen wäre?

Das Dilemma zwischen Beistandspflicht und Gewaltverzicht ist nicht nur auf der Ebene der Individualethik und der unmittelbaren zwischenmenschlichen Beziehungen verortet. Es betrifft auch das Miteinander von Menschengruppen und Staaten. Deutlich erkennbar ist das z. B. an der UN-Charta, die in Artikel 2 die Androhung und Anwendung von Gewalt zwischen den Mitgliedstaaten zunächst verbietet, dann aber, in Kapitel VII, bei einem Bruch des Weltfriedens, auch militärische Gegenmaßnahmen unter Mandat des Sicherheitsrats ausdrücklich zulässt, »um den Weltfrieden und die internationale Sicherheit zu wahren oder wiederherzustellen« (Art. 39). Zusätzlich attestiert die Charta in Artikel 51 den Staaten »das naturgegebene Recht zur individuellen oder kollektiven Selbstverteidigung«. Seit den 2000er Jahren rezipiert die UN das Konzept der Schutzverantwortung (*Responsibility to Protect*), das im Falle schwerster Menschenrechtsverletzungen in einem Staat ein subsidiäres Eingreifen der Weltgemeinschaft legitimiert, mit einer militärischen Intervention als äußerstem Mittel.

Mit der Schutzverantwortung als emergierender Völkerrechtsnorm,[2] die ausdrücklich bei gravierenden Verletzungen der Menschenrechte in Anwendung kommt, setzt sich ein Trend hin zur völkerrechtlichen Zentralstellung des Menschenrechtsgedankens fort, der die UN seit ihrer Gründung begleitet. Nachdem schon die Charta in ihrer Präambel vom »Glauben an die Grundrechte des Menschen« gesprochen hatte, erfolgte durch die ohne Gegenstimme bei einigen Enthaltungen von der Generalversammlung am 10. Dezember 1948 angenommene Allgemeine Erklärung der Menschenrechte das Bekenntnis zu den Menschenrechten als Wertgrundlage der internationalen Gemeinschaft. Aufgrund der beiden 1966 verabschiedeten Menschenrechtspakte und deren

---

[1] Lohmann 2019a.
[2] Verlage 2009; zur weitergehenden Debatte vgl. die Beiträge in Werkner / Marauhn 2019.

nachfolgender Ratifizierung durch die große Mehrheit der Mitgliedstaaten hat dieses Bekenntnis Rechtsverbindlichkeit erlangt. Zahllose Einzelkonventionen sind gefolgt. In der Sogwirkung dieser internationalen Entwicklung kann sich heute kein Staat der Welt mehr erlauben, an den Menschenrechten vorbei Politik zu machen. Verstöße gegen die Menschenrechte werden zwar nach wie vor begangen, aber sie sind legitimationsbedürftig und werden im Innen- wie Außenverhältnis weniger und weniger toleriert. Dieser zentralen innen- und außenpolitischen Bedeutung der Menschenrechte entsprechen Neubestimmungen der Wirtschafts- und Sicherheitspolitik, die der Aufrechterhaltung und Förderung menschenrechtlicher Standards inzwischen ebenfalls grundlegende kriteriologische Relevanz beimessen (Ersetzung des Bruttoinlandsprodukts durch den *Human Development Index* hinsichtlich der Messung gesellschaftlichen Wohlstands; *human security* als erweiterter Sicherheitsbegriff). Im Hintergrund steht dabei eine umfassende Vorstellung schutzwürdiger Menschenrechte, die die bürgerlichen, politischen und wirtschaftlich-sozial-kulturellen Rechte gleichgewichtig einbezieht.

Im Menschenbild von Judentum und Christentum ist der Gedanke der Menschenwürde und der sich daraus ergebenden Rechte, zumal der *personae miserae*, tief verwurzelt, auch wenn der Menschenrechtsschutz immer wieder neu gegen die Macht der Herrschenden und die, die sie theologisch unterstützten, eingefordert werden musste. So heißt es im Buch Jesaja: »Wehe den Schriftgelehrten, die unrechte Gesetze machen, und den Schreibern, die unrechtes Urteil schreiben, um die Sache der Armen zu beugen und Gewalt zu üben am Recht der Elenden in meinem Volk, dass die Witwen ihr Raub und die Waisen ihre Beute werden!« (Jes 10,1 f.). Das Eintreten für die, deren Rechte verletzt werden, ist eine zentrale, uneingeschränkte Forderung der jüdischen und christlichen Ethik.[3]

Die Dinge werden allerdings komplexer, wenn fundamentale Rechte auf dem Spiel stehen – bei Genozid nichts weniger als das unmittelbare Recht auf Leben – und Alternativen zur Intervention mit Gewaltmitteln sich als wirkungslos erwiesen haben oder aufgrund einer unmittelbaren Bedrohungssituation für Leib und Leben Gewalttätern sofort Einhalt geboten werden muss. Hier macht sich, nun auf der Ebene kollektiver Verantwortung, das Dilemma zwischen Gewaltverzicht und Beistandspflicht erneut geltend. Wie sich am Beispiel der Reaktionen auf den Vormarsch des IS in die Jesidengebiete im Sommer 2014 zeigen lässt, nehmen die christlichen Kirchen in diesem Dilemma ganz unterschiedliche Positionen ein und sind oft schon intern in dieser Frage zerstritten.[4] Weitgehender Konsens besteht jedoch darin, dass es extreme Situationen geben kann, in denen die Schutzverpflichtung in globaler Solidarität einen begrenzten Gewaltgebrauch auch aus christlicher Sicht rechtfertigt. Der Ökumenische Rat der

---

[3] Lohmann 2019b.
[4] Lohmann 2016.

Kirchen und der Vatikan haben sich auf dieser Basis grundsätzlich positiv zum Gedanken der Schutzverantwortung geäußert. Aus mennonitischen Kreisen (Gerald Schlabach) stammt der Gedanke des *just policing*, den sich auch Margot Käßmann zu Eigen gemacht hat: »Wir können uns aber positiv für eine internationale Friedenstruppe einsetzen, die nur von den Vereinten Nationen legitimiert sein kann. So kann dieser schmale Korridor legitimierbarer Gewalt um des Aufbaus von Frieden und der Verteidigung der Menschenrechte willen im Sinne der Friedensdenkschrift der EKD aus dem Jahr 2007 aussehen.«[5] Allerdings stellt sich die Frage, ob die für das Konzept des *just policing* »notwendige Unterscheidung zwischen militärischer Gewalt (engl. *violence*) und polizeilichem Zwang (engl. *coercion*)«[6] stichhaltig ist. In der Praxis verschwimmt diese Grenze[7] und sie ist in dieser kategorischen Form auch nicht friedensethisch sinnvoll, weil es Situationen gibt, in denen gerade die Verbindung polizeilicher und militärischer Maßnahmen den größten pazifizierenden Erfolg verspricht. Argumentationslogisch ist mit dem »Ja« zu polizeilichen Einsätzen das resolute Gewaltverbot der historischen Friedenskirchen aufgegeben[8] und ein Raum der Abwägung eröffnet, in dem nicht mehr kategorisch, sondern graduell argumentiert wird, auf der Suche nach dem pragmatisch bestmöglichen Weg, das angestrebte Gut – hier das globale Miteinander in gerechtem Frieden – zu verwirklichen.

Mit einem solchen güterethischen Weg, der dem grundsätzlichen Dilemma von menschenrechtlicher Beistandspflicht und Gewaltverbot nicht ausweicht und vom Ziel der bestmöglichen Verwirklichung des Guten her argumentiert, ordnet sich die Friedensethik in eine ethische Tradition ein, die die Gebote als Orientierungsmaßstäbe gutheißt, aber gegebenenfalls bereit ist, sie im Konflikt mit höherwertigen Verpflichtungen zu »suspendieren« (Dietrich Bonhoeffer).[9] So hat bereits Jesus argumentiert, als er den Schutz des Lebens über das Sabbatgebot stellte (Mk 3,4). Und so hat Martin Luther, um die »Schafe« vor den »Wölfen« zu schützen, die Existenz einer gewaltbewehrten Obrigkeit gerechtfertigt.

Ein solches, nicht zuletzt aus der menschenrechtlichen Schutzverpflichtung begründetes Ja zum Einsatz von Gewalt ist alles andere als unbedingt. Es ist sich der Missbräuchlichkeit humanitärer Argumente zur Rechtfertigung von Gewalt bewusst, verfolgt die entsprechenden Diskurse und Maßnahmen kritisch, ist dem Ziel der Gewaltminimierung verpflichtet und daher eingebettet in die Forderung nach umfassender Konfliktvor- und -nachsorge, zu der gerade auch die Herstellung menschenrechtlich gerechter Lebensumstände gehört.[10]

---

[5] Käßmann 2015, S. 103.
[6] Enns 2013, S. 106.
[7] Werkner 2017.
[8] Lohmann 2018a.
[9] Lohmann 2018b.
[10] Lohmann 2019b, S. 89–103.

Menschenrechtsschutz ist in doppelter Weise friedensethisch bedeutsam. Er kann in Ausnahmefällen ein legitimer Grund zum begrenzten Einsatz von Gewaltmitteln sein, bis hin zur militärischen Gewalt. Immer aber ist er eine Forderung des gerechten Friedens. Der Einsatz für eine weltweite Achtung und Durchsetzung der Menschenrechte ist, vor jeder existentiellen Dilemmasituation, eine alltägliche friedensethische Verpflichtung.

Literaturverzeichnis

Enns, Fernando (2013): Gerechter Frieden zwischen Interventionsverbot und Schutzgebot. Das ethische Dilemma der Gewaltanwendung, in: Ines-Jacqueline Werkner / Dirk Rademacher (Hg.): Menschen geschützt – gerechten Frieden verloren? Kontroversen um die internationale Schutzverantwortung in der christlichen Friedensethik, Berlin, S. 95–109.

Käßmann, Margot (2015): Plädoyer für eine Prima Ratio, in: Margot Käßmann / Konstantin Wecker (Hg.): Entrüstet Euch! Warum Pazifismus für uns das Gebot der Stunde bleibt. Texte zum Frieden, Gütersloh, S. 85–108.

Lohmann, Friedrich (2016): Zwischen Gewaltverbot und Beistandspflicht. Der IS als Prüfstein für die kirchliche Friedensethik. Ein internationaler Überblick, in: zur sache bw. Evangelische Kommentare zu Fragen der Zeit 29, S. 41–46.

Lohmann, Friedrich (2018a): Myth and Reality: Pacifism's Discourse on Violence Revisited, in: Studies in Christian Ethics 31, S. 186–200.

Lohmann, Friedrich (2018b): Die christliche Ethik als Güterethik, in: Michael Roth / Marcus Held (Hg.): Was ist theologische Ethik? Grundbestimmungen und Grundvorstellungen, Berlin / Boston, S. 113–130.

Lohmann, Friedrich (2019a): Gewalt und Gewaltverzicht im Christentum. Eine friedensethische Betrachtung, in: Markus Thurau (Hg.): Gewalt und Gewaltfreiheit in Judentum, Christentum und Islam. Annäherungen an ein ambivalentes Phänomen, Göttingen, S. 201–209.

Lohmann, Friedrich (2019b): Gerechter Frieden und Menschenrechte. Entwurf einer Theologie der Menschenrechte in friedensethischer Absicht, in: Sarah Jäger / Friedrich Lohmann (Hg.): Eine Theologie der Menschenrechte, Wiesbaden, S. 47–120.

Verlage, Christopher (2009): Responsibility to Protect. Ein neuer Ansatz im Völkerrecht zur Verhinderung von Völkermord, Kriegsverbrechen und Verbrechen gegen die Menschlichkeit, Tübingen.

Werkner, Ines-Jacqueline (2017): Militärische versus polizeiliche Gewalt. Aktuelle Entwicklungen und Folgen für internationale Friedensmissionen, Wiesbaden.

Werkner, Ines-Jacqueline / Marauhn, Thilo (Hg.) (2019): Die internationale Schutzverantwortung im Lichte des gerechten Friedens, Wiesbaden.

Religion – Konflikt – Frieden
Von politischer Verantwortung und theologischer Glaubwürdigkeit

Markus A. Weingardt

Zusammenfassung:
In den Medien dominiert die Berichterstattung über die Konflikt- und Gewaltpotenziale von Religionen. Diese sind jedoch nicht in einer genuinen Aggressions- oder Gewaltneigung der Religionen selbst begründet, sondern in der Logik klassischer Konfliktmechanismen.

Weitgehend übersehen werden allerdings die Kompetenzen und Erfolge religiös motivierter Friedensakteure. Diese Friedenspotenziale sind Chance und Auftrag, mutig auf dem Weg des gerechten Friedens vorauszugehen – aus politischer Verantwortung und theologischer Glaubwürdigkeit.

Wäre die Welt friedlicher ohne Religion? Ja, meinen rund 40 Prozent der Bundesbürger.[1] Das kann kaum überraschen, präsentieren die großen Medien das Konflikt- und Gewaltpotenzial der Religionen doch täglich frei Haus: IS und Taliban im Mittleren Osten, Hindunationalisten in Indien, buddhistische Nationalisten in Myanmar, christliche Milizen in Afrika ... Krieg und Terror, Selbstmordattentate und Pogrome, Gewalt in verschiedenster Form rund um den Globus. Von Friedensbemühungen religiöser Akteure ist hingegen wenig zu hören. Stimmt es also, wie der britische Bestseller-Autor Ian McEwan glaubt, dass wir ohne Religion »eine Welt voller Demut vor der Heiligkeit des Lebens«[2] hätten?

1. Religion und Konflikt

Mag die mediale Berichterstattung auch einseitig gewaltorientiert sein (nicht nur, aber insbesondere im Blick auf die Religionen), so ist ein religiös motiviertes

---

[1] Vgl. bspw. die Umfragen unter https://fowid.de/meldung/welt-friedlicher-ohne-religion-2002 sowie unter https://de.statista.com/statistik/daten/studie/276876/umfrage/meinung-welt-waere-friedlicher-ohne-religion (12.02.2019).

[2] McEwan 2006.

Gewaltpotenzial gleichwohl nicht zu leugnen noch zu verharmlosen. Es existiert, heute wie schon vor Jahrtausenden, und wir müssen uns damit beschäftigen – um es zu verstehen, Antworten zu geben und Konsequenzen zu ziehen!

Vereinfacht lassen sich zwei Arten politischer Gewaltkonflikte unterscheiden: Interessen- und Wertekonflikte.[3] In Interessenkonflikten wird um die »Verteilung der verteilbaren Güter«[4] gestritten, etwa Land, Bodenschätze oder Machtpositionen. So unerbittlich dieser Streit und Kampf oft ist, grundsätzlich sind Interessenkonflikte offen für Kompromisse, für einen Interessen*ausgleich*. Problematischer ist dies in Wertekonflikten, die sich um Ideen, Überzeugungen, Weltanschauungen drehen; um das, was mir – als Individuum oder Gruppe – *wertvoll* ist. Kompromisse sind hier sehr viel schwieriger. Im Gegenteil: In Wertekonflikten geht es um alles oder nichts, um entweder/oder. Wird in Interessenkonflikten eine gewisse »Rote Linie« erreicht, dann spätestens beginnen die Konfliktführer oder ihre Anhänger, die Chancen und Risiken abzuwägen. Und wenn die Risiken zu groß oder unkalkulierbar erscheinen, werden sie von einem gewaltsamen Konfliktaustrag eher Abstand nehmen. In Wertekonflikten hingegen gibt es keine »Rote Linie«, denn es geht um *alles* – meine Werte, meine Kultur, meine Identität, mein Überleben. Und darum sind die Menschen in Wertekonflikten, wie vielfach zu beobachten, *einsatzbereiter, gewaltbereiter und opferbereiter*. Ja, sie sind dann buchstäblich wild entschlossen, zu aller Gewalt bereit und schrecken vor keinem Opfer zurück, koste es auch das eigene Leben.

Das haben die Mächtigen und Herrschenden schon vor Jahrtausenden erkannt, und sie haben gelernt: Wenn es gelingt, diese drei Effekte zu generieren, dann steigen ihre Siegchancen in einer Auseinandersetzung ganz erheblich. Und darum sind sie – damals wie heute – bemüht, diese Steigerungseffekte ganz bewusst herbeizuführen, indem sie Interessenkonflikte in Wertekonflikte transformieren.

Diese Transformation geschieht zumeist durch Anreicherung mit *säkularen Ideologien*, zuvörderst Nationalismus, oder auch Sozialismus (bzw. einst Nationalsozialismus), Ethnizismus etc. Gerade in jüngerer Zeit wird Gewalt allerdings auch mit der Verteidigung von Freiheit, Demokratie und Menschenrechten begründet.

Daneben lassen sich Konflikte aber auch mithilfe der *Religion* verschärfen. Und wenn es gelingt, Interessenkonflikte religiös aufzuladen, ist dies doppelt effektiv: Denn nun, da Gott »ins Spiel« kommt, geht es nicht mehr nur um richtig und falsch, um meine eigenen Werte, um mein eigenes Überleben. Vielmehr geht es jetzt um einen Kampf von Gut und Böse; um einen Kampf für *das Gute* und gegen *das Böse*. Gewalt ist dann nicht nur legitim, sondern wird gar zur Pflicht, zu

---

[3] Vgl. Rittberger 2000, S. 35–60.
[4] Kielmannsegg 2018, S. 6.

einer Form von »Gottesdienst«,[5] und die Gewalt*losigkeit* wird zur Sünde und zum Verrat!

Erleichtert wird eine religiöse Aufladung dadurch, dass sich in allen Weltreligionen Überlieferungen finden, in denen Gewalt positiv konnotiert ist. Geschichten, in denen berichtet wird, Gott habe Gewalt befürwortet oder gar selbst ausgeübt. Darauf können Konfliktführer auch heute noch rekurrieren. Einfach ist dies, wenn solche Texte oder Verse wörtlich genommen werden – »da steht es geschrieben, wir führen es aus!« Doch auch die Anerkenntnis einer Interpretationsbedürftigkeit religiöser Texte schützt keineswegs vor gewaltbejahenden Auslegungen, wie etwa Verlautbarungen der christlichen Kirchen in Deutschland im Kontext der beiden Weltkriege zeigten.

Die häufig unheilvolle Rolle von Religionen in Konflikten ist also nicht in einer genuinen Aggressions- oder Gewaltneigung der Religionen selbst begründet, sondern in der Logik klassischer Konfliktmechanismen. Gleichwohl erweisen sich Religionen bei der Transformation von Interessen- in Wertekonflikte als effektives Mittel und werden deswegen von Anführern zur Steigerung ihrer Erfolgsaussichten auch so eingesetzt. Dennoch ist es naiv zu glauben, die Welt wäre ohne Religionen friedlicher. Gäbe es die Religionen nicht, so würde die Transformation in Wertekonflikte eben (ausschließlich) durch säkulare Ideologien erfolgen. Deren zerstörerische Kraft steht einer religiösen Gewaltbegründung jedoch in nichts nach, ganz im Gegenteil: Nicht im Namen einer Religion, sondern im Namen des »Führers«, des Kommunismus, der Nation oder der Ethnie starben im 20. Jahrhundert weit über 150 Millionen Menschen auf grausamste Weise. Mögen sich religiöse Überlieferungen zur Gewaltlegitimation zwar anbieten: *erforderlich* sind sie nicht. Gäbe es keine Religionen, gäbe es nicht weniger Konflikte, nur die Gewaltbegründungen wären andere.

2. Religion und Frieden

Was es aber tatsächlich nicht gäbe ohne Religion, das sind die vielen Menschen und Initiativen, die sich aus dezidiert religiösen Gründen *gegen* die Gewalt und für den *Frieden* einsetzen. Und dies nicht nur in den zahllosen lokalen oder regionalen Initiativen weltweit, sondern auch auf höchster politischer Ebene, in Kriegen, Bürgerkriegen oder im gewaltlosen Widerstand gegen repressive Regime. So zum Beispiel in ...
- *Kolumbien*, wo Vertreter der katholischen Kirche wichtige Unterstützer im Friedensprozess der letzten Jahre waren und sind;
- *Mosambik*, wo die katholische Gemeinschaft Sant'Egidio 1992, im Zenit des Bürgerkrieges, einen Friedensvertrag vermittelte;

---

[5] Vgl. Kippenberg 2008.

- *Ruanda*, wo sich 1994 einzig die ruandischen Muslime dem furchtbaren Gemetzel zwischen Hutus und Tutsis widersetzten (1 Mio. Tote) und vielen Flüchtlingen das Leben retteten;
- *Kambodscha*, wo 1979 – nach Jahrzehnten von Diktatur, Krieg und schließlich der grausamen Herrschaft von Pol Pot (2 Mio. Tote) – der buddhistische Mönch Maha Ghosananda eine umfassende Friedens- und Versöhnungsarbeit aufbaute;
- *Südafrika*, wo Bischof Desmond Tutu und die von ihm geleitete Wahrheits- und Versöhnungskommission wesentlich zu einer relativ gewaltlosen Überwindung und Aufarbeitung der Apartheid beitrugen;
- *Argentinien und Chile*, die 1978 beinahe in einen Krieg (»Beagle-Konflikt«) unkalkulierbaren Ausmaßes geschlittert wären, wenn nicht in letzter Sekunde Papst Johannes Paul II. interveniert hätte;
- *Philippinen*, wo der brutale Diktator Ferdinand Marcos 1986 durch eine gewaltlose Massenbewegung gestürzt wurde, die maßgeblich von Kirchen- und Ordensleuten initiiert und getragen worden war;
- *Sudan/Südsudan*, wo der ÖRK und christliche Kirchen vor Ort seit Jahrzehnten wichtige Vermittler zwischen Christen und Muslimen wie auch zwischen verfeindeten Stämmen sind;
- *Indien*, wo nicht nur Gandhi, sondern auch der fromme Moslem Khan Abdul Ghaffar Khan den gewaltlosen Widerstand gegen die britische Besatzung prägte;
- *Bosnien-Herzegowina und Kosovo, Liberia und Sierra Leone u. a. m.*, wo nationale Interreligiöse Räte maßgeblich zur konstruktiven Bearbeitung von politischen (Teil-)Konflikten beitrugen;
- *Deutschland*, wo die deutsch-französische Aussöhnung nach dem Zweiten Weltkrieg vor allem von den Kirchen beiderseits des Rheins ausging, und wo die staatliche Unterdrückung in der ehemaligen DDR 1989 vor allem durch die Mitwirkung der evangelischen Kirchen gewaltlos überwunden werden konnte ...

Das sind keine Einzelfälle, keine Ausnahmen, sondern einige wenige aus einer Vielzahl von Beispielen, in denen religiöse Akteure zum *Frieden* beitrugen.[6] Ganz unterschiedliche Krisen, die durch religiöse Akteure nicht verschärft, sondern entschärft wurden; in denen mit ihrer Hilfe Gewalt verhindert, eingedämmt, beendet, überwunden wurde. Zahlreiche entsprechende Fallstudien zeigen, dass den Religionen auch ein enormes Friedenspotenzial innewohnt: Kompetenzen, Erfahrungen, Möglichkeiten und Erfolge, die säkulare Akteure so nicht haben.

---

[6] Weitere Beispiele in Weingardt 2010.

3. Chance und Herausforderung

Dieses Friedenspotenzial der Religionsgemeinschaften ist Chance und Verantwortung zugleich. Und es ist von höchster Aktualität und Relevanz. Zahlreiche Gewaltkonflikte, massive weltweite Aufrüstung und unberechenbare politische Führer verunsichern viele Menschen. Kriege und Ungerechtigkeit zwingen Millionen von Menschen zur Flucht. Europa befindet sich in einer Zerreißprobe, Rechtspopulismus macht sich breit. Der Irrglaube an die »erlösende Kraft der Gewalt« (Walter Wink) ist ungebrochen. Ein gerechter Friede scheint in weiter Ferne.

Doch Frieden ist kein Zustand, sondern ein Geschehen, ein Weg. Diesen Weg des gerechten Friedens gilt es einzuschlagen, und die Kirchen sollen mutig vorangehen. Das ist ihr Anspruch und ihre Verantwortung. Trotz mancherlei Engagement für Frieden, Gerechtigkeit und die Überwindung von Gewalt, klafft aber in allen Religionsgemeinschaften eine Lücke zwischen dem theologischen Friedensanspruch und der friedenspolitischen Praxis. Das ist theologisch unglaubwürdig und politisch unverantwortlich. Daher sind alle Religionsgemeinschaften und so auch die Kirchen gefordert, ihre Friedenskompetenzen auszubauen. Wodurch?

Erkennen: Es gilt, die Friedensressourcen in den eigenen Quellen und Traditionen wahrzunehmen. Dazu gehören Überlieferungen in den religiösen Schriften wie auch aktuelle Beispiele religiöser Friedensinitiativen. Beides kann Orientierung geben und Mut machen. Hinzu kommt das Erkennen eigener Irrtümer und Verfehlungen, das vor neuen Irrwegen schützen mag. Wer sich überdies mit anderen Religionen beschäftigt, wird starke Parallelen erkennen: Mitmenschlichkeit, Wahrhaftigkeit, Gewaltlosigkeit und Gerechtigkeit sind Werte, die sich in allen Religionen finden – und sie verbinden.

Entwickeln: Jeder Konflikt ist anders und bedarf anderer Instrumente oder Methoden. Darum müssen die vorhandenen Kompetenzen nicht nur wahrgenommen, sondern auch analysiert und weiterentwickelt werden. Frieden zu stiften ist oftmals harte Arbeit, immer aber eine Kunst. Doch diese Kunst kann gelernt werden, und also muss sie auch gelehrt werden: in Kindergarten, Religionsunterricht, Theologiestudium und darüber hinaus. Das erfordert eine klare theologische und politische Präferenz für Frieden und Versöhnung, der dann entsprechende Taten folgen. Denn Frieden ist nicht eines unter vielen kirchlichen Arbeitsfeldern, es ist für die Kirchen »ein herausragendes Thema öffentlicher Verantwortung« und eine »immerwährende Aufgabe«, wie die EKD-Friedensdenkschrift von 2007 betont.

Einbringen: Sind die eigenen Kompetenzen erkannt und entwickelt, dann sollen religiöse Akteure ihre Expertise in Konflikt- und Friedensprozessen einbringen, sich anbieten. Religiöse Friedensakteure sind kein Ersatz für politische Institutionen, aber sie können diese mit ihren spezifischen Kompetenzen und

Möglichkeiten ergänzen. Höfliche, gleichgültige oder ängstliche Zurückhaltung wäre das falsche Signal, ja geradezu verantwortungslos. Und es widerspräche dem Friedensanspruch, den doch alle Religionen erheben.

Die öffentliche Aufmerksamkeit und damit auch politische Einflussnahme darf nicht den Angstpredigern, geistigen Brandstiftern und Gewaltakteuren überlassen werden, seien sie säkular oder religiös. Als gesellschaftliche Großinstitutionen tragen die Religionsgemeinschaften, respektive die christlichen Kirchen in Europa, eine erhebliche Mitverantwortung für politische und gesellschaftliche Entwicklungen. Ihre Stimme wird gehört, wenn sie klar und deutlich erhoben wird, und ihr wird geglaubt, wenn überzeugende Taten folgen. Sie haben Einfluss, geben vielen Menschen Orientierung und genießen – noch – weithin Vertrauen. Ihre friedenstiftenden Fähigkeiten und Erfahrungen bergen enormes Potenzial für gegenwärtige und zukünftige Konflikte. Das ist eine große Chance. Wird sie vergeben, so werden die Kirchen weiter an gesellschaftlicher Relevanz und Anziehungskraft verlieren. Wenn sie aber vorangehen auf dem Weg eines gerechten Friedens, mutig, entschlossen und glaubwürdig, dann wird dies Beachtung und Mitstreiter finden.

Literaturverzeichnis

Kielmannsegg, Peter Graf (2018): Verteidigung der Politik, in: Frankfurter Allgemeine Zeitung Nr. 150/2018 (2.7.2018), S. 6.

Kippenberg, Hans G. (2008): Gewalt als Gottesdienst. Religionskriege im Zeitalter der Globalisierung, München.

McEwan, Ian (2006): Ich habe einen Traum, in: Die Zeit Nr. 31/2006 (27.7.2006), https://www.zeit.de/2006/31/Traum-Ewan-31 (12.02.2019).

Rittberger, Volker / Hasenclever, Andreas (2000): Religionen in Konflikten – Religiöser Glaube als Quelle von Gewalt und Frieden, in: Politisches Denken, Jahrbuch der Deutschen Gesellschaft zur Erforschung des Politischen Denkens 2000, Stuttgart, S. 35–60.

Weingardt, Markus A. (2010): Religion Macht Frieden. Das Friedenspotenzial von Religionen in politischen Gewaltkonflikten, Bonn.

Sicherheit neu denken
Von der militärischen zur zivilen Sicherheitspolitik
Stefan Maaß

Zusammenfassung:
Eine militärgestützte Sicherheitspolitik bringt weder Frieden noch Sicherheit. Das Szenario »Sicherheit neu denken – von der militärischen zur zivilen Sicherheitspolitik« fordert auf, Sicherheit im Sinne einer Friedenslogik neu zu denken. Es zeigt konkrete Möglichkeiten zu einer veränderten Sicherheitspolitik auf.

1. Einleitung

»Das Militär abschaffen – das geht gar nicht!« »Kirche macht sich lächerlich, wenn sie mit ihren Visionen kommt. Dies hat zur Folge, dass Kirche noch den letzten Rest an Glaubwürdigkeit verliert!« »Kein Text der letzten zwei, drei Jahre hat mich so begeistert wie dieses Buch«[1]. Dies sind unterschiedliche Reaktionen auf ein Buch mit dem Titel »Sicherheit neu denken – von der militärischen zur zivilen Sicherheitspolitik«,[2] das die Evangelische Landeskirche in Baden 2018 veröffentlicht hat. Während die ersten beiden Aussagen von Menschen stammen,[3] die das Buch gar nicht gelesen haben, stammt die dritte Aussage von Thomas Schwörer, einem Mitglied des BundessprecherInnenkreises der DFG-VK.[4] Diese Aussagen verdeutlichen, dass das Thema die Menschen stark bewegt und berührt, wenn auch in unterschiedlicher Art und Weise. Dies ist nicht sonderlich überraschend, denn mit dem Thema Sicherheit wird ein sehr wichtiges menschliches Grundbedürfnis angesprochen. Dieses Buch enthält keine theologische Reflexion des Sicherheitsbegriffs, sondern wendet sich an die Politik.

---

[1] Schwörer 2019, S. 12.
[2] Becker u. a. 2018.
[3] Die Aussagen wurden von Menschen gegenüber dem Autor gemacht, nachdem sie gehört hatten, dass es ein solches Szenario gibt. Beide Aussagen wurden zu Beginn eines Vortrags des Autors geäußert.
[4] Deutsche Friedensgesellschaft-Vereinigte Kriegsdienstgegner.

Traditionell ist das Militär für die äußere Sicherheit zuständig und die Polizei hat die Aufgabe, für die innere Sicherheit zu sorgen.[5] Deshalb ist es auch nicht verwunderlich, dass Menschen erst einmal irritiert sind, wenn die Funktion des Militärs in Frage gestellt wird.

Das Ziel des Szenarios ist, friedensfördernde Prozesse gemäß der Charakterisierung in der EKD-Denkschrift von 2007 einzuleiten und zu unterstützen.

»Friedensfördernde Prozesse sind dadurch charakterisiert, dass sie in innerstaatlicher wie in zwischenstaatlicher Hinsicht auf die Vermeidung von Gewaltanwendung, die Förderung von Freiheit und kultureller Vielfalt sowie auf den Abbau von Not gerichtet sind. Friede erschöpft sich nicht in der Abwesenheit von Gewalt, sondern hat ein Zusammenleben in Gerechtigkeit zum Ziel.«[6]

2. Aktuelle Bedrohungen und die Herausforderungen für die Sicherheit

Das Weißbuch des Bundesministeriums der Verteidigung spricht von Herausforderungen für die Sicherheitspolitik und nennt transnationalen Terrorismus, Herausforderungen aus dem Cyber- und Informationsraum, zwischenstaatliche Konflikte, fragile Staatlichkeit und schlechte Regierungsführung, weltweite Aufrüstung und Proliferation von Massenvernichtungswaffen, aber auch Klimawandel, unkontrollierte und irreguläre Migration, Pandemien und Seuchen.[7] Ergänzend ist noch die Entwicklung neuer Waffentechnologien (autonome Waffen) sowie die Erosion der UNO und schließlich die Glaubwürdigkeitskrise der westlichen Demokratien hinzuzufügen.

Die derzeitige militärgestützte Sicherheitspolitik schafft jedoch keine dauerhafte Sicherheit, sondern eher neue Unsicherheiten. Militärinterventionen in Afghanistan, Irak oder Libyen haben keine Sicherheit gebracht. Seit Jahren zeigen Umfragen, dass eine Mehrheit der Bevölkerung Rüstungsexporte, Atomwaffen und militärische Interventionen ablehnt. Und dennoch ändert sich nichts, weil einerseits Alternativen zu wenig bekannt bzw. mit zu geringen Finanzmitteln ausgestattet sind und weil andererseits das Denken, dass Gewalt »das Böse« und damit die Bedrohung beseitigen kann, in unseren Köpfen tief verankert ist. Der US-amerikanische Theologe Walter Wink spricht in diesem Zusammenhang vom Mythos der erlösenden Gewalt und meint damit den Glauben, dass Gewalt letztendlich helfen wird. »Er [der Mythos der erlösenden Gewalt] verankert den Glauben, dass Gewalt rettet, dass Krieg Frieden bringt,

---

[5] Gute Übersicht zu den Unterschieden von Polizei und Militär bei Werkner 2017, S. 15.
[6] Evangelische Kirche in Deutschland 2007, S. 54.
[7] Vgl. Bundesministerium der Verteidigung 2016, S. 34–45.

dass Macht Recht schafft. [...] Der Glaube, dass Gewalt ›rettet‹, ist so erfolgreich, weil er uns keineswegs wie ein Mythos vorkommt. Gewalt erscheint einfach in der Natur der Dinge zu liegen. Sie funktioniert. Sie erscheint unausweichlich, das letzte – oft auch das erste – Mittel bei Konflikten.«[8] Dieses Denken ist Grundbestandteil der sogenannten Sicherheitslogik und führt eben weder zur Sicherheit noch zum Frieden.

Was benötigt wird, ist neben der Ablehnung einer kriegsfördernden Politik eine konstruktive Alternative, eine klare Vision. Es muss darum gehen, ein Denken zu entwickeln, mit dessen Hilfe es möglich ist, »Frieden zu schaffen und das heißt Beziehungen zu ermöglichen, in denen Gewalt unwahrscheinlich wird, weil Kooperation gelingt« (Hanne-Margret Birckenbach).[9] In der Friedensforschung und der Sozialwissenschaft spricht man darüber unter dem Stichwort »Friedenslogik.« Doch wie kann dies konkret aussehen? Gibt es wirklich einen anderen Weg?

3. Die Entwicklung eines alternativen Ansatzes

Am 24. Oktober 2013 beschloss die Landessynode der Evangelischen Landeskirche in Baden »Kirche des gerechten Friedens« zu werden. Zur Umsetzung formulierte sie zwölf Konkretionen. Unter der Ziff. 3.1.6 steht der folgende Teilbeschluss: »Gleich dem nationalen Ausstiegsgesetz aus der nuklearen Energiegewinnung, gilt es – möglicherweise in Abstimmung mit anderen EU-Mitgliedsstaaten – ein Szenario zum mittelfristigen Ausstieg aus der militärischen Friedenssicherung zu entwerfen.«[10]

Eine daraufhin eingesetzte Arbeitsgruppe präsentierte 2018 drei mit Hilfe der Szenariotechnik erstellte Szenarien bis zum Jahr 2040. Diese Technik wird angewandt, wenn es um die Lösung von Zukunftsproblemen, um globale Weltmodelle oder um langfristige Entwicklungsprognosen geht. Ein Szenario ist kein Umsetzungsplan einer Idee, sondern skizziert Entwicklungen, die aufgrund von Entscheidungen eintreten können. Die Darstellung von drei unterschiedlichen Zukunftsszenarien (Trend-, Negativ- und Positivszenario) erleichtert die Auswirkungen der jeweiligen Entscheidungen zu erkennen. Das Positivszenario stellt dabei die *bestmögliche* Entwicklung dar und es ist das Ziel, in der Realität diesem Szenario möglichst nahe zu kommen.

Das Trendszenario beschreibt die Entwicklung, wenn der momentane Trend der politischen Entscheidungen fortgesetzt wird mit dem Ergebnis, dass die hohen Militärausgaben und auch militärische Einsätze zu zunehmenden Span-

---

[8] Wink 2014, S. 48–49.
[9] Birckenbach 2016, S. 4.
[10] Evangelische Landeskirche in Baden 2013, S. 11.

nungen in Europa und auch innerhalb Deutschlands führen. Das Negativszenario zeichnet bis 2040 eine Situation eines eskalierenden regionalen Konflikts, der einen Atomkrieg auslösen kann.

Das Positivszenario beschreibt dagegen eine völlig andere Entwicklung: Die reformierte UNO ist organisatorisch ein Dachverband kontinentaler Organisationen mit jeweils eigenen Sicherheitsräten und Polizeikräften. Die OSZE bearbeitet sämtliche Konflikte in Europa mit rein zivilen und polizeilichen Mitteln. Deutschland trägt mit über 5.000 Polizei- und 50.000 zivilen Friedensfachkräften zu internationalen UNO-Friedensmissionen bei.

Nachhaltige zivile Sicherheitspolitik beruht auf einer Friedensethik, in der sich die Gedanken und Handlungen nicht nur auf die eigenen nationalen Interessen beziehen, sondern zugleich reflektieren, welche Folgen diese für die Menschen in anderen Ländern haben. Sicherheit besteht in dieser Perspektive (nur) als gemeinsame Sicherheit aller Beteiligten. Das gilt sowohl für den Einzelnen in seinem privaten Alltag als auch für die Akteure in Wirtschaft, Politik, Kultur, Erziehung und Wissenschaft. In diesem Szenario entwickelt die Gesellschaft als Ganze eine Orientierung gemeinsamer Sicherheit als Weg und Ziel, um der Kultur der Gewalt entgegentreten und eine Kultur des Friedens entwickeln zu können. Gemeinsame Sicherheit bedeutet, für die eigene Sicherheit einen Lebens- und Wirtschaftsstil zu praktizieren, der die ökologischen Ressourcen der Erde nur entsprechend unseres Bevölkerungsanteils in Anspruch nimmt und weltweit zu ökologisch und sozial gerechten Wirtschaftsbeziehungen führt.

Das Positivszenario – die fünf Säulen der zivilen Sicherheitspolitik

Die Grundlage dieses Szenarios bildet u. a. der vierte Bericht der Bundesregierung über die Umsetzung des Aktionsplans »Zivile Krisenprävention, Konfliktlösung und Friedenskonsolidierung« (2014). Es basiert auf den fünf Säulen:

1. Gerechte Außenbeziehungen

Deutschland strebt generell ökologisch, sozial und wirtschaftlich gerechte Außenbeziehungen an. Dies bedeutet, dass sich Deutschland auf den Weg zu einem Lebens- und Wirtschaftsstil begibt, der die ökologischen Ressourcen der Erde nur entsprechend seines Bevölkerungsanteils in Anspruch nimmt. Deutschland setzt seine im Klima-Abkommen von Paris 2015 zugesicherten Klima-Ziele konsequent um.

2. Nachhaltige Entwicklung der EU-Anrainerstaaten

Grundlage echter Sicherheit sind lebenswerte und stabile Verhältnisse innerhalb Deutschlands und in den Nachbarstaaten Deutschlands – sowohl innerhalb als auch außerhalb der Europäischen Union, insbesondere östlich und südlich der

EU. Deshalb setzt sich Deutschland für die Förderung wirtschaftlicher Perspektiven und staatlicher Sicherheit östlich und südlich der Europäischen Union ein. So soll es eine Wirtschafts- und Sicherheitspartnerschaft zwischen der EU und der Eurasischen Wirtschaftsunion (EAWU) geben. Darüber hinaus soll es einen UN-Entwicklungsplan mit Afrika und dem Nahen Osten geben, den die EU mit den Staaten der Afrikanischen Union und der Arabischen Liga unter dem Dach der UN entwickelt.

3. Teilhabe an der Internationalen Sicherheitsarchitektur

Deutschland ist Mitglied der EU, der OSZE, der NATO und der UNO. Die OSZE ist die Schlüsselorganisation für Frühwarnung, Krisenprävention und Konfliktbearbeitung. Deutschland nimmt innerhalb der NATO eine neue Rolle ein, Deutschland tritt nur noch als ziviler Akteur auf. Der Beitrag Deutschlands sind rein zivile Mittel. 2040 entsendet Deutschland 50.000 zivile Friedensfachkräfte.

4. Resiliente Demokratie

Resiliente Demokratie umfasst die nachhaltige Stärkung der strukturellen zivilen Widerstandsfähigkeit unserer Zivilgesellschaft und unseres demokratischen Staates gegen Freiheitseinschränkungen von innen und außen. Kern der resilienten Demokratie ist der Aufbau einer zivilen Konfliktkultur innerhalb von Deutschland.

5. Konversion der Bundeswehr und der Rüstungsindustrie

Bis zum Jahr 2040 wird eine Konversion von der Rüstungs- zur zivilen Produktion sozialverträglich gestaltet. Teile der Bundeswehr werden zu einem Internationalen Technischen Hilfswerk transformiert, andere werden als Polizeikräfte tätig sein. Die Erkenntnisse von wissenschaftlichen Studien wie u. a. von Erica Chenoweth und Maria Stephan zur Wirksamkeit von Gewaltfreiheit entzaubern zunehmend den Mythos der erlösenden Gewalt.

4. Voraussetzungen für eine andere Sicherheitspolitik

Da Politik immer auch ein Zusammenspiel gesellschaftlicher Kräfte ist, braucht es für die Realisierung dieses Szenarios vergleichbar dem Ausstieg aus der Atomenergienutzung eine breite zivilgesellschaftliche Bewegung. Ähnlich der erfolgreichen Erlassjahr-Kampagne »Entwicklung braucht Entschuldung« in den Jahren 1996–2000 können die Kirchen hier eine wirksame Vorreiterrolle übernehmen. Das Szenario »Sicherheit neu denken« enthält die Schwerpunkte, die der ÖRK momentan als Schwerpunkt seiner Programmarbeit auf dem Pilgerweg der Gerechtigkeit und des Friedens beschreibt: lebensbejahendes Wirtschaften,

Klimawandel, gewaltfreie Schaffung von Frieden und Versöhnung und Menschenwürde.[11]

Im vergangenen Dezember haben sich Vertreterinnen und Vertreter von 30 Organisationen auf Einladung der Evangelischen Landeskirche in Baden zu einem Sondierungstreffen getroffen. Sie beschlossen, 2021 eine gemeinsame Kampagne zu starten. Bis zu diesem Zeitpunkt wollen die Organisationen das Szenario bekannt machen und weitere Unterstützer für die Kampagne gewinnen. Im Frühjahr 2019 ist eine englische und eine französische Übersetzung erschienen, so dass auch andere Länder sich mit dem Szenario befassen und ein für ihr Land passendes Szenario schreiben können. Denn nur wenn es gelingt, neben den Deutschen auch andere Länder für eine zivile Sicherheitspolitik zu gewinnen, wird sich die Politik verändern.

Die evangelische Landeskirche in Baden möchte mit diesem Szenario die Suche nach einem gerechten Frieden intensivieren und mit anderen ins Gespräch kommen. Das Szenario ist kein Patentrezept, sondern eine Skizze, die zeigt, in welche Richtung eine andere Sicherheitspolitik möglich ist. Das Szenario fordert auf, sich gemeinsam auf den Weg zu machen, ganz im Sinne des Pilgerwegs der Gerechtigkeit und des Friedens.

Literaturverzeichnis

Becker, Ralf / Maaß, Stefan / Schneider-Harpprecht, Christoph (Hg.) (2018): Sicherheit neu denken. Von der militärischen zur zivilen Sicherheitspolitik – Ein Szenario bis zum Jahr 2040, Karlsruhe.

Birckenbach, Hanne-Margret (2016): Von der Sicherheitslogik zur Friedenslogik, in: FFE-Rundbrief 1/2016, Ausgabe Februar.

Bundesministerium der Verteidigung (Hg.) (2016): Weißbuch zur Sicherheitspolitik und zur Zukunft der Bundeswehr, Berlin.

Evangelische Kirche in Deutschland (2007): Aus Gottes Frieden leben – für gerechten Frieden sorgen. Eine Denkschrift des Rates der Evangelischen Kirche in Deutschland, Gütersloh.

Evangelische Landeskirche in Baden (Hg.) (2013): Richte unsere Füße auf den Weg des Friedens. Ein Diskussionsbeitrag aus der Evangelischen Landeskirche in Baden, Karlsruhe.

Ökumenischer Rat der Kirchen Zentralausschuss (Hg.) (2014): Eine Einladung zum Pilgerweg der Gerechtigkeit und des Friedens, überarbeitete Fassung, Genf.

Schwörer, Thomas (2019): »Sicherheit neu denken«. Eine Besprechung des Vorschlags der Evangelischen Landeskirche in Baden, in: Zivilcourage, Mitgliederzeitschrift der DFG-VK 1, S. 12.

---

[11] Ökumenischer Rat der Kirchen 2014, S. 5.

Werkner, Ines-Jacqueline (2017): Just Policing. Eine Alternative zur militärischen Intervention?, in: epd-Dokumentation Nr. 22 vom 30. Mai 2017, S. 4-86.
Wink, Walter (2014): Verwandlung der Mächte. Eine Theologie der Gewaltfreiheit, Regensburg.

Sind Militäreinsätze erfolgreich?
Zur Evaluation von Militäreinsätzen

Peter Rudolf

Zusammenfassung:
Die Effektivität von Militäreinsätzen ist aller Erfahrung nach mit großer Ungewissheit behaftet. Legt man das Kriterium der begründeten Erfolgsaussicht an, so bedarf es guter Gründe, die dafür sprechen, dass im konkreten Fall die angestrebten politischen Ziele tatsächlich erreicht werden können. Nur so lässt sich der Einsatz militärischer Gewalt, sofern er nicht auf ein eher »polizeiliches« Peacekeeping beschränkt ist, politisch und ethisch rechtfertigen.

Die Frage, ob und unter welchen Bedingungen Militäreinsätze erfolgreich sein können, ist nicht nur von politischer, sondern auch ethischer Bedeutung. Sofern man nicht eine radikal-pazifistische Haltung vertritt, sondern in manchen Fällen den Einsatz militärischer Gewalt als berechtigt ansieht, ist man auf Kriterien für eine differenzierte Bewertung angewiesen.[1] Zu diesen Prüfkriterien, wie sie in der oft missverstandenen »bellum iustum«-Tradition enthalten sind, gehört die begründete Aussicht auf Erfolg. Die Friedensdenkschrift der EKD aus dem Jahre 2007 hat die Kriterien aus ihrer traditionellen Verankerung gelöst und als »allgemeine Kriterien einer Ethik rechtserhaltender Gewalt« formuliert.[2]

Wer den Einsatz militärischer Gewalt befürwortet, muss – so lässt sich das Kriterium der Erfolgsaussicht verstehen – gute Grunde anführen, warum im konkreten Fall eine begründete Aussicht besteht, dass nicht nur die (militär-)strategischen Ziele, sondern auch die politischen Zwecke erreicht werden können.[3] Beide sind nicht identisch, ja können weit auseinanderklaffen. Das gilt insbesondere für Interventionen, die der politischen Stabilisierung eines Landes

---

[1] Dieser Beitrag stützt sich auf Ausführungen, die ausführlicher zu finden sind in Rudolf 2017; vgl. Rudolf 2009, S. 44–52.
[2] Evangelische Kirche in Deutschland 2007.
[3] Zu der auf Clausewitz zurückgehenden Unterscheidung von politischen Zwecken, strategischen Zielen und eingesetzten militärischen Mitteln siehe Daase / Schindler 2009, S. 701–731, hier: S. 726.

dienen. Der politische Zweck ist oft der langfristige Wandel, die Transformation einer Gesellschaft, nicht die Wiederherstellung eines durch zwischenstaatliche Aggression gestörten *Status quo ante*. Der militärische Erfolg ist nur eine Voraussetzung dafür, die politischen Zwecke zu erreichen.

Die beständige Evaluation militärischer Einsätze ist so gesehen auch ethisch geboten, jedoch äußerst schwierig. Evaluation wird in der Regel als eine mit wissenschaftlichen Methoden durchgeführte Bewertung zielgerichteter politischer Eingriffe verstanden. Idealerweise sollte eine erste Evaluation bereits vor Beginn einer Intervention stattfinden (*ex-ante*-Evaluation), um so im Lichte bisheriger Erfahrungen zu einer begründeten Einschätzung zu gelangen, ob die angestrebten Ziele sich mit den eingesetzten Mitteln erreichen lassen. Evaluation sollte auch während einer Intervention begleitend stattfinden, um so erste Rückschlüsse auf deren Wirkungen und Wirksamkeit zu ziehen und Kurskorrekturen zu ermöglichen. Nach Abschluss einer Intervention sollte im Sinne einer ex-post Evaluation eine Beurteilung ihrer Wirkungen, ihrer Wirksamkeit und ihres Nutzens erfolgen.[4]

Doch eine solche Bewertung im Rahmen einer methodisch einigermaßen abgesicherten Evaluation ist alles andere als einfach. Bereits die Identifizierung handlungsleitender Ziele stellt mitunter eine beträchtliche Herausforderung dar. Nicht immer sind die Ziele klar bestimmt oder gar hierarchisiert, sondern in wolkiger Rhetorik verborgen, in Schlagworten und Euphemismen wie etwa Stabilität, Frieden, Demokratie. Oft werden mit einer Politik mehrere Ziele verfolgt, manchmal auch Ziele, die nirgendwo formuliert werden, sei es aus innenpolitischen Gründen, sei es aus Rücksicht auf andere Staaten. Auslandseinsätze der Bundeswehr finden im multilateralen Rahmen statt. Unterschiedliche Staaten und Akteure können dabei unterschiedliche Ziele verfolgen. Auch ändern sich unter Umständen im Laufe der Zeit die Ziele, die ursprünglich mit einem Militäreinsatz verbunden waren. Soll bewertet werden, in welchem Maße die verfolgten Ziele erreicht werden, dann müssen diese operationalisiert, das heißt konkrete nachweisbare Erfolgsindikatoren benannt werden, die einem bestimmten Ziel zuzuordnen sind.

Militärische Gewalt wird in den letzten Jahrzehnten vor allem innerhalb komplexer Operationen eingesetzt, in denen das militärische Element nur eines unter anderen ist. Sieg oder Niederlage sind in diesen Fällen keine Kriterien wie in einem klassischen zwischenstaatlichen Krieg, Erfolge können nicht an der Eroberung von Territorium oder an der Zahl getöteter Gegner gemessen werden. Erfolg ist in solchen Operationen nur schwer zu beurteilen.[5] Die Bewertung des militärischen Instrumentariums lässt sich nicht loslösen von der umfassenden

---

[4] Grundsätzlich zur Problematik von Evaluationen siehe Rudolf / Lohmann 2013; zum speziellen Fall der Auslandseinsätze siehe Dembinski / Gromes 2016.

[5] Siehe Dandeker 2010, S. 16–38.

Einschätzung derartiger Einsätze, seien es Friedensmissionen, seien es sogenannte *Counterinsurgency*-Operationen, in denen es um die Bekämpfung von Aufständischen geht.

In solchen asymmetrischen Konflikten wie etwa in Afghanistan ist es von vornherein schwierig, die Erfolgsaussichten einzuschätzen. Es fehlen einigermaßen verlässliche Fortschrittsindikatoren und nach bisherigen Erfahrungen sind die in mehr oder weniger konzeptionell fragwürdige Einschätzungen einfließenden Informationen fehlerhaft und unvollständig.[6] Vielfach war zu hören, Erfolg oder Scheitern in einem Krieg gegen eine Aufstandsbewegung ließen sich nur schwer beurteilen und mit Beharrlichkeit und Durchhaltevermögen lasse sich allen Widrigkeiten zum Trotz der Erfolg vielleicht doch noch erzielen. Da Erfolg und Scheitern in komplexen Konflikten oft nicht eindeutig bestimmbar sind und militärische Organisationen zu einem »Überoptimismus« neigen, besteht eine strukturelle Neigung, den Kampf weiterzuführen.[7]

Gegen die historisch vielfach zu beobachtende starke Zuversicht nicht nur militärischer, sondern auch politischer Entscheidungsträger in die Erfolgsaussichten militärischer Gewalt[8] sprechen die Ergebnisse jener Untersuchungen, die eine große Zahl von Militäreinsätzen in den Blick nehmen und sie statistisch auswerten. Sie legen eine beträchtliche Skepsis gegenüber dem politischen Nutzen militärischer Gewalt nahe. Empirische Studien zu militärischen Interventionen nach 1945 zeigen eines: Territorien lassen sich verteidigen oder erobern, Regime stürzen, aber politische Ziele nur schwer mit militärischer Gewalt erzwingen, besonders dann, wenn der Einsatz sich gegen nichtstaatliche Akteure richtet. Dies ist im Großen und Ganzen die Schlussfolgerung der bislang umfassendsten Untersuchung zur Effektivität militärischer Gewalt als politisches Instrument. In den Blick genommen wurden die militärischen Interventionen aller fünf ständigen Sicherheitsratsmitglieder im Zeitraum von April 1945 bis März 2003.[9]

Unterschieden werden muss zwischen zwei Formen von Interventionen: zwischen Interventionen, in denen die Ziele mit dem Einsatz militärischer Machtmittel erreicht werden können, etwa durch die Eroberung oder Verteidigung von Territorium, und jenen Interventionen, in denen ein bestimmtes Ziel politisch mit militärischen Mitteln dadurch erzwungen werden soll, indem das Kosten-Nutzen-Kalkül des Gegners verändert wird. Die Erfolgswahrscheinlichkeit ist größer, wenn es um Ziele geht, die direkt mit militärischen Machtmitteln erzwungen werden können. Geringer dagegen ist die Erfolgswahrscheinlichkeit,

---

[6] Siehe Connable 2012.
[7] Siehe Tuck 2012, S. 44–61; Downes-Martin 2011, S. 103–125.
[8] Zu den Ursachen dieser übersteigerten Zuversicht siehe Johnson 2004.
[9] Zum folgenden siehe Sullivan / Koch 2009, S. 707–718.

wenn die Ziele nur indirekt über den Einsatz militärischer Machtmittel erreicht werden können.[10]

Skepsis gegenüber der Effektivität militärischer Einsätze legt auch die Forschung zur Aufstandsbekämpfung nahe. Gegenüber nichtstaatlichen Akteuren in Gestalt von Guerillabewegungen haben externe Mächte eine recht geringe Erfolgsaussicht.[11] Begrenzte militärische Operationen schließlich, bei denen es nicht um die Besiegung einer gegnerischen Armee oder die Eroberung von Territorien geht, können militärisch erfolgreich sein; von den 36 US-Interventionen dieser Art in den Jahren 1991–2009 waren es gut die Hälfte. Doch in nur 6 % der Fälle wurden alle damit verbundenen politischen Ziele erreicht.[12] Selbst in jenen Fällen, in denen militärische Gewalt strategisch in dem Sinne erfolgreich ist, dass eine Regierung gestürzt wird, heißt das nicht, dass ein solcher Einsatz politisch als Erfolg verbucht werden kann: Nicht Demokratie, vielmehr eher Bürgerkrieg und Chaos folgen nach dem Sturz eines fremden Herrschers.[13]

Militärische Gewalt wird, wie bereits erwähnt, vor allem innerhalb komplexer Operationen eingesetzt. Das gilt insbesondere für Friedensmissionen der Vereinten Nationen. Die Einsätze, die unter diesen weiten Begriff fallen, unterscheiden sich sowohl im Mandat als auch in der personellen Ausstattung. Vielfach beschränken sie sich nicht auf militärisches *Peacekeeping*, sondern haben multidimensionalen Charakter: Sie verbinden militärische sowie zivile Elemente und zielen auf die Konsolidierung des Friedens nach Bürgerkriegen. Blauhelme kommen auch vermehrt dort zum Einsatz, wo noch kein Frieden existiert, der zu bewahren wäre.

Peacekeeping funktioniert – gewiss nicht immer und nur zu einem gewissen Grad.[14] Friedensoperationen, das heißt vor allem die Entsendung von Friedenstruppen, können gewaltmindernd und gewaltverhindernd wirken: in begrenztem Maße gewaltmindernd, wenn Friedenstruppen in noch »heiße« Konflikte entsandt werden; gewaltverhindernd, insofern die Anwesenheit angemessen ausgestatteter und in ausreichender Stärke entsandter Friedenstruppen das Risiko reduzieren kann, dass es zur massenhaften Tötung von Zivilisten kommt; gewaltverhindernd auch, insofern sich das Risiko verringert, dass nach einer Verhandlungslösung später erneut ein Bürgerkrieg ausbricht. *Peacekeeping* ist jedoch eine eher kurzfristige Übergangslösung. Es geht dabei um das Behandeln von Symptomen, nicht um die nachhaltige Befriedung gewalttätiger Gesellschaften. Dazu bedarf es inklusiver politisch-institutioneller Regelungen. Werden

---

[10] Siehe Sullivan 2012; Sullivan 2007, S. 496–524.
[11] Siehe Lyall / Wilson 2009, S. 67–106.
[12] So Zenko 2010.
[13] Siehe Downes / Monten 2013, S. 90–131; Peic / Reiter 2010, S. 453–475.
[14] Als Überblick über die einschlägige Literatur siehe Rudolf 2015; als neuere Studie siehe ergänzend Brosig / Sempijja 2018, S. 1–13.

Blauhelme in Länder entsandt, in denen entweder keine tragfähige Friedensvereinbarung existiert oder gar die Gewaltkonflikte andauern, sind die Erfolgsaussichten eher gering.

Fazit: Die Effektivität von Militäreinsätzen ist aller Erfahrung nach mit großer Ungewissheit behaftet. Legt man das Kriterium der begründeten Erfolgsaussicht an, so bedarf es guter Gründe, die dafür sprechen, dass im konkreten Fall die angestrebten politischen Ziele tatsächlich erreicht werden können. Nur so lässt sich der Einsatz militärischer Gewalt, sofern er nicht auf ein eher »polizeiliches« *Peacekeeping* beschränkt ist, politisch und ethisch rechtfertigen.

Literaturverzeichnis

Brosig, Malte / Sempijja, Norman (2018): Does Peacekeeping Reduce Violence? Assessing Comprehensive Security of Contemporary Peace Operations in Africa, in: Stability: International Journal of Security & Development 7, S. 1-13.

Connable, Ben (2012): Embracing the Fog of War: Assessment and Metrics in Counterinsurgency, Santa Monica.

Daase, Christopher / Schindler, Sebastian (2009): Clausewitz, Guerillakrieg und Terrorismus. Zur Aktualität einer missverstandenen Kriegstheorie, in: Politische Vierteljahresschrift 50, S. 701-731.

Dandeker, Christopher (2010): From Victory to Success. The Changing Mission of Western Armed Forces, in: Jan Angstrom / Isabelle Duyvesteyn (Hg.): Modern War and the Utility of Force. Challenges, Methods and Strategy, London / New York, S. 16-38.

Dembinski, Matthias / Gromes, Thorsten (2016): Auslandseinsätze evaluieren. Wie lässt sich Orientierungswissen zu humanitären Interventionen gewinnen?, Frankfurt am Main.

Downes-Martin, Stephen (2011): Operations Assessment in Afghanistan is Broken: What Is to Be Done?, in: Naval War College Review 64, S. 103-125.

Downes, Alexander B. / Monten, Jonathan (2013): Forced to Be Free? Why Foreign-Imposed Regime Change Rarely Leads to Democratization, in: International Security 37, S. 90-131.

Evangelische Kirche in Deutschland (Hg.) (2007): Aus Gottes Frieden leben – für gerechten Frieden sorgen. Eine Denkschrift des Rates der Evangelischen Kirche in Deutschland, Gütersloh.

Johnson, Dominic P. (2004): Overconfidence and War: The Havoc and Glory of Positive Illusions, Cambridge, MA / London.

Lyall, Jason / Wilson, Isaiah (2009): Rage against the Machines: Explaining Outcomes in Counterinsurgency Wars, in: International Organization 63, S. 67-106.

Peic, Goran / Reiter, Dan (2010): Foreign-Imposed Regime Change, State Power and Civil War Onset, 1920-2004, in: British Journal of Political Science 41, S. 453-475.

Rudolf, Peter (2009): Wirksamkeit von Auslandseinsätzen aus amerikanischer Sicht, in: Gunther Hauser / Michael Staack / Elmar Wiesendahl (Hg.): Zielsetzung und Wirksamkeit von Auslandseinsätzen, Bremen, S. 44-52.

Rudolf, Peter / Lohmann, Sascha (2013): Außenpolitikevaluation im Aktionsfeld Krisenprävention und Friedensaufbau, Berlin.

Rudolf, Peter (2015): Friedensoperationen: Wirksamkeit und Erfolgsbedingungen, Berlin.

Rudolf, Peter (2017): Zur Legitimität militärischer Gewalt, Bonn.

Sullivan, Patricia L. (2007): War Aims and War Outcomes: Why Powerful States Lose Limited Wars, in: Journal of Conflict Resolution 51, S. 496-524.

Sullivan, Patricia L. / Koch, Michael T. (2009): Military Intervention by Powerful States, 1945-2003, in: Journal of Peace Research 46, S. 707-718.

Sullivan, Patricia L. (2012): Who Wins? Predicting Strategic Success and Failure in Armed Conflict, Oxford.

Tuck, Christopher (2012): Afghanistan: Strategy and War Termination, in: Parameters 42, S. 44-61.

Zenko, Micah (2010): Between Threats and War. U.S. Discrete Military Operations in the Post-Cold War World, Stanford.

Zivile Konfliktbearbeitung und Konflikttransformation
Friedenspolitische Praxis oder Alibi?

Martina Fischer

Zusammenfassung:
Der Ausbau von Instrumenten für zivile Konfliktbearbeitung steht seit mehr als zwanzig Jahren ganz oben auf der Agenda von kirchlichen Hilfswerken und friedensengagierten NGOs. Auch Abgeordnete des Deutschen Bundestags haben sich dafür eingesetzt. Auf Regierungsebene wurden mit dem »Aktionsplan zivile Krisenprävention, Konfliktlösung und Friedenskonsolidierung« (2004) und den »Leitlinien Krisen verhindern, Konflikte bewältigen, Frieden fördern« (2017) Weichen in die richtige Richtung gestellt. Es gab Fortschritte, aber immer auch gegenläufige Tendenzen. Der gegenwärtige starke Trend, den Aufwuchs von Verteidigungsausgaben zu unterstützen, könnte Investitionen in die zivilen Fähigkeiten unterlaufen. Außerdem mangelt es noch immer an einer kohärenten Politik, die sich ressortübergreifend auf die Bearbeitung der Ursachen für Gewaltkonflikte und nachhaltige Friedensförderung ausrichtet. Ohne Politikkohärenz droht Ansätzen ziviler Konfliktbearbeitung ein »tool-box«-Dasein, sie könnten zum »Alibi« oder Anhängsel einer primär sicherheitspolitisch gestützten Außenpolitik werden.

Der Begriff »zivile Konfliktbearbeitung« etablierte sich hierzulande in den 1990er Jahren in Anlehnung an Diskurse der internationalen Friedensforschung zum Thema *conflict resolution*. Er beschrieb den Prozess der Umwandlung einer gewaltsamen oder gewaltträchtigen Konfrontation in einen verhandelbaren Konflikt mithilfe diplomatischer Annäherung, Mediation und Vermittlung durch Dritte Parteien. Die hiesige Diskussion orientierte sich auch an den Überlegungen von Dieter Senghaas, der mit Blick auf Transformationsgesellschaften feststellte: »Angesichts einer Situation, in der alle gesellschaftlichen Auseinandersetzungen sich als politische und alle politischen sich als gesellschaftliche darstellen, wird zivilisierte Konfliktbearbeitung zu einem übergeordneten Imperativ.«[1] Die Bedingungen dafür legte er in einem »zivilisatorischen Hexagon« dar, das die Komponenten »Gewaltmonopol«, »Rechtsstaatlichkeit«, »demokratische Partizi-

---

[1] Vgl. Senghaas 2004, S. 25–39.

pation«, »Konfliktkultur«, »soziale Gerechtigkeit« sowie »Interdependenzen und Affektkontrolle« umfasst.

In den 1980er und 1990er Jahren setzten sich Forscherinnen, Praktiker und Mitglieder kirchlicher Hilfswerke gemeinsam für eine Weiterentwicklung von zivilen Ansätzen der Krisenprävention und Friedenskonsolidierung ein. So wurde auf Initiative von Werner Lottje (Diakonisches Werk), Jörg Calliess (Ev. Akademie Loccum) und Norbert Ropers (Berghof Zentrum) die »Plattform Zivile Konfliktbearbeitung« gegründet, die heute ein fester Bestandteil der deutschen NGO-Szene ist und sich für eine friedens-, entwicklungs- und menschenrechtsbasierte Außenpolitik einsetzt. Die darin versammelten NGOs teilen die Überzeugung, dass zivilen Ansätzen der Krisenprävention und Friedenskonsolidierung unbedingt Vorrang vor militärischem Eingreifen eingeräumt werden muss und dass die zivilen Instrumente finanziell auf solide Füße gestellt werden müssen. Prävention, so betonen sie, sei die beste Form der »zivilen Konfliktbearbeitung«. Sie erfordere eine frühzeitige Erkennung von sich anbahnenden Konflikten und fundierte Kontextanalysen.

In der Forschung setzte sich konzeptionell schließlich der *Begriff der Konflikttransformation* durch.[2] In analytischer Hinsicht ist er überzeugender (als z. B. *conflict resolution*), weil damit nicht nur Vermittlungsprozesse, sondern auch strukturelle Voraussetzungen des Friedens in den Blick genommen werden: Es geht darum, Kriegsursachen zu beseitigen und die politischen, ökonomischen und soziokulturellen Rahmenbedingungen zu analysieren, die Gewaltkonflikten zugrunde liegen. Gleichzeitig geht es bei der Konflikttransformation darum, die Konfliktbeteiligten in die Lage zu versetzen, die Ursachen zu erkennen, zu bearbeiten und den Konflikt gewaltfrei beizulegen. Nicht immer kann dies ohne weiteres geleistet werden, etwa, wenn sich Konflikte extrem asymmetrisch gestalten. Daher müssen auch die Kategorien »Macht« und »Herrschaft« berücksichtigt werden, um Konfliktlagen richtig einzuschätzen und bearbeiten zu können, ebenso wie die Kategorien »Gender«, also Geschlechterverhältnisse und Gender-konstruktionen, und »Kultur«.[3]

1. Anspruch und Wirklichkeit der zivilen Krisenprävention und Friedensförderung

Angesichts der Versäumnisse an den EU-Außengrenzen, z. B. im ehemaligen Jugoslawien, oder auch in Ruanda, wo es im Zuge bewaffneter Konflikte in den 1990er Jahren zu Massakern und Völkermord kam, gab es auf UN-Ebene und auch seitens der EU Bemühungen zur Verbesserung der Frühwarnung und

---

[2] Vgl. Miall 2004, S. 67–89.
[3] Vgl. Francis 2004.

Vermittlungsaktivitäten. So wurden die Frühwarnkapazitäten des UN Department for Political Affairs ausgebaut und eine Fülle von Beobachtungsmissionen und guten Diensten auf den Weg gebracht, die zur Vorbeugung und Einhegung von Gewalteskalation beitrugen. Die *UN-Peacebuilding Commission* fungiert als intergouvernementales Beratungsgremium, das kriegszerstörte Länder begleitet und die Aktivitäten von internationalen Gebern koordiniert.

Eindrucksvolle Beispiele für erfolgreiche Prävention lieferte vor allem die Organisation für Sicherheit und Zusammenarbeit in Europa (OSZE) zu Beginn der 1990er Jahre, indem sie die friedliche Loslösung der baltischen Länder von der ehemaligen Sowjetunion unterstützte. Dort kam ein breites Spektrum von Soft-Power-Aktivitäten zum Einsatz:

> »Fact-Finding, Spiegelung der Befunde an die Akteure, kontinuierlicher Kontakt zu allen Seiten durch Besuche, Briefe, Entsendung von Kurz- und Langzeitmissionen, Konferenzen, Runde Tische und Integrationsprojekte sowie das nachdrückliche Bemühen, auf der Grundlage gemeinsamer Informationen die Akteure zu beraten und Dialoge über Einschätzungen, Bewertungen und Handlungsempfehlungen zu erreichen.«[4]

Die OSZE bildet ein gesamteuropäisch-transatlantisches »System kooperativer Sicherheit«, das über ein breites Mitgliederspektrum von Vancouver bis Wladiwostok verfügt. Unter Beteiligung von staatlichen und zivilgesellschaftlichen Akteuren gelang es ihr vielerorts, die Regelung von Minderheitenrechten zu unterstützen. Die Bedeutung der OSZE wurde auch in der Ukraine-Krise wieder deutlich, wo vertrauensbildende Maßnahmen gefordert sind.

Die EU hat u. a. eine *Abteilung für Konfliktprävention, Friedensförderung und Mediation* im *European External Action Service* (EEAS) und eine Arbeitseinheit für *Fragility and Crisis Management* in der Generaldirektion für Entwicklungspolitik eingerichtet, um Entwicklungspolitik stärker an Konfliktanalysen auszurichten. Das von einigen Mitgliedstaaten 2015 in Brüssel geschaffene *European Institute for Peace* widmet sich dem Ausbau von Mediationskapazitäten. Wie die OSZE kooperiert auch die EU im Hinblick auf die Festsetzung von Standards bei den Menschen- und Minderheitenrechten eng mit dem Europarat. Während sich die EU-Mitgliedstaaten in den Sezessionskriegen im Jugoslawien der 1990er Jahre (z. B. in Bosnien, Kroatien und Kosovo) nicht auf ein gemeinsames und wirksames Vorgehen einigen und somit Kriege nicht verhindern konnten, gelang es der EU-Diplomatie zehn Jahre später zumindest in Mazedonien, ein Abkommen zu vermitteln und einem Krieg vorzubeugen. In Bosnien und Kosovo hat die EU im Rahmen von Protektoraten zur Stabilisierung der Situation beigetragen. Von einem stabilen Frieden und Aussöhnung in der Region kann allerdings bis heute

---

[4] Birckenbach 2015.

nicht gesprochen werden. In der Balkanregion wurden diverse Konflikte regelrecht eingefroren.

Im Zuge dieser Erfahrungen hat sich bei den internationalen Organisationen aber die Einschätzung durchgesetzt, dass zur Bewältigung der weltweit beobachtbaren Konflikte (von denen die Mehrzahl innerstaatlicher Natur sind), nicht nur staatliche, sondern auch gesellschaftliche Initiativen erforderlich sind, um Konflikttransformation und Aussöhnungsprozesse zu unterstützen.

Konflikttransformation braucht staatliche und nichtstaatliche Initiativen

Seit den 1990er Jahren ist weitgehend anerkannt, dass diese Konflikte nur mit einer *multi-track-diplomacy* bearbeitet werden können, also neben den Deeskalationsbemühungen durch Staaten und Staatenorganisationen auch Konfliktbewältigungsstrategien gesellschaftlicher Akteure (*citizen-based-diplomacy*) benötigt werden. Regierungsunabhängige Organisationen können mit informellen Dialogformen oft erste Konsultationen zwischen Konfliktparteien (*prenegotiations*) initiieren, weil sie mehr Vertrauen genießen als Staaten, die mit ökonomischen oder militärischen Druckmitteln auftreten. NGOs kommt für Frühwarnungsaktivitäten, Konfliktvermittlung, Beratungs- und Bildungsaufgaben eine zentrale Bedeutung zu, weil sie nicht den enggefassten Mandaten staatlicher Außenpolitik unterworfen sind: Sie können mit allen Beteiligten Kontakte unterhalten, ohne ihre Glaubwürdigkeit zu verlieren, und auch unauffälliger eine Bestärkung benachteiligter Gruppen betreiben.

Verschiedene innerstaatliche Kriege konnten durch Abkommen beendet werden, die von »Dritten Parteien«, darunter auch NGOs, vermittelt wurden. So war die katholische Gemeinschaft Sant'Egidio z. B. als Moderatorin an Verhandlungen in Guatemala, im Kosovo, der Elfenbeinküste und im Südsudan beteiligt und bei der Vermittlung eines Friedensvertrags für Mosambik gemeinsam mit den VN. Eine Reihe weiterer Organisationen bemühen sich durch stille Diplomatie, Konfliktparteien zu Verhandlungen zu bewegen und engagieren sich mit Dialogmaßnahmen in der Nachkriegskonsolidierung, darunter z. B. das Carter Center und das Genfer Henry Dunant, die britische NGO Conciliation Resources, und hierzulande die Berghof Foundation. Weltweit ist eine Fülle von NGOs lokal, national oder grenzüberschreitend mit Aktivitäten unterwegs, die der Prävention, Überwindung oder Nachsorge von Gewaltkonflikten dienen. Die Betätigungsfelder umfassen beispielsweise

- Dokumentation von Menschenrechtsverletzungen;
- Beobachtung staatlicher Institutionen;
- Schutz von Menschenrechtsverteidiger und Nothilfemaßnahmen für Partner in Bedrängnis;
- Schutz von Geflüchteten und Begleitung von Rückkehrerinnen und Rückkehrern;

Zivile Konfliktbearbeitung und Konflikttransformation

- zivile Konfliktbearbeitung und Konfliktschlichtung in lokalen Gemeinwesen;
- Unterstützung von Maßnahmen der Abrüstung und der Wiedereingliederung ehemaliger Kombattanten und Kombattantinnen;
- Versöhnung; Wiederherstellung von Vertrauen und Aufbau von Beziehungen in kriegszerstörten Gemeinwesen;
- interreligiöser Dialog;
- Aufarbeitung von Vergangenheit, mit Kriegsverbrechen und Gewalterfahrungen, juristisch und gesellschaftlich;
- Unterstützung von Opfern, um Entschädigungen zu erwirken;
- Umgang mit Traumata und psychosoziale Unterstützung für Opfer von Gewalt; Umgang mit sexualisierter Kriegsgewalt;
- Unterstützung bei der Etablierung inklusiver Erinnerungskulturen;
- Projekte der Friedenspädagogik und für Globales Lernen;
- Trainings in gewaltfreier Aktion und zivilem Widerstand.

Nach Waffenstillständen und Verhandlungen gestaltet sich der Übergang vom Krieg zum Frieden oft sehr langwierig und keineswegs linear. Die Konsolidierung kriegszerstörter Gesellschaften ist von komplexen Herausforderungen begleitet: Waffenstillstandsabkommen, die auf der politischen Ebene getroffen wurden, müssen in einem längeren Prozess auf der gesellschaftlichen Ebene verankert werden, damit sie langfristig Bestand haben. Es müssen rechtliche und politische Institutionen aufgebaut oder umfassend reformiert werden. Es sind Anstrengungen auf allen Ebenen (*top-down* und *bottom-up*) erforderlich, die sich auf die Aufarbeitung von vergangener Gewalt, Heilung und Bearbeitung traumatischer Erlebnisse, Wiederherstellung von Beziehungen und Vertrauensbildung in zerstörten Gemeinwesen richten. Insbesondere für die Versöhnungsarbeit nach Gewaltkonflikten kommt NGOs zentrale Bedeutung zu.

2. Deutschlands Beitrag zur Stärkung der zivilen Ansätze für Krisenprävention und Friedenskonsolidierung

In Deutschland haben sich Menschen aus der Zivilgesellschaft und im Deutschen Bundestag seit den 1990er Jahren beharrlich dafür eingesetzt, dass zivile Ansätze der Krisenprävention und Konfliktbearbeitung ausgebaut werden. Auch die »Plattform Zivile Konfliktbearbeitung« machte sich dafür stark.[5] Schließlich hat die Bundesregierung zu Beginn der 2000er Jahre einige Akzente in die richtige Richtung gesetzt. Auf Initiative von Abgeordneten, wissenschaftlichen Einrichtungen und NGOs wurde 2004 ein *Aktionsplan zivile Krisenprävention,*

---

[5] Vgl. www.konfliktbearbeitung.net.

Konfliktlösung und Friedenskonsolidierung erstellt und vom Kabinett verabschiedet. Außerdem wurden neue Instrumente geschaffen:
- Die AG Frieden und Entwicklung (FriEnt), ein staatlich-zivilgesellschaftlicher Zusammenschluss, in dem das Bundesministerium für wirtschaftliche Zusammenarbeit (BMZ) und die Gesellschaft für internationale Zusammenarbeit (GIZ) eine Kooperation mit NGOs, kirchlichen Hilfswerken und politischen Stiftungen etablierten, um die entwicklungspolitische Praxis konfliktsensibel zu gestalten;
- das »Zentrum für Internationale Friedenseinsätze« machte sich an den Aufbau eines Personalpools für UN- und OSZE-Missionen und schuf dafür ein qualifiziertes Ausbildungsprogramm;
- Förderung von Projekten der zivilen Konfliktbearbeitung durch die Einrichtung »Zivik« des Instituts für Auslandsbeziehungen (IfA);
- die Entsendung von Friedensfachkräften im Rahmen des Zivilen Friedensdienstes (ZFD).

Der Zivile Friedensdienst wurde von NGOs gemeinsam mit dem BMZ etabliert. Die Kriege im ehemaligen Jugoslawien und der Bedarf an Friedenskonsolidierung in jener Region gaben den Impuls. Inzwischen sind ZFD-Fachkräfte weltweit unterwegs. Seit 1999 wurden rund 1.400 Fachkräfte in über 50 Länder entsandt. 2018 waren 300 Personen im Einsatz: 120 in Afrika, knapp 60 in Lateinamerika und in Asien, rund 40 im Nahen Osten und 20 in Südosteuropa.[6] Die Projekte reichen von der Gewaltprävention und Konfliktbearbeitung in Bolivien, der Begleitung von Menschenrechtsverteidigern in Lateinamerika (z. B. Mexiko und Kolumbien) und Asien (Indonesien/Papua-Neuguinea, Myanmar) über Gemeinwesenarbeit in Israel-Palästina und Libanon bis hin zu Versöhnungsschulen und friedenspsychologischer Unterstützung bei der Aufarbeitung gewaltsamer Vergangenheit in Peru, El Salvador, Guatemala, Nepal, Myanmar und im ehemaligen Jugoslawien.

Ab 2015 gab es auf staatlicher Ebene nochmals neue Impulse: Das Auswärtige Amt hat eine neue Abteilung (Abteilung »S«) eingerichtet, die für Krisenprävention, Frühwarnung und Mediation, humanitäre Hilfe, Stabilisierung und Konfliktnachsorge zuständig ist.[7] Ein neues Leitlinienpapier wurde erstellt und im Sommer 2017 unter dem Titel »Krisen verhindern, Konflikte bewältigen, Frieden fördern« vom Kabinett verabschiedet.[8] Der Schreibphase wurde ein

---

[6] Vgl. ziviler Friedensdienst: https://www.ziviler-friedensdienst.org/.

[7] Vgl. https://www.auswaertiges-amt.de/de/aamt/auswdienst/abteilungen/abteilung-s/214970 (18.06.2019).

[8] Vgl. https://www.auswaertiges-amt.de/blob/1213498/d98437ca3ba49c0ec6a461570f56211f/krisen-verhindern-data.pdf (18.06.2019).

Konsultationsprozess mit Thinktanks und der Zivilgesellschaft vorgeschaltet.[9] Für die Operationalisierung wurden drei Themenbereiche in den Fokus genommen: Vergangenheitsarbeit (*Transitional Justice*), Sicherheitssektorreform und Rechtsstaatlichkeit.

Zusammenfassend kann man feststellen, dass die Dialogforen, die seit Ende der 1990er Jahre zwischen Regierung, Parlament und Zivilgesellschaft entstanden, den Austausch über Möglichkeiten ziviler Ansätze der Krisenprävention deutlich verbessert haben. Dem Unterausschuss für »Zivile Krisenprävention, Konfliktbearbeitung und vernetztes Handeln« im Deutschen Bundestag kam dafür ebenfalls Bedeutung zu. Allerdings können die bisherigen Initiativen auch nicht darüber hinwegtäuschen, dass es im Hinblick auf den »Aufbau einer Infrastruktur für zivile Konfliktbearbeitung« weiterhin massive Defizite und Luft nach oben gibt. Obgleich seit Jahrzehnten bekannt ist, dass zur Deeskalation von Konflikten die Entsendung von mehr Polizeikräften und geschultem Personal zur Kriminalitätsbekämpfung unabdingbar wäre, ist Deutschland bis heute nicht in der Lage, die im Rahmen der EU vereinbarten Kontingente für Auslandsmissionen bereitzustellen. Die Bedeutung und Nachfrage nach Personal für internationale Polizeimissionen hat in den vergangenen beiden Dekaden deutlich zugenommen. Seit 1989 hat Deutschland insgesamt 5.000 Polizeibeamte in Friedensmissionen geschickt, aber die Anzahl verringerte sich in den vergangenen Jahren, statt sich zu erhöhen. 2012 waren 347 und im Februar 2018 nur mehr 232 deutsche Polizisten weltweit im Einsatz; nur zwei deutsche Polizeibeamte sind aktuell in OSZE-Missionen unterwegs.

Ein weitaus gravierenderes Defizit aber liegt im Mangel an Kohärenz des Regierungshandelns. Zwar haben sich das Auswärtige Amt und das BMZ in den vergangenen Jahren stärker als zuvor abgestimmt, jedoch blieben diese Kooperationen eher themenbezogen und punktuell. Kohärentes Handeln bestimmt sich nicht nur durch komplementäres Handeln einzelner Ressorts, sondern indem sichergestellt wird, dass Ansätze für Prävention und Friedensförderung, die in einem Ressort unternommen werden (z. B. in der Auswärtigen Kulturpolitik oder in der Entwicklungspolitik), nicht durch die Politik anderer Ressorts konterkariert oder unterlaufen werden (z. B. in der Außenwirtschaftspolitik oder Sicherheitspolitik). Hier ist Deutschland nicht konsequent. So befand sich Deutschland in den vergangenen Jahren kontinuierlich unter den größten Waffenexporteuren, und noch immer geraten deutsche Waffen und Lizenzen in Spannungsgebiete und Diktaturen.

Auch in der Entwicklungspolitik hat Deutschland Nachholbedarf, weil es der Selbstverpflichtung, 0,7 % des BNE für Entwicklungspolitik auszugeben,[10] noch

---

[9] Vgl. www.peacelab2016.de.
[10] Die Anrechnung von Flüchtlingskosten ist nach den Kriterien des OECD-Entwicklungsausschusses zwar erlaubt, wird von Land zu Land aber unterschiedlich gehandhabt

immer nicht nachkommt (2017 wurde die Marke knapp erreicht, aber nur weil die Ausgaben für geflüchtete Personen mit eingerechnet wurden). Vor diesem Hintergrund erscheinen die Pläne der Bundesregierung, die Verteidigungsausgaben von aktuell rund 1,2 Prozent auf 1,5 Prozent gemessen an der Wirtschaftsleistung bis 2025 anzuheben, völlig überzogen. Eine glaubwürdige Politik, die den Gedanken der Prävention und des Vorrangs ziviler Konfliktbearbeitung umsetzt, kann nicht bei der Zusammenarbeit einiger weniger Kernressorts stehenbleiben. Sie erfordert eine faire Handels- und Agrarpolitik auf europäischer Ebene, eine konsequente Umwelt-, Klima- und Außenwirtschaftspolitik sowie die Unterbindung von Rüstungsexporten in Krisengebiete. Schließlich sind zahlreiche Umwelt-, Wirtschafts- und Ressourcenprobleme in den Ländern des globalen Südens von den Ländern des Nordens mitverursacht. Ohne die eigenen Anteile zu beseitigen, läuft der Ruf nach dem Ausbau ziviler Konfliktbearbeitung ins Leere bzw. droht dem *toolbox*-Denken anheim zu fallen und zum Alibi zu werden.

3. Perspektiven

Erfolgreiche Prävention benötigt vor allem eine globale Perspektive, nämlich eine *Stärkung der Handlungsfähigkeit der VN und ihrer Regionalorganisationen*. Deren Präventionskapazitäten müssen systematisch unterstützt werden. Benötigt wird ferner eine Politik, die sich auf die Bearbeitung der Ursachen von Gewaltkonflikten richtet und die Einhaltung der nachhaltigen Entwicklungsziele und der Klimaziele ganz oben auf die Agenda setzt. Zivile Außenpolitik braucht zudem eine *ethische Fundierung*. Den Diskursen der Kirchen und kirchennahen Netzwerke lassen sich zahlreiche Anregungen für eine ethische Fundierung einer Außenpolitik entnehmen, die der zivilen Konfliktbearbeitung und Konflikttransformation den Vorrang vor militärischen Lösungen einräumt. In der christlichen Ethik sind »Frieden« und »Gerechtigkeit« untrennbar miteinander verbunden. Die internationale ökumenische Bewegung hat wichtige Diskussionsbeiträge für das Leitbild des »gerechten Friedens« beigesteuert. Auch die EKD nahm den Begriff auf und entfaltete ihn in ihrer Denkschrift von 2007 ausführlich.[11] Diese legt dar, dass das friedensstiftende »gerechte Handeln« nur im Frieden geschehen und aus ihm hervorgehen kann: »Schon der Weg ist das Ziel – genauer: Die Mittel zum Frieden müssen bereits durch den Zweck qualifiziert, die

---

und widerspricht eigentlich dem Geist der ODA-Quote, mit der gemessen werden soll, welche finanziellen Mittel die Industrienationen zur Überwindung von Armut und Hunger in den Entwicklungsländern bereit stellen. Vgl. https://www.brot-fuer-die-welt.de/pressemeldung/2016-falsches-signal/ (18.06.2019).

[11] EKD 2007, S. 50ff.

Methoden müssen dem Ziel angemessen sein«.[12] Gerechtigkeit wird nicht nur als Norm, sondern auch als »Kategorie einer sozialen Praxis der Solidarität« verstanden, »die sich vorrangig den Schwachen und Benachteiligten zuwendet und sich im Gebot der Nächsten- und Feindesliebe erfüllt«.[13] Weiterhin definiert die Denkschrift Frieden als »gesellschaftlichen Prozess abnehmender Gewalt und zunehmender Gerechtigkeit – letztere verstanden als politische und soziale Gerechtigkeit, d.h. als normatives Prinzip gesellschaftlicher Institutionen«.[14]

Zu den Grundelementen des christlichen Verständnisses vom »gerechten Frieden« gehöre *Schutz vor Gewalt*, ein *Leben in Würde*, die *Förderung der Freiheit*, sowie der *Abbau von Not* und das *Recht*. So führt die Schrift weiter aus: Das Prinzip der »rechtserhaltenden Gewalt« ersetzt die Denkfigur des »gerechten Kriegs«.[15] Aus diesem Leitbild ergibt sich als »politische Friedensaufgabe« die Stärkung universaler Organisationen (v.a. der VN und ihrer Regionalorganisationen) und die Zusammenarbeit mit nichtstaatlichen, zivilgesellschaftlichen Akteuren. »gerechter Frieden« in der globalisierten Welt erfordert folglich den Ausbau der internationalen Rechtsordnung, die »dem Vorrang ziviler Konfliktbearbeitung verpflichtet sei und die Anwendung von Zwangsmitteln an strenge ethische und völkerrechtliche Kriterien binden« müsse.[16] Bedeutsam ist die Aussage: »Staatliche Sicherheits- und Friedenspolitik muss von den Konzepten der ›Menschlichen Sicherheit‹ und der ›Menschlichen Entwicklung‹ her gedacht werden. Diese Konzepte sollten zu Prüfkriterien auch für die friedenspolitische Stimmigkeit und Folgenabschätzung in verschiedenen Politikfeldern werden«.[17] Mit diesem Hinweis ist die Denkschrift auch heute noch aktuell. Zum einen ist sie im Hinblick auf die Nachhaltigen Entwicklungsziele der VN anschlussfähig. Zum anderen zeigt sie auf, dass Sicherheit und Frieden hierzulande langfristig nur garantiert werden können, wenn Menschen im globalen Süden ebenfalls ein Leben in Würde und mit wirtschaftlichen Perspektiven ermöglicht wird.

Literaturverzeichnis

Birckenbach, Hanne Margret (2015): Estland und Lettland 1991–2001, http://www.crisis-prevention.info/estland-lettland-1991-2001/ (18.06.2019).

EKD (2007): Aus Gottes Frieden leben – für gerechten Frieden sorgen. Eine Denkschrift des Rates der EKD, Gütersloh.

---

[12] A.a.O., S. 52.
[13] A.a.O., S. 53.
[14] A.a.O., S. 54.
[15] A.a.O., S. 58.
[16] A.a.O., S. 124.
[17] A.a.O., S. 125.

Francis, Diana (2004): Culture, Power Asymmetries and Gender in Conflict Transformation, in: Alex Austin / Martina Fischer / Norbert Ropers (Hg.): Transforming Ethnopolitical Conflict, Wiesbaden, S. 91-107.

Miall, Hugh (2004): Conflict Transformation. A Multidimensional Task, in: Alex Austin / Martina Fischer / Norbert Ropers (Hg.): Transforming Ethnopolitical Conflict, Wiesbaden, S. 67-89.

Senghaas, Dieter (2004): The Civilisation of conflict: Constructive Pacifism as a Guiding Notion for Conflict Transformation, in: Alex Austin / Martina Fischer / Norbert Ropers (Hg.): Transforming Ethnopolitical Conflict, Wiesbaden, S. 25-39.

Frieden fördern durch Diskurs!*

Uwe Trittmann

Evangelische Akademien etablieren und pflegen Diskurse auf dem Weg des Friedens in der Absicht, gerechte und nachhaltige Friedensprozesse zu fördern. Sie tun dies grundsätzlich multiperspektivisch und in der gebotenen interdisziplinären Fachlichkeit. Sie tun dies kritisch, indem sie hinterfragen, was im Bereich von Friedens- und Sicherheitspolitik die Wahrnehmung von »Verantwortung« bedeutet und welche »Interessen« gemeint sind, wenn von der Wahrung der je eigenen Interessen die Rede ist. Sie tun dies auch als Anwalt der zivilen Dimension des friedensstiftenden Handelns, der in der Friedensdenkschrift der EKD von 2007[1] ein grundsätzlicher Vorrang vor militärischen Wegen der Friedenssicherung eingeräumt wird.

1. »[M]ehr Kriege, mehr Krisen, und eine abnehmende Fähigkeit der internationalen Gemeinschaft, Frieden und Sicherheit in der Welt zu gewährleisten«, das Fazit des Friedensgutachtens der großen deutschen Friedensforschungsinstitute im Jahr 2018 fällt düster aus.[2] Die aktuellen geopolitischen Entwicklungen, die Gleichzeitigkeit und Unübersichtlichkeit von Krisen und Konflikten, das Aufbrechen multilateraler Strukturen stellt auch Friedensethik immer öfter zwischen »Dringlichkeit« und »Grundsätzlichkeit«. Das öffentliche Interesse an Information und Interpretation ist einerseits gewachsen. Laut repräsentativen Umfragen (z. B. der Körber-Stiftung)[3] haben mehr als zwei Drittel der Deutschen ein »starkes« bzw. »sehr starkes« Interesse an Außenpolitik. Andererseits befinde sich Deutschland in diesem Politikfeld in einem »diskursiven Wachkoma«, so hat Außenminister Heiko Maas die aktuelle Situation gekennzeichnet. Als Ausweg

---

* Bei dem vorliegenden Text handelt es sich um ein Positionspapier der Evangelischen Akademien in Deutschland zu ihrem aktuellen Diskursprojekt »Ohne nachhaltige Entwicklung kein Frieden«.
[1] EKD 2007.
[2] Friedensgutachten 2018. Zitat: Stellungnahme der herausgebenden Institute, Bundespressekonferenz 12.06.2018, https://www.friedensgutachten.de/ueber-uns (01.02.2019).
[3] Körber-Stiftung 2018.

will er die Bundesregierung verpflichten, »den Menschen [zu] verdeutlichen, dass wir für unsere Interessen eintreten müssen«.[4] Die Frage, welches »unsere Interessen« sind, bleibt aber nach wie vor weitgehend offen und zu klären.

2. Wer Verständnis für das eigene politische Handeln erzielen will, der muss die Menschen auch erreichen. Wer mehr Verantwortung in der Welt übernehmen will, der muss zuerst seine Interessen klären, seine Strategien definieren, seine Instrumente überprüfen – und dies dann vor allem erklären können. Das Interesse an außen- und sicherheitspolitischer Orientierung ist nicht zu leugnen, wie die schon angesprochenen Umfragen belegen. Diskurse mit Expertinnen und Experten (Think Tanks, Politik, Zivilgesellschaft etc.) allein reichen hier jedoch nicht aus, um das berechtigte Interesse an mehr Informationen und Orientierung zu befriedigen. Dies spiegelt sich auch in den Diskursen innerhalb der Kirchen wider. Mit dem Beharren auf normativen Positionen können längst nicht mehr die gegenwärtigen friedensethischen Herausforderungen differenziert diskutiert und ein belastbares Urteil gefällt werden. Der mit der 2007 in der Friedensdenkschrift der EKD formulierte friedensethische Konsens bedarf angesichts der rasanten globalen Entwicklungen einer konsequenten und stetigen Überprüfung und Neujustierung. Daher ist es von zentraler Bedeutung, dass sich die EKD in einem zweijährigen Vorbereitungsprozess und dann bei ihrer »Friedens-Synode« im Herbst 2019 den anstehenden friedens- und sicherheitspolitischen Fragen stellt.

3. Der Ruf nach einfachen Antworten auf immer komplexere Fragen ist verständlich. Doch Komplexität erfordert mehr als Interviews, Statements oder Policy Papers: Der Kommentar des Friedensbeauftragten des Rates der EKD und des Evangelischen Militärbischofs zum »Weißbuch« (2016) hat nichts an Aktualität eingebüßt. Gemeinsam haben sie auf den unlösbaren Zusammenhang von Gerechtigkeit und Frieden und die sich daraus ergebende Zielbestimmung für einen öffentlichen Diskurs zur strategischen Ausrichtung deutscher Friedenpolitik hingewiesen: »Wir vermissen aber eine ausreichende Analysetiefe in Bezug auf die sozialen und ökonomischen Asymmetrien der Globalisierung [...] Wir brauchen in Deutschland dringend eine in unserer Gesellschaft verankerte [...] Debatte darüber, welche politischen Konzepte in Fragen von Frieden und Sicherheit zukunftsweisend sind«. Damit ist eine doppelte Zielbestimmung vorgegeben: Friedensethische Diskurse sind notwendig für die ethische Orientierung von Christen. Sie weisen darüber hinaus auf eine allgemeine Ethik des Politischen, die Impulse für die gesellschaftlichen Diskurse einfließen lässt. Kirchen haben hier eine wichtige Rolle und leisten in einer Demokratie einen wesentlichen Beitrag zur Meinungsbildung und Entscheidungsfindung.

4. Für Demokratien sind Öffentlichkeit, Beteiligung und Diskussion konstitutiv. Freiheit und Verantwortung gehören dabei untrennbar zusammen. Der

---

[4] Zit. nach von Marschall 2018, S. 237.

Wert und die Resilienz einer Demokratie entscheiden sich auch an ihrer Konflikt- und Konsensfähigkeit.[5] Weltweit nehmen die Handlungsspielräume für die Zivilgesellschaften ab. In einer grundlegenden Studie hat Brot für die Welt[6] auf den wechselseitigen Einfluss von gesellschaftlichen Freiheiten und Entwicklung hingewiesen. Der weltweite Trend des *shrinking space* ist nicht allein ein Problem des globalen Südens, auch in Europa ist er zunehmend zu beobachten. Auseinandersetzung braucht Orte, Räume und Regeln. Evangelische Akademien wollen nach ihrem Selbstverständnis und Auftrag solche Räume bieten, sie wollen Diskursakteur für die Kirchen nach innen und ein Raum für gesellschaftliche Diskurse sein. Aus protestantischer Perspektive wollen Akademien politische, gesellschaftliche und ethische Grundfragen offen und plural ins Gespräch bringen: »die Chancen der Reflexion von und des Ausgleichs zwischen Interessen und Machtpositionen stärken, die Wahrscheinlichkeit der blinden Reproduktion des Vorhandenen verringern«.[7] Dabei spielen neben den traditionellen Formaten aktuelle Kommunikationsformen und -mittel eine wichtiger werdende Rolle. Zunehmende mediale und digitale Diversifizierung ist Anspruch und Chance zugleich.

5. Die Evangelischen Akademien in Deutschland haben 2012 auf die Tatsache, dass ein bis dahin breit geführter und öffentlicher Diskurs zu außen- und sicherheitspolitischen Fragen in Deutschland nicht stattfand, mit einem langfristig angelegten Diskursprojekt »... dem Frieden der Welt zu dienen«[8] reagiert. Zum Abschluss der zweiten Projektphase in 2018 zeigte sich, dass die Diskurse in Teilöffentlichkeiten (überwiegend Expertinnen aus Kirche, Politik, Wissenschaft, Militär und Zivilgesellschaft) deutlich befördert werden konnten. Parallel reagierte auch die Bundesregierung mit eigenen öffentlichen Diskursforen (*Review-* und *PeaceLab*-Prozess im Auswärtigen Amt), die intensiv kritisch begleitet wurden und deren aktuelle Umsetzung die Themengestaltung von Akademieveranstaltungen weiter beeinflusst. Der beschriebene Wandel zu mehr Diskursbereitschaft bildet sich auch im Laufe des Projekts ab: In den bislang fast 100 durchgeführten verschiedenen Veranstaltungsformaten (Diskurstagungen, Workshops mit geladener Fachöffentlichkeit, Abendforen für ein breit interessiertes Publikum und die geschlossenen Fachgespräche zwischen Spitzenvertretern aus Kirche und Politik) ist es gelungen, dass sich unterschiedliche Akteure offen und vertraulich begegnen konnten und so ein Klima des wechselseitigen Verständnisses für zum Teil sehr kontroverse Positionen gewachsen ist. Als ein Erfolg ist hervorzuheben, dass sich die sicherheitspolitische

---

[5] EKD 2017.
[6] Brot für die Welt 2018.
[7] EAD 2012, S. 5f.
[8] EAD 2015.

Community mit friedenspolitischen Akteuren aus Kirche und Zivilgesellschaft verständigen und aufeinander Bezug nehmen konnten.

6. Die Friedensforscher fordern in ihrem Gutachten (2018) zu mehr außenpolitischem Engagement auf. Sie raten der Berliner Politik dringend und vor allem zum verstärkten gemeinsamen Handeln in Europa: »Wir brauchen ein aktives Konfliktmanagement in Europa. Dazu ist ein gesamteuropäischer Diskurs notwendig, der die europäische Friedensordnung mittelfristig wieder auf ihre normativen Grundlagen wie Demokratie und Menschenrechte hin ausrichtet«.[9] Dass die Zukunft der Menschheit nicht alleine von »Frieden und Sicherheit« im vordergründigen Sinn abhängig ist, wird spätestens seit den massiven Fluchtbewegungen wie auch den ökonomischen und ökologischen Herausforderungen deutlich. Nationale, vor allem europäische und internationale Politik müssen dies neu lernen. Die Vereinten Nationen (VN) haben mit der Verabschiedung der »Agenda 2030« (2015) und den darin enthaltenen nachhaltigen Entwicklungszielen (*Sustainable Development Goals*/SDGs) einen qualitativ neuen globalen Orientierungsrahmen geschaffen. Es geht dabei um nichts weniger als eine große Transformationsaufgabe, zu der sich die Länder des Nordens ebenso wie die des Südens verpflichtet haben. Nur auf der Grundlage eines integrierten Ansatzes können und sollen die Probleme dieser Welt angegangen werden. Gerechtigkeit und Frieden spielen dabei eine entscheidende Rolle: »Wir sind entschlossen, friedliche, gerechte und inklusive Gesellschaften zu fördern, die frei von Furcht und Gewalt sind. Ohne Frieden kann es keine nachhaltige Entwicklung geben und ohne nachhaltige Entwicklung keinen Frieden«.[10] Deutschland ist Teil dieses ambitionierten Prozesses – es kann und sollte eine Vorreiterrolle übernehmen.

7. 2019 wird ein entscheidendes Jahr für die Bedeutung der Friedensdimension in den nachhaltigen Entwicklungszielen (SDGs) werden. Die Überprüfung des Ziels 16, für friedliche, gerechte und inklusive Gesellschaften zu sorgen, steht u. a. auf der Agenda des *High Level Political Forum* der Vereinten Nationen, das im Juli in New York stattfindet. Angesichts der Krise des Multilateralismus und der damit verbundenen Schwäche der VN und ihrer Institutionen, werden weitergehende Fortschritte überhaupt nur dann zu erzielen sein, wenn auch Deutschland die ambitionierte und visionäre Kraft der Agenda 2030 noch stärker als bisher in den Fokus seiner internationalen Bemühungen rückt. Auch in diesem Politikfeld fehlt es an Transparenz und öffentlichkeitswirksamer Unterstützung. Regierungshandeln und zivilgesellschaftliches Engagement bedürfen einer deutlich verbesserten Verschränkung.[11] Der unlösbare Zusammenhang von Gerechtigkeit und Frieden steht im Zentrum des kirchlichen Friedensauftrages. Die ökumenische Bewegung hat sich mit der *Pilgrimage of Justice and*

---

[9] Friedensgutachten 2018, S. 4.
[10] UN 2015.
[11] VENRO 2018.

Peace auf den Weg gemacht, dies in Kirche und Gesellschaft deutlicher sichtbar zu machen. Das Einbinden internationaler Akteure bekommt einen zentralen Stellenwert. Unverzichtbar ist dabei die Verschränkung der Friedens- und Nachhaltigkeitsdiskurse. Die Evangelischen Akademien werden mit ihrem aktuellen Diskursprojekt »Ohne nachhaltige Entwicklung kein Frieden« dazu einen Beitrag leisten: Mehr Krisen und Konflikte erfordern mehr Diskurs!

Literaturverzeichnis

Brot für die Welt (Hg.) (2019): Atlas der Zivilgesellschaft. Report zur weltweiten Lage. Berlin 2019, https://www.brot-fuer-die-welt.de/themen/atlas-der-zivilgesellschaft/lage-der-zivilgesellschaft/ (01.02.2019).

EAD (2012): Diskurskultur. Ein Positionspapier der Evangelischen Akademien in Deutschland e.V. (EAD), Berlin, https://www.evangelische-akademien.de/publikation/diskurskultur-ein-positionspapier-der-evangelischen-akademien-in-deutschland-2/ (01.02.2019).

EAD (2015): »... dem Frieden der Welt zu dienen«. Ein Diskursprojekt der Evangelischen Akademien in Deutschland e.V. (EAD). Ergebnisse und Empfehlungen, Berlin, https://www.evangelische-akademien.de/publikation/dem-frieden-der-welt-zu-dienen-ergebnisse-und-empfehlungen/ (01.02.2019).

EKD (2007): Aus Gottes Frieden leben – für gerechten Frieden sorgen. Eine Denkschrift des Rates der EKD, Gütersloh.

EKD (2017): Konsens und Konflikt: Politik braucht Auseinandersetzung. Zehn Impulse der Kammer für Öffentliche Verantwortung der EKD zu aktuellen Herausforderungen der Demokratie in Deutschland, Hannover.

Friedensgutachten 2018. Kriege ohne Ende. Mehr Diplomatie – weniger Rüstungsexporte, hg. von Bonn International Center for Conversion (BICC), Leibniz-Institut Hessische Stiftung Friedens- und Konfliktforschung (HSFK), Institut für Friedensforschung und Sicherheitspolitik an der Universität Hamburg (IFSH) und Institut für Entwicklung und Frieden (INEF), Münster.

Körber-Stiftung (2018): Einmischen oder zurückhalten? Eine repräsentative Umfrage im Auftrag der Körber-Stiftung zur Sicht der Deutschen auf die Außenpolitik, in: The Berlin Pulse. German Foreign Policy in Perspective, hg. von der Körber-Stiftung, Hamburg, https://www.koerber-stiftung.de/the-berlin-pulse (01.02.2019).

Marschall, Christoph von (2018): Wir verstehen die Welt nicht mehr. Deutschlands Entfremdung von seinen Freunden, Freiburg i.Br.

UN (2015): Die Agenda 2030 für nachhaltige Entwicklung. UN-Generalversammlung 2015, https://www.un.org/Depts/german/gv-70/band1/ar70001.pdf (01.02.2019).

VENRO (2018): Umsetzung und Überprüfung der Agenda 2030 effektiv und partizipativ gestalten. VENRO-Standpunkt 2018, https://venro.org/publikationen/detail/umsetzung-und-ueberpruefung-der-agenda-2030-effektiv-und-partizipativ-gestalten-hochrangiges-politisches-forum-der-vereinten-nationen-staerken/ (01.02.2019).

V. Geistliche Praktiken

Gottesdienstliche Praktiken des Friedenstiftens

Für eine Spiritualität der Friedfertigkeit

Marco Hofheinz

Zusammenfassung:
Wie soll Frieden Gestalt gewinnen, wenn nicht durch bestimmte Praktiken? Diese Pointierung mutet banal an, bringt aber eine essentielle Einsicht zur Sprache. Nach christlichem Glaubensverständnis sind es vor allem – wenngleich nicht nur – gottesdienstliche Praktiken, mit denen wir Gott dienen und den von ihm gestifteten Frieden bezeugen. Welche Praktiken dies genau sind und wie sie theologisch zu verstehen sind, daraufhin haben theologische Friedensethik und eine ökumenische Spiritualität der Friedfertigkeit zu reflektieren. Die beiden US-amerikanischen Theologen Glen H. Stassen und John H. Yoder haben dazu bleibend wichtige Impulse gegeben.

1. Die Bedeutung von Praktiken des Friedens für die Friedensethik

Frieden will Gestalt gewinnen. Er muss gestiftet werden. Nicht zufällig preist Jesus zu Beginn der Bergpredigt die »Friedensstifter« (gr. *eirenopoioi*) selig (Mt 5,9). Friedensstiftung ist gebunden an bestimmte Praktiken und distinkte »Communities of Practice«,[1] in denen und durch die sich Frieden vollzieht. Sie sind gleichsam die Orte, wo Frieden real wird. Nach solchen Orten hat eine Friedensethik zu fragen, die nicht nur an dem »jetzt Dringlichen«, sondern auch dem »bleibend Wichtigen« interessiert ist.[2] Der kürzlich verstorbene Theologe und Friedensforscher Glen Stassen (1936–2014) hat auf die Frage nach den Praktiken des Friedens als eine neue Dimension der traditionellen Friedensethik hingewiesen. Auf der Grundsatzebene fragt sie danach, ob Krieg gerecht und legitim bzw. legal sein kann. Die Konzepte des Pazifismus und des sogenannten gerechten Krieges (*bellum iustum*) geben in all ihren unterschiedlichen Spielarten

---

[1] Wenger 1998.
[2] Vgl. Hofheinz 2017, S. 249–272.

Antwort auf diese Frage. Von dieser Frage ist nach Stassen die Frage zu unterscheiden, ob, wann und wie Praktiken der Friedensstiftung wirksam und obligatorisch sind. Stassen hat zur Veranschaulichung dieses Zusammenhangs ein Diagramm[3] entworfen. Ihm zufolge gleicht Friedensethik einem Koordinatensystem, dessen x-Achse die Frage nach der Legitimität von Krieg im Allgemeinen und die seiner Legitimierbarkeit im Besonderen, d.h. im konkreten Einzelfall, und dessen y-Achse die Fragen nach den Praktiken des Friedenstiftens darstellt. Im Fadenkreuz der beiden Achsen dürfte mithin die Friedensfrage angesiedelt sein.

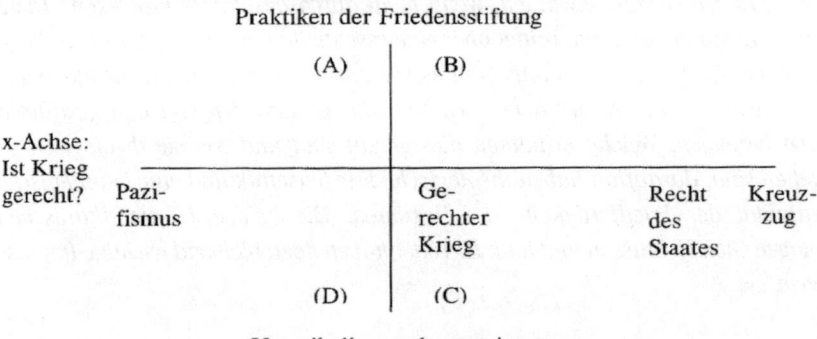

Die Frage nach Praktiken des Friedens lässt sich nicht umgehen. Selbst dann, wenn im Sinne pazifistischer und *bellum-iustum*-Konzeptionen nach der Begrenzung und Verminderung von Krieg und Gewalt gefragt wird, ist die Beantwortung dieser Frage nicht ohne Praktiken der Begrenzung und Verminderung zu haben. Insofern ist die Frage nach den Friedenspraktiken friedensethisch omnipräsent.

---

[3] Stassen 2009, S. 111. Zu Stassens Ansatz vgl. im Detail: Stassen 1992; Stassen 2008. Fernerhin: Wolbert 2005, S. 66–76.

2. Gottesdienstliche Praktiken in ihrer friedensethischen Bedeutsamkeit. Ein Hinweis der EKD-Friedensdenkschrift

Die aktuelle Friedensdenkschrift der EKD setzt den Fokus bewusst enger und nimmt in ihrem zweiten Teil, wenn sie nach dem Friedensbeitrag der Christen und der Kirche fragt, den Gottesdienst in den Blick. Sie »macht von einer Phänomenologie des christlichen Gottesdienstes aus deutlich, wie der Einsatz für den Frieden in der Welt bereits in den Grundvollzügen der christlichen Existenz angelegt ist.«⁴ Dort heißt es: »Friede Christi wird in jeder Feier des christlichen Gottesdienstes vergegenwärtigt. Die meisten unserer Gottesdienste enden mit der Weitergabe des Friedens Gottes im aaronitischen Segen: ›... und gebe euch Frieden‹ (vgl. 4. Mose 6,24-26). Die Verkündigung des ›Evangeliums des Friedens‹ (Eph 6,15) in Wort und Sakrament lässt sich insgesamt als Inhalt jedes Gottesdienstes verstehen. Die Beauftragung zum Eintreten für den Frieden auf Erden oder die Beratung über mögliche Wege zu ihm empfangen hier Richtung und Orientierung. In besonders intensiver Weise wird der Friede Christi in der Feier des Heiligen Abendmahls erlebbar. Zu ihr gehört der Friedensgruß, den Christen einander zusprechen. Wenn die Gemeinde in der Feier des Abendmahls Vergebung der Sünden, Frieden mit Gott und Gemeinschaft erfährt, so kann dies Konfliktpotenziale überwinden und neue Zukunft eröffnen. Diesen Frieden nimmt die Gemeinde mit, wenn sie nach empfangenem Mahl mit den Worten ›Geht hin in Frieden‹ verabschiedet wird. Mit den gottesdienstlichen Sprachformen des Grußes, des Zuspruchs und des Segens wird der Friede wirksam ausgeteilt.«⁵

Die kirchlich-gottesdienstlichen Praktiken (wie z. B. die Bitte um den Segen Gottes, die Verkündigung des »Evangelium des Friedens Gottes« in Wort und Sakrament, insbes. die Feier des Abendmahls⁶ inkl. Friedensgruß)⁷ sind keine peripheren friedensethischen Anliegen, gleichsam weniger zentral als friedenspolitisches Handeln in der Welt. Insofern tut dieser Band gut daran, das (Friedens-)Gebet (Beitrag Ulrich), den Friedensgruß (Beitrag Heuser), die Praxis der Vergebung (Beitrag Schliesser) und die Mahlgemeinschaft (Beitrag Zeindler) zur Sprache zu bringen. Der Gottesdienst selbst ist politisch,⁸ sofern der Frieden als Gabe und Verheißung Gottes zugleich den Frieden als Telos des Politischen in sich schließt.⁹ Insofern enthält der Gottesdienst so etwas wie eine implizite

---

⁴ Huber 2009, S. 162.
⁵ Kirchenamt der EKD 2007, S. 29 (Ziffer 39).
⁶ Zur friedensethischen Valenz des Abendmahls vgl. auch Hofheinz 2005, S. 49-52.
⁷ Vgl. Heuser 2018, S. 222-229. Zum weiteren Zusammenhang: Heuser 2019, S. 211-227.
⁸ Vgl. Hofheinz 2018, S. 30-37.
⁹ Zum Verhältnis von Gottesdienst und Ethik vgl. Hofheinz 2019.

Friedensethik, oder vorsichtiger: zumindest ein Friedensethos. Es verkörpert sich über den Gottesdienst im engeren Sinne hinaus in den weiteren sozialen Praktiken des Glaubens.[10]

3. Plädoyer für eine ökumenische Spiritualität der Friedfertigkeit

Eine ökumenische Spiritualität der Friedfertigkeit[11] hat für eine kirchliche Friedensethik bleibend wichtigen Charakter. Gerade aus der Ökumene sind bleibend wichtige friedensethische Impulse hervorgegangen.[12] Zuletzt hat der katholische Theologe und Friedensforscher Heinz-Günther Stobbe auf den zentralen Stellenwert der Tugend der Friedfertigkeit in Verkündigung und Lehre hingewiesen, »nachdem sie lange in der Predigt, im Unterricht und der katechetischen Unterweisung«[13] vernachlässigt wurde. In der EKD-Friedensdenkschrift heißt es indes recht vollmundig:

> »Die EKD und ihre Mitgliedskirchen pflegen durch ihr weltweites Netz ökumenischer Verbundenheit Kontakte zu Kirchen in vielen anderen Völkern und Nationen der globalisierten Welt. Sie wirken de-eskalierend, indem sie zum Verständnis füreinander und zur Kommunikation untereinander und damit zur Versöhnung beitragen. Konziliare Verbundenheit der Kirchen meint in diesem Kontext immer auch die Präsenz einer weltweiten Lerngemeinschaft, die sich im Engagement zahlreicher ökumenischer Gruppen, Kreise und Initiativen vor Ort konkretisiert. Die spirituelle Verwurzelung ihres Engagements stärkt die Kirchen in ihrer weltweiten Friedensarbeit. Damit werden sie auch zu wichtigen Partnern für Staaten, zivilgesellschaftliche Gruppen und Nichtregierungsorganisationen, die sich ebenfalls für den Frieden in der Welt einsetzen.«[14]

Eine Spiritualität der Friedfertigkeit ist an konkrete Orte gebunden, wo eine *community* die Praxis des Glaubens lebt und Sozialformen des gelebten Glaubens verkörpert. Die Ende 2013 auf der Vollversammlung des Ökumenischen Rates der Kirchen in Busan erfolgte Einladung zu einem »Pilgerweg der Gerechtigkeit und des Friedens«, auf dem Gemeinden und Kirchen in den letzten fünf Jahren

---

[10] Vgl. Wannenwetsch 1998, S. 82 f.
[11] Vgl. Hauerwas 1995, S. 201–221. Zum Verhältnis von Spiritualität und Ethik vgl. auch Fischer et al. 2007, S. 317–342.
[12] Vgl. Enns 2012.
[13] Stobbe 2018, S. 10. Zu den friedenpädagogischen Implikationen: Könemann 2018, S. 109–125.
[14] Kirchenamt der EKD 2007, S. 40 (Ziffer 55).

Orte aufsuchen konnten, wo Gerechtigkeit und Frieden sichtbar wurden, diente der Ausprägung einer solchen Spiritualität.[15]

4. »Body Politics«. Friedenskirchliche Impulse John Howard Yoders

Nachhaltige praxeologische Impulse zu einer ökumenischen Spiritualität der Friedfertigkeit sind von der Theologie des Mennoniten John Howard Yoder (1927-1997) ausgegangen. Yoder betont, dass eine veränderte politische Praxis mit einer der »Politik Jesu« verpflichteten Gemeinschaft Jesu einhergeht. Yoder spricht von »Body Politics«[16] und hebt damit die von der Kirche selbst zu erkennende politische Dimension ihres Seins hervor, die es auch in der heutigen pluralistischen Arena des Politischen kenntlich zu machen gelte. Yoder beschreibt fünf Kernpraktiken der Kirche,[17] die im Neuen Testament wurzeln, aber vor allem durch die täuferische Tradition wiederentdeckt wurden. Namentlich nennt Yoder:

1. das »Binden und Lösen«, auch *regula Christi* genannt, als Verfahren der Konfliktlösung und Versöhnung. Gemeint ist in Anlehnung an Mt 18,15-20 eine gemeindliche Vergebungs- und Urteilspraxis, die eine Kultur entstehen lässt, welche die Bearbeitung von Konflikten erlaubt.
2. Das gemeinsame Brotbrechen (1Kor 11,17-34), in dem Yoder ein Alternativmodell ökonomischen Handelns etabliert sieht, da hier materielle Ressourcen geteilt werden.
3. Die Taufe als Gründungsakt einer neuen Schöpfung bzw. neuen Gesellschaft, die »interethnische Inklusivität«[18] realisiert (vgl. Röm 6). Durch diese Praktik werden nach Yoder ethnische Gegensätze überwunden.
4. Die »Fülle Christi« als Erkenntnis und Berufung der Gaben des Geistes (Charismen), die jeder zur Auferbauung des Leibes mitbringt (vgl. Röm 12,3-8; 1Kor 12). Eine partizipatorische politische Praxis wird so eingeübt.
5. Die »Regel des Paulus« (*regula Pauli*), die Yoder in 1Kor 14 als herrschaftsfreien Dialog, genauer: Konsens hinsichtlich des Willens Gottes, identifiziert. Gemeint ist damit die Praktik der Konsensbildung in der Diskursgemeinschaft Kirche.

---

[15] Vgl. Raiser 2015, S. 246-258; Enns 2015, S. 269-285.
[16] Yoder 1992.
[17] Vgl. dazu ausführlicher: Hofheinz 2015, S. 47-58.
[18] Yoder 1992, S. 74.

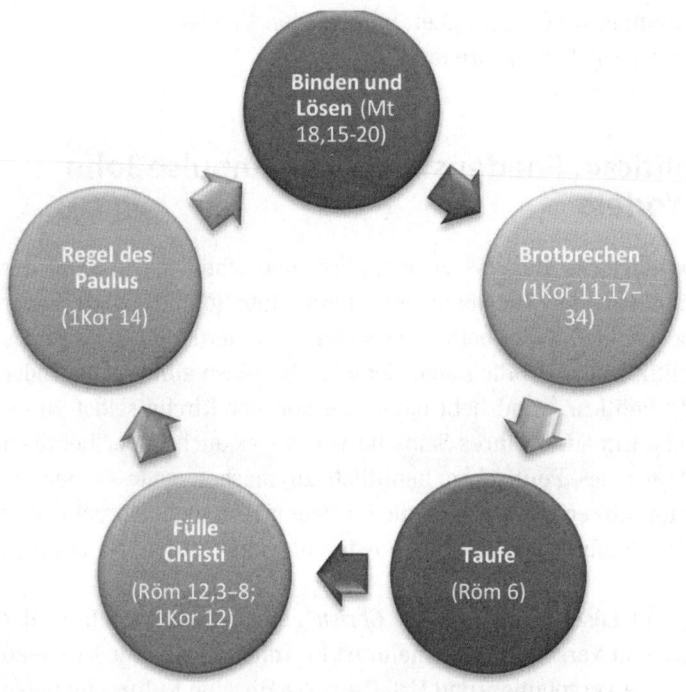

Bei den skizzierten Kernpraktiken geht es zugleich um ein internes wie externes Verhalten. Es wirkt über die Gemeinde hinaus. Es weist – mit anderen Worten – transpartikularen[19] und nicht etwa esoterischen Charakter auf. Yoder ist also weit davon entfernt, den Praktiken ausschließlich innerkirchliche Relevanz zuzuschreiben. Vielmehr sind sie in ihrer Paradigmatik gesamtgesellschaftlich bedeutsam: »Jede dieser Praktiken [sc. der apostolischen Gemeinschaft] kann als Paradigma dafür dienen, wie andere soziale Gruppen funktionieren könnten. [...] Menschen, die nicht den Glauben teilen oder der Gemeinschaft beitreten, können daraus lernen. ›Binding and loosing‹ kann Modelle zur Konfliktlösung, Alternativen zum Streit und andere Perspektiven für ›Verbesserungen‹ liefern. Das Brot zu teilen, ist ein Paradigma nicht nur für Armenküchen und Wärmestuben, sondern auch für die Sozialversicherung und negative Einkommensteuer. ›Jedes Mitglied des Leibes hat eine Gabe‹ ist eine unmittelbare Alternative zu vertikalen ›Geschäfts‹-Modellen des Managements. Die Solidaritätsmodelle des Paulus bei der gemeinsamen Überlegung haben etwas mit den Gründen zu tun, dass die Japaner bessere Autos bauen können als Detroit.«[20]

---

[19] Ich übernehme diesen Begriff von Dabrock 2001, S. 61. Vgl. Dabrock 2000, S. 144–159.
[20] Yoder 1992, S. 136 f.

Diese Praktiken sind mithin bereits als politische Rituale zu begreifen, nicht als Motivation zur eigentlichen Politik im Raum der Öffentlichkeit.[21] Sie sind ein sozial und politisch hochwirksames Werk: »Es ist eine a posteriori politische Praxis, die der Welt etwas mitteilt, das sie nicht wusste und vorher nicht glauben konnte. Sie sagt der Welt, was deren eigene Berufung und Schicksal ist, nicht durch die Ankündigung eines utopischen oder realistischen Ziels, das der ganzen Gesellschaft übergestülpt wird, sondern durch das pionierhafte Vorangehen im beispielhaften Aufzeigen der Macht und der Praktiken, die die Gestalt einer wiederhergestellten Menschlichkeit ausmachen. Das bekennende Volk Gottes ist die neue Welt, die sich aufgemacht hat.«[22]

Yoders Praktiken gehören sicherlich, soziologisch geurteilt, in einen anderen, uns vielleicht fremden kirchlichen Kontext, nämlich den des US-amerikanischen Freikirchentums. Das schließt freilich nicht aus, dass sich auch hierzulande Impulse seines durch und durch biblisch grundierten Denkens aufnehmen lassen: »Im Gestaltwandel der Volkskirchen zu differenzfähigen und differenzsensiblen Minderheitenkirchen wäre von Yoder Entscheidendes zu lernen über die politische Rolle der Christen zwischen liberaler Zeitgeistverstärkung einerseits und der Versuchung zu reaktionärem Traditionalismus andererseits.«[23] Politischer Akteur wird die Kirche gerade als eine Gemeinschaft sein, die aus den Quellen und nach den Maßstäben lebt, wie sie die beschriebenen Friedenspraktiken transportieren.

5. Fazit

Halten wir fest: Friedensethik hat nicht nur nach der Legalität und Legitimität von Krieg und Gewalt zu fragen, sondern auch nach den Praktiken des Friedenstiftens. Eine christliche Friedensethik wird dabei den Gottesdienst und die gottesdienstlichen Praktiken nicht außer Acht lassen dürfen. Sie hat dabei die Rückfrage von den kirchlich-gottesdienstlichen Praktiken auf die darin artikulierte Handlungslogik zu stellen. Es gilt, gleichsam diese Praktiken heran zu zoomen, um nach dem in diesen verkörperten »impliziten Wissen« zu fragen. In diesem Sinne ist nach dem Ethos, das in der Praxis des gottesdienstlichen Feierns steckt, zu suchen. Die Frage nach der friedensethischen Dimension des Gottesdienstes ist die Frage nach der politischen »Grammatik« des gottesdienstlichen Handelns, die in sämtlichen Lebensvollzügen regieren soll. Das altkirchliche Motto »lex credendi – lex agendi« kommt hier zu neuen Ehren. Die friedensethische Bedeutung des Gottesdienstes geht mithin nicht auf in der Stärkung und

---

[21] So auch Ulrich 2006, S. 152f.; S. 158.
[22] Yoder 1994, S. 373. So auch Yoder 1992, S. 22ff.
[23] Mielke 2014, S. 69.

Motivierung der individuellen Moralsubjekte. Es geht im Gottesdienst um die Partizipation am Leib Christi und seinem *Schalom*, um das Einstimmen (gr. *homologein*) in das Friedenshandeln Gottes. Die gottesdienstliche Gemeinde ist eine *Polis* und der Gottesdienst nicht erst dann politisch, wenn er politische Themen und Inhalte in der Predigt explizit traktiert.

Literaturverzeichnis

Dabrock, Peter (2000): Antwortender Glaube und Vernunft. Zum Ansatz evangelischer Fundamentaltheologie, Forum Systematik 5, Stuttgart u. a. 2000.

Dabrock, Peter (2001): Zugehörigkeit und Öffnung. Zum Verhältnis von kultureller Praxis und transpartikularer Geltung, GuL 16, S. 53–65.

Enns, Fernando (2012): Ökumene und Frieden. Bewährungsfelder ökumenischer Theologie, Theologische Anstöße 4, Neukirchen-Vluyn.

Enns, Fernando (2015): Am Beginn eines ökumenischen »Pilgerwegs der Gerechtigkeit und des Friedens«. Für eine theologisch begründete, politisch verantwortliche und ökumenisch anschlussfähige Friedensethik – aus der Perspektive der Friedenskirchen, EvTh 75, S. 269–285.

Fischer, Johannes / Gruden, Stefan / Imhof, Esther / Strub, Jean-Daniel (2007): Grundkurs Ethik. Grundbegriffe philosophischer und theologischer Ethik, Stuttgart.

Hauerwas, Stanley (1995): Selig sind die Friedfertigen. Ein Entwurf christlicher Ethik, Neukirchen-Vluyn.

Heuser, Stefan (2018): Der Friedensgruß. Zur theologischen Grammatik und liturgischen Gestalt eines zentralen Elements gottesdienstlicher Friedensethik, in: Peter Bubmann / Alexander Deeg (Hg.): Der Sonntagsgottesdienst. Ein Gang durch die Liturgie, Göttingen, S. 222–229.

Heuser, Stefan (2019): Die Tradierung von Frieden. Systematisch-theologische Überlegungen zum Zusammenhang von Gottesdienst und Ethik, in: Marco Hofheinz (Hg.): Die Tradierung von Ethik im Gottesdienst. Symposiumsbeiträge zu Ehren von Hans G. Ulrich, Ethik im Theologischen Diskurs Bd. 26, Münster 2019, S. 211–227.

Hofheinz, Marco (2005): Friedenstiften als kirchliche Praktik. Impulse aus reformierter Tradition für eine theologische Friedensethik in ökumenischer Verantwortung, ZEE 49, S. 40–57.

Hofheinz, Marco (2015): Urteilen im Raum der Kirche. Theologische Einsichten des sog. »kirchlichen Kommunitarismus«, in: Ingrid Schoberth / Christoph Wiesinger (Hg.): Urteilen lernen III – Räume des Urteilens in der Reflexion, in der Schule und in religiöser Bildung, Göttingen, S. 43–67.

Hofheinz, Marco (2017): Bleibend Wichtiges und jetzt Dringliches – kursorische friedensethische Thesen zur aktuellen Lage in kartografischer Absicht. Ein Vermessungsversuch im Feld der christlich-theologischen Friedensethik, in: Gerard den Hertog / Stefan Heuser / Marco Hofheinz / Bernd Wannenwetsch (Hg.): »Sagen, was Sache ist«. Versuche explorativer Ethik. Festgabe zu Ehren von Hans G. Ulrich, Leipzig, S. 249–272.

Hofheinz, Marco (2018): Wie politisch ist der Gottesdienst? Zur Relevanz liturgischer Praktiken, in: Inspiration. Zeitschrift für christliche Spiritualität und Lebensgestaltung Heft 1, S. 30-37.

Hofheinz, Marco (Hg.) (2019): Die Tradierung von Ethik im Gottesdienst. Symposiumsbeiträge zu Ehren von Hans G. Ulrich, Ethik im Theologischen Diskurs Bd. 26, Münster.

Huber, Wolfgang (2009): Von der gemeinsamen Sicherheit zum gerechten Frieden. Die Friedensethik der EKD in den letzten 25 Jahren, in: Hans-Richard Reuter (Hg.): Frieden – Einsichten für das 21. Jahrhundert. 12. Dietrich-Bonhoeffer-Vorlesung (Entwürfe zur christlichen Gesellschaftswissenschaft 20), Münster 2009, S. 147-170.

Kirchenamt der EKD (Hg.) (2007): Aus Gottes Frieden leben – für gerechten Frieden sorgen. Eine Denkschrift des Rates der Evangelischen Kirche in Deutschland, Gütersloh.

Könemann, Judith (2018): Friedenspädagogik – eine relevante Kategorie religiöser Bildung, in: Margit Eckholt / Georg Steins (Hg.): Aktive Gewaltfreiheit. Theologie und Pastoral für den Frieden, Würzburg, S. 109-125.

Mielke, Roger (2014): Nicht alleine in der Welt. Lesenswert: John Howard Yoder wagte eine Annäherung an eine politische Ethik Jesu, Fürchtet Gott, ehrt den König! EKD – Das Magazin zum Themenjahr 2014: Reformation und Politik, S. 68-69.

Raiser, Konrad (2015): Vom Frieden her denken. Ökumenische Impulse zur friedensethischen Diskussion, in: EvTh 75, S. 246-258.

Stassen, Glen H. (1992): Just Peacemaking. Transforming Initiatives for Justice and Peace, Louisville.

Stassen, Glen H. (Hg.) (2008): Just Peacemaking. The New Paradigm for the Ethics of Peace and War. New Edition, Cleveland.

Stassen, Glen H. (2009): Gerechte Friedensstiftung durch internationale Kooperation und Menschenrechte in der amerikanischen christlichen Ethik, in: Hans-Richard Reuter (Hg.): Frieden – Einsichten für das 21. Jahrhundert. 12. Dietrich-Bonhoeffer-Vorlesung (Entwürfe zur christlichen Gesellschaftswissenschaft 20), Münster, S. 106-133.

Stobbe, Heinz-Günther (2018): Suche Frieden und übe Friedfertigkeit. Gewaltfreiheit als christliche Lebensform, Unsere Seelsorge. Themenheft: »Wir können Frieden« zur Vorbereitung auf den Katholikentag, S. 8-10.

Ulrich, Hans G. (2006): Kirchlich-politisches Zeugnis vom Frieden Gottes. Friedensethik zwischen politischer Theologie und politischer Ethik ausgehend von John Howard Yoder, Stanley Hauerwas und Oliver O'Donovan, ÖR 55, S. 149-170.

Wannenwetsch, Bernd (1998): Der Kuß, der Frieden macht. Zur ethischen Dimension des Gottesdienstes, in: NELKB 53, S. 81-83.

Wenger, Etienne (1998): Communities of Practice. Learning, Meaning, and Identity, Cambridge.

Wolbert, Werner (2005): Vom gerechten Krieg zum »Just Peacemaking«, in: SaThZ, S. 66-76.

Yoder, John Howard (1992): Body Politics. Five Practices of the Christian Community Before the Watching World, Nashville (deutsche Übersetzung: Die Politik des Leibes Christi. Als Gemeinde zeichenhaft leben, Schwarzenfeld 2011).

Yoder, John Howard (1994): Sacrament as Social Process: Christ the Transformer of Culture, in: John H. Yoder: The Royal Priesthood. Essays Ecclesiological and Ecumenical, ed. by Michael G. Cartwright, Grand Rapids / Cambridge, S. 359-373.

Das Gebet um den Frieden Gottes als politisches Zeugnis

Hans G. Ulrich

Zusammenfassung:
Christen beten im Gottesdienst um die Erfüllung und das Wirklich-Werden des Friedens, den Gott in seinem Versöhnungswerk gestiftet hat. In der Praktik des gottesdienstlichen gemeinschaftlichen Friedensgebetes wird der Friede mit Gott und Gottes Versöhnung mit der Welt real und öffentlich verkündigt. Das Gebet um diesen Frieden ist eine allen Menschen gegebene Praktik, die den Frieden Gottes politisch, gewaltlos bezeugt und politisches Handeln ermöglicht.

1. Die Bitte um Gottes Friedens und die Verheißung der Erfüllung

Durch Gottes Verheißung, dass er sich anrufen lässt, ist es den Christen geboten, sich – in der »Freiheit der Kinder Gottes« (Röm 8,21) – an Gott zu wenden, ihn im Namen Jesu Christi, ihres Bruders und Herrn anzurufen. Es ist ihnen verheißen, dass Gott sie erhört, indem er ihre Bitten nach *seinem* Willen »erfüllt«.

> »Gebet als Rede mit Gott, in der wir nicht nur mit Gehör, sondern auch mit Erhörung rechnen, lässt sich nur begreiflich machen, wenn wir Menschen noch mehr sind als Gottes Geschöpfe, mehr auch als begnadete Sünder. Das Gebet ist geradezu *die* jetzt und hier mögliche Realisierung unserer eschatologischen Wirklichkeit. [...][E]ben darum muss wohl das christliche Gebet münden in dem ›Nicht mein, sondern Dein Wille geschehe‹ (Luk 22,42).«[1]

So bitten Christen um das *Wirklich*-Werden des Friedens, den Gott in seinem Versöhnungswerk gestiftet hat, und realisieren im Beten den Frieden mit Gott und Gottes Versöhnung mit der Welt. Hier wird das Beten zum »Anteil an der

---

[1] Barth 1978, S. 378f.

Weltherrschaft Gottes«.[2] Das Gebet um diesen Frieden ist selbst Zeugnis von dieser in die Welt eingesetzten, gestifteten Wirklichkeit – die auch im gottesdienstlichen Segen zugesprochen wird: »hebe ER sein Antlitz dir zu und *setze* dir Frieden« (4. Mose 6,26).[3]

2. Das Friedensgebet als Friedenspraktik

Das Gebet um den Frieden Gottes ist selbst der Vollzug dieses Friedens, es ist wie jedes Gebet »Aktion«,[4] ist fundamentale Friedens-Praktik. Dem entspricht es, dass das Gebet um den Frieden – zusammen mit dem Friedensgruß und Friedenskuss – seinen zentralen Ort in der Liturgie des Gemeinschaftsmahles hat, in der römisch-katholischen Messe und in der »Göttlichen Liturgie« der orthodoxen Kirche. Der genaue Ort des Friedensgebetes – *Dona nobis pacem* – (vor oder nach der Kommunion) und der Wortlaut wurden immer neu diskutiert,[5] dennoch hat das Gebet um Frieden im Gemeinschaftsmahl seinen bestimmten Ort. Es ist zunächst das Gebet um den Frieden in der Christen-Gemeinschaft, auch das Gebet um die Einheit der Christen. Mit dieser Hervorhebung des Friedens unter den Christen wird deutlich, dass sie als die Gemeinschaft derer, die in der Versöhnung mit Gott leben, Zeugnis geben von dieser Wirklichkeit in der Welt und für die Welt. So ist das Gebet um Gottes Friedens selbst schon Ausübung des Friedens, in dem sich alle Welt zusammenfinden darf und soll. Es ist der Friede, der einzig auch »Welt«-Friede sein kann, weil er alle menschliche Friedensarbeit in der Erfüllung Gottes *seinem* Willen entsprechend aufgehoben weiß. Die Bitte um Frieden ist immer die Bitte um *diese* Erfüllung. Sie mündet so immer auch ein in die Bitte »*Dein* Reich komme ...«. In diese Bitte kann alle Welt einstimmen.

Das Gebet um den Frieden ist als dieses Zeugnis Erinnerung und Mahnung an jede Gemeinschaft, untereinander Frieden zu halten und mit allen Menschen Frieden – in all den gegebenen verschiedenen Friedenspraktiken – auszuüben. Zu diesen Friedenspraktiken gehört das Friedensgebet. Es ist das Paradigma für alle Friedenspraktiken, durch deren Ausübung Frieden *erhofft* wird, weil hier Frieden ausdrücklich, direkt von Gott erbeten wird.

---

[2] Bukowski 2007, S. 45–49, hier: S. 46.
[3] Übersetzung: Buber/Rosenzweig, Die Schrift.
[4] Barth 1976, S. 67–69.
[5] Chavanne 2018.

3. Gottesdienstliche Friedensgebete in gegenwärtigen Konflikten

Der mit jedem Gottesdienst verbundenen Praktik des Friedensgebetes entspricht es, dass sich eigene gottesdienstliche Friedensgebete entwickeln, die regelmäßig in vielen Gemeinden stattfinden. Das Friedensgebet hat ja auch seinen Ort in der monastischen Tradition der Tagesgebete. Es ist vornehmlich das Gebet um die Mittagsstunde, das Gebet als Innehalten inmitten des Tagesgeschäfts und seiner gegebenen Konflikte. In kommunitären Lebensgemeinschaften – wie in der Gemeinschaft von Taizé – wurde denn auch das Friedensgebet weiter ausgeprägt und zu einem Ort, an dem Menschen aus aller Welt teilhaben konnten.

So ist das »Friedensgebet« zu einer eigenen gottesdienstlichen Form geworden, die in vielen Gemeinden über viele Jahre oder Jahrzehnte wahrgenommen wird.[6]

Dafür hat es z.B. in Deutschland besonders akute Anlässe und Herausforderungen gegeben, wie die Auseinandersetzung um die Wiederbewaffnung der Bundesrepublik Deutschland oder um die Abrüstung zwischen Ost und Welt im »Kalten Krieg«. Auch bestehende Konstellationen des Unfriedens und Konflikte in der Welt sind immer wieder Anlass für beständiges Beten in den Gemeinden, so das Gebet um Frieden in und für Israel/Palästina. Für das Friedensgebet haben sich eigene Gottesdienstordnungen entwickelt, in denen bestimmte biblische Lesungen, Gebete und Lieder tradiert werden. Verschiedene Kirchen haben solche Ordnungen in ihren Agenden vorgesehen und so die gottesdienstliche Tradition des Friedensgebets weiter entfaltet.

Eine beispielhafte Praxis mit einer eigenen Dynamik und inhaltlichen Ausrichtung stellen die Friedensgebete dar, die im Zusammenhang der revolutionären Auseinandersetzung mit dem SED-Staat um Demokratie und Freiheit entstanden sind. Die Friedensgebete haben hier zentrale Bedeutung und Modell-Charakter bekommen wie das regelmäßige Friedensgebet in der St. Nikolai Kirche in Leipzig. Mit diesem waren dann auch Demonstrationen (Montagsdemonstrationen) in der Stadt verbunden. Bei denen waren viele beteiligt, die eigene Gruppen gebildet hatten und nicht direkt Teilnehmer der Friedensgebete waren, und doch gehörten diese Aktionen im Sinne einer gemeinsamen »öffentlichen« Praxis zusammen. Die staatliche Gewalt hat versucht, die Friedensgebete in den Kirchen und die Demonstrationen auf der Straße zu spalten und so die Friedensgebete als »religiöse« und damit ihrem Verständnis nach als nicht »öffentliche« Angelegenheit – auch im Sinn der gewährten »Religionsfreiheit« – einzugrenzen. Dem stand jedoch entgegen, dass das Friedensgebet, in dem Gott um seinen Frieden gebeten wird, von sich aus eine politische Praktik ist, die so auch ihre eigene Öffentlichkeit hat – die Öffentlichkeit des Gottesdienstes. Diese

---

[6] Siehe auch das tägliche Friedensgebet in der Dormition Abbey, Jerusalem.

gottesdienstliche Öffentlichkeit ist nicht auf den Kirchenraum einzugrenzen, sondern schließt alle ein, die sich in der Öffentlichkeit bewegen, die als der Ort des gemeinsamen Handelns und der gemeinsamen Praktiken wahrgenommen wird. In diesem Sinne gibt es nur diese eine Öffentlichkeit. Die staatliche Gewalt der DDR musste erfahren, dass diese Öffentlichkeit nicht aufzusprengen oder ideologisch zu verdrängen war. Innerhalb dieser gemeinsamen politischen Öffentlichkeit hat die christliche Gemeinde immer neu zu bezeugen, was es heißt, wirklich politisch zusammenzuleben. Politisch zusammenleben heißt, nicht durch Gewalt Herrschaft auszuüben, sondern sich im Tun und Handeln zusammenzufinden und so Frieden direkt auszuüben. Das Friedensgebet ist dafür das Paradigma.

4. »Beten und Tun des Gerechten«

Dies schließt ein, was Bonhoeffer kritisch angezeigt hat: »[U]nser Christsein wird heute nur in zweierlei bestehen: im Beten und im Tun des Gerechten unter den Menschen. Alles Denken, Reden und Organisieren in den Dingen des Christentums muss neugeboren werden aus diesem Beten und diesem Tun.«[7] Im »Tun des Gerechten« gilt es, der Gerechtigkeit zu folgen, die ausschließt, dass Menschen über andere (mit Gewalt) Herrschaft ausüben, statt in politischer Übereinkunft zu handeln und zu regieren. Das Tun des Gerechten entspricht dem Gebet zu dem einzigen Herrn und seiner versöhnenden Gerechtigkeit, in der alle zusammenfinden dürfen. Im gemeinsamen Gebet wird Gott um die Bewahrung des Friedens gebeten, in dem Gott in Jesus Christus die Welt mit sich versöhnt hat (2Kor 5,19) und in dem so auch alle Menschen zusammenfinden können, weil es in diesem gestifteten Frieden keine Differenz mehr geben kann, die Menschen fundamental, abgründig voneinander trennt oder ein Freund-Feind-Verhältnis begründet. Der Friede Gottes, um den im Friedensgebet gebetet wird, ist ein Friede, der nicht auf dieser oder jener »Gegebenheit« beruht, die zu erkämpfen oder zu behaupten wäre, sondern ein Friede, der über alle von Menschen gesetzten Differenzen und Konstruktionen hinweg von Gott gestiftet ist und in den Praktiken eingelöst werden kann, die diesem Frieden entsprechen.

5. Das Friedensgebet um den Frieden mit Gott – Herzschlag des Friedens für alle Welt

So ist in den gegenwärtig ausgeübten Formen des Friedensgebetes jene Tradition präsent, die ihren Ort im Gottesdienst hat. Das gemeinsame Gebet um den

---

[7] Bonhoeffer 1998, S. 435f.

Frieden, durch das Christen den Frieden mit Gott praktizieren, ist immer zugleich das Gebet jedes Einzelnen, in dem jeder Einzelne den Frieden, den Gott gestiftet hat, für sich wahrnimmt und einlöst. Der von jedem im Gebet realisierte und bezeugte »innere« Friede Gottes präfiguriert den äußeren Frieden. Das Friedensgebet erscheint in diesem Sinne als der Herzschlag des Friedens in seinem besonderen politischen Charakter. Es ist der Herzschlag, der nie aufhören kann. So wird das verheißungsvolle Gebot »Betet ohne Unterlass« (1Thess 5,17) eingelöst.

Die Tradition, die vom »inneren Frieden« mit Gott zu reden weiß, bewegt sich ausdrücklich in der Geschichte der Versöhnung Gottes mit seinen Menschen und der in dieser Geschichte beschlossenen »Ordnung« (Karl Barth) – anders als die Tradition, die den Frieden Gottes eher direkt als die von Gott geschaffene äußere Ordnung wahrnimmt und den Frieden als deren Wiederherstellung begreift. Der Friede, der aus Gottes Versöhnung kommt, erneuert und bewahrt den Frieden, der umgreifend die von Gott bestimmte Wirklichkeit kennzeichnet, wie sie in Gottes guter Schöpfung erschienen ist und die Wirklichkeit dieser Weltzeit ablösen wird. Das Friedensgebet nimmt so die biblische Botschaft vom Frieden Gottes auf, die Botschaft von Gottes »shalom«, der die Wirklichkeit dieser Weltzeit in all ihrer Zerrissenheit und Unbestimmtheit durchdringt und aufhebt. Die Friedensgebete folgen darin den prophetischen Verheißungen des Friedens. Sie nehmen insbesondere die Psalmen auf und stellen sich so in die Gemeinschaft des einen betenden Gottes-Volkes. Im Beten der Psalmen erscheint die versöhnte Gemeinschaft von Christen und Christen, Christen und Juden – wie auch die Gemeinschaft mit den »Heiden« und allen »Völkern«, denen es gleichermaßen verheißen ist, sich in die Gemeinschaft der Betenden einzufinden.

Die Friedensgebete entsprechen in ihren vielfältigen Formen diesen mehrfachen Dimensionen: so die ökumenischen Friedensgebete (auch innerhalb der ökumenischen »Friedensdekade« und das ökumenische Friedensgebet der Missionswerke),[8] in denen Christen aus verschiedenen christlichen Kirchen gemeinsam beten und den einen Frieden Gottes bezeugen, und die sogenannten interreligiösen Gebete, in denen Menschen, die verschiedenen – so gekennzeichneten – Religionen zugehören, in Gemeinschaft beten, wie dies im Friedensgebet von Assisi (1986) geschehen ist. Das interreligiöse Gebet demonstriert nicht nur einen alle umgreifenden »religiösen« Frieden, sondern es folgt der begründeten Hoffnung, dass die Verheißung der Versöhnung Gottes mit allen Menschen von Gott, *seinem* Willen entsprechend, erfüllt wird. Darauf ist zu hoffen, wenn sich denn die Bitte auf diesen einen Frieden Gottes richtet, der allen Menschen gilt, auf keinen anders »begründeten« Frieden oder »Weltfrieden«, der im Streit um sein Fundament gewonnen werden muss.

---

[8] Siehe: www.oekumenisches-friedensgebet.de. Hier findet sich der Text des aktuellen Friedensgebetes.

6. Friedensgebet – Paradigma der Gewaltlosigkeit

In seiner partikularen Erscheinung – eben dort, wo es in der Gemeinschaft der Betenden praktiziert wird – ist das Friedensgebet durchaus von universaler Bedeutung, denn nur partikular ist der Friede Gottes auch real und setzt sich der Verheißung seiner realen Einlösung in der Welt auch aus. Das kennzeichnet den unabdingbar messianisch-eschatologischen Charakter des Friedensgebetes. So ist im Friedensgebet immer die Bitte »Dein Reich komme ...« eingeschlossen. Diese Bitte markiert ausdrücklich die kritische Spur, auf der sich alle Friedensarbeit bewegt, wenn sie denn eine gemeinsame Praxis bleibt und Frieden auf diese Weise ohne Gewalt ausübt und einlöst.

Das Gebet ist das Paradigma für Gewaltlosigkeit, weil es alle »Gewalt« Gott überlässt und darauf gerichtet ist, dass Gott den von ihm gestifteten Frieden so erfüllt, dass Menschen darin – wie im Gebet – gewaltlos zusammenfinden. Gewalt setzt immer dort ein, wo die Macht zu handeln schon verloren ist. Wenn auf die »machtvolle« Wirksamkeit der Friedensgebete in der Auseinandersetzung mit dem SED-Staat hingewiesen wird, so kann diese Wahrnehmung nicht über die Unterscheidung von Gottes Macht und menschlicher Wirksamkeit hinweggehen. Dies widerspricht dem wirklich politischen Charakter des Friedensgebetes in der Anrufung des einzigen »Herren«. Wer diesen Herrn anruft, praktiziert die Freiheit, die mit dem Gebet gegeben ist. An *dieser* Freiheit findet ein repressiver Staat, aber auch jeder Staat seine widerständige Grenze, die nicht dadurch markiert ist, wie viele dieser Freiheit folgen, und die der Staat auch nicht durch seine Definition von »Religionsfreiheit« fixieren kann.

7. Friedensgebet und politisches Handeln

Dieses Friedensgebet ist dann der Ort, an dem ein wirklich *politisches* Handeln entsteht, wenn in diesem Gebet – statt in etwas anderem, vielleicht gar in einer Ideologie – Menschen zusammenfinden. So hat sich das Gebet als kritischer Angelpunkt politischer Praxis gezeigt, als Angelpunkt auch der Auseinandersetzung um die Wege des Friedens, jedoch so, dass die gemeinsame Praktik bestehen blieb. Daher ist mit Recht gesagt worden, dass die politische Bedeutung des Friedensgebetes nur dort bewahrt worden ist, wo die Christengemeinde nicht unmittelbar bestimmte politische Ziele fixiert hat, sondern bei dem Gebet um Gottes Frieden geblieben ist, so dass sich wirklich politisches Handeln als ein Handeln, in dem Menschen zusammenfinden, daran anschließen konnte.[9]

Diese Unterscheidungen markieren die kritische Spur, auf der sich das Friedensgebet bewegt. Diese Spur ist dadurch bestimmt, dass der Staat den

---

[9] Coors 2013, S. 23–38.

Freiraum gelten lassen muss, in dem Christen ihren Gottesdienst feiern. Dies ist durchaus ein politischer Gottesdienst, weil die Christen zu ihrem »Herrn« – dem »Herrn der Welt« – beten und seine Botschaft bezeugen. Sie praktizieren die Gemeinschaft, die einzig diesem »Herrn« zugehört und bringen so die dem Gottesdienst eigene Weltöffentlichkeit zur Geltung.[10] Die Christengemeinschaft trägt das politische Gemeinwesen, die »Bürgergemeinde« mit, indem sie der Bürgergemeinde ein Zusammenleben bezeugen,[11] das darauf beruht, dass sich Menschen in dem allen gewährten Frieden zusammenfinden und nicht eine Gemeinschaft bilden, die per se gegen andere zu behaupten ist.

So erinnert die betende Gemeinde mit ihrem Zeugnis die politische Gemeinde und ihre Repräsentanten an ihre eigene Friedensaufgabe und ermahnt sie ausdrücklich, diese wahrzunehmen. Begründet ist dieser Auftrag der Christengemeinde in der allen Menschen gemeinsamen, durch die Christengemeinde bezeugten Teilhabe an Gottes Frieden. Die Ermahnung richtet sich darauf, dass die Bürgergemeinde auf ihre Weise Frieden praktiziert – mit den ihr eigenen gewaltlosen Praktiken der Versöhnung, des Ausübens von Gerechtigkeit und des gemeinsamen Handelns.

Wenn immer in der konkreten Bitte um den Frieden politisches Urteil eingeschlossen sein muss, kann dieses nicht von diesen oder jenen Perspektiven oder Interessen, aber auch nicht von diesen oder jenen allgemeinen Prinzipien oder »Idealen« geleitet sein, sondern einzig davon, dass das Zusammenfinden im Frieden Gottes und in den ihm entsprechenden Praktiken eben dort bezeugt wird, wo andere Strategien und Gesetze der Auseinandersetzung herrschen. Die Bitte um den Frieden Gottes ist die Bitte darum, dass Gott immer neu Zeugen beruft und so der Herzschlag der Friedens-Praktiken nicht aufhört.

Literaturverzeichnis

Barth, Karl (1976): Das christliche Leben: Die kirchliche Dogmatik IV, 4, Fragmente aus d. Nachlass, Vorlesungen 1959–1961, Zürich.
Barth, Karl (1978): Ethik II: Vorlesung Münster Wintersemester 1928/29, wiederholt in Bonn, Wintersemester 1930/31, Zürich.
Bonhoeffer, Dietrich (1998): Briefe und Aufzeichnungen aus der Haft, in: Werke, hg. von Christian Gremmels / Ilse Tödt / Eberhard Bethge / Renate Bethge, Gütersloh.
Bukowski, Peter (2007): Beten gegen die Mächte der Welt, Junge Kirche 4, S. 45–49.
Chavanne, Johannes Paul (2018): Pax: Friedensbegriffe in der Eucharistiefeier des römischen Ritus, Wien.

---

[10] Wannenwetsch 1997.
[11] Hofheinz 2014, S. 635–637: zu Karl Barth.

Coors, Michael (2013): Christlicher Glaube als Politikum – Eine theologische Deutung der (post-)politischen Dimension der Friedensgebete 1988/89, in: Gert Pickel (Hg.): Politik und Religion im vereinten Deutschland, Wiesbaden, S. 23–38.
EKD (2003): Ermutigung zum Friedensgebet. Liturgische Anregungen.
EKD: Friedensgebete. https://archiv.ekd.de/frieden/texte.html (18.06.2019).
Gottesdienstinstitut der Evangelisch-Lutherischen Kirche in Bayern: Friedensgebete.
Heinz, Andreas (2014): Friedensgebete, Trier.
Heinz, Andreas (2010): Lebendiges Erbe: Beiträge zur abendländischen Liturgie- und Frömmigkeitsgeschichte, Tübingen.
Hofheinz, Marco (2014): »Er ist unser Friede«: Karl Barths christologische Grundlegung der Friedensethik im Gespräch mit John Howard Yoder, Göttingen.
Religionen auf dem Weg des Friedens, Friedensgebete, https://www.religionenaufdem wegdesfriedens.de/angebote/friedensgebete-der-religionen/ (18.06.2019).
Waldenfels, Hans (1987): Die Friedensgebete von Assisi, Freiburg i.Br.
Wannenwetsch, Bernd (1997): Gottesdienst als Lebensform. Ethik für Christenbürger, Stuttgart.

Der Friedensgruß im Gottesdienst
Einstimmen in das Friedenshandeln Gottes

Stefan Heuser

Zusammenfassung:
Dieser Beitrag diskutiert die Bedeutungsdimensionen und Gestaltungsmöglichkeiten des Friedensgrußes im Gottesdienst und bestimmt ihn als eine zugleich soziale und eschatologische Praxis. Dazu wird die Offenheit des Friedensgrußes für die lebensweltlichen Erfahrungen der Gottesdienstteilnehmenden ritualtheoretisch untersucht und seine theologische Dimension als Einstimmen in das Friedenshandeln Gottes herausgearbeitet. Abschließend erörtert der Beitrag, welche praktischen Konsequenzen für die liturgische Gestaltung des Friedensgrußes sich aus den theoretischen Überlegungen ergeben.

Gegenwärtig bedrohen gewaltsame Konflikte wieder vermehrt den Frieden in Familien, Schulen, Betrieben, zwischen gesellschaftlichen Gruppen und zwischen Staaten. Ungerechte Herrschaftsverhältnisse, Fundamentalismus und Nationalismus, Waffenhandel, die Schwächung von Institutionen und Staaten, soziale und ökonomische Ungerechtigkeit und Rechtverletzungen stellen die Friedensethik vor große Herausforderungen.[1] In einer von Gewalt bedrohten und gezeichneten Lebenswelt ist der gottesdienstliche Friedensgruß als zugleich soziale und eschatologische Praxis ein Politikum par excellence.[2] Im Vollzug von Friedensgruß und Friedenszeichen (im Folgenden nenne ich diesen Ritualzusammenhang kurz: »Friedensgruß«) verschränkt sich die Liturgie mit den vielfältigen lebensweltlichen Erfahrungen von Frieden und Unfrieden, die die Teilnehmenden in den Gottesdienst mitbringen, und stellt sie in das Licht des Friedens Gottes. Zu dieser Bedeutungsoffenheit kommt eine im Vergleich mit anderen Teilen der Liturgie überaus hohe Interaktionsintensität des Friedensgrußes. Seine verbalen und non-verbalen Elemente und interaktionellen Se-

---

[1] Einen Überblick über die gegenwärtigen friedensethischen Herausforderungen bieten die Beiträge in Werkner / Ebeling 2017 sowie das aktuelle Friedensgutachten 2018.
[2] Zur inhärent politischen Dimension des Gottesdienstes vgl. Hofheinz 2013, S. 135–152.

quenzen sind symbolisch hoch verdichtet, aber liturgisch nur wenig formalisiert – was die liturgische Gestaltung zu einem Balanceakt werden lässt.

Im Folgenden werde ich zunächst die ritualtheoretischen und praktischen Implikationen der Bedeutungsoffenheit des Friedensgrußes darlegen (1). Dann werde ich die theologische Dimension des Friedensgrußes als Einstimmen in das Friedenshandeln Gottes herausarbeiten (2). Abschließend zeige ich Konsequenzen meiner Überlegungen für die liturgische Gestaltung des Friedensgrußes auf (3).

1. Die Bedeutungsoffenheit des Friedensgrußes

In der Grundform der lutherischen Abendmahlsliturgie steht der Friedensgruß zwischen Vaterunser und Agnus Dei mit anschließender Austeilung der Gaben. Die dichte Interaktion des Friedensgrußes mit ihrer verbalen und non-verbalen Zuwendung zu anderen Teilnehmenden im Gottesdienst stellt eine deutliche liturgische Unterbrechung dar. Während man sich in anderen Phasen eines Gottesdienstes entscheiden kann, ob man mitbeten, mitsingen, mithören oder teilhaben will, kann man die Aufforderung »Gebt einander ein Zeichen des Friedens« kaum ausschlagen, ohne Anstoß zu erregen. Man wird zu einem Blick- und Körperkontakt sowie zu einem verbalen Austausch genötigt, der keine festgelegte liturgische Form hat und der einem je nach Gegenüber möglicherweise hygienisch unangenehm ist oder sogar als unaufrichtig empfunden werden kann.

Während die einen beim Friedensgruß gemischte Gefühle empfinden, ist er für andere einer der Höhepunkte des Gottesdienstes. Sie erleben den Friedensgruß als Ausdruck von Zuwendung, Vertrauen und Verbundenheit, die für sie zu einem christlichen Leben in einer Kirchengemeinde dazugehören. Gelebte Welt und vorgestellte Welt verschmelzen im Friedensgruß.[3] Er wird zur Realisierungsgestalt von Glaubensüberzeugungen. Für manche ist der Friedensgruß nicht nur Ausdruck, sondern sogar eine Grundlage ihres Glaubens. Er modelliert für sie die Realität in einer Weise, die ihnen zu glauben hilft und sie in ihrem Glauben bestärkt.[4]

Allerdings kann der Friedensgruß, statt in seinem rituellen Vollzug Hoffnung und Handeln zu vereinen, auch deren Auseinanderklaffen sichtbar machen. Er kann offenbaren, dass die Akteure einander nicht im Frieden zugewandt sind und sich außerstande fühlen, sich ein Zeichen des Friedens zu geben. Während die Schwelle, einander den Friedensgruß zu entbieten, in sozial heterogenen Gottesdienstgruppen wegen der Fremdheit der Interaktionspartner hoch sein kann, liegt diese Schwelle in homogenen Gruppen unter Umständen gerade deshalb

---

[3] Vgl. hierzu das Ritualmodell von Geertz 1994, S. 112 f.
[4] Vgl. zu diesem Mehrwert von Ritualen Jetter 1986, hier S. 114.

hoch, weil das Gegenüber einem nur allzu bekannt ist. Durch den Friedensgruß kann manchen Beteiligten im Gottesdienst schmerzhaft vor Augen geführt werden, dass sie bei bestimmten Menschen zu einem Friedenszeichen nicht in der Lage sind. Fallen im Ritual die reale und die vorgestellte Wirklichkeit derart auseinander, kann es als schmerzhaft, peinlich oder unaufrichtig empfunden werden oder gar nicht erst zustande kommen, wenn es die Platzwahl im Gottesdienstraum zulässt. Soziale und emotionale Anerkennung sowie Abneigung und Feindschaft: der Friedensgruß kann beides zu Tage fördern.

So bedeutungsoffen der Friedensgruß für lebensweltliche Einflüsse aber auch ist – sein Ort in der Liturgie und sein Zusammenklang mit anderen friedensbezogenen Elementen in evangelischen Sonntagsgottesdiensten rücken den Austausch des Friedenszeichens deutlich ins Licht des Friedens Gottes. Im Kontext des Gottesdienstes geht es beim Friedensgruß nicht in erster Linie darum, menschliche Friedfertigkeit aufzubieten und zu demonstrieren, sondern sich gemeinsam dem Frieden Gottes anzuvertrauen. Indem die Gottesdienstteilnehmenden einander das Friedenzeichen entbieten, finden sie sich in einer anderen »Story«[5] wieder, der Story des Friedens Gottes mit den Menschen, die mitten im Frieden und Unfrieden sozialer Abläufe einsetzt und wirksam wird.

2. Die theologische Dimension des Friedensgrußes

In seinem Vollzug konstituiert der Friedensgruß eine eschatologische, die sozialen Zusammenhänge unterbrechende Friedenswirklichkeit, die mit der Hoffnung verbunden ist, dass sie über den Gottesdienst hinaus in den Alltag hineinwirkt. Durch den Friedensgruß wird der Frieden Gottes angesagt, inszeniert und in ein Verhältnis zum Frieden bzw. Unfrieden unter den Menschen gesetzt. Der Friedensgruß ist – wie alle Wegstationen des Gottesdienstes[6] – mit der Erwartung versehen, dass sich in ihm Gottes Wirklichkeit und die Wirklichkeit der Menschen begegnen. Sofern im Vollzug des Friedensgrußes Gottes Frieden zur Geltung kommt – ein dem Glauben nach vom Geist Gottes gewirkter Vorgang, der sich liturgisch anbahnen, aber nicht herbeiführen lässt –, berührt die Wirklichkeit des Friedens Gottes die soziale Wirklichkeit der Akteure. Der Friedensgruß wird dann zu einer zugleich sozialen und präsentisch-eschatologischen Praxis: ein Einbruch des Friedens Gottes in die soziale Wirklichkeit. Mit ihm stimmen Menschen in das Friedenshandeln Gottes ein.

Bereits der Wortlaut des Friedensgrußes (»Der Friede des Herrn sei mit euch allen.«) verdeutlicht, dass das Friedenszeichen (»Gebt einander ein Zeichen des Friedens.«) eine Interaktion im Zeichen des Friedens Gottes und nicht allein

---

[5] Vgl. zum Story-Konzept in der Theologie Ritschl 1984.
[6] Vgl. Nicol 2011.

Ausdruck menschlicher Friedfertigkeit ist. Auch im folgenden Agnus Dei (»Christe, du Lamm Gottes [...] gib uns deinen Frieden.«) bittet die Gemeinde um Gottes Frieden. Die Sendungsformel (»Geht hin im Frieden des Herrn.«) entlässt die Abendmahlsgemeinde in ein von ihrem Herrn gestiftetes Friedensethos. Auch der Schlusssegen (»Der Herr segne und behüte dich [...] und gebe dir Frieden.«) appelliert nicht an die Friedlichkeit der Gemeinde, sondern setzt den Frieden Gottes mitten hinein in die menschliche Wirklichkeit. Hier wird er sozial wirksam, wie es liturgisch auch im »Gloria« im Anrufungsteil des Gottesdienstes (»Ehre sei Gott in der Höhe und auf Erden Fried', den Menschen ein Wohlgefallen.«) zum Ausdruck kommt.

Die Friedenspraxis des Gottesdienstes sagt an und bezeugt, dass Gott mit seinem Frieden in das Leben von Menschen kommt – im Gottesdienst ebenso wie im Alltag. Sie lässt Menschen den Frieden Gottes erfahren, der darauf zielt, in ihrem Leben weiterzugehen. Der Frieden Gottes verbindet sich durch die Liturgie mit der Erfahrungswirklichkeit der Feiernden und bahnt neue Erfahrungen dieses Friedens in ihrem Leben an. So konstituiert der Gottesdienst ein Friedensethos, das sich »über den Gottesdienst im engeren Sinne hinaus in den weiteren sozialen Praktiken des Glaubens [verkörpert]«.[7] Der Gottesdienst bleibt aber der primäre Entdeckungszusammenhang jener vom Geist Gottes initiierten Wirklichkeit, die sich mit der Wirklichkeit der Menschen verbindet und sich in ihre eigenen Lebensstorys hinein fortsetzt.[8]

Die liturgische Friedenspraxis etabliert also keine sakrale Friedenssphäre neben einem profanen Bereich von Friedlosigkeit. Vielmehr bringt sie die Erfahrungen, die Menschen in die Liturgie mitbringen, mit dem Friedenshandeln Gottes in Verbindung und konstituiert eine spannungsvolle Wirklichkeit – im Gottesdienst und darüber hinaus. Indem sie den Friedensgruß vollziehen, treten die Gottesdienstteilnehmenden ausdrücklich unter die Verheißung der Ankunft des Friedens aus der Höhe. Sie begeben sich im Vollzug der Liturgie mit all dem, was ihre Lebenswelt an Frieden und Unfrieden ausmacht, in eine neue Story hinein: die Story des Friedens Gottes. Diese ist aber dadurch gekennzeichnet, dass diejenigen, die sich in diesem Ethos aufhalten, den Frieden nicht hervorbringen müssen, sondern sich in ihn hineinbegeben und in ihm aufhalten können: in der Praxis des Gottesdienstes und in der alltäglichen sozialen Praxis.[9] Der »Friede Gottes, der höher ist als alle Vernunft« geht der Befriedung der Welt voraus, aber er bringt sich durch das liturgische Friedenshandeln hindurch schon jetzt im Leben der Teilnehmerinnen und Teilnehmer am Gottesdienst zur Geltung.[10] Dies jedenfalls ist eine theologische, d. h. auf Gottes Handeln gerichtete

---

[7] Hofheinz 2017, S. 249–272, hier: S. 263.
[8] Ritschl 1984, S. 130 f.
[9] Vgl. zu diesem Zusammenhang Rat der EKD 2007, Ziffer 39.
[10] Vgl. Joest 1990, S. 149.

Erwartung an den Friedensgruß im Gottesdienst. Der Zusammenhang von Gottesdienst und Frieden lässt sich demnach nicht herstellen, sondern wird passiv konstituiert – und die Aufgabe der Liturgie ist es, diese passive Konstitution zum Ausdruck zu bringen. Wenn dies gelingt, erfahren sich Menschen im Medium des Gottesdienstes als Teil der Story von Gottes Frieden, die darauf aus ist, in ihrem Leben weiterzugehen als Erkundung einer von Gottes Friedensethos bestimmten Wirklichkeit.

In ihrer Bedeutungsoffenheit für lebensweltliche Sinnressourcen zielt die liturgische Kommunikation des Friedens darauf, die alltäglichen sozialen Dynamiken von Inklusion und Exklusion, die Emotionen von Antipathie und Sympathie sowie die Handlungsschemata von Freundschaft und Feindschaft zu unterbrechen und für die Akteure performativ eine neue Wirklichkeit präsent zu machen. Folgt das Ritual dieser Logik, gewinnt das *verbum externum* vom Frieden auf Erden im Friedensgruß liturgische Gestalt.[11] Diesen Frieden stellen Menschen nicht durch Worte und Gesten her, sondern sie begeben sich durch ihr liturgisches Handeln in ihn hinein. Das macht den Friedensgruß zu einer gleichermaßen verheißungsvollen wie heiklen liturgischen Gestaltungsaufgabe.

3. Konsequenzen für die liturgische Gestaltung

Die liturgische Gestaltung des Friedensgrußes steht vor der Aufgabe, verbal und nonverbal zum Ausdruck zu bringen, dass menschliches Friedenshandeln nicht den Frieden Gottes ersetzt, sondern ihn bezeugt.[12] Um Verhaltensunsicherheiten und unklaren Symboliken in der Gottesdienstpraxis entgegenzuwirken, ohne die Spontaneität im Vollzug des Rituals zu sehr einzuschränken, wäre es sinnvoll, sich in der Gemeinde über eine angemessene liturgische Gestalt des Friedenszeichens zu verständigen. Dies könnte z.B. im Rahmen des Kirchenvorstands bzw. Presbyteriums, von Gottesdienstnachbesprechungen oder von thematisch orientierten Gemeindeversammlungen geschehen. Folgende Gestaltungsaspekte können dabei eine Rolle spielen:

Aus dem Friedensgruß sollte kein moralistischer Kraftakt werden, in dessen Verlauf die Gemeinde inklusive Liturgin alles daransetzt, möglichst jedem und jeder in gleicher Intensität ein Zeichen des Friedens zu geben. Symbolisch unangemessen wäre es auch, wenn das Friedenzeichen nur innerhalb von bestimmten Gruppen ausgetauscht würde und allein Sitzende unfreiwillig ausgeschlossen blieben. Nicht weniger fragwürdig wäre es, wenn sich einige Gottesdienstteilnehmerinnen und -teilnehmer beim Friedenszeichen umarmen und

---

[11] Vgl. hierzu die konzeptionellen Überlegungen zur liturgischen Inszenierung des *verbum externum* in: Deeg 2012.

[12] Vgl. Volp 1994, S. 936 f.

anderen lediglich die Hand geben. Während der Händedruck als Friedenszeichen für den Verzicht auf Gewalt und das Einstimmen in ein Friedensbündnis stehen kann, bringt die Umarmung eine intensivere, in der persönlichen Biografie verwurzelte Verbundenheit zum Ausdruck. Sie wirkt gegenüber dem sozial weithin akzeptierten Händedruck sozial exklusiv.[13] Zu diskutieren wäre daher, ob nicht zugunsten liturgischer Eindeutigkeit auf Umarmungen verzichtet und stattdessen ein Händedruck den verbalen Austausch non-verbal unterstützt.

Die Liturgin bzw. der Liturg könnte dann nicht nur unbestimmt dazu auffordern, einander »ein Zeichen des Friedens« zu geben. Stattdessen könnte die Formel lauten: »Gebt einander *die Hand* als Zeichen des Friedens.« Allerdings wäre der Austausch des Friedenszeichens auch dann nicht davor geschützt, lediglich als reziproke Versicherung, einander friedlich zu begegnen, verstanden zu werden. Die Friedensgeste könnte daher nicht nur von den Worten »Friede sei mit dir!«, sondern von »Der Friede des Herrn sei mit dir! / Gottes Friede sei mit dir!« begleitet werden. Dies wäre theologisch wünschenswert, da der Friedensgruß auf diese Weise als Zuspruch des Segens Gottes bzw. als Segenswunsch artikuliert würde, dessen Wechselseitigkeit die Akteure in die Story des Gottesfriedens stellt, in der auch der Bund des Friedens unter den Menschen ermöglicht und per Händedruck besiegelt wird. Ob eine derart theologisch hochgestochene Formel aber zu einer möglichst von allen akzeptierten Gottesdienstpraxis werden kann, müsste in der Gemeinde diskutiert werden. Viele Gemeindeglieder ziehen es vor, einander bloß »Friede!« zu wünschen oder stumm die Hand zu schütteln. Dies könnte im Kontext der Abendmahlsliturgie theologisch vor allem dadurch gestützt werden, dass die Liturgin bzw. der Liturg als Entlassungsformel vom Tisch des Herrn im Anschluss an Eph 4,1–3 folgende Worte verwendet: »Haltet fest das Band des Friedens, das Gott gestiftet hat.« Dadurch würde symbolisiert, dass die Verbundenheit unter den Gemeindegliedern nicht durch eine ihre realen Differenzen überspielende friedfertige Gesinnung, sondern im gemeinsamen Ergreifen eines externen Friedens gefunden wird, der Differenzen bestehen lässt. Auch hier würde sich der Händedruck als Zeichen anbieten, das einem Festhalten am Band des Friedens symbolisch Ausdruck verleiht.

Insgesamt sollte bei dem Versuch, liturgischer Beliebigkeit entgegenzuwirken, die Bedeutungsoffenheit des Friedensgrußes nicht zu sehr eingeschränkt und die friedensbezogenen Elemente der Liturgie in ihrem Gehalt und ihrer Rhetorik nicht zu sehr vereindeutigt werden. Bei der Gestaltung der Liturgie ist darauf zu achten, die Vielfalt der Schnittstellen zu erhalten, an denen die Wirklichkeit des Friedens Gottes durch die Liturgie hindurch die Lebenswelt der Menschen tangieren kann. Ziel ist es, eine sozial achtsame, lebensweltbezogene und liturgisch deutliche Gottesdienstpraxis zu finden, die dem Symbolgehalt des

---

[13] Vgl. a. a. O., S. 1212.

Friedenszeichens, den bestehenden liturgischen Traditionen, den Erfahrungen der Feiernden und den individuellen Bedürfnissen von Nähe und Distanz gleichermaßen gerecht wird, und die zu einer Balance zwischen Spontaneität und Verhaltenssicherheit verhilft.

Literaturverzeichnis

Deeg, Alexander (2012): Das äußere Wort und seine liturgische Gestalt: Überlegungen zu einer evangelischen Fundamentalliturgik, Göttingen.

Friedensgutachten 2018: Bonn International Center for Conversion BICC / Leibniz-Institut Hessische Stiftung Friedens- und Konfliktforschung HSFK / Institut für Friedensforschung und Sicherheitspolitik an der Uni Hamburg IFSH / Institut für Entwicklung u. Frieden INEF (Hg.): Friedensgutachten 2018, Münster / Berlin 2018.

Geertz, Clifford (1994): Dichte Beschreibung. Beiträge zum Verstehen kultureller Systeme, Frankfurt am Main.

Hofheinz, Marco (2013): Wie kommt die Ethik in die politische Predigt? Theologisch-ethische Erwägungen zu einer homiletischen Grundfrage, in: K. Kusmierz / D. Plüss (Hg.): Politischer Gottesdienst?!, Praktische Theologie im reformierten Kontext 8, Zürich, S. 135–152.

Hofheinz, Marco (2017): Bleibend Wichtiges und jetzt Dringliches. Kursorische friedensethische Thesen zur aktuellen Lage in kartografischer Absicht. Ein Vermessungsversuch im Feld der christlich-theologischen Friedensethik, in: G. den Hertog / S. Heuser / M. Hofheinz / B. Wannenwetsch (Hg.): »Sagen, was Sache ist«. Versuche explorativer Ethik, Leipzig, S. 249–272.

Jetter, Werner (1986): Symbol und Ritual: Anthropologische Elemente im Gottesdienst, Göttingen.

Joest, Wilfried (1990): Der Friede Gottes und der Friede auf Erden. Zur theologischen Grundlegung der Friedensethik, Neukirchen-Vluyn.

Nicol, Martin (2011): Weg im Geheimnis. Plädoyer für den Evangelischen Gottesdienst, Göttingen.

Ritschl, Dietrich (1984): Zur Logik der Theologie. Kurze Darstellung der Zusammenhänge theologischer Grundgedanken, München.

Rat der EKD (Hg.) (2007): Aus Gottes Frieden leben – für gerechten Frieden sorgen. Eine Denkschrift des Rates der EKD, Gütersloh.

Volp, Rainer (1994): Liturgik. Die Kunst, Gott zu feiern, Bd. 2: Theorien und Gestaltung, Gütersloh.

Werkner, Ines-Jacqueline / Ebeling, Klaus (Hg.) (2017): Handbuch Friedensethik, Wiesbaden.

Vergebung

Christine Schliesser

Zusammenfassung:
Was heißt Vergebung heute? In vier Schritten möchte dieser Beitrag mögliche Antworten auf die Spur kommen. Erstens, wer von Vergebung spricht, kommt um Sünde und Schuld nicht herum. Es muss also zunächst um das gehen, worauf sich die Vergebung bezieht. Dabei wird sich, zweitens, Vergebung als Befreiung zum Leben erweisen. Hier treten insbesondere die praktischen Hilfestellungen durch die Beichte in den Blick, für die Dietrich Bonhoeffer leidenschaftlich wirbt. In einem dritten Schritt geht es um den Zuspruch wie um den Anspruch der Vergebung, wie er zugespitzt in der fünften Vaterunserbitte zum Ausdruck kommt. In einem vierten und letzten Schritt wird mit Hilfe eines aktuellen Beispiels der Versuch unternommen, der lebensspendenden Kraft von Vergebung und Versöhnung im Kontext des post-genozidalen Ruandas nachzuspüren.

Einleitung

»Wir dürfen nicht Sünder sein. Unausdenkbar das Entsetzen vieler Christen, wenn auf einmal ein wirklicher Sünder unter die Frommen geraten wäre. Darum bleiben wir mit unserer Sünde allein, in der Lüge und der Heuchelei; denn wir sind nun einmal Sünder.«[1] Die Beobachtungen, die Dietrich Bonhoeffer hier beschreibt, scheinen nur wenig von dem Bekenntnis zu reflektieren, das zu den Grundlagen der weltweiten Christenheit gehört: »Ich glaube die Vergebung der Sünden.« Stattdessen verdeutlicht Bonhoeffers schonungslose Bestandsaufnahme die Schwierigkeiten, die mit dem Bekenntnis der Vergebung der Sünden verbunden sind. Was aber bedeutet dieses Bekenntnis konkret? Was heißt Vergebung heute, nicht zuletzt im Kontext von Frieden und Versöhnung? Vier Schritte sollen dazu dienen, mögliche Antworten auf diese Fragen auf die Spur zu kommen.

---

[1] Bonhoeffer 1987, S. 93.

1. »… denn wir sind nun einmal Sünder«[2] oder: Warum Vergebung?

»So gewiss […] die Identifikation Gottes mit dem Gekreuzigten nach dem Zeugnis des Neuen Testamentes geschah, um *unsere Sünde* zu tilgen, so gewiss also Christus *für uns* gestorben ist, so gewiss lässt sich […] erst aufgrund der Rechtfertigung des Sünders bestimmen, was Sünde ist«.[3] Erst aus der Perspektive der Vergebung erschließt sich, was als Sünde zu verstehen ist. Anders als unsere Alltagssprache, die Sünde etwa als »Modesünde« oder »Bausünde« kennt, weist der neutestamentliche Sprachgebrauch Sünde als Zielverfehlung aus, d.h. als verfehltes Leben. Dies zeigt sich in einer verweigerten Liebesbeziehung, der Zurückweisung der Liebe Gottes durch den Menschen. Diese Verweigerung, die nach Luther im Unglauben wurzelt, manifestiert sich als Lieblosigkeit nicht nur gegenüber Gott, sondern ebenso gegenüber unseren Mitmenschen, uns selbst und unserer Umwelt.

Wie aber stehen Sünde und Schuld zueinander? Während Sünde als theologischer Begriff die Ursache der gestörten Beziehung zwischen Gott und Mensch beschreibt, zeigt sich Schuld aus theologischer Perspektive als Konsequenz von Sünde und belastet sowohl die Beziehung zwischen Gott und Mensch als auch zwischenmenschliche Beziehungen. Um das Phänomen der Schuld philosophisch präziser zu erfassen, unterscheidet Karl Jaspers zwischen vier verschiedenen Dimensionen, die auch im Blick auf Vergebung fruchtbar gemacht werden können.[4] Neben die *kriminelle* Schuld in Gestalt von Verstößen gegen geltende Gesetze stellt Jaspers die *moralische* Schuld als eine Missachtung individueller Verantwortung; moralische Schuld liegt auch dann vor, wenn gegen kein konkretes Gesetz verstoßen wurde. Als *politische* Schuld versteht Jaspers die Schuld von Politikerinnen und Politikern im Rahmen von politischen Entscheidungen, an der auch die Bürgerinnen und Bürger eine (abgestufte) Mitverantwortung tragen. Die *metaphysische* Schuld schließlich weist auf die Mitverantwortung einer jeden und eines jeden an den Ungerechtigkeiten dieser Welt. In theologischer Perspektive sind Jaspers Differenzierungen nicht zuletzt auch deswegen hilfreich, weil mit ihnen auch jene Schuldverstrickungen in den Blick genommen werden können, die jenseits der individuellen Tat liegen. So können Sünde und Schuld auch in Strukturen und Institutionen verortet werden, auf die der einzelne Mensch zwar oftmals wenig Einfluss hat, aber an denen er trotzdem teilhat. Vor diesem Hintergrund können auch ganze Gesellschaftsstrukturen wie beispielsweise das südafrikanische Apartheidsystem als »sündhaft« und als »Häresie« verstanden werden, wie es der Reformierte Weltbund 1982 formulierte.

---

[2] Ebd.
[3] Jüngel 1977, S. 303, Anm. 73.
[4] Jaspers 1973.

2. Vergebung konkret: die Beichte als »Angebot göttlicher Hilfe«[5]

Wenn Sünde als verfehltes Leben verstanden wird, dann ist Vergebung die Befreiung zum Leben. Diese Befreiung aus der Selbstverkrümmung kann nur von außen erfolgen. In seiner bekannten Darstellung des Motivs vom Verlorenen Sohn (Lk 15,11–32) hat Rembrandt Gottes rechtfertigendes Entgegenkommen eindrücklich illustriert. Die Freude über die Vergebung Gottes trübte sich jedoch, als im Laufe der Zeit Vergebung vor allem im Kontext einer gesetzlichen Bußpraxis verstanden wurde. Bis heute ist die Beichte, die doch die lebensspendende Kraft eines Neuanfangs beinhaltet, meist negativ konnotiert.

»Der Katholik hat die Beichte. Ich habe bloß meinen Hund«, so formulierte es einmal Max Frisch. Dabei geht schnell vergessen, dass die Beichte auch im evangelischen Kontext beheimatet ist. Martin Luther etwa schätzte sie ungemein. Im 20. Jahrhundert war es vor allem Dietrich Bonhoeffer, der sich leidenschaftlich für die Wiedergewinnung einer lebendigen, evangelischen Beichtpraxis einsetzte. In der geschwisterlichen Beichte geschieht für Bonhoeffer der »Durchbruch zur Gemeinschaft«.[6] Die Sünde versucht den Menschen zu isolieren, ihn der Gemeinschaft zu entziehen. So bleibt letztlich jeder mit seiner Sünde allein, entfremdet von sich und den anderen. Diesen Teufelskreis zu durchbrechen und wieder zur Gemeinschaft zurückzufinden, dazu dient die Beichte. Die Beichte ist darüber hinaus »Durchbruch zum Kreuz«.[7] Die Wurzel aller Sünde sieht Bonhoeffer im Hochmut, der *superbia*. In der im wahrsten Sinne des Wortes peinlichen Erfahrung der Beichte, dem schmachvollen Sterben des alten Menschen, wird der Mensch in die Gemeinschaft des Kreuzes Christi geführt, um dann auch Anteil an der Auferstehung Christi zu nehmen. Darin geschieht der »Durchbruch zum neuen Leben«.[8] In der Beichte lässt der Christ seine Sünden hinter sich; das Geschenk eines Neuanfangs wird möglich. Indem die Schwester oder der Bruder die Vergebung zuspricht, geschieht der »Durchbruch zur Gewissheit«,[9] die jeden Selbstzweifel zerreißt.

Die Beichte, das »Sakrament der Versöhnung«, stellt sich damit nicht als lästige Pflicht oder gar gesetzlicher Zwang dar, sondern sie ist ein »Angebot göttlicher Hilfe«.[10] Scheitern und Schuld gehören zu den Alltagserfahrungen eines jeden Menschen. Der Wunsch nach einem konstruktiven Umgang damit ist groß, wie nicht zuletzt die Vielfalt an psychotherapeutischen und psychologi-

---

[5] Bonhoeffer 1987, S. 98.
[6] A. a. O., S. 94.
[7] A. a. O., S. 95.
[8] A. a. O., S. 95 f.
[9] A. a. O., S. 97.
[10] A. a. O., S. 98.

schen Beratungsangeboten zeigt. Beichte und Vergebung nehmen den Menschen darüber hinaus auch in seinen spirituellen Tiefendimensionen ernst. Ihnen wohnt das ungeheure Potenzial eines echten Neuanfangs nach Erfahrungen von Schuld und Scheitern inne. Dieses Angebot wartet nur darauf, auch in der spirituellen und kirchlichen Alltagspraxis wieder mehr Raum zu erhalten.

3. »Wie? Auch wir vergeben unseren Schuldigern?«[11]

Ging es bisher um den Zuspruch der Vergebung, soll nun der Anspruch in den Fokus rücken. Pointiert wird beides in der fünften Vaterunserbitte zum Ausdruck gebracht: »Und vergib uns unsere Schuld, wie auch wir vergeben unsern Schuldigern«. Angesichts des allgegenwärtigen menschlichen schuldhaften Versagens und dessen katastrophaler Konsequenzen erscheint die Skepsis, die in der Frage oben anklingt, berechtigt. Im Blick auf die Gräueltaten der NS-Schergen schreibt Vladimir Jankélévitch: »Die Verzeihung [ist] in den Todeslagern gestorben.«[12] Hier wird deutlich: Vergebung kann nie eingefordert werden, schon gar nicht von den Tätern. Und: Vergebung ist kein Automatismus. Sie stellt sich nicht zwangsläufig von selbst ein. Stattdessen ist Vergebung, so Hannah Arendt, ein Wunder, das Wunder eines Neuanfangs, einer Geburt vergleichbar. Täter und Opfer werden frei von dem, was sie an die belastete und belastende Vergangenheit – und aneinander – fesselt. Ist Vergebung damit also das Außergewöhnliche, ein Wunder, oder ist Vergebung der Normalfall christlichen Lebens, wie er im Vaterunser regelmäßig vor Augen geführt wird? Die Spannung, die hier zutage tritt, lässt sich nicht vorschnell auflösen. Vielmehr zeigt sich hier der Einbruch des Letzten in das Vorletzte. Dabei sollen im Folgenden noch drei Aspekte herausgegriffen werden.

Zunächst, Vergebung außerhalb der Kirchenmauern. »No future without forgiveness!«[13] So rief es der südafrikanische Erzbischof Desmond Tutu seinen Landsleuten zu, die über Generationen hinweg brutale Unterdrückung erfahren hatten. Während Martin Luther in der Vergebung noch »Wahrzeichen« der göttlichen Vergebung in der Welt sah, die auf das geistliche Regiment Gottes und den Raum der Kirche beschränkt seien, lässt sich Vergebung nicht innerhalb der Kirchenmauern halten. Sie wird zur erfahrbaren Realität auch in Gesellschaft und Politik. Ein transformatives Gerechtigkeitsverständnis, das die zerstörte Beziehung zwischen Täter und Opfer und zwischen Täter und Gesellschaft in den Blick nimmt, bietet wertvolle Ergänzungen zum retributiven Gerechtigkeitsverständ-

---

[11] Ebach / Frettlöh / Gutmann / Weinrich 2004.
[12] Jankélévitch 2003, S. 271.
[13] Tutu 1999.

nis, auf dem unser westliches Strafsystem beruht. Beispiele wie der Täter-Opfer-Ausgleich weisen auf einen solchen Raum für Versöhnung und Vergebung.

Zweitens, die Topographie der Vergebung. »Es gab einmal zwei Jungen, Tom und Bernard. Tom wohnte direkt gegenüber von Bernard. Eines Tages stahl Tom Bernards Fahrrad und von nun an sah Bernard Tom jeden Tag mit seinem Fahrrad zur Schule fahren. Nach einem Jahr kam Tom auf Bernard zu, streckte ihm die Hand entgegen und sagte: ›Komm, wir versöhnen uns miteinander und lassen die Vergangenheit hinter uns.‹ Bernard schaute auf Toms Hand. ›Und was ist mit dem Fahrrad?‹ ›Nein‹, antwortete Tom, ›ich rede nicht über das Fahrrad. Ich rede über Versöhnung.‹«[14] Mxolisi Mpanbanis Allegorie macht deutlich, dass Vergebung kein ausschließlich spirituelles Phänomen ist. Sie hat konkrete Konsequenzen – oder mit Luther gesprochen: Früchte. Dabei verweisen Vergebung und Versöhnung auf umfassende Transformationsprozesse, nicht nur auf individueller, sondern auch auf überindividueller und struktureller Ebene.

Schließlich, vergeben heißt nicht vergessen. Ganz im Gegenteil, Vergebung setzt die Erinnerung an vergangenes Unrecht voraus. Zugleich ist Erinnerung nicht nur auf die Vergangenheit gerichtet. Sondern was erinnert wird – und was nicht – und wie erinnert wird, hat Einfluss auf die Gestaltung von Gegenwart und Zukunft. Auch ist Erinnerung nicht einfach neutral. Ziel muss ein Gedächtnis sein, das den Opfern Gerechtigkeit zukommen lässt – gegebenenfalls auch gegen offizielle Erinnerungsdiskurse. Doch schafft Erinnerung als die schlichte Vergegenwärtigung des Vergangenen noch keine Befreiung von der Vergangenheit. Ein echter Neuanfang beruht auf Vergebung.

4. Vergebung nach einem Völkermord?

Abschließend soll nun versucht werden, das bisher Gesagte in einen konkreten Kontext einzuzeichnen. Als Beispiel dient das post-genozidale Ruanda.[15] In dem kleinen ostafrikanischen Land tobte von 1990 an ein Bürgerkrieg, der 1994 in einem Völkermord gipfelte. Nahezu eine Million Kinder, Frauen und Männer wurden ermordet – während die Weltgemeinschaft schwieg. Die meisten Opfer gehörten der Volksgruppe der Tutsi an, die meisten Täter waren Hutu, aber auch zahllose moderate Hutu, die sich der entfesselten Gewalt nicht anschlossen, kamen zu Tode. Der schnellste Völkermord der jüngeren Geschichte stach nicht nur durch seine Kürze, Intensität und Verhinderbarkeit heraus, sondern auch durch seine Grausamkeit. Viele Opfer wurden mit Macheten zerstückelt und in Latrinen geworfen. Auch 25 Jahre nach Ende der Gewalt ist das Land auf der Suche nach echter Versöhnung und dauerhaftem Frieden. Die Regierung hat eine

---

[14] Zitiert in: Krog 1999 (Übersetzung CS).
[15] Schliesser 2016, S. 117–130.

»Nationale Politik der Versöhnung« ausgerufen und führt Versöhnungsinitiativen auf allen gesellschaftlichen Ebenen durch. Während die Regierung in den letzten Jahren wirtschaftliche Erfolge feiern konnte, ebbt die Kritik an ihren andauernden Menschenrechtsverletzungen nicht ab.

Mit über 90% gehört der größte Teil der Bevölkerung dem Christentum an. Christliche Kirchen sind somit ganz entscheidende Akteure in der ruandischen Zivilgesellschaft. Mit ihren »bottom-up« Initiativen ergänzen sie die »top-down« Versöhnungsstrategie der Regierung. Eine bemerkenswerte Initiative habe ich in Remera kennengelernt, einem kleinen Bergdorf im Westen Ruandas. Der dortige presbyterianische Pfarrer hat die »Lights« gegründet, benannt nach Matthäus 5,14. Diese Gruppe hat es sich zur Aufgabe gemacht, Beziehungen zwischen Tätern und Überlebenden aufzubauen. Gelingt dies, werden beide in direkten Kontakt miteinander gebracht und eingeladen, die regelmäßigen Treffen der »Lights« zu besuchen. Dort werden biblische Themen wie Versöhnung, Vergebung, Gnade und Neuanfang diskutiert, verbunden mit Einsichten etwa aus der Traumatherapie oder Mediation. Unterstützt wird diese Versöhnungsinitiative durch verschiedene Entwicklungsprojekte. Nicht Vergessen ist das Ziel – die Gedenkstätte mit den Gräbern der Ermordeten liegt dem Treffpunkt der »Lights« gegenüber. Ziel ist ein Ermöglichungsraum für Vergebung.

Ist Vergebung nach einem Völkermord tatsächlich möglich? Begegnet uns in Remera das »Wunder«, von dem Hannah Arendt spricht? Oder ist es doch eher eine »Vernarbung der Schuld«, wie sie Dietrich Bonhoeffer beschreibt? Wer vermag dies zu beurteilen? Das letzte Wort soll hier Christophe Mbonyingabo haben, Genozidüberlebender und Gründer von CARSA, einer christlichen Versöhnungsinitiative: »Wenn Vergebung und Versöhnung in Ruanda möglich sind, dann sind sie überall möglich.«

Literaturverzeichnis

Bonhoeffer, Dietrich (1987): Gemeinsames Leben. Das Gebetbuch der Bibel, hg. v. Gerhard L. Müller / Albrecht Schönherr, München.
Ebach, Jürgen / Frettlöh, Magdalene L. / Gutmann, Hans M. / Weinrich, Michael (Hg.) (2004): »Wie? Auch wir vergeben unsern Schuldigern?« Mit Schuld leben, Gütersloh.
Jankélévitch, Vladimir (2003): Verzeihen?, in: Ders.: Das Verzeihen. Essays zur Moral und Kulturphilosophie, Frankfurt am Main, S. 243-283.
Jaspers, Karl (1973): Philosophie, Existenzerhellung, Band 2, Berlin.
Jüngel, Eberhard (1977): Gott als Geheimnis der Welt. Zur Begründung der Theologie des Gekreuzigten im Streit zwischen Theismus und Atheismus, Tübingen.
Krog, Antjie (1999): Country of my scull, London.

Schliesser, Christine (2016): Die Pflicht zur Erinnerung als Pflicht zur Gerechtigkeit (Paul Ricœur). Erinnerung und Versöhnung im Blick auf das post-genozidale Ruanda, ZEE 60, S. 117–130.
Tutu, Desmond (1999): No future without forgiveness, New York.

Mahlgemeinschaft

Matthias Zeindler

Zusammenfassung:
Das Abendmahl bzw. die Eucharistie hat Konfessionen immer wieder getrennt und tut es bis heute – ist das Mahl am Tisch des Herrn geeignet als Zeichen des Friedens? Gegen alle Trennungen bleibt es ein starkes Zeichen für Gottes Frieden mit der Welt: Jesus feierte mit Jüngern, die ihn verrieten oder im Stich ließen, mit Sündern also. Die göttliche Zuwendung gegen alle zentrifugalen, zerstörerischen Kräfte der Menschen ist für den christlichen Glauben der Ursprung allen Friedens. Im Herrenmahl feiert die christliche Gemeinde diese Gewissheit als Grund ihrer eigenen Gemeinschaft. Das Herrenmahl bezeugt die universale Herrschaft des auferstandenen Christus, und für sein Mahl muss deshalb gelten, dass alle dazu eingeladen sind. In der Mahlfeier der Kirche soll aber immer auch zum Ausdruck kommen, dass der Friede Jesu Christi sich nicht trennen lässt von einer gerechten Verteilung der Güter.

1. Abendmahl/Eucharistie: Zeichen des Friedens?

Das Abendmahl als Zeichen des Friedens? Eher das Gegenteil scheint der Fall zu sein. In der Reformation galt die römische Messe als »schriftwidrig, eine Lästerung des allerheiligsten Opfers, des Leidens und Sterbens Christi«[1] und ihre Abschaffung deshalb als zentrales Reformanliegen. Aber auch unter den Reformatoren führten unterschiedliche Verständnisse des Abendmahls zu tiefen Verwerfungen. Im Marburger Religionsgespräch von 1529 vermochten sich Luther und Zwingli nicht auf eine Deutung der Gegenwart Christi in Brot und Wein zu einigen, so dass fortan Lutheraner und Reformierte getrennt blieben. Ihre Differenzen wurden erst 1973 in der Leuenberger Konkordie beigelegt.

Können seit Leuenberg praktisch alle reformatorischen Kirchen am Tisch des Herrn zusammenkommen, gilt dies nach wie vor nicht für evangelische und römisch-katholische Christen. Trotz intensiver ökumenischer Gespräche ab den

---

[1] 6. Disputationsthese (1528), in: Sallmann / Zeindler 2013, S. 40.

1970er Jahren[2] sind die Kirchen von der gemeinsamen Teilnahme am Mahl, der sogenannte Interkommunion, weit entfernt. Die Differenzen zwischen protestantischen Kirchen und der katholischen betreffen vor allem den Zusammenhang zwischen kirchlicher Einheit und Gemeinschaft in Abendmahl oder Eucharistie. Die Trennung reicht so tief, dass selbst konfessionsverschiedenen Ehepaaren der gemeinsame Gang zur Eucharistie verwehrt ist. Der im Jahr 2018 offen ausgetragene Zwist in der Deutschen Bischofskonferenz über diese Thematik ist noch in lebendiger Erinnerung.

Wo es um die gemeinsame Feier des Sakraments der Gemeinschaft geht, tut sich zwischen den Kirchen ein tiefer Graben auf, und dies so sehr, dass es nicht zulässig ist, hier von »versöhnter Verschiedenheit« zu sprechen. Darum nochmals die Frage: Ist die Mahlfeier geeignet dafür, als Zeichen für den Frieden zu gelten?

2. Das Herrenmahl als Feier Christi mit den Verlorenen

Die Antwort muss lauten: Ja, das Herrenmahl ist das wohl stärkste Zeichen des Friedens in der Kirche. Dabei ist die Terminologie wichtig: Spricht man statt von der »Eucharistie« oder vom »Abendmahl« vom »Herrenmahl«, stellt man in den Vordergrund, wer es ist, der zum Tisch einlädt. Es ist nicht die Kirche, es ist auch nicht die vor Ort feiernde Gemeinde, sondern es ist der Herr der Kirche, Jesus Christus. Gastgeber war Jesus nicht nur damals, beim letzten Abendmahl mit seinen Jüngern, Gastgeber ist er in jeder Gegenwart neu als der anwesende Auferstandene.

Mit wem hat Jesus damals das Mahl gefeiert? Er hat es gefeiert mit Judas, der ihn später verriet. Mit Petrus, der ihn vor dem Hahnenschrei dreimal verleugnen sollte. Mit jenen Jüngern, die im Garten Gethsemane nicht in der Lage waren, in seiner Verzweiflung bei ihm zu wachen. Mit diesen kläglichen Versagern feiert er das Mahl – trotz ihres Versagens. Dies ist die Grundbedeutung des Herrenmahls: Jesus hält Gemeinschaft mit sündigen Menschen. Wo sie die Gemeinschaft mit ihm aufkündigen, bleibt er bei ihnen. Dies ist auch der Kerngehalt des Evangeliums: Gottes Zuwendung ist stärker als menschliche Abwendung, »wo die Sünde grösser wurde, da strömte die Gnade umso reichlicher« (Röm 5,20). Die göttliche Zuwendung gegen alle zentrifugalen, zerstörerischen Kräfte der Menschen ist für den christlichen Glauben der Ursprung allen Friedens. Und dieser Kern des Evangeliums ist es, der im Herrenmahl abgebildet, mit sinnlichen Zeichen gefeiert und erfahrbar gemacht wird.[3] Genau deshalb ist es ein Fest des Friedens,

---

[2] Vgl. Lessing 1993, S. 41–90.
[3] Zum Herrenmahl als Ort der Erfahrung Gottes vgl. Zeindler 2001, S. 232–246.

und es bleibt dies selbst dann, wenn es für die Menschen zum Anlass neuerlicher Trennungen wird.

3. Dimensionen von Gottes Frieden

a) An den Einsetzungsworten des Herrenmahls lassen sich die Dimensionen von Gottes Frieden mit den Menschen buchstabieren.[4] Berichtet wird zunächst, dass Jesus das Brot nahm und *den Lobpreis sprach:* Die tägliche Speise wird Gott verdankt, er wird gelobt für seine Fürsorge und als Geber des Lebens. Jesus macht damit sichtbar, friedliche Existenz beginnt damit, dass man das Leben nicht eigenmächtig ergreift und an sich reißt, sondern eingedenk bleibt dessen, dass Leben geschöpflich und damit Geschenk ist.

b) Danach *gab Jesus das Brot* »den Jüngern und sprach: Nehmt, esst«. Desgleichen nahm er »den Kelch [...], *gab ihnen den* und sprach: Trinkt alle daraus« (Mt 26,27 f.). Beides elementare Akte, Jesus gibt die Gaben seinen Jüngern, und indem er dies tut, versammelt er sie zu der einen Gemeinschaft derer, die von Gott beschenkt werden. Am Tisch des Herrn zusammenzukommen heißt von da an, über alle Verschiedenheit und Trennung hinweg von Jesus vereinigt zu werden zu solchen, die alle von Gottes Gaben leben.

c) Der Akt des Gebens von Brot und Wein begleitet Jesus mit den sogenannten Deuteworten: »Dies ist mein Leib«, »Das ist mein Blut des Bundes« (Mt 26,26–28). Es waren vor allem diese Worte, an denen sich jahrhundertelange Auseinandersetzungen um die Frage entzündeten, in welcher Weise Jesu im Mahl zu denken sei. Jenseits aller philosophischen und theologischen Versuche basale Nahrungsaufnahme und Heilswirkung in ein Verhältnis zu bringen, ist die Bedeutung des Vorgangs einfach zu verstehen. Brot und Wein werden durch Jesu Worte zu Zeichen für das, was er ein für alle Mal für die Menschen getan hat: Zeichen für sein Leben, in welchem er sich ohne Vorbehalt, mit seiner ganzen Person und ohne jede Zurückhaltung für die verlorenen Menschen einsetzt und hingibt. Das Herrenmahl bezeugt diese Hingabe Jesu und damit unsere Rettung. Als der, der von den Toten auferweckt wurde, vergegenwärtigt er in jeder Mahlfeier die Zusage, dass die Menschen nicht verloren sind, weil er sie nicht verloren gibt.

d) Bei Lukas gehört zum Mahlgeschehen diese Aufforderung Jesu: »Dies tut *zu meinem Gedächtnis*« (Lk 22,19). Man verzeichnet die Bedeutung dieses Satzes, wenn man sie als Aufgebot dazu versteht, durch die eigene Kraft der Erinnerung den Geist von Jesu Mahlgemeinschaft jeweils neu aufleben zu lassen. Auch das Erinnern ist eine Gabe Gottes. Durch *seinen* Geist lässt Gott Jesu Tat für uns unter uns lebendig werden, und durch dieses Erinnern verändert und erneuert er uns.

---

[4] Für das Folgende vgl. auch Welker 2004.

Wenn es im Mahl eine »Wandlung« gibt, dann ist es diese Wandlung der Feiernden, der Gemeinde zur Gemeinschaft derer, die sich zum gegenwärtigen Auferstandenen und zu seinem Frieden bekennen.

e) Eine letzte Dimension des Herrenmahls eröffnet Jesus mit seinem Ausblick auf die letzte Vollendung: »Von jetzt an werde ich von der Frucht des Weinstocks nicht mehr trinken, bis das Reich Gottes kommt« (Lk 22,18). Im Herrenmahl feiert die Gemeinde nicht nur die Gegenwart dessen, der einmal gekommen ist, sie feiert in eins damit auch die Gegenwart des kommenden Jesus Christus. Das Reich Gottes, das ist Gottes endgültige und unwiderrufliche Gegenwart bei seiner Schöpfung, wo er »abwischen wird [...] jede Träne von ihren Augen« (Offb 21,4) und am Frieden nichts mehr fehlen wird. Jede Mahlfeier antizipiert die noch ausstehende Erfüllung von Gottes großem Versprechen. Jede Feier des Herrenmahls soll deshalb geprägt sein von der Sehnsucht, dass endlich Gottes Wille sich vollende, mehr noch aber von der hoffnungsvollen Vorfreude auf den Tag, wo es wahr wird.

4. Das Herrenmahl als Fest des Friedens

So feiert die christliche Gemeinde im Abendmahl Gemeinschaft mit Jesus Christus, in dem Gott sein Festhalten an den Menschen bezeugt hat gegen all ihr Streben weg von ihm. Sie feiert diese Gewissheit als Grund ihrer eigenen Gemeinschaft. Und sie bezeugt der Welt Gottes Frieden als die wahre Wirklichkeit alles Geschaffenen. Die Kirche behauptet damit nicht in naiver Weise, dass in der zerklüfteten Welt wider allen Augenschein Frieden herrsche. Vielmehr verkündet sie, dass Gott seinen Frieden einmal vollenden wird und wir uns deshalb bereits hier als miteinander Versöhnte ansehen dürfen. Als Zeichen dieses Glaubens und dieser Hoffnung ist das Herrenmahl ein großes, ja das größtmögliche Friedenszeichen.

Was folgt daraus für die Feier des Mahls?

a) Es ergibt sich daraus zunächst eine Antwort auf die Frage, wer zum Mahl zugelassen sein soll. Gastgeber, so wurde gesagt, ist der auferstandene Jesus Christus selbst. Eingeladen sind deshalb alle, die er zum Mahl einlädt, und will die christliche Gemeinde jemanden davon ausschließen, darf dies nur in der Gewissheit geschehen, dass die Betreffenden von Christus selbst ausgeschlossen werden. Nun zeichnet das Neue Testament Jesus als einen, der konsequent Grenzen, durch welche Menschen von der Gemeinschaft mit Gott ferngehalten wurden, überschritt. Als einen, der mit »Zöllnern und Sündern« zusammen war, Kranke heilte und Armen die frohe Botschaft verkündigte, Frauen würdigte und Kinder zu sich rief. Das Herrenmahl bezeugt die universale Herrschaft dieses Jesus, und für sein Mahl muss deshalb die grundsätzliche Offenheit gelten. »Würde eine Kirche die Offenheit seiner Einladung von sich aus begrenzen, so würde sie aus dem Mahl des Herrn ein Kirchenmahl machen und nicht die Gemeinschaft mit ihm, sondern ihre eigene Gemeinschaft in den Mittelpunkt stellen.«[5] Diese Offenheit gilt auch für Anderskonfessionelle, für Nichtgetaufte und -konfirmierte und für Menschen, die nicht Mitglieder einer Kirche sind. Ja, selbst für Angehörige anderer Religionen.

b) Das Herrenmahl bildet als Zeugnis der Treue Gottes die Grundlage für die Gemeinschaft von Menschen untereinander. Die Gemeinschaft der Christen ist nicht zu verwechseln mit der eines Vereins Gleichgesinnter. Christen haben nicht Gemeinschaft, weil sie allesamt eine bestimmte Religiosität teilen, wie man in anderen Vereinen die Liebe zum Fussball oder zum Schachspiel teilt. Vielmehr glauben sie, dass Christus selbst sie zur Gemeinschaft verbindet, über die Unterschiede hinweg, die Menschen voneinander trennen. Das gemeinsam genossene Herrenmahl ist dafür das Zeichen: »Weil es *ein* Brot ist, sind wir, die vielen, *ein* Leib. Denn wir alle haben teil an dem einen Brot« (1 Kor 10,17). Seit der frühen Kirche gehört deshalb zur Liturgie des Herrenmahls der *Friedensgruß*. Mit ihm wird signalisiert, dass der gemeinsame Gang zum Tisch des Herrn reale Versöhnung voraussetzt und zur Folge haben will.

c) Das Friedenszeugnis des Herrenmahls weist aber über die Gemeinschaft in der Gemeinde hinaus, das Teilen des Brotes im Gottesdienst verpflichtet zu einem *Leben für wirtschaftliche Gerechtigkeit*. »Die Eucharistie«, so der mennonitische Theologie John Howard Yoder, »ist ein ökonomischer Akt«.[6] In der Mahlfeier der Kirche muss deshalb immer auch zum Ausdruck kommen, dass der Friede Jesu Christi sich nicht trennen lässt von einer gerechten Verteilung der Güter.

5. Zur Praxis des Herrenmahls

Was ergibt sich aus dem bisher Gesagten weiter für die Gestaltung des Herrenmahls in der Gemeinde?

a) Zunächst, dass das Herrenmahl ein zentrales Element des Gottesdienstes ist und deshalb *möglichst häufig gefeiert* werden soll. Dies entspricht gut reformatorischer Tradition, gemäß derer die wahre Kirche an der Verkündigung des Evangeliums *und* der rechten Feier der Sakramente erkannt wird. Karl Barth hat einmal vermerkt: »Die katholische Kirche hat einen Sakramentsgottesdienst ohne Predigt. Wir haben einen Predigtgottesdienst ohne Sakrament. Es ist beides gleich unmöglich.«[7]

b) Der offene Gemeinschaftscharakter des Herrenmahls soll sich in seiner *liturgischen Gestaltung* abbilden. Es gibt unterschiedliche Formen, wie das Mahl

---

[5] Moltmann 1975, S. 271.
[6] Yoder 1992, S. 21 (Übersetzung MZ).
[7] Barth 1938, S. 198 f.

gefeiert wird, und alle haben gute Gründe für sich. Die Gemeinschaftlichkeit der Mahlfeier wird aber deutlicher sichtbar, wo auch seine Form gemeinschaftlich ist, so dass die Feier im Kreis etwa einer »wandelnden« Mahlfeier vorzuziehen ist. Dasselbe gilt, wenn die Feiernden sich Brot und Wein gegenseitig reichen, statt sie von der Pfarrerin oder vom Pfarrer zu bekommen.

c) Das Herrenmahl hat viele Bedeutungsaspekte, es bringt Gottes Gemeinschaft so sehr zum Ausdruck wie die unter den Menschen, geistliche Gemeinschaft ebenso wie die äusserlich erfahrbare, bis hin zu wirtschaftlicher Gerechtigkeit. Die Kirchen haben neben der liturgischen Feier des Herrenmahls noch *weitere Formen von Mahlgemeinschaft* entwickelt, die jeweils andere Dimensionen unterstreichen. Zu denken ist an das Agapemahl, an profane gemeinsame Mahlzeiten in der Gemeinde, an Einladungen von Gästen oder an Speisungen von Bedürftigen. Es empfiehlt sich, auch diese anderen Möglichkeiten gemeindlicher Praxis zu pflegen und damit die Vieldimensionalität von Gottes Frieden noch deutlicher zum Ausdruck zu bringen.

d) Zur *ökumenischen Praxis* der Mahlfeier: Die Differenzen zwischen protestantischen Kirchen und römisch-katholischer Kirche im Blick auf das Herrenmahl gehören zu den schmerzlichen Realitäten heutigen Christseins. So sehr sie zu bedauern sind, so wenig wäre es klug, sie vorschnell überspringen zu wollen. Für die evangelischen Kirchen bedeutet dies: Sie sollen an ihrer offenen Kommunionspraxis festhalten und Menschen aller Konfessionen, Religionen und Überzeugungen zu ihrer Mahlfeier einladen. Gleichzeitig sollen sie bei gemeinsamen Feiern Rücksicht auf die ökumenischen Partner nehmen – andernfalls würden sie anderslautende Kirchenverständnisse geringschätzen. In den Einsetzungsworten zum Mahl hört die Gemeinde, dass Jesus es erst wieder geniessen wird, wenn das Reich Gottes kommt. Sie erfährt deshalb in jeder Feier auch, dass ihr die vollendete Gemeinschaft untereinander erst in der Gestalt der Sehnsucht auf das Kommende gegeben ist.

Literaturverzeichnis

Barth, Karl (1938): Gottesdienst und Gotteserkenntnis nach reformatorischer Lehre. Zwanzig Vorlesungen über das Schottische Bekenntnis von 1560, Zollikon.
Lessing, Eckhard (1993): Abendmahl (Ökumenische Studienhefte 1), Göttingen.
Moltmann, Jürgen (1975): Kirche in der Kraft des Geistes. Ein Beitrag zur messianischen Ekklesiologie, München.
Sallmann, Martin / Zeindler, Matthias (Hg.) (2013): Dokumente der Berner Reformation. Disputationsthesen, Reformationsmandat, Synodus, Zürich.
Welker, Michael (2004): Was geht vor beim Abendmahl?, Gütersloh.
Yoder, John Howard (1992): Body Politics. Five Practices of the Christian Community Before the Watching World, Nashville/Tennessee.

Zeindler, Matthias (2001): Gotteserfahrung in der christlichen Gemeinde. Eine systematisch-theologische Untersuchung, Stuttgart.

VI. Erfahrungen

Friedensfachkraft in gesellschaftlichen Konflikten
Herrn Kones größter Erfolg

Anthea Bethge

Souleymane Kone ist Fachkraft für Friedenspädagogik beim Verein ORFED in Mali. ORFED und der internationale christliche Friedensdienst EIRENE verbindet eine über 10-jährige Partnerschaft. Gefragt nach seinen größten Erfolgen erzählt Herr Kone als guter Pädagoge nicht von seinen eigenen Erfolgen, sondern von den Erfolgen derer, die er in gewaltfreier Konfliktbearbeitung ausgebildet und begleitet hat.

Einen jungen Mann hatte er nach einem Konfliktvermittlungstraining für junge Erwachsene länger nicht gesehen. Was bringt es, junge Männer in gewaltfreier Konfliktbearbeitung auszubilden? Sind sie nicht gerade diejenigen, die am ehesten zur Gewalt greifen? Und zwar nicht nur wegen ihrer jugendlichen Stärke, sondern auch, weil ihnen in der Gesellschaft kaum Gehör geschenkt wird, wenn sie nicht mit Waffen aufmarschieren? Das Training für Leiterinnen und Leitern von Jugendgruppen in Gao in Nord-Mali hatte beachtliche Erfolge. Dabei waren die jungen Männer und Frauen zunächst skeptisch gewesen. Zu oft hatten sie im kleinen Alltag und in der großen Politik miterlebt, dass nur diejenigen, die Waffen tragen und Gewalt angewandt hatten, als politisch ernsthafte Gesprächspartner wahrgenommen wurden. So war es wieder beim Friedensschluss von Algier passiert, zu dessen Verhandlungen nur Vertreter von bewaffneten Gruppen eingeladen wurden. Ebenso geschah es sogar durch die UN-Mission MINUSMA, an der auch die Bundeswehr teilnimmt. Deren Demobilisierungsprogramme, die mit ökonomischen Vorteilen locken, richten sich ausschließlich an Personen, die bereit sind, ihre Waffen abzugeben und sich von einer gewaltbereiten Gruppe abzusagen. Diejenigen, die die Schrecken der Gewalt unbewaffnet durchlebt, unter schwierigsten Umständen für ihre Familien gesorgt und sich tapfer mit zivilen Mitteln der Terrorherrschaft verweigert haben, werden als Friedenspotenzial gar nicht in den Blick genommen. Sehr viele mutige Frauen in den 138 Frauengruppen in Gao gehören zu diesen tapferen Menschen. Statt mit ihnen eine Friedensökonomie zu stärken, fördert das übliche Demobilisierungsprogramm der UN die lokale Kriegsökonomie und richtet damit Schaden an.

Anders das Training von Herrn Kone. Dort treffen sich junge Leute, die ganz verschiedene Gewalterfahrungen haben und die alle einen anderen Umgang mit Gewalt suchen. Im Dialog untereinander und unter guter Anleitung erlernen sie, Konflikte zu analysieren, Räume der Begegnung zu eröffnen und schwierige Verhandlungen zu moderieren. Einer der jungen Männer gilt in der Region inzwischen als kompetenter Mediator. Er wird von Kommunen gerufen, um über religiöse und ethnische Grenzen hinweg Konflikte des Zusammenlebens zu mediieren – trotz seiner jungen Jahre. Seine Kompetenz und sein Herzblut für eine friedliche Zukunft in Mali haben ihm eine Karriere eröffnet. Als er Herrn Kone nach einiger Zeit wieder traf, erzählte er von seinen Friedenseinsätzen. »Ich verdiene inzwischen mit meinen kommunalen Mediationen mehr als Du«, sagte er seinem Mentor. »Mein größter Erfolg«, freut sich Herr Kone mit ihm.

Das ganze Bild verstehen: die Ursachen der Krise in Mali

Eine halbe Million Menschen aus dem Norden Malis leben als intern Vertriebene und als Geflüchtete in den Nachbarländern. Die Gründe für ihre Flucht sind vielfältig: Der malische Staat kommt seiner Aufgabe, für Bildung, Gesundheit, Rechtsstaatlichkeit und Infrastruktur zu sorgen, nicht einmal auf einem Basis-Niveau nach. Eine Analphabetenrate von über 80 %, eine Müttersterblichkeit 100-fach höher als in Deutschland, mangelnde Ernährungssicherheit durch Klimawandel und Hunger für breite Bevölkerungsschichten machen das Leben sehr prekär. Not, Verzweiflung und Wut sind groß. Im Norden noch mehr als im Süden, wo die Hauptstadt Bamako liegt. Die zentralistische Regierungsstruktur, die die Peripherie vernachlässigt, ist eine Erblast der kolonialen Katastrophe. Im 19. Jahrhundert wurde das malische Reich von Frankreich erobert und systematisch ausgebeutet mit unsäglicher Gewalt. Erst 1961 erreichte Mali formal seine Unabhängigkeit wieder – in völlig neuen Grenzen, die im Norden die Gebiete der nomadischen Bevölkerungsgruppen durchschneiden. Und heute hat Frankreich wieder einen unabhängigen Kampfeinsatz in Nord-Mali und bestimmt, zu welchen Orten der malische Staat Zugang hat.

In Nord-Mali haben sich mafiöse Strukturen etabliert, die sehr gewaltsame Geschäfte betreiben. Organisierte Kriminalität herrscht über die Routen durch die Sahara. Gehandelt wird mit Drogen, Waffen und Menschen: Fliehenden und Frauen. Dieser Handel bedient schreckliche Bedarfe von Menschen und Organisationen in Europa.

Als das Ghaddafi-Regime in Libyen gestürzt wurde, wurden seine Söldner frei, die er in großer Zahl aus den nomadischen Gruppen, die auch in Mali leben, rekrutiert hatte. Viele von ihnen kamen mitsamt ihrer schweren Waffen nach Nord-Mali. So entstand aus Not, Verzweiflung und Wut gepaart mit Waffengewalt die nächste sogenannte Tuareg-Rebellion. Es hatte seit der Unabhängigkeit schon mehrere solcher Rebellionen gegeben. In keinem Fall wurde eine Befriedung erreicht, die auch die Ursachen des Konflikts anging. So hatte der durch westliche Nationen herbeigeführte Sturz des Ghaddafi-Regimes auch die Konsequenz, Mali in eine Krise zu stürzen.

Diese Krise nutzten islamistische Gruppen und eigneten sich den Norden Malis territorial an. Die wenigen staatlichen Bediensteten flohen in den Süden, auch das malische Militär. Eine Terrorherrschaft machte sich breit, der die Bevölkerung ohne staatlichen Schutz mit mutigem Widerstand und schlauer Anpassung begegnen musste.

Von Gewalteskalation zu gewaltfreier Konfliktbearbeitung

Häufig denkt die Politik in zwei Alternativen: Entweder greifen wir als reiche und gut gerüstete Nation machtvoll mit Waffengewalt ein. Oder in Achtung der Souveränität des Landes bedauern wir die Situation zwar, aber bleiben passiv außen vor. So geht es uns auch häufig im privaten Leben. Wir schwanken zwischen Fantasien von Allmacht und Ohnmacht, zwischen Verurteilung und Gleichgültigkeit.

Doch ein anderer Weg im Umgang mit Gewalt ist geboten, wenn diese dauerhaft eingehegt werden soll. Es geht darum, Konfliktsituationen, in denen Gewalt droht oder auch schon geschah, so zu transformieren, dass die ursächlichen Probleme gewaltfrei angegangen werden können. Auf diesem Weg wird nicht nur die Gewalteskalation gestoppt. Es werden auch gesellschaftliche Streitfragen verhandelt, Lösungen erarbeitet und Schritte zur Heilung und Versöhnung kommen in den Blick.

Diesen transformierenden Umgang mit Gewalt kann man erlernen und professionell einsetzen. In Stellenausschreibungen werden entsprechend qualifizierte Menschen häufig als Friedensfachkräfte oder Fachkräfte in gewaltfreier Konfliktbearbeitung gesucht.

Friedensdienst zwischen Gewalt und Vertrauen

Der Dienst von Friedensfachkräften überschreitet Grenzen. Das können nationale, religiöse, soziale und andere konflikt-relevante Grenzen sein. Solche Grenzüberschreitungen erfordern Mut, besonders wenn man als einheimische Fachkraft beinahe zwangsläufig einer Konfliktpartei näher steht als der anderen. Doch erst durch diese Grenzüberschreitung kann Begegnung stattfinden und Vertrauen zwischen den Parteien wachsen. Dabei wächst das entscheidende

Friedensgut: das Vertrauen in die Möglichkeit einer einvernehmlichen Lösung der Streitfragen.

Die den Frieden mit gewaltfreien Mitteln suchen, haben die Aufgabe, Orte der sicheren Begegnung, des Dialogs und der Konfliktbearbeitung vorzubereiten. Dabei fällt die Hauptaufgabe den Menschen zu, die am Konflikt beteiligt und von der Gewalt betroffen sind. Externe Friedensfachkräfte fördern als Beraterinnen und Berater die lokalen Friedenspotenziale und unterstützen Maßnahmen zum Aufbau einer Friedenskultur.

Internationale Fachkräfte, die nicht eingebunden sind in lokale Bezüge, haben wegen ihrer diesbezüglichen Neutralität häufig eine größere Akzeptanz vor Ort. Doch niemand ist eine Insel, jeder und jede ist Teil der gemeinsamen Weltgeschichte. Die koloniale Katastrophe, deren Gewaltspuren in der Gesellschaft Malis bis heute präsent sind, verbindet europäische Fachkräfte mit Massenmord an Afrikanerinnen und Afrikanern. Ein verantwortungsvoller Umgang mit diesen Gewalterfahrungen in Geschichte und Gegenwart macht sie zu demütigen Boten des Friedens. Sie müssen äußerst sorgsam ihre Rollen reflektieren und durch Wort und Tat ihre gewaltfreien Positionen zeigen.

Medien für den Frieden

Im Friedensfachdienst geht es darum, konkrete Konflikte gewaltfrei zu bearbeiten. Das ist sehr voraussetzungsvoll. Woher kommt der Mut für die Begegnung? Woher kommt das Vertrauen darauf, dass man einander zuhören und verstehen kann und dass miteinander reden zu einer Einigung führen wird? Gerade in eskalierten Gewaltsituationen sorgt eine höchst aktive Propaganda dafür, dass die jeweils andere Seite so böse dargestellt wird, dass jeder Dialogversuch als Verrat oder zumindest geradezu lächerlich erscheint. Doch der Entfeindung kann trauen, wer sie einmal selbst erfahren hat.

Konfliktsensibler Journalismus ist ein Weg, um die Propaganda von Hass und Hetze zu enttarnen. Dabei werden Vertreter aller Seiten zum Dialog über ein gesellschaftliches Streitthema eingeladen – mit live-Übertragung. Hörerinnen und Hörer vor Ort und an den Radio-Geräten können sich mit Fragen und ihren Meinungen beteiligen. Die Moderation solch einer Veranstaltung braucht hohe kommunikative und eben auch konfliktsensible Kompetenzen. Denn Fronten sollen aufgebrochen werden und die Beteiligten wie die Zuhörenden sollen ihre Einstellungen überprüfen und ihr Verhalten ändern. Solch ein moderierter Dialog ist notwendig und wirkungsvoll, nicht nur in Mali, sondern auch in Deutschland. Friedensfachkräfte entwickeln solche konfliktsensiblen Medien-Formate, schulen Journalistinnen und sorgen dafür, dass Erfolge gewaltfreier Konfliktbearbeitung publiziert werden.

Friedensjournalismus kann noch mehr: Als der ehemalige Milizenführer Maiga in seine Heimatstadt in Nord-Mali zurückkehrte, bereiteten sich bewaffnete Kräfte auf Lynchjustiz vor. Sie verbreiteten das Gerücht, er wolle Schläferzellen wecken. Damit wurde die Angst der Bevölkerung geschürt. Dabei war seine Absicht gewesen, sich gegenüber seinen Leuten zu entschuldigen. Es brauchte Radios, die ihre Sendungen unterbrachen, diese Botschaft verbreiteten und viele junge Menschen mobilisierten, um den Lynch-Mob auf der Straße aufzuhalten – mit Erfolg.

Auch als in einer spannungsgeladenen Situation vor einer Großdemonstration Herr Kone mit den Anführern radikaler Jugendgruppen sprach, wurde dies medial begleitet. Das gegenseitige Versprechen, keine Gewalt anzuwenden, wurde übertragen – und hatte zum Erfolg, dass die Demonstration friedlich blieb. Das ist so, wie wenn es jemandem in Deutschland gelingt, linksextreme und rechtsextreme junge Leute zum Dialog zu bringen, und beide Seiten dann dafür sorgen, dass beim G20-Gipfel niemand zu Schaden kommt.

Es braucht viel Friedenssehnsucht, um sich auf solche Dialoge einzulassen. Und es braucht eine gut trainierte gewaltfreie Haltung, um als Moderation nicht selbst aggressiv zu werden oder zynisch.

Wir scheuen keine Konflikte

Dieser mutige Slogan ist das Motto des Zivilen Friedensdienstes (ZFD). Der ZFD ist ein Gemeinschaftswerk von Staat, Kirchen und Zivilgesellschaft in Deutschland. In seinen regionalen Programmen wirken rund 300 internationale Fachkräfte für gewaltfreie Konfliktbearbeitung zusammen mit Partnerorganisationen vor Ort. Gemeinsam überwinden sie Gewalt und fördern Frieden. Der Friedensdienst EIRENE wirkt mit an diesem Gemeinschaftswerk.

Herr Kone arbeitet im ZFD-Programm von EIRENE in Mali. Er ist Malier. An seiner Seite arbeitet eine internationale Fachkraft: François Tendeng ist Deutsch-Senegalese mit viel Erfahrung in rassismuskritischer Jugendarbeit in seiner Wahlheimat Berlin. Die malische Organisation ORFED, bei der beide arbeiten, entwickelt mit EIRENE Strategien für die Überwindung von Gewalt. Dabei wird nicht nur direkte Gewalt vor Ort überwunden. Es geht auch um eine andere nationale und internationale Politik und um die Überwindung des globalen Rassismus, der immer noch das Leben der Menschen in Nord-Mali so prekär macht.

Herr Kone und Herr Tendeng scheuen wahrlich keine Konflikte. Und die Direktorin von ORFED, Frau Jeanne Ballo, schon gar nicht. Ihr Weg als Frau an die Spitze hatte viele Hindernisse, doch sie hat sich gegen Gewalt- und Diskriminierungstraditionen durchgesetzt und beeindruckt durch Sanftmut und Stärke zugleich. Das sind die Menschen, denen wir vertrauen können, wenn es um die Überwindung von Gewalt geht.

Herrn Kones allergrößter Erfolg

Als der regionale Dachverband der Jugendorganisationen in Gao wieder Vorstandswahl hatte, erwarteten alle, dass fast alle Plätze durch Songhai besetzt würden. Das ist die Mehrheitsethnie in Gao. Doch die jungen Leute hatten den Mut zur Selbstkritik. Sie setzten sich zusammen und erfanden eine neue Wahlordnung, die sicherstellte, dass verschiedene ethnische Gruppen im Vorstand vertreten sind. Was für eine großartige Friedensleistung! So stellten sie sicher, dass die Vertreter der verschiedenen Gruppen nicht nur in Krisensituationen wie vor der Großdemonstration miteinander sprechen. Nunmehr reden sie dauernd miteinander und gestalten gemeinsam die Arbeit des Dachverbandes. Aus der Gegenüberstellung wurde ein Miteinander. Die Jugend von Gao zeigt der Welt, wie Frieden geht. Sie vertrauen der Entfeindung, weil sie sie selbst erfahren haben.

EIRENE Internationaler Christlicher Friedensdienst setzt sich seit 1957 gewaltfrei für den Frieden ein. In internationalen Kooperationen mit Partnerorganisationen in 18 Ländern, darunter Deutschland, arbeiten Fachkräfte und Freiwillige für Gerechtigkeit, Frieden und Bewahrung der Schöpfung.

Friedensbildung

Julika Koch, Annemarie Müller und Vincenzo Petracca

Zusammenfassung:
Warum hat es Friedensbildung in der Kirche so schwer? –Ausgehend von dieser Frage wird in diesem Text Friedensbildung im gesellschaftlichen Kontext, sowie ihre mögliche Einbindung in kirchliche Strukturen erörtert. Abschließend werden Arbeitsbereiche vorgestellt, in denen bereits Friedensbildung stattfindet oder ausgebaut werden kann.

Wo ist Friedensbildung im gesellschaftlichen Kontext verankert?

Friedensbildung ist das gemeinsame Nachdenken über und Lernen von Fähigkeiten, die ein Zusammenleben von Menschen und ihrer Umwelt in Frieden und Gewaltfreiheit fördern. Sie folgt einer Logik, die zu einer Kultur des Friedens führt.[1] Friedenspädagogik, wie Uli Jäger von der Berghof Foundation sie definiert, »sucht pädagogische Antworten auf die anhaltende Gewaltbereitschaft und Friedlosigkeit in und zwischen den Gesellschaften bzw. Staaten dieser Erde. [...] Sie unterstützt die Entwicklung von Vorstellungen, wie Menschen friedlich miteinander leben können und fördert Identitäten von Individuen, Gruppen und Gemeinschaften als Friedensstifter*innen«.[2] Friedensbildung für Erwachsene, Jugendliche und Kinder ist eine Aufgabe in Postkonfliktgesellschaften, in Gesellschaften mit gewaltvoller Konflikteskalation und in Gesellschaften mit intaktem politischem und rechtlichem System. In allen drei Situationen hat sie ermächtigende und präventive Funktion.

In der Präambel der Organisation für Bildung, Wissenschaft und Kultur der Vereinten Nationen (UNESCO) von 1945 findet sich der Bezug zur Friedensbil-

---

[1] Siehe auch Hanne Margret Birckenbachs »Friedenslogik« in diesem Band.
[2] Uli Jäger, »Frieden«, 19. März 2015, http://www.bpb.de/gesellschaft/bildung/politische-bildung/193093/frieden?p=all (10.03.2019).

dung in folgenden Worten: »Da Kriege im Geist der Menschen entstehen, muss auch der Frieden im Geist der Menschen verankert werden.«[3] Die Vereinten Nationen (UN) entwickeln ihre Friedensarbeit immer weiter und beschlossen 1998 die »Internationale Dekade für eine Kultur der Gewaltfreiheit und des Friedens für die Kinder der Welt« (2001–2010).[4]

Aktuell ist es die 2015 verabschiedete »Agenda 2030 – Globale Zukunftsziele für nachhaltige Entwicklung« (*Sustainable Development Goals*/SDGs). Darin geben die Ziele 4.7[5] und 16[6] den Rahmen für Friedensbildung vor. Die dort beschriebenen Bildungsaufgaben sind eine »Kultur des Friedens« und »Global Citizenship Education«. Hinter »Global Citizenship Education« steht die Idee, dass Lernende sowohl ein Zugehörigkeitsgefühl zur Weltgemeinschaft, als auch zur lokalen Gemeinschaft entwickeln und vor Ort ihre aktive Rolle erkennen und annehmen, also *Global Citizens and Local Heroes* werden.[7]

Der nationale Rahmen für Friedensbildung in Deutschland ist der erste Satz des Grundgesetztes von 1945. Das Deutsche Volk hat sich, »von dem Willen beseelt, als gleichberechtigtes Glied in einem vereinten Europa dem Frieden der Welt zu dienen [...] dieses Grundgesetz gegeben«.[8] Dieses Ziel steht ähnlich auch

---

[3] Verfassung der UNESCO, https://www.unesco.de/mediathek/dokumente/verfassung-der-organisation-fuer-bildung-wissenschaft-und-kultur (10.03.2019).

[4] Parallel zur UN-Dekade beschloss der Ökumenische Rat der Kirchen (ÖRK) 1998 für 2001–2011 die »Dekade zur Überwindung von Gewalt«. Die Denkschrift des Rates der EKD »Aus Gottes Frieden leben – für gerechten Frieden sorgen« (Gütersloh, 2017) gehört in diese Zeit. Zur Friedensbildung siehe insbesondere Kapitel 2. Der Friedensbeitrag der Christen und der Kirche, ab S. 28, sowie Absatz 195, S. 124.

[5] 4.7: »Bis 2030 sicherstellen, dass alle Lernenden die notwendigen Kenntnisse und Qualifikationen zur Förderung nachhaltiger Entwicklung erwerben, unter anderem durch Bildung für nachhaltige Entwicklung und nachhaltige Lebensweisen, Menschenrechte, Geschlechtergleichstellung, eine Kultur des Friedens und der Gewaltlosigkeit, Weltbürgerschaft (Global Citizenship) und die Wertschätzung kultureller Vielfalt und des Beitrags der Kultur zu nachhaltiger Entwicklung.« Jens Martens und Wolfgang Obenland, »Die Agenda 2030 – Globale Zukunftsziele für nachhaltige Entwicklung«, hrsg. v. Global Policy Forum und terre des hommes, 2017, S. 55, https://www.globalpolicy.org/images/pdfs/GPFEurope/Agenda_2030_online.pdf (12.03.2019).

[6] 16: »Friedliche und inklusive Gesellschaften für eine nachhaltige Entwicklung fördern, allen Menschen Zugang zur Justiz ermöglichen und leistungsfähige, rechenschaftspflichtige und inklusive Institutionen auf allen Ebenen aufbauen A. a. O., S. 151.

[7] https://www.unesco.de/bildung/hochwertige-bildung/global-citizenship-education (12.03.2019).

[8] http://www.bpb.de/nachschlagen/gesetze/grundgesetz/44186/einleitung-und-praeambelhttps://www.unesco.de/bildung/hochwertige-bildung/global-citizenship-education (12.03.2019).

in Landesverfassungen.⁹ In den Lehrplänen der Bundesländer finden sich Friedensthematik und Friedensbildung in den Curricula verschiedener Fächer. Bisher gibt es kein Fach »Friedenserziehung«. In einigen Bundesländern existieren Initiativen, um das Querschnittsthema »Friedensbildung« zu stärken.¹⁰

Ein konkretes Beispiel, wo und inwiefern Friedensbildung für alle Altersgruppen wichtig wird, ist die kritische Auseinandersetzung mit deutscher Außenpolitik und deren Bündnispartnern. Diese braucht fundierte Kenntnisse über die politische Lage, aber auch Wissen und Erfahrungen um eine Streit- und Konfliktkultur. Aktuell ist zu fragen: Wer vermittelt z. B. an Schulen dazu das Fachwissen? Sind es Lehrerinnen und Lehrer, Friedensaktivistinnen und Friedensaktivisten oder Jugendoffiziere der Bundeswehr? Werden nur sicherheitspolitische Aspekte beleuchtet oder lernen die Schülerinnen und Schüler auch gewaltfreie und zivile Alternativen kennen? Hier kann Friedensbildungsarbeit von Landeskirchen unterstützend einsetzen, indem sie mit dafür sorgt, dass christlich orientierte Werte von Frieden und Gewaltfreiheit vermittelt werden und dass der Beutelsbacher Konsens eingehalten wird (Kontroversitätsgebot, Überwältigungsverbot und Aktualitätsgebot).¹¹

---

⁹ Z. B. »Die Freie und Hansestadt Hamburg hat als Welthafenstadt eine ihr durch Geschichte und Lage zugewiesene, besondere Aufgabe gegenüber dem deutschen Volke zu erfüllen. Sie will im Geiste des Friedens eine Mittlerin zwischen allen Erdteilen und Völkern der Welt sein.« Präambel der Verfassung der Freien und Hansestadt Hamburg, https://www.hamburg.de/contentblob/1604280/ 5e354265cb3c0e3422f30f9184608d9d/data/verfassung-der-freien-und-hansestadt-hamburg-stand-2012.pdf;jsessionid=0D3FD99830BAF015D8FF7D0E114   A0C12.live Worker2https://www.unesco.de/bildung/hochwertige-bildung/global-citizenship-education (12.03.2019).

¹⁰ Z.B. gibt es eine Publikation des Schleswig-Holsteinischen Bildungsministeriums zum Thema (https://lehrplan.lernnetz.de/index.php?wahl=37 [11.03.2019], Friedenserziehung in den Lehrplänen – Anregungen für Schule und Unterricht und in Baden-Württemberg eine »Servicestelle Friedensbildung« als Kooperation des Kultusministeriums mit 17 Vertretern aus dem Bereich der Friedensbewegung und Friedenspädagogik (https://www.friedensbildung-bw.de (12.03.2019).

¹¹ Siehe auch: https://de.wikipedia.org/wiki/Beutelsbacher_Konsens (11.03.2019).

Was bedeutet Friedensbildung in der Kirche?

»Kirche des Friedens zu werden heißt, das zu leben, was die Kirche eigentlich immer schon ist: Versöhnungsgeschehen zwischen Gott und Mensch, geschwisterliche Gemeinschaft zwischen Menschen, Friedenszeichen trotz fortbestehender Feindschaften in dieser Welt.«[12]

Diese Worte formulierten die Delegierten der Ökumenischen Versammlung in der DDR vor 30 Jahren in ihrem Abschlussdokument. Daraus leiteten sie die Grundorientierung für die vorrangige Option der Gewaltfreiheit ab, die das Handeln bestimmen soll. Mit der Übergabe der Papiere 1989 an die beteiligten Kirchen und kirchlichen Gemeinschaften hofften sie, einen Prozess der Veränderung, hin zu Kirche des Friedens werden, anzuregen.

Schon seit den 1970er Jahren fragte sich der norwegische Friedensforscher Johann Galtung, was nötig ist, um in einer immer noch durch Gewalt geprägten Welt Frieden zu fördern. Er machte sich dafür stark, Frieden immer in Verbindung mit Gerechtigkeit zu sehen. Wo Ungerechtigkeit herrscht, bekommt auch Frieden keine Chance. Frieden wird für ihn nur erreicht, wenn Gewalt abgebaut und gleichzeitig mehr Gerechtigkeit eingefordert wird. Demnach ist ein friedliches Miteinander immer an gerechte Verhältnisse gekoppelt.

Dass Frieden und Bewahrung der Schöpfung sich ebenfalls bedingen, erkannte man schon im Konziliaren Prozess und es wird heute weltweit durch die Auswirkungen der Umweltzerstörung auf das Leben der Menschen sichtbar.

In allen Aussagen der letzten Jahre wird deutlich, Frieden fällt nicht einfach vom Himmel. Er setzt einen beständigen und bewussten Prozess voraus, der von Menschen gestaltet werden muss. Diese Einflussnahme auf ein friedliches Zusammenleben ist erlernbar, durch Friedensbildung und -erziehung. Auch in unseren Kirchen sollte dieser kontinuierliche Prozess weiter gefördert werden.

Die dazu notwendige Friedensbildung beinhaltet drei wichtige Faktoren:
1. Friedenskompetenz;
2. Friedensfähigkeit;
3. Friedenshandeln.

Zur Friedenskompetenz gehört Aneignung von Sachwissen über die Entstehung, Entwicklung und Auswirkung von Konflikten, bis hin zu Gewalt. Dabei ist es wichtig, sich klar zu machen, dass Gewalt immer wieder nach einem ähnlichen Schema eskaliert, wenn nicht von außen eingegriffen wird. Zu dem Sachwissen gehört auch die Sensibilisierung für drohende Konflikte und die Gefahr von Gewalt, um Eskalationen zeitig genug vorbeugen zu können. Jeder Beteiligte

---

[12] Ökumenische Versammlung für Gerechtigkeit, Frieden und Bewahrung der Schöpfung. Eine Dokumentation. 7. Kirche des Friedens werden, Berlin 1990.

muss sich auch selbst, mit seinem Verhältnis zu Gewalt und Konflikt auseinandersetzen, um eigene Grenzen akzeptieren zu lernen.

Friedensfähigkeit beinhaltet das Erlernen von sozialen Fähigkeiten, um im Umgang mit Konflikten im Alltag nicht gewalttätig zu reagieren. Dazu gehören z. B. Methoden von nichtverletzender Kommunikation oder das Einüben von Team- und Konfliktfähigkeit. Um einen Konflikt verstehen zu können, braucht es die Fähigkeit des Perspektivwechsels. Um nicht mit Gewalt zu reagieren, braucht es eine in sich ruhende Persönlichkeit mit klarer Identität. All dies ist nicht selbstverständlich, sondern kann durch Übungen erlernt werden.

Der Schwerpunkt Friedenshandeln richtet sich auf Institutionen, Kirche und Gesellschaft und ermutigt zu Handlungen für mehr Gerechtigkeit, Einhaltung von Menschenwürde und Menschenrechten, Stärkung der Demokratie und Mitbestimmung. Aus unserem christlichen Verständnis und dem Wissen, dass Frieden ohne gerechte Strukturen nicht tragen kann, leiten sich bewusste Handlungsschritte ab. Menschen werden durch Friedensbildung sensibel und befähigt, ihren christlichen Glauben und ihre Spiritualität bewusst in diese Welt einzubringen und umzusetzen.

Um innerhalb von Kirchen und in einer zunehmend säkularisierten Welt glaubwürdig als Christen sichtbar zu werden, braucht es den Ausbau von Friedensbildung im oben genannten Sinn.

Wo hat Friedensbildung einen konkreten Platz?

Friedensbildung ist eine Aufgabe, für die Kirchen nicht allein zuständig sind. Friedensbildung lebt von der Kooperation mit zivilgesellschaftlichen Akteuren. Nachfolgend einige konkrete Möglichkeiten zur Anregung:

Qualifizierungen in gewaltfreier, ziviler Konfliktbearbeitung
Überall in unserem Alltag, ob in kirchlichen Einrichtungen, in der Familie oder in der Gesellschaft treten ständig Konflikte auf, mit denen umgegangen werden muss. Dafür werden qualifizierte Menschen benötigt. Aus der Grundüberzeugung, dass friedlicher Umgang erlernbar ist, entwickelte der Verein »gewaltfrei handeln« (früher: Oekumenischer Dienst Shalomdiakonat) Qualifizierungen in gewaltfreier, ziviler Konfliktbearbeitung. Seine Wurzeln liegen im Konziliaren Prozess für Gerechtigkeit, Frieden und Bewahrung der Schöpfung. Das besondere Profil ist die Spiritualität. Es geht dabei um eine aus dem Glauben gewachsene Vision einer gerechten und friedlichen Welt. Die Spiritualität ist Kraftquelle, um Friedensschritte zu gehen und Friedensverantwortung wahrzunehmen.

Die Formate der Qualifizierung haben unterschiedliche Länge und Intensität: Sie reichen von der Ausbildung zur Friedensfachkraft oder zum Trainer bis zu zielgruppenspezifischen Seminaren, z. B. für ausreisende Fachkräfte von »Brot für die Welt« oder Friedenstifter-Trainings für Konfirmanden. Hinzu kommen Seminare zu Themen wie Zivilcourage, interreligiöse Friedensarbeit oder Umgang mit Rechtsextremismus.

Die vier Säulen der Seminare sind:
- die Vermittlung von Wissen über die Entstehung, Eskalation und Bearbeitung von Konflikten und über Gewalt in ihren verschiedenen Formen (z.B. strukturelle Gewalt);
- der Erwerb von Fähigkeiten und Methodenkompetenz, die bei der Analyse und Bearbeitung von Konflikten wichtig sind (Handlungskompetenz);
- die Arbeit an der eigenen Friedensfähigkeit als soziale Kompetenz und der Aufbau einer eigenen Haltung der Gewaltfreiheit (z.B. Hinterfragen der eigenen Macht oder Ohnmacht);
- die Entwicklung einer Vision von Gerechtigkeit und Frieden, die uns verbindet und Kraftquelle und Ressource für ein langfristiges Engagement für den Frieden ist.

Weitere Informationen: www.gewaltfreihandeln.org

Rassismus auf die Spur kommen

Der Friedensdienst EIRENE entwickelt sich selbstkritisch zu einer diskriminierungssensiblen Organisation. Dabei steht Rassismuskritik im Fokus. Über Jahrhunderte lieferten rassistische Ideologien die Begründung für Menschenverachtung bis hin zu Massenmord. Die Folgen davon prägen immer noch persönliche wie institutionelle Beziehungen. Rassismus verhindert erfolgreiche Friedensarbeit.

EIRENE verändert die eigene Bildungsarbeit für Freiwillige, Fachkräfte, Mitarbeitende und Mitglieder. Alle werden sensibilisiert für Ausgrenzungen und Privilegien und befähigt zu einem kritischen Umgang mit Stereotypen und Machtstrukturen.

Im Dialog mit Partnerorganisationen werden internationale Kooperationen neu gestaltet mit mehr gemeinsamen Entscheidungen. Interne Regelungen und Elemente der Organisationskultur werden überprüft. Die Zusammensetzung von Personal und Vorstand wird diverser. Dabei werden Kompetenzen von Menschen gesucht, die Rassismus erfahren und rassismuskritische Positionen bei EIRENE einbringen wollen.

Weitere Informationen: eirene.org

Frieden verORTEn

»Weil wir aus dem Licht der Liebe Gottes und seinem Frieden leben, setzen wir uns als Kirche für gerechten Frieden ein.« So der Beginn des einstimmigen Beschlusses der Landessynode der Evangelisch-lutherischen Landeskirche Hannovers im November 2016. Die Erwartung ist, dass diesen Worten Taten folgen und ein Veränderungsprozess in unserer Kirche und in der Gesellschaft einsetzt.

Dafür wurden die Fonds »Friedenswege« und »Frieden stiften« aufgelegt. Der Fonds »Frieden stiften« speist sich aus einer landeskirchlichen Kollekte. Damit werden jährlich 20–30 kleinere Projekte gemeindenah gefördert. Mit dem Fonds »Friedenswege« konnten Personalstellen für sieben »Begegnungsorte des Friedens« für zunächst bis zu drei Jahren eingerichtet werden. Nun wird daran gearbeitet, wie dieser Prozess die Landeskirche dauerhaft prägen kann und bis in die Gemeindeebene spürbar wird.

Weitere Informationen: www.friedensorte.de

Friedenswege – Erinnerungsorte

Friedensbildung umfasst auch Erinnerungsarbeit. Dabei werden Orte, Gegenstände oder Personen aufgesucht, die in Verbindung mit mutigen Handlungen in Zeiten von Gewalt und Unterdrückung stehen. Manchmal erinnern die Orte auch an zerstörerische oder vernichtende Ereignisse, die zur Mahnung für kommende Generationen werden können. Friedensbildung beinhaltet dabei das Lernen aus Vergangenem für die Zukunft.

Besonders in der Kinder- und Jugendarbeit von Kirchgemeinden bietet es sich an, Orte ausfindig zu machen, die in positiver oder negativer Weise für Friedenshandeln stehen. Das kann das Haus des ehemaligen Bäckers sein, der in der NS-Zeit mutig Zwangsarbeitern geholfen hat. Es kann die Brücke sein, die durch den Einsatz von Bürgern 1945 nicht gesprengt wurde. Es kann das Grab des Pfarrers sein, der in der NS-Zeit als Mitglied der Bekennenden Kirche Nachteile hinnehmen musste. Es kann der Platz sein, wo 1989 das erste öffentliche Friedensgebet stattfand.

Wenn es keine Zeitzeugen mehr gibt, hilft es, sich durch Begehen der Orte oder Wege in die vergangene Situation zu versetzen, so dass die Beteiligten nachhaltig lernen können.

Krieger- und Kriegsdenkmäler

Sie stehen in fast allen Gemeinden in Deutschland, entweder in Kirchen, vor Kirchen oder auf Plätzen der kommunalen Gemeinden. Kirchengemeinden verhalten sich unterschiedlich dazu: In manchen Orten gehören sie so zum Inventar, dass Menschen sie nicht mehr sehen; für Andere sind es anstößige Gegenstände, die fehl am Platz sind; dass sind nur zwei Positionen dazu.

Friedensbildung kann sein, solche Gedenksteine in der eigenen Gemeinde aufzuspüren und darüber nachzudenken, wofür und für wen sie heute Bedeutung haben und wie man als Gemeinde zukünftig damit umgehen will. Dabei können Menschen verschiedenen Alters und Herkunft aus Kommune und Kirchengemeinde zusammen arbeiten.[13]

---

[13] Zwei Anregungen: Auf der Website www.denk-mal-gegen-krieg.de der Evangelischen Akademie der Nordkirche findet sich eine Sammlung von Kriegerdenkmälern mit

Ökumenische Friedensdekade

Seit den 1980er Jahren kennen wir die Ökumenische Friedensdekade in den Kirchgemeinden. In jedem Jahr gibt es ein Thema und vielfältiges Vorbereitungsmaterial, das helfen kann, das Friedensthema in den Gemeinden zu gestalten. Auch dort ist neben Friedensgebeten und -gottesdiensten Raum für Friedensbildung mit unterschiedlichen Angeboten.

Weitere Informationen: www.friedensdekade.de.

Kommentaren und mit Berichten von Kunstaktionen und weiteren Aktivitäten; und im Heft KU-Praxis 63: Hass und Nächstenliebe findet sich die Konzeption eines Konfirmandentags, der eine Aktion mit einem Kriegerdenkmal vorschlägt.

Gewalt ist kein Schicksal
Seelsorge bei der Bundeswehr
Alexander Liermann

Die Bundeswehrsoldaten und -soldatinnen haben in der Militärseelsorge ein Gegenüber, das militärisches Denken und Handeln anders bewertet als es die Führung der Truppe tut. Die Soldaten und Soldatinnen werden von den Pfarrern und Pfarrerinnen in ihrer je eigenen Lebens- und Dienstgeschichte wahrgenommen und zum Reden eingeladen.

Die Weite und Festigkeit christlicher Deutungsmuster verhilft ihnen dazu, ihren Dienst und ihr Leben anders zu sehen und verändert weiterzugeben.

Von zwei Gesprächen mit Männern, die Soldaten sind, wird hier zu berichten sein. Es sind Männer, die aussprachen, was sie dachten und davon berichteten, was sie erlebt haben. Wenn sich bei diesen Gesprächen für sie ein befreiender, entlastender Impuls einstellte, dann sind es heilsame Gespräche gewesen, »Seelsorgegespräche« eben.

Bei diesen Gesprächen spielt Gewalterfahrung, Gewaltausübung oder Gewaltandrohung eine große Rolle. Das ist bei der Mehrzahl meiner Seelsorgegespräche nicht der Fall. Denn im Inlandsdienst wie im Einsatz prägen an den Orten, an denen ich war, glücklicherweise andere, allgemein menschliche Themen die Gespräche. Da geht es um Familie, um dienstliche Spannungen, um Liebe, Krankheit, Tod, um Trauer und manchmal einfach nur um Geld.

In der jüngst erschienenen Schrift zur Seelsorge in der Bundeswehr »Begleitung im Licht des Evangeliums – 10 Thesen zum Seelsorgeverständnis«[1] ist von der Absichtslosigkeit eines Seelsorgegespräches als einem Spezifikum die Rede. Das ist m. E. ein ganz wesentlicher Punkt, denn es ist gelegentlich eine echte Aufgabe, Menschen nicht innerlich zu verurteilen, die ihre Erfahrungen, Situationen und Umstände in einer Art beschreiben, die einem selbst schwer erträglich ist. Vor dieser Aufgabe steht auch ein Gemeindepfarrer oder eine -pfarrerin, die mit jemandem spricht, der Gewalt ausübt. Manche Seelsorgegespräche sind folglich nicht weit weg von Beichtgesprächen, und diesen Gesprächen haftet implizit und manchmal auch explizit ein »... so gehe hin und

---
[1] Fischer et al. 2019, S. 7.

sündige hinfort nicht mehr!« an. Wir müssen hoffen, dass die Gegenwart Gottes im Seelsorgegespräch auch in die Gottesferne ausstrahlt, damit der Redende Mut zum Reden behält. Wir Pfarrer und Pfarrerinnen stehen dabei für Viele für Gott selbst. Wir wenden uns nicht ab, wir verurteilen nicht und beurteilen sehr vorsichtig – und nur falls der Redende danach fragt. Es ist eher eine Kunst des Aushaltens und vorsichtigen Fragens, die vom Aussprechen zur Freiheit vom Erlebten und zu neuen Perspektiven führt. Vermeintlich kluge Schlüsse oder lenkende Zusammenfassungen sind hier fehl am Platz. Wenn dann ein ermutigendes »... so gehe hin und sündige hinfort nicht mehr!« aufscheint, dann ist das ein geistgewirkter Moment – nicht zu berechnen und nicht zu erzwingen – ein Zusammenwirken aller Kräfte.

Auf dem Flug zu einem benachbarten Feldlager flogen zwei bewaffnete Amerikaner mit. Keine regulären Soldaten, denn sie trugen nicht die amerikanische Uniform, doch martialisch gekleidet und ausgerüstet waren beide. Ich hätte sie nicht mal nach der Uhrzeit fragen wollen. Ein Aufnäher verkündete auf dem Rucksack des einen: »We do bad things to bad people«. Auf der Schirmmütze stand: »Death from above«. Ich landete mit ihnen und ich verlor sie aus den Augen. Am Abend wurde ich eingeladen, in einer neu erstellten Nebentheke mit Bollerofen etwas zu trinken. In der kleinen Runde der Soldaten aus westlichen Ländern traf ich wieder auf die beiden. Nach nur einer Viertelstunde, in der man sich gegenseitig vorgestellt hatte, kam der erste der beiden Amerikaner zu mir auf meine Tischseite und begann ein Gespräch mit mir. Er berichtete mir von seiner Familie, davon, dass er im Vergleich zu früher viel weniger lange weg sei und dann kam er auf seine »Tiefs« zu sprechen. Das tiefste Tief habe er gehabt, als er sich in Afghanistan auf einem Außenposten ein Fahrzeug habe geben lassen und er sich, mit seinen Waffen und reichlich Munition versehen, allein auf den Weg gemacht habe. Er habe gehofft auf dem langen Weg zu einem anderen Feldlager angegriffen zu werden, um dabei im Kampf zu sterben. Doch er wurde nicht angegriffen. Er ließ die Frage offen, ob Gott seine Hand im Spiel gehabt habe und kam im nächsten Moment auf seinen Vater zu sprechen. Der sei ein verhärteter Mann, der selbst Soldat in Vietnam gewesen sei. »Er ist Bordschütze in einem Hubschrauber gewesen. Die Hälfte der Zeit war er so bekifft, dass er sich an nichts erinnern kann, aber die andere Hälfte hat ihn das gelehrt: ›Sohn ...‹, hat er gesagt, ›in Vietnam habe ich zwei Dinge gelernt. Erstens: Es gibt keinen Gott. Und zweitens: Ich komme garantiert in die Hölle, wenn ich tot bin.‹ Ich denke, dass ich zur Army gegangen bin, weil ich es besser machen wollte.«

Das Gespräch klang langsam aus. Ich erinnere mich nicht mehr genau wie. Wir waren ja eigentlich in heiterer Runde, und er setzte sich um. Unmittelbar darauf kam der zweite Amerikaner zu mir und erzählte mir seine dramatischtraurige Soldatengeschichte, die ebenfalls von einem traumatisierten Vater geprägt war.

Zu meiner Überraschung begegnete ich dem ersten der beiden danach noch wochenlang in »meinem Feldlager« bei vielen Mahlzeiten. Wir grüßten uns aus der Ferne. Er tat es auf eine eher heimliche, versteckte Art. Ich setzte mich nicht einfach zu ihm und seinen Kameraden an den Tisch. Es gab keine Anzeichen dafür, dass er vertiefen wollte, was er mir anvertraut hatte. Doch wäre es zu einem weiteren Gespräch gekommen, so wäre meine Frage wahrscheinlich die gewesen, was er denn denke, wohin er selbst komme – in den Himmel oder in die Hölle. Eine zweite Frage wäre gewesen, ob aus der Last des Vaters seine eigene geworden sei. Beichte und Vergebungszusage hätte ich ihm ermöglichen wollen. Vielleicht habe ich aus falscher Scheu eine Chance verpasst, vielleicht aber habe ich aus berechtigtem Respekt vor einem Mann, der in einer halben Stunde mehr über den Krieg in sich und in seiner Familie offengelegt hatte, als er es sonst in Jahren tat, den Abstand gewahrt, den er brauchte, damit Veränderung reifen kann.

Neben einer Seelsorge, die Menschen ihr inneres Erleben betrachten lässt und es mit dem Seelsorger oder der Seelsorgerin teilt, gibt es auch Seelsorge, die den politischen Menschen zum Mittelpunkt hat. Die Grenzen zwischen privater und politischer Existenz des Redenden sind fließend. Damit meine ich: Wird in einem Gespräch das berührt, was den Menschen unbedingt angeht, dann ist das für politische Menschen weniger Persönlich-Privates, sondern es sind politische Positionen. Die »Führungsberatung« ist ein Kernauftrag der Militärseelsorge und besonders hier ist keine scharfe Linie zwischen Seelsorge und politisch-ethischer Debatte zu ziehen.

Es gibt Offiziere, die eine große Autorität ausstrahlen, eine Art menschgewordener Imperativ sind. Manche von ihnen werden bei den ihnen untergebenen Soldaten dafür nicht nur respektiert, sondern sogar geachtet und gemocht. Das kann viele Gründe haben. Hier in Afghanistan verstand es ein Offizier angesichts widriger dienstlicher und militärischer Umstände (Bedrohungslage) ein »Wir gegen den Rest der Welt Gefühl«, dabei manchmal die Bundeswehr mitmeinend, zu schaffen. Damit war eine große Gruppenkohäsion erreicht und der Offizier galt als deren Inbegriff. Für ihn war der Einsatz momentan alles. Alle Aufmerksamkeit galt ihm, fast jedes Gespräch drehte sich über das große Ganze oder um Detailfragen der Einsatzsituation. Seine Familiensituation wurde nur in Halbsätzen als »im Augenblick weit weg« beschrieben. Er besuchte gelegentlich das »Gemeindezentrum« im Feldlager. Hier war es für diejenigen, die kamen, gut möglich, die Intensität der Gespräche zu dosieren. Eine lange Theke, eine Reihe von Barhockern, im Halbstundentakt kamen neue Besucher, und es war leicht sich zu verabschieden.

Das Gespräch begann mit der Lage in dem »benachbarten« Feldlager, aus dem der Offizier kam. In ihm hatte ich einen Gottesdienst gefeiert und bereitete gerade einen weiteren Gottesdienst vor. Wir redeten über die Sicherheitslage und schnell wurde daraus ein Gespräch über die Strategie des Einsatzes, über die Aussichten, zu einem besseren Afghanistan beizutragen. Ich hatte dort schon Gelegenheit mit Soldaten zu sprechen, die vor Jahren in Afghanistan dienten und bitter enttäuscht über die Entwicklung waren. Der Offizier forderte im Gespräch mit mir mehr Soldaten, mehr Waffen und ein offensiveres Mandat, »... denn sonst kommen wir hier nicht weiter und alles, was hier je erreicht wurde, geht den Kunduz runter«. Ich thematisierte den Begriff »erreicht« und wies daraufhin, dass es nicht gelungen ist, eine gesellschaftlich getragene Friedenssituation wachsen zu lassen. Er hielt dagegen, dass die unsichere militärische Lage die Politik destabilisiert und zunächst einmal militärisch »Klarheit« geschaffen werden müsse. »Wir Soldaten gegen den Rest der zögerlichen Welt«, dachte ich und gab zu bedenken, dass es sich in Afghanistan vielleicht längst um einen Bürgerkrieg handelt. »Daran haben auch die Amerikaner mit ihrem Freedom Sentinel (US-Mandat), mit den Drohnen, den Flugzeugen und dem Kampf am Boden nichts geändert.« Er erwiderte: »Man muss da einfach einen viel längeren Atem haben, meine Männer haben das schon verstanden«. Ich denke an die schier endlose Gewaltspirale und wende ein, dass, wenn es sich mittlerweile um einen Bürgerkrieg handelt, der ganze Einsatz, der ja eigentlich der »Aufstandsbekämpfung« galt, völkerrechtlich fragwürdig werde. Hier hielt er inne und formulierte scharf: »Also, Sie sind ja wie die schlimmsten Linken! Auf dieser Ebene führe ich kein Gespräch. Das führt zu nichts! Habe ich zu oft gehabt.« Doch einen Augenblick später setzt sich unser Gespräch fort, denn da sind ja seine Soldaten, die auch »meine« Soldaten sind, und die Frage, wie sie denn angesichts des Ist-Zustandes ihren Dienst tun können, ist unser beider dringendes Anliegen. Und dahin lenken wir das Gespräch.

Wir blieben in gutem Kontakt, denn wir hatten eine wichtige Schwelle überwunden. Ich als »linker Militärpfarrer«, er als »Troupier«. Als er sich Wochen später nach Hause verabschiedete, überreichte er mir feierlich eine für seine Einheit geprägte Medaille (Coin) – nicht ohne zu betonen, dass er sie mir als linkem Militärpfarrer gebe, »weil sie viel für meine Männer getan haben«. Ich meine auch für ihn etwas getan zu haben, indem ich ihn mit seinen eigenen Zweifeln so in Kontakt brachte, dass er sie zumindest ansehen konnte.

In der o.g. neuen Schrift »Begleitung im Licht des Evangeliums« zum Seelsorgeverständnis der evangelischen Militärseelsorge wird deutlich gemacht, dass sich die »religiöse Logik« der Pfarrer und Pfarrerinnen deutlich von der »militärischen Logik« abhebe.[2] In diesem Gespräch bedeutete es, dass auf A nicht B usw. folgen muss, was den einmal eingeschlagenen Weg der militärischen Gewaltanwendung intensivieren würde. Ein »Highway to hell«, der sich immer weiter verlängert. Es ist ein Segen, um Fehlbarkeit und um die Option der Umkehr zu wissen. Umkehr ohne Ansehensverlust vor Gott.

Eine Besonderheit der Seelsorge in der Bundeswehr, die sie vielleicht mit der Polizeiseelsorge gemein hat, ist ihre einerseits privilegierte Stellung, anderer-

---

[2] Fischer et al. 2019, S. 20 u. 29.

seits aber die Konfrontation damit, dass es hier um Seelsorgekommunikation mit Menschen geht, die selten religiöse Bilder gebrauchen oder solchen zugänglich sind. In der vordergründigen Identifikation des Pfarrers/der Pfarrerin mit Gott oder der religiösen Vergangenheit liegt die Chance die Sicherheiten in Frage zu stellen, die für viele Redenden zur Last geworden sind, z.B. die Sicherheiten militärischer Logik oder fragwürdigen Ehrverständnisses. Wie zum Beispiel, dass auf A unbedingt B zu folgen habe.

Militärseelsorge sollte darauf achten, wo immer es möglich ist, sich als »Seelsorge in der Bundeswehr« zu bezeichnen. Sie dient den Menschen in den Streitkräften nur dann, wenn sie im Ernstfall die heilsame Alternative des Evangeliums Jesu Christi der militärischen Logik gegenüberstellt.

Zur Organisation der Evangelischen Militärseelsorge

Die Evangelische Militärseelsorge in der Bundeswehr umfasst etwa 100 Pfarrerinnen und Pfarrer, die für maximal 12 Jahre Bundeswehrsoldaten und -soldatinnen im In- und Auslandsdienst begleiten. Zu ihren Kernaufgaben gehören neben der Seelsorge Gottesdienste, Rüstzeiten und der Lebenskundliche Unterricht. Die Leitung der Evangelischen Militärseelsorge ist Aufgabe des Militärbischofs Sigurd Rink und des Evangelischen Kirchenamts der Bundeswehr, das von Generaldekan Matthias Heimer geführt wird.

Literaturverzeichnis

Fischer, Christian et al. (2019): Begleitung im Licht des Evangeliums. 10 Thesen zum Seelsorgeverständnis, Evangelische Seelsorge in der Bundeswehr, Berlin.

Habenicht, Uwe (2018): Leben mit leichtem Gepäck – eine minimalistische Spiritualität, Würzburg.

Lauster, Jörg (2018): Eine Welt erschaffen – Friedrich Schleiermacher: Der Theologe der das Religionsverständnis revolutionierte, in: zeitzeichen. Evangelische Kommentare zu Religion und Gesellschaft, Heft 11.

Wer den Frieden will, muss den Frieden vorbereiten
Einblicke in die Praxis aktueller Friedensbildung
Christof Starke

Zusammenfassung:
Die Worte aus Jesaja 2 »Da werden sie ihre Schwerter zu Pflugscharen und ihre Spieße zu Sicheln machen. Denn es wird kein Volk wider das andere das Schwert erheben, und sie werden hinfort nicht mehr lernen, Krieg zu führen« waren für die Friedensgruppen der DDR in den 80er Jahren ein wichtiges Fundament für konkretes Friedensengagement. Im Sinne, dass »nicht weiter Krieg gelernt werden soll«, wurde gegen den »vormilitärischen Unterricht«, die jährlichen »Wehrlager« und die im Staatsbürgerkundeunterricht propagierten Feindbilder protestiert. Als Antwort auf die als hohle Phrasen wahrgenommenen staatlichen Friedensbekenntnisse wurden alternative Konzepte des Lernens für den Frieden entwickelt und in den unterschiedlichen Räumen der kirchlichen Arbeit, insbesondere in der Jugendarbeit angewendet. In Westdeutschland setzte Friedenspädagogik an den Schrecken der Weltkriege an und strebte die Verständigung der sich darin feindlich gegenübergestandenen Länder an. Durch individuelle Begegnung im Sinne einer »Völkerverständigung« sollte das »Nie wieder Krieg« befördert werden, bspw. durch Workcamps und Freiwilligendienste. Nach 1968 lenkte die kritische Friedenspädagogik den Blick auf die vermeidlich objektiven Strukturen der Ungerechtigkeit als Ausgangspunkt für Gewalt und Krieg.

Mit dem Ende des Ost-West-Konflikts begann eine neue Phase, mit vielen praxisbezogenen Methoden für die Anwendung im schulischen und außerschulischen Bereich, wie Streitschlichter-Programme oder Mediation, oder Aktionstrainings mit politischen Gruppen bis hin zu den ersten Ausbildungskursen für zivile Friedensdienste.

Unter anderem angeregt durch das verstärkte Aufkommen von Fremdenfeindlichkeit in Deutschland und einem Erstarken von nationalen Identitäten wurde der Blick auf die (inter-)kulturellen und demokratiefördernden Dimensionen der Friedenspädagogik geschärft. Der von der UNESCO geprägte Begriff der »Kultur des Friedens« wurde in Theorie und Praxis als neuer konzeptioneller Rahmen aufgegriffen.

Konkrete Beispiele und Erfahrungen aus der Arbeit des Friedenskreis Halle e.V. sollen Grundlage des Versuches sein, ein heutiges Bild von Friedensbildung zu zeichnen.

Die Entstehung des Friedenskreis Halle im Frühjahr 1990 ist zum einen von der Tradition der ostdeutschen Friedensarbeit geprägt. Über die Mitgliedschaft in der Aktionsgemeinschaft Dienst für den Frieden (AGDF) ist die Arbeit aber ebenso geprägt durch die Geschichte und die Konzepte der westdeutschen und später dann gemeinsamen Friedensarbeit. Die zunächst ehrenamtlich arbeitende Gruppe ist inzwischen zu einer Organisation mit 20 hauptamtlichen Mitarbeitenden und vielen Ehrenamtlichen gewachsen. Dabei bildet Friedensbildung, neben dem friedenspolitischen Engagement und internationalen Freiwilligendiensten / Friedensdiensten, eine der drei Säulen der Arbeit des Friedenskreis Halle e.V.

Für das, was wir seit fast 25 Jahren im Bildungsbereich tun, verwenden wir gezielt den Begriff Friedensbildung.[1] »Frieden« meint dabei nicht nur die Abwesenheit von Krieg oder anderer physischer Gewalt (negativer Friedensbegriff), sondern explizit auch den Prozess, mehr soziale Gerechtigkeit und eine Kultur des Friedens zu fördern. Mit »Bildung« meinen wir die Praxis des lebenslangen und ganzheitlichen Lernens, im Sinne eines politischen, aufklärenden Bildungsbegriffes. Die Inhalte unserer Bildungsarbeit sind von den *Grundkategorien: Frieden, Krieg / Gewalt und Konflikt* bestimmt und orientieren sich an fünf Leitthemen: aktive Gewaltfreiheit, konstruktive sowie zivile Konfliktbearbeitung, gelebte Demokratie, transkulturelle Vielfalt und globale Gerechtigkeit. Das schließt einen ganzheitlichen Ansatz, im Sinne Kopf, Herz und Hand, als die Förderung *sozialer Kompetenzen, Sachkompetenzen* und *Handlungskompetenzen* ein. Die Praxis unserer Friedensbildung erstreckt sich von der Elementarbildung, schulischer und außerschulischer Jugendbildung über die Aus- und Fortbildung, Erwachsenenbildung, Lehraufträge an der Hochschule bis hin zur Friedensförderung in Konflikt- und Krisengebieten.

Gewaltprävention und Konfliktbearbeitung auf persönlicher Ebene

Frieden beginnt im Kleinen, im Alltäglichen. Seit vielen Jahren qualifiziert daher der Friedenskreis Halle e.V. Menschen, die Konflikte gewaltfrei bearbeiten möchten. Im außerschulischen Bereich stehen dafür besonders die mehrmodu-

---

[1] Zur Bedeutung der weiteren oft verwendeten Begriffe »Friedenserziehung« und »Friedenspädagogik« siehe Jäger 2018.

ligen Fortbildungen »Konflikte bearbeiten!« und »Kreativ im Konflikt«,[2] bei denen Teilnehmende aus unterschiedlichsten Berufsfeldern lernen, Konflikte im Arbeits- und Privatalltag zu erkennen, zu analysieren und konstruktiv zu bearbeiten. Seit zwei Jahren wird zusätzlich in Kooperation mit der Kurve Wustrow und im Rahmen eines von der EKD geförderten Verbundprojekts der AGDF ein Kurs für Geflüchtete angeboten. Die Herangehensweise aller Kurse ist ganzheitlich – theoretische Modelle werden ebenso einbezogen, wie erfahrungsorientierte Übungen, Selbstreflexion und Rollenspiele. Viele Teilnehmende melden zurück, dass sie selbstsicherer agieren können und einen positiveren Zugang zu Konfliktsituationen gefunden haben. Manche tragen diese Konfliktkompetenz in ihre bisherigen Arbeitsfelder, andere qualifizieren sich weiter bspw. als Trainer. Von den Teilnehmenden mit Fluchterfahrungen haben wir die Rückmeldung bekommen, dass der Kurs sie im Ankommen und ihren Zukunftsperspektiven gestärkt hat. Mit unserem spezifischen Ansatz und der sensiblen methodischen Anleitung des Trainerteams fühlen sie sich als individuelle Person wahr- und z. T. erstmals hier angenommen.

Mit Schulklassen arbeiten wir in mehrtägigen Projekten oder qualifizieren Lehrkräfte weiter. Schüler lernen beispielsweise unter dem Motto »Kompetent im Konflikt«, Streit anzusprechen und zu erkennen, wo eine Eskalationsdynamik alle Beteiligten zu Verlierern macht. Dabei werden präventive Elemente, wie Kommunikationsübungen, Vermittlung in tagesaktuellen Konflikten und kooperative Teamübungen, die – entsprechend ausgewertet – die Atmosphäre der Gruppe verbessern, kombiniert. In weiteren Projekten setzen sich die Schülerinnen und Schüler beispielsweise mit transkultureller und sprachlicher Vielfalt auseinander, werden in ihrer Rolle als Schulsprecher gestärkt oder üben Zivilcourage.

CivilPowker – Ein Planspiel zu zivilem Engagement in internationalen Konflikten

Täglich nehmen wir Meldungen und Berichte aus den Konflikt- und Kriegsregionen der Welt wahr. Doch was kann man von Deutschland aus angesichts internationaler Konflikte tun? Diese Frage steht im Mittelpunkt des gemeinsam mit dem Fränkischen Bildungswerk für Friedensarbeit und weiteren Partnerorganisationen bundesweit angebotenem eintägigen Lernspiels CivilPowker.[3]

---

[2] Wir arbeiten dabei nach Standards des bundesweiten Qualifizierungsverbundes der AGDF e.V.

[3] Entwickelt wurde das Planspiel vom Friedenskreis Halle und dem Fränkischen Bildungswerk für Friedensarbeit. Regionale Ansprechpartner sind erreichbar unter: www.civilpowker.de.

Die Teilnehmenden schlüpfen dabei in Rollen aus Zivilgesellschaft, Wirtschaft und (Partei-)Politik, beschäftigen sich mit ihren verschiedenen Interessen und Werten, lernen Verflechtungen und Einflussmöglichkeiten kennen. Per Videosequenz im Tagesschau-Stil erreichen sie Nachrichten aus einem konkreten Krisenherd. Anschließend können sich die Akteure abstimmen, ob und was zu tun sei. Die möglichen Handlungsoptionen, mit denen »gepokert« wird, sind vielfältig: Die Zivilgesellschaft bspw. könnte Großdemonstrationen organisieren, mit der Bevölkerung im Konfliktland Kontakt aufnehmen oder Friedensfachkräfte entsenden. Allerdings könnten sie auch ihren Alltag fortsetzen oder sich für eine Verschärfung des Asylrechts einsetzen. Vieles kann nur mit Hilfe der Zustimmung bzw. Unterstützung der anderen Akteure umgesetzt werden – deshalb diskutieren die meist jugendlichen Teilnehmenden und feilschen um *civil-*, *policy-* oder *economy-power*-Punkte der Anderen.

Ziel von CivilPowker ist es nicht, eine Antwort zu liefern, was in einem Konflikt »richtiges« Handeln sei. Sondern die Teilnehmenden sollen sich der Breite von möglichen Handlungsoptionen bewusst werden, erfahren, ob ihr Vorgehen den Konflikt eher eskaliert oder deeskaliert, neue Instrumente kennenlernen und gesellschaftspolitische Zusammenhänge reflektieren. Besonders ist an CivilPowker zum einen, Einflussmöglichkeiten der Zivilgesellschaft einzubeziehen. Zum anderen wird ein friedenslogischer[4] Blick auf Konflikte nahegelegt: Nicht etwa die versicherheitlichte Perspektive, was eine Bedrohung oder Gefahr für »uns« selbst darstellen könnte und wie man diese abwehren sollte, sondern die Fragen, was eine gerechte Lösung des Konflikts befördert und was destruktiv wirkt.

Unter dem Titel »Ene mene mu und raus bist du« wurde ein weiteres Lernspiel entwickelt, das die Lebensrealität von Geflüchteten im Aufnahmeverfahren thematisiert. Als Einstieg wird die Fluchtroute nachgezeichnet und die interaktive (Schul-)Stunde endet für die Teilnehmenden mit dem Bescheid über das Bleiberecht oder die bevorstehende Abschiebung.

»Zivil statt militärisch« Friedensfachkräfte und Ausstellungen veranschaulichen zivile Konfliktbearbeitung im Ausland

Wo CivilPowker ganz gezielt den Blick auf hiesige Handlungsoptionen richtet, geben andere Formate anschaulich Einblick in konkrete Konfliktbearbeitung im näheren oder ferneren Ausland. Aktive oder ehemalige Friedensfachkräfte, also qualifizierte und erfahrene Fachleute, berichten von ihrer Praxis, in Abendver-

---

[4] Zur Unterscheidung von Sicherheitslogik und Friedenslogik sowie Überlegungen zur Anwendung in der Friedensbildung siehe Birckenbach 2018.

anstaltungen, Schulworkshops oder mit Hilfe von Ausstellungen z. B. über den Zivilen Friedensdienst mit dem Titel »Wir scheuen keinen Konflikt«. Die Themen sind u. a.: Menschenrechtsbeobachtung in Krisenherden, Kunstprojekte zur Vergangenheitsbewältigung auf dem Balkan, Qualifizierung afghanischer Journalistinnen oder der Rohstoffabbau als Konfliktursache auf den Philippinen. Damit werden durch diese Veranstaltungen Alternativen einerseits zu militärischen Interventionen und andererseits zu »Nichtstun« anschaulich aufgezeigt. Den Rahmen hierfür bietet seit vielen Jahren das Projekt »Engagiert für Frieden und Entwicklung«, aus welchem sich zahlreiche Kooperationen zu Schulen in Halle entwickelt haben. Eine überregionale Ausweitung des Ansatzes wurde durch die Förderung von Brot für die Welt für die Bildungsarbeit einer zurückgekehrten Fachkraft möglich. Auf Anregung der AGDF hatten sich hierfür der Friedenskreis Halle in einen Projektverbund mit der EKM und der Hannoverschen Landeskirche zusammengetan. In der 4-jährigen Projektlaufzeit wurden mit der authentischen Vermittlung von Erfahrungen aus Kamerun einer großen Zahl von Menschen, von Kindern über Jugendgruppen bis zu angehenden Pfarrerinnen, anschaulich Praxis und noch unausgeschöpfte Potenziale der zivilen Konfliktbearbeitung vermittelt. In vielen Gemeinden wurde ein nachhaltiger Impuls für die (Wieder-)Belebung der Beschäftigung mit dem Frieden z. B. im Rahmen der Friedensdekade gegeben. In der EKM hat das Projekt »zivil statt militärisch« mit einem Baustein zu dem aktuell in der Landessynode laufenden Prozess zur Erarbeitung eines Konzeptes für die Kirche des gerechten Friedens beigetragen.

Noch immer sind Angebote der Friedensbildung meist von befristeten Projektförderungen getragen. Eine Verstetigung und Verankerung in bestehender Arbeit ist Zukunftsaufgabe. Die beschriebene erfolgreiche Arbeit von »zivil statt militärisch« hat hierfür beispielhaft Ansatzpunkte aufgezeigt. Eine nahtlose Fortführung bei uns in der Region oder ein Neustart in anderen Landeskirchen konnte allerdings noch nicht erlangt werden.

Netzwerke für die Zukunft der Friedensbildung knüpfen

Breite und agile Netzwerke sind eine entscheidende Basis für die Zukunft der Friedensbildung. Durch Begleitung des Projektes von AGDF und EAK »Friedensbildung und Schule« entstanden in mehreren Bundesländern regionale Netzwerke Friedensbildung sowie das Bundesweite Netzwerk Friedensbildung. Für Sachsen-Anhalt ergab sich durch eine Handreichung des Kultusministeriums der Anstoß, dass die Gestaltung von Schulstunden zu Friedens- und Sicherheitspolitik nicht allein von Jugendoffizieren der Bundeswehr durchgeführt, sondern auch um die Positionen und Beiträge von Akteuren der Friedensbildung erweitert werden müssen. Um den Zugang zu solchen Angeboten für Pädagoginnen und Pädagogen zu erleichtern, hat sich vor 3 Jahren unter Federführung des Friedenskreis Halle und der Friedensbeauftragten der EKM das regionale Netzwerk Friedensbildung Mitteldeutschland zusammengefunden. Jährlich findet ein regionaler Fachtag für Friedensbildung positive Resonanz bei Multiplikatorinnen. Von kirchlicher Seite werden von den Friedensbeauftragten, aber auch durch das Pädagogisch Theologische Institut und die evangelische Jugendarbeit wichtige zeitliche und finanzielle Ressourcen aber auch ganz spezifische Inhalte z. B. zu friedensethischen Fragen oder interreligiöse Aspekte in die Ausgestaltung der Aktivitäten eingebracht.

Fazit und Ausblick

Angesichts aktueller gesellschaftlicher und globaler Herausforderungen gewinnt die Friedensbildung wachsende Bedeutung. In den letzten Jahren nehmen wir ein zunehmendes Interesse an unseren Angeboten war. Regional und bundesweit entwickeln sich neue Netzwerke und Kooperationen. Theoretisch-konzeptionelle Diskussionen werden wieder intensiver geführt und neue methodische Ansätze entwickelt. Strukturell und die Ressourcen betreffend steht die Friedensbildung allerdings vor der Herausforderung, sich aus der überwiegend von befristeten Projektförderungen abhängigen Arbeit hin zu einer echten Querschnittsarbeit zur sozialen Kompetenzentwicklung, friedenspolitischen Bildung und Engagementförderung zu entwickeln. Bei alldem können und sollten kirchliche Akteure eine aktive Rolle einnehmen.

Literaturverzeichnis

Jäger, Uli (2018): Friedensbildung 2020: Grundzüge für eine zeitgemäße »Erziehung zur Friedensliebe« an Schulen, in: Simon Meisch / Uli Jäger / Thomas Nielebock (Hg.): Erziehung zur Friedensliebe. Annäherungen an ein Ziel aus der Landesverfassung Baden-Württemberg, Baden-Baden.

Birckenbach, Hanne-Margret (2018): Friedenslogik. Grundlagen für eine Erziehung zum Frieden, in: Simon Meisch / Uli Jäger / Thomas Nielebock (Hg.): Erziehung zur Friedensliebe. Annäherungen an ein Ziel aus der Landesverfassung Baden-Württemberg, Baden-Baden.

Freiwilligendienste als Friedensdienste

Dagmar Pruin und Jakob Stürmann

Einleitung (Dagmar Pruin)

Wer von Erfahrungen berichten soll, die in der Friedensarbeit gemacht werden, tut gut daran, die Menschen selbst sprechen zu lassen, die diese Erfahrungen gemacht haben. Daher berichtet in einem ersten Schritt der ehemalige Freiwillige Jakob Stürmann von seinen Erfahrungen und stellt sie in den Kontext der Arbeit von Aktion Sühnezeichen Friedensdienste (ASF). In einem weiteren Schritt wird dann der Blick auf die Arbeit anderer Organisationen geweitet, die im Raum der EKD ihren Freiwilligendienst vor allem als Friedensdienst verstehen und sich unter dem Dach der Aktionsgemeinschaft Dienst für den Frieden (AGDF) zusammenfinden. Zuletzt erhält dann wieder Jakob Stürrmann als ehemaliger Freiwilliger das Wort. So werden verschiedene Perspektiven miteinander verschränkt.

1. Aktion, Sühnezeichen und Friedensdienste (Jakob Stürmann)

Während Gerhard Schröder und Doris Schröder-Köpf am 9. Mai 2005 anlässlich des 60. Jahrestages des »Tag des Sieges« neben Vladimir Putin in Moskau eine riesige Militärparade begutachteten, gab es in einer ukrainischen Stadt bei einer ähnlichen Parade eine direkte deutsche Beteiligung. Mein Mitfreiwilliger Henner und ich begleiteten damals in Simferopol unsere Klientinnen und Klienten, die mehr als sechzig Jahre zuvor als Zwangsarbeiter nach Deutschland verschleppt wurden. All unseren Bedenken zum Trotz bestanden die von uns betreuten Klienten darauf, dass wir mit ihnen zusammen an der Parade teilnahmen: »Ihr seid keine Deutschen, ihr seid unsere Freiwilligen«, war die Antwort, mit der sie uns an diesem Tag in ihre Gemeinschaft aufnahmen. Am 60. Jahrestag des Sieges der Alliierten über Deutschland jubelte deshalb die Simferopoler Bevölkerung zwischen Innenstadt und dem ewigen Feuer im Gagarin Park ungeahnt auch zwei jungen deutschen Friedensdienstleistenden zu.

Die Frage nach den verbindenden Momenten der ASF-Freiwilligendienste ist nicht immer leicht zu beantworten, denn auf den ersten Blick sind unsere Arbeitsfelder und -orte sehr divers. Langfristige Freiwilligendienste finden heute in 13 Ländern statt und sind aufgeteilt in fünf Projektbereiche: historische und politische Bildung, Arbeit mit älteren Menschen, mit Menschen mit Beeinträchtigung und mit sozial Benachteiligten. Außerdem treffen sich jährlich in mehr als zwanzig Sommerlagern internationale Gruppen, die sich einige Wochen mit einem der oben genannten Arbeitsfelder beschäftigen, gemeinsam leben und sich kontrovers austauschen. In der Vielfalt der Projektbereiche bildet sich die Mehrdimensionalität der Verbrechen des Nationalsozialismus ab und damit auch unsere politischen Arbeitsfelder. Ich möchte diese Gelegenheit nutzen, um darüber nachzudenken, was die verbindenden Momente eines ASF-Dienstes sind. Ein Teil der Antwort liegt im oben beschriebenen persönlichen Erlebnis. Die Feierlichkeit des 9. Mai 2005 ist eines von mehreren Ereignissen aus Simferopol, die mich in ihrer Komplexität bis heute beschäftigen. Wie konnte es sein, dass wir in diesem Moment von den ehemaligen Zwangsarbeitern nicht als Deutsche, sondern als »ihre Freiwilligen« wahrgenommen wurden? Erinnerungspolitisch überlege ich, ob Feierlichkeiten zum Tag des Sieges auch ohne Ehrung von Stalin stattfinden können und ob es nach 2014 wieder eine integrative ukrainisch-russische Erinnerungsform an den Zweiten Weltkrieg geben kann.

Alle Freiwilligen machen persönliche Erfahrungen mit (erinnerungs-)politischer Bedeutung. Diese Ereignisse begleiten einen oftmals über Jahre hinweg und lassen Geschichte und Grenzen spürbar werden. Diese Erlebnisse können kurzzeitig eigene Erwartungen und Erfahrungen über den Haufen werfen und lassen Handlungsräume spürbar werden. Ein weiteres verbindendes Moment der ASF-Freiwilligenarbeit liegt im Anspruch, utopisches Denken an gesellschaftliche Verbesserung mit konkretem Handeln zu verbinden. Letzteres ist zugleich Anspruch und Auftrag der ASF-Freiwilligendienste und begründet sich aus der Bedeutung der drei Begriffe des Vereinsnamens.

Mit dem Vereinsnamen und seinen verschiedenen Interpretationen ringen alle langfristigen Freiwilligengenerationen. Jeweilige individuelle Zugänge hängen auch mit politischen Einstellungen und der eigenen Sozialisation zusammen. Schon auf dem Info- und Auswahlseminar treffen sich unterschiedliche junge Erwachsene: Christen hören die Argumente von Antifaschistinnen und Mitglieder der Jungen Union diskutieren mit Mitgliedern der Jugendorganisation der Linkspartei. In Sommerlagern treffen sich Teilnehmerinnen aus unterschiedlichen gesellschaftlichen Kontexten. Neben der Kürze der Zeit ist die international gemischte Teilnehmerschaft Bereicherung und Herausforderung. Sie erzeugt Multiperspektivität und handfeste Konflikte in Bezug auf politische und historische Debatten. Je nach Erfahrungshorizont erweckt dabei auch unser

Vereinsname unterschiedliche Assoziationen. Diese Vielfalt setzt sich später auch generationenübergreifend auf Vereinstreffen und Mitgliederversammlungen fort. Trotz kontroverser Diskussionen erlebe ich bei ASF fast immer einen respektvollen Umgang miteinander, der über politische, aber auch über generationelle, kulturelle und nationale Grenzen hinweg gepflegt wird. Ein Grund hierfür ist das Selbstverständnis der »Aktion«. Dort, wo politische Unterschiede nicht überwunden werden, treffen sich Freiwillige im Willen zu Handeln. Die Anerkennung der deutschen Schuld an der Schoa und am Zweiten Weltkrieg sowie das Bedürfnis, ein Zeichen zu setzen, damit so etwas nie wieder geschieht, sind die Basis unserer Arbeit. »Man kann es einfach tun«, so drückte der Vereinsgründer Lothar Kreyssig dies aus. »Aktion« geschieht auf Basis eines gemeinsamen Wertekonsenses und bietet gleichzeitig einen Zusammenhang, in dem Vielfalt als Norm angesehen wird.

Neben der »Aktion« leiten den Verein mit »Sühnezeichen« und »Friedensdienste« zwei weitere zentrale Begriffe. Sühnezeichen verweist auf das christliche Fundament des Vereins sowie auf die Anerkennung von Schuld und Leid. Auch wenn der Begriff Vielen zunächst schwer zugänglich erscheint, so fordert er die Freiwilligen von Beginn an zu einer gewissen Demut heraus. In seiner Sperrigkeit kann der Begriff Ausgangspunkt für ein Verständnis von komplexen theologischen Fragestellungen und historisch-politischen Zusammenhängen sein.

Der Begriff »Friedensdienste« ist dagegen ein Namenszusatz, den Aktion Sühnezeichen (West) im Kontext der westdeutschen Friedensbewegung der 1960/70er Jahre annahm. In meinem Verständnis spiegelt sich in ihm ein utopischer Aspekt eines ASF-Freiwilligendienstes wider. Er liest sich als Versprechen dafür, dass eine friedlichere Welt möglich ist und alle diese mitgestalten können. Dieses Versprechen wird in heutigen Freiwilligengenerationen möglicherweise weniger ideologisch unterfüttert als vor einigen Jahrzehnten. Der Wunsch, einen Beitrag für eine friedvollere Welt zu leisten, ist aber weiterhin eines der stärksten Motive für einen ASF-Dienst.

2. Freiwilligendienste als Dienst am Frieden (Dagmar Pruin)

Die Aktion Sühnezeichen Friedensdienste gründete 1968 gemeinsam mit der *Brethren Service Commission*, dem Christlichen Friedensdienst, EIRENE, dem Weltfriedendienst und dem Ökumenischen Friedensdienst die Aktionsgemeinschaft Dienste für den Frieden (AGDF). Das Gründungsdatum der AGDF liegt zehn Jahre nach der Gründung von ASF am Rand der Synode in Berlin im Jahre 1958. War auf jener Synode die Frage der Militärseelsorge einer der drängendsten Tagesordnungspunkte, so musste die verfasste evangelische Kirche sich zehn Jahre später der Frage stellen, ob angesichts der wachsenden atomaren

Bedrohung die praktizierte Gewaltlosigkeit der einzig denkbare Weg sei oder ob auch die atomare Abschreckung der Friedenssicherung dienen könne. Durch die Formulierung »Friedensdienst mit und ohne Waffen« entschied man sich dafür, beide Wege als theologisch begründbar anzuerkennen.

In diesem Umfeld gründete sich nun ein Verband, der die Auffassung vertrat, dass Gerechtigkeit und Versöhnung mit Gewaltlosigkeit zu verbinden seien, und der gerade auch in der Frage der Anerkennung von Friedensdiensten als Zivildienst eine Lobbyagentur gegenüber Kirche und Staat gleichermaßen darstellte.

Den Freiwilligendiensten, die sich unter dem Dach der Aktionsgemeinschaft Dienst für den Frieden (AGDF) versammeln, ist gemeinsam, dass sie ihren Freiwilligendienst als Friedensdienst verstehen.[1] Zugespitzt und anders gesagt trifft es für den Großteil von ihnen zu, dass sie sich zunächst als Friedensorganisationen verstehen, die (auch) Freiwilligendienste anbieten. Damit steht nicht zunächst und allein der/die Freiwillige im Zentrum, sondern die Sache, die Friedensarbeit – und diese Haltung ist konstitutiv. Daher werden in dem Positionspapier der AGDF »Freiwilligendienste als Friedensdienst« aus dem im folgenden laufend zitiert wird, zunächst die politischen und gesellschaftlichen Dimensionen solch eines Friedensdienstes betrachtet und dann in einem zweiten Schritt die individuelle Dimension des Friedensdienstes als »Lerndienst« analysiert.[2]

Der Friedensdienst wird als eine Praxis zivilgesellschaftlichen Handelns verstanden.

»Er bietet den Freiwilligen, den Partnern in den Partnerorganisationen und Einsatzstellen sowie uns als Trägern gemeinsame Gestaltungsräume, um Solidarität zu üben und zu erfahren. Freiwillige aus dem In- und Ausland unterstützen Partner im In- und Ausland praktisch und konkret dabei, unsere Gesellschaften zu verändern, Lebenssituationen zu verbessern und über nationalstaatliche, soziale und ökonomische Grenzen hinweg Beziehungen zu knüpfen. Zugleich eröffnet ein Friedensdienst

---

[1] Die unter dem Dach der AGDF versammelten Freiwilligendienste sind: Aktion Sühnezeichen Friedensdienste, Brethren Voluntary Service, Eine Welt Leipzig, EIRENE, Friedenskreis Halle, ICJA-Freiwilligenaustausch weltweit, KURVE Wustrow, Mennonite Voluntary Service, NETZ Bangladesch, PBI.

[2] *Freiwilligendienste als Friedensdienst*, Positionspapier des Fachbereichs III der AGDF, verabschiedet im März 2019. Das Leitbild der AGDF formuliert dabei grundlegend: »Dabei meint Friede – Schalom – in einem umfassenden Sinn das Heilsein des Menschen, der menschlichen Gemeinschaft und der ganzen Schöpfung. Im ›Konziliaren Prozess für Gerechtigkeit, Frieden und die Bewahrung der Schöpfung‹ haben sich Kirchen und Bewegungen in aller Welt diesen Auftrag zu eigen gemacht. Die AGDF und ihre Mitglieder stellen sich bewusst in diese Perspektive. Sie bauen mit an einer künftigen Welt, in der soziale Gerechtigkeit gelebt wird, in der Konflikte gewaltfrei ausgetragen werden und in der alle Geschöpfe ihren unversehrten Lebensraum haben.«

Lernprozesse, in denen sich alle Beteiligten entwickeln und verändern und in denen sie sich in Vielfalt und Verschiedenheit kennen und schätzen lernen. Friedensdienst sensibilisiert für Menschenrechte und stärkt demokratische Grundwerte und die Verantwortung des Einzelnen für die Gemeinschaft. [...]

In den transkulturellen und interreligiösen Begegnungen, welche unsere Dienste im In- und Ausland ermöglichen, erfahren und üben die Freiwilligen gegenseitige Achtung und Respekt gegenüber anderen Menschen ein. Sie erfahren ihre Potentiale als mündige Bürgerinnen und Bürger und werden in ihrer politischen und sozialen Handlungsfähigkeit gestärkt. Die meisten Freiwilligen engagieren sich auch nach Abschluss ihres Friedensdienstes politisch und sozial weiter. Zudem transportieren sie ihre Erfahrungen zurück in ihre Familien und Herkunftsgemeinschaften. Sie übernehmen damit eine wichtige Funktion im internationalen und transkulturellen Austausch und für die politische Bewusstseinsbildung in unseren Gesellschaften.

Friedensdienst hat zum Ziel, dass Menschen in tätiger Praxis ihre Visionen von Frieden entwickeln. Er eröffnet neue Perspektiven auf das Zusammenleben in einer globalen Welt. So ist Friedensdienst immer Beziehungsarbeit. Die Freiwilligen setzen sich mit ihrer eigenen sozialen, ökonomischen, kulturellen und historisch geprägten Herkunft in Beziehung zu anderen Menschen und Gruppen, die sozial und/oder ökonomisch marginalisiert werden. Sie lernen, eigene Privilegien und depriviligierte Situationen zu erkennen und zu hinterfragen. Sie werden bestärkt und ermutigt, sich für ihre Rechte und für die Rechte anderer einzusetzen. Sie reflektieren ungerechte politische und ökonomische Verstrickungen und Beziehungsgeschichten, auch von ihrer eigenen Biografie her.

Dieser individuelle Lernprozess wird von uns Trägern im Rahmen von Seminaren und im persönlichen Gespräch pädagogisch und sozial begleitet. Wir unterstützen die Freiwilligen dabei, ihre Erfahrungen zu durchdenken, auch Konflikte, eigene Grenzen und Misserfolge besser zu verstehen und Handlungsstrategien zu entwickeln. Friedensdienst stärkt die Freiwilligen in ihrer Mündigkeit, Freiheit und Selbständigkeit und verweist sie immer auch auf ihr Angewiesensein auf Andere. Er eröffnet ihnen ein besseres und selbstkritisches Verständnis für eigene Gruppenzugehörigkeiten und bricht zugleich Selbst- und Fremdzuschreibungen auf. In diesem praxisbezogenen Lernprozess erwerben die Freiwilligen für ihren weiteren Lebensweg wertvolle Kompetenzen und prägende Erfahrungen und Kenntnisse. Viele von ihnen bleiben in ihrem weiteren Leben politisch und sozial engagiert und den friedensethisch begründeten Visionen unserer Dienste aktiv verbunden.

[...] Zum Prinzip der Partnerschaft gehört für uns auch die Entsendung von Freiwilligen aus dem Ausland nach Deutschland. Friedensdienst ist keine Einbahnstraße, sondern braucht Gegenseitigkeit, Austausch und Chancengleichheit. Bislang überwiegen Entsendungen von Deutschland ins Ausland zahlenmäßig deutlich gegenüber der Entsendung von ausländischen Freiwilligen nach Deutschland. Deshalb setzen wir uns für die Weiterentwicklung und den Ausbau der sogenannten Incoming-Programme in Deutschland ein.«

3. Friede als Verb verstehen (Jakob Stürmann)

Es obliegt nicht allein zivilgesellschaftlichen Organisationen, eine friedlichere Welt zu schaffen. Aber wenn wir Frieden als Verb denken, wie es Daniel Kahn & the Painted Bird in ihrem Lied »Freedom Is A Verb« für den Begriff Freiheit vorschlagen, bleibt uns bewusst, dass wir täglich etwas dafür tun müssen. Aufgrund der Komplexität der Probleme in der Welt erscheint es oft schwer, hierfür einen Anfang zu finden. Unsere Freiwilligendienste bieten jeweils auf ihre Weise einen virtuellen und zugleich praktischen Werkzeugkasten, mit dem es leichter wird, komplexe Zusammenhänge zu verstehen und kritisch zu hinterfragen. Sie ermöglichen Denkanstöße durch Perspektivwechsel, lassen Verbindung zwischen Geschichte und Gegenwart auf einer persönlichen Ebene spürbar werden und regen dazu an, erinnerungs- und friedenspolitisch aktiv zu werden; auf lokaler, nationaler oder internationaler Ebene. Die einen durchleben dies in einer intensiven zwei- bis dreiwöchigen Sommerlagerbegegnung, andere während eines ganzen Jahres.

Kirche als Friedensstifter
Die Evangelische Kirche in der DDR[1]

Bernd Rieche und Markus A. Weingardt

Das Ende des sozialistischen Systems in der DDR und anderen osteuropäischen Staaten Ende der 1980er Jahre ereignete sich für viele Menschen in Ost und West überraschend. Noch überraschender aber war es, dass der Systemwechsel friedlich verlief.

Dieser Wandel hatte viele Ursachen, insbesondere den sowjetischen Politikwechsel unter Michail Gorbatschow (Perestroika und Glasnost) oder die ökonomischen Probleme der DDR und anderer Ostblockstaaten. Doch diese internen und externen Ursachen des Zusammenbruchs sollen hier nicht analysiert werden. Vielmehr geht es um Gründe und Faktoren dafür, dass der Umbruch gewaltfrei verlief und was die Kirchen in der DDR dazu beitrugen.

1. Die Rolle der Evangelischen Kirche

Das Verhältnis von Evangelischer Kirche und Staat in der DDR war immer spannungsvoll und ambivalent. Nach dem Ende des Zweiten Weltkrieges waren ca. 80% der Bevölkerung der DDR evangelisch und 12% katholisch. Vom Kommunismus hingegen war die Bevölkerung zunächst noch wenig überzeugt, und eine Bekämpfung der Kirchen hätte diese Abneigung noch verstärkt. Daher wurden die Kirchen nach Gründung der DDR nicht einfach verboten. Sie wurden vom Staat geduldet, sollten sich aber auf (eng gefasste) kultische Aufgaben beschränken. Die zunehmend repressive Kirchenpolitik der DDR führte allerdings dazu, dass Ende der Achtzigerjahre nur noch rund 30% der Bevölkerung Mitglied der Evangelischen Kirche waren (katholisch: 4,5%).

---

[1] Dieser Artikel ist eine Überarbeitung des Artikels »Gewaltfreier Widerstand: Die Evangelische Kirche in der DDR«, Aktionsgemeinschaft Dienst für den Frieden e.V. 2008, S. 100 ff. Ausführlich zur Rolle der Evangelischen Kirche als »Mutter und Hebamme der friedlichen Revolution« in Weingardt 2010.

Die Arbeit der Kirche hatte immer auch politische Bedeutung, über die es allerdings permanente und teilweise heftige innerkirchliche Auseinandersetzungen gab. Um sich ihre relative Handlungsfreiheit zu bewahren, beschritten die Kirchenleitungen einen Grat zwischen Anpassung und Widerspruch gegenüber dem herrschenden SED-Regime. Dieses Programm fand seinen Ausdruck in der einprägsamen und zugleich vieldeutigen Formel von der »Kirche im Sozialismus«.

Ermöglicht wurde die relative Unabhängigkeit der DDR-Kirchen auch durch die Verbundenheit mit der westdeutschen *Evangelischen Kirche in Deutschland* (EKD). Lange Zeit hatte noch eine gesamtdeutsche EKD bestanden, deren Arbeit jedoch durch den Mauerbau erheblich behindert worden war. 1969 gründete sich dann der *Bund der Evangelischen Kirchen in der DDR* (BEK). Trotzdem blieben ost- und westdeutsche Kirchen eng miteinander verbunden, sowohl auf kirchenleitender Ebene als auch an der Basis, dort insbesondere durch Besuche westdeutscher Kirchengemeinden bei ihren ostdeutschen Partnergemeinden.

Nicht zuletzt erhielten die protestantischen DDR-Kirchen starke finanzielle Unterstützung von der EKD. Der so gewonnene Handlungsspielraum diente auch der politischen Positionierung und dem Schutz ihrer Mitglieder. Zum Beispiel setzte sich die Kirche für Kriegsdienstverweigerer ein und trug dazu bei, dass es in der DDR – als einzigem Ostblockstaat – jungen Wehrpflichtigen ermöglicht wurde, als sogenannte »Bausoldaten« einen Armeedienst ohne Waffe zu leisten. Als in den Achtzigerjahren eine Gruppe junger Menschen jeglichen Dienst verweigerte und deswegen verhaftet wurde, bemühte sich die Kirche, dass alle Totalverweigerer wieder entlassen wurden und es zu keinen weiteren Inhaftierungen kam.

2. Kirchliches Friedensengagement

Die kirchliche Friedensbewegung in der DDR setzte 1980 mit der Friedensdekade ein erstes weithin sichtbares Zeichen: zehn Tage im November jeden Jahres, in denen auf vielfältige Weise zu Friedensthemen gearbeitet wurde. Unter dem Motto »Frieden schaffen ohne Waffen« bzw. »Schwerter zu Pflugscharen« animierten und motivierten diese Veranstaltungen viele junge Menschen zur kritischen Auseinandersetzung mit der militärischen Konfrontation zwischen Ost und West und unterstützten sie bei ihrer Entscheidung, den Kriegsdienst zu verweigern. Die Friedensdekade wurde gleichzeitig von den westlichen Landeskirchen aufgegriffen und bis heute weitergeführt.

Die Dynamik der ostdeutschen Kirchen zeigte sich auch auf der Vollversammlung des Weltkirchenrates in Vancouver 1983, als die DDR-Kirchen vorschlugen, ein christliches Friedenskonzil einzuberufen. Nicht zuletzt aus dieser Debatte entwickelte sich der weltweite ökumenische *Konziliare Prozess für Frie-*

den, Gerechtigkeit und Bewahrung der Schöpfung. Trotzdem war der Weg der DDR-Kirchen zu einer »Kirche des Friedens« ein ständiges Ringen zwischen verschiedenen kirchlichen Gruppen, das aber auch klare Synoden-Beschlüsse wie das »Bekennen in der Friedensfrage« (BEK 1987) hervorgebracht hat.[2]

Die kirchliche Eigenständigkeit, ihr gewisser Freiraum, ihre institutionelle wie finanzielle Unabhängigkeit waren für den gewaltfreien Umbruch von 1989 eine wesentliche Voraussetzung:

- Die kirchliche Infrastruktur ermöglichte oppositionellen Friedens-, Menschenrechts- und Umweltgruppen, unter dem Dach der Kirche zu wirken, sich zu strukturieren und zu vernetzen;
- Kirchen boten Raum für unabhängige, oft staatskritische Kultur- und Bildungsveranstaltungen;
- Kirche war Anwalt und Helfer für Opfer staatlicher Gewalt: Leitende Geistliche setzten sich bei staatlichen Behörden für Oppositionelle ein, Ausreisewillige wurden betreut, politische Häftlinge und ihre Angehörigen wurden unterstützt, der Freikauf von Häftlingen nach Westdeutschland vermittelt und vieles mehr;
- Friedensdekade, Konziliarer Prozess, Kirchentage und andere kirchliche Veranstaltungen boten Anregungen und Raum, sich mit aktuellen gesellschaftlichen, politischen und theologischen Herausforderungen auseinanderzusetzen und neue Visionen zu entwickeln.

Durch dieses Engagement gewann Kirche als Institution und in Gestalt vieler ihrer Repräsentanten Glaubwürdigkeit und Vertrauen. Kirche war eine moralische Größe und Autorität, nicht nur für die Bevölkerung, auch für die Politik. Dies ermöglichte ihr eine vermittelnde Rolle, z.B. an den Runden Tischen der Wendezeit, an denen sie jahrzehntelange praktische Erfahrungen mit demokratischen Strukturen einbringen konnte. Auch deshalb wurden zahlreiche Runde Tische auf allen politischen Ebenen von kirchlichen Mitarbeiterinnen und Mitarbeitern geleitet. Zwischen 15 % und 42 % der Pastoren (je nach Landeskirche) übernahmen nach der Wende politische Ämter – in Kommunen, Landes- und Bundespolitik, in Kabinetten und als Ministerpräsidenten.

Insbesondere waren es aber die aus der Friedensdekade hervorgegangenen öffentlichen Friedensgebete, die den Geist der Freiheit und zugleich der Gewaltfreiheit wachriefen. Sie waren Keimzellen und Auftakt der immer größeren Montagsdemonstrationen. Bei einer solchen Montagsdemonstration, am 9. Oktober 1989 in Leipzig, war die Stimmung besonders angespannt, eine gewaltsame Auflösung der Demonstration stand zu befürchten. In dieser entscheidenden Situation initiierten Kirchenvertreter rasch einen von mehreren stadtbekannten Persönlichkeiten unterzeichneten Aufruf zur Gewaltlosigkeit. Seine Verlesung in

---

[2] Vgl. Bürger 2014.

der ganzen Stadt gilt als wesentlicher Faktor, dass es nicht zu gewaltsamen Zusammenstößen zwischen Sicherheitskräften und Demonstranten kam, ja dass letztlich im ganzen Land eine Eskalation verhindert und das SED-Regime gewaltfrei überwunden wurde.

3. Eignung und Akzeptanz

Die Evangelische Kirche in der DDR zeichnete sich durch vier Merkmale aus, die die Basis ihres konstruktiven und deeskalierenden Handelns darstellen. Sie erklären, warum die Kirche als »Friedensstifter« sowohl geeignet war als auch als solcher akzeptiert wurde:[3]

1. *Kirche war kompetent.* Kirchenvertreter verfügten über die nötige Sach- und Fachkenntnis, kannten den Konflikt und seine Hintergründe, pflegten gute Kontakte auf beiden Seiten des Konfliktes und hatten insbesondere eigene Erfahrungen mit demokratischen Konfliktlösungsmechanismen.
2. *Kirche war glaubwürdig.* Trotz der Gratwanderung als »Kirche im Sozialismus« und damit verbundener Vorwürfe von zu großer Nähe zum Staat, galt Kirche in der Wendezeit als ethisch-moralisch glaubwürdige Stimme. Die Kirchen hatten ihre demokratischen Strukturen jahrzehntelang gegen den Staat verteidigt und waren für Anders- oder Nichtgläubige gerade in den unruhigen Jahren 1988/89 offen; Geistliche und andere kirchliche Mitarbeiter, auch Christen ohne jedes Amt hatten für ihre Überzeugung persönliche Nachteile in Kauf genommen – man musste nicht selbst Christ sein, um diese Standhaftigkeit zu respektieren.
3. *Kirche war den Menschen nah.* Mitglieder und Vertreter der Kirche waren mit dem Konflikt und den Menschen eng verbunden, in politischen wie in persönlichen Sorgen und Anliegen. Kirchenleute waren häufig Kritiker, Oppositionelle oder Opfer des Systems. Sie teilten das alltägliche Leben und politische Schicksal anderer Oppositioneller, wussten was diese durchmachten, saßen mit ihnen in demselben Boot, verstanden die Menschen und wurden verstanden.
4. *Kirche war vertrauenswürdig.* Die Menschen in der DDR der Wendezeit konnten auf die Fachkompetenz und Erfahrung der Kirche bauen und vertrauen. Sie vertrauten ihrer moralischen Integrität und überzeugenden Standfestigkeit, die gerade in den Wendejahren so selten und zugleich sehr vonnöten war. Sie vertrauten ihrer »emotionalen Konfliktkompetenz«, fühlten sich verstanden und ernst genommen. Dass die Kirche auch bei den Vertretern des alten SED-Regimes wenigstens ein Mindestvertrauen genoss, machte es ihr möglich, vermittelnd tätig zu sein.

---

[3] Vgl. Weingardt 2010, S. 394–404.

Diese Eigenschaften teilen die DDR-Kirchen mit vielen religionsbasierten Akteuren, die in anderen Krisen weltweit in der konstruktiven Konfliktbearbeitung tätig wurden und bis heute sind. Beispiele sind die Vermittlung der katholischen Laienbewegung Sant'Egidio im Friedensprozess in Mosambik (1992), die Friedens- und Versöhnungsarbeit des buddhistischen Mönches Maha Ghosananda in Kambodscha (nach 1979) oder die »Diener Gottes« unter Khan Abdul Ghaffar Khan im gewaltlosen Kampf der Paschtunen gegen die britische Kolonialherrschaft und für ein multiethnisches und multireligiöses Indien.[4]

4. Schlussfolgerungen

Aufgrund ihrer spezifischen Charakteristika war die Evangelische Kirche in der DDR in der Lage, zugleich »Mutter und Hebamme« der Wende von 1989 und insbesondere ihres *friedlichen* Verlaufs zu sein. Auch heute bzw. in anderen Konflikten können kirchliche und andere religiöse Akteure in Gewaltkonflikten deeskalierend Einfluss nehmen. Die erwähnten Merkmale religionsbasierter Friedensakteure sind zentrale Kriterien für diese Konfliktbearbeitungskompetenz. Wenn Kirche kompetent, glaubwürdig und in Verbundenheit mit den Beteiligten agiert, kann sie Konflikte konstruktiv beeinflussen. Dies gilt gleichermaßen für interne wie externe Akteure: Nicht nur die DDR-Kirche, auch die westdeutsche Kirche als externer Akteur hat in hohem Maße mit Sachverstand, Überzeugungskraft und in enger Verbundenheit ihre ostdeutschen Schwesterkirchen und damit die Umbruchprozesse unterstützt.

Nach der Vereinigung Deutschlands entwickelte sich die Verbundenheit jedoch in eine Art der »Vereinnahmung« der ostdeutschen Kirchen, ähnlich dem deutsch-deutschen Vereinigungsprozess auf politischer Ebene. Durch komplette Übernahme des westdeutschen Systems mit seinen Besonderheiten wie staatlich eingezogener Kirchensteuer, Militärseelsorgevertrag, Religionsunterricht etc. hat die DDR-Kirche viele ihrer ostdeutschen Spezifika aufgegeben, damit rasch an Glaubwürdigkeit verloren und eine neue Entfremdung von der Bevölkerung gefördert.

Der Schlüssel für die Relevanz der Kirchen für die Menschen – nicht nur in Konflikten – ist aber das Vertrauen. Viele religionsbasierte Akteure genießen bei Bevölkerung und politischer Elite oftmals ein größeres Vertrauen als nichtreligiöse, auch politische Akteure. Mehr noch: Sie genießen einen Vertrauens*vorschuss*, auch über religiöse, konfessionelle oder ethnische Grenzen hinweg. Das Beispiel der Kirche in Ostdeutschland zeigt eindrücklich, wie Vertrauen und moralische Autorität immer wieder aufs Neue und in schmerzhaften Prozessen erarbeitet und »verdient« werden musste. Denn Vertrauen ist kein Zustand,

---

[4] Ausführlicher zu den genannten und vielen weiteren Beispielen in Weingardt 2010.

sondern ein Geschehen, ein permanenter Prozess. Kompetenz, Glaubwürdigkeit und Verbundenheit sind unverzichtbar in solchen »Vertrauensprozessen«. Und so zeigt das Beispiel der DDR-Kirchen auch, welche Chancen dieses Vertrauen eröffnen kann – und wie die Kirchen diese Chance nutzten, um Gewalt zu verhindern und Frieden zu stiften.

Literaturverzeichnis

Aktionsgemeinschaft Dienst für den Frieden e.V. (Hg.) (2008): Gewaltfrei streiten für einen gerechten Frieden. Plädoyer für zivile Konflikttransformation, Oberursel.

Bürger, Eberhard (2014): Kirche des Friedens werden. Aufbrüche im Bereich der ehemaligen DDR, Magdeburg.

Weingardt, Markus A. (2010): Religion-Macht-Frieden. Das Friedenspotenzial von Religionen in politischen Gewaltkonflikten, Bonn.

»Peace Building« in Kirchengemeinden
Lernen für den Weltfrieden
Martin Tontsch

Im Dezember 1998 beschloss die Vollversammlung des Ökumenischen Rates der Kirchen, für die Jahre 2001–2010 eine »Dekade zur Überwindung von Gewalt« auszurufen.[1] In der Evangelisch-Lutherischen Kirche in Bayern führte dieser Impuls u.a. zur Neuorientierung der Arbeitsstelle des Beauftragten für die Beratung von Kriegsdienstverweigerern und die Betreuung von Zivildienstleistenden.

Bereits in den 90er Jahren waren dort Modelle der konstruktiven Bearbeitung innergesellschaftlicher Konflikte entwickelt worden.[2] Unter dem Eindruck positiver Erfahrungen mit Mediation, u.a. in einem konkreten stark eskalierten Gemeindekonflikt,[3] erhielt die neue Leiterin der »Arbeitsstelle kokon für konstruktive Konfliktbearbeitung in der ELKB«, Pfarrerin Claudia Kuchenbauer, im Jahr 2005 den Auftrag, ein Unterstützungssystem »Mediation in der ELKB« zur Bearbeitung innerkirchlicher Konflikte aufzubauen.

Damit sind in der Bayerischen Landeskirche die beiden Bereiche Konfliktbearbeitung in der Kirche und Friedensarbeit miteinander verbunden. Einige Erfahrungen aus der Tätigkeit mit diesen beiden Schwerpunkten sollen im Folgenden dargestellt werden.

---

[1] Die Dekade sollte ein Studien- und Reflexionsprozess sowie ein geistlicher Weg sein und zugleich Gelegenheit bieten für kreative Projekte im Bereich der Prävention und Überwindung von Gewalt, s. http://www.gewaltueberwinden.org/de/ueber-die-dekade.html [11.3.2019].

[2] Von 1999–2000 und von 2003–2004 fanden zwei Ausbildungsgänge zur gewaltfreien Bearbeitung innergesellschaftlicher Konflikte statt.

[3] In diesem Konflikt im Kirchenkreis München, bei dem eine dauerhafte Gemeindespaltung drohte, konnte das Ehepaar Dres. Hans-Georg und Gisela Mähler, das sich um die Verbreitung von Mediation in Deutschland große Verdienste erworben hat, erfolgreich vermitteln.

1. Konstruktive Konfliktbearbeitung in der Kirche

Konflikte können gewaltsam und zerstörerisch wirken. Sie können aber auch Erkenntnisse und Wachstum ermöglichen, notwendige Klärungen bringen und einen Prozess weiterführen. Die Arbeitsstelle kokon unterstützt dabei, dass Letzteres gelingt.[4]

Der erste Schritt eines solchen Prozesses ist eine persönliche oder telefonische Konfliktberatung. Sie bietet Raum für die Überlegung, welche Bedürfnisse hinter dem Konflikt stehen und welche Gespräche für eine Klärung hilfreich sind. Wesentlich geht es auch darum, dass sich die Konfliktparteien eigene Konfliktlösungsressourcen bewusst machen und stärken, etwa Verbindendes zwischen den Konfliktpartnern oder gelungene Klärungen in der Vergangenheit. Dahinter steht die Überzeugung, dass die konstruktive Klärung von Konflikten im Alltag in aller Regel gelingt. Lediglich in bestimmten Fällen, in denen sich etwas »verkantet« hat, ist Hilfe von außen nötig.

So konnte z. B. ein Religionspädagoge in der Konfliktberatung eine E-Mail seines Vorgesetzten mit anderen Augen sehen und eigene, biographisch bedingte Empfindlichkeiten erkennen, was ihn zu einem sachorientierten Gespräch über die anstehende Stundenverteilung befähigte. In einem Kita-Konflikt erkannte der Trägervertreter in der Beratung, dass seine eigene Rolle nicht hinreichend geklärt war, was in der Folge ohne weitere Unterstützung von außen geregelt werden konnte.

In einigen Fällen ist Mediation ein sinnvoller zweiter Schritt. Dabei vermittelt eine dritte Partei zwischen den Konfliktpartnern, der Mediator bzw. die Mediatorin (bei komplexeren Fällen mit mehr Beteiligten auch in Co-Mediation).[5] Sie

---

[4] Der Name »kokon« ist nicht nur Abkürzung für »Konstruktiv im Konflikt«, sondern auch Metapher: Im »Kokon«, einem dichten Seidengespinst, verpuppt sich die Seidenraupe, um sich darin zu einem Schmetterling zu verwandeln. Er bietet einen Schutzraum für Transformation.

[5] Das Mediationsgesetz von 2012 definiert Mediation als »vertrauliches und strukturiertes Verfahren, bei dem zwei oder mehr Parteien mithilfe von Mediatoren freiwillig und eigenverantwortlich eine einvernehmliche Beilegung ihres Konflikts anstreben.« (§ 1 Abs. 1 MediationsG). Seit den 1970er Jahren verbreitete sich Mediation als Methode der Konfliktlösung, zunächst v. a. bei Trennung und Scheidung, von den USA aus auch in Deutschland und wurde bald als Verfahren für alternative Streitbeilegung in anderen Bereichen übernommen. Dass die Geschichte der Mediation viel weiter zurückgeht, hat Joseph Duss-von Werdt 2015 in seinem Buch »Homo Mediator. Geschichte und Menschenbilder der Mediation« dargestellt. Mediation ist lateinisch für »Vermittlung«. Bis ins Hohe Mittelalter wurde der Titel »Mediator« ausschließlich für Christus verwendet (Kamp 2001, S. 14). Als Mittel der Politik hat Mediation ihre Wurzeln in der Antike, gewann aber besondere Bedeutung in der alteuropäischen Diplomatie, z. B. in

strukturieren das Gespräch so, dass sich die Beteiligten auf ihre Anliegen und Bedürfnisse hinter den Konfliktpunkten konzentrieren können und unterstützen sie dabei, diese deutlich und für den Konfliktpartner verständlich zu formulieren. Auf der Basis des verbesserten Verständnisses werden Optionen in den Blick genommen, die die wechselseitigen Bedürfnisse zu einem möglichst hohen Anteil befriedigen.[6]

So konnte in einer Mediation mit den Leitungsgremien zweier Dekanatsjugendverbände das Verständnis für das Verhalten der jeweils anderen bei einer Stellenumverteilung soweit verbessert werden, dass danach ein gemeinsamer Konzeptionsentwicklungsprozess mit verbesserter Kooperation möglich wurde. In einem Mediationsgespräch zwischen zwei Kolleginnen, von denen eine der anderen zu deren größter Empörung »Mobbing« vorgeworfen hatte, konnte das unterschiedliche Verständnis dieses Begriffs herausgearbeitet werden, verletzende Aussagen anerkannt und zugleich der im Raum stehende Vorwurf systematischen Vorgehens zurückgenommen werden.

Entscheidende Bedingung für Mediation ist, dass die Beteiligten eine gemeinsame Klärung im Guten einer streitigen Klärung durch Gerichte und einer autoritären Entscheidung übergeordneter Instanzen vorziehen. Sie müssen bereit sein, gemeinsam die inhaltliche Verantwortung für die zu klärenden Fragen zu übernehmen.

Im kirchlichen Raum gibt es einige Faktoren, die eine solche Haltung begünstigen. *Sine vi humana, sed verbo* – »ohne menschliche Gewalt, sondern mit Worten« soll Leitungsverantwortung in der evangelischen Kirche wahrgenommen werden.[7] In Kirchengemeinden und Gremien ist ein gutes Miteinander ein hoher Wert, man will »gemeinsam unterwegs« sein, wie es der Übersetzung des griechischen Wortes »Synode« entspricht. Auch inhaltlich gibt es oft ein Bewusstsein für Verbindendes, für gemeinsame Werte.

Münster 1643–1648, wo der Venezianer Alvise Contarini und der vatikanische Diplomat Fabio Chighi in rund 800 Einzelgesprächen wesentliche Teile des westfälischen Friedens vermittelten.

[6] Mediation wird in der ELKB in vielen Fällen von den Mitgliedern der »AG Mediation in der ELKB«, über 30 qualifizierten Mediatorinnen und Mediatoren mit regelmäßigen gemeinsamen Fortbildungen, wahrgenommen.

[7] Die Formel aus Artikel 28 der Confessio Augustana von 1530 wird auch in der Diskussion um gegenwärtiges kirchliches Leitungshandeln verwendet. Mit »vis« ist dabei nicht physische Gewalt gemeint, wie dies in der Diskussion um die Institution des Fürstbischofs im 16. Jahrhundert der Fall war, sondern administrative Zwangsmaßnahmen, die als verletzend empfunden werden im Gegensatz zu einem partizipativen Leitungsstil, der auf Überzeugung setzt.

Zugleich sind Konflikte in der Kirche nicht immer, aber doch oft mit Glaubensfragen verbunden. Im Bereich dessen, was einen »unbedingt angeht«,[8] sind Kompromisse schwieriger, was Konflikte verschärfen kann. Der Anspruch eines guten Miteinanders kann einem offenen Gespräch über Trennendes auch im Wege stehen. Konflikte werden dann geleugnet und »unter den Teppich gekehrt.«[9] Nicht zuletzt belasten auch weniger eskalierte Konflikte bei der Ausübung einer seelsorgerlichen Tätigkeit stärker, als dies in anderen Kontexten, z. B. in einem Industrieunternehmen, der Fall wäre.

2. Impulse für gesellschaftliche und globale Lernprozesse

Im Bereich der Friedensarbeit ist die Arbeitsstelle kokon vor allem in der Friedensbildung engagiert. So werden in Zusammenarbeit mit dem Religionspädagogischen Zentrum der Evangelisch-Lutherischen Kirche in Bayern in Heilsbronn Lehrkräfte dazu qualifiziert, ein Schulstreitschlichterprojekt an ihrer Schule aufzubauen und Schülergruppen in der Methode der Schulmediation auszubilden und zu begleiten.[10] Das Programm »Jugendliche werden Friedensstifter« wird in der ELKB in verschiedenen Zusammenhängen durchgeführt.[11] Zunehmend finden Methoden der Friedensbildung, der Gewaltprävention und des Zivilcouragetrainings Eingang in die Konfirmanden- und Jugendarbeit. Im Rahmen der »Friedensdekade« an zehn Tagen vor dem Buß- und Bettag und in anderen Zusammenhängen veranstaltet die Arbeitsstelle kokon Gottesdienste und Vorträge zum Thema Frieden.[12]

Die Verbindung von eigenen Erfahrungen in der konkreten Konfliktbearbeitung und der Friedensbildung ermöglicht zum Einen das Erzählen eigener Erfahrungen von Deeskalation, Win-Win-Effekten, Verständnis und Versöhnung,

---

[8] Paul Tillich definiert Glaube als »Ergriffensein von dem, was uns unbedingt angeht« (Tillich 1961, S. 9).

[9] Friedrich Glasl spricht in diesem Zusammenhang von »kalten Konflikten«, die z. T. noch destruktiver wirken können als »heiße«: »Anstelle des Feuers der Begeisterung begegnet man bei den Konfliktparteien tiefen Enttäuschungen, einer weitgehenden Desillusionierung und Frustration« (Glasl 2011, S. 80).

[10] An über 50 Schulen bildet aufgrund dieser Kurse von Claudia Kuchenbauer Peer Mediation bis heute einen festen Bestandteil des Schullebens.

[11] Maaß / Ehresmann / Terhar / Frohloff 2017. Das Programm wurde 2010 als »Best Practice Projekt« von der Konferenz für Friedensarbeit im Raum der EKD ausgezeichnet und in der ELKB v. a. von Elisabeth Peterhoff verbreitet.

[12] Dabei berichten u. a. zurückgekehrte Friedensfachkräfte oder Freiwillige im Zivilen Friedensdienst im Ausland von ihren Erfahrungen.

und damit die Botschaft: »Wir kennen uns mit Konflikten aus, stehen für einen konstruktiven, gewaltfreien Umgang damit und wissen, dass es klappen kann.«

Zu den eigenen Erfahrungen gehört aber auch, dass konstruktive Konfliktbearbeitung bisweilen an Grenzen stößt. Es gibt Fälle, in denen Mediation in einem Gemeindekonflikt nur begrenzte Wirkung hatte und den Konflikt nicht wirklich klären konnte.

Aus dieser Perspektive erscheinen die Überlegungen wichtig und sinnvoll, die die Internationale Ökumenische Friedenskonvokation 2011 in Kingston/Jamaika zum Abschluss der Dekade zur Überwindung von Gewalt formuliert hat: »Frieden beginnt mit uns, mit unseren Nächsten. Unser Selbstverständnis und das der Menschen um uns herum bestimmen unser Verhältnis zur Welt. Wenn wir als Christinnen und Christen glauben, dass Frieden zu Hause beginnen muss, wie setzen wir diese Überzeugung dann in unseren Gemeinschaften um?«[13]

Friedensarbeit, die mit konkreter Konfliktbearbeitung in der Kirche verbunden ist, trägt nachdenkliche Züge. Sie weiß sich aus eigenen Erfahrungen heraus dem Realismus des biblischen Menschenbildes verpflichtet,[14] was sich auch in einer Skepsis gegenüber besonders profilierten Forderungen ausdrückt.[15]

Sie setzt auf die Kraft positiver Lernerfahrungen: Wer mit konstruktiver Konfliktbearbeitung positive Erfahrungen gemacht hat, der wird dies in seinem Privat- und Berufsleben, als Staatsbürger und Multiplikator praktizieren und einfordern. Wer erlebt hat, wie Perspektivwechsel und das Verstehen von Hintergründen den Blick weiten, der wird nicht auf populistische Argumentation hereinfallen. Und wer die Chancen eines um ehrliche Klärung bemühten Gesprächs mit den vielfältigen Methoden gewaltfreier Konfliktbearbeitung kennt, der wird Gewalt immer als Scheitern verstehen.

---

[13] http://www.gewaltueberwinden.org/de/konvokation/kingston-2011/themenbereiche.html (18.06.2019). Die Notwendigkeit diesbezüglicher kritischer kirchlicher Selbstreflexion dürfte in den letzten Jahren beim Gedenken an 100 Jahre Erster Weltkrieg, in den die Mehrzahl protestantischer Christen voller Begeisterung gezogen ist, und durch die Missbrauchsdebatte hinreichend deutlich geworden sein.

[14] In den Worten der EKD-Denkschrift: Der Mensch ist nicht nur Geschöpf Gottes und zu seinem Ebenbild bestimmt, sondern existiert auch im Widerspruch zu ihm und ist »zu abgrundtiefer Bösartigkeit und Grausamkeit fähig« (EKD 2007, Nr. 51).

[15] Als aktuelles Beispiel sei die Forderung nach einer Abschaffung der Bundeswehr im Jahr 2040 genannt, wie sie die Evangelische Landeskirche in Baden in ihrem Konzept »Sicherheit neu denken« (2018) erhebt. In anderen Zusammenhängen, etwa der stärkeren Förderung Zivilen Friedensdienstes, der Kritik an der deutschen Rüstungsexportpolitik und der Forderung nach Abschaffung von Atomwaffen ist die Arbeitsstelle kokon klar positioniert.

Auf diese Weise leistet die Arbeitsstelle kokon, gemeinsam mit zahlreichen kirchlichen und zivilgesellschaftlichen Initiativen, die sich den Themen Demokratie, Menschenrechte, Engagement gegen Rassismus und Rechtsextremismus, Versöhnungsarbeit u. a. m. widmen, einen Beitrag zu einem weltweiten, gesellschaftlichen Lernprozess, der zu weniger Gewalt, zu mehr Gerechtigkeit, und damit zu mehr Frieden führt.[16]

Literaturverzeichnis

Duss-von Werdt, Joseph (2015): Homo Mediator. Geschichte und Menschenbilder der Mediation, Baltmannsweiler.
EKD (2007): »Aus Gottes Frieden leben – für gerechten Frieden sorgen«. Eine Denkschrift des Rates der EKD, Gütersloh.
Glasl, Friedrich (2011): Konfliktmanagement. Ein Handbuch für Führungskräfte, Beraterinnen und Berater, Bern / Stuttgart.
Kamp, Hermann (2001): Friedensstifter und Vermittler im Mittelalter, Darmstadt.
Maaß, Stefan / Ehresmann, Armin / Terhar, Judith / Frohloff, Dieter (2017): Jugendliche werden Friedensstifter/innen. Ein Handbuch für Trainer/innen, Schwerte.
Pinker, Steven (2013): Gewalt. Eine neue Geschichte der Menschheit, Frankfurt am Main.
Tillich, Paul (1961): Wesen und Wandel des Glaubens, Frankfurt am Main.

---

[16] Vgl. die Definition von Frieden als »Prozess der zunehmenden Gerechtigkeit und der abnehmenden Gewalt« in der EKD-Denkschrift von 2007 (Nr. 80). Dass sich die Menschheit insgesamt in einem Prozess der abnehmenden Gewalt befindet, hat Pinker 2013 in seinem monumentalen Werk faktenreich dargelegt. So ist die Anzahl der jährlichen gewaltsamen Todesfälle pro 100.000 Einwohner in Europa seit dem 14. Jahrhundert um rund 95 % gesunken.

Die Kirchen und der Waffenhandel
Rüstungsexporte stoppen – den Frieden stark machen

Horst Scheffler

Genau hinschauen und protestieren

Kirchen handeln nicht mit Waffen. Doch sie verhalten sich auch nicht neutral zu den weltweit expandierenden Rüstungsexporten. Sie schauen genau hin und protestieren, wenn die Folgen des Waffenhandels den Frieden gefährden, die Menschenrechte verletzen und letztlich Menschen töten. Wenn die Kirchen dies tun, folgen sie ihrem biblischen Auftrag. Im Alten Testament setzten die Propheten Israels die entscheidenden Kriterien für das Zusammenleben der Völker: »Da werden sie ihre Schwerter zu Pflugscharen und die Spieße zu Sicheln machen. Denn es wird kein Volk wider das andere ein Schwert aufheben, und werden hinfort nicht mehr kriegen lernen« (Jes 2,4 und Mi 4,3). Dem widerspricht nicht die scheinbar entgegengesetzte Weisung im Prophetenbuch Joel (Joel 4,10). Hier geht es um den Schutz des Schwachen. Den *Cantus firmus* der alttestamentlichen Verkündigung zu Waffen und Rüstung stimmte der Prophet Jesaja an: »Denn alle Rüstung derer, die sich mit Ungetüm rüsten, und die blutigen Kleider werden verbrannt und mit Feuer verzehrt werden« (Jes 9,4). Ungetüme Aufrüstung zu Über- und Overkill-Kapazitäten sind zu ächten. Angemessene Bewaffnung zum Schutz, so im Verständnis von polizeilicher Gewalt, ist möglich. Dieser *Cantus firmus* wird im Neuen Testament bestätigt und bekräftigt, wenn Jesus Christus in der Bergpredigt die Friedensstifter als Kinder Gottes selig preist (Mt 5,9) und im Epheserbrief Chrisus selbst als »unser Friede« bezeugt wird, der Zäune der Feindschaft abbricht (Eph 2,14).

Wie das Hinschauen und der Protest der Kirchen geschieht, wird in diesem Beitrag an der Arbeit von zwei Organisationen dargestellt: für das Hinschauen die Gemeinsame Konferenz für Kirche und Entwicklung (GKKE) mit ihrer Fachgruppe Rüstungsexporte, für den Protest die Kampagne »Aktion Aufschrei – Stoppt den Waffenhandel«.

Horst Scheffler

Gemeinsame Konferenz für Kirche und Entwicklung (GKKE)[1]

Der Auftrag des Rüstungsexportberichts

Seit 1997 legt die Gemeinsame Konferenz Kirche und Entwicklung (GKKE) jährlich einen Rüstungsexportbericht vor. Der Bericht wird von der GKKE-Fachgruppe »Rüstungsexporte« erstellt. Ihr gehören Fachleute von Universitäten sowie wissenschaftlichen Forschungsinstituten, der kirchlichen Friedensarbeit und Entwicklungszusammenarbeit sowie aus Nichtregierungsorganisationen an. Der Bericht stellt öffentlich verfügbare Informationen über die deutschen Ausfuhren von Kriegswaffen und Rüstungsgütern des Vorjahres bzw. deren Genehmigungen zusammen und bewertet die Rüstungsexportpolitik aus Sicht der Friedens-, Sicherheits- und Entwicklungspolitik. Mit einem Blick auf das europäische Rüstungsexportkontrollsystem will der Bericht der Entwicklung einer zunehmenden Europäisierung der Rüstungsexportpolitik gerecht werden. Der Bericht soll dem öffentlichen Dialog über diesen Politikgegenstand dienen. Außerdem richtet er sich mit seinen Informationen und Argumentationsmustern an die Meinungsbildung im kirchlichen Raum.

Die politisch-ethische Beurteilung

Die GKKE geht von einer ethisch qualifizierten Position aus: Beim grenzüberschreitenden Transfer von Kriegswaffen und Rüstungsgütern handelt es sich um die Weitergabe von Gewaltmitteln, Waren und Leistungen, die unmittelbar oder mittelbar den Tod von Menschen verursachen können. Leib, Leben und Freiheit von Menschen aber sind höchste Rechtsgüter und unterliegen dem Schutz der universalen Menschenrechte. *Der Transfer von Waffen ist deshalb grundsätzlich nach denselben ethischen Kriterien zu beurteilen wie die Androhung oder Anwendung von Gewalt.* Nur unter speziellen Voraussetzungen und bei extremer Gefahrenlage kann Rüstungstransfer legitim sein. Denn Gewalt ist und bleibt eines der schwersten Übel, das Menschen einander zufügen können.

---

[1] Die Gemeinsame Konferenz Kirche und Entwicklung (GKKE) ist ein ökumenischer Arbeitsverbund zur Entwicklungspolitik, in dem Brot für die Welt – Evangelischer Entwicklungsdienst und die Deutsche Kommission Justitia et Pax zusammenarbeiten. Als gemeinsame Stimme der beiden großen Kirchen in Deutschland will die GKKE dem Gedanken der einen Welt politisches Gewicht verleihen. Sie führt Dialoge mit Parlament, Regierung und gesellschaftlichen Interessengruppen zu Fragen der Nord-Süd-Politik und der Entwicklungszusammenarbeit. Die Rüstungsexportberichte und weitere Informationen finden sich auf www.gkke.org.

Die GKKE tritt für eine Ausrichtung der Rüstungsexportpolitik an den Vorgaben von Frieden und menschlicher Entwicklung ergo dem Leitbild des gerechten Friedens ein. Dabei kann sich die GKKE durchaus auf Formulierungen in entsprechenden Gesetzen, Grundsätzen oder Verhaltenskodizes beziehen. Doch begründen gerade die Widersprüche zwischen solchen Vorgaben und der rüstungsexportpolitischen Praxis die Aufmerksamkeit und den Protest von Christen und Kirchen und der demokratischen Öffentlichkeit.

Die Themen des Rüstungsexportberichts

Der jeweils zum Jahresende in Berlin vor der Bundespressekonferenz vorgelegte Rüstungsexportbericht gibt einen Überblick über die Trends im weltweiten Waffen- und Rüstungshandel, zeigt die deutschen Rüstungsexporte im letzten Jahr auf, stellt die aktuellen Debatten und Entwicklungen in der deutschen und europäischen Rüstungsexportpolitik dar und informiert über die internationalen Bemühungen zur Kontrolle des Waffenhandels. In den letzten Jahren behandeln die Rüstungsexportberichte zusätzlich einen thematischen Schwerpunkt. Die bisherigen Schwerpunktthemen waren: »Licht und Schatten – Die vorläufig gescheiterten Verhandlungen zum Vertrag über den Waffenhandel« (2012), »Gesetzliche Regelungen der deutschen Rüstungsexportkontrolle« (2013), »Die besondere Proliferationsproblematik von Leicht- und Kleinwaffen – Konsequenzen für die deutsche Rüstungsexportpolitik« (2014), »Deutsche Waffen an die Peschmerga« (2015), »Ein neues Rüstungsexportkontrollgesetz« (2016), »Deutsche Rüstungsexportpolitik – Quo Vadis?« (2017) und »Die rüstungsexportpolitische Bilanz der Großen Koalition« (2018).

Fehlende Transparenz über die Rüstungsexporte war übrigens ein Anlass für die GKKE-Fachgruppe »Rüstungsexporte«, die Rüstungsexportberichte zu erstellen. So wurde im ersten Bericht 1997 die Bundesregierung aufgefordert, wie die USA, Schweden und Spanien regelmäßig über die Rüstungstransfers zu informieren. Tatsächlich hat drei Jahre später am 20. September 2000 die Bundesregierung einen eigenen Rüstungsexportbericht über die Genehmigungen und Exporte aus 1999 verabschiedet und dem Deutschen Bundestag zugeleitet. Die Fachgruppe verbuchte dies als einen ersten politischen Erfolg ihrer Arbeit. Gemeinsam mit der Friedensinitiative »Ohne Rüstung leben« wurde sie 2011 mit dem Göttinger Friedenspreis ausgezeichnet.

Heute steht an der Spitze der Kernforderungen der GKKE an die Bundesregierung und an den Deutschen Bundestag die Forderung nach einem Rüstungsexportkontrollgesetz.

Aktion Aufschrei – Stoppt den Waffenhandel

Deutschlands Stellung im weltweiten Waffenhandel

Derzeit ist Deutschland nach den USA, Russland und China weltweit der viertgrößte Großwaffenexporteuer. Beim Handel mit Kleinwaffen steht es an zweiter Stelle nach den USA. U-Boote und Kriegsschiffe, Kampfjets und Militärhubschrauber, Panzer und Raketenwerfer, Sturmgewehre und Maschinenpistolen, Lizenzen zur Waffenproduktion und ganze Rüstungsfabriken werden weltweit geliefert. Fachleute schätzen, dass alle vierzehn Minuten ein Mensch durch Einsatz von Handfeuerwaffen aus der Produktion deutscher Unternehmen bzw. deren ausländischen Lizenzunternehmen getötet oder verletzt wird. Ca. 60 % aller Genehmigungen für den Export von Kriegswaffen und sonstigen Rüstungsgütern werden mittlerweile an Staaten außerhalb der NATO und der Europäischen Union erteilt. Zu den Empfängern zählen Diktaturen und autoritäre Regime in Afrika, Asien, Lateinamerika und Europa, die immer wieder die Menschenrechte verletzen.

Die Forderung nach einem Rüstungsexportkontrollgesetz[2]

Die 2011 gegründete Kampagne »Aktion Aufschrei – Stoppt den Waffenhandel« will aus der Zivilgesellschaft heraus Druck gegen die Praxis des Rüstungsexports

---

[2] Die Aktion Aufschrei – Stoppt den Waffenhandel hat einen Trägerkreis von sechzehn Organisationen vorrangig aus dem kirchlichen Arbeitsfeld: aktion hoffnung Rottenburg-Stuttgart e.V. • Aktionsgemeinschaft Dienst für den Frieden e.V. (AGDF) • Bischöfliches Hilfswerk MISEREOR e.V. • Brot für die Welt • Bund der Deutschen Katholischen Jugend (BDKJ) • Deutsche Friedensgesellschaft – Vereinigte KriegsdienstgegnerInnen (DFG-VK) • Deutsche Sektion Internationale Ärzte für die Verhütung des Atomkrieges, Ärzte in sozialer Verantwortung e.V. (IPPNW) • JuristInnen gegen atomare, biologische und chemische Waffen (IALANA), Deutsche Sektion • NaturFreunde Deutschlands • Ohne Rüstung Leben • pax christi – Deutsche Sektion e.V. • RüstungsInformationsBüro e.V. (RIB) • terre des hommes – Hilfe für Kinder in Not • Provinzleitung der Deutschen Franziskaner und Kommission Gerechtigkeit – Frieden – Bewahrung der Schöpfung • Werkstatt für Gewaltfreie Aktion, Baden. Zudem unterstützen mehr als hundert weitere Initiativen, Vereine und Organisationen in einem Aktionsbündnis die Kampagne. Zu ihnen gehören die katholischen Bistümer Aachen, Eichstätt, Essen, Freiburg, Limburg, Mainz, Münster, Osnabrück, Paderborn, Rottenburg-Stuttgart, Trier, die evangelischen Landeskirchen in Hessen und Nassau, Baden und Württemberg sowie das Bistum der Alt-Katholischen Kirche und die Mennonitischen Gemeinden. Weitere Informationen auf www.aufschrei-waffenhandel.de.

aufbauen und Alternativen zur Rüstungsproduktion aufzeigen. Sie strebt danach, Rüstungsexporte möglichst generell zu verbieten.

Die Kampagne startete mit einer Unterschriftenaktion zur Unterstützung der politischen zentralen Forderung zur *Klarstellung von Art. 26,2 des Grundgesetzes*, der lautet: »Zur Kriegsführung bestimmte Waffen dürfen nur mit Genehmigung der Bundesregierung hergestellt, befördert und in Verkehr gebracht werden. Das Nähere regelt ein Bundesgesetz.« Die Aktion Aufschrei – Stoppt den Waffenhandel forderte folgende verschärfte Formulierung des Textes: »Kriegswaffen und sonstige Rüstungsgüter werden grundsätzlich nicht exportiert. Das Nähere regelt das Rüstungsexportgesetz.« Inzwischen wurde die Forderung präzisiert. In Übereinstimmung mit der GKKE zielt die Forderung heute auf ein *Rüstungsexportkontrollgesetz.*

In Art. 26,2 des Grundgesetzes ist zwar bereits jetzt festgeschrieben, dass zur Kriegsführung bestimmte Waffen nur mit Genehmigung der Bundesregierung hergestellt, befördert und in den Verkehr gebracht werden dürfen. Wenn es nun ergänzend heißt, Näheres regele ein Bundesgesetz, so muss man wissen, dass auf Initiative des Bundesverteidigungsministers Franz-Josef Strauß an Stelle dieses einen Bundesgesetzes 1961 zwei Bundesgesetze beschlossen wurden.

Das eine ist das *Kriegswaffenkontrollgesetz (KWKG)*, das deutlich definiert, was *Kriegswaffen* sind. Diese dürfen nur mit Genehmigung der Bundesregierung hergestellt, befördert und in Verkehr gebracht werden. Hier gilt der Genehmigungsvorbehalt: Nichts geht ohne ausdrückliche Genehmigung.

Das zweite ist das *Außenwirtschaftsgesetz (AWG)*, das den Export von sonstigen Rüstungsgütern, Dual-Use-Gütern und Rüstungskomponenten regelt. Da das Außenwirtschaftsgesetz (AWG) den unbeschränkten und freien Welthandel ermöglichen soll, erlaubt es den Export von allem, was nicht ausdrücklich verboten ist. Während für die Kriegswaffen nach dem Kriegswaffenkontrollgesetz all das verboten ist, was nicht ausdrücklich genehmigt wird, erlaubt das Außenwirtschaftsgesetz dagegen den Export von Rüstungsgütern, Dual-Use-Gütern und Rüstungskomponenten, wenn er nicht ausdrücklich und begründet verboten wird (Verbotsvorbehalt). Mit dem Außenwirtschaftsgesetz (AWG) wurde dem Export von sonstigen Rüstungsgütern, Dual-use-Gütern und Rüstungskomponenten Tür und Tor geöffnet.

Die politischen und juristischen Schlupflöcher, die diese beiden Gesetze bieten, sollen mit dem Rüstungsexportkontrollgesetz geschlossen werden. Jeder Export von Kriegswaffen und allen sonstigen Rüstungsgütern muss in jedem Einzelfall genehmigt und begründet werden. Es gilt prinzipiell der Genehmigungsvorbehalt.

Die Aktion Aufschrei – Stoppt den Waffenhandel in der Öffentlichkeit

Die Kampagne ist immer wieder in der Öffentlichkeit präsent, so jährlich am 26.02., dem bundesweiten Kampagnentag. Das Datum ist gewählt nach Art. 26,2 des Grundgesetzes. Die zentrale Demonstration in Berlin wird ergänzt durch zahlreiche Aktionen in den Regionen. Die Listen mit den 95.227 Unterschriften der Kampagne zur Forderung des Rüstungsexportkontrollgesetzes wurde am Vorabend des Aktionstags 2014 an Bundestagsvizepräsidentin Edelgard Bulmahn übergeben.

Am Aktionstag 2019 zeigten die Aktivisten der Kampagne in einer kunstvollen Choreographie mit Schildern den Einsatz deutscher Waffen in den aktuellen Kriegen im Jemen und in Syrien. Ihre Öffentlichkeitsarbeit leistet die Kampagne unter Slogans wie »Den Opfern Stimme – den Tätern Name und Gesicht« und »Grenzen öffnen für Menschen. Grenzen schließen für Waffen«. Sie ist auf Großveranstaltungen wie Kirchen- und Katholikentagen präsent. In den Regionen bietet sie vor Ort Informations- und Bildungsveranstaltungen an.

Juristische Schritte unternahmen Aktive der Kampagne bzw. die Kampagne selbst mit Strafanzeigen gegen die Kleinwaffenhersteller Heckler & Koch (Oberndorf) und SIG Sauer (Eckernförde) wegen illegaler Waffenexporte. Im ersten Fall wurde bereits eine Geldstrafe von 3,7 Millionen Euro verhängt, im zweiten hat der Prozess gerade begonnen.

In ihrer Kampagnenarbeit kooperiert die »Aktion Aufschrei – Stoppt den Waffenhandel« mit weiteren Initiativen zu Rüstungsexporten und auch zur Rüstungskonversion in den Evangelischen Landeskirchen und Katholischen Bistümern. Im Kontext des Prozesses »Kirche des gerechten Friedens werden« in den Evangelischen Landeskirchen wurden thematische Studientage durchgeführt und entsprechende Synodalbeschlüsse und Handreichungen verabschiedet. Exemplarisch sei verwiesen auf die Handreichung der Evangelischen Landeskirche in Württemberg »Tod – Made in Germany?« aus dem Jahr 2017 zur Weiterarbeit in Schulen und Gemeinden.[3]

---

[3] https://www.elk-wue.de/fileadmin/Downloads/Landeskirche/Web_Broschuere_Frieden.pdf (18.06.2019).

Dresden – Orte des Friedens
Eine unvollständige Wegbeschreibung

Annemarie Müller

Dresden ist unbedingt eine Reise wert, ob als neugieriger Tourist oder Friedenssucher! Die einen sehen in ihr die heute wieder aufgebaute, wundervolle Kulturstadt im Elbtal. Für die anderen verbindet sie sich mit der jüngeren Geschichte. Dabei muss an die flächendeckende Zerstörung der Innenstadt am 13.-15. Februar 1945 mit bis zu 25.000 Todesopfern gedacht werden.

Lange gehörten Ruinen und große Freiflächen zum Alltag im Stadtzentrum. Erst nach 1990 gab es Finanzen und Möglichkeiten für eine neue Bebauung. In dieser Zeit gründete sich eine Bürgerinitiative zum Wiederaufbau der evangelischen Frauenkirche. Der berühmte Baumeister George Bähr hatte im 18. Jahrhundert bewusst einen Zentralbau als Bürgerkirche bauen lassen. Genauso sollte sie wiedererstehen. Dazu wurden weltweit Spenden als Zeichen der Versöhnung gesammelt. Am 30. Oktober 2005 konnte die Kirche eingeweiht werden. Sie ist für viele zum Symbol für den versöhnenden Neuanfang nach der Friedlichen Revolution von 1989/90 geworden.

Aber Dresden war nie nur ein unschuldiges »Opfer« des Krieges, wie es bis heute immer noch zu hören ist. Hier gab es Stadtteile mit Kasernen fürs Militär, die allerdings 1945 kaum bombardiert wurden. Es gab Orte der Rüstungsindustrie, Gefängnisse für politische Gefangene und Lager für Zwangsarbeiter aus dem Osten. Im Gericht am Münchner Platz sprach man Todesurteile über Deserteure und Oppositionelle und vollstreckte sie. Juden wurden kontinuierlich eingeengt, vertrieben oder deportiert. Auch in Dresden brannte 1938 die von Gottfried Semper erbaute Synagoge im Stadtzentrum. Bürger schauten neugierig zu, wie die Brandruine über mehrere Tage abgetragen wurde. In Dresden – wie überall in Deutschland, gab es in der Nazizeit Täter und Opfer, Mitläufer und Stillehalter – aber auch Menschen, die Widerstand leisteten und dabei alle Konsequenzen auf sich nahmen. Dresden ist damit ein Ort mit Kriegserfahrungen und Versöhnungsgeschichten.

Auf unserem kleinen und unvollständigen Friedensweg wollen wir uns auf religiöse Orte beschränken. Die meisten liegen im Stadtzentrum und sind gut zu Fuß erreichbar.

Beginnen wir den Weg durch die Innenstadt mit den drei großen Kirchen: Frauenkirche, Kreuzkirche und Kathedrale.

Evangelisch-lutherische Frauenkirche

Über den Wiederaufbau ist viel geschrieben worden. Weniger bekannt ist die Versöhnungsgeschichte, die sich mit der steinernen Flammenvase auf dem Nordostturm der Kirche verbindet. Diese Vase kommt aus dem polnischen Ort Gostyn. Der Überlebende Marian Sobkowiak überreichte diese »Flamme der Versöhnung« 1999 der Kirche. Er gehörte der sich 1939 gebildeten Widerstandsgruppe »Schwarze Legion« an. Sie war eine Untergrundreaktion auf willkürliche Ermordungen von 30 polnischen Bürgern aus Gostyn durch deutsche Soldaten. Die Widerstandsgruppe wurde verraten und ihre Mitglieder in Dresden 1942/43 zum Tode verurteilt. Nur die Minderjährigen überlebten, wie Marian Sobkowiak. Nach 60 Jahren rief der alte Mann die Bürger seiner Stadt zu Spenden für die Frauenkirche in Dresden auf. Statt Rache zu üben, überbrachte der Pole nach Deutschland ein Symbol der Versöhnung.

Auch das in Großbritannien gefertigte goldene Turmkreuz ist ein Geschenk der Versöhnung zwischen Besiegten und Siegern des Zweiten Weltkrieges. Gefertigt wurde es vom Sohn eines Piloten, der Dresden einst bombardierte. Am 13. Februar 2000 wurde es Dresden übergeben. Die Spenden dafür kamen vom britischen Volk.

Auf dem Weg zwischen den Kirchen

Um zur katholischen Bischofskirche zu gelangen, kann man über den Jüdenhof, vorbei am Johanneum (heute Verkehrsmuseum) gehen. Dabei kommt man an einem alten Brunnen mit wechselnder Geschichte vorbei. In der Mitte des achteckigen Brunnenbeckens steht leicht erhöht eine Frauenfigur. Es ist Viktoria, die Siegesgöttin. Sie wurde 1683 zur Erinnerung an den Sieg über die Türken am Kahlenberg aufgestellt. Auch Sachsen waren an der siegreichen Schlacht beteiligt. Der Brunnen erhielt den Namen Türkenbrunnen.

Nichts Besonderes, dass Herrscher an ihre Siege erinnern wollten. Aber man muss wissen, dass vor Viktoria eine Eirene (Friedensgöttin) den Brunnen zierte. Sie wurde nach Ende des 30-jährigen Krieges aufgestellt. Auch in Dresden hatte dieser lange Krieg zu schlimmen Verwüstungen und Vernichtungen geführt. Zur Mahnung wurde der Brunnen erbaut und mit einer Friedensgöttin geschmückt. Folgende Worte schrieb man auf den Steinrand: »Der du den Frieden liebst, lies: Ich bin die Göttin des Friedens, die den Kriegsgott Mars besiegte und nieder geworfen hat; nun habe ich diesen Friedensquell eröffnet nach dem Gelübde des Rates der Bürgerschaft Dresden im Jahr 1650«.

Wie oft in der Geschichte, hielt der Vorsatz, sich für Frieden einzusetzen, nicht länger als eine Generation. Friedenswille wurde von Sieg und Herrschaft überrollt. Aus dem Friedensbrunnen wurde der Türkenbrunnen. Der Blick in die Geschichte verdeutlicht, wie viel Kraft ständig nötig ist, um Friedenswillen zu leben und zu erhalten. Schnell vergessen wir Menschen unsere guten Vorsätze. Insofern ist der Brunnen ein Sinnbild für unser menschliches Handeln.

Durch die engen Gassen gelangen wir zum Schlossplatz mit der Kathedrale. Dabei fällt es kaum auf, dass all die Häuser nicht älter als 30 Jahre sind. Auch hier war bis Anfang der 1990er Jahre nur ein weites Feld.

Römisch-katholische Kathedrale

Wie die gesamte Innenstadt wurde auch die römisch-katholische Hofkirche, heute Kathedrale und Bischofssitz des Bistums Dresden-Meißen, in den Februartagen 1945 zerstört und nach dem Krieg langsam wiederaufgebaut.

Schon in den 1970er Jahren richtete man in der ehemaligen Johann-Nepomuk-Kapelle einen Gedenkort ein. Hier soll an die Opfer der Bombenangriffe 1945 und aller Opfer von Gewalt und Krieg erinnert werden. In beeindruckender Weise wurde die Kapelle von dem Dresdner Friedrich Press gestaltet. Im Mittelpunkt steht der Altar aus Meißner Porzellan. An Stelle eines Altarkreuzes stellte der Künstler eine überlebensgroße, stilisierte Pieta (Schmerzensmutter) in Kreuzform dar. Auf ihrem Schoß hält sie den toten Jesus, Sinnbild für alle Opfer von Gewalt. In ungewohnter Formsprache hat Friedrich Press Schmerz und Verzweiflung festgehalten.

Über die Schlossstraße und den Altmarkt kommt man zur Kreuzkirche.

Evangelisch-lutherische Kreuzkirche

Auch diese Kirche brannte 1945 völlig aus. Nur noch die Außenmauern standen. Bereits am 4. August 1945 trat der Dresdner Kreuzchor in der beräumten Kirchenruine wieder auf. Die Knaben sangen den von ihrem Kantor, Rudolf Mauersberger, komponierten Trauerhymnus »Wie liegt die Stadt so wüst«. Für Dresdner verbindet sich diese Musik bis heute mit dem Gedenken an die Zerstörung 1945.

In einer Zeit politischer Bevormundung und Isolierung in der DDR wurde diese evangelische Kreuzkirche zu einem besonderen Ort der Information, des Dialoges und des Gebets für Christen, wie auch für Nichtchristen.

Am 13. Februar 1982 luden kirchliche Vertreter, u. a. der Landesbischof, Jugendliche zu einem Friedensforum ein. Damit hoffte man, sie vor Verhaftungen zu schützen und mit ihnen ins Gespräch zu kommen. Sie waren aus dem ganzen Land angereist, um an der Ruine der Frauenkirche mit Kerzen zu demonstrieren. In einer spontanen Aktion hatten Dresdner Jugendliche mit Flugblättern dazu eingeladen. Da zu dieser Zeit keine Demonstrationsfreiheit herrschte, musste mit staatlichen Repressionen gerechnet werden. Anderseits konnte man am Tag der Zerstörung Dresdens niemanden verbieten, mit Kerzen still an der Ruine der Frauenkirche zu gedenken. Genau dies wollten die Jugendlichen mit ihrem Aufruf ausnutzen. Und sie hatten Erfolg. Ab 1982 gab es an jedem 13. Februar im Anschluss an einen Friedensgottesdienst den nicht genehmigten Weg zur Ruine der Frauenkirche, um dort brennende Kerzen abzustellen und gemeinsam »We Shall Overcome« zu singen. Es waren mehrere Tausende, die daran teilnahmen. Und die Polizei hielt sich zurück.

Auch die Ökumenische Versammlung der DDR für Gerechtigkeit, Frieden und Bewahrung der Schöpfung (1988/89) verbindet sich mit dem Ort Kreuzkirche. Hier fanden wichtige Gottesdienste statt. Am 30. April 1989 erlebten etwa 6.000 Besucher, zusammen mit den Delegierten die Übergabe der Abschlusspapiere an die beteiligten Kirchen und kirchlichen Gemeinschaften. Es war ein ganz besonderes ökumenisches Ereignis, das es in dieser Form noch nicht gegeben hatte. Allen Anwesenden wird in Erinnerung bleiben, wie am Ende des Gottesdienstes, bei dem Lied »Der Himmel geht über allen auf«, die Gemeinde von einem Netz aus bunten Bändern überspannt wurde, ein Zeichen wirklicher Zusammengehörigkeit in der Ökumene. Dieser Gottesdienst bildete für die Delegierten und Berater den Abschluss bei ihrer Suche nach gemeinsamen, christlichen Aussagen zu den Überlebensfragen der Menschheit.

Den Delegierten war in dem monatelangen Prozess klar geworden, dass Gerechtigkeit, Frieden und Schöpfungsbewahrung immer zusammen und mit Blick auf die globale Welt betrachtet werden müssen. Mit dem Schwerpunkt Frieden beschäftigten sich vier Arbeitsgruppen. Diskutiert wurde über: Christ und Militärdienst, Friedenserziehung in der Kirche, Abrüstungs- und Sicherheitskonzepte, aber auch, was es bedeutet, Kirche des Friedens zu werden. Wichtigste Grundaussage zu diesem Thema wurde die »vorrangige Option der Gewaltfreiheit« als deutliche christliche Haltung.

Mit der Übergabe der Abschlusspapiere an die Kirchen hofften die Delegierten, einen Veränderungsprozess einzuleiten. Durch die Ereignisse der Friedlichen Revolution im Herbst 1989 kam es anders. Es waren weniger die Kirchenvertreter, die die Gedanken der Ökumenischen Versammlung fortführten, sondern vor allem Basisgruppen und politisch Engagierte, die sich dadurch zu Handlungsschritten ermutigt sahen. Denn die Ökumenische Versammlung hatte auch eine Gesellschaftsanalyse der DDR angestoßen, die zur Grundlage im Systemwandel wurde. Außerdem kamen mehrere Politiker der ersten Stunde im

Frühjahr 1990 aus dem Kreis der Delegierten und Berater der Ökumenischen Versammlung.

Für die Dresdner begann der Untergang der DDR nicht mit dem Mauerfall, sondern mit den ersten friedlichen Dialogen zwischen Bürgern und Polizei auf der Prager Straße am Abend des 8. Oktober 1989. Als Ansprechpartner für die Stadtpolitiker wurde spontan aus den anwesenden Demonstranten die »Gruppe der 20« gebildet. Sie war in den kommenden Monaten die legitimierte Bürgervertretung in Dresden.

Neben Gottesdiensten und Friedensgebeten wurde die Kreuzkirche in diesen Herbsttagen 1989 auch zu einem Zufluchtsort für Ausreisewillige und Verfolgte. Sie bot neutralen Raum für Bürgerversammlungen, wie das erste Bürgergespräche der »Gruppe der 20«, am 9. Oktober 1989.

Seitlich neben der Kirche erinnern heute zwei aufeinander stehende Steinquader, Reste der alten Kreuzkirche, an die christliche Friedensbewegung der 1980er Jahre. Dieser »Stein des Anstoßes für eine Bewegung, die das Land veränderte« wurde am 8. Oktober 2010 eingeweiht.

Links neben dem Haupteingang der Kirche erinnert die 1988 angebrachte Tafel an die vertriebenen und ermordeten Juden Dresdens. Ein öffentliches Gedenken mit dem Eingeständnis eigener deutscher Schuld war nicht selbstverständlich. Folgender Text ist bis heute zu lesen:

> »In Scham und Trauer gedenken Christen der jüdischen Bürger dieser Stadt. 1933 lebten in Dresden 4675 Juden. 1945 waren es 70. Wir schwiegen, als ihre Gotteshäuser verbrannt, als Juden entrechtet, vertrieben und entmachtet wurden. Wir erkannten in ihnen unsere Brüder und Schwestern nicht. Wir bitten um Vergebung und Schalom. November 1988«.

Synagoge

Auf dem Weg zur Elbe kommt man an der 2001 geweihten, neuen Synagoge mit Gemeindehaus vorbei. Sie steht fast auf dem Gelände der 1938 zerstörten Synagoge. Den Dresdnern war es ein Anliegen, vor der Einweihung der Frauenkirche, das Gotteshaus für die jüdische Gemeinde wiedererstehen zu lassen.

Den Eingang der Synagoge schmückt ein Davidstern mit einer besonderen Geschichte. Dieser Stern stammt von einem der beiden Türme der alten Synagoge. Als 1938 die Flammen das Haus zerstörten, rückte auch die Feuerwehr an. Allerdings durften sie den Brand nicht löschen. Aber der mutige Feuerwehrmann Alfred Neugebauer rettete einen der Davidsterne vor den Nazis. 1949 gab er ihn der sich neu gründenden jüdischen Gemeinde zurück.

Friedensorte außerhalb der Dresdner Altstadt

Wer mehr Zeit hat und über die Elbe auf die Neustädter Seite wandert, findet auch hier interessante Orte des Friedens.

Evangelisch-lutherische Dreikönigskirche

Erst 1989 wurde die ebenfalls im Krieg zerstörte Dreikönigskirche an der Hauptstraße wiederaufgebaut. Die Ruine erhielt ein Dach, der Kirchenraum mit dem barocken Altar der »Törichten und Klugen Jungfrauen« wurde verkleinert. Damit entstand zusätzlich ein kirchliches Tagungshaus mit einem großen Festsaal. Bis zur Fertigstellung des Sächsischen Landtagsgebäudes fanden alle Sitzungen des neu gegründeten Landesparlaments ab 1990 in diesem Saal statt.

Es ist der Sandsteinaltar in seiner kriegszerstörten Darstellung, der besonders in Erinnerung bleibt. Der Kirchenvorstand wehrte sich beim Wiederaufbau dagegen, den alten, unzerstörten Zustand herstellen zu lassen. Man sollte bei jedem Besuch in dieser Kirche auch an die Geschichte und den Krieg, an die Vergänglichkeit allen Lebens erinnert werden. So fehlen den Figuren Köpfe und Gliedmaße, Säulen lassen in ihrer Fragilität ihre Tragkraft in Frage stellen. Nichts erscheint vollkommen und harmonisch.

Diakonissenhauskirche

Etwas weiter stadtauswärts in der Dresdner Neustadt befindet sich das Diakonissenhaus, mit Krankenhaus und Kirche. Auch hier fielen 1945 Bomben auf das Gelände. Beim Trümmerberäumen half 1965 auch eine Gruppe englischer und deutscher Jugendlicher mit, die durch Aktion Sühnezeichen zusammengekommen waren. Diese für Ostdeutschland außergewöhnliche Aktion war von der Kathedrale in Coventry angestoßen worden, um in Dresden ein Zeichen der Versöhnung zu setzen. Als erste Gemeinde in Dresden erhielt das Diakonissenhaus aus Coventry ein Nagelkreuz der Versöhnung.

Die Geschichte des Nagelkreuzes, es besteht aus drei sich kreuzenden großen Zimmermannsnägeln, beginnt 1940 mit der Bombardierung der Stadt Coventry durch Deutsche. Als der damalige Dompropst Richard Howard durch die zerstörte Kathedrale ging, fand er Nägel vom Dachstuhl. Zufällig lagen einige davon in Kreuzform. Für den Geistlichen wurde dies zum Zeichen und zum Auftrag der Versöhnung mit Gott und der Täternation. Es entstand die Idee der Nagelkreuzgemeinde in Coventry, der sich bis heute international viele Gemeinden angeschlossen haben. Sie alle beten an jedem Freitag das aus Coventry stammende Gebet »Vater vergib«. In Dresden existieren inzwischen fünf Nagelkreuzzentren.

Schulische Friedensarbeit in Ruanda
Eine Partnerschaft mit dem Ökumenischen Kirchenrat in Ruanda

Annette Scheunpflug, François Rwambonera und Samuel Mutabazi

1994 erschütterte ein Genozid den afrikanischen Staat Ruanda, der eine tiefe Spaltung der Gesellschaft zum Ausdruck brachte und mit tiefgreifenden Konflikten in der gesamten Region – über den Staat Ruanda hinaus – verbunden war und es bis heute ist. Die evangelischen Kirchen in Ruanda betreiben etwa ein Viertel aller Schulen.[1] Wie sollte man weiter Schulen betreiben, nachdem auch die Kirchen diese Katastrophe nicht hatten aufhalten können? Und wie lässt sich weiter Schule halten mit einer Lehrerschaft, in denen in Kollegien die Hinterbliebenen von Tätern und Opfern zusammenarbeiten sollten? Und wie sollte man Unterricht halten, wenn in den Bänken die Hinterbliebenen der Opfer mit den Nachkommen der Täter zusammensaßen und jeder von jedem diese unheilvollen Beziehungen kannte, ohne dass freilich darüber gesprochen wurde? Wie in einem Klima von Misstrauen, Trauer, dramatischer Gewalterfahrung und Traumatisierung die kommenden Generationen schulisch auf deren Zukunft vorbereiten bzw. Schule überhaupt erst möglich machen?

Das waren die Fragen, denen sich in den Jahren unmittelbar nach dem Genozid die Bildungsabteilung des Protestantischen Kirchenrates, in dem die Fort- und Weiterbildung der Schulen in evangelischer Trägerschaft in Ruanda koordiniert wird, stellen musste. Diese Fragen stellten sich nochmals in weiterer Schärfe, als dass man sich eingestand, dass die Schulen, die auch noch in den 1990er Jahren durch das koloniale Bildungserbe, wie schwache Bildungsqualität, eine autoritäre und hierarchische Grundstruktur sowie verletzende und erniedrigende Kommunikation geprägt war, durchaus Anteil an dieser gesellschaftlichen Katastrophe gehabt hatten. Ein »Weiter so« wie bisher war also keine Option.

---

[1] Vgl. Brown-Mziray et al. 2018.

Friedenspädagogische Arbeit nach dem Genozid: Partizipative Pädagogik und die Stärkung des Selbstwertgefühls von Lehrkräften sowie Schülerinnen und Schülern als Beitrag zum Frieden

In dieser Situation wurde ein friedenspädagogisches Konzept entwickelt, das den Namen »Pedagogie active et participative« (PAP) erhielt. Der zugrundliegende konzeptionelle Gedanke ist, dass sich die kommunikative Grundform des Unterrichtens ändern müsse. Schülerinnen und Schülern sollten mehr Freiraum im Unterricht erhalten, sich die unterrichtlichen Inhalte etwas selbständiger erarbeiten können und so ihr Selbstwertgefühl, ihre Autonomie und ihre Resilienz gegenüber ideologischer Verführung stärken. Dieser reformpädagogische Ansatz war ein deutlicher Bruch in Hinblick auf koloniale Bildungskonzepte und erforderte einen erheblichen Professionalitätszuwachs der Lehrkräfte. Dazu wurden Lehrerfortbildungen konzipiert, in der Lehrkräfte zueinander Vertrauen aufbauen und lernen sollten, ihren Schülerinnen und Schülern mehr Freiraum zu geben, ihre eigene Rolle zu verändern und methodische Kompetenzen für einen partizipativen Unterricht zu erlangen. Diese Grundidee wurde in einem entsprechenden Fortbildungskonzept konkretisiert.[2] In den Fortbildungen wurden aktivierende didaktische Methoden (Gruppen- und Partnerarbeit, Interviews, Rollenspiele etc.) mit Einheiten zu Lerntheorie und -psychologie sowie zu Kommunikationstheorien verbunden. Bedeutsam wurden praktische Kommunikationsübungen (z.B. das Senden von Ich-Aussagen). Nach zwei Wochen Theorie sollten die Teilnehmenden in der dritten Fortbildungswoche das Gelernte in die Praxis umsetzen. Dazu wurden in einer Schule vor Ort entsprechende Einheiten unterrichtet und gemeinsam reflektiert. Nach der dreiwöchigen Fortbildung wurden die Teilnehmenden in der Implementierung des Programms professionell durch regionale Programm-Koordinatoren unterstützt.

Die langjährige Partnerschaft mit dem Evangelischen Entwicklungsdienst (bzw. nach der Fusion dann mit Brot für die Welt) schuf die finanzielle Grundlage für die Realisierung dieses reformpädagogischen Konzepts an den protestantischen Schulen. Bis 2016 wurden ca. zweitausend Lehrkräfte fortgebildet. Mit Hilfe der deutschen Entwicklungszusammenarbeit wurde das Konzept auch in das staatliche Schulsystem integriert[3] und entsprechend Lehrkräfte an staatlichen Schulen – wenn auch nicht so systematisch und in wesentlich kleinerer Anzahl – fortgebildet. Zudem wird das Programm als eine Grundlage für die Einführung des kompetenzorientierten Bildungsansatzes in Ruanda wahrgenommen. Protestantische Bildungsträger in Ruanda leisteten also Pionierarbeit bei der Reformierung des nationalen Bildungssystems.

---

[2] Vgl. Grêt 2009.
[3] Vgl. MINEDUC & INWENT 2007/2008.

Die Erfolge dieses friedens- und reformpädagogischen Ansatzes sind sichtbar: In einer Evaluation im Jahr 2010 wurden Lehrkräfte und deren Schülerinnen und Schüler mit solchen verglichen, die keine entsprechende Fortbildung erhalten hatten.[4] Lehrkräfte an PAP-Schulen zeigten eine stärkere Präferenz für schülerzentrierte Lernaktivitäten (z. B. Gruppenarbeit, eigenverantwortliches Lernen) als Lehrkräfte an Nicht-PAP-Schulen sowie eine geringere Präferenz für traditionelle Lernaktivitäten (z. B. Nachsprechen im Chor oder Auswendiglernen). Zudem erhöhte die Fortbildung die Kommunikation innerhalb des Lehrerkollegiums. Schülerinnen und Schüler an PAP-Schulen nahmen den Unterricht als strukturierter wahr als in Nicht-PAP-Schulen. Das Klassen- sowie das Schulklima wurde positiver bewertet und es ließ sich weniger Angst im Unterricht messen. Parallel zu der positiveren schulbezogenen Selbstwirksamkeitserwartung bei PAP-Lernenden zeigte sich auch ein positiveres Selbstwertgefühl. Lernende in PAP-Schulen erleben einen konstruktiveren Umgang mit Konflikten sowie demokratischere Schulstrukturen und werden gleichzeitig weniger häufig zum Ziel von Lehrergewalt. Damit erreichte die Fortbildung sowohl ihre Ziele in Hinblick auf die mit dem Programm verbundenen friedenspädagogischen Ziele als auch hinsichtlich der Qualitätssteigerung des Unterrichts.

In gemeinsamer Zusammenarbeit mit über 80 Lehrkräften, die über ihre Erfahrungen berichteten und Textteile beisteuerten, entstand ein Buch, das bis heute das erste pädagogische Lehrbuch in der Sprache Ruandas, Kinyarwanda, ist.[5] Zudem wurde ein Band mit der Anwendung dieser Methode für Schulleitungen erarbeitet. Inzwischen wird dieses Konzept von Brot für die Welt auch in der Demokratischen Republik Kongo gefördert.

Friedenspädagogik über Grenzen hinweg: Völkerverständigung

Zwar ist der Konflikt von 1994 in Ruanda befriedet und die Gesellschaft soweit auf dem Weg zur Normalität, wie dieses 25 Jahre nach einer solchen Katastrophe möglich ist; gleichwohl ist die Region noch nicht zur Ruhe gekommen. In der benachbarten Demokratischen Republik Kongo sind die Menschen in der Region um den Kivu-See ständig bewaffneten Konflikten ausgesetzt, an denen auch Milizen aus Ruanda beteiligt sind. Entsprechend vergiftet ist das Klima zwischen der Bevölkerung beider Länder.

Im Rahmen des Reformationsjubiläums wurde das Projekt »schools500reformation« zur Vernetzung von Schulen in evangelischer Trägerschaft, finanziert durch die EKD, Brot für die Welt, der Evangelischen Schulstiftung und den

---

[4] Vgl. ausführlich Krogull / Scheunpflug 2016.
[5] Vgl. Scheunpflug et al. 2015.

konfessionellen Schulen der Niederlande, durchgeführt. In diesem Rahmen ergab sich die Möglichkeit, dass sich Schulverantwortliche aus beiden Ländern (bzw. aus Ruanda und der Kivu-Region) trafen und gemeinsam ein Konzept zur Völkerverständigung zwischen Schülerinnen und Schülern beider Länder entwickeln konnten. Die Regionalkonferenz zu schools500reformation war die erste Veranstaltung, die Lehrkräften aus den beiden verfeindeten Staaten die Möglichkeit zur Begegnung gab. Seit dieser Zeit werden gemeinsame friedenspädagogische Konzepte für die Region über die Landesgrenzen hinweg erarbeitet und Aktivitäten mit Schülerinnen und Schülern sowie mit Lehrkräften durchgeführt. Das seit 2017 laufende und wiederum durch Brot für die Welt geförderte Projekt ermöglicht protestantischen Schulträgern über die politischen Grenzen hinweg, eine Friedenskultur zwischen Lehrkräften und Schülergruppen aus beiden Ländern zu etablieren.

Dabei ist hilfreich, dass sich Mitarbeitende in beiden Schulsystemen inzwischen über das Studium im – ebenfalls von Brot für die Welt geförderten – Studiengang »Educational Quality in Developing Countries« kennenlernen und eine gemeinsame professionelle Basis finden konnten. Der Studiengang wird von der Otto-Friedrich-Universität Bamberg verantwortet und in Kooperation mit der Protestantischen Universität in Butare/Ruanda, der Freien Universität der Großen Seen in Goma/Demokratische Republik Kongo und der Evangelischen Universität in Mbo/Kamerun getragen. Alle drei afrikanischen Universitäten sind über lange Partnerschaften mit Brot für die Welt eng verbunden.

Ausblick: Erfahrungen und neue Herausforderungen

Mit dem über 15 Jahre laufenden friedenspädagogischen Programm der partizipativen und aktiven Pädagogik hat der Protestantische Kirchenrat in Ruanda einen substanziellen Beitrag zum Frieden und zur Demokratisierung der Gesellschaft geleistet. Wichtig war dafür die großzügige Förderung: Die Fortbildungen dauerten für jede Lehrkraft drei Wochen. Aber eine tiefgehende Einstellungs- und Handlungsveränderung benötigt Zeit; sie ist nicht über ein kurzes mehrtägiges Training erreichbar. Grundlegend war dafür auch die langjährige vertrauensvolle Zusammenarbeit. Häufig wird in der Entwicklungszusammenarbeit zu kurzfristig gedacht, und die Programme sind nicht lang genug ausgelegt. Mit der sich insgesamt auf 15 Jahren belaufenden Förderung wurde es möglich, hinreichend viele Lehrkräfte zu schulen und damit auch einen sichtbaren Erfolg zu erreichen. Hier zeigt sich auch die Bedeutung von kirchlichen Partnerschaften, die langfristig angelegt sind und eine vertrauensvolle Zusammenarbeit ermöglichen. Die Tatsache, dass – dem politischen Großklima geschuldet – nicht die historische Aufarbeitung des Geschehenen im Mittelpunkt stand, sondern die Förderung von Selbstwertgefühl und Anerkennung jedes

Einzelnen, zeigt, dass friedenspädagogische Maßnahmen an sehr unterschiedlichen Punkten ansetzen können und Akteure vor Ort häufig genau wissen, wie in einer spezifischen Situation ein guter Weg aussehen kann. Dieses Programm förderte das Profil evangelischer Bildung als einer subjektorientierten Pädagogik, die Autonomie in sozialer Eingebundenheit ermöglicht und damit zu Toleranz und Freiheit beiträgt.

Wichtig war zudem die Möglichkeit, das Programm durch die Begegnungsarbeit mit dem Nachbarn Kongo zu vertiefen. Dazu war es hilfreich, über Grenzen hinweg Netzwerke zu bilden und sich in anderen Kontexten (wie dem Masterprogramm oder schools500reformation) zu begegnen. Zudem gab dieses die Möglichkeit, die eigene Erfahrung mit anderen zu teilen. Es stimmt hoffnungsvoll, dass es gelungen ist, schools500reformation in ein globales Netzwerk (*Global Pedagogical Network – Joining in Reformation*) zu überführen. Hier wird in den nächsten Jahren der Austausch zu friedenspädagogischen Konzepten evangelischer Schulen im Mittelpunkt stehen. Besonders wichtig wird dabei der Blick auf einen kompetenzorientierten Unterricht und die dafür nötigen Unterrichtsmaterialien sein. Viele evangelischen Schulen in Krisengebieten werden von den Erfahrungen aus Ruanda und der Kivu-Region lernen können.

Die Herausforderung, die nun vor dem Programm liegt, ist es, sich dem Übergang an eine konsolidierte Gesellschaft anzupassen. Die Arbeit an der Individualisierung des Unterrichts, einem anerkennendem Lernklima, Toleranz, Perspektivenwechsel und hoher Unterrichtsqualität ist wichtiger denn je. Allerdings wird sich das Programm dynamisieren müssen – schließlich sind die Lehrkräfte nicht mehr so unmittelbar durch die Wucht des Geschehens betroffen. Die Fortbildungen werden kürzer werden und die unterrichtliche Qualität deutlicher als bisher in den Mittelpunkt stellen. Und die Versöhnungsarbeit mit den Schülerinnen und Schülern aus der demokratischen Republik Kongo hat gerade erst begonnen und wird sich auf breitere Füße stellen müssen. So bleibt also trotz des bisher schon Erreichten noch genug Arbeit zu tun.

Literaturverzeichnis

Brown-Mziray, M. / Heinrichs-Drinhaus, R. / Müller, I. / Rwambonera, F. / Scheunpflug, A. (2018): Evangelische Schulen in Subsahara-Afrika. Zwei Fallstudien zur deren geschichtlichen Entwicklung. In: H. Simojoki / A. Scheunpflug / M. Schreiner (Hg.): Evangelische Schulen und religiöse Bildung in der Weltgesellschaft. Die Bamberger Barbara-Schadeberg-Vorlesungen, Münster, S. 147–158.

Grêt, C. (2009): Le system éducatif africain en crise, Paris.

Krogull, S. / Scheunpflug, A. (2016): Empirische Perspektiven friedenspädagogischen Handelns in Post-War-Societies, in: Zeitschrift für Internationale Bildungsforschung und Entwicklungspädagogik, Heft 4, S. 21–26.

MINEDUC & INWENT (2007): Pédagogie active pour renforcer la culture de la paix à l'école. Guide du facilitateur. Republique du Rwanda, Ministère de l'Education; Centre National de Développement des Programmes (CNDP) & InWent, Capacity Building International, Germany, Kigali.

MINEDUC & INWENT (2008): Pédagogie active pour renforcer la culture de la paix à l'école. Manuel de l'enseignant du primaire. Republique du Rwanda, Ministère de l'Education; Centre National de Développement des Programmes (CNDP) & InWent, Capacity Building International, Germany, Kigali.

Scheunpflug, A. / Krogull, S. / Rwambonera, F. / Mutabazi, S. (2015): Imyigishirize yubaka ubushobizi mbonezamibanire mu bihe bya nyuma y'amakimbirane. Umusanzu wayo mu guteza imbere umuco w'amahoro n'ireme ry'uburezi, Kigali [Teaching Social Competencies in Post-Conflict Societies].

Simojoki, H. / Scheunpflug, A. / Sendler-Koschel, B. (2016): 500 Evangelische Schulen – Eine Welt. Den Welthorizont von Bildung und Glauben erschließen, epd-Dokumentation 35/2016.

Auf dem Pilgerweg der Gerechtigkeit und des Friedens

Sabine Udodesku, Christine Müller und Sabine Müller-Langsdorf

Einfach machen statt reden – für Hildegard Wöhle ganz einfach. Sie steht mit Rucksack und Wanderstöcken mitten in Paris in der Kirche Saint-Merry; vier Wochen Fußmarsch durch Deutschland und Frankreich als Klimapilgerin liegen hinter ihr. »Nicht nur die Politik trifft Entscheidungen, sondern auch jeder Einzelne von uns. Ob weniger sichtbar, wenn wir zu Hause Müll vermeiden, oder nach außen deutlich, wie mit dem Klimamarsch nach Paris«.[1]

Der Ökumenische Rat der Kirchen (ÖRK) hat bei seiner 10. Vollversammlung 2013 in Busan, Republik Korea zu einem Pilgerweg der Gerechtigkeit und des Friedens eingeladen. In der Botschaft aus Busan heißt es: »Wir wollen uns gemeinsam auf den Weg machen. Von unseren Erfahrungen in Busan ermutigt bitten wir alle Menschen guten Willens, ihre von Gott verliehenen Gaben ins Handeln umzusetzen. Diese Versammlung ruft Euch dazu auf, diesen Pilgerweg mit uns gemeinsam zu gehen. Mögen die Kirchen Gemeinschaften der Versöhnung und des Erbarmens werden und mögen wir die Frohe Botschaft so säen, dass Gerechtigkeit wächst und Gottes tiefer Friede die Welt erfüllt.«[2]

Daraufhin beschloss die Synode der Evangelischen Kirche in Deutschland (EKD) im November 2013, im Reden und im Tun diese Einladung anzunehmen und den ÖRK sowie Akteure in Deutschland auf dem Pilgerweg der Gerechtigkeit und des Friedens bei der Umsetzung nachdrücklich zu unterstützen.

Mittlerweile sind die EKD und ihre 20 Gliedkirchen seit fünf Jahren auf dem Pilgerweg und können bei der Umsetzung auf Erfahrungen, Erkenntnisse und Ergebnisse zurückgreifen, die sie im Rahmen des Konziliaren Prozesses für Frieden, Gerechtigkeit und die Bewahrung der Schöpfung und der Dekade zur Überwindung von Gewalt (1983–2011) gemacht haben. Sei es im Bereich Klimawandel, lebensbejahendes Wirtschaften, in der Friedensarbeit oder dem Einsatz für Menschenwürde.

---

[1] https://www.klimapilgern.de/blog/category/blog2015/ (18.06.2019).
[2] https://www.oikoumene.org/de (18.06.2019).

Christen sehen, wie auf lokaler und globaler Ebene die Werte des Evangeliums – Gerechtigkeit und Frieden – angegriffen werden. Deshalb machen sie sich auf den Pilgerweg in einer Welt, die dringend nach dem Engagement von allen Menschen guten Willens verlangt. Gottes Gerechtigkeit und Frieden sind schon längst auf dem Weg als Zeichen des kommenden Reiches Gottes. Nach ihnen richten wir unser Reden und Tun aus.

Einen Schwerpunkt legt die vom ÖRK vorgeschlagene Umsetzung des Pilgerweg-Gedankens auf das Miteinander: Es geht darum, Gemeinschaft zu stärken, gemeinsam Zeugnis abzulegen, Vertrauen und Verständnis aufzubauen, und inspirierend und innovativ zu wirken. Nicht in Abgrenzung zu anderen, sondern offen und einladend zur Verwandlung einer zutiefst ungerechten Welt. Auf dem Pilgerweg haben sich weitere Verbindungen über die gliedkirchlichen, konfessionellen und religiösen Grenzen hinaus und neue Partnerschaften gebildet. Der Konferenz Ökumene, Mission und Entwicklung (KÖME), in der alle Gliedkirchen und thematisch beteiligte Werke und Organisationen vertreten sind, kommt eine große Bedeutung als Plattform für Informationsaustausch, gegenseitige Inspiration und gemeinsames Vorgehen zu. Sie bietet für den Pilgerweg eine Gelegenheit, Ökumene lokal, national und international zu gestalten und gemeinsam das Not-Wendige zu tun.

Wir sind unterwegs mit den 348 ÖRK Mitgliedskirchen aus über 110 Ländern auf allen Kontinenten, mit europäischen und internationalen Partner-Organisationen, mit der Arbeitsgemeinschaft Christlicher Kirchen (ACK)[3] und säkularen Partnern. *Synodenbeschlüsse* zur Beteiligung am Pilgerweg wurden in 10 Gliedkirchen gefasst. *Gemeinsam aktiv* auf dem Pilgerweg sind mittlerweile alle 20 Gliedkirchen, je nach thematischen Schwerpunkten mit ACK Kirchen, Missionswerken, kirchlichen und säkularen Organisationen wie Brot für die Welt, Misereor, BUND, Greenpeace, Klimaallianz, Vertretern verschiedener Religionen u. a.

Vier Erfahrungsbeispiele sollen im Folgenden zeigen, wie Kirchen sich gemeinsam auf den Weg gemacht haben.

a) Langzeitfortbildung 2018–2020 im Rahmen des Pilgerwegs der Gerechtigkeit und des Friedens (Sabine Müller-Langsdorf)

Via positiva – via negativa – via transformativa: diese drei Dimensionen eines Pilgerwegs haben die Idee zu einer Langzeitfortbildung für kirchliche Mitarbeiter zum Pilgerweg der Gerechtigkeit und des Friedens inspiriert. An markante Orte der Klage, des Lobs und der Verwandlung bezüglich der Themen Gerechtigkeit und Frieden möchte die Fortbildung kirchliche Mitarbeiter aus den

---

[3] https://www.oekumene-ack.de/ueber-uns/wer-wir-sind/ (18.06.2019).

Handlungsfeldern Ökumene, Gemeinde, entwicklungspolitische Bildungsarbeit führen. Vor Ort lernen die Teilnehmerinnen und Teilnehmer große Worte wie Frieden, Gerechtigkeit, Nachhaltigkeit, Wirtschaft konkret kennen:

- In Friedrichshafen am Bodensee wird ein Rüstungsbetrieb besucht und über die friedensethischen Herausforderungen angesichts des »Tod made in Germany« mit Gewerkschaft, Kirche, Betriebsleitung, Friedensinitiativen geredet.
- In Genf ist der Sitz vieler internationaler Organisationen. Hier nehmen die Teilnehmenden die Kraft internationaler Zusammenarbeit in politischen wie kirchlichen Belangen in den Blick.
- Die Kleinstadt Witzenhausen in Nordhessen beherbergt eine von zwei Universitäten zu Ökologischer Landwirtschaft in Deutschland. In Kooperation mit der Uni wird die Fortbildungsgruppe in Fragen nachhaltigen ökologischen Landwirtschaftens eingeführt.
- Brüssel als Sitz der EU ist der Ort, an dem gelernt werden kann, wie Fragen einer gerechten Wirtschafts- oder Friedensordnung in europäischen Strukturen politisch verhandelt werden und welche Rolle die Stimme der Kirchen haben kann.
- Das letzte Modul der Fortbildung findet in Berlin bei »Brot für die Welt« statt. Hier blicken die Teilnehmenden auf die Arbeit eines kirchlichen Entwicklungswerkes und finden Anregungen zur konkreten Weiterarbeit.

Die Fortbildung ist eine Art Pilgerweg: Sie bietet den »Blick über den eigenen Acker«. Aus allen Himmelsrichtungen der evangelischen Landeskirchen Hessen-Nassau, Kurhessen-Waldeck, Baden und Württemberg kommen 20 kirchlich Mitarbeitende für fünf viertägige Kursabschnitte über den Zeitraum von zwei Jahren zusammen. Der Austausch mit Kolleginnen und Kollegen anderer Landeskirchen und die Begegnung mit Menschen anderer Berufsgruppen und Professionen durch die Besuche an den verschiedenen Orten war für die Motivation zur Teilnahme wesentlich. Hinzu kommt die Möglichkeit, Institutionen und Initiativen zu Gerechtigkeit und Frieden inner- und außerhalb kirchlicher Arbeit in ihrer Arbeit kennenzulernen. Die Kraft der Vernetzung wird konkret erlebt und die Gemeinschaft »mit allen Menschen guten Willens« zeigt die Stärke zivilgesellschaftlichen Engagements und vertieft ökumenische Solidarität.

Die Fortbildung wird von den EKD-Friedens- und Ökumene-Beauftragten der beteiligten Landeskirchen organisiert und finanziell durch landeskirchliche Zuschüsse und eine Unterstützung durch die EKD-Projektstelle Pilgerweg der Gerechtigkeit und des Friedens gefördert.

Zwischen den einzelnen Kursabschnitten treffen sich die Teilnehmenden in Regionalgruppen. Dort können sie das Erlebte reflektieren und Praxisanregungen für die eigene Arbeit entwickeln. Die Fortbildung endet im Jahr 2020. Ein Highlight war der Besuch beim Ökumenischen Rat der Kirchen (ÖRK) und den

Vereinten Nationen in Genf. Dort ist aus der Begegnung mit einer NGO zum Thema Wirtschaft und Menschenrechte eine Resolution entstanden, die die Fortbildungsgruppe an Kirchenleitungen, den ÖRK und politisch Verantwortliche in allen vier Landeskirchen weitergibt.

b) Ökumenischer Pilgerweg für Klimagerechtigkeit von Bonn nach Katowice (Christine Müller)

Seit Jahrzehnten setze ich mich dafür ein, gemeinsam mit den sozialen Bewegungen ein Bewusstsein in unseren Kirchen und in der Politik dafür zu schaffen, dass wir im reichen Norden, besonders in Deutschland, auf Kosten der Menschen und der Natur im globalen Süden leben und die Folgen auf andere Teile der Erde abwälzen. Zu meinem Schwerpunkt gehört das Themenfeld der Gerechtigkeit. Ich glaube, dass es keine Lösungen für die Klimakrise gibt, ohne die Frage nach Ressourcen-Gerechtigkeit und sozialer Gerechtigkeit zu stellen. Auch der Frieden in der Welt hängt maßgeblich davon ab.

Deshalb wies ich zu Beginn unseres 3. Ökumenischen Pilgerweges für Klimagerechtigkeit von Bonn nach Katowice auf den bei der ÖRK-Vollversammlung 2013 in Busan, Korea beschlossenen »Pilgerweg der Gerechtigkeit und des Friedens« hin. Wir haben bei der Planung die Anregung von Busan aufgenommen, Schmerzpunkte und Kraftorte aufzusuchen. Wir waren uns einig, dass der größte Klimakiller die Braunkohle ist und dass wir in Deutschland mit dem Ausstieg aus der Braunkohle dem Ziel der Reduzierung des CO_2-Ausstoßes ein großes Stück näherkommen.

Als ich auf der Landkarte sah, dass die Strecke auch durch unsere sächsische Landeskirche führt, war ich sofort inspiriert. Und maßgebliche Entscheidungsträger ließen sich anstecken, diesen Weg zu unterstützen. Ich selbst wohne im Süden von Leipzig, der an manchen Stellen vom Braunkohletagebau immer noch geschädigt wird. Ganz besonders wollte ich die Aufmerksamkeit auf unser Nachbardorf Pödelwitz lenken. Pödelwitz ist ein 700 Jahre altes Bauerndorf, das 2028/2029 dem Braunkohle-Tagebau der Mitteldeutschen Braunkohle AG (MIBRAG) zum Opfer fallen soll. Es ist wie der Kampf von David gegen Goliath: Ein großer Konzern, der nach und nach Grundstücke in Pödelwitz aufkauft. Und das, obwohl der Ort bislang noch nicht einmal für den Tagebau vorgesehen ist und in absoluter Randlage liegt. Mit Pödelwitz wird hier auch die Energiewende »untergraben«. Doch die verbliebenen 26 Einwohner von Pödelwitz kämpfen weiter. Unter ihnen der Schmied Thilo Kraneis. Sein Vater steht vor der dritten Umsiedlung: Nach der Flucht aus Schlesien ließ sich die Familie in Heuersdorf nieder und musste der Kohle weichen. »Ich bleibe hier, egal was passiert«, betont Thilo Kraneis. Gemeinsam mit seinen Nachbarn kämpft er gegen die übermächtige MIBRAG wie einst David gegen Goliath – kürzlich hat er den Vertrag mit seinem Hauptarbeitgeber der Mitteldeutschen Braunkohle AG (MIBRAG) gekündigt. Aber vielleicht bekommt er bald einen neuen Arbeitgeber: Der Gemeindekirchenrat hat beschlossen, die alte Kirche grundlegend zu sanieren, auch als ein Zeichen der Hoffnung für die Menschen in dieser Region. Zu meiner größten Überraschung stellte sich heraus, dass die Initiative »Pödelwitz bleibt« auch international vernetzt ist. Als die Pilgerbasis beim Treffen mit Thilo Kraneis und anderen Interessierten kurz über ihre Unterstützung des peruanischen Bergführers und Andenbauern Saúl Luciano Lliuya berichtete, stellte sich heraus, dass Pödelwitz den gleichen Anwalt wie Saúl Luciano hat. Saúl Luciano Lliuyas Zivilklage ist die erste ihrer Art vor europäischen Gerichten. Sie hat zum Ziel, große Verursacher wie RWE in die Verantwortung zu nehmen und zu weniger schädlichen Geschäftsmodellen zu bewegen. Dadurch sollen neue juristische Möglichkeiten für Betroffene entstehen. Es soll vor allem aber auch der Druck wachsen, nationale und internationale politische Lösungen für den Umgang mit klimabedingten Schäden und Verlusten zu entwickeln.

Die Pilger und Pilgerinnen des 3. Ökumenischen Pilgerweges für Klimagerechtigkeit haben ihr Ziel am 7. Dezember 2018 erreicht.

Nach 92 Tagen und 1.883 gelaufenen Kilometern von Bonn bis Katowice haben die Pilgerinnen auf ihrem Weg von den Politikern der Welt und insbesondere Deutschlands mehr Klimagerechtigkeit für andere Regionen und künftige Generationen eingefordert. Sie sind nicht nur in Deutschland, sondern auch in Polen mit Menschen auf der Straße, in den Kirchen, in Schulen, in Rathäusern und Parlamenten über die Ursachen und Folgen unserer Wirtschaftsweise und unseres Lebensstils ins Gespräch gekommen. Sie haben ihre Ideen für den Kohleausstieg bekannt gemacht und um Unterstützung für die Forderung an die Bundesregierung geworben. Als Pädagogin bin ich überzeugt, dass dieser ökumenische Pilgerweg eine der besten Methoden für die Bewusstseinsbildung für die Fragen der Gerechtigkeit, Frieden und Bewahrung der Schöpfung ist.

c) Synode der Nordkirche auf dem Pilgerweg (Sabine Udodesku)

Die Landessynode der Nordkirche hat 2014 beschlossen, dass jede Synodentagung innerhalb der gegenwärtigen Legislaturperiode eine eigene Wegstation auf dem Pilgerweg bilden soll. Die Synode befasst sich dabei für einige Stunden mit einem Thema, zu dem die Kirche eine Position haben sollte, die einer theologischen Reflexion bedarf und die die Kirche zum Handeln auffordert. Hierbei sollen alternative Formen von Andachten, Gebeten, Gottesdienste und Feiern entwickelt werden und neue Zugänge zur Bibel durch die Methode des Bibel-Teilens, der Bibelarbeiten, des Bibliodramas ermöglicht werden. Mit dieser geistlichen Erfahrung verbinden sich thematische Beratungen zu den Fragen von Integration und gesellschaftlichem Zusammenleben, Flüchtlingen und Asyl,

Fremdenfeindlichkeit, Armut und gesellschaftlicher Teilhabe und Globalisierung. Die Synode war der Meinung, dass der Pilgerweg die Kirche weg von ihrer Selbstbezogenheit auf Gerechtigkeit und Frieden in globaler Perspektive ausrichtet und so auch den Dialog mit anderen Partnern im interreligiösen und im säkularen Bereich fördert und fordert.

d) »Kirche des gerechten Friedens werden« als EKD-weiter Prozess (Sabine Udodesku)

Die Badische Landeskirche startete im Frühjahr 2012 einen Diskussionsprozess zu einer Neuorientierung der Friedensethik, der in einen friedensethischen Beschluss der Herbstsynode 2013 mündete. Dieses Dokument enthält neben einem Diskussionspapier »Richte unsere Füße auf den Weg des Friedens (Lk 1,79) – ein Diskussionsbeitrag aus der Evangelischen Landeskirche in Baden« auch 12 Konkretionen mit dem Ziel, eine Kirche des gerechten Friedens zu werden. Sie bilden seitdem die Grundlage für die weiteren friedensethischen Bemühungen der evangelischen Landeskirche in Baden.[4]

Andere Landeskirchen haben inzwischen auch friedensethische Beschlüsse gefasst, darunter die Bremische Evangelische Kirche, die Evangelisch-Lutherische Kirche in Oldenburg, die Evangelisch-Lutherische Landeskirche Hannovers, die Evangelische Landeskirche in Württemberg, die Evangelisch-Lutherische Kirche in Norddeutschland, die Evangelische Landeskirche in Mitteldeutschland und die Evangelische Kirche in Rheinland.

---

[4] https://www.ekiba.de/html/content/kirche_des_gerechten_friedens950.html (18.06.2019).

#hopeSpeech als Beitrag zum Cyberpeace
Frieden auf Social Media

Timo Versemann

1. HateSpeech als Teil des »Infokrieges«

Die Cambridge-Analytica-Enthüllungen, der US-Wahlkampf 2016 und die vielbeschworenen russischen Social Bots machen deutlich, dass Desinformation, Diffamierung und diskriminierende Kommentare keine Binnenprobleme von Online-Plattformen sind. Es handelt sich um globale Phänomene, die auch Teil von hybrider Kriegsführung sind oder mindestens sein können.

Die Online-Initiative »Hooligans gegen Satzbau« machte im Januar 2018 das »Handbuch für Medienguerillas« von einer Gruppierung mit dem Namen »D-Generation« öffentlich. In dem menschenverachtenden Handbuch finden sich Anleitungen für den Online-»(Meme[1]-)Blitzkrieg« und Empfehlungen für mögliche Opfer gezielter Attacken: »[...] junge Frauen, die direkt von der Uni kommen. Das sind klassische Opfer und nicht gewöhnt einzustecken. Die kann man eigentlich immer ziemlich einfach auseinandernehmen« (HoGeSatzbau 2018). Einblick in solche gezielten Angriffe liefern auch die Enthüllungen um das rechte Online-Netzwerk »Reconquista Germanica« aus dem Umfeld der extrem rechten »Identitären Bewegung«. Unter dem Deckmantel des Spielerischen koordinieren diese auf dem Gameserver »Discord« in militärischer Logik »Angriffe« im Sinne eines selbst so benannten »Infokrieges«.

Doch dem Kern von hateSpeech: Diskriminierung und Verachtung von Menschen und Gruppen, begegnen wir bereits in alltäglicher Online-Kommunikation, die nicht von rechten Akteurinnen und Akteuren gezielt koordiniert ist. Vergleichbar mit der sozialwissenschaftlichen Wende zur Betrachtung Gruppenbezogener Menschenfeindlichkeit als in der Gesellschaft verinnerlichte Einstellungen, die Grundlage sind für daraus resultierendes, äußerlich sichtbares rechtsextremes Verhalten, muss auch ein Blick auf die vermeintlich kriegsartigen

---

[1] Memes sind oft eine Verknüpfung von Wort und Bild, bei der eine Gedankeneinheit (Mem) aus dem kulturellen Gedächtnis – wie z. B. eine Filmszene – spielerisch aufgenommen und variiert wird.

Zustände in Social Media weit vor den großen Shitstorms und koordinierten Troll-Kriegen ansetzen.

Dank der Förderung durch das BMFSFJ im Rahmen des Bundesprogramms »Demokratie leben!« können wir uns mit dem Projekt »der Teufel auch im Netz« (kurz: NetzTeufel) mit Unterstützung der EKD seit September 2017 dem Thema aus christlicher Perspektive nähern. Die knapp zweieinhalb Jahre Laufzeit des Modellprojekts bieten die Möglichkeit, neue Zugänge zur theologischen Auseinandersetzung mit Gruppenbezogener Menschenfeindlichkeit als auch mit digitalen Lebenswelten zu entwickeln und zu erproben. Vieles bleibt in diesem dynamischen Feld und der kurzen Projektlaufzeit allerdings fragmentarisch und verweist auf zukünftige (hoffentlich) breitere Ansätze.

2. Sehen, Verstehen, Handeln

Um dem Thema hateSpeech theologisch zu begegnen, stellten wir uns die Frage, mit welchen Erzählungen – sogenannten Narrativen – sich Gruppenbezogene Menschenfeindlichkeit im Namen des christlichen Glaubens äußert. Die Analyse von verbreiteten Narrativen bietet in Zeiten von Social-Media-Kommunikation die Möglichkeit, Einstellungen und Meinungen zu identifizieren. Dies zeigt nicht zuletzt Julia Ebner, die in ihrem Buch »Wut« beschreibt, wie islamistische und rechtsextreme Narrative konstruiert werden und sich gegenseitig befruchten. Unsere Analyse zielte darauf ab, gegenwärtig relevante und verbreitete Narrative zu identifizieren, die die Kommunikation in den Sozialen Medien vergiften. Auf dieser Basis sollen mit eigenen Bildungsformaten alternative Narrative entwickelt werden.

Die Ergebnisse der Analyse haben wir auf unserer Homepage (netzteufel.eaberlin.de) veröffentlicht – bewusst nicht in wissenschaftlicher Form, sondern als prägnante Zusammenfassungen der »toxischen Narrative« mit entsprechenden theologischen Anfragen.[2] Die Präsentation der Ergebnisse wurde von Menschen in der kirchlichen Jugend- und Digitalarbeit weitgehend positiv aufgenommen, es gab aber auch deutliche Kritik: Es hieß, dass wir konservative Positionen verteufeln würden. Dabei war das Ziel gerade, eine Grundlage für die Versachlichung und Theologisierung aktueller Debatten zu liefern. Und mit dem affirmativen Selbstbezug auf das Teufelsbild – wir sind der NetzTeufel – die eigene Verwobenheit in starke und zweideutige Narrative aufzuzeigen. Das nahezu tragische Ergebnis aus der medialen Debatte um unsere Arbeit ist, dass wir nach der kritischen Berichterstattung darüber bekannter waren als vorher. Es folgten

---

[2] Die methodischen Hinweise zur Analyse sind hier nachzulesen: https://www.netzteufel.eaberlin.de/faq/ (18.06.2019).

eine Vielzahl von Hörfunk- und Presseberichterstattungen sowie Anfragen, zu dem Thema Vorträge und Workshops zu halten und Beiträge zu schreiben.

3. #hopeSpeech als Beitrag zum Cyberpeace

Constanze Kurz und Frank Rieger vom Chaos Computer Club haben in ihrem Buch »Cyberwar« herausgearbeitet, dass die Antwort auf digitalisierte Kriegsführung sinnvollerweise nur in der Entwicklung einer »aktiven Defensivstrategie« liegen kann.[3] Im gleichen Duktus fordert das »Forum InformatikerInnen für den Frieden« in der Kampagne »Cyberpeace« nicht nur die Ächtung des Hortens von Sicherheitslücken in Software zum digitalen Gegenangriff (»Hack back«), sondern auch die demokratische Gestaltung und demokratische Kontrolle des Internets (FIfF 2019).

Wir sind der Meinung, dass diese demokratische Gestaltung nicht nur für die technische, sondern auch für die soziale digitale Infrastruktur gelten muss. In diesem Sinn verstehen wir unsere Arbeit als Beitrag für den Cyberpeace. Die Idee einer aktiven Defensivstrategie schlägt sich konzeptionell in unserer Arbeit nieder, indem wir versuchen, über den Ansatz rein reaktiver Maßnahmen – wie Gegenrede zu hateSpeech im Netz – hinaus zu kommen. Ein Ergebnis unserer Analyse ist die Erkenntnis, dass die verbindende Motivation gruppenbezogen menschenfeindlicher Kommentare nicht die Emotion Hass ist, sondern das Schüren von Ängsten durch den Aufbau von Bedrohungsszenarien. Vor diesem Hintergrund haben wir den Begriff #hopeSpeech entwickelt.

Mit diesem Kunstwort bezeichnen wir die Suche nach alternativen digitalen Formen, die dem auf Hoffnung basierenden christlichen Glauben Ausdruck verleihen. Das können direkte oder auch indirekte Antworten auf hateSpeech sein. Alle in diesem Zusammenhang entwickelten Formate zielen auf die Stärkung einer resilienten und digital sprachfähigen Zivilgesellschaft und Kirche sowie auf die Hoffnung, die Räume, in denen wir interagieren, gestalten zu können.

4. Von Einhörnern, #hopeSpeech & Memes: Digitale Kommunikationstechniken jenseits kirchlicher PR-Guidelines

In unserem ersten Seminar, kurz #1hopeMeme, ging es um das Kennenlernen und Ausprobieren digitaler Kommunikationstechniken. Jenseits von steifen Richtlinien kirchlicher Presse- und Öffentlichkeitsarbeit wurden Menschen aus

---

[3] Kurz / Rieger 2018, S. 270 ff.

der Öffentlichkeitsarbeit, aus Gemeinden, kirchlichen Diensten und Werken gelockt, neue oder einfach andere Perspektiven digitaler Kommunikation einzunehmen. Die Tagung verband das Interesse an spielerischer Aneignung von Techniken, wie Memes, .gifs, Podcasts, Chat Bots oder #netgraffiti. Zu diesen Methoden gab es jeweils eine technische sowie eine netzkulturelle Einführung, im Anschluss haben wir die vorgestellten Techniken in Kleingruppen ausprobiert und angewendet.

Besonders die Techniken wurden mit Begeisterung angenommen, die die größte Absurdität besaßen. Deutlich wurde hier das Interesse an ungewohnten Formaten, die neue Formen der Kommunikation und Selbstpositionierung im Netz ermöglichen. Außerdem zeigt sich, dass gerade in einer stark moralisch aufgeladenen Kommunikation, wie sie bei der Begegnung mit hateSpeech entstehen kann, keine moralinen Ausdrucksformen gesucht werden sollten, sondern Formate, die mehr Kreativität für den Frieden wagen. Die kreative Leichtigkeit, von der manche Kirchenmalereien zeugen, ist auch für die digitale Kommunikation prägend. Diese Herausforderung gilt es zu reflektieren vor der Einsicht, dass wir in einem »postfaktischen« Zeitalter leben, in dem nicht nur das reine rationale Argument zählt, wir aber trotzdem nicht hinter die Aufklärung zurück können und wollen.

5. #whatthehope – Christliche Narrative als Alternativen im Netz

In unserem zweiten Seminar #whatthehope ging es darum, die in #1hopeMeme gelernten Techniken anzuwenden. Gleichzeitig wagten wir den Versuch, theologische Reflexion und digitale Formatentwicklung zu kombinieren. Ausgehend von den in der Analyse identifizierten toxischen Narrativen haben wir alternative christliche Narrative sowie Prototypen, wie diese digital vermittelt werden können, entwickelt. Mit dem partizipativen Format des Seminars, das auch Elemente des »Design Thinkings« enthielt, haben wir Menschen aus den Bereichen Theologie, Design, Aktivismus, Gemeinde- und Öffentlichkeitsarbeit zusammengebracht, um interdisziplinär zu arbeiten.

Es wurde sichtbar, wie stark unsere Lebens- und Arbeitswelten sich derzeit verändern. Mit dem emanzipatorischen und demokratischen Versprechen des Internets: »Alle können alles erstellen, posten und kommentieren«, geht auch die neoliberale Überforderung einher: »Alle müssen alles können«. Diese Überforderungserfahrung konnte im Seminar zu einem gewissen Grad aufgefangen werden. Die Teilnehmenden beschrieben die intensive Verknüpfung von theologischer sowie politischer Reflexion mit dem Blick auf die Vermittlung und Kommunizierbarkeit christlicher Botschaften als Inspiration für ihr weiteres Arbeiten.

Grundsätzlich offenbaren die Erfahrungen von #whatthehope aber einen »Kampf mit ungleichen Waffen«, bei dem beleidigende Kommentare schnell »hingerotzt« werden, während wohlüberlegte, reflektierte und kreative Antworten mehr Zeit und Liebe von den Verfassenden einfordern. Zeit, für die unsere Lebens- und Arbeitswelten zu wenig Raum lassen oder die wir uns einfach nicht nehmen.

6. HopeSpeech-Workshop

Bei der Präsentation unserer Analyseergebnisse begegnete uns immer wieder der Einwand: »Das ist ja schön und klug, aber was bringt mir das in meiner Gemeinde/Einrichtung/etc.« Deshalb haben wir einen Workshop entwickelt, der auch analog ohne Internet und Beamer z. B. auf Zeltlagern funktioniert. Seit 2019 bilden wir bundesweit Multiplikatoren aus, diesen Workshop selbst anzuleiten und die Methode weiterzugeben. Dies geschieht in Kooperationen mit landes- sowie freikirchlichen, römisch-katholischen und außerkirchlichen Institutionen der Jugend- und Erwachsenenbildung. Zusätzlich gibt es auf unserer Seite einen Onlinekurs, mit dem alle Interessierten die Durchführung des Workshops erlernen können.

Der Workshop beginnt mit einem kurzen theoretischen Input, danach werden in Kleingruppen Kommentare auf der fiktiven, ausgedruckten Social-Media-Plattform »Diss Kurs« angeschaut und reflektiert. Die Kommentare stammen aus dem Datenmaterial unserer Social-Media-Analyse und sind mit Hilfe einer fiktiven Plattform dargestellt, um offen für die verschiedenen Nutzungsgewohnheiten der Teilnehmenden, die gerade altersmäßig stark variieren, zu sein. Im Gespräch werden die unterschiedlichen Erfahrungshintergründe der Teilnehmenden aktiviert und Umgangsformen mit Hass im Netz sowie Logiken digitaler Kommunikation mit all ihren Widersprüchlichkeiten reflektiert.

Ein wesentliches pädagogisches Element, das unser Format in den Blick nimmt, ist die Stärkung der Ambiguitätstoleranz der Teilnehmenden. Es gibt nicht die eine richtige Reaktion auf hateSpeech, weil es verschiedene Inhalte, verschiedene Adressierte und Sendende gibt. Aus den Gruppen kommt dabei eine bunte Palette an Reaktionsmöglichkeiten, die zwischen sachlicher Diskussion und dem Löschen von Kommentaren variieren. Das Spektrum zwischen diesen Polen reicht von Moderieren, Ignorieren, Ironisieren bis hin zu paradoxer Intervention.

Das Besondere an dem Workshop ist der anschließende Teil, bei dem die Reaktionsmöglichkeiten als Bastelmaterial vorliegen. Das sind ausgedruckte christliche und säkulare Memes, leere Kommentarfelder, Emoji-Sticker, Glitzerkleber und vieles mehr. Mit diesem Material können die Kleingruppen den »Diss Kurs« verschieben und umgestalten, wie sie möchten. Die Möglichkeit, auch über das Ziel hinauszuschießen und die ganze Plattformlogik auf den Kopf zu stellen, wird als befreiende Erfahrung angesichts der bedrückenden Kommentare erlebt. Durch die christlichen Bildelemente in den ausgedruckten Memes entsteht so manche überraschend tiefgehende theologische Reflexion. Einige überambitionierte Interventionen werden kritisch von der Gesamtgruppe reflektiert.

Gerade in der Verwobenheit von kohlenstofflicher und virtueller Lebenswelt in dem Workshop zeigt sich die große Herausforderung, aber auch die Möglichkeit des Einsatzes für hopeSpeech. Digitalisierung ist nicht das ganz Andere, sondern es ist eine partikulare Realität, die verschränkt ist mit unserer kohlenstofflichen Welt. Das große Potenzial für eine Friedensbewegung im Netz liegt darin, dass alle Reaktionsmöglichkeiten auf hateSpeech digital überführte Formate klassischer Konfliktbewältigungsstrategien sind.

Literaturverzeichnis

Ebner, Julia (2018): Wut. Was Islamisten und Rechtsextreme mit uns machen, Darmstadt.
Forum InformatikerInnen für den Frieden und gesellschaftliche Verantwortung, Cyberpeacc Kampagnenseite, cyberpeace.fiff.de (11.03.2019).
Hooligans gegen Satzbau, Handbuch für rechte Medien-»Guerillas«, 2018, hogesatzbau.de/wollt-ihr-den-totalen-infokrieg (27.02.2019).
Kurz, Constanze / Rieger, Frank (2018): Cyberwar. Die Gefahr aus dem Netz, München.
Lukas, Annika / Radtke, Ellen / Schulz, Claudia (Hg.) (2017): Verhasste Vielfalt. Eine Analyse von Hate Speech im Raum von Kirche und Diakonie mit Kommentierungen, Hannover.

Safe Passage
Rüstungsexporte und Migrationsabwehr
Sabine Müller-Langsdorf

Frieden geht – ein Thema für Gemeinden

»Frieden geht« war der Titel eines Staffellaufs im Mai 2018 von Oberndorf am Neckar bis nach Berlin. Der Staffellauf richtete sich gegen Rüstungsexporte aus Deutschland. Er brachte mehr als 2.000 Läuferinnen und Läufer an den Start und bewegte im wahrsten Sinne des Wortes mehrere Gliedkirchen der EKD. Die Landeskirchen auf der Wegstrecke von Oberndorf über Karlsruhe, Frankfurt, Kassel, Jena, Halle bis nach Berlin unterstützen den Lauf, indem sie Gemeindehäuser für die Sportler und Sportlerinnen zum Übernachten öffneten oder am Wegesrand Proviant anboten. Dekanate und Kirchenbezirke beteiligten sich mit flankierenden Info-Veranstaltungen. Auf Marktplätzen fanden in Kooperation mit örtlichen Friedensgruppen, Gewerkschaften und Kirchengemeinden Kundgebungen statt, Friedensgebete wurden angeboten. Die Botschaft: Frieden geht! Bezogen auf Rüstungsexporte heißt das:
1. kein Export von Kriegswaffen und Rüstungsgütern an menschenrechtsverletzende und kriegführende Staaten;
2. Exportverbot von Kleinwaffen und Munition;
3. keine staatlichen Hermesbürgschaften zur Absicherung von Rüstungsexporten;
4. keine Lizenzvergaben zum Nachbau deutscher Kriegswaffen.
5. Die Rüstungsindustrie muss auf eine sinnvolle, nachhaltige, zivile Fertigung umgestellt werden (Rüstungskonversion).

Die Form eines Staffellaufs zeigte zudem: Frieden braucht viele kleine Schritte. Frieden ist ein Prozess. Frieden braucht einen langen Atem. Frieden braucht Verbündete. »Frieden ist kein Zustand, sondern ein gesellschaftlicher Prozess abnehmender Gewalt und zunehmender Gerechtigkeit.«[1]

---
[1] Aus Gottes Frieden leben – für gerechten Frieden sorgen. Eine Denkschrift des Rates der Evangelischen Kirche in Deutschland, Gütersloh 2007, Ziffer 80.

Sabine Müller-Langsdorf

Rüstungsexporte und Migration

»Rüstungsexporte tragen zur Friedensgefährdung bei«, sagt die EKD-Friedensdenkschrift.[2] Rüstungsexporte bringen mehr Waffen in Konfliktzonen. Sie verstärken die Gefahr bewaffneter Auseinandersetzungen. Davon zeugen auch die Erlebnisse der Menschen, die in den letzten Jahren aus Syrien und anderen Bürgerkriegsgebieten nach Deutschland fliehen konnten. Kirchengemeinden öffneten ihre Räume für Begegnungscafés, Sprachkurse, zum Kirchenasyl und als Diskussionsort um Fragen der Toleranz, der Menschenrechte und des Schutzes der Schwachen. Im Hören auf die Geschichten der Geflüchteten stellte sich vielen Menschen neu die Frage nach den Ursachen für Gewalt, Krieg und Flucht. Auf der Suche nach Antworten sind Kirche und Diakonie mit ihren Bildungs- und Qualifizierungsangeboten vertrauenswürdige Anbieter zu diesen Fragen. Ihre Bildungsarbeit möchte die Evangelische Arbeitsgemeinschaft Kriegsdienstverweigerung und Frieden (EAK) unterstützen. Sie hat über den Verein für Friedensarbeit im Raum der EKD die Erstellung einer Broschüre in Auftrag geben, die die aktuelle Grenzsicherung der EU in den Blick nimmt. An den Außengrenzen der EU war der sogenannte EU-Türkei-Deal im Frühjahr 2016 die Blaupause zur aktuell betriebenen europäischen Grenzsicherung. Zwei Aspekte waren dabei wichtig: die militärische Aufrüstung und Überwachung an den Grenzen sowie die Verlagerung der Migrationsabwicklung in Drittstaaten. Beide Dimensionen werden heute erweitert in der EU praktiziert. Grenzen werden geschlossen. Personal an den Grenzen wird aufgestockt und »ertüchtigt«. Die digitale Überwachung der Grenzen wird ausgebaut. Die EU geht »Migrationspartnerschaften« mit Staaten ein, die wie Libyen oder die Türkei Menschenrechte und Demokratie missachten.

Die Broschüre stellt am Beispiel der Länder Türkei und Griechenland historische wie aktuelle Fakten zu Rüstungsexporten aus Deutschland vor und gibt Antworten auf die Fragen: Was genau ist das »Rüstungsgut Grenzsicherung«? Welche Firmen sind an den Exporten beteiligt? Wer verdient an der Grenzsicherung? Und was sind die Folgen für Betroffene? – Betroffen von zunehmender Grenzsicherung an den Außengrenzen der EU sind zuallererst die flüchtenden Menschen. Was bedeutet die Grenzsicherung für sie? Auf dem Wasser? An Land? In den Hotspots und Lagern? Welche Folgen hat die Grenzsicherung für Rettungsinitativen? Europa lässt sich die militärische Sicherung der Grenzen viel Geld kosten. Zivile Friedensarbeit hingegen wird systematisch abgebaut. Doch Menschen, die vor Gewalt fliehen, brauchen einen sicheren Zugangsweg zum Frieden. Darum trägt die Broschüre den Titel: »Safe passage (sichere Überfahrt) – Rüstungsexporte und Migrationsabwehr in Europa«. Die Broschüre wurde erstmals beim Deutschen Evangelischen Kirchentag in Dortmund 2019 mit Gästen

---

[2] A. a. O., Ziffer 158.

aus Griechenland und Autorinnen der Broschüre vorgestellt und war dort Thema im *International Peace Center*, auf dem Markt der Möglichkeiten und im Gottesdienst de EAK. In einem zweiten Schritt wird die Broschüre nun für Veranstaltungen in der entwicklungspolitischen Bildungsarbeit und der Friedensarbeit von Kirchen und Zivilgesellschaft angeboten. Die Heinrich-Böll-Stiftung Berlin entwickelt weitere Veranstaltungsmodule zur Broschüre.

Safe passage – eine Friedensaufgabe

SAFE PASSAGE ist der Stempel auf einer knallorangenen Umhängetasche. Der Stoff der Tasche erinnert an eine Rettungsweste. Und eine solche ist tatsächlich in der Tasche verarbeitet. Die Taschen aus Rettungswesten werden auf der griechischen Insel Lesbos hergestellt. Trotz erhöhter Grenzsicherung kommen nach wie vor Geflüchtete auf der Insel an. Zudem sitzen mehr als 8.000 Menschen wegen verschleppter Aufnahmeverfahren auf der Insel fest. Lesbos ist vom Durchgangsort zu einer Sackgasse geworden. Verzweiflung und Wut nehmen sowohl bei den Geflüchteten wie bei der Inselbevölkerung zu. Deeskalierende Initiativen sind vonnöten. Eine solche bietet das Mosaik-Supportcenter in der Inselhauptstadt Mytilini.[3] Das Mosaik wurde im Frühjahr 2016 von der lokalen Flüchtlingsinitiative Lesvossolidarity und der internationalen Menschenrechtsgruppe Borderline Europe e.V. eröffnet und ist ein vitaler Begegnungsort für Einheimische und Geflüchtete. Mehrere evangelische Landeskirchen haben die friedensfördernde Arbeit des Mosaik-Supportcenter zwischen 2016-2018 finanziell unterstützt. Freiwillige aus Kirchen in Deutschland kamen zu einem internationalen Austausch mit den Freiwilligen des Mosaik-Centers nach Lesbos. Die Christian Peacemaker-Teams des Mennonitischen Friedenskomitees bringen ihre Kenntnisse in die Arbeit des Mosaiks ein. Im Mosaik werden Sprachkurse, Rechtsberatung und Kulturprojekte angeboten. – Und es gibt eine Nähwerkstatt. Dort werden aus liegen gebliebenen Rettungswesten Taschen genäht. Der Erlös der Taschen kommt der Arbeit des Mosaik-Centers zugute.

Die Taschen aus Rettungswesten sind ein Upcyclingprojekt mit »sprechendem Produkt«. Wer die Tasche sieht, kommt ins Grübeln und fragt: Wer mag die Rettungsweste, die in diese Tasche hineingearbeitet ist, getragen haben? Warum steht auf der Tasche »sichere Überfahrt« (Safe Passage), wenn die Menschen in Nussschalen übers Meer kommen? Was und wen schützt Europa?

Mit all diesen Fragen bieten sich die Taschen zur entwicklungspolitischen Bildungsarbeit an. Sie fanden ihren Weg nach Deutschland, auch in Kirchenkreisen. Bei den Begegnungsreisen der Ehrenamtlichen nahmen Menschen Ta-

---

[3] Einblick in die Arbeit und die Möglichkeit zur Bestellung der Taschen aus Rettungswesten bietet die Website des Mosaik-Supportcenter: https://lesvosmosaik.org.

schen mit. Diakonie und Kirche boten sie zur Unterstützung der Arbeit des Mosaik-Centers gegen eine Spende bei Veranstaltungen an. Mittlerweile werden die Taschen auch in einigen Weltläden weitergegeben. Im Mosaik-Center selbst gibt das Nähen der Taschen geflüchteten und einheimischen Menschen Lohn und Brot, eine Tagesstruktur und eine sinnvolle Beschäftigung.

Die Broschüre SAFE PASSAGE gibt den Taschen aus Rettungswesten eine Füllung, die nach den Hintergründen, Ursachen und der Beteiligung Deutschlands an der europäischen Migrationsabwehr fragt. Am Ende stehen konkrete Forderungen. Neben den oben genannten einer restriktiven Rüstungsexportpolitik sind dies zum Thema Migrationsabwehr:

- Eine europäische Politik, die legale Wege der Migration, den Zugang zu Schutz und das Recht auf Asyl sichert.
- Auf Lesbos und vielerorts in Europa und der Welt werden schutzsuchende Menschen in Lagern und Haftzentren häufig ihrer Würde und ihrer Rechte beraubt. Solche menschenunwürdigen Unterkünfte sind abzuschaffen.
- Die Rettung von Menschen auf See und auf dem Land darf nicht kriminalisiert werden. Seenotrettung ist kein »Gutmenschentum«, sondern in einem Europa, das humanistische und christliche Werte hochhält, ein Gebot der Nächstenliebe und Humanität.
- Unter dem Stichwort der »Migrationsabwehr« werden europäische Entwicklungsgelder umgewandelt in Ertüchtigungsprogramme und Grenzsicherung. Diese Gelder fehlen der zivilen Friedenssicherung. Statt der Zweckentfremdung von Entwicklungsmitteln sollte die EU ihre Politik auf eine faire Handels- und Agrarpolitik und konsequent auf die Beseitigung der Ursachen für Gewaltkonflikte ausrichten.
- Die aktuelle europäische Außen-, Sicherheits- und Migrationspolitik der EU plant umfangreiche Investitionen in militärische Mobilität und einen milliardenschweren Verteidigungsfonds. Zugleich sollen Mittel für zivile Krisenprävention und Friedensförderung um mehr als die Hälfte reduziert werden. Damit stellt die EU ihre Glaubwürdigkeit als »Wertegemeinschaft für Liberalität, Menschenrechte und Demokratie« infrage.

Der Dank für die finanzielle Ermöglichung der Broschüre gilt dem Verein für Friedensarbeit im Raum der EKD e.V., den Landeskirchen Baden, Hessen-Nassau, Kurhessen-Waldeck, Rheinland und Westfalen sowie dem Mennonitischen Friedenskomitee und dem Verein Ohne Rüstung leben e.V. Die Textbeiträge wurden erstellt von Otfried Nassauer und Christopher Steinmetz, Berliner Informationszentrum für Transatlantische Sicherheit (bits), Nora Freitag, borderline Europe e.V., Dr. Jakob Fehr, Mennonitisches Friedenskommittee, Sabine Müller-Langsdorf, Beauftragte für Friedensarbeit in EKHN und EKKW, und Kiflemariam Gebrewold, Evangelische Landeskirche Baden.

Die Broschüre wird herausgegeben von der Evangelischen Arbeitsgemeinschaft für Kriegsdienstverweigerung und Frieden (EAK) im Verein für Friedensarbeit im Raum der EKD e.V., Bestelladresse: Evangelische Arbeitsgemeinschaft Kriegsdienstverweigerung und Frieden, Endenicher Straße 41, 53115 Bonn.

Der Zivile Friedensdienst
Entwicklung, Wirkung und Ausblick

Jan Gildemeister und Anja Petz

In der Evangelischen Kirche zusammen mit anderen angeregt und gefördert und vor 20 Jahren umgesetzt, ist der Zivile Friedensdienst (ZFD) heute ein anerkanntes und wirksames Instrument der Zivilen Konfliktbearbeitung: Seit 1999 haben rund 1.400 Fachkräfte des ZFD in knapp 60 Ländern erfolgreich an friedlicher Konfliktbearbeitung mitgewirkt. Aktuell arbeiten rund 300 internationale Friedensfachkräfte in 42 Ländern. Die Wirksamkeit des ZFD bestätigte zuletzt die Evaluation von 2011.

Von der Idee zur Institution

Die Idee für den ZFD wurde in zivilgesellschaftlichen und kirchlichen Gruppen geboren und weiterentwickelt, motiviert auch durch die erschütternden Kriege im ehemaligen Jugoslawien. Es ging darum, eine wirksame, gewaltfreie, zivile Alternative zu militärischer Intervention zu schaffen. Die Vision war und ist eine grundlegend an zivilen Prinzipien orientierte Friedenspolitik.

In Form eines Diskussionsforums wurden Konzepte für einen professionellen Friedensdienst, ähnlich dem Entwicklungsdienst, weiterentwickelt und politisch beworben. Die frühe Lobbyarbeit stieß auf den Vorbehalt, dass eine zivile gewaltfreie Alternative zwar ethisch wünschenswert, letztlich aber politisch unrealistisch sei. Die rot-grüne Bundesregierung konnte schließlich überzeugt werden, die Idee eines Zivilen Friedensdienstes – zivilgesellschaftlich getragen, mit staatlicher Unterstützung umgesetzt – aufzunehmen und zu unterstützen. Seit 1999 fördert der Bund die bereits seit 1997 als Modellprojekt des Landes NRW unterstützte Ausbildung von Friedensfachkräften sowie die ersten Projekte des ZFD. Vor 20 Jahren reisten die ersten zwölf ZFD-Fachkräfte aus.

Dank der staatlichen Förderung stieg die Zahl der Projekte und entsandten Fachkräfte rasch. Auch die folgenden Bundesregierungen konnten von Nutzen und Wirksamkeit des ZFD überzeugt werden, insgesamt wurden zwischen 1999 und 2019 513 Mio. Euro zur Verfügung gestellt.

Fachkräfte für den Frieden

Der ZFD trägt zu Gewaltminderung und Friedensförderung bei und setzt sich für eine Welt ein, in der Konflikte gewaltfrei gelöst werden. Kern ist der mehrjährige Einsatz von Friedensfachkräften, die mit Partnerorganisationen und -initiativen in Krisen- und Konfliktgebieten zusammenarbeiten und diese in ihrem Streben nach Frieden, Dialog und Menschenrechten unterstützen. Sie werden im Rahmen des Entwicklungshelfergesetzes zumeist für 3-5 Jahre entsandt.

Der ZFD wird von neun Trägerorganisationen gemeinsam mit ihren Partnerorganisationen und -initiativen in den Projektländern umgesetzt. Die Trägerorganisationen sind zivilgesellschaftliche und kirchliche Friedens- und Entwicklungsdienste – darunter Brot für die Welt, die Aktionsgemeinschaft Dienst für den Frieden (AGDF) und vier ihrer Mitgliedsorganisationen – sowie die staatliche Durchführungsorganisation GIZ. Diese Träger bringen jeweils unterschiedliche Zugänge zu Partnern in Projektländern mit, haben ihren jeweils spezifischen Arbeitsansatz und erreichen gemeinsam eine breite Beteiligung an Friedensprozessen. Sie haben sich im Konsortium ZFD zusammengeschlossen und bilden gemeinsam mit dem Bundesministerium für wirtschaftliche Zusammenarbeit und Entwicklung (BMZ) als Zuwendungsgeber das Gemeinschaftswerk Ziviler Friedensdienst.

Friedensfachkräfte sind berufs- und lebenserfahrene Menschen, die friedensfachlich qualifiziert sind und ihr Fachwissen in die einheimischen Partnerorganisationen einbringen. Sie werden von den Trägern mehrere Monate individuell auf ihren Einsatz vorbereitet und weiterqualifiziert. In Deutschland gibt es drei – überwiegend berufsbegleitende – Ausbildungsgänge für Friedensfachkräfte, die Grundlagen der zivilen gewaltfreien Konflikttransformation, konfliktsensibles Projektmanagement, Konfliktanalyse sowie gewaltfreie Handlungs- und Interventionsmöglichkeiten in Konflikten vermitteln. Im Rahmen der Ausbildung sind persönliche und soziale Kompetenzen sowie die Reflexion der eigenen Motivation, Rolle und Haltung ebenso wichtig wie fachliche Kompetenzen.

Vom Modellprojekt zum anerkannten Instrument

Im Rahmen einer zweiten Evaluation wurden zwischen 2009 und 2011 in acht Länderstudien die Relevanz, Effektivität und Effizienz sowie Wirksamkeit des ZFD untersucht. Die Evaluation bestätigte die Wichtigkeit des ZFD in der deutschen Friedens- und Entwicklungspolitik, empfahl seine Weiterführung und zeigte zugleich Schwächen auf, die die volle Nutzung seines Potenzials einschränkten. Die vorgelegten Empfehlungen haben einen umfassenden Reformprozess angestoßen, in dem die Organisationen im Konsortium ZFD und das BMZ

u. a. gemeinsam Grundsätze zu Zielen, Werten, Qualitätsstandards und Wirkweise umfassend überarbeiteten, präzisierten und gemeinsam festschrieben.

Der Reformprozess vertiefte die Zusammenarbeit im Konsortium ZFD und im Gemeinschaftswerk mit dem BMZ als staatlichem Gegenüber. In Dialog und Auseinandersetzung konnte ein innovatives, gemeinsames Wirkungsmodell erarbeitet werden, das den besonderen Herausforderungen der Projektarbeit in fragilen und konflikthaften Kontexten deutlich besser gerecht wird als gängige Ansätze, die häufig aus der Entwicklungszusammenarbeit kommen. Öffentlichkeitsarbeit und Wissensmanagement wurden intensiviert. In übergreifenden Länderstrategien stimmen die jeweils in einem Land aktiven Träger ihre Konfliktanalyse und Arbeitsansätze aufeinander ab, so dass Synergien erzielt werden und Wirksamkeit erhöht wird.

Das Entwicklungshelfergesetz als rechtlicher Rahmen gibt vor, dass (nur) deutsche und europäische Fachkräfte zu Partnerorganisationen in Kriegs- und Konfliktgebiete entsandt werden. Ursachen der zu bearbeitenden Konflikte und die Konfliktdynamik stehen häufig aber im Zusammenhang mit kolonialer Geschichte und aktuellen politischen und wirtschaftlichen Interessen Deutschlands, so dass eine Erweiterung zentraler Arbeitsansätze nötig ist. Der Blick aus der globalen Perspektive legt nahe, zum einen das eigene Beteiligt-Sein an der Konfliktkonstellation stärker in den Blick zu nehmen und zum anderen die Bearbeitung von Konflikten anderswo verstärkt in Deutschland durch Lobby- und Advocacyarbeit oder das Einbeziehen von Diaspora-Gemeinschaften zu begleiten. Unter dem Leitgedanken eines Weltdienstes werden im ZFD Möglichkeiten und Ideen vorangetrieben, den Fokus zu erweitern, beispielsweise durch Süd-Süd Entsendungen oder die Vermittlung lokaler friedensfachlich qualifizierter Mitarbeiterinnen und Mitarbeiter von ZFD-Partnerorganisationen aus dem Globalen Süden in deutsche Organisationen. Zudem sollen Wissen und Erfahrungen, die deutsche Friedensfachkräfte im Ausland gesammelt haben, verstärkt in unserer Gesellschaft genutzt werden. Hier ist bereits das Projekt »zivil statt militärisch« der AGDF aktiv, in dessen Rahmen ZFD-Fachkräfte in Schulen und Kirchengemeinden über ihre Arbeit und die Möglichkeiten Ziviler Konfliktbearbeitung berichten.

Vielfältige Wirkung entfalten

Kern und Herz des ZFD ist die gewaltfreie Transformation von Konflikten, die durch zivilgesellschaftliche Organisationen und Initiativen vorangetrieben wird. Diese wirken zunächst in ihren Gemeinden und Gemeinschaften, auf verfeindete Gruppen, erzielen Breitenwirkung in ihren Gesellschaften und erreichen schließlich Entscheidungsträger und staatliche Institutionen auf unterschiedlichen Ebenen. Sie analysieren Konflikte, bringen Konfliktparteien in Dialog, denken gewaltfreie Lösungen vor, erproben diese und können so Gewalt verhindern oder eindämmen. So wachsen Friedensinitiativen und Friedensprozesse werden von der Bevölkerung getragen. Im Evaluierungsbericht von 2011 heißt es dazu:

> »Die Vielfalt der deutschen ZFD-Trägerorganisationen bringt eine ebensolche Vielfalt lokaler Zugänge, Partner und Ansätze mit sich. Ihr Zusammenspiel mit Partnern vor Ort hat es ermöglicht, dass die Belange breiter Bevölkerungsschichten besser zum Tragen gekommen sind und deren Anliegen stärker Gehör gefunden haben [...].«[1]

Friedensfachkräfte ermöglichen durch ihre »produktive Fremdheit« einen anderen Blick auf Konflikt- und Problemlagen. Gerade in langwährenden und hocheskalierten Konflikten kann eine solidarische, respektvoll-kritische Begleitung und Mitarbeit durch externe Friedensfachkräfte Partnerorganisationen dabei helfen, konstruktiver Akteur im Konflikt zu bleiben. Wichtige Stärken der Friedensfachkräfte mit ihrer externen Perspektive sind die Vernetzung von Friedensakteuren, die Vermittlung zwischen Sichtweisen und Konfliktparteien und die solidarische Begleitung und Stärkung der Partnerorganisationen, die diese ermutigen kann, ihre Arbeit zu überprüfen, weiterzuentwickeln und auch unter sehr schwierigen Umständen aufrecht zu erhalten:

> »So ist es den ZFD-Fachkräften im vergangenen Jahrzehnt gelungen, das Potenzial ihrer jeweiligen Partnerorganisationen in der Friedensförderung zu stärken. ZFD-Projekte führten somit vor allem auf lokaler Ebene zu zahlreichen positiven Veränderungen.«[2]

Viele praktische Beispiele aus den vergangenen 20 Jahren zeigen die Wirksamkeit des ZFD:[3]
- Im ehemaligen Jugoslawien setzen sich dank der jahrelangen Trainings- und Dialogarbeit von ZFD-Partnerorganisationen heute Kriegsveteranen, die gegeneinander kämpften, gemeinsam öffentlich für Versöhnung und einen konstruktiven Umgang mit der Vergangenheit ein.

---

[1] Paffenholz, T. et al. (2011): Der Zivile Friedensdienst: Syntheseberict. Band I: Hauptbericht. Unveröffentlichter Evaluierungsbericht. Bonn: Bundesministerium für wirtschaftliche Zusammenarbeit und Entwicklung., S. xiv.

[2] Ebd.

[3] Weitere Beispiele finden sich in Anthea Bethges Beitrag »Friedensfachkraft in gesellschaftlichen Konflikten« in diesem Band und hier: https://www.ziviler-friedensdienst.org/sites/ziviler-friedensdienst.org/files/anhang/publikation/zfd-infoblatt-beispiele-gewaltpraevention-ziviler-friedensdienst-64558.pdf (18.06.2019).

- In Kolumbien belebten der ZFD und seine Partnerorganisationen eine interethnische Kommission wieder, die Konflikte schlichtet, über den Friedensprozess informiert und Menschen ermutigt, für ihre Rechte einzutreten. So konnten die ZFD-Partner auf die Friedensverhandlungen 2014 in Havanna Einfluss nehmen und erreichen, dass die Rechte der ethnischen Minderheiten im Friedensabkommen berücksichtigt wurden.
- In Guatemala bietet eine ZFD-Partnerorganisation indigenen Frauen psychosoziale Begleitung bei der Aufarbeitung ihrer traumatischen Erfahrungen als Opfer sexueller Kriegsgewalt und berät sie in Gerichtsverfahren. Sie ermutigt sie, das Tabuthema in die Öffentlichkeit zu tragen. Aus der kleinen Gruppe indigener Frauen, die vor Jahren ihre Stimme erhoben, ist ein Unterstützungsnetzwerk für Überlebende sexueller Gewalt erwachsen. Ihr Engagement bewirkte ein Gerichtsurteil, das sexuelle Versklavung in bewaffneten Konflikten als Verbrechen gegen die Menschlichkeit anerkennt.

Zivilgesellschaftliche Friedenspotenziale nutzen

Ein Blick auf die globale Situation zeigt den großen Bedarf an Friedensförderung und Ziviler Konfliktbearbeitung. Dies sieht auch die Mehrheit der deutschen Bevölkerung so, wie eine Studie von *Conciliation Resources* und *Alliance for Peacebuilding* zeigt, derzufolge 82 % der Deutschen glaubt, dass Friedensförderung eine wichtige Rolle bei der Beendigung von Konflikten spielt, und 70 % überzeugt sind, dass Friedensförderung mehr deutsche Investitionen brauche.[4]

Der ZFD hat seit seiner Gründung nichts an Relevanz eingebüßt und an Akzeptanz gewonnen. Die größte Wirkung könnte er im Rahmen einer an Wertgrundlagen und Methodik der zivilen gewaltfreien Konfliktbearbeitung ausgerichteten Außenpolitik entfalten. Angesichts einer militärgestützten Außen- und Sicherheitspolitik Deutschlands steht er aber in der Gefahr auf ein Instrument reduziert zu werden, das wahlweise mit, komplementär zu oder anstatt von Militär eingesetzt werden kann. Der ZFD kann deshalb nicht als kurzfristiges Interventionsinstrument oder Feuerwehr wirken, sondern trägt der langfristigen Wirkweise zivilgesellschaftlicher Vernetzung und Selbstorganisation z. B. in gewaltfreien Bewegungen Rechnung. Er trägt dazu bei, dass langfristig die Grundlagen für gerechtere Gesellschaften geschaffen, gewaltsame Eskalationen beendet und präventiv vermieden werden können, indem er Friedenspotenziale der Zivilgesellschaften stärkt, Kommunikationslinien auch über Grenzen hinweg sowie Kapazitäten und Möglichkeiten schafft, legitime Interessen und Bedürfnisse zu benennen und gewaltfrei für sie zu streiten. Dies ist

---

[4] Eine deutsche Auswertung der Studie nahm FriEnt vor, der Bericht ist hier zu finden: https://www.frient.de/publikationen/studien-leitfaeden-konfliktanalysen/ (18.06.2019).

umso wichtiger, als Regierungen in vielen Ländern nicht für Gerechtigkeit, Interessenausgleich und menschliche Sicherheit sorgen. In allen Konfliktphasen – auch in hocheskalierten Situationen – schaffen aber Menschen und zivilgesellschaftliche Initiativen Friedenspotenziale. Der ZFD hilft ihnen – dies bestätigt auch die Evaluierung von 2011 –, in allen Konfliktphasen Wirkung zu erzielen.

Konfliktbearbeitung in Deutschland[1]
Frieden in der Nachbarschaft

Bernd Rieche

In Deutschland gibt es zahlreiche innergesellschaftliche Konflikte und damit auch ein ständiges Ringen um ein Mehr an Frieden, im Sinne eines positiven Friedensbegriffes, d.h. ein Weniger an Not, Gewalt und Unfreiheit. Zahlreiche demokratische Institutionen, angefangen von der parlamentarischen Demokratie, der Justiz, der Polizei bis hin zum öffentlichen Diskurs in den Medien, sind dafür da, mit diesen Konflikten umzugehen. Doch kommen diese oft an ihre Grenzen, wenn es um eine nachhaltige Transformation von Konflikten geht und Beteiligte auch emotional und kulturell einbezogen werden müssen. Hier ist die Nutzung der Methoden der Zivilen Konfliktbearbeitung (ZKB) unter Einbezug von nichtstaatlichen Akteuren ein Ansatz. Grundlage der ZKB ist ein positives Konfliktverständnis, bei dem Konflikte nicht als etwas Negatives angesehen werden, sondern als zum Leben dazugehörig. Konflikte treiben Entwicklung voran. Ziel ist es daher nicht, Konflikte zu vermeiden, sondern mit ihnen gewaltfrei umzugehen. Auch wenn diese Begrifflichkeit und die Konzepte zunächst in der Arbeit im Ausland entwickelt wurden, so ist sie doch auch für die Arbeit im Inland anwendbar: »Zivile oder staatlich allparteiliche Akteure wenden Methoden der gewaltfreien konstruktiven Konfliktbearbeitung an. Im Mittelpunkt steht die nachhaltige Bearbeitung sozialer Konflikte, mit dem Ziel, unmittelbar Gewalt zu vermindern und langfristig den gewaltfreien Umgang mit Konflikten in Strukturen zu verankern«.[2]

Zivile Konfliktbearbeitung in Deutschland

Innerhalb Deutschlands gibt es viele Akteure, die Methoden der zivilen Konfliktbearbeitung anwenden. Die Mediation, welche seit den 1990er Jahren in

---

[1] Teile des Artikels sind übernommen aus Rieche 2010.
[2] Arbeitsdefinition der AG Inland der Plattform Zivile Konfliktbearbeitung in Klußmann / Rieche 2008, S. 6.

Deutschland zunehmend Verbreitung fand, hat sich zu einer der profiliertesten Methoden in diesem Bereich entwickelt. Aber auch die Friedensdienste und Kirchen begannen, verstärkt Kurse für Konfliktbearbeitung anzubieten. Es gründete sich bspw. der Ökumenische Dienst/Schalomdiakonat, heute Gewaltfrei Handeln, welcher Menschen für die Friedensarbeit im In- und Ausland qualifiziert, ebenso begann die Kirchenprovinz Sachsen in Magdeburg 1996 eine solche Ausbildung »In Konflikten vermitteln – zum Frieden erziehen« und es entstanden verschiedene Ausbildungen der Organisationen im Qualifizierungsverbund für zivile, gewaltfreie Konfliktbearbeitung der Aktionsgemeinschaft Dienst für den Frieden (AGDF). Diese hatten immer die Arbeit im In- und Ausland im Blick.

Die Motive und Begründungen für die Arbeit in Deutschland bezogen sich dabei auf innergesellschaftliche Konfliktlagen, wie die Ausbreitung rechtsextremer Gedanken und Szenen, Amokläufe an Schulen (bspw. 2002 Erfurt) oder Konflikte um gesellschaftliche Herausforderungen, wie der bis 2011 alljährlich im Wendland – vor allem durch gewaltfreie Aktionen – eskalierte und in den Mittelpunkt gesellschaftlicher Aufmerksamkeit gerückte Konflikt um Atomenergie.

Auch der Staat erkennt die Methoden der ZKB inzwischen an und fördert sie. So wurde Ende der 1990er der Zivile Friedensdienst für die Konfliktbearbeitung im Ausland als staatlich finanziertes Programm eingeführt. Mit neuen Förderprogrammen im Inland wurden darüber hinaus erstmals zivilgesellschaftliche Ansätze der Eindämmung von Rechtsextremismus gefördert. So baute man – u. a. in Ostdeutschland – Beratungsstellen mit mobilen Beratungsteams auf; später wurde diese Struktur auf das gesamte Bundesgebiet ausgeweitet. Dieses wird heute im Förderprogramm »Demokratie Leben« fortgeführt, in dem Konfliktbearbeitung als ein Handlungsansatz für weitere Konflikte und Themen anerkannt wurde.

Handlungsansätze der Zivilen Konfliktbearbeitung

Aus der Analyse zivilgesellschaftlicher Arbeit der Zivilen Konfliktbearbeitung im Inland heraus lassen sich drei idealtypische Handlungsansätze beschreiben. Diese sind nicht immer trennscharf und ergänzen sich gegenseitig:
- Als erster Ansatz lässt sich eine parteiische, solidarische Arbeit auf Seiten von Konfliktbenachteiligten beschreiben. Dies kann *Empowerment* sein, wie z. B. Bildungsarbeit oder *Capacitybuilding* für geflüchtete Menschen. Auch eine politische, gewaltfreie Eskalation des Konfliktes kann angestrebt werden, um ihn politisch bearbeitbar zu machen. Diesem Ansatz können dann auch Bereiche der (politischen) Asylarbeit, der Beteiligung an sozialen Bewegungen – z. B. im Rahmen der Anti-Atom-Bewegung oder Klimagerech-

tigkeit »Ende Gelände« – zugerechnet werden, solange sie das Ziel haben, die zugrundeliegenden gesellschaftlichen Konflikte gewaltfrei zu bearbeiten.

Beispiel: Proteste in Büchel in der Eifel
Seit 1996 gibt es in Büchel gewaltfreie Proteste gegen die dort gelagerten US-Atomwaffen, die letzten, die es noch in Deutschland gibt. Vor Ort engagieren sich nur wenige Aktivisten, doch sie erhalten Unterstützung von Menschen aus ganz Deutschland. Es gibt Blockaden, Go-In-Aktionen, die zu Gerichtsverhandlungen führen, Ostermärsche. Auch Christen beteiligen sich an diesem Protest mit Mahnwachen, Fastenaktionen und Andachten. In sieben Jahren wurde in Anlehnung an Jericho sieben Mal der Bundeswehr-Fliegerhorst umrundet. In der Nähe des Haupttors gibt es eine »Friedenswiese« mit Kreuzen, einem Bildstock. Der Trierer Bischof wie auch der rheinische Präses predigten hier, der Klimapilgerweg führte am »Schmerzort Büchel« vorbei. Und 2018 gab es zum ersten Mal einen kirchlichen Aktionstag mit einem Gottesdienst, in dem der EKD-Friedensbeauftragte predigte. Mehr als 20 Jahre dauert nun schon dieser gewaltfreie Protest an. Die wenigen Aktivisten vor Ort haben keinen leichten Stand. Die Mehrheit der örtlichen Bevölkerung lehnt aus Sorge um die Arbeitsplätze die Proteste ab. Auch die Aktionen der auswärtigen Gruppen werden sehr kritisch gesehen, in den kommunalen Parlamenten wird darüber diskutiert, wie mit dem wachsenden Friedensprotest umgegangen werden kann. Deshalb ist für die wenigen Aktiven vor Ort die auswärtige Unterstützung wichtig, weil sonst ein Protest in dieser Breite nicht möglich wäre.

- Als zweiter Ansatz kann die allparteiliche Moderation vor allem in sozialräumlichen oder bei ereignisbezogenen Konflikten gesehen werden. Das sind Angebote wie die Kommunale Konfliktberatung oder die Moderation kommunaler Prozesse bspw. in Bezug auf Moscheebauten.

Beispiel: Stadtteilarbeit in Halle/Saale
Der Friedenskreis Halle e.V. arbeitet mit dem Projekt »Gewaltfrei streiten!« in der Neustadt von Halle/Saale, einer Plattenbaustadt der 60er Jahre. Konfliktlinien bestehen zwischen den Generationen, zwischen Alteingesessenen und Zugezogenen sowie zwischen unterschiedlichen Jugendgruppen bei einem zunehmenden Anteil von Migrantinnen und Migranten. Im Stadtteil fehlen Räume zur Begegnung und des konstruktiven Streitens.

Durch Vernetzung und Moderation treffen sich nun Vertreter von Institutionen und Bewohner in einer »Kiezkonferenz« miteinander. Diese initiierte beispielsweise den »Lebendigen Neustadtkalender«, der seine Türen öffnet und einlädt, gemeinsam zu musizieren, zu backen oder sich künstlerisch auszuprobieren. Ebenfalls konnte ein gemeinsam genutzter

Veranstaltungsraum eingerichtet werden, der von verschiedenen Gruppen »bespielt« wird und Begegnung im Stadtteil ermöglicht.
Konfliktberatung und Coaching sowie Fortbildungen zu Deeskalation, Kommunikation bieten Möglichkeiten, Konfliktkompetenzen auf individueller aber auch institutioneller Ebene zu erhöhen. Dies schafft Voraussetzungen, um Mediation und Konfliktmoderation im öffentlichen Raum zu starten sowie ein Begegnungsformat »Südparkgespräche« zu beginnen.

- Ein dritter Ansatz ist Bildungsarbeit und Kompetenzvermittlung in ziviler, gewaltfreier Konfliktbearbeitung. Dabei werden allgemein Menschen befähigt, in ihren eigenen Konflikten, aber auch gegenüber Dritten handlungsfähig zu werden.

Beispiel: Kurse in ziviler Konfliktbearbeitung für geflüchtete Menschen
Die KURVE Wustrow und der Friedenskreis Halle führen den Grundkurs in gewaltfreier Konfliktbearbeitung für Menschen mit Fluchterfahrungen »Konstruktiv in Konflikten« durch. Beim zweiten Kurs 2018/19 treffen sich an acht Wochenenden 14 Menschen aus so verschiedenen Herkunftsländern wie Afghanistan, Syrien, Kenia, Sudan, Saudi-Arabien und Ägypten, die heute im Wendland oder in Halle, Berlin oder Leipzig leben. Gemeinsam ist diesen Menschen, dass sie gewaltsame politische und kriegsähnliche Auseinandersetzungen aus eigenem Erleben kennen. Die drei Trainerinnen und Trainer, gebürtig im Iran und Deutschland und mit diversen Qualifikationen im psychologischen und pädagogischen Bereich, gestalten die Seminare so, dass die Erfahrungen der Teilnehmenden ihnen als Ressourcen zur Verfügung stehen und sich zu sozialen Kompetenzen entwickeln können. Dadurch ist ein Anfang gemacht, diese Erfahrungen in unsere und ihre Gesellschaft zurückzutragen und konstruktiv anzuwenden. Eine Absolventin ist nun im oben beschriebenen Projekt zu kommunaler Konfliktbearbeitung in Halle tätig. Andere geben Workshops in Schulen oder sind in der konfliktsensiblen Sprachvermittlung in Schulen und Kindergärten aktiv.

Werte und Grenzen

Deutlich wird, dass alle drei Handlungsfelder in engem Zusammenhang mit Demokratieentwicklung/-bildung stehen und eng mit diesem Ziel verbunden sind, da Demokratie vom Diskurs und der Handlungsfähigkeit der gesamten Gesellschaft, inklusive benachteiligter Gruppen, lebt.

ZKB ist – nicht nur im Inland – immer an Werte gebunden, die sich an den Menschenrechten orientieren. Hieraus leiten sich sowohl ihre Ziele als auch ihre

Grenzen ab. Solche Grenzen werden auch in der Arbeit im Inland schnell erreicht: Wie verhalte ich mich in einem Beratungsprozess, wenn Benachteiligte für Gewaltanwendung plädieren? Wie gehe ich damit um, wenn in Beratungsprozessen gegen Rechts von »normalen« Akteuren rassistische Äußerungen kommen? In welchem Ausmaß gestehen wir Akteuren demokratische Rechte zu, wenn sie selbst für eine Einschränkung eben dieser Rechte eintreten (z. B. Demonstration gegen »Ausländer«)?

ZKB kann Methoden zum Umgang mit Grenzen bieten, z. B. indem sie diese explizit thematisiert. Sie kann auch Gesprächsräume öffnen, um Betroffenen für Gefühle der Verletzungen und Ausgrenzung Raum zu geben und so an dahinterliegende Ursachen von bspw. Ausländerfeindlichkeit zu kommen. Dies erfordert aber immer ein angemessenes Setting und Anleitung durch qualifizierte Moderation, bspw. mit der Methode Therapie Social nach Charlez Rojsmann. Öffentliche Debatten auf Podien sind dafür in der Regel nicht geeignet, sondern fördern eher Polarisation.

Akteure der ZKB stoßen ihrerseits an ihre Grenzen, wenn strukturelle und gesellschaftliche Rahmenbedingungen ihre Handlungsmöglichkeiten einschränken. Soziale Ungerechtigkeiten können nicht durch ZKB überwunden werden, aber Methoden der ZKB können in – durch Konflikte hervorgerufenen – gesellschaftlichen Prozessen angewandt werden, welche letztlich auch strukturelle und gesellschaftliche Rahmenbedingungen verändern können. Hierzu zählt, auch wenn zunächst nicht als ZKB bezeichnet, beispielsweise die Moderation der Runden Tische am Ende der DDR.[3]

Der Erfahrungsaustausch mit Projekten der ZKB im Ausland – z. B. mit Fachkräften des ZFD – zeigt, dass sich die Herausforderungen und Fragen im In- und Ausland ähneln. Jedoch gibt es auch spezifische Herausforderungen der Arbeit im Ausland, da kulturelle Unterschiede in diesem Bereich von größerer Bedeutung sind. Aber schon die Unterscheidung von extern und intern ist immer relativ und muss situationsbezogen diskutiert werden. Eine inländische Beraterin aus einer anderen Kommune kann ebenso als extern wahrgenommen werden, wie eine Fachkraft im Ausland. Hier hilft der gegenseitige Austausch zwischen der Arbeit im Inland und Ausland zur Klärung der eigenen Rollen und damit der weiteren Qualifizierung der Arbeit.

Letztlich bleibt die Begrifflichkeit der »ZKB im Inland« problematisch und ist weiterhin zu diskutieren. Die Verwendung des Begriffes »zivil« ist mit Bezug auf das Inland schwierig, da eine Abgrenzung zum Militärischen nicht notwendig ist und die Bedeutung »zivilgesellschaftlich« offenlässt, wieweit staatliche Akteure (inkl. Polizei) mit gemeint sind, da auch diese – z. B. unter dem Begriff der Gewaltprävention – Methoden der ZKB anwenden. Daher haben sich im kom-

---

[3] Vgl. in diesem Band: Weingardt, Markus A. / Rieche, Bernd: Kirche als Friedensstifter. Die Evangelische Kirche in der DDR.

munalen Kontext auch Begriffe wie »konstruktive Konfliktbearbeitung« oder »friedliche Konfliktbearbeitung« etabliert.

Ein strukturelles Problem ist, dass die Konfliktfelder, die mit ZKB adressiert werden, in die unterschiedlichsten staatlichen Zuständigkeitsfelder fallen. Auf Bundesebene sind Ressorts wie Bildung, Innen, Soziales betroffen, ebenso auf der Landesebene; vieles wird auch vor Ort in den Kommunen verantwortet. Dies macht eine Vernetzung der Akteure schwierig, da diese sich oft auf die jeweiligen Finanzierungs- und Förderlinien ausrichten und strukturieren und in sehr unterschiedlichen Arbeitskulturen verortet sind.

Nicht zuletzt wirkt der Umgang mit Konflikten in unserer Gesellschaft auch auf die Konfliktkultur in andere Regionen der Erde und hat einen großen Einfluss auf die Glaubhaftigkeit von Friedensbemühungen, wie uns Partner aus anderen Ländern immer wieder berichten.

Ausblick und die Chancen der Kirchen

Die Bearbeitung von Konflikten in unserer Gesellschaft und damit auch aktives Arbeiten an innergesellschaftlichem Frieden wird weiterhin eine zunehmende Bedeutung angesichts der zunehmend wahrgenommenen Spaltung der Gesellschaft und offen hervortretenden gesellschaftlichen Konflikten bekommen. Eine sich wandelnde Gesellschaft braucht dabei auch immer wieder neuangepasste Handlungsmöglichkeiten, sei es in neuen gesellschaftlich relevanten kommunikativen Räumen wie den sozialen Medien oder der zunehmende, offensichtliche Einfluss der globalisierten Welt beispielsweise durch Geflüchtete.

Kirchliche Akteure können im Bereich der zivilen Konfliktbearbeitung wichtige Rollen und Aufgaben übernehmen und tun dies, oft modellhaft, bereits. Sie können moderierte Räume für Dialog schaffen oder unterstützen, sie können sich auf die Seite von Benachteiligten stellen und diese stärken und befähigen, im gesellschaftlichen Diskurs ihre Stimme einzubringen. Hierbei können sie Stärke aus einer kompetenten und authentischen Position als religiöser Akteur heraus gewinnen. Nicht zuletzt müssen sie auch innerhalb der Kirche mit Konflikten angemessen umgehen, die oft genug ein Spiegel gesellschaftlicher Konfliktlinien sind.

Literaturverzeichnis

Klußmann, Jörgen / Rieche, Bernd (Hg.) (2008): Zivile Konfliktbearbeitung in Deutschland. Dokumentation der gleichlautenden Tagung aus dem Jahr 2006, Bonn.

Rieche, Bernd (2010): Zivile Konfliktbearbeitung im Inland. Vom Umgang mit gesellschaftlichen Konflikten, in: Wissenschaft & Frieden 4, S. 50-53.

Anhänge

Glossar
Übersicht über die Arbeit der Evangelischen Friedensarbeit und der Konferenz der Friedensarbeit im Raum der EKD

Aktionsgemeinschaft Dienst für den Frieden (AGDF)

Die Aktionsgemeinschaft Dienst für den Frieden (AGDF) ist ein Dach- und Fachverband von 31 Organisationen und Institutionen, die mit unterschiedlichen Schwerpunkten und Arbeitsprogrammen im In- und Ausland Friedensarbeit leisten. Beispielsweise sind sie wie Aktion Sühnezeichen Friedensdienste und ICJA- Freiwilligenaustausch weltweit Träger internationaler Freiwilligendienste, entsenden Friedensfachkräfte in Projekte von Partnern wie EIRENE und des Weltfriedensdienstes oder engagieren sich wie der Deutsche Zweig des Internationalen Versöhnungsbundes vorrangig in Deutschland. Ihre Friedensdienste sind offen für alle Menschen. Jährlich nehmen etwa 5.000 junge und ältere Menschen an kurz-, mittel- und langfristigen freiwilligen Diensten teil.
→ *Konferenz für Friedensarbeit im Raum der EKD*

Brot für die Welt

Brot für die Welt ist Teil des Evangelischen Werkes für Diakonie und Entwicklung (EWDE) und als Entwicklungswerk der evangelischen Kirchen in Deutschland in mehr als 90 Ländern gemeinsam mit lokalen Partnern rund um den Globus aktiv. Ein zentraler Schwerpunkt ihrer Arbeit ist die Ernährungssicherung. Brot für die Welt unterstützt die arme und ländliche Bevölkerung darin, mit umweltfreundlichen und standortgerechten Methoden gute Erträge zu erzielen. Daneben setzt sich das Entwicklungswerk auch für die Förderung von Bildung und Gesundheit, den Zugang zu Wasser, die Stärkung der Demokratie, die Achtung der Menschenrechte, die Sicherung des Friedens sowie die Bewahrung der Schöpfung ein.
→ *Konferenz für Friedensarbeit im Raum der EKD*

Erinnerungs- und Versöhnungsarbeit

Auch 100 Jahre nach Ende des Ersten und fast 75 Jahre nach Ende des Zweiten Weltkrieges ist es wichtig, an die bis heute spürbaren Auswirkungen von Krieg und NS-Gräuel zu erinnern und Versöhnung mit den Ländern zu suchen, gegen welche Deutschland einen Vernichtungskrieg geführt hat. Eine zentrale Frage ist die nach heutiger Verantwortung. Die Arbeit findet vor Ort statt (bspw. Verlegung von »Stolpersteinen«, bei Denkmälern, zu Kirchenglocken, Gottesdienste, Ausstellungen, Veranstaltungen), durch organisierte Gedenkstättenfahrten, internationale Workcamps und in den von Holocaust und Terror betroffenen Ländern organisiert u. a. von Aktion Sühnezeichen Friedensdienste, dem Internationalen Bildungs- und Begegnungswerk sowie landeskirchlichen Arbeitsstellen.
→ *Aktionsgemeinschaft Dienst für den Frieden (AGDF)*

Ethik

»Der in der christlichen Ethik unauflösliche Zusammenhang von Frieden und Gerechtigkeit, der sich im Leitbild des ›gerechten Friedens‹ begrifflich artikuliert, wurde und wird in vielfältigen Foren diskutiert und politisch formuliert. An diesem Leitbild orientiert sich die Hoffnung auf einen dauerhaften irdischen Frieden« (EKD-Friedensdenkschrift, 2007, Ziffer 1).

»Dies schließt eine Ethik rechtserhaltender Gewalt für die internationale Sphäre ein, welche auch die Grenzen militärischen Gewaltgebrauchs markiert. Indem sich die christliche Kirche die Perspektive der Friedensordnung als Rechtsordnung aneignet, macht sie sich selbst zu einer Anwältin des gerechten Friedens« (EKD-Friedensdenkschrift, 2007, Ziffer 6).

Es bleibt die Herausforderung, evangelisch begründete Ethik nicht in Friedensethik, Militärethik und andere Partikularethiken zu spalten, sondern eine allgemeine Ethik zu formulieren, die die Praxis von Friedensarbeit reflektiert und mit dem in Christus begründeten Ruf nach Gewaltfreiheit konfrontiert.

Evangelische Akademien in Deutschland (EAD)

Die Evangelischen Akademien in Deutschland haben die Aufgabe, gesellschaftliche Entwicklungen in ihren unterschiedlichsten Dimensionen zu reflektieren, protestantische Perspektiven zu eröffnen und zur Demokratisierung unserer Gesellschaft beizutragen. Die selbstreflexive Auseinandersetzung mit sich abzeichnenden gesellschaftlichen wie kirchlichen Veränderungen ist eine zentrale Dimension der Arbeit der einzelnen Evangelischen Akademien wie des bundesweiten Zusammenschlusses von derzeit 17 Evangelischen Akademien (EAD e. V.).

Angebunden an die jeweiligen Landeskirchen befinden sich die Akademien an unterschiedlichen Standorten in Deutschland. Die Evangelischen Akademien arbeiten eng mit anderen kirchlichen Zentren und Organisationen der Zivilgesellschaft in Deutschland und Europa zusammen und pflegen auch weltweit entsprechende Kontakte und Kooperationen.

→ *Konferenz für Friedensarbeit im Raum der EKD*

Evangelische Arbeitsgemeinschaft für Kriegsdienstverweigerung und Frieden (EAK)

Die Evangelische Arbeitsgemeinschaft für Kriegsdienstverweigerung und Frieden (EAK) ist der Verbund landes- und freikirchlicher Friedensarbeit in Deutschland, der seine Arbeit in der Frühjahrs- und Herbsttagung diskutiert und organisiert. Die Vorstandsmitglieder arbeiten als Kollegium mit verschiedenen inhaltlichen Schwerpunkten. Die Bundesgeschäftsstelle vernetzt diese, koordiniert gemeinsame Projekte sowie die KDV-Beratung und bietet Serviceleistungen an für die Arbeit ihrer aktuell 36 Mitglieder.

Die Arbeitsgemeinschaft unterstützt Kriegsdienstverweigerer und den Ausbau von Methoden der zivilen Konfliktbearbeitung und beteiligt sich an friedensethischen Diskursen und Konzepten zur Stärkung der Friedenspolitik. Durch Projekte der EAK wird die praktische Friedensarbeit in Kirche und Zivilgesellschaft konkret und vor Ort umgesetzt.

→ *Friedensarbeit vor Ort*
→ *Kriegsdienstverweigerung*
→ *Konferenz für Friedensarbeit im Raum der EKD*

Evangelische Seelsorge in der Bundeswehr

»Dieser kirchliche Arbeitsbereich dient der Ermöglichung der Verkündigung in Wort und Sakrament, d.h. der freien Religionsausübung unter den besonderen organisatorischen und praktischen Bedingungen, die für die Angehörigen der Streitkräfte kennzeichnend sind. Zu den zentralen Aufgaben evangelischer Soldatenseelsorge gehört die Schärfung und Beratung der Gewissen im Sinn der friedensethischen Urteilsbildung der Kirche« (EKD-Friedensdenkschrift, 2007, Ziffer 66).

Die evangelische Seelsorge in der Bundeswehr ist im Rahmen der Konferenz für Friedensarbeit Partnerin eines kritischen Dialogs mit den Akteuren der Friedensarbeit.

→ *Konferenz für Friedensarbeit im Raum der EKD*

Forschungsstätte der Evangelischen Studiengemeinschaft e.V. (FEST)

Die Forschungsstätte der Evangelischen Studiengemeinschaft e.V. (FEST) ist ein interdisziplinäres Forschungsinstitut, seit 1958 mit Sitz in Heidelberg, dessen Grundfinanzierung durch die Mitglieder des Trägervereins – die Evangelische Kirche in Deutschland (EKD), die Landeskirchen der EKD, den Deutschen Ev. Kirchentag und die Ev. Akademien – getragen wird und das darüber hinaus Forschungs- und Beratungsarbeiten durch Drittmittel finanziert. Die FEST gliedert sich in drei Arbeitsbereiche: »Religion, Recht & Kultur«, »Frieden & Nachhaltige Entwicklung« und »Theologie & Naturwissenschaft«.
→ *Konferenz für Friedensarbeit im Raum der EKD*

(Internationale) Freiwilligendienste

Wer einen Freiwilligendienst leistet, verpflichtet sich, sich für andere und die Gesellschaft zu engagieren. Unterschieden werden mehrwöchige Workcamps junger Menschen sowie mittel- bis längerfristige Freiwilligendienste mit einer Dauer von 3 bis 18 Monaten.

Freiwilligendienste haben zunächst einen gesellschaftlichen Nutzen, indem sie einen Beitrag für mehr Gerechtigkeit, Frieden und die Bewahrung der Schöpfung leisten. Primär bei grenzüberschreitenden Diensten spielt die erlebte Fremdheit eine wesentliche Rolle, die interkulturelle Lernerfahrungen ermöglicht. Die Zurückgekehrten sind anschließend wichtige Multiplikatoren für eine tolerante, weltoffene Gesellschaft.
→ *Aktionsgemeinschaft Dienst für den Frieden (AGDF)*

Friedensarbeit vor Ort

Friedensarbeit ist sehr vielgestaltig und geschieht innerhalb der Landes- und Freikirchen (Verbund: EAK), im näheren Umfeld der Evangelischen Kirche (Verbund: AGDF), aber auch durch nicht-kirchliche Akteure, mit denen in Projekten, Plattformen und Aktionen Überschneidungen und Allianzen existieren. Friedensarbeit ist langfristige Arbeit, um Menschen zu einer Haltung zu befähigen, durch die Konflikte transformiert und Gewalteskalation verhindert werden können, bis hin zu Protest und Widerstand gegen Gewalt und entsprechende Strukturen. Friedensarbeit reicht somit von Tagen der Orientierung in Schulen über gemeindenahe Formen (wie z. B. die jährliche ökumenische Friedensdekade) über Kampagnen (»Aktion Aufschrei«) bis hin zu zivilen Widerstandsformen (Bürgerinitiative »Offene Heide«). Ebenfalls zur evangelischen Friedensarbeit gehört es, unterschiedliche Positionen zu Themen von Frieden und Sicherheit konstruktiv miteinander ins Gespräch zu bringen. Hierzu dienen lokale Foren im Gemeindekontext ebenso wie auf Bundesebene die jährlich stattfindende Konferenz für Friedensarbeit im Raum der EKD.

→ *Aktionsgemeinschaft Dienst für den Frieden (AGDF)*
→ *Evangelische Arbeitsgemeinschaft für KDV und Frieden (EAK)*
→ *Konferenz für Friedensarbeit im Raum der EKD*

Der/Die Friedensbeauftragte des Rates der EKD

Der Rat der Evangelischen Kirche in Deutschland (EKD) setzte erstmals 2008 einen Friedensbeauftragten ein. Bei dem Amt ging es vor allem um kircheninterne Aufgaben. Er sollte die vielfältige Friedensarbeit im Raum der EKD bündeln und als Botschafter der 2007 veröffentlichten kirchlichen Friedensdenkschrift auftreten. Doch Kriege wie in Syrien, Afghanistan und dem Nordirak und den damit verknüpften Debatten machten aus der Aufgabe schnell eine Beauftragung mit großer medialer Präsenz. Der leitende Bremer Theologe Pastor Renke Brahms wurde der erste Friedensbeauftragte.

Die Konferenz für Friedensarbeit im Raum der EKD bietet dem Friedensbeauftragten den nötigen Zugang zu den relevanten Akteuren der Friedensarbeit und bündelt zudem die vorhandene Expertise.

→ *Konferenz für Friedensarbeit im Raum der EKD*

Friedensbildung / Friedenspädagogik

Friedensbildung im engeren Sinne wird verstanden als politische Bildung, die gesellschaftliche Teilhabe und demokratisches Miteinander in begleiteten Lernprozessen fördert und dabei ganzheitlich Kopf, Herz und Hand einschließt und im Fokus den Umgang mit gesellschaftlichen Konflikten hat. Damit ist sie ein Teil einer umfassenden Friedenspädagogik, die beispielsweise auch persönliche Konfliktkompetenz beinhaltet. Friedenspädagogik spielt eine unverzichtbare Rolle beim konstruktiven Umgang mit Konflikten und fördert die Befähigung zur gewaltfreien Konfliktaustragung.

→ *Aktionsgemeinschaft Dienst für den Frieden (AGDF)*
→ *Evangelische Arbeitsgemeinschaft für KDV und Frieden (EAK)*

Friedensdienst

Friedensdienste haben eine lange Tradition. Aber erst seit den 1990er Jahren erfolgte eine konsequente Unterscheidung zwischen Lern-[Freiwilligendiensten] und Fachdiensten. Im Zivilen Friedensdienst (ZFD) unterstützen Fachkräfte Menschen vor Ort langfristig in ihrem Engagement für Dialog, Menschenrechte und Frieden, derzeit rund 300 internationale ZFD-Fachkräfte in 42 Ländern. Neun deutsche Friedens- und Entwicklungsorganisationen, darunter Brot für die Welt und Mitgliedsorganisation der AGDF, führen den ZFD gemeinsam mit lokalen Partnerorganisationen durch. Der ZFD wird von der Bundesregierung gefördert.
→ *Aktionsgemeinschaft Dienst für den Frieden (AGDF)*

Friedensspiritualität

»In der gottesdienstlichen Feier wird in vielfältiger Weise für den irdischen Frieden gebetet. Im Gebet für den Frieden (›Verleih uns Frieden gnädiglich‹) bringen Christenmenschen zum Ausdruck, dass die Sorge für den Frieden der Welt Rückhalt findet im Vertrauen auf den Frieden Gottes, ›der höher ist als alle Vernunft‹« (EKD-Friedensdenkschrift, 2007, Ziffer 40).

Das christliche Engagement für den Frieden lebt aus Gebet und Gottesdienst. Viele Gemeinden halten regelmäßige Friedensgebete, oft in ökumenischer Gemeinschaft. Besondere Anlässe sind der internationale Gebetstag für den Frieden (21. September), Gottesdienste mit der »Wanderfriedenskerze« der EKHN oder die ökumenische Friedensdekade im November. Sie verbinden geistliche Erfahrung und konkretes Engagement. Trauer und Klage über Gewalt und Krieg führen zu Einsichten über die Verwundbarkeit des Lebens, und sie helfen dazu, Hoffnung zu finden in dem Frieden, den Gott schenkt. Solche Gebete schließen Erkenntnisse ein über uns selbst, auch über die Verhältnisse, in denen wir leben, und über die weltweite Gefährdung der Gerechtigkeit, des Friedens und der ganzen Schöpfung. Aktion und Kontemplation gehören zusammen unter dem Ziel der Versöhnung. Der ökumenische Pilgerweg der Gerechtigkeit und des Friedens nimmt diesen Gedanken einer transformativen Spiritualität auf.
→ *Friedensarbeit vor Ort*

Friedenstheologie

Hier ist zu unterscheiden zwischen der Theologie der Friedenskirchen (Die »Arbeitsstelle Theologie der Friedenskirchen« ist durch ein berufenes Mitglied in der Konferenz für Friedensarbeit vertreten) und evangelischer Theologie, die sich mit der Fragestellung Frieden und Gerechtigkeit, Recht und Gewaltfreiheit beschäftigt. Friedenstheologie im zweiten Sinne muss sich der Gefahr erwehren, Partikulartheologie einer Gesinnungsgruppe zu werden, der dann andere »politische Theologien« gegenüberstehen würden.

Für Frieden und Versöhnung einzutreten, gehört zum Kern des kirchlichen Zeugnisses. Dies bezieht sich nicht nur auf die gesamtkirchliche Verantwortung, sondern verlangt dauerhaftes Engagement auf allen kirchlichen Ebenen. Kirche wird in der Öffentlichkeit als ethische Instanz wahrgenommen, von der man zu Recht erwartet, dass sie Stellung bezieht zu Gewalt, Unrecht und Verfolgung.

→ *Konferenz für Friedensarbeit im Raum der EKD*

Gemeinsame Konferenz Kirche und Entwicklung (GKKE)

Die Gemeinsame Konferenz Kirche und Entwicklung (GKKE) ist ein ökumenischer, evangelisch-katholischer Arbeitsverbund zur Entwicklungspolitik. Als gemeinsame Stimme der beiden großen Kirchen in Deutschland will die GKKE dem Gedanken der einen Welt in unserem Land politisches Gewicht verleihen. Sie führt Dialoge mit Parlament, Regierung und gesellschaftlichen Interessengruppen zu Fragen der Nord-Süd-Politik und der Entwicklungszusammenarbeit.

Die GKKE-Fachgruppe Rüstungsexporte erstellt einen jährlichen Bericht über die Rüstungsexportpolitik der Bundesregierung und leistet damit einen wichtigen Beitrag zur Transparenz in diesem Politikfeld.

→ *Rüstungsfragen / Abrüstung*

Konferenz der Friedensarbeit im Raum der EKD

Die Konferenz für Friedensarbeit im Raum der EKD ist eine vom Rat der EKD beschlossene Struktur innerhalb des Vereins für Friedensarbeit im Raum der EKD e.V., dessen Zweck es ist, die Friedensarbeit der Evangelischen Kirche in Deutschland (EKD) zum Zweck der Völkerverständigung und Friedensförderung zu koordinieren und durchzuführen (Satzung vom 17.10.2011/EKD-Haushalt Handlungsfeld Frieden, Versöhnung, Freiwilligendienste).

Der Verein für Friedensarbeit im Raum der EKD e.V. setzt sich zusammen aus je drei gewählten Mitgliedern der Vorstände der Aktionsgemeinschaft Dienst für den Frieden e.V. (AGDF) und der Evangelischen Arbeitsgemeinschaft für KDV und Frieden (EAK) sowie zwei vom Rat der EKD entsandten Personen.

Alle wesentlichen Träger kirchlicher Friedensarbeit sind Mitglieder der Konferenz für Friedensarbeit. Sie kommen in der Regel einmal jährlich zu einer zweitägigen Versammlung zusammen. Hauptanliegen sind dabei, zum einen Impulse für die Belebung der Friedensarbeit vor Ort zu geben, zum anderen zur

Qualifizierung der friedensethischen und friedenspraktischen Diskurse in Politik und Gesellschaft beizutragen.
Link: https://www.evangelische-friedensarbeit.de/ueber-uns/konferenz-fuer-friedensarbeit

Kriegsdienstverweigerung

»Die evangelische Kirche betrachtet die Kriegsdienstverweigerung aus Gewissensgründen als Menschenrecht und setzt sich dafür ein, es auch im Bereich der Europäischen Union verbindlich zu gewährleisten. Als Menschen- und Grundrecht besitzt die Kriegsdienstverweigerung aus Gewissensgründen Vorrang auch gegenüber demokratisch legitimierten Maßnahmen militärischer Friedenssicherung oder internationaler Rechtsdurchsetzung. [...] Der gesetzliche Schutz der gewissensbestimmten Kriegsdienstverweigerung ist nicht auf die Position des prinzipiellen Pazifismus zu beschränken; er muss auch die situationsbezogene Kriegsdienstverweigerung umfassen, die sich bei der Gewissensbildung an ethischen Kriterien rechtserhaltenden Gewaltgebrauchs, an den Regeln des Völker- und Verfassungsrechts oder auch an politischen Überzeugungen orientiert« (EKD-Friedensdenkschrift, 2007, Ziffer 62).

Ein Baustein der Arbeit der Evangelischen Arbeitsgemeinschaft für Kriegsdienstverweigerung und Frieden (EAK) ist die Beratung und Begleitung von Soldatinnen und Soldaten, Reservistinnen und Reservisten, die den Kriegsdienst in Deutschland verweigern. Dabei engagiert sie sich auch für die Rechte von Kriegsdienstverweigerern im internationalen Kontext und tritt für ein weltweites Recht auf Kriegsdienstverweigerung ein.
→ *Evangelische Arbeitsgemeinschaft für KDV und Frieden (EAK)*

Rüstungsfragen / Abrüstung

Ein Politikfeld, in welchem die Kirche aktiv ist, stellt die Diskussion um Rüstungsexporte und deren politische Bewertung dar. In der Friedensdenkschrift von 2007 wird dazu festgestellt: »Rüstungsexporte tragen zur Friedensgefährdung bei. In exportierenden Ländern stärken sie eigenständige wirtschaftliche Interessenlagen an Rüstungsproduktion. In den importierenden Ländern können Waffeneinfuhren Konflikte verschärfen« (EKD-Friedensdenkschrift, 2007, Ziffer 158).
→ *Gemeinsame Konferenz Kirche und Entwicklung (GKKE)*

Zivile und gewaltfreie Konfliktbearbeitung

»Zivile Konfliktbearbeitung« (ZKB) umfasst ein breites Spektrum zivilen Engagements, um gesellschaftliche Konflikte gewaltfrei, friedlich und konstruktiv auszutragen. Im Mittelpunkt steht die nachhaltige Bearbeitung sozialer Konflikte mit dem Ziel, unmittelbar Gewalt zu vermindern und langfristig den gewaltfreien Umgang mit Konflikten in Strukturen zu verankern. Andere Begriffe, wie Krisenprävention, friedliche Streitbeilegung, Konfliktregelung etc. beschreiben ähnliche Ansätze und werden meist unter Konfliktbearbeitung zusammengefasst. Dabei wird zivil immer im Sinne von nicht militärisch verwendet, manchmal meint es auch zivilgesellschaftlich in Abgrenzung zu staatlichen Akteuren. ZKB wird im In- und Ausland angewandt und umfasst sowohl die Arbeit interner, also vom Konflikt betroffener Akteure als auch externer, die die Bearbeitung von außen unterstützen.

→ *Aktionsgemeinschaft Dienst für den Frieden (AGDF)*

Verzeichnis der Autorinnen und Autoren

Ackermann, Dirck, Militärdekan, Dr., Jahrgang 1962, Studium der Ev. Theologie, Orientalistik und Islamwissenschaft in Kiel und Jerusalem, seit 2005 Referatsleiter im Evangelischen Kirchenamt für die Bundeswehr, zuständig u.a. für theologischen Grundsatz, Friedensethik und Sicherheitspolitik.

Anselm, Reiner, Dr. theol., Jahrgang 1965, Studium der Ev. Theologie in München, Heidelberg und Zürich, nach Professuren in Jena und Göttingen seit 2014 Professor für Systematische Theologie und Ethik an der Ev.-theologischen Fakultät der LMU München, seit 2016 Vorsitzender der Kammer für Öffentliche Verantwortung der EKD.

Bethge, Anthea, Dr. rer. nat., Jahrgang 1966, Studium der Physik und Mathematik in Heidelberg und Cambridge (UK), Ausbildung zur Schalomdiakonin in Imshausen, Zagreb, Sarajevo und Rom, Geschäftsführerin von EIRENE, internationale Geschäftsstelle Neuwied.

Birckenbach, Hanne-Margret, Prof.in Dr., Jahrgang 1948, Studienfächer: Germanistik, Philosophie, Soziologie, Politikwissenschaft in Tübingen, Frankfurt, Berlin, Prof.in (i.R.) für Europastudien und Friedens- und Konfliktforschung, Universität Giessen.

Brahms, Renke, Pastor, Jahrgang 1956, Studium der Theologie in Münster, Tübingen und Göttingen, Vikariat in Bremen, 1985 bis 2000 Pastor in der Melanchthon-Gemeinde in Bremen-Osterholz, 2000 bis 2007 Pastor für Religionspädagogik beim Landesverband Evangelischer Kindertageseinrichtungen der Bremischen Evangelischen Kirche, 2007 bis 2019 Schriftführer der Bremischen Evangelischen Kirche, seit 2019 Theologischer Direktor der Wittenbergstiftung und seit 2008 Friedensbeauftragter des Rates der Evangelischen Kirche in Deutschland (EKD).

Butting, Klara, Prof.in, Jahrgang 1959, studierte Ev. Theologie in Göttingen, Heidelberg, Berlin und Amsterdam. Sie leitet als Pastorin der Ev.-Luth. Landeskirche Hannovers das Zentrum für biblische Spiritualität und gesellschaftliche Verantwortung an der Woltersburger Mühle, Uelzen, ist Mitherausgeberin der Zeitschrift »Junge Kirche«, Autorin zahlreicher Bücher und außerplanmäßig Professorin für Altes Testament an der Universität Bochum.

Dietrich, Walter, Prof., Jahrgang 1944, Theologiestudium in Münster und Göttingen, Assistent bei Prof. Rudolf Smend, Pfarrer in Dassel am Solling, Professor für Altes Testament am religionspädagogischen Studiengang in Oldenburg, Ordinarius für Altes Testament in Bern, mittlerweile emeritiert; zahlreiche exegetische und bibeltheologische Veröffentlichungen, Forschungsschwerpunkt bei den Samuelbüchern und der Frühen Königszeit.

Enns, Fernando, Prof. Dr., Jahrgang 1964, studierte Evangelische und Mennonitische Theologie in Heidelberg und Elkhart/Indiana, Stiftungsprofessur »Theologie der Friedenskirchen« an der Universität Hamburg und Professur für (Friedens-)Theologie und Ethik an der Vrije Universiteit Amsterdam, Stellv. Vorsitzender der Arbeitsgemeinschaft Mennonitischer Gemeinden in Deutschland, Mitglied im ÖRK-Zentralausschuss.

Fischer, Martina, Dr. phil., Studium der Politikwissenschaften, Publizistik, Geschichte und Germanistik an den Universitäten Münster und FU Berlin, sie war als Friedensforscherin in verschiedenen Einrichtungen der Friedens- und Konfliktforschung tätig, darunter knapp 20 Jahre lang an der Berghof Foundation in Berlin, seit 2016 arbeitet sie bei »Brot für die Welt« als Referentin für Frieden und Konfliktbearbeitung.

Gildemeister, Jan, Diplom-Politologe, Jahrgang 1964, Studium an der Universität Marburg und der FU Berlin, Geschäftsführer der Aktionsgemeinschaft Dienst für den Frieden.

Gütter, Ruth, OKR.in, Dr. theol., Jahrgang 1959, Studium der Theologie in Göttingen, Referentin für Nachhaltigkeit im Kirchenamt der EKD, Geschäftsführerin der Kammer für nachhaltige Entwicklung der EKD in Hannover.

Haspel, Michael, Prof. Dr., Jahrgang 1964, nach einer Ausbildung zum Krankenpflegehelfer studierte er Evangelische Theologie, allgemeine Rhetorik und Öffentliches Recht in Tübingen, Bonn und Harvard. 1995 promovierte er zum Doktor der Theologie an der Phillips-Universität in Marburg, 2002 folgte die Habilitation. Er lehrt als apl. Prof. Systematische Theologie am Martin-Luther-Institut der Universität Erfurt und an der Friedrich-Schiller-Universität Jena.

Heuser, Stefan, Prof. Dr., Jahrgang 1971, studierte Evangelische Theologie und christliche Publizistik in Marburg, London, Heidelberg und Erlangen, Professor für Ethik an der Evangelischen Hochschule in Darmstadt, Privatdozent für Systematische Theologie an der Goethe-Universität Frankfurt am Main und Pfarrer der Evangelischen Kirche in Hessen und Nassau.

Hofheinz, Marco, Prof. Dr., Jahrgang 1973, Studium der Ev. Theologie in Wuppertal, Bonn, Tübingen, Lexington (Kentucky), Duke University (Durham, North Carolina) und Göttingen, Professor für Systematische Theologie (Schwerpunkt Ethik) an der Leibniz Universität Hannover, Sprecher des Forschungsforums »Religion im kulturellen Kontext«.

Koch, Julika, M.A., Jahrgang 1961, Historikerin und Diakonin, Referat Friedensbildung der Evangelisch-Lutherischen Kirche in Norddeutschland.

Leiner, Martin, Prof. Dr. theol., Jahrgang 1960, studierte Evangelische Theologie von 1979 bis 1986 in Tübingen, Promotionsstudium im Neuen Testament 1988–1995 in Heidelberg, Studium der Philosophie 1980–1988, Lehrstuhlinhaber für Systematische Theologie mit Schwerpunkt Ethik an der Friedrich-Schiller-Universität Jena, Associate Professor an der Universität Stellenbosch/RSA und Direktor des Jena Center for Reconciliation Studies.

Liermann, Alexander, Pfarrer, Jahrgang 1964, Studium der Theologie und Germanistik in Frankfurt, Montpellier und Heidelberg, Projektleiter Männerarbeit im Dekanat Groß-Umstadt, Referent beim Diakonischen Werk in Hessen und Nassau, Gemeindepfarrer, seit 2007 Militärseelsorger in Mainz für das Rhein-Maingebiet (2010 Einsatzbegleitung Kosovo, 2017/18 Einsatzbegleitung Afghanistan).

Lohmann, Friedrich, Prof. Dr., Jahrgang 1964, seit 2011 Professor für Evangelische Theologie mit dem Schwerpunkt Angewandte Ethik an der Universität der Bundeswehr München.

Maaß, Stefan, Dipl. Sozialarbeit und Dipl. Religionspädagogik, Jahrgang 1964, Studium in Freiburg, Fernstudium Erwachsenenbildung in Kaiserslautern, Friedensbeauftragter der Ev. Landeskirche in Baden, koordiniert und leitet den friedensethischen Prozess »Kirche des gerechten Friedens werden« in der Evangelischen Landeskirche in Baden.

Mielke, Roger, Dr., M.A., Jahrgang 1964, 1994–2012 Gemeindepfarrer in Neuwied und Bendorf (Ev. Kirche im Rheinland), 2012–2018 Oberkirchenrat im Kirchenamt der EKD und Geschäftsführer der Kammer für Öffentliche Verantwortung der EKD, seit 2019 Militärdekan im Ev. Militärpfarramt Koblenz III (Zentrum Innere Führung), Lehrbeauftragter für Syst. Theologie an der Universität Koblenz-Landau.

Müller, Annemarie, M.A., Jahrgang 1952, Krankenschwester, Soziologin, im Ruhestand, zuletzt Friedensreferentin und Geschäftsführerin im Ökumenischen Informationszentrum (ÖIZ) in Dresden.

Müller, Christine, Jahrgang 1955, Studiengang Gemeindepädagogik an der kirchlichen Fachschule Radebeul/Dresden, seit 1991 staatlich anerkannte Diplom Religionspädagogin, Beauftragte für den Kirchlichen Entwicklungsdienst in der Ev.-Luth. Landeskirche Sachsens.

Müller-Langsdorf, Sabine, Pfarrerin, Jahrgang 1962, Theologiestudium in Marburg, Mainz und Heidelberg, Beauftragte für Friedensarbeit im Zentrum Oekumene der Evangelischen Kirche in Hessen-Nassau und von Kurhessen Waldeck in Frankfurt am Main.

Mutabazi, Samuel, MA, Studium der Theologie in Ruanda und der Erwachsenenbildung an der Evangelischen Hochschule für angewandte Wissenschaft in Nürnberg/Deutschland, seit 2013 Abteilungsleiter für schulische Bildung im Protestantischen Kirchenrat in Ruanda (dieser betreibt über 1.500 Schulen, die insgesamt 22 % der Schulen in Ruanda ausmachen).

Noglo, Koffi Emmanuel, Dr., Jahrgang 1974, Politikwissenschaftler, promovierte 2012 an der Philipps Universität Marburg, Fachkraft beim EIRENE-Friedensförderungsprogramm im Sahel (Burkina Faso, Mali und Niger).

Petracca, Vincenzo, Dr. theol., Jahrgang 1964, Studium der Mathematik (Abschluss: Diplom) und Theologie, Citykirchenpfarrer in Heidelberg.

Petz, Anja, Diplompädagogin, Jahrgang 1977, Studium an der Freien Universität Berlin, Geschäftsführerin der KURVE Wustrow – Bildungs- und Begegnungsstätte für gewaltfreie Aktion e.V.

Pruin, Dagmar, Dr. theol., Pfarrerin, Geschäftsführerin von Aktion Sühnezeichen Friedensdienste und Mitglied im Vorstand der AGDF, Promotion im Fach Altes Testament, Lehre an verschieden deutschen Universitäten, in den USA und Südafrika, seit 2007 Programmdirektorin des deutsch-amerikanisch-jüdischen Begegnungsprogramms »Germany Close Up«, das seit 2014 zu ASF gehört.

Verzeichnis der Autorinnen und Autoren 423

Reuter, Hans-Richard, Prof. Dr. theol., geb. 1947, Studium der Theologie, Philosophie und Soziologie in Wuppertal und Heidelberg, bis 2013 Professor für Theologische Ethik und Direktor des Instituts für Ethik und angrenzende Sozialwissenschaften der Evangelisch-Theologischen Fakultät der Universität Münster, unter anderem Mitglied der Kammer für Öffentliche Verantwortung der EKD.

Rieche, Bernd, M.A., Jahrgang 1970, studierte Musik- und Sprechwissenschaft in Halle/Saale, Referent der Aktionsgemeinschaft Dienst für den Frieden (AGDF), Koordinator der AG Zivile Konfliktbearbeitung im Inland der Plattform Zivile Konfliktbearbeitung.

Rudolf, Peter, Dr. phil., Jahrgang 1958, Studium der Politikwissenschaft, Katholischen Theologie und Pädagogik in Mainz, Promotion in Politikwissenschaft in Frankfurt am Main, Senior Fellow, Stiftung Wissenschaft und Politik, Berlin.

Rwambonera, François, Studium der Mathematik in Ruanda und Frankreich, Tätigkeit im Bildungsministerium 1995-2013, Abteilungsleiter für schulische Bildung im Protestantischen Kirchenrat in Ruanda, seit seiner Pensionierung Vorsitzender des Landesschulrates.

Scheffler, Horst, Ltd. Militärdekan a.D., Jahrgang 1945, Theologiestudium in Neuendettelsau und Bonn (1965-1972), Vikariat in Bonn und Bornheim (1972-1975), Pfarrer in Köln-Rodenkirchen (1975-1976), Dienst in der Evangelischen Militärseelsorge in Koblenz, München, Mainz und Potsdam (1976-2006), ehrenamtlicher Vorsitzender der AGDF (2007-2017) und des VfF (2009-2018), seit 1992 Mitglied der Fachgruppe »Rüstungsexporte« der GKKE, seit 2011 im Trägerkreis der Aktion »Aufschrei - Stoppt den Waffenhandel«, seit 2017 im Arbeitskreis »Frieden und Konflikt« der Evangelischen Akademie Frankfurt.

Scheunpflug, Annette, Prof. Dr., Studium Lehramt Grundschule und Magister Musikpädagogik, Professorin für Allgemeine Pädagogik an der Otto-Friedrich-Universität Bamberg und Vorsitzende der Kammer für Kinder und Jugend, Bildung und Erziehung der EKD.

Schliesser, Christine, PD Dr. theol., Jahrgang 1977, Studium der Ev. Theologie und Anglistik in Tübingen und Pasadena (USA), PD.in für Systematische Theologie an der Universität Zürich, wissenschaftliche Koordinatorin der Interfakultären Forschungskooperation »Religious Conflicts and Coping Strategies« an der Universität Bern, Research Fellow in Studies for Historical Trauma and Transformation an der Universität Stellenbosch, Südafrika.

Verzeichnis der Autorinnen und Autoren

Schubert, Hartwig von, Dr. theol., Militärdekan, Jahrgang 1954, Studium der Evangelischen Theologie in Göttingen, Tübingen, Heidelberg und Kiel, seit 2004 Evangelischer Militärdekan an der Führungsakademie der Bundeswehr Hamburg.

Starke, Christof, Diplom-Pädagoge, Jahrgang 1972, Teil des Geschäftsführungsteams des Friedenskreis Halle e.V., Beschäftigung mit Friedensbildung in eigener pädagogischer Praxis, Leitung und Begleitung von Projekten, Netzwerk- und Gremienarbeit, friedenspädagogischer Lehrauftrag an der Hochschule Merseburg.

Stürmann, Jakob, 2004 bis 2006 ASF-Freiwilliger in Simferopol, Ukraine: Unterstützung ehemaliger Zwangsarbeiter*innen in ihrem Lebensalltag, promoviert am Lehrstuhl für die Geschichte Ost- und Ostmitteleuropas an der FU Berlin, seit 2016 Beisitzer im Vorstand von Aktion Sühnezeichen Friedensdienste.

Tontsch, Martin, Pfarrer, Mediator (BMWA), Jahrgang 1974, Studium der Evangelischen Theologie in München, Vikar in Großkarolinenfeld, Pfarrer in Lome (Togo), Vilsbiburg und Nürnberg, Referent beim Bevollmächtigten der EKD am Sitz der Bundesregierung und bei den Regionalbischöfen im Kirchenkreis Nürnberg, seit 2018 Referent der Arbeitsstelle kokon für konstruktive Konfliktbearbeitung in der Evang.-Luth. Kirche in Bayern.

Trittmann, Uwe, Pädagoge, Studienleiter an der Evangelischen Akademie zu Berlin und der Evangelischen Akademie Villigst, Fachgruppe Friedensethik, Evangelische Akademien in Deutschland e.V. (EAD).

Udodesku, Sabine, Pfarrerin, Jahrgang 1959, Studium Evangelische Theologie und Latein in Bochum, Münster und Wuppertal, Projektleiterin »Pilgerweg der Gerechtigkeit und des Friedens« in der Abteilung Ökumene und Auslandsarbeit im Kirchenamt der EKD in Hannover.

Ulrich, Hans G., Prof. Dr., Jahrgang 1942, Studium Theologie in Neuendettelsau, Heidelberg, Göttingen, Dr. theol. Mainz, habilitiert Bonn, Prof. em. Systematische Theologie/Ethik, Fachbereich Theologie, Universität Erlangen-Nürnberg.

Versemann, Timo, Jahrgang 1989, Studium der Evangelischen Theologie in Tübingen und Berlin, seit Oktober 2017 Leitung des Projektes »der Teufel auch im Netz« an der Evangelischen Akademie zu Berlin.

Weingardt, Markus A., Dr. rer. soc., Jahrgang 1969, studierte Politik- und Verwaltungswissenschaften in Konstanz und Jerusalem, Friedensforscher mit dem

Schwerpunkt Religion und Bereichsleiter Frieden bei der Stiftung Weltethos (Tübingen).

Werkner, Ines-Jacqueline, PD Dr., Jahrgang 1965, Studium der Sozialwissenschaften an der Humboldt-Universität zu Berlin, Promotion und Habilitation in der Politikwissenschaft an der Freien Universität Berlin, aktuell Friedens- und Konfliktforscherin an der Forschungsstätte der Evangelischen Studiengemeinschaft e.V. in Heidelberg und Privatdozentin am Institut für Politikwissenschaft der Goethe-Universität Frankfurt am Main.

Zeindler, Matthias, Prof. Dr., Jahrgang 1958, Studium der Theologie und Philosophie in Bern, Bonn und Richmond/Virginia, Titularprofessor für Systematische Theologie Universität Bern, Leiter Bereich Theologie der Reformierten Kirchen Bern-Jura-Solothurn.

Hartwig von Schubert
Pflugscharen und Schwerter
Plädoyer für eine realistische Friedensethik

160 Seiten | Broschur
12 x 19 cm
ISBN 978-3-374-05861-7
EUR 15,00 [D]

Wieder einmal wird in Deutschland die existenzielle Frage von Krieg und Frieden debattiert – genauer: die Frage nach der Legitimation nationalstaatlicher Gewalt innen- und außenpolitisch. Der erfahrene Militärdekan Hartwig von Schubert steuert das Schiff politischer Vernunft sicher zwischen radikalpazifistischer Friedensethik und einer einzig auf nationale Stärke setzenden Interessenpolitik hindurch. Er vertritt einen rechtspazifistischen Liberalismus (*legal pacifism*), der das Gewaltmonopol des Staates bejaht, weil nur so Recht und Frieden gewährleistet werden können. Damit nimmt er zugleich die Debatte darüber auf, welche Rolle Deutschland und Europa künftig bei globalen Konflikten spielen sollen, und bekräftigt das bewährte Programm gemeinsamer Sicherheit.

EVANGELISCHE VERLAGSANSTALT
Leipzig   www.eva-leipzig.de

Tel +49 (0) 341/ 7 11 41-44   shop@eva-leipzig.de

Ulrich H. J. Körtner
Für die Vernunft
Wider Moralisierung
und Emotionalisierung
in Politik und Kirche

176 Seiten | Klappenbroschur
12 x 19 cm
ISBN 978-3-374-04998-1
EUR 15,00 [D]

Gegenwärtig greifen Moralisierung und Emotionalisierung in Politik und Gesellschaft in einem für die Demokratie bedenklichen Ausmaß um sich – auch in den Kirchen.
Wie es die Aufgabe der Ethik ist, vor zu viel Moral zu warnen, so ist es die Aufgabe der Theologie, die Unterscheidung zwischen Religion und Moral bewusst zu machen – in der Sprache der reformatorischen Tradition: die Unterscheidung zwischen Gesetz und Evangelium. Sie ist das Herzstück theologischer Vernunft und fördert die politische Vernunft. Nur wenn beide in ein konstruktives Verhältnis gesetzt werden, lässt sich der Tyrannei des moralischen Imperativs Einhalt gebieten.

Ulrich H. J. Körtner
**Luthers Provokation
für die Gegenwart**
Christsein – Bibel – Politik

176 Seiten | Paperback | 14 x 21 cm
ISBN 978-3-374-05700-9
EUR 25,00 [D]

Die Reformation ist mehr als Luther, aber ohne Martin Luther hätte es keine Reformation gegeben. Die Sprengkraft seiner Theologie sollte gerade heute neu bewusst gemacht werden. In einer Zeit der religiösen Indifferenz und eines trivialisierten Christentums brauchen wir eine neue Form von radikaler Theologie, die leidenschaftlich nach Gott fragt und auf das Evangelium hört. Der Gott Martin Luthers ist und bleibt eine Provokation.

Die Provokation Luthers, die vor allem den Freiheitsbegriff, die Schriftauslegung, das Arbeits- und Berufsethos sowie Luthers Theologie des Politischen betrifft, steht im Zentrum des Buches von Ulrich H. J. Körtner. Der renommierte Wiener Systematiker schließt damit theologisch an sein streitbares, 2017 erschienenes Buch »Für die Vernunft. Wider Moralisierung und Emotionalisierung in Politik und Kirche« an.

Ingolf U. Dalferth
God first
Die reformatorische Revolution
der christlichen Denkungsart

304 Seiten | Paperback | 14 x 21 cm
ISBN 978-3-374-05652-1
EUR 28,00 [D]

Die Reformation war nicht nur ein historisches Ereignis mit weltweiter Wirkung, sondern eine spirituelle Revolution. Ihre Triebkraft war die befreiende Entdeckung, dass Gott seiner Schöpfung bedingungslos als Kraft der Veränderung zum Guten gegenwärtig ist. Gott allein ist der Erste, alles andere das Zweite. Das führte existenziell zu einer Neuausrichtung des ganzen Lebens an Gottes Gegenwart und theologisch zu einer grundlegenden Umgestaltung der traditionellen religiösen Denksysteme.

Das Buch des international bekannten Systematikers und Religionsphilosophen Ingolf U. Dalferth legt dar, was es heißt, Gott vom Kreuzesgeschehen her theologisch zu denken. Und es entfaltet den christlichen Monotheismus nicht als System der Vergewaltigung Andersdenkender, sondern als Lebensform radikaler Freiheit und Liebe, die sich als Resonanz der Gnade Gottes versteht.

Ulrich H. J. Körtner
Dogmatik

*Lehrwerk Evangelische Theologie
(LETh) | 5*

736 Seiten | Hardcover
14 x 21 cm
ISBN 978-3-374-04985-1
EUR 58,00 [D]

Dogmatik als gedankliche Rechenschaft des christlichen Glaubens ist eine soteriologische Interpretation der Wirklichkeit. Sie analysiert ihre Erlösungsbedürftigkeit unter der Voraussetzung der biblisch bezeugten Erlösungswirklichkeit. Das ist der Grundgedanke des renommierten Wiener Systematikers Ulrich H. J. Körtner in seinem umfassenden Lehrbuch, das fünf Hauptteile umfasst.
Anhand der Leitbegriffe Gott, Welt und Mensch bietet es eine kompakte Darstellung aller Hauptthemen christlicher Dogmatik, ihrer problemgeschichtlichen Zusammenhänge und der gegenwärtigen Diskussion. Leitsätze bündeln den Gedankengang. Das dem lutherischen und dem reformierten Erbe reformatorischer Theologie verpflichtete Lehrbuch berücksichtigt in besonderer Weise die Leuenberger Konkordie (1973) und die Lehrgespräche der Gemeinschaft Evangelischer Kirchen in Europa (GEKE).

EVANGELISCHE VERLAGSANSTALT
Leipzig   www.eva-leipzig.de

Tel +49 (0) 341/ 7 11 41-44   shop@eva-leipzig.de

Rochus Leonhardt (Hrsg.)
Ethik

*Lehrwerk Evangelische Theologie
(LETh) | 6*

664 Seiten | Hardcover
14 x 21 cm
ISBN 978-3-374-05486-2
EUR 54,00 [D]

Ethik ist eine wissenschaftliche Disziplin, in der die Frage nach dem moralisch richtigen Handeln des Menschen erörtert wird. Obwohl sie also keine spezifisch theologische Wissenschaft ist, begegnet sie im Spektrum der theologischen Fächer als eine Teildisziplin der Systematischen Theologie. Dies liegt daran, dass der christliche Glaube auch eine lebens- und damit handlungsorientierende Bedeutung hat.
Das Lehrbuch des Leipziger Theologen Rochus Leonhardt widmet sich in einem ersten Teil der Etablierung der Ethik als einer philosophischen Disziplin und fragt nach der Spezifik der theologischen Ethik. Ein zweiter Teil thematisiert zentrale biblische Bezugstexte und Leitbegriffe der christlichen Ethik und stellt maßgebliche Ethik-Typen vor. Der dritte Teil behandelt wichtige individual- und sozialethische Themen. Leitend ist dabei die Orientierung an den rechtfertigungstheologischen Grundeinsichten Martin Luthers.

Tel +49 (0) 341/ 7 11 41-44   shop@eva-leipzig.de